Essential Math for AI

AI를 위한 필수 수학

O'REILLY® ᛒ 한빛미디어
Hanbit Media, Inc.

데이터 과학과 인공지능 분야를 공부하는 이들이 자주 마주치는 고민은 "수학을 어떻게 이해해야 할까?"입니다. 이 분야들이 수학과 밀접하게 관련되어 있기 때문에, 대부분의 학습자가 한번쯤 고민해 봤을 질문입니다.

저 역시 주기적으로 수학을 학습하며 머신러닝, 경영 과학, 인공지능 등 다양한 분야의 수학을 접하면서 각 분야 간의 연관성을 발견하고 사고를 확장하곤 합니다. 처음에는 이러한 연결고리를 파악하기 어려웠지만 실무 경험을 쌓으며 수학적 개념의 실제 활용 방식을 이해하게 되었고 이를 통해 더 넓은 시야를 갖게 되었습니다.

이런 맥락에서 수학의 전체적인 그림을 잘 설명해주는 책이나 강의의 필요성을 느꼈습니다. 이 책은 제가 찾던 형태에 가까웠으며 수학에 대한 직관적인 설명과 그 활용법이 잘 제시되어 있었습니다.

과거에는 학습 시 A부터 Z까지 순차적으로 모든 것을 배워야 한다고 생각했습니다. 하지만 최근에는 실제 적용을 통해 점진적으로 지식을 쌓아가는 방식이 더 효과적이라고 느끼고 있습니다. 수학에 대한 직관적 이해를 바탕으로 데이터 과학이나 인공지능 프로젝트를 진행하면서 필요에 따라 추가 학습을 하는 방식이 더 많은 내용을 효과적으로 습득하는 데 도움이 되었습니다.

이 책을 토대로 학습한다면 실제 프로젝트 수행, 코드 레벨에서의 구현 확인, 추가 자료 조사 및 정리 등을 통해 학습 효과를 극대화할 수 있을 것 같습니다.

특히 이 책에 포함된 그래프 이론과 운용 과학 관련 내용이 인상적입니다. 이는 상대적으로 자료가 부족한 분야인데, 이 책을 통해 많은 독자들이 실무에 적용 가능한 아이디어를 얻을 수 있으리라 생각합니다.

이 책을 다음과 같은 분들에게 추천합니다.

- 데이터 과학, 인공지능 학습을 시작하려는 분
- 데이터 과학, 인공지능의 실제 활용 사례에 관심 있는 분

변성윤(카일스쿨)

Essential Math for AI

AI를 위한 필수 수학

| 표지 설명 |

표지 그림은 트라겔라푸스속Tragelaphus scriptus scriptus(학명: *Tragelaphus*) 하네스 부시벅 harnessed bushbuck으로, 아프리카 대륙의 사하라 이남에 서식하는 영양이다. 이 동물은 삼림지, 사바나, 열대 우림 등 다양한 환경에서 서식한다. 하네스 부시벅은 등과 옆구리를 따라 늘어선 흰 줄무늬와 반점이 마구를 닮아 붙여진 이름이다. 이 흰 무늬는 하네스 부시벅의 목, 귀, 턱에도 나타난다.

하네스 부시벅은 여덟 종류의 부시벅 아종 중 가장 작은 종으로, 보통 어깨 높이가 76센티 정도이고 몸무게는 30~45킬로그램이다. 암컷의 털은 수컷보다 연한 암갈색이며 흰 무늬가 더 눈에 띤다. 수컷 부시벅은 뿔을 가지고 있는데, 생후 10개월 정도 되었을 때 자라기 시작하여 다 자라면 한 번 꼬이는 모양을 갖게 된다. 부시벅은 주로 나무와 관목의 잎, 꽃이 피는 식물을 먹는다.

부시벅은 주로 낮에 활동하고 명확한 영역 안에서 단독 생활을 한다. 무리를 지어 다니지는 않으며 과하게 공격적이지도 않다. 수컷의 뿔은 발정기 암컷을 둘러싼 경쟁 상대 몰아내기, 짝짓기할 때 과시하기, 그리고 드물게 영역 다툼 등에 사용되지만 성체 부시벅은 서로 간에 접촉을 피하는 경향이 있다. 암컷 부시벅은 새끼를 한 마리씩 낳으며, 출산 후 새끼를 숨기기 위해 모유를 줄 때만 찾아온다. 또한 어미는 새끼의 배설물을 먹어 새끼가 있는 곳으로 포식자가 오지 않게 한다. 약 4개월이 지나면 새끼는 어미와 함께 풀을 뜯고 놀기 시작한다.

국제 자연 보전 연맹International Union for Conservation of Nature(IUCN)은 부시벅을 최소관심종으로 분류한다. 부시벅의 서식지가 감소하고 있으며 인간이 고기와 가죽을 얻고자 부시벅을 사냥하기도 하지만 아직까지 널리 분포되어 있다.

오라일리 표지의 동물들은 대부분 멸종위기종이다. 이 동물들은 모두 우리에게 소중한 존재다. 표지 삽화는 Shaw's Zoology에 실린 그림을 바탕으로 한 캐런 몽고메리Karen Montgomery의 작품이다.

AI를 위한 필수 수학

AI 시스템에 쓰이는 통계학, 선형 대수학, 미적분학

초판 1쇄 발행 2024년 8월 20일

지은이 할라 넬슨 / **옮긴이** 안민재 / **펴낸이** 전태호
펴낸곳 한빛미디어(주) / **주소** 서울시 서대문구 연희로2길 62 한빛미디어(주) IT출판2부
전화 02-325-5544 / **팩스** 02-336-7124
등록 1999년 6월 24일 제25100-2017-000058호 / **ISBN** 979-11-6921-258-8 93000

총괄 송경석 / **책임편집** 박민아 / **기획·편집** 이채윤 / **교정** 김희성
디자인 표지 이아란 내지 최연희 / **전산편집** 이소연
영업 김형진, 장경환, 조유미 / **마케팅** 박상용, 한종진, 이행은, 김선아, 고광일, 성화정, 김한솔 / **제작** 박성우, 김정우

이 책에 대한 의견이나 오탈자 및 잘못된 내용은 출판사 홈페이지나 아래 이메일로 알려주십시오.
파본은 구매처에서 교환하실 수 있습니다. 책값은 뒤표지에 표시되어 있습니다.

한빛미디어 홈페이지 www.hanbit.co.kr / 이메일 ask@hanbit.co.kr

지금 하지 않으면 할 수 없는 일이 있습니다.
책으로 펴내고 싶은 아이디어나 원고를 메일(writer@hanbit.co.kr)로 보내주세요.
한빛미디어(주)는 여러분의 소중한 경험과 지식을 기다리고 있습니다.

새로운 분야의 지식을 접할 때는 개념 이해를 중심으로 광범위하게 먼저 훑어보는 것을 권한다. 전체적인 그림을 그려보면 그 안에서 흥미로운 부분을 찾을 수도 있다. 그런 의미에서 인공지능 분야를 공부하기 시작한 분이나 관련 분야에서 일하는 비개발 직군에게 이 책을 추천한다. 개념과 배경이 함께 설명되어 있어서 각각의 개념들이 서로 어떻게 연결되는지 파악할 수 있다. 간혹 수식이 나오긴 하지만 그림과 해석이 같이 있기 때문에 이해하기 어렵지 않다. 옮긴이가 수정한 예제 코드까지 살펴보면 더욱 도움이 될 것이다.

김석겸(스마일게이트 선행AI기술팀)

이 책은 쉬운 개념 설명과 실용적인 예제를 통해 인공지능의 기초부터 응용까지 다루기 때문에 인공지능 공부를 처음 시작하는 사람에게는 훌륭한 top-down 방식 지침서가 될 것이고, 인공지능 분야의 연구자나 실무자에게는 이면의 수학적 원리와 알고리즘을 다시 한번 되새길 수 있는 기회가 될 것이다. 기본 원리부터 심화된 개념까지 다룰 뿐만 아니라 이론적 배경과 실무 활용법도 균형 있게 담고 있으므로 초심자와 전문가 모두에게 유익한 자료가 될 것이다. 이 책이 인공지능에 대한 학습과 연구를 지속하는 데 큰 도움이 될 것이라 확신한다.

방나모(스마일게이트 선행AI기술팀)

이 책은 기본적인 수학 이론뿐만 아니라 인공지능 분야에서 수학이 실제로 어떻게 적용되는지와 왜 중요한지를 알려주는 지침서로, 누구나 이해할 수 있는 쉬운 설명 덕분에 수학을 친근하게 느낄 수 있을 것이다. 인공지능의 핵심 개념을 다양한 실제 사례와 함께 설명하며, 수학적 모델이 인공지능의 성능에 어떻게 영향을 미치는지 구체적으로 보여준다. 이 책을 보면 인공지능과 수학의 상호 작용을 이해하고 더 깊이 있는 지식을 얻을 수 있을 것이다.

박진윤(인공지능 개발자)

지은이·옮긴이 소개

지은이 할라 넬슨 Hala Nelson

제임스 매디슨 대학교의 수학과 부교수. 뉴욕 대학교의 쿠란트 수학연구소에서 박사 학위를 받고, 미시간 대학교에서 박사 후 연구 조교수로 일했다. 수학 모델링을 전문으로 하며 공공 부문의 긴급 및 인프라 서비스를 위한 자문을 맡고 있다. 복잡한 아이디어를 간단하고 실용적인 용어로 번역하는 것을 좋아한다. 설명하는 사람이 수학 개념을 제대로 이해하지 못했거나 지식을 과시하려는 것이 아니라면 수학 개념을 쉽게 이해할 수 있다고 생각한다.

옮긴이 안민재 emjay.data@gmail.com

연세대학교 전기전자공학부를 졸업하고 웹 및 모바일 애플리케이션 개발로 코드를 읽고 쓰기 시작했다. 스타트업에서 추천 시스템을 개발하면서 데이터에 푹 빠졌고, 나스미디어에서 AI를 도입하기 위한 데이터 파이프라인 구축, 모델 개발, 서비스 및 MLOps 전반을 다루었다. 현재는 스마일게이트 AI 센터에서 ML 엔지니어로 일하고 있다. 요즘은 LLM 연구와 프로덕션 환경에서의 LLM 운영에 관심이 많다. 개발과 계발 이야기를 기록하고자 두 개의 블로그(*https://emjayahn.github.io*, *https://emjayahn.kr*)를 운영 중이다.

● 옮긴이의 말

'인공지능(AI)'이라는 단어가 사용되지 않는 곳이 거의 없을 만큼 현재 인공지능과 머신러닝은 기술 혁명의 선봉에 서 있습니다. 영화나 드라마에서도 인공지능이 세상을 장악하는 모습이 다뤄질 뿐만 아니라 실제 우리의 삶에도 인공지능이 자연스럽게 자리잡고 있습니다. 첨단 기술로 분류되는 인공지능도 그 기반은 모두 수학으로 이루어져 있습니다. 마치 건물을 지을 때 지도와 설계도가 필요한 것처럼 인공지능도 알고리즘과 모델이라는 지도와 설계도가 필요한데, 이 지도와 설계도를 만드는 데에는 수학이 필수입니다.

저는 이 책을 번역하면서 인공지능과 머신러닝이라는 분야가 얼마나 중요한지, 그리고 수학이 이 분야에서 얼마나 중요한 역할을 하는지 다시 한번 깨달았습니다. 물론 저도 학교에서 수학을 공부할 때는 어렵고 지루하다고 생각했습니다. 하지만 이 책을 통해 수학이 우리가 사는 세상을 이해하고 변화시키기 위한 강력한 도구라는 사실을 알게 되었습니다.

여전히 많은 사람들이 수학을 어렵고 지루한 것이라고 생각합니다. 수학 공식과 증명에 대한 두려움 때문에 인공지능과 머신러닝 분야에 대한 공부를 포기하기도 합니다. 하지만 인공지능이 우리 삶과 더 가까워지고 있는 만큼 관련된 수학 개념을 알고 인공지능에 대해 더 깊이 이해해보면 좋겠습니다.

이 책은 인공지능과 머신러닝의 기본이 되는 전반적인 수학 기초 개념을 쉽게 설명합니다. 어려운 수학 공식과 증명 대신 실제로 인공지능과 머신러닝에 사용되는 수학 개념을 예제와 그림을 통해 설명하기 때문에 다른 책들보다 더 쉽게 이해할 수 있을 것입니다. 또한 원서의 설명이 부족한 부분은 주석으로 보충 설명을 달아 좀 더 쉽게 이해할 수 있도록 했습니다. 인공지능의 다양한 분야에서 활용될 수 있는 기초적인 수학 지식을 습득해 더욱 십두 있는 수학, 인공시능 연구·개발의 토대로 활용할 수 있기를 바랍니다.

마지막으로 이 책을 번역하는 데 도움을 주신 분들께 감사 인사를 전합니다. 먼저 이 책의 원고를 검토해주신 베타리더 분들께 감사드립니다. 바쁘신 와중에도 시간을 내주신 변성윤 님, 김석겸 님, 박진윤 님, 방나모 님께 감사드립니다. 덕분에 독자의 입장에서 제가 놓칠 수 있었던 점들을 보충할 수 있었습니다. 또한 번역 작업 내내 꼼꼼하게 살펴봐주시고 피드백해주신 한빛미디어의 이채윤 편집

◖● 옮긴이의 말 ────────────────────────────────●

자 님께도 감사드립니다. 덕분에 조금 더 친근한 수학 기본서가 된 것 같습니다. 그리고 아낌없이 응원해주신 박기업 권사님, 안용진 님, 김은자 님께도 감사드립니다. 기도와 응원 덕분에 포기하지 않고 긴 여정을 마칠 수 있었습니다.

번역 시작과 함께 결혼 준비를 시작해 1년 사이에 결혼을 하게 되었습니다. 제가 이 책을 끝까지 마무리할 수 있었던 것은 모두 아내 덕분입니다. 이른 새벽, 퇴근 후 번역하는 제 일상을 모두 이해해주고, 더딘 번역 작업에 항상 응원의 말을 건네준 제 아내 한지윤에게 가슴 깊이 감사하며 사랑한다는 말을 전합니다.

번역서에서 활용되는 코드는 *https://github.com/EmjayAhn/essential-mathematics-for-ai*에서 주피터 노트북을 통해 실습해볼 수 있습니다. 이 책과 관련된 것뿐만 아니라 인공지능과 머신러닝에 관련된 질문과 이야기라면 무엇이든 같이 나눠보면 좋을 것 같습니다. 언제든지 블로그나 이메일로 연락해주시기 바랍니다.

안민재

집필 의도

인공지능은 수학적 모델을 기반으로 한다. 따라서 우리는 수학적 모델에 대해 알아야 한다.

이 책은 순수한 구어체로 작성[1]되었고, 대부분의 기술적인 세부 사항은 생략했기 때문에 수학 공식, 방정식, 정리, 증명, 코딩이 거의 없는 수학책이라고 봐도 무방하다. 필자의 목표는 이 중요한 지식을 극소수 엘리트의 손에 맡기지 않고 더 많은 사람을 기술 분야로 끌어들이는 것이다. 많은 사람들이 수학을 잘 할 수 있다는 사실을 알게 되기도 전에 수학에 질려버린다. 이는 대학이나 대학원에서도 마찬가지다. 많은 수학 전공 학생들이 다른 전공으로 바꾸거나 박사 과정을 시작해도 끝내지 못한다. 그 이유는 능력이 부족해서가 아니라 자신의 삶에 유용하게 적용될 것 같지 않은 것들을 배워야 하는 동기나 목표를 찾지 못했기 때문이다. 수학에서 대상을 함수, 공간, 측정 공간, 전체 수학 분야로 형식화하는 것은 충분한 동기부여가 있은 후에 이루어져야 한다. 불행히도 우리는 반대로, 즉 형식을 먼저 배우고 운이 좋으면 그 다음에 동기를 부여받는 식으로 학습했다.

수학의 뛰어난 점은 겉으로 보기에 별개로 보이는 것들을 연결하는 표현력을 가지고 있다는 점이다. 인공지능처럼 파급력이 큰 분야는 당연하게도 수학에 기반을 두고 있으며, 해당 분야의 방대한 내용을 간결하게 전달하기 위해서는 오직 수학만이 제공할 수 있는 결합 능력이 필요하다. 이 책에서는 실제 인공지능 애플리케이션에 대한 적용을 염두에 두고 인공지능 분야에서 벗어나지 않는 방식으로 인공지능에 필요한 수학을 다룰 것이다. 기존 도구들을 상세히 살펴보다 보면 내용이 백과사전처럼 방대해질 수밖에 없다. 따라서 필자는 이러한 도구들을 여러분이 특정 목적을 달성하기 위한 수단으로 생각하고 전체적으로 바라보는 방법을 제공할 것이다. 이 책을 통해 각 수학 개념이 서로 어떻게 연관되어 있고, 왜 특정 방법을 다른 방법보다 우선적으

---

1 옮긴이_ 영어의 구어체 표현이 어색한 경우 우리말의 문어체 표현으로 옮겼다.

로 개발하고 사용하는지 이해할 수 있게 되기를 바란다. 어떤 의미에서 이 책은 여러분이 관심 있거나 전문화하고 싶은 분야로 여러분을 이끌어줄 출발점이 되어줄 것이다.

이 책의 또 다른 목표는 수학을 대중화하고, 사물의 작동 원리에 대해 질문할 수 있는 자신감을 키우는 것이다. '복잡한 개념이다', '복잡한 기술이다', '복잡한 모델이다'와 같은 답변은 더 이상 만족스럽지 않다. 수학 모델을 기반으로 하는 기술은 현재 우리 삶의 모든 영역에 영향을 미치기 때문이다. 모든 수학 분야에 대해 아는 전문가가 될 필요는 없다(아무도 그렇지 않다). 모델을 비롯한 모든 것이 어떻게 만들어지고 왜 그런 식으로 작동하는지 이해하기 위해 전문가가 될 필요도 없다. 하지만 수학 모델에 대해 모든 사람이 알아야 할 것이 있다. 수학 모델은 항상 답을 준다. 모델은 항상 숫자를 내놓는다. 탄탄한 이론을 토대로 검증된 모델은 반드시 답을 제시한다. 게다가 완전히 쓰레기 같은 모델조차도 답을 제시한다. 모델은 무엇을 기반으로 만들어졌는가? 이 모델의 가정과 한계는 무엇이며, 훈련 데이터와 테스트 데이터가 무엇인가? 이들은 어떤 변수를 고려하고 제외했는가? 개선을 위한 피드백 루프가 있는가? 비교하고 개선할 수 있는 근본적인 진실이 있는가? 이를 뒷받침하는 이론이 있는가? 이러한 정보는 투명하게 공개되어야 한다.

이 책의 목차를 독특하게 배치한 것은 필자의 의도다. 적용 가능한 내용에 도달하기 전에 수학적인 세부 사항에 얽매이지 않고 싶었다. 필자는 무언가를 직접 구현하거나 실행하지 않는 한 배경 지식까지 깊이 파고들 필요는 없다고 생각한다. 배경 지식은 우리의 지식에 공백을 남기고 진행을 막는다. 모든 것이 어떻게 연결되고 어디에 어울리는지 '전체를 보는 것'이 훨씬 더 중요하다. 다시 말해 이 책은 수학과 인공지능 사이의 모든 것이 서로 어떻게 상호 작용하는지 보여주는 지도와 같다.

또한 대규모 데이터셋 시대에 대해 수학과 인공지능 입문자에게 강조하고 싶은 점이 있다. 실제이든 시뮬레이션이든, 구조화되었든 비구조화되었든, 대규모 데이터로 작업하기 전에 우리는 아마 컴퓨터와 인터넷을 당연하게 여겼을 것이다. 어떤 모델을 제안하거나 작고 정제된 데이터셋에 대해 분석을 수행해야 할 때 우리는 기기의 하드웨어가 계산을 처리할 것이라고 가정했을 것이며, 필요하다면 인터넷이 더욱 정제된 데이터나 유사한 모델에 대한 정보를 제공해줄 것이라고 가정했을 것이다. 하지만 데이터 접근, 데이터 오류, 쿼리 결과물 오류, 하드웨어 제약, 스토리지, 장치 간 데이터 흐름, 자연어나 이미지/동영상 같은 비구조화 데이터의 벡터화 등은 우리를 한계에 부딪히게 만든다. 그리고 그 순간부터 우리는 모델을 실행할 수 있도록 해주는 컴퓨터 인프라를 이해하기 위해 병렬 컴퓨팅, 클라우드 컴퓨팅, 데이터 관리, 데이터베이스, 데이터 구조, 데이터 아키텍처, 데이터 엔지니어링에 뛰어들기 시작한다. 우리가 보유한 인프라는 어떤 종류이며 어떻게 구성되어 있는가? 어떻게 발전했고 어디로 향하는가? 이와 관련된 하드웨어를 포함한 아키텍처는 어떠한가? 하드웨어는 어떻게 작동할까? 양자 컴퓨팅에 대한 소란은 왜 발생하는가? 우리는 소프트웨어를 하드웨어 또는 (모델을 시뮬레이션할 수 있도록 해주는) 인프라와 분리해서 봐서는 안 된다. 이 책은 오직 수학, 인공지능 모델, 그리고 약간의 데이터에 초점을 두고 있다. 연습 문제도 코딩도 없다. 다시 말해 유연하고 지적인 측면 그리고 '만질 필요 없는' 부분에 집중하는 것이다. 하지만 우리 삶의 여러 측면을 지원하는 기술, 즉 하드웨어, 소프트웨어, 센서 및 측정 장치, 데이터 웨어하우스, 연결 케이블, 무선 허브, 위성, 커뮤니케이션 센터, 물리적/소프트웨어 보안 조치, 수학 모델이 현실에서 상호 연결된 하나의 몸체가 되는 것을 이해할 수 있을 때까지 계속해서 공부해야 한다.

대상 독자

- 수학을 잘 알고 있으며 인공지능, 머신러닝, 데이터 과학 분야에 입문하고 싶은 사람
- 인공지능, 데이터 과학, 머신러닝을 실제로 활용하지만 수학적 사고력을 향상시키고 최신 모델의 수학적 아이디어를 알고 싶은 사람
- 인공지능에 관심이 있는 수학, 데이터 과학, 컴퓨터 과학, 운용 과학, 과학, 공학 또는 기타 분야의 학부생 또는 대학원 초년생

- 인공지능과 데이터 분석을 비즈니스 운영에 통합하기 위해 결정의 근거가 될 수 있는 모델이 실제로 어떻게 작동하는지 더 깊이 이해하고자 하는 경영진
- 주로 BI Business Intelligence 를 수행하고 있지만 인공지능 기반의 BI로 이끌리고 있는 데이터 분석가(BI를 비즈니스 결정에 도입하기 전에 그 실체가 무엇인지 알고 싶은 사람)
- 인공지능의 윤리적 문제에 관심이 있고 자율 무기, 타깃 광고, 데이터 관리 등과 같은 특정 이슈에 대해 찬성 또는 반대의 근거를 제시하기 위해 모델의 내부 작동 원리를 이해하고자 하는 사람
- 수학과 인공지능 관련 강좌를 개설하려는 교육자
- 인공지능이 궁금한 사람

이 책을 읽으면 안 되는 사람들

다음과 같은 사람들은 이 책을 읽지 말아야 한다.

- 특정한 수학적 기법이나 방법을 익히기 위해 앉아서 많은 연습 문제를 풀고 싶은 사람
- 정리를 작성하고 증명하고 싶은 사람
- 코딩과 개발을 배우고 싶은 사람

이는 수학 교과서가 아니다. 미적분학, 선형 대수학, 확률을 가르치는 훌륭한 교과서는 많이 있다(하지만 수학을 인공지능과 관련짓는 책은 거의 없다). 하지만 이 책에는 전문성, 엄격한 서술, 증명에 깊이 빠져들고 싶은 사람을 위해 관련 서적과 출판물에 대한 많은 참고 자료가 포함되어 있다. 또한 이 책은 코딩을 가르쳐주지 않는다. 기술 구현과 개발보다는 개념, 직관, 전반적인 이해에 중점을 둔다.

이 책에서 수학을 다루는 방법

이 책을 집필하는 것은 궁극적으로 결정을 내리는 과정이었다. 각 주제마다 자료를 가장 통찰력 있는 방식으로 구성하는 방법, 자세히 설명할 내용과 생략할 내용을 선택하는 것들 말이다. 필자는 몇몇 부분에서는 수학을 상세히 설명하고 그 외의 부분에서는 세부 사항을 생략할 것이다. 이는 매우 의도적인 것이다. 머릿속을 복잡하게 만들지 않으려는 것이 목표이기 때문이다. 다음은 필자가 이 책을 집필하면서 계속 유념했던 문장이다.

어떤 수학을 사용하고, 왜 수학이 필요하며, 정확히 인공지능의 어느 부분에 사용되는가?

필자는 항상 여러 응용 사례와 함께 인공지능의 맥락을 정의한다. 그런 다음 관련 수학에 대해 이야기하는데 때로는 자세하게, 때로는 대략적인 사고 방식만 언급한다. 세부 사항을 건너뛰어야 할 때는 우리가 생각해보아야 할 질문들과 답을 찾는 방법을 제시했다. 필자는 수학, 인공지능 그리고 모델을 하나의 연결된 개체로 보여주려고 노력했다(반드시 필요한 기초일 때만 더 깊이 파고들었다). 이때도 형식에 집중하기보다는 직관을 선호했다. 필자는 여러분이 일부 기술 용어를 한 번쯤 접해보았기를 바라면서 해당 용어를 정의하기 전에 사용하기도 했다. 이런 점에서 자연어 이해를 위한 인공지능의 트랜스포머Transformer 철학(구글 브레인Google Brain의 2017년 논문 「Attention Is All You Need」 참고)을 본받았다. 트랜스포머 모델은 문맥에서 단어의 의미를 학습한다. 따라서 필자가 정의하지 않은 용어를 만났을 때는 그 용어의 앞뒤 맥락에 집중하면 좋겠다. 물론 구글에 검색해보는 것도 방법이다. 전체적으로 전문 용어와 약어를 사용하지 않으려고 노력했다.

이 책은 수학, 데이터 과학, 인공지능, 머신러닝, 철학이 교차하는 영역을 다루며, 필자는 굉장히 다양한 배경과 실력을 가진 사람들을 염두에 두고 집필했다. 따라서 주제에 따라 어떤 사람은 너무 기초적이라고 느낄 수도 있고 또 어떤 사람은 너무 복잡하다고 느낄 수도 있다. 이 과정에서 누군가의 지식 수준을 비하하는 일이 없기를 바란다. 이는 모든 독자가 이 책에서 유용한 정보를 얻도록 하기 위해 필자가 감당해야 할 위험이라고 생각한다. 예를 들어 수학자라면 이 책을 통해 인공지능 응용 분야를 배우게 될 것이고, 데이터 과학자와 인공지능 실무자라면 더 심화된 수학 내용을 접하게 될 것이다.

이 책에서 다루는 주제들은 저마다 기술적인 난이도가 다르다. 따라서 특정 주제가 너무 헷갈린다면 일단 해당 주제의 존재를 기억해두고 다음 주제로 건너뛰자. 다음 내용들을 공부한 후에 건너뛴 부분으로 다시 돌아와서 학습하면 좀 더 쉽게 이해될 것이다.

대부분의 Chapter는 독립적이므로 관심 있는 주제 먼저 읽어도 무방하다. 서로 관련이 있는 Chapter는 미리 언급할 것이다. 각 Chapter를 독립적으로 구성하려다 보니 몇몇 설명이 반복되기도 한다. 확률에 대한 내용은 이 책의 뒷부분인 〈Chapter 11 확률〉에서 다루지만 필자는 이 책의 전반에 걸쳐 확률 분포(특히 데이터셋의 피처에 대한 결합 확률 분포)에 대해 언급한다. 확률 이론의 문법을 배우기 전에 확률 언어에 익숙해지고 이것이 인공지능 모델과 어떻게 관련되는지 이해해야 확률과 관련된 문법을 배울 때 맥락을 잘 파악할 수 있기 때문이다.

필자는 두 가지 유형의 학습자가 있다고 생각한다. 하나는 세부 사항과 구체적인 내용을 배우고 난 후에 개념이 어떻게 맞물려 있는지 큰 그림을 그리는 유형이고, 다른 하나는 큰 그림을 이해하고 개념이 서로 어떻게 연관되어 있는지를 먼저 파악한 다음 필요할 때만 세부 사항을 파고드는 유형이다. 두 유형 중 더 좋은 유형은 없으며 이는 단지 개인의 성향에 따른 차이일 뿐이다. 필자는 두 번째 유형이 더 잘 맞는 편이며 이 책에도 그 점을 반영했다. 우선 전체적인 그림, 즉 수학과 인공지능이 어떻게 상호 작용하는지에 대해 살펴본다. 여러 주제가 난무하는 것처럼 느껴질 수도 있지만 수학과 인공지능 양쪽 모두에 대한 훌륭한 지식 기반과 함께 자신감을 얻게 될 것이다.

필자는 아버지에게 운전을 배웠다. 절벽길이 나타나자 아버지는 (꼭 도움이 될 것처럼) 이렇게 말씀하셨다.

절벽에서 떨어지지 않도록 운전해봐. 무서워하지 마, 내가 보고 있어.

필자는 절벽으로 떨어지지 않았다(이제는 절벽길을 달리는 것을 좋아한다). 이제 이것을 강화 학습으로 자율 주행차를 훈련하는 것과 연결해보자. 다만 절벽에서 떨어지는 대가가 필자에겐

−∞라는 점만 다르다. 필자는 시뮬레이션이 아니라 실제로 자동차를 탄 사람이었기 때문이다.

여러분은 이런 식으로 이 책에서 수학과 인공지능을 배우게 될 것이다. 서론, 결론, 정의, 정리, 연습 문제 등은 없다. 몰입만이 있을 뿐이다.

여러분은 이미 수학과 인공지능 안에 있다. 이제 스스로 운전해보자.

인포그래픽

필자는 모든 주제를 시각적으로 연결하는 인포그래픽을 함께 제공한다. 웹 페이지[2]에서 이를 확인할 수 있다.

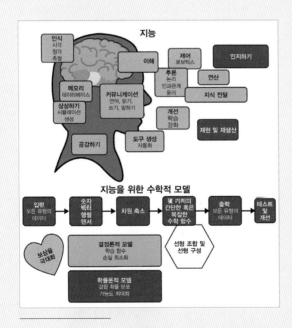

2 https://github.com/halanelson/Essential- Math-For-AI
    옮긴이_ 옮긴이의 GitHub 페이지 https://github.com/EmjayAhn/essential-mathematics-for-ai에서도 확인할 수 있다.

배경 지식

이 책은 우리가 사용해야 하는 모든 것을 설명한다는 점에서 독립적이다. 벡터, 행렬의 덧셈과 곱셈 그리고 몇 가지 행렬 분해 등의 연산을 비롯하여 미적분학과 선형 대수학에 대한 기본 개념을 접해본 경험이 있으면 좋다. 또한 함수가 무엇인지, 어떻게 입력을 출력으로 매핑하는지에 대한 이해가 있으면 좋다. 인공지능에서 수학적으로 수행하는 대부분의 작업은 주로 함수를 구성하거나, 함수 값을 계산하거나, 함수를 최적화하거나, 여러 개의 함수를 합성하는 과정과 관련되어 있다. 도함수(사물의 변화 속도를 측정하는 것)와 연쇄 법칙에 대한 지식이 필요하며 함수의 의미에 대해서는 반드시 알고 있어야 한다. 요즘에는 컴퓨터, 파이썬^{Python}, Desmos, Wolfram|Alpha가 많은 연산을 대신 해주기 때문에 각 함수의 계산 방법을 반드시 알 필요는 없지만 의미는 이해할 수 있어야 한다. 확률적 사고와 통계적 사고에 대한 개념을 가지고 있는 것도 도움이 된다. 마지막으로, 앞서 언급한 내용을 모른다 하더라도 전혀 문제없다. 다만 특정 개념에 익숙해지기 위해 (다른 책들의) 예시 문제 몇 개를 스스로 풀어보아야 할 수도 있다. 모르는 용어가 나왔을 때는 그 용어가 등장한 맥락을 잘 알고 있을 때만 해당 용어에 관해 찾아보자. 필자는 이 책에서 어떻게 해서든 전문 용어 사용을 피하려고 노력했기 때문에 모르는 용어를 모두 찾아보더라도 크게 뒤처지진 않을 것이다.

책의 구성

이 책은 총 14개의 Chapter로 구성된다.

윤리, 정책, 사회적 영향, 다양한 함의, 기회 그리고 도전과 관련하여 인공지능 기술과 수학에 관심이 있는 사람은 〈Chapter 1 인공지능 수학을 왜 배워야 할까?〉와 〈Chapter 14 인공지능, 윤리, 수학, 법률, 정책〉을 먼저 읽자. 만약 이런 것들에 관심이 없다면 왜 관심을 가져야 하는지 알려줄 것이다. 이 책에서는 수학을 복잡한 공식, 정리, 그리스 문자가 가득한 것으로 표현하기보다 겉보기에는 별개인 주제들을 연결하는 매개체로 다룰 것이다.

〈Chapter 13 인공지능과 편미분 방정식〉은 미분 방정식(상미분 방정식과 편미분 방정식)을 접해본 적이 없다면 이 책의 나머지 부분과 동떨어진 내용이라고 느껴질 수도 있다. 하지만 수학적 모델링, 물리학, 자연 과학, 시뮬레이션, 수학적 분석에 관심이 있고 인공지능이 이 분야에 어떻게 도움이 될 수 있는지, 반대로 미분 방정식이 인공지능에 어떻게 도움이 될 수 있는지 알고 싶은 사람은 Chapter 13의 내용을 높게 평가할 것이다. 수많은 과학적 업적들이 미분 방정식을 기반으로 이루어졌기 때문에 오래된 문제를 해결할 수 있는 잠재력을 지닌 계산 기술의 태동기에 미분 방정식을 빼놓을 수는 없다. Chapter 13은 인공지능 자체에 필수적인 것은 아니지만 수학 전반에 대한 일반적인 이해와 인공지능 및 신경 연산자$^{neural\ operator}$의 이론적 기초를 구축하는 데는 필수적이다.

Chapter 13을 제외한 나머지 내용들은 인공지능, 머신러닝, 데이터 과학에 필수적이다. 〈Chapter 6 특이값 분해: 이미지 처리, 자연어 처리, 소셜 미디어〉에서는 특이값 분해(SVD)를 다루는데, 이를 다루기 좋은 지점은 따로 정해져 있지 않다. 특이값 분해는 주성분 분석(PCA)과 잠재 의미 분석에 매우 중요하며, 차원 축소$^{dimension\ reduction}$에 사용되는 유용한 방법이다. Chapter 6은 여러분이 생각하기에 이 주제와 가장 잘 어울리는 Chapter를 읽기 전이나 후에 읽기를 추천한다. 사람마다 배경 지식, 관심 있는 산업과 학문 분야에 따라 읽는 시점이 다를 것이다.

각 Chapter의 내용을 간략하게 살펴보자.

Chapter 1	인공지능 수학을 왜 배워야 할까?
	인공지능 시대가 열렸다. 인공지능은 이미 우리 삶의 많은 영역에 깊숙이 침투하여 중요한 결정을 내리는 데 활용되고 있으며, 머지않아 우리 사회와 운영의 모든 분야에 적용될 것이다. 인공지능 기술은 매우 빠르게 발전하고 있으며 인공지능에 대한 투자도 급증하고 있다. 인공지능이란 무엇일까? 무엇을 할 수 있을까? 한계는 무엇일까? 어디로 향하고 있을까? 인공지능은 어떻게 작동할까? 우리가 인공지능의 작동 원리를 알아야 하는 진짜 이유는 무엇일까? 여기서는 주요 인공지능 응용 사례, 기업이 시스템에 인공지능을 통합할 때 일반적으로 발생하는 문제, 시스템이 제대로 구현되지 않을 때 발생하는 사고, 인공지능 솔루션에 일반적으로 사용되는 수학적 개념 등을 간략하게 살펴본다.

Chapter 2	데이터, 데이터, 또 데이터
	데이터가 인공지능의 핵심이라는 점을 강조한다. 일반적으로 혼동을 야기하는 개념들을 짚고 넘어갈 것이다. 구조화된 데이터와 비구조화된 데이터, 선형 모델과 비선형 모델, 실제 데이터와 시뮬레이션 데이터, 결정론적 함수와 확률 변수, 이산 분포와 연속 분포, 사전 확률과 사후 확률, 가능도 함수 등에 대해 알아본다. 확률과 통계에 대한 세부 사항은 다루지 않으며, 인공지능에 필요한 기본적인 개념을 지도 형식으로 제공하고 가장 많이 사용되는 확률 분포를 소개한다.
Chapter 3	데이터에 함수를 최적화시키는 방법
	2012년 이후 인공지능을 다시 주목받게 만든 성공적인 신경망을 포함하는 머신러닝 모델의 핵심에는 매우 간단한 수학적 문제가 있다. 바로 주어진 데이터 포인트들을 적절한 함수에 맞추고 이 함수가 새로운 데이터에서 잘 작동하도록 하는 것이다. 여기서는 실제 데이터셋과 간단한 예를 사용하여 이러한 사실을 강조할 것이다. 회귀, 로지스틱 회귀, 서포트 벡터 머신(SVM), 그리고 널리 사용되는 머신러닝 모델들을 훈련 함수, 손실 함수, 최적화라는 하나의 통합된 주제로 논의한다.
Chapter 4	신경망을 위한 최적화
	인공 신경망은 수백만 개의 뉴런이 계층 구조로 배열된 대뇌 피질을 모델로 한다. 뇌는 이미 본 적 있는 개념에 직면했을 때 뉴런 연결을 강화하고, 이전에 학습한 개념을 무효화하거나 반박하는 새로운 정보를 학습하면 연결을 약화시키는 방식으로 학습한다. 반면에 기계는 숫자만 이해한다. 수학적으로 더 강한 연결은 더 큰 숫자(가중치)에 해당하고, 더 약한 연결은 더 작은 숫자에 해당한다. 여기서는 뇌에서 학습이 일어나는 방식과 유사하게 신경망을 훈련할 때 사용되는 최적화 및 역전파 단계에 대해 설명한다(물론 인간은 이 과정을 완전히 이해하지 못한다). 또한 다양한 정규화 기법을 살펴보고 각각의 장점과 단점, 사용 사례를 설명한다. 그런 다음 근사 이론과 관련된 직관을 비롯해 신경망의 보편 근사 정리 universal approximation theorem 와 관련된 배경 지식을 설명할 것이다.
Chapter 5	합성곱 신경망과 컴퓨터 비전
	합성곱 신경망(CNN)은 컴퓨터 비전과 자연어 처리에 널리 사용되고 있다. 여기서는 합성곱과 교차 상관관계에 대한 설명을 시작으로 시스템 설계, 신호 및 이미지 필터링에서의 연산 활용을 살펴본다. 그 후 합성곱을 신경망과 통합하여 이미지에서 고차원 피처를 추출하는 방법을 다룬다.
Chapter 6	특이값 분해: 이미지 처리, 자연어 처리, 소셜 미디어
	대각 행렬은 매우 활용성이 높다. 특이값 분해(SVD)는 선형 대수학에서 밀집 행렬을 대각 행렬로 변환하는 매우 중요한 방법이다. 이 과정에서 특이값 분해는 행렬이 공간 자체에 미치는 작용, 즉 회전/반사, 스트레칭/압축을 표현하게 된다. 이 간단한 과정은 모든 숫자 행렬에 적용 가능하다. 이러한 광범위한 적용 가능성과 필수적인 정보를 유지하면서 차원을 크게 줄일 수 있는 능력 덕분에 특이값 분해는 데이터 과학, 인공지능 및 머신러닝 분야에서 활용도가 높고 인기도 많다. 특이값 분해는 주성분 분석(PCA)과 잠재 의미 분석(LSA)의 핵심적인 수학적 배경이 되는데, 여기서는 특이값 분해와 가장 관련성이 높은 최신 응용 사례를 함께 살펴본다.

Chapter 7	자연어 처리와 금융 인공지능
	토픽 식별, 기계 번역, 어텐션 모델과 같은 자연어 처리 모델의 맥락에서 수학을 소개한다. 가장 큰 장애물은 의미를 전달하는 단어와 문장을 기계가 처리할 수 있는 저차원 숫자 벡터로 변환하는 것으로, 여기서는 구글의 트랜스포머(2017) 같은 최신 모델과 관련된 수학적 내용만 다룬다. 이때 시계열 데이터 및 모델(순환 신경망 등)이 자연스럽게 등장한다. 금융과 자연어 처리 모두 모델링과 상호 작용 측면의 공통점이 있으므로 금융 인공지능도 간략하게 소개한다.
Chapter 8	확률적 생성 모델
	기계는 점점 더 사실적인 이미지를 생성하는 쪽으로 발전하고 있다. 최근 패션 업계에서 활용되는 이미지는 실제 사람인지 컴퓨터가 생성한 이미지인지 구분하기 어렵다. 적대적 생성 신경망(GAN)과 기타 생성 모델이 만들어내는 이미지로 인해 현실과 가상의 경계가 더 모호해지고 있다. 적대적 생성 신경망은 두 개의 신경망을 사용해 간단한 수학적 과정을 반복하도록 설계되어 있어 머신 자체가 실제 이미지와 컴퓨터 생성 이미지를 구별하지 못하는 수준에 이를 때까지 학습한다. 두 신경망이 서로 경쟁하기 때문에 이 부분에서 게임 이론과 제로섬 게임이 자연스럽게 등장한다. 여기서는 인간의 정서와 상상력을 모방하는 생성 모델을 살펴본다. 이러한 모델은 데이터셋 확장부터 고에너지 물리 분야에 이르기까지 광범위하게 응용되고 있다.
Chapter 9	그래프 모델
	그래프와 네트워크는 주변에서 쉽게 접할 수 있다. 도시와 도로 지도, 공항과 연결 항공편, 웹, 클라우드(컴퓨팅), 분자 네트워크, 인간의 신경계, 소셜 네트워크, 테러 조직 네트워크, 다양한 머신러닝 모델과 인공 신경망 등이 그 예다. 자연스러운 그래프 구조를 가진 데이터는 그 구조를 활용하고 유지하는 메커니즘을 통해 더 잘 이해될 수 있다. 즉, 데이터를 분석하기 전에 인위적으로 재구성하려는 시도를 하는 기존 머신러닝 모델에 그래프 데이터를 삽입하는 대신 그래프 자체에서 직접 작동하는 함수를 구축하는 것이다. 이는 합성곱 신경망이 이미지 데이터에서, 순환 신경망이 시계열 데이터에서 성공적인 이유와 동일하다. 그래프 신경망의 핵심 수학은 그래프 이론, 컴퓨팅, 신경망 세 분야의 결합체다. 여기서는 이러한 수학을 많은 응용 사례와 함께 살펴본다.
Chapter 10	운용 과학
	운용 과학의 또 다른 적절한 이름은 '물류 최적화'라고 할 수 있다. 여기서는 공급망, 외판원 문제, 일정 관리 및 직원 배치, 대기 행렬 등 고차원, 복잡성, 이해 관계와 제한된 자원 간 균형 조정의 필요성이 주된 특징인 인공지능과 운용 과학이 교차하는 문제들을 소개한다. 그리고 이러한 문제를 해결하기 위해 필요한 수학인 최적화, 게임 이론, 이중성, 그래프 이론, 동적 계획법을 살펴본다.
Chapter 11	확률
	확률 이론은 무작위성과 불확실성을 체계적으로 정량화할 수 있는 방법을 제공한다. 그리고 인공지능에서 가장 중요한 상황인 정보와 지식이 불확실할 때 논리를 일반화한다. 여기서는 베이즈 네트워크와 인과 모델, 역설, 대형 확률 행렬, 확률 과정, 마르코프 체인, 강화 학습 등 인공지능 응용에 필수적인 확률 이론 개념들을 다룬다. 측도 이론을 간결하게 설명하고 심화 학습으로 신경망의 보편 근사 정리를 소개한다.

Chapter 12	수학적 논리
	이 주제는 매우 중요하지만 책의 자연스러운 흐름을 방해하지 않기 위해 책의 후반부에 배치했다. 지식을 수집하고 자신이 존재하는 환경에 대해 논리적으로 추론하며 이를 기반으로 올바른 결정을 내릴 수 있는 에이전트를 설계하는 것은 인공지능의 핵심이다. 여기서는 지능적 지식 기반 에이전트 내에서의 명제 논리, 1차 논리, 확률 논리, 퍼지 논리 및 시간 논리를 간략하게 살펴본다.
Chapter 13	인공지능과 편미분 방정식
	미분 방정식은 공기의 난류부터 은하계, 주식 시장, 인구 증가에 이르기까지 현실의 수많은 현상을 모델링한다. 이러한 현실 기반 모델은 일반적으로 해결하기 매우 어려우며 기존의 수치 해석 기법에 의존할 경우 엄청난 양의 컴퓨터 처리 능력을 필요로 한다. 최근에는 인공지능이 미분 방정식의 해결을 가속화하기 위해 개입하고 있다. 우선 미분 방정식에 대해 집중적으로 다룬 다음, 미분 방정식을 해결하는 전체 과정을 단순화하는 새로운 인공지능 기반 방법을 탐색한다. 이 방법들은 자연 과학, 금융 및 기타 분야에서 오랫동안 지속된 문제들을 해결할 수 있는 잠재력을 가지고 있다.
Chapter 14	인공지능, 윤리, 수학, 법률, 정책
	인공지능 윤리는 인공지능에 관한 책에서 가장 먼저 다뤄야 할 내용이다. 하지만 이 주제는 너무 광범위하고 심오하여 완전히 다루려면 책 한 권으로는 부족하다. 여기서는 인공지능과 관련된 다양한 윤리적 문제, 즉 공정성, 편견, 포용성, 투명성, 정책, 규제, 개인 정보 보호, 무기화, 보안 등을 간략하게 살펴본다. 그리고 문제별로 해결 방법(수학적 솔루션 또는 정책 및 규제를 통한 솔루션)을 제시한다.

추천 도서

인공지능 및 인공지능과 밀접하게 관련된 주제에 대한 훌륭한 책들이 많이 있다. 다음 도서 목록은 필자가 여러분에게 추천하고 싶은 도서를 추린 것이다. 일부는 수학을 다루는 기술 서적이며, 일부는 입문용이거나 기술적인 내용을 전혀 다루지 않는 책이다. 또 어떤 책은 코드 중심(파이썬 3)이고 어떤 책은 코드가 전혀 없다. 필자는 다음 도서들을 읽고 많은 것을 배웠다.

- Brunton, Steven L. and J. Nathan Kutz, Data-Driven Science and Engineering: Machine Learning, Dynamical Systems and Control(Cambridge University Press, 2022)
- Crawford, Kate, Atlas of AI(Yale University Press, 2021) Preface | xxvii

- Ford, Martin, Architects of Intelligence(Packt Publishing, 2018)
- Géron, Aurélien, Hands-On Machine Learning with Scikit-Learn, Keras and TensorFlow(O'Reilly, 2022)
- Goodfellow, Ian, Yoshua Bengio, and Aaron Courville, Deep Learning(MIT Press, 2016)
- Grus, Joel, Data Science from Scratch(O'Reilly, 2019)
- Hawkins, Jeff, A Thousand Brains(Basic Books, 2021)
- Izenman, Alan J., Modern Multivariate Statistical Techniques(Springer, 2013)
- Jones, Herbert, Data Science: The Ultimate Guide to Data Analytics, Data Mining, Data Warehousing, Data Visualization, Regression Analysis, Database Querying, Big Data for Business and Machine Learning for Beginners(Bravex Publications, 2020)
- Kleppmann, Martin, Designing Data-Intensive Applications(O'Reilly, 2017)
- Lakshmanan, Valliappa, Sara Robinson, and Michael Munn, Machine Learning Design Patterns(O'Reilly, 2020)
- Lane, Hobson, Hannes Hapke, and Cole Howard, Natural Language Processing in Action(Manning, 2019)
- Lee, Kai-Fu, AI Superpowers(Houghton Mifflin Harcourt, 2018)
- Macey, Tobias, ed., 97 Things Every Data Engineer Should Know(O'Reilly, 2021)
- Marr, Bernard and Matt Ward, Artificial Intelligence in Practice(Wiley, 2019)
- Moroney, Laurence, AI and Machine Learning for Coders(O'Reilly, 2021)
- Mount, George, Advancing into Analytics: From Excel to Python and R(O'Reilly, 2021)
- Norvig, Peter and Stuart Russell, Artificial Intelligence: A Modern Approach(Pearson, 2021)
- Pearl, Judea, The Book of Why(Basic Books, 2020)
- Planche, Benjamin and Eliot Andres, Hands-On Computer Vision with Tensor-Flow2(Packt Publishing, 2019)
- Potters, Marc, and Jean-Philippe Bouchaud, A First Course in Random Matrix Theory for Physicists, Engineers, and Data Scientists(Cambridge University Press, 2020)
- Rosenthal, Jeffrey S., A First Look at Rigorous Probability Theory(World Scientific Publishing, 2016)

- Roshak, Michael, Artificial Intelligence for IoT Cookbook(Packt Publishing, 2021)
- Strang, Gilbert, Linear Algebra and Learning from Data(Wellesley Cambridge Press, 2019) xxviii | Preface
- Stone, James V., Artificial Intelligence Engines(Sebtel Press, 2020)
- Stone, James V., Bayes' Rule, A Tutorial Introduction to Bayesian Analysis(Sebtel Press, 2013)
- Stone, James V., Information Theory: A Tutorial Introduction(Sebtel Press, 2015)
- Vajjala, Sowmya et al., Practical Natural Language Processing(O'Reilly, 2020)
- Van der Hofstad, Remco, Random Graphs and Complex Networks(Cambridge, 2017)
- Vershynin, Roman, High-Dimensional Probability: An Introduction with Applications in Data Science(Cambridge University Press, 2018)

예제 코드

이 책에 포함된 예제 코드는 옮긴이의 GitHub 페이지 *https://github.com/EmjayAhn/essential-mathematics-for-ai*에서 다운로드할 수 있다. 독자 여러분의 수월한 학습을 위해 원서의 저자가 제공하는 코드의 오류를 수정하고 학습에 도움이 되는 자료들을 모아두었다.

원서의 저자가 제공하는 코드는 *https://github.com/halanelson/Essential-Math-For-AI*에서 확인할 수 있다.

목차

Chapter 1   인공지능 수학을 왜 배워야 할까?

Chapter 2   데이터, 데이터, 또 데이터

Chapter **3** 데이터에 함수를 최적화시키는 방법

Chapter 5 합성곱 신경망과 컴퓨터 비전

Chapter 6 특이값 분해: 이미지 처리, 자연어 처리, 소셜 미디어

Chapter **7** **자연어 처리와 금융 인공지능: 벡터화와 시계열 분석**

Chapter 8 확률적 생성 모델

Chapter 9 그래프 모델

Chapter 11 확률

인공지능 수학을 왜 배워야 할까?

> 누군가 '이것이 지적인 존재다'라고 할 때까지
> " 나는 계속해서 찾고 또 주의를 기울였다. "
>
> – H.

인공지능^{artificial intelligence}(AI)의 시대가 도래했다. 인공지능은 우리 삶의 다양한 측면에 자리잡았고 매우 중요한 의사 결정에까지 개입하고 있다. 인공지능 기술은 매우 빠르게 발전하고 있으며 이에 대한 투자도 급증하고 있다. 동시에 우리는 매일같이 새로운 인공지능의 성과와 관련된 소식을 들으며 인공지능 열풍 한가운데 있다는 느낌을 받는다. 인공지능은 최고의 바둑 기사를 이기고 분류 작업에서는 인간의 시각을 능가하며 딥페이크^{deepfake}로 새로운 이미지를 합성해낼 수 있게 되었다. 또한 고에너지 물리학 데이터를 생성하고 자연 현상을 모델링한 어려운 편미분 방정식을 스스로 풀기도 한다. 그리고 이 순간에도 인공지능 기반의 자율 주행 차량이 거리를 돌아다니고, 배송용 드론이 지역 곳곳을 떠나니고 있다. 인공지능은 곧 우리 사회의 모든 분야에 적용되어 대부분의 일상적인 작업들을 도와줄 것이다.

요즘 우리는 어디서나 인공지능의 무한한 잠재력에 관해 듣게 된다. 인공지능은 의료 및 교육 시장을 혁신할 것이고 전 세계적 기아 문제를 해결할 것이며 기후 변화에 맞설 것이다. 또한 멸종 위기에 처한 동식물을 구할 것이고 질병과 싸울 것이며 생명의 기원에 관해 파헤칠 것이고 관찰 가능한 우주를 묘사할 것이다. 우리가 살고 있는 도시와 집은 더욱 지능화될 것이고 공상 과학의 영역으로 진입할 것이다. 마침내 인간은 자신의 뇌를 컴퓨터에 업로드할 것이며 인공지능에 의해 강화될 것이다. 동시에 인공지능에 대한 두려움과 회의의 목소리가 들려올 것이며 결국 인공지능은 인류를 지배하고 파괴할 것이다.

현실, 추측, 과장, 열망 그리고 순수한 허구 사이의 경계가 흐려지는 인공지능 열풍 속에서 우리는 적어도 이 책의 맥락에서의 인공지능을 먼저 정의해야 한다. 그리고 나서 인공지능의 한계와 발전 방향을 논의하고 오늘날 인공지능에서 사용되는 수학에 관해 알아볼 것이다. 수학을 이해하면 상대적으로 그 전보다 깊은 관점에서 문제를 바라볼 수 있으며 허구와 현실 사이의 흐릿한 경계가 더욱 명확해질 것이다. 또한 최신 인공지능에 활용되는 수학의 주요 아이디어를 배워 인공지능을 사용하고 개선할 수 있게 될 것이다. 그리고 나아가 새로운 인공지능 시스템을 만드는 데 필요한 자신감을 갖출 수 있게 될 것이다.

1.1 인공지능이란 무엇일까?

필자는 아직 인공지능의 통합된 정의를 찾지 못했다. 만약 인공지능 전문가 여럿에게 인공지능의 정의를 묻는다면 각기 다른 대답을 듣게 될 것이다. 심지어 다른 날 같은 인공지능 전문가에게 묻더라도 다른 대답을 듣게 될 수 있다. 지금까지 인공지능을 정의하기 어려웠던 이유는 '지능'의 정의가 명확하지 않기 때문이다. 지능이란 무엇일까? 우리 뇌의 뉴런은 어떤 방법으로 아주 작은 전기 신호들을 모아서 이미지, 소리, 감정, 생각으로 바꿀까? 철학자, 인류학자, 신경과학자들은 수세기 동안 이 방대한 주제에 관해 고민해왔다. 다만 이 책에서는 이 방대한 주제 전체를 다루지는 않을 것이다.

여기서는 이 책의 목적에 맞게 인공지능을 다음과 같이 정의하려고 한다. 오늘날 인공지능은 다음 정의 중 하나 이상을 만족한다.

- 인공지능은 소프트웨어일 수도 있고 물리적인 로봇일 수도 있다.
- 인공지능은 특정 작업을 위해 조정될 수 있고 환경을 탐색하고 조작할 수도 있으며 특정 목표가 있든 없든 지식을 구축할 수 있다.
- 인공지능은 경험을 통해 학습하며 특정 작업을 반복적으로 연습해 그 작업을 더 잘 수행할 수 있다.
- 인공지능은 환경을 인식한 다음, 해당 환경을 위해 모델을 구축하고 환경을 개선하거나 발전시킬 수 있다.
- 인공지능은 목표를 달성하기 위해 주변을 인식하고 분석하며 의사 결정을 할 수 있다. 달성하고자 하는 목표는 미리 정의될 수 있고 변할 수도 변하지 않을 수도 있으며 추가 입력에 따라 가변적일 수 있다.

- 인공지능은 인과관계를 이해하며 패턴과 원인의 차이를 구분할 수 있다.

인공지능을 표현한 수학 모델이 우리의 뇌 활동에서 영감을 받은 것이므로 인간지능과 인공지능을 따로 정의할 필요 없이 두 가지를 비교할 수 있다. 오늘날 인공지능은 이미지 분류, 바둑 게임과 같은 특정 작업을 제외하면 인간지능에 근접하지 못한다. 하지만 최근 수많은 전문가가 인공지능 개발에 뛰어들고 있기 때문에 이 분야는 앞으로도 끝없이 성장하고 획기적인 발전을 이룰 것이다.

몇몇 사람들은 인공지능, 머신러닝, 데이터 과학이라는 용어를 같은 의미로 사용하는데, 이 점에 주의해야 한다. 이 세 가지 분야는 분명 서로 겹치는 부분이 있지만 같지는 않다. 그리고 매우 중요한 분야가 한 가지 더 있다. 바로 로봇공학인데, 앞서 나열한 세 분야보다는 조금 덜 알려져 있다. 로봇공학에서는 물리적 부품과 모터 기술에 학습과 추론 과정이 더해지고 기계공학, 전기공학, 생명공학, 컴퓨터공학이 통합된다. 이러한 분야 간의 상호 연결성은 '데이터가 머신러닝 알고리즘을 가동시키고 이 알고리즘을 통해 매우 유명한 인공지능(또는 로봇 시스템)이 구동된다'는 점을 알면 쉽게 이해할 수 있다. 따라서 이 책은 인공지능, 머신러닝, 데이터 과학, 로봇공학 이 네 가지 분야 모두에 유용할 것이다.

1.2 인공지능이 각광받는 이유는 무엇일까?

지난 10년간 인공지능은 다음 요소들을 성공적으로 결합하여 전 세계적인 관심을 받게 되었다.

많은 양의 데이터 생성 및 디지털화

텍스트, 이미지, 비디오, 건강 기록, 이커머스 e-commerce, 네트워크, 센서 데이터 등이 모두 데이터가 될 수 있다. 소셜 미디어와 사물 인터넷 Internet of Things (IoT)은 많은 양의 데이터를 지속적으로 스트리밍한다는 점에서 매우 중요한 역할을 한다.

연산 능력의 발전

연산 능력의 발전은 병렬 처리, 분산 컴퓨팅, 하드웨어의 혁신을 통해 이루어지며, 복잡한 구조의 데이터뿐만 아니라 구조가 없는 데이터도 저렴하고 효율적으로 처리할 수 있게 한다.

빅데이터의 의미를 이해하는 신경망의 성공

인공지능은 이미지 인식, 바둑 게임과 같은 일부 작업에서 인간의 능력을 뛰어넘었다. AlexNet[3]
이 2012년 ImageNet 이미지 인식 대회ImageNet Large Scale Visual Recognition Challenge (ILSVRC)[4]에서
우승하면서 그래픽 연산을 처리하는 장치 및 합성곱 신경망convolutional neural network과 관련된 다양
한 활동이 일어났으며 2015년 PReLU-Net(ResNet)[5]은 이미지 분류에서 인간보다 우수한
성능을 보인 첫 번째 모델이 되었다.

이러한 요소들을 살펴보다 보면 우리는 오늘날의 인공지능이 과학 소설에서 묘사되는 인공지
능과 다르다는 것을 알게 된다. 현재의 인공지능은 주변 환경에 적응해 다양한 유형의 지능을
발전시키는 것보다는 대량의 데이터(모든 유형의 데이터)와 머신러닝 알고리즘을 중심으로
한 가지 작업을 잘 수행하는 데 중점을 둔다.

1.3 인공지능은 무엇을 할 수 있을까?

인공지능이 성공적으로 적용될 수 있는 분야와 산업은 많아졌지만 인공지능 전문가는 여전히
부족한 상황이다. 인간은 항상 자동화된 프로세스를 추구해왔고 인공지능은 그런 자동화를 대
규모로 수행할 수 있다. 대기업, 중소기업 가릴 것 없이 기업들은 대량의 로우 데이터raw data를
분석하여 수익, 최적의 전략, 자원 분배를 위해 인사이트를 얻고자 한다. 의료 산업은 심각한
의사 인력 부족으로 고통받고 있는데, 인공지능은 의사의 인력 부족 문제를 해결할 수 있는 무
한한 잠재력을 갖고 있다. 전 세계 금융 시스템, 주식 시장, 은행 산업은 항상 성공적으로 예측
할 수 있는 능력에 의존해왔으며 그 예측이 실패했을 때 큰 타격을 입었다. 과학 연구는 컴퓨팅
능력의 향상과 함께 크게 발전했으며, 오늘날 우리는 인공지능의 발전으로 몇십 년 전에는 불
가능하다고 생각했던 규모의 계산이 가능해진 새로운 새벽을 맞이하고 있다.

효율적인 시스템과 운영은 전력망, 교통, 공급자에서 소비자로의 공급망, 숲과 야생 동물 보호,
전 세계 기아, 질병, 기후 변화까지 모든 곳에 필요하다. 심지어 인공지능 자체에서도 자동화가

---

3 https://oreil.ly/GubT1
4 https://oreil.ly/1LchH
5 https://oreil.ly/0TYPA

추구된다. 인공지능 시스템 스스로 최적의 파이프라인과 알고리즘 및 파라미터를 결정하여 주어진 작업에 대한 결과를 쉽게 얻을 수 있기 때문에 인간의 관리가 필요하지 않기도 하다.

1.3.1 인공지능을 활용하는 작업

이 책은 수학을 다루면서도 특정 작업에 널리 사용되는 인공지능 분야에 초점을 맞춘다. 유익한 수학적 아이디어와 기법은 다른 분야로 쉽게 이전될 수 있다. 이렇게 쉽고 광범위하게 적용할 수 있는 이유는 우리가 인공지능 구현의 시대에 살고 있기 때문이다. 즉, 특정 작업을 해결하기 위한 주요 아이디어가 이미 개발되어 있으므로 약간의 조정만 거치면 다양한 산업 영역에서도 구현 가능하다. 우리가 이제부터 다루게 될 주제는 다음과 같다.

모의 데이터와 실제 데이터

인공지능은 수학 및 알고리즘을 사용해 데이터를 처리하고 인사이트를 제공하며 의사 결정을 내린다.

두뇌 신경 피질

인공지능의 신경망neural network은 뉴런의 신경 피질neocortex, 즉 새로운 뇌를 모델링한다. 신경 피질은 인지, 기억, 추상적 사고, 언어, 자발적 신체 행동, 의사 결정, 상상력, 자각과 같은 고차원 기능을 담당한다. 여러 층layer으로 이루어져 있는데 그중 6개의 층은 대부분 구분할 수 있다. 한편 신경 피질은 유연하고 학습 능력이 뛰어나다. 뇌의 한 부분인 구뇌old brain와 뇌간reptilian brain은 신경 피질 아래에 있으며 호흡, 심장 박동 조절, 두려움, 공격성, 성욕 등 기본적이고 본능적인 생존 기능과 감정을 담당한다. 구뇌는 즐거움과 불쾌한 감정을 유발하는 행동과 경험을 기록하여 우리의 현재와 미래에 영향을 미치는 감정적 기억을 만든다. 인공지능은 매우 기본적인 방식으로 신경 피질을 모방하고 종종 구뇌까지도 모방한다.

컴퓨터 비전computer vision

인공지능은 카메라, 센서 등을 통해 환경을 감지하고 인식한다. 인공지능은 우리의 일상 사진부터 비디오, MRI 스캔, 은하수 이미지까지 모든 것을 엿보고 있다.

자연어 처리 natural language processing

인공지능은 주변 환경과 소통하고 시간이 오래 걸리는 작업을 자동화한다. 예를 들면 문서 요약, 언어 번역, 감성 분석, 문서 분류 및 랭킹[6], 이미지 캡셔닝 image captioning[7] 등의 작업을 할 수 있다. 또한 사용자와 대화도 가능하다.

금융 시스템

인공지능은 일상적인 금융 거래에서 부정 거래를 탐지하고 대출 위험도를 평가하며 개인의 금융 습관을 파악해 24시간 피드백과 인사이트를 제공한다.

네트워크와 그래프

인공지능은 동물 사회 네트워크, 인프라 네트워크, 전문가들의 협업 네트워크, 경제 네트워크, 교통 네트워크, 생물학적 네트워크 등 다양한 네트워크와 그래프 데이터를 처리한다.

소셜 미디어

인공지능은 소셜 미디어로부터 학습에 필요한 대량의 데이터 제공받는다. 그리고 그 대가로 인공지능은 소셜 미디어 사용자의 특성을 파악하려고 시도하며 사용자의 패턴, 행동, 활성화된 네트워크를 식별한다.

공급망

인공지능은 최적화 전문가다. 생산 과정의 각 단계별로 필요한 최적 자원량과 할당 전략을 예측하는 데 도움을 준다. 또한 세계 기아 문제의 해결책을 함께 찾는다.

일정 관리와 인력 배치

인공지능은 일상적인 업무를 수월하게 처리해준다.

---

6 옮긴이_ 문서의 랭킹은 문서의 검색 시스템 혹은 추천 시스템에서 활용되는 개념이다. 사용자의 질의에 따라 각 문서에 대해 특정 점수를 부여하여 순위를 매겨 검색 결과의 순서 또는 추천 문서의 순서를 결정한다.

7 옮긴이_ 이미지 캡셔닝이란 이미지가 입력으로 주어졌을 때 이미지에 대한 묘사를 자연어 형태로 생성해내는 작업을 말한다. 이미지 캡셔닝 기술은 검색 시스템, 시각 장애인 보조 시스템, 미술 치료 등 다양한 분야에서 활용되고 있다.

일기 예보

인공지능은 일기 예보와 예측에 활용되는 편미분 방정식을 해결한다.

기후 변화

인공지능은 기후 변화에 대응하는 데 도움을 준다.

교육

인공지능은 개인화된 학습 경험을 제공한다.

윤리

인공지능은 공정하고 포용적이며 투명하고 편견이 없다. 또한 데이터와 개인 정보를 보호하기 위해 노력한다.

1.4 인공지능의 한계는 무엇일까?

인공지능은 성과를 향상시키고 산업 전체를 혁신할 수 있는 큰 가능성을 가지고 있지만 극복해야 할 현실적 한계도 안고 있다. 시급히 해결해야 할 몇 가지 한계는 다음과 같다.

지능

인간은 스스로를 지능이 있는 특별한 존재라고 인식하는 반면 인공지능은 그렇지 못하다. 또한 인공지능은 다양한 영역에서 인간을 능가하지만 새로운 작업으로 자연스럽게 전환하거나 적응할 수 없다. 예를 들어 사람을 인식하는 용도로 훈련된 인공지능 시스템은 재교육 없이 고양이를 인식할 수 없으며 모델 구조와 알고리즘을 변경하지 않고서는 텍스트를 생성할 수 없다. 지금까지 우리는 협소한narrow 인공지능의 범위에서 성과를 달성했다. 여전히 인공지능은 인간의 능력과 동등한 수준의 일반 인공지능artificial general intelligence 또는 인간보다 더 뛰어난 능력을 가진 초인공지능artificial super intelligence에 이르지 못했다. 심지어 사랑, 친밀감, 행복, 자부심, 존엄성, 배려, 슬픔, 상실감과 같은 인간의 아름다운 감정을 전혀 이해할 수 없다. 감정을 모방하는 것과 감정을 경험하고 진심을 다해 감정을 주는 것은 다르다. 이런 의미에서 기계는 아직 인간을 대체할 수 없다.

레이블링된 대용량 데이터

유명한 인공지능 애플리케이션에는 레이블링된 labeled 대량의 데이터가 필요하다. 예를 들어 MRI 이미지는 암과 암이 아닌 것으로 레이블링될 수 있고, 유튜브 비디오는 어린이에게 안전한 비디오와 위험한 비디오로 레이블링될 수 있다. 주택 가격이 레이블인 경우에는 지역, 침실 수, 가구의 소득을 비롯한 다른 피처 feature 가 함께 제공될 수 있다. 일반적으로 인공지능 시스템의 학습에 필요한 데이터를 준비하는 것은 쉽지 않다. 데이터 자체를 확보하기도 어려울 뿐만 아니라 각 데이터에 레이블을 지정하기도 힘들고, 데이터 웨어하우스를 구축하여 유지하는 데도 많은 비용이 든다. 게다가 기밀 데이터, 구조화되지 않은 데이터, 편향된 데이터, 불완전한 데이터, 레이블이 없는 데이터가 상당수 존재한다. 데이터를 확보하고 큐레이팅하며 전처리하고 레이블을 붙이는 작업은 많은 시간과 자원을 투자해야 하는 큰 장애물이 된다.

다양한 방법과 하이퍼파라미터 hyperparameter

인공지능은 특정 작업을 완수하기 위해 다양한 방법과 알고리즘을 사용할 수 있다. 그리고 각각의 작업, 데이터셋, 알고리즘에는 구현 중에 조정 가능한 하이퍼파라미터라는 파라미터가 있다. 하이퍼파라미터의 최적값이 항상 명확한 것은 아니다. 인공지능이 특정 작업을 처리하는 데 사용할 수 있는 방법 및 하이퍼파라미터가 다양하기 때문에 어떤 방법과 하이퍼파라미터를 사용하느냐에 따라 다른 결과가 나올 수 있다. 따라서 어떤 방법을 최종 결정에 사용할지 평가하는 것은 인간의 몫이다. 특정 고객에게 드레스를 추천하는 애플리케이션에서는 이러한 결과의 차이가 중요하지 않을 수 있지만 어떤 경우에는 인공지능의 의사 결정이 삶을 변화시킬 수도 있다. 예를 들어 어떤 환자에게 특정 질병이 있음에도 그렇지 않다고 말하는 경우, 재소자가 재범 가능성이 높은 것으로 잘못 분류되어 가석방이 거부되는 경우, 대출 자격이 있음에도 대출이 거부되는 경우다. 이런 문제를 해결하기 위해 지금도 연구가 진행 중이며 이 책에서도 자세히 설명할 예정이다.

자원의 한계

인간의 능력과 잠재력은 두뇌의 능력, 생물학적 신체 능력, 우리가 다룰 수 있는 지구와 우주의 자원으로 제한된다. 마찬가지로 인공지능 시스템 역시 컴퓨팅 능력과 하드웨어 성능에 의해 제한된다. 최근 연구에서는 연산 집약적인 딥러닝 시스템이 계산적 한계에 다다르고 있으며 알고리즘과 하드웨어 효율성을 개선하거나 완전히 새로운 방법을 고안하는 등 새로운 아이디어가 필요하다고 본다. 인공지능의 발전은 컴퓨팅 성능의 획기적인 향상에 크게 의존해왔다. 그러나 컴퓨팅 성능이 무제한으로 향상될 수 있는 것은 아니며 대규모 데이터셋을 처리하는 큰 시스템에는 비용도 많이 든다. 또한 데이터 웨어하우스를 실행하고 개별 디바이스와 클라우드의 연결을 유지하는 데 필요한 전력은 온실가스 발생의 원인이 된다. 게다가 데이터와 알고리즘 소프트웨어는 진공 상태에서는 존재하지 않는다. 컴퓨터, 휴대폰, 태블릿, 배터리, 데이터 그리고 알고리즘을 저장, 전송, 처리하는 데 필요한 웨어하우스와 시스템 같은 장비들은 지구에서 채취한 물리적 재료로 만들어진다. 지구가 이런 물질을 만드는 데는 수백만 년이 걸리며, 이 물질들은 우리의 장비와 기술을 영원히 유지하기 위해 무한히 공급되지 않는다.

보안 비용

보안, 개인 정보 보호, 해커의 공격은 여전히 인공지능의 주요 관심사다. 특히 상호 연결된 인공지능 시스템에서는 더욱 그렇다. 이 중요한 문제를 해결하기 위해 많은 자원을 투입해 여러 가지 연구를 진행하고 있다. 현재 대부분의 인공지능은 소프트웨어이고 대부분의 데이터는 디지털이기 때문에 이 분야에서 비용 경쟁은 결코 끝나지 않을 것이다. 즉, 인공지능 시스템을 지속적으로 모니터링하고 업데이트해야 하므로 인공지능 및 사이버 보안 전문가를 고용하는 데 더 많은 비용이 든다는 뜻이다. 그러나 이는 대규모 자동화의 초기 목적에 반하는 비용일 수 있다.

더 광범위한 영향

지금까지 인공지능 연구·개발 업계는 발전된 기술이 가져올 경제적, 사회적, 보안적 결과가 그들과 동떨어진 것이라고 여겼다. 일반적으로 인공지능 관련 업무에서 윤리적, 사회적, 보안적 영향은 중요하고 주의가 필요한 것으로 여겨지지만 인공지능 연구·개발의 범위를 넘어서는 것으로 인식되었다. 하지만 이제는 인공지능이 널리 쓰이고 사회, 시장, 잠재적 위협의 구조와 본질에 미치는 영향이 더욱 강해지고 있으므로 인공지능 분야 전체가 이러한 문제들에 더욱 의식적으로 대응해야 한다. 이런 관점에서 볼 때 인공지능 개발 커뮤니티가 새로운 기술이 미치는 광범위한 영향을 다루기 위해 투입할 수 있는 인적, 물적 자원은 상당히 제한되어 있다.

1.5 인공지능 시스템이 실패하면 어떻게 될까?

인공지능에 관한 학습에서 중요한 부분은 인공지능이 만들어내는 장애와 실패에 관해 배우는 것이다. 이는 우리가 인공지능을 실제 환경에 배포하기 전에 유사한 결과를 예상하고 피할 수 있게 해준다. 인공지능이 배포된 후에 실패하면 바람직하지 않은 결과, 심지어는 위험하고 치명적인 결과를 만들 수 있다.

인공지능 장애 데이터베이스라 불리는 온라인 저장소[8]에는 천 건 이상의 사고가 기록되어 있다. 몇 가지 기록을 살펴보자.

- 자율 주행 차량으로 인해 보행자가 사망했다.
- 20분간 자율 주행 차량과 회사 서버의 통신이 중단되어 자율 주행 차량들이 샌프란시스코 거리에서 일제히 멈추었다(2022년 5월 18일, 6월 28일).
- 트레이딩 알고리즘으로 인해 수조 달러가 자동으로 이체되어 자산 가치가 일시적으로 급락했다.
- 안면 인식 시스템으로 인해 무고한 사람이 체포됐다.
- 마이크로소프트의 악명 높은 챗봇 테이[Tay]는 모욕적이고 인종 차별적이며 선동적인 발언을 빠르게 학습하여 트윗을 날렸고, 출시된 지 16시간 만에 운영이 중단되었다.

이런 나쁜 결과가 발생할 가능성을 줄이려면 모든 제작 단계에서 인공지능 시스템이 작동하는 방식과 배포되는 환경 및 사용자에 대한 깊은 이해가 필요하다. 인공지능의 이면에 있는 수학을 이해하는 것은 이런 인사이트가 필요한 프로세스에서 매우 중요한 단계다.

1.6 인공지능은 어디로 향하고 있을까?

인공지능이 어디로 향하고 있는지에 대한 답을 얻기 위해서는 인공지능 분야가 처음 시작되었을 때의 목표, 즉 '인간의 지능을 모방한다'는 점을 상기해야 한다. 인공지능 분야는 1950년대에 시작되었다. 지난 70년의 여정을 살펴보면 앞으로의 방향을 알 수 있다. 또한 인공지능의 역사와 트렌드를 연구하면 이 분야를 조감할 수 있어 맥락을 파악하고 더 나은 관점을 제공할 수 있다. 이는 인공지능과 관련된 수학을 배우는 것에 대한 부담도 덜어준다. 다음은 최근 딥러닝의 눈부신 발전 덕분에 각광받게 된 인공지능의 진화에 관한 비기술적인 개요다.

---

8 *https://incidentdatabase.ai*

인공지능은 규칙과 논리를 이용하여 인간의 지능을 모방하려는 시도에서 시작됐다. 당시에 가장 중요한 아이디어는 기계에 사실과 사실에 관한 논리적인 규칙을 제공하기만 하면 된다는 것이었다(〈Chapter 12 수학적 논리〉에서 논리적인 구조와 관련된 예시들을 살펴볼 것이다). 이 시기에는 학습 과정에 큰 중점을 두지 않았다. 여기서 문제는 인간의 지식을 프로그래머가 따라하기에는 규칙과 제약 조건이 너무 많아 실현이 불가능해 보인다는 점이었다.

1990년대 후반부터 2000년대 초반에는 다양한 머신러닝 방법이 대중화되었다. 머신러닝은 미리 프로그래밍된 규칙에 따라 결정을 내리는 대신 데이터를 바탕으로 규칙을 추론한다. 머신러닝 시스템이 처리할 수 있는 데이터가 많을수록 성능이 향상된다. 당시 인기 있었던 머신러닝 알고리즘으로는 서포트 벡터 머신support vector machine, 베이즈 네트워크Bayesian network, 진화 알고리즘evolutionary algorithm, 의사 결정 트리decision tree, 랜덤 포레스트random forest, 회귀, 로지스틱 회귀logistic regression 등이 있다. 이 알고리즘들은 지금도 활발히 사용된다.

2010년 이후, 특히 2012년에 이미지 인식 분야에서 AlexNet의 합성곱 신경망이 성공을 거둔 이후 신경망과 딥러닝 물결이 일었다.

2016년 딥마인드DeepMind의 알파고AlphaGo가 매우 복잡한 바둑 게임에서 세계 챔피언[9]을 이긴 후에는 강화학습reinforcement learning이 인기를 끌었다.

이어서 이와 관련된 역사를 간단히 살펴보자.

회귀는 1800년대 르장드르Legendre와 가우스Gauss 이후부터 사용되었고, 최초의 인공 뉴런과 신경망은 1940년대 말, 1950년대 초 신경생리학자 워런 매컬러Warren McCulloch, 수학자 월터 피츠Walter Pitts, 심리학자 도널드 헤브Donald hebb, 프랭크 로젠블랫Frank Rosenblatt의 연구로 공식화됐다. 1950년 컴퓨터 과학자이자 암호 분석가, 수학자, 이론 생물학자인 앨런 튜링Alan Turing이 논문「Computing Machinery and Intelligence」[10]에서 '모방 게임'이라 부르는 튜링 테스트를 소개했다. 튜링은 기계의 반응과 인간의 반응을 구별할 수 없는 경우 기계가 인공지능을 가지고 있다고 주장했다. 즉, 기계가 인간의 반응을 모방할 수 있다면 지능이 있는 것으로 간주된다. 하지만 컴퓨터 과학 분야에 속하지 않은 사람에게는 이러한 지능에 관한 정의가 제한적으로 느껴질 수 있다. 필자는 튜링 테스트가 의도치 않게 인공지능 연구의 목표나 방향을 제한했을 가능성도 있다고 생각한다.

기계가 일부 작업에서 인간의 지능을 모방할 수 있지만 인간의 지능을 그대로 복제한다는 기존 목표는 아직 달성하지 못했다. 따라서 인공지능이 오래된 아이디어를 재발견하거나 완전히 새로운 아이디어를 발명할 수 있더라도 인공지능 분야는 계속 인간의 지능을 복제한다는 목표를 향해 나아갈 것이다. 현재 인공지능 분야에 대한 투자와 연구, 대중의 관심이 폭발적으로 증가하고 있으므로 분명 새로운 돌파구를 찾게 될 것이다. 최근 인공지능 발전이 가져온 혁신은 이

---

9 옮긴이_ 대한민국 바둑 기사 이세돌. 2016년 3월 9일~3월 15일 알파고와 이세돌의 바둑 대결이 있었고, 알파고가 4승 1패로 이세돌에게 승리했다.

10 *https://oreil.ly/bJp5a*

미 이런 기술을 구현하고자 하는 전체 산업에 혁명을 일으키고 있다. 그리고 이러한 인공지능의 발전에는 이 책에서 살펴볼 중요한 수학 개념들이 많이 포함되어 있다.

1.7 현재 인공지능 분야의 가장 큰 기여자는 누구일까?

인공지능 분야에서의 경쟁은 주로 미국, 유럽, 중국 사이에서 일어났다. 인공지능 산업을 이끄는 세계적인 기업에는 구글과 모회사인 알파벳, 미국의 아마존, 페이스북, 마이크로소프트, 엔비디아[NVIDIA], IBM, 영국과 미국의 딥마인드(알파벳 소유), 중국의 바이두[Baidu]와 텐센트[Tencent] 등이 있다. 학계 기여자들도 많지만 일일이 열거하기엔 너무 많다. 인공지능 분야에 입문하는 사람이라면 거물들의 이름과 연혁, 공헌, 추구하는 목표를 알아두는 것이 좋다. 또한 그들의 작업과 관련된 논쟁은 더욱 가치 있는 정보다. 이런 지식은 인공지능을 탐색하고 더 많은 경험을 쌓는 데 유용하다.

1.8 수학이 인공지능에 기여한 점은 무엇일까?

수학이라는 단어를 들었을 때 어떤 주제와 과목이 떠오르는가? 여러분이 수학 전문가이든 초보자이든 이 질문에 답하기 위해 생각한 수학 주제는 대부분 인공지능과 관련될 가능성이 높다. 다음은 인공지능 구현에서 가장 유용한 수학 주제를 나열한 것이다.

- 미적분
- 최적화
- 통계
- 선형 대수
- 확률

여러분이 이 모든 주제의 전문가가 아니어도 인공지능에서 성공을 거둘 수 있다. 중요한 것은 이러한 수학 주제에서 파생된 주제에 관한 깊은 이해다. 애플리케이션에 따라 랜덤 행렬 이론, 그래프 이론, 게임 이론, 미분 방정식, 운용 과학[operations research] 등 특별한 주제가 필요할 수 있다.

이 책에서는 각 주제별 교과서를 따로 제시하지 않고 모든 주제에 관해 설명한다. 인공지능의 응용과 구현은 다양하고 밀접하게 상호 작용하는 수학 주제들을 통합하는 것이기 때문이다. 이런 접근법을 사용하면 기술적인 정의를 단순화하거나 전체 정리와 세부 사항이 생략되므로 일부 수학 전문가들의 기분을 상하게 할 수 있고, 특정 애플리케이션 구현과 관련된 세부 사항을 생략하여 인공지능 업계 전문가들을 불쾌하게 만들 수도 있다. 하지만 이 책의 목표는 간단한 설명과 높은 가독성을 유지하면서 인공지능 분야에서 중요한 수학 주제를 다루는 것이다. 필자는 이 책이 간결한 요약인 동시에 철저한 개요가 되어 여러분이 나중에 관심 있는 인공지능 수학 분야 또는 인공지능 분야로 자신 있게 진출하는 데 도움이 되기를 바란다.

정리하기

인간지능은 인지, 시각, 모국어를 활용한 의사소통, 추론, 의사 결정, 협업, 공감, 주변 환경 모델링과 처리, 인구와 세대에 걸친 기술과 지식 이전, 타고난 기술과 학습된 기술을 활용하여 미지의 영역으로 일반화할 때 드러난다. 인공지능은 이런 인간지능의 모든 면을 복제하고자 한다. 현재 인공지능은 한 번에 인간지능의 한 가지 또는 몇 가지 측면만 처리할 수 있다. 하지만 이런 한계가 있음에도 인공지능은 단백질 폴딩[11]을 모델링하고 생명체의 구성 요소인 단백질 구조를 예측하는 등 놀라운 업적을 달성했다.

인공지능 분야에 진출할 때는 어떤 인간지능을 개발 또는 사용하려고 하는지 염두에 두는 것이 중요하다. 인지 영역인가? 시각? 자연어? 운전? 제어? 추론? 인공지능 분야에서 자신의 위치를 알고 있으면 어떤 수학 분야에 초점을 맞추어야 하는지 그리고 왜 그 분야에 초점을 맞추어야 하는지는 자연스럽게 따라올 것이다.

Chapter 1에서는 다음과 같은 일반적인 질문을 살펴봤다.

- 인공지능이란 무엇일까?
- 인공지능은 무엇을 할 수 있을까?
- 인공지능의 한계는 무엇일까?
- 인공지능은 어디로 향하고 있을까?

또한 인공지능 애플리케이션과 인공지능을 기존 시스템에 통합하려는 기업이 일반적으로 마주

---

11 옮긴이_ 단백질이 고유한 구조 또는 안정된 구조를 형성하는 과정을 말한다.

하는 문제, 인공지능 시스템이 제대로 구현되지 않았을 때 발생하는 장애, 인공지능 구현을 위해 일반적으로 필요한 수학 주제가 무엇인지 간략히 알아봤다.

Chapter 2에서는 데이터에 관해 자세히 살펴보고 데이터와 인공지능의 밀접한 관계를 알아본다. 데이터에 관해 이야기할 때는 데이터의 분포에 관해서도 설명할 것이며 이는 곧바로 확률과 통계로 이어진다.

Chapter 2

데이터, 데이터, 또 데이터

만약 이 모든 것이 어디서 왔고 왜 왔는지 안다면

66 이 모든 것이 어디로 향하고 있으며 왜 그곳으로 향하는지 알 수 있다. 99

― H.

대부분의 인공지능 시스템에서 데이터는 연료와 같다. Chapter 2에서는 데이터가 인지 인공지능^{perception AI}의 핵심이라는 점을 이해하고, 데이터로부터 유용한 정보를 추출하는 방법에 관해 살펴본다.

인지 인공지능은 데이터의 통계적 학습을 기반으로 한다. 에이전트^{agent} 또는 기계가 주변 환경의 데이터를 인식한 다음, 해당 데이터 내에서 패턴을 감지하여 결론을 도출하거나 의사 결정을 내리도록 하는 것이다.

다음 세 가지 인공지능 유형과 인지 인공지능의 차이점을 살펴보자.

이해 인공지능^{understanding AI}

이해 인공지능은 의자로 분류된 이미지에서 의자에 앉는 기능이 있다는 것을 이해할 수 있고, 암으로 분류된 이미지를 통해 사람이 암에 걸렸으며 추가적인 치료가 필요하다는 것을 알 수 있다. 또한 선형 대수 교과서의 내용을 데이터에서 유용한 정보를 추출하는 데 사용할 수 있다.

제어 인공지능 control AI

제어 인공지능은 인공지능의 물리적인 부분을 제어한다. 예를 들어 공간을 탐색하고 문을 열거나 커피를 서빙하는 것 등의 작업을 할 수 있다. 로봇공학은 이 분야에서 상당한 진전을 이뤘다. 이제는 인지 인공지능과 이해 인공지능이 포함된 '두뇌'로 로봇을 강화하고 이를 제어 인공지능에 연결해야 한다. 이상적으로는 인간과 비슷하게 제어 인공지능도 환경과 물리적 상호 작용을 하며 정보를 얻는다. 제어 인공지능은 이 정보를 인지 및 이해 인공지능에 전달하여 학습하고 다시 제어 시스템에 명령을 전달한다.

의식 인공지능 awareness AI

의식 인공지능은 에이전트가 인간의 경험과 유사한 내적 경험을 하는 것을 말한다. 하지만 아직 의식의 수학적 정의를 모르기 때문에 이 책에서는 다루지 않는다.

인간과 같은 진정한 지능은 인지, 이해, 제어, 의식 측면을 모두 결합한 형태다. Chapter 2와 Chapter 3에서는 인지 인공지능을 집중적으로 살펴볼 것이다. 앞서 데이터 과학과 인공지능이라는 용어를 동의어처럼 사용하는 것이 잘못되었다고 했지만, 이제는 일반화될 정도로 인공지능과 데이터가 서로 밀접하다는 점을 기억하자.

2.1 인공지능을 위한 데이터

2012년 인공지능을 다시 주목받게 한 AlexNet과 같은 성공적인 신경망을 비롯하여 머신러닝 모델의 핵심에는 매우 간단한 수학 문제가 있다.

> 주어진 데이터셋을 해당 집합 내 중요한 신호를 잡아내고 노이즈 noise 를 무시하는 적절한 함수(입력을 출력에 매핑하는 함수)에 적합 fit 시킨 후 이 함수가 새로운 데이터에서 잘 작동하는지 검증한다.

하지만 다양한 원인으로 인해 다음과 같은 복잡한 문제들이 발생한다.

가설 및 피처

데이터를 생성한 함수나 데이터에 영향을 주는 모든 피처를 알 수는 없다. 우리는 단순히 데이터를 관찰한 다음 데이터를 생성하는 가상의 함수를 추정할 뿐이다. 이 추정 함수는 데이터의 어떤 피처가 예측, 분류, 의사 결정 또는 일반적인 목적에 중요한지 학습하려고 시도한다. 그리고 관찰된 결과를 생성하기 위해 피처들이 어떻게 상호 작용하는지도 학습한다. 바로 이 부분에서 인공지능의 가장 큰 잠재력이 발휘된다. 인공지능은 인간이 일반적으로 잡아내지 못하는 데이터 피처 간의 미세한 상호 작용을 포착한다. 인간은 강력한 특징을 관찰하는 데 매우 능숙하지만 미세한 특징은 놓칠 수 있기 때문이다. 예를 들어 인간은 개인의 월 소득이 대출금 상환 능력에 영향을 미친다는 것을 명확히 알 수 있지만 출퇴근 시간이나 반복되는 아침 일과가 대출금 상환 능력에 중대한 영향이 있을 수 있다는 것을 잡아내지 못할 수도 있다. 일부 피처 간 상호 작용은 선형 관계처럼 매우 간단하다. 반면 더 복잡하고 비선형적인 상호 작용도 있다. 수학적인 관점에서 피처 간의 상호 작용이 단순한지(선형) 또는 복잡한지(비선형)와 새로운 데이터에 대해 정확한 예측을 할 수 있는 가상의 함수를 찾는다는 목표는 여전히 동일하다. 여기서 한 가지 더 복잡한 문제가 발생한다. 가상의 함수가 여러 개 있을 때 어떤 것을 선택해야 할까?

성능

가상의 함수를 계산한 후에 함수가 보지 못한 새로운 데이터에서 해당 함수가 잘 작동할지 어떻게 알 수 있을까? 어떤 성능 수치를 선택할까? 실제 환경에 배포한 후 이 성능을 어떻게 모니터링할까? 실제 환경의 데이터와 시나리오가 모두 정답$^{ground\ truth}$[12]으로 레이블링되어 들어오지 않기 때문에 인공지능 시스템이 잘 작동하고 있는지, 정확하고 적절한 예측과 결정을 내리는지 그 성능을 측정하기 쉽지 않다. 다시 말해 무엇을 기준으로 인공지능의 결과를 측정해야 할지 모를 수 있다. 만약 실제 데이터와 시나리오가 전부 정답으로 레이블링되어 있다면 우리는 모든 상황의 대처 방법을 설계할 수 있고 우리가 상상하는 인공지능을 더 쉽게 개발할 수 있을 것이다.

크기

인공지능 분야와 관련된 모든 것은 매우 고차원적이다. 데이터, 관찰된 피처, 해석되지 않는 가중치 전부를 계산해야 하며 그 수는 수백만 개에 달한다. 그리고 계산에 필요한 단계가 수십억 개에 달한다. 우리의 주요 목표는 이런 방대한 양의 데이터를 효율적으로 저장, 전송, 탐색, 전

---

12 옮긴이_ '정답'이라고 표현한 'ground truth'는 진실을 나타내는 개념적 용어로, 통계 모델/머신러닝에서 가설을 증명하기 위해 관찰 및 설명 가능한 레이블 혹은 데이터를 말한다. 원시 데이터의 ground truth를 얻기 위해 수작업으로 레이블링할 수 있으며 반자동화, 자동화로 레이블링할 수도 있다.

처리, 구조화, 계산하는 것이다. 또한 앞서 언급한 분야와 관련된 고차원을 다루는 수학 함수를 살펴보는 것도 만만치 않은 작업이다.

구조

현대 사회에서 생성되는 대부분의 데이터는 비정형 데이터다. 비정형 데이터는 쿼리하기 쉬운 테이블 형태로 구성되어 있지 않다. 이름, 전화번호, 성별, 나이, 우편번호, 주택 가격, 소득 수준 등과 같이 이름이 정해진 필드를 포함하는 테이블을 떠올리면 안 된다. 다음은 비정형 데이터의 예시로 어디에서나 접할 수 있는 것들이다.

- 소셜 미디어의 게시물
- 워드 문서
- 이미지
- 비디오
- 교통 데이터
- GPS
- 이메일
- 모바일 채팅 데이터
- 사용자 활동
- PDF 파일
- 오디오
- 협업 소프트웨어 데이터
- 지진 또는 날씨 데이터
- 군사 데이터
- 메신저

이메일과 같은 일부 예시는 반정형 데이터로 간주할 수 있다. 발신자, 수신자, 발신 일시, 제목, 콘텐츠 유형, 스팸 여부 등과 같은 메타데이터로 구조화되어 있기 때문이다. 대용량의 비정형 데이터는 디지털화되어 있지 않고 통신이 불가능한 데이터베이스에 파편화되어 있다. 과거 군사 데이터, 박물관 기록, 병원 기록 등이 그 예다. 현재는 더 많은 인공지능 애플리케이션을 활용하기 위해 세계 곳곳의 데이터를 디지털화하고 있다. 앞서 이야기한 내용을 전반적으로 살펴보면, 비정형 데이터보다 정형화되고 레이블이 지정된 데이터에서 인사이트를 도출하는 것이 쉽다. 비정형 데이터를 탐색 및 분석하여 의미 있는 패턴을 추출[13]하려면 데이터 과학, 머신러닝, 인공지능 분야의 혁신적인 기술이 필요하다.

---

13 옮긴이_ 데이터 마이닝(data mining)은 단어 그 자체로 업계에서 통용된다. 옮긴이가 정의하는 데이터 마이닝은 데이터를 탐색, 분석 하여 의미 있는 규칙과 패턴을 찾아 새로운 인사이트를 도출하고 의사 결정에 도움을 주는 작업 일체다.

2.2 실제 데이터와 시뮬레이션 데이터

실제 데이터^{real data}와 시뮬레이션 데이터^{simulated data}의 차이점을 아는 것은 매우 중요하다. 두 가지 유형 모두 발견과 발전에 매우 유용하다. 두 데이터 유형에 관해 알아보자.

실제 데이터

실제 데이터는 실제 관찰을 통해 수집된다. 예를 들어 측정 장치와 센서를 사용하거나 설문 조사나 의료 진단처럼 구조화된 양식을 활용하거나 망원경 또는 영상 장치, 웹 사이트, 주식 시장, 통제된 실험으로 실제 데이터를 수집할 수 있다. 이런 데이터는 측정 방법과 기기의 부정확성 및 오류 등으로 인해 불완전하고 노이즈를 포함하는 경우가 많다. 수학적으로 실제 데이터를 생성한 함수나 확률 분포를 정확히 알 수는 없지만 모델과 이론 및 시뮬레이션을 통해 가설을 세울 수 있다. 그런 다음 해당 모델을 테스트하고 예측에 사용할 수 있다.

시뮬레이션 데이터

시뮬레이션 데이터는 이미 알고 있는 함수에서 생성된 데이터이거나 알려진 확률 분포에서 무작위로 샘플링된 데이터다. 즉, 알려진 수학적 함수나 모델이 있고 이 모델에 몇 개의 숫자를 가미하여 데이터 포인트를 생성한 것이다. 다음은 시뮬레이션 데이터의 예시다.

- 모든 자연 현상을 모델링하는 편미분 방정식의 해
  - 난류 예측
  - 단백질 폴딩
  - 열 확산
  - 화학 반응
  - 행성 운동
  - 파쇄 물질 운동 예측
  - 교통량 예측
- 영화 〈모아나〉에서 자연스러운 물의 움직임
- 영화 〈겨울왕국〉에서 엘사의 머리카락 움직임

이제부터 사람의 키와 체중 데이터를 활용한 두 가지 예시를 살펴보면서 실제 데이터와 시뮬레이션 데이터의 차이를 알아볼 것이다. 첫 번째 예시에서는 사람들의 실제 키와 체중 측정값이 포함된 두 개의 실제 데이터셋을 탐색해볼 것이다. 두 번째 예시에서는 개인의 체중이 키에 선형적으로 종속된다는 가설을 바탕으로 시뮬레이션을 해볼 것이다. 이 예시에서 키 데이터에 대한 체중 데이터 그래프를 그리면 직선 또는 평면의 시각적 패턴이 나타날 것으로 예상된다.

2.3 수학 모델: 선형과 비선형

선형 종속성[linear dependency]은 1차원 직선[line], 2차원 평면[plane], 고차원 초평면[hyperplane]과 같이 세상의 평평함을 모델링한다. 선형 종속성을 모델링하는 선형 함수의 그래프는 한없이 평평하고 절대 구부러지지 않는다. 주변에서 테이블, 막대, 천장 같은 직선이나 평평한 면을 볼 때마다 그 물체의 대표 함수가 선형이라는 것을 기억하자. 평평하지 않은 것은 모두 비선형이며, 구부러진 곡선이나 곡면의 데이터 포인트는 비선형 함수에 의해 생성된다.

출력값이 피처와 변수에 대해 선형 종속인 선형 함수의 수식은 매우 쉽게 적을 수 있다. 수식에서 피처는 거듭제곱이나 루트를 씌우지 않고 피처 그 자체로만 나타난다. 선형 함수의 피처는 분모의 형태나 사인[sine], 코사인[cosine], 지수[exponential], 로그[logarithmic], 기타 미적분 함수와 같은 다른 함수에 포함되지 않는다. 선형 함수의 피처엔 오로지 스칼라(벡터나 행렬이 아닌 실수 또는 복소수)를 곱하고 서로 더하거나 뺄 수만 있다. 예를 들어 세 개의 피처 x_1, x_2, x_3에 선형 종속인 함수는 다음과 같이 쓸 수 있다.

$$f(x_1, x_2, x_3) = w_0 + w_1 x_1 + w_2 x_2 + w_3 x_3$$

이 수식의 파라미터 또는 가중치[weight] w_1, w_2, w_3은 스칼라 값이며, 피처와 선형으로 결합되어 있고 편향 항[bias term] w_0을 더해 $f(x_1, x_2, x_3)$의 결과를 생성한다. 즉, 결괏값은 피처 x_1, x_2, x_3 간의 선형적 상호 작용에 편향을 더한 값이다.

출력값이 피처에 대해 비선형 종속인 비선형 함수의 수식 역시 쉽게 적을 수 있다. 비선형 함수에서는 하나 이상의 피처가 1이 아닌 거듭제곱 형태로 나타나거나 다른 피처에 곱하거나 나눠지거나 사인, 코사인, 지수, 로그, 기타 다른 미적분 함수에 포함된다. 다음은 세 가지 피처 x_1, x_2, x_3에 비선형 종속인 함수의 예다.

$$f(x_1, x_2, x_3) = w_0 + w_1 \sqrt{x_1} + w_2 \frac{x_2}{x_3}$$

$$f(x_1, x_2, x_3) = w_0 + w_1 x_1^2 + w_2 x_2^2 + w_3 x_3^2$$

$$f(x_1, x_2, x_3) = w_1 e^{x_1} + w_2 e^{x_2} + w_3 \cos(x_3)$$

이 예시처럼 매우 다양한 비선형 함수를 생각해낼 수 있다. 비선형적 관계를 통해 세상의 다양한 현상들을 모델링할 수 있으며 그 가능성은 무한하다. 실제로 신경망은 피처 사이의 비선형적 관계를 포착하는 능력 덕분에 성공할 수 있었다.

앞으로 이 책에서는 이러한 용어와 표기법을 계속 사용할 것이다. 책의 내용을 따라가다 보면 여러분은 점차 선형 조합^{linear combination}, 가중치, 피처, 피처 간 선형 및 비선형 관계 등의 용어에 익숙해질 것이다.

2.4 실제 데이터 예시

다음 두 가지 예시에서 나오는 데이터 탐색 방법과 그래프 출력에 관련된 파이썬 코드는 GitHub[14]에서 살펴볼 수 있다.

> **NOTE** 정형 데이터
>
> 여기서 사용하는 키, 체중, 성별에 관한 두 가지 데이터셋은 정형 데이터다. 이러한 데이터셋은 행과 열로 구성된다. 열에는 체중, 키, 성별, 건강 지수 등과 같은 피처가 포함된다. 행에는 각각의 데이터 인스턴스별로(이 경우에는 각각의 사람) 피처 점수가 들어 있다. 반면에 오디오 파일, 페이스북 게시물, 이미지, 동영상으로 구성된 데이터셋은 모두 비정형 데이터다.

여기서 사용할 두 개의 데이터셋은 캐글^{Kaggle}[15]에서 다운로드한 것이다. 두 데이터셋 모두 개개인의 키, 체중, 성별에 관한 정보를 담고 있다. 이 예시의 목표는 키(*height*)에 따라 사람의 체중(*weight*)이 어떻게 달라지는지 알아내는 것이다. 수학적으로 생각해보면 체중을 키에 관한 함수로 표현하고자 한다.

$$weight = f(height)$$

---

14 옮긴이_ 옮긴이의 GitHub 페이지 *https://github.com/EmjayAhn/essential-mathematics-for-ai*에서 확인할 수 있다.

15 *https://www.kaggle.com* 옮긴이_ 캐글은 학습에 필요한 예제 데이터를 제공할 뿐만 아니라 데이터 분석 및 AI 경진대회를 열기도 한다. 이 책을 통해 공부하고 여러 경진대회에 참가해보는 것도 좋은 경험이 될 것이다.

이와 같이 체중을 키에 관한 함수로 작성할 수 있다면, 새로운 사람의 키가 주어질 때 그 사람의 체중을 예측할 수 있다. 물론 키 외에도 성별, 식습관, 운동 습관, 유전적 요인 등이 사람에 체중에 영향을 미친다. 하지만 우리가 다운로드한 데이터셋에는 키, 체중, 성별 데이터만 존재한다. 더 다양한 요인이 담겨 있는 데이터셋을 찾거나 새로운 데이터를 수집하지 않는 한 현재 가지고 있는 데이터로 작업해야 한다. 또한 이 예시의 궁극적인 목표는 실제 데이터와 시뮬레이션 데이터의 차이를 이해하는 것이다. 더 다양한 피처가 포함된 데이터셋을 가지고 있다면 얼마든지 그 모든 피처를 활용하여 작업할 수 있다.

첫 번째 데이터는 웹 사이트[16]에서 다운로드할 수 있다. 그리고 첫 번째 데이터를 활용해 [그림 2-1]과 같이 키에 대한 체중 그래프를 그릴 수 있다. 이 그래프에서는 눈에 띄는 패턴을 찾기 어렵다.

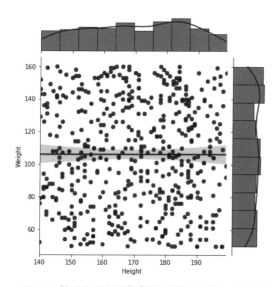

그림 2-1 첫 번째 데이터셋을 활용해 키($Height$)에 대한 체중($Weight$) 그래프를 그렸다. 이 그래프에서는 어떠한 패턴도 찾을 수 없다. 산점도 상단과 오른쪽에 있는 그래프는 키와 체중 데이터의 히스토그램과 경험적 누적 분포 함수를 보여준다.

두 번째 데이터 또한 웹 사이트[17]에서 다운로드할 수 있다. 이 데이터셋에 대해서도 키에 대한

---

16 *https://oreil.ly/pxgwe* 옮긴이_ 링크가 작동하지 않는다면 옮긴이의 GitHub 페이지에서 다운로드하자.

17 *https://oreil.ly/8bE36* 옮긴이_ 링크가 작동하지 않는다면 옮긴이의 GitHub 페이지에서 다운로드하자.

체중 그래프를 그릴 수 있다. 이번에는 [그림 2-2]와 같이 명백한 선형 관계를 확인할 수 있다. 모든 데이터 포인트가 직선을 중심으로 모여 있는 것처럼 보인다!

무슨 일이 일어나고 있는 것일까? 첫 번째 데이터셋에서는 사람의 키와 체중 사이에 어떠한 관계도 보이지 않았는데 두 번째 데이터셋에서 선형 관계가 나타난 이유는 무엇일까? 데이터를 좀 더 자세히 살펴볼 필요가 있다.

이 문제는 실제 데이터로 작업할 때 겪는 많은 어려움 중 하나다. 어떤 함수가 이 데이터를 생성했는지, 왜 데이터가 그렇게 보이는지 알 수 없다. 우리는 데이터를 조사하고 인사이트를 얻으며 패턴을 발견하고 가설 함수를 제안한다. 그런 다음 가설을 테스트하고 신중하게 만든 성능 측정값에 따라 가설이 잘 작동하면 실제 환경에 배포한다. 배포된 모델을 활용해 예측을 진행하다가 새로운 데이터와 가설이 더 이상 맞지 않으면 업데이트된 데이터를 조사하고 새로운 가설 함수를 만든다. 이 절차와 피드백은 우리의 모델이 비즈니스에 사용되는 한 계속 진행된다.

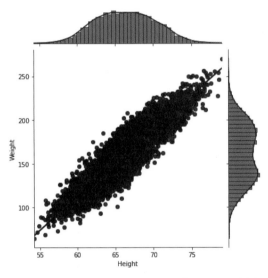

그림 2-2 두 번째 데이터셋을 활용해 키에 대한 체중 그래프를 그렸다. 이 그래프에서는 선형 패턴을 확인할 수 있다. 체중 데이터의 경험적 분포 함수는 오른쪽에, 키 데이터의 경험적 분포 함수는 위쪽에 위치해 있다. 두 분포 모두 두 개의 피크(쌍봉bimodal)가 있는 것처럼 보이는데, 이는 혼합 분포mixture distribution가 존재한다는 것을 의미한다. 실제로 키와 체중 데이터셋은 모두 가우스 혼합Gaussian mixture이라고 하는 두 정규 분포normal distribution(또는 가우스 분포Gaussian distribution)의 혼합 형태를 활용해 모델링할 수 있다. 이 경우 두 정규 분포는 남성과 여성 데이터 분포다. 따라서 남성 또는 여성 하위 집단에 대해서만 그래프를 그려보면 [그림 2-6]과 같이 키와 체중 데이터가 정규 분포(종 모양bell-shape)임을 확인할 수 있다.

시뮬레이션 데이터로 넘어가기 전에 첫 번째 데이터셋에서 키와 체중 사이에 관계성이 전혀 없어 보이는 이유를 알아보자. 데이터를 자세히 살펴보니 이 데이터셋에는 비만과 고도 비만인 사람이 과도하게 포함되어 있다. 그래서 이 데이터를 Index 피처의 점수[18]에 따라 분할하고, 비슷한 점수를 가진 사람끼리 그래프를 그려보았다. [그림 2-3]을 보면 키와 체중 사이의 선형 관계가 분명하게 드러나면서 모든 수수께끼가 풀린다. 이 방법이 선형성을 발견하기 위해 개개인의 Index 피처 값을 조건으로 사용하는 속임수처럼 느껴질 수 있다. 하지만 이는 데이터 탐색이라는 이름하에 어떤 속임수도 쓰지 않은 공정한 게임이다.

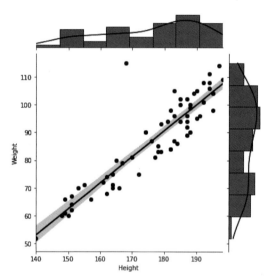

그림 2-3 첫 번째 데이터셋에서 비슷한 Index 피처 값을 가진 사람끼리 키에 대한 체중 그래프를 그리면 선형 패턴을 확인할 수 있다. 이 그림은 Index 피처 값이 3인 사람들의 그래프다.

이제 체중이 키에 대해 선형 종속이라는 가설을 세울 수 있다. 수식으로 표현하면 다음과 같다.

$$weight = w_0 + w_1 \times height$$

물론 파라미터 w_0과 w_1의 적절한 값을 찾는 작업이 아직 남아 있다. 이는 〈Chapter 3 데이터에 함수를 최적화시키는 방법〉에서 자세히 알아보자. 사실 머신러닝, 딥러닝에서 대부분의 활동은 데이터에서 이러한 w를 학습하는 것이다. 앞선 예시에서는 키라는 하나의 피처만 가지고

---

18 옮긴이_ 첫 번째 데이터셋에서 Index라는 피처를 확인해보면 4점이 비만, 5점이 고도 비만이다.

있고, 실제 데이터에서 선형 패턴을 관찰한 후 선형 종속관계를 가정했다. 따라서 이 예시에서 학습해야 할 w는 두 개뿐이다. 이후에 수백만 개의 w를 학습해야 하는 딥러닝 네트워크를 마주하더라도 그 수학적 구조는 사실 Chapter 3에서 배우게 될 구조와 동일하다는 것을 알게 될 것이다.

2.5 시뮬레이션 데이터 예시

이번에는 우리가 가지고 있는 키($height$)–체중($weight$) 데이터셋을 활용해 시뮬레이션을 해보자. 자체 데이터를 활용해 시뮬레이션하면 실제로 또는 웹에서 데이터를 검색하거나 실험실을 구축하여 통제된 측정값을 얻는 번거로움을 피할 수 있다. 이런 방법은 필요한 데이터를 구할 수 없거나 비용이 많이 들 때 매우 유용하다. 또한 새로운 재료나 실험실을 만들어 처음과 다른 실험을 진행하지 않고도 함수의 숫자만 변경하여 다른 시나리오를 테스트할 수 있다. 데이터 시뮬레이션은 수학 함수, 무작위성 randomness 또는 노이즈를 포함하는 확률 분포와 컴퓨터만 있으면 되기 때문에 매우 편리하다.

다시 키와 체중 사이의 선형 종속성을 가정하는 함수로 돌아가보자.

$$weight = w_0 + w_1 \times height$$

키–체중 데이터 쌍에 대해 시뮬레이션하려면 파라미터 w_0과 w_1에 대한 값을 가정해야 한다. 최적의 w를 선택할 때 실제 데이터에 관한 인사이트가 없다면 문제의 맥락이나 다양한 값으로 실험해볼 수밖에 없다. 이 예시의 경우 적절한 w를 학습시키는 데 사용할 수 있는 실제 데이터가 있다(w를 학습하는 방법은 Chapter 3에서 살펴본다). 하지만 다른 많은 시나리오에서는 실제 데이터가 없으므로 다양한 w 값으로 실험해보는 수밖에 없다.

다음 시뮬레이션에서는 $w_0 = -314.5$, $w_1 = 7.07$로 설정한다. 따라서 함수는 다음과 같다.

$$weight = -314.5 + 7.07 \times height$$

이제 이 식을 이용해 원하는 만큼의 키–체중 데이터 쌍을 생성할 수 있다. 예를 들어 이 함수의 키 변수에 $height = 60$을 입력하면 $weight = -314.5 + 7.07 \times 60 = 109.7$이 된다. 따라서 선형 모델은 키가 60인치[19]인 사람의 체중이 109.7파운드[20]라고 예측하고 키-체중 그래프의 좌표는 (60, 109.7)이 된다. [그림 2-4]에서는 54~79인치 사이의 키 데이터 5,000개를 선택한 다음, 이를 함수에 대입하여 5,000개의 키-체중 데이터 포인트 생성했다. 노이즈나 변동이 없는 시뮬레이션 데이터이기 때문에 완벽한 직선임을 확인할 수 있다.

시뮬레이션 데이터의 특징은 데이터 자체로 함수의 기능을 수행한다는 점이다. 시뮬레이션을 위해 만든 함수(모델이라고도 함)를 이해하고 있으면서 계산에 많은 오류가 포함되어 있지 않고 매우 큰 숫자가 이상하지 않다면 이 데이터를 원하는 방식으로 사용할 수 있다. 여기에서는 예상치 못한 결과가 나오는 경우가 많지 않다. 이번 예시에서 고안된 함수는 선형이므로 이 방정식은 직선의 방정식이며 [그림 2-4]에서 볼 수 있듯이 생성된 데이터는 그 직선 위에 완벽히 놓여 있다.

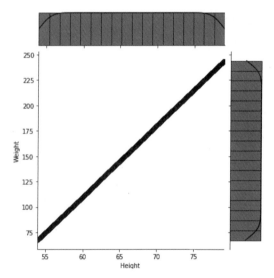

그림 2-4 시뮬레이션 데이터. $weight = -314.5 + 7.07 \times height$ 선형 함수를 활용하여 5,000개의 (키, 체중) 데이터 포인트를 생성했다.

만약 좀 더 현실적인 키와 체중 데이터를 생성하고 싶다면 어떻게 해야 할까? 현실적인 종 모양의 정규 분포에서 키 값을 샘플링하여 만들 수 있다. 다시 강조하지만, 우리가 샘플링하는 확

---

19 옮긴이_ 60인치 ≈ $152.4cm$
20 옮긴이_ 109.7파운드 ≈ $49.76kg$

률 분포와 실제 데이터의 분포는 다르다. 키 값을 샘플링한 후 이 값을 가중치에 계산하기 위해 선형 모델에 대입한다. 그리고 데이터를 사실적으로 만들기 위해 약간의 노이즈를 추가한다. 노이즈는 무작위성을 가지므로 노이즈를 샘플링할 확률 분포도 선택해야 한다. 종 모양의 정규 분포를 선택했지만 균일한 랜덤 노이즈를 위해 균등 분포^{uniform distribution}를 선택할 수도 있다. 더 현실적인 키-체중 모델은 다음과 같이 쓸 수 있다.

$$weight = -314.5 + 7.07 \times height + noise$$

이 식의 그래프는 [그림 2-5]에서 확인할 수 있다.

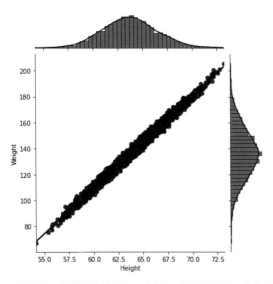

그림 2-5 시뮬레이션 데이터. $weight = -314.5 + 7.07 \times height$ 선형 함수를 활용하여 5,000개의 (키, 체중) 데이터 포인트를 생성했다. 키 데이터는 정규 분포를 따르며 계산 결과에 정규 분포를 따르는 노이즈를 추가했다. 오른쪽의 체중 데이터 분포와 위쪽의 키 데이터 분포에 주목하자. 정규 분포를 따르도록 시뮬레이션을 설계했기 때문에 두 분포 모두 정규 분포를 따른다.

[그림 2-5]와 [그림 2-6]을 비교해보자. [그림 2-6]은 두 번째 예시 데이터[21]에서 가져온 것으로 여성 5,000명의 실제 키-체중 데이터다. 실제 데이터를 수집하는 것과 달리 이 데이터를 생성하는 데 5분(코드 작성에 걸린 시간)밖에 걸리지 않았다는 점을 감안하면 나쁘지 않은 결과다. w 값과 정규 분포 노이즈의 파라미터(평균과 표준 편차)를 조정하는 데 조금 더 시간을

---

21 https://oreil.ly/rZNBS

할애했다면 훨씬 보기 좋은 시뮬레이션 데이터를 얻었겠지만 곧이어 가설 모델에 적합한 파라미터 값을 찾는 방법을 설명할 것이므로 이번 시뮬레이션은 여기에서 마친다.

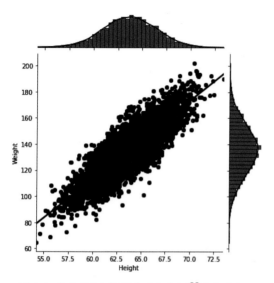

그림 2-6 실제 데이터. 두 번째 예시 데이터[22]에서 여성 5,000명의 실제 키-체중 데이터를 그래프로 나타냈다. 오른쪽의 체중 데이터 분포와 위쪽의 체중 데이터 분포에 주목하자. 두 분포 모두 정규 분포를 따른다. 더 자세한 내용은 GitHub 페이지[23]를 참고하기 바란다.

2.6 수학 모델: 시뮬레이션과 인공지능

우리는 모델을 만드는 설계자이므로 모델에 무엇이 들어갈지 결정함으로써 수학 모델을 더 현실적으로 만들 수 있다. 모델이 자연을 더 많이 모방할수록 그 안에는 더 많은 수학적인 것들이 포함된다. 따라서 수학 모델을 구축할 때 현실에 더 가까워지는 것과 모델의 간결함 및 접근성 사이에서 절충점을 찾아야 한다. 설계자마다 각기 다른 수학 모델을 제시하며, 어떤 모델은 다른 모델보다 특정 현상을 더 잘 포착하기도 한다. 이러한 모델은 자연스러운 현상을 포착하려는 노력을 통해 계속해서 개선되고 발전하고 있다. 다행히도 지난 수십 년 동안 계산 능력의 비약적 발전 덕분에 더욱 복잡하고 사실적인 수학 모델을 만들고 테스트할 수 있게 되었다.

---

22 *https://oreil.ly/rZNBS*

23 옮긴이_ 옮긴이의 GitHub 페이지 *https://github.com/EmjayAhn/essential-mathematics-for-ai*에서 확인할 수 있다.

자연은 매우 세밀하면서도 광대하다. 자연의 상호 작용은 아원자 양자 영역 subatomic quantum realm 에서 은하계 규모에 이르기까지 다양하다. 인간은 자연을 이해하고 수많은 상호 작용으로 이루어진 복잡한 구성 요소를 포착하기 위해 끊임없이 노력하고 있다. 이런 노력을 하는 이유는 생명과 우주의 기원에 대한 순수한 호기심, 새로운 기술 개발, 통신 시스템 개선, 의약 연구 및 치료법 발견, 무기 및 방어 시스템 구축, 머나먼 행성으로의 여행 및 미래 거주 형태 연구 등 다양하다. 수학 모델은 숫자, 함수, 방정식만을 사용하여 자연의 세부적인 면을 모두 설명하고 불확실성에 직면했을 때 확률을 통해 정량화된 무작위성을 묘사하는 탁월한 방법을 제공한다. 이런 수학 모델의 컴퓨터 시뮬레이션을 통해 모델링된 시스템이나 다양한 현상을 조사하고 시각화할 수 있다. 컴퓨터 시뮬레이션을 통해 얻은 인사이트는 모델을 설계하고 개선하는 데 도움이 될 뿐만 아니라 더 깊은 수학적 통찰력을 얻게 해준다. 이러한 긍정적인 피드백 사이클 덕분에 수학적 모델링과 시뮬레이션은 필수 도구가 되었으며 계산 능력의 향상과 함께 크게 발전했다.

수학이라는 추상적 언어를 사용해 다양한 자연 현상을 정확하게 모델링할 수 있다는 것은 우주의 신비다. 또한 수학을 발견하고 이해하여 모든 분야에 유용한 기술을 만들 수 있다는 것은 인간의 경이로움이다. 마찬가지로 인상적인 점은 이러한 기술의 핵심이 수학이라는 것, 더 구체적으로는 0과 1을 연산하거나 전송하는 것뿐이라는 점이다. 인간이 모든 종류의 자연 현상에 대해 수학 모델을 구축하기 위하여 단순한 숫자에 대한 이해를 일반화하는 것은 **지식의 일반화**를 보여주는 훌륭한 예이며 동시에 인간지능의 특징이다. 인공지능 분야에서 일반 인공지능(인간과 유사한 인공지능 및 슈퍼 인공지능)과 좁은 인공지능(특정 작업에서 인간과 유사한 인공지능)의 공통적인 목표는 일반화, 즉 인공지능이 학습한 능력을 활용해 새로운 상황에서 적용하는 능력을 갖는 것이다. 우리는 좁은 의미의 인공지능 원리, 즉 인공지능이 데이터를 학습한 후 새로운 데이터에 대해 양질의 예측을 수행하는 방법을 Chapter 3에서 알아본다.

인공지능은 수학 모델 및 시뮬레이션과 세 가지 방식으로 상호 작용한다.

수학 모델과 시뮬레이션은 인공지능이 학습[24]할 수 있는 데이터를 생성한다

일부 전문가들은 자율 주행 분야를 인공지능의 벤치마크로 간주하기도 한다. 지능형 자동차의 프로토타입은 절벽에서 떨어지거나 보행자를 치거나 충돌하는 등 인공지능 시스템이 피해야 하는 상황을 학습해야만 한다. 이 경우에 시뮬레이션 데이터를 활용한 학습이 특히 유용하

---

24 옮긴이_ '학습(learning)'과 '훈련(training)'은 같은 의미로 사용된다.

다. 자동차를 도로로 내보내기 전 모든 종류의 위험한 상황을 가상으로 만들어 훈련할 수 있기 때문이다. 마찬가지로 시뮬레이션 데이터는 화성 탐사, 신약 개발, 재료 설계, 일기 예보, 항공, 군사 훈련 등을 위한 인공지능 시스템 훈련에 매우 유용하다.

인공지능은 기존의 수학 모델과 시뮬레이션을 향상시킨다

인공지능은 전통적으로 수학 모델과 시뮬레이션이 어렵고 제한적이었던 영역을 지원하는 데 큰 잠재력을 가지고 있다. 예를 들면 모델의 적절한 파라미터 값 또는 적절한 확률 분포를 찾거나, 방정식을 이산화할 때 메시mesh의 모양과 크기[25]를 학습하거나, 특정한 계산법을 더 긴 시간 또는 복잡한 모양의 더 큰 영역으로 확장하는 것 등이 있다. 항해, 항공, 금융, 재료 과학, 유체역학, 운용 과학, 분자 및 핵 과학, 대기 및 해양 과학, 천체 물리학, 물리 및 사이버 보안 분야에서는 수학 모델과 시뮬레이션에 크게 의존한다. 이런 분야에서 인공지능의 기능을 통합하는 것은 매우 긍정적인 결과를 가져오고 있다. 이 책의 후반부에서 인공지능이 시뮬레이션을 향상시키는 사례들을 살펴볼 것이다.

인공지능 자체도 수학 모델이자 시뮬레이션이다

인공지능의 큰 목표는 인간지능을 복제하는 것이다. (구조적으로 변형되는 다양한 신경망을 포함하는) 성공적인 머신러닝 시스템은 시각, 패턴 인식 및 일반화, 자연어를 통한 의사소통, 논리적 추론과 같이 인간의 지능이 많이 개입되는 작업을 시뮬레이션하는 데 목적을 둔 수학 모델이다. 이해력, 감정적 경험, 공감, 협업 역시 인간의 지능이 많이 개입되는 영역이다. 이는 인류의 성공과 지배에 크게 기여했기 때문에 인간지능의 본질과 인간 두뇌의 작동 원리를 더 깊이 이해하고 범용적인 인공지능을 구현하려면 이 영역들을 복제할 방법도 찾아야 한다. 이러한 연구는 이미 진행 중이다. 우리가 명심해야 할 점은 모든 영역에서 기계가 하는 일은 '계산'이라는 점이다. 기계는 자연어 처리를 위해 문서의 의미를 계산하고 컴퓨터 비전을 위해 디지털 이미지 픽셀을 결합 및 계산하며 인간과 기계의 상호 작용을 위해 오디오 신호를 숫자 벡터로 변환하고 새로운 오디오를 계산하는 작업을 수행한다. 이렇게 보면 소프트웨어 인공지능이 하나의 거대한 수학 모델이자 시뮬레이션이라는 것을 쉽게 알 수 있다. 이는 이 책을 읽을수록 더욱 분명해질 것이다.

---

25 세밀한 메시는 다양한 공간 및 시간 스케일에서 세부적인 정보와 민감한 행동을 포착한다.

2.7 어디서 데이터를 얻는가?

필자는 처음 인공지능 분야에 뛰어들기로 결심했을 때 수학 지식을 활용해 관심 있는 현실 문제를 해결하고 싶었다. 필자는 전쟁으로 폐허가 된 나라에서 자라면서 많은 문제가 발생해 혼란을 겪다가 결국 그 문제가 사라지거나 직접 해결하거나 사람들이 문제를 조정해서 완전히 새롭고 불안정한 균형 상태에 안착하는 것을 보았다. 전쟁에서 흔히 발생하는 문제는 공급망의 갑작스러운 중단, 전력망의 일부가 갑자기 파괴되는 것, 교량이 폭격을 맞아 도로망이 갑자기 마비되는 것, 테러, 밀수, 인신매매, 인플레이션과 빈곤 등이다. 이러한 시나리오에서 수학이 해결할 수 있는 문제는 무궁무진하다. 필자는 안전한 미국에서 수학 박사 학위를 취득하고 대학에 재직하던 시절부터 기업, 정부 및 군사 기관에 연락해 실제 데이터로 작업할 수 있는 프로젝트를 찾아다녔다. 심지어 그들이 해결해야 할 문제를 무료로 해결해주겠다고 제안했다. 하지만 그 당시 필자가 몰랐던 사실인 동시에 어렵게 배운 사실은 실제 데이터를 얻기가 매우 힘들다는 점이었다. 수많은 규제, 개인 정보 문제, 기관 심의 위원회 등 여러 장애물이 가로막고 있었다. 이 모든 과정을 거친 후에도 기업, 기관, 단체들은 데이터를 공개하지 않는 경향이 있었다. 그들이 가진 데이터를 최대한 활용하지 못하고 있다는 사실을 알면서도 말이다. 실제 데이터를 얻으려면 거의 구걸을 해야 했다. 이는 필자만 겪은 독특한 경험이 아니었다. 이 분야의 많은 사람들이 같은 일을 겪었다.

이 이야기는 인공지능 시스템을 학습시키는 데 필요한 실제 데이터를 확보하려고 노력하는 여러분을 낙담하게 만들려는 것이 아니다. 핵심은 여러분이 필요로 하는 데이터를 소유한 곳에서 데이터 제공을 주저하거나 거절하더라도 놀라거나 낙담하지 말라는 것이다. 계속해서 요청하면 누군가는 믿음의 도약을 하게 될 것이다.

때로는 필요한 데이터가 웹에 공개되어 있을 수 있다. 앞서 살펴본 예시에서 캐글[26] 데이터셋을 사용한 것처럼 말이다. 별도로 나열하진 않겠지만 '최고의 데이터 저장소' 같은 키워드로 검색하면 다양한 웹 사이트[27]를 찾을 수 있다. 컴퓨터 비전, 자연어 처리, 오디오 생성, 과학 연구 등에 특화된 저장소도 있다.

---

[26] *https://www.kaggle.com*

[27] 옮긴이_ 종종 둘러보는 몇 가지 데이터 저장소를 소개한다. (1) 구글 데이터셋 서치: *https://datasetsearch.research.google.com/*, (2) UCI 머신러닝 저장소: *https://archive.ics.uci.edu/ml*, (3) 데이터 월드: *https://data.world/datasets/open-data*

일반적으로 웹 크롤링을 통해 데이터를 수집할 수 있지만 크롤링하려는 웹 사이트의 규칙을 준수해야 한다. 일부 웹 사이트는 크롤링하기 전에 서면으로 허가를 받아야 한다. 또한 크롤링하는 방법을 배워야 한다. 어떤 사람들은 '데이터 과학자는 해킹하는 방법을 안다'는 점을 데이터 과학자와 통계학자의 차이점이라고 말한다. 만약 소셜 미디어 사용자의 행동이나 인적 네트워크에 관심이 있다면 페이스북, 인스타그램, 유튜브, 플리커, 링크드인 등의 페이지를 크롤링하여 사용자 계정과 관련된 통계(친구 수, 좋아요 수, 댓글, 사이트에서의 활동 등)를 수집할 수 있다. 크롤링을 통해 수십만 개의 기록이 포함된 매우 큰 데이터셋을 얻을 수 있으며 이를 바탕으로 계산할 수 있다.

외부 정보와 데이터에 압도당하는 느낌을 받지 않으면서 데이터가 인공지능에 통합되는 방식과 다양한 시스템에 들어가는 데이터 유형을 직관적으로 이해하려면 성공적인 인공지능 시스템이 학습한 데이터셋을 살펴보는 습관을 기르는 것이 좋다. 꼭 데이터셋을 다운로드하여 살펴볼 필요는 없다. 데이터셋을 둘러보고 메타데이터, 피처와 레이블(있는 경우) 등을 확인하는 것만으로도 데이터에 익숙해질 수 있다. 예를 들어 〈Chapter 7 자연어 처리와 금융 인공지능〉에서 살펴볼 딥마인드의 WaveNet[28]은 실감 나는 사람의 목소리나 즐거운 음악을 생성하는 신경망이다. WaveNet은 텍스트를 오디오로 변환하거나 특정 인물의 목소리로 자연스럽게 변환하는 작업을 수행한다. 신경망이 특정 인물의 목소리를 조건화하기 때문에 자연스러운 변환이 가능한 것인데, 조건화의 수학적 의미는 〈Chapter 7 자연어 처리와 금융 인공지능〉에서 WaveNet을 공부하면서 이해하게 될 것이다. 지금은 문제에 인위적인 제한을 가하여 결과를 특정 집합으로 제한하는 것이라고 생각하면 된다. 그렇다면 WaveNet은 어떤 데이터로 훈련되었을까? WaveNet은 (텍스트를 조건으로 하지 않는) 다중 화자 오디오 생성을 위해 109명의 화자가 44시간 동안 녹음한 파일로 구성된 오디오 데이터셋인 CSTR Voice Cloning Toolkit[29]으로 훈련되었다. 그리고 텍스트를 음성으로 변환하기 위해 24시간 분량의 북미 영어 음성 데이터셋[30]과 34.8시간 분량의 중국어 만다린 음성 데이터셋[31]을 학습했다. 음악 생성을 위해서는 유튜브 동영상에서 얻은 60시간 분량의 피아노 솔로 음악 데이터셋[32]과 약 200시

---

28 *https://oreil.ly/TI5N8*

29 *https://oreil.ly/lvLPX*

30 *https://oreil.ly/rY4qS*

31 *https://oreil.ly/FGcr0*

32 *https://oreil.ly/Jwwxm*

간 분량의 음악 데이터셋인 MagnaTagATune[33]을 학습했다. 이 데이터셋은 29초짜리 클립으로 구성되어 있으며 음악의 장르, 악기 편성, 템포, 볼륨, 분위기 등을 설명하는 188개의 태그가 레이블로 달려 있다. 레이블이 지정된 데이터는 인공지능 시스템에 매우 유용하다. 가설 함수의 결과를 측정할 수 있는 기준을 제공하기 때문이다. 이 내용은 이어지는 몇 개의 절에서 알아본다.

유명한 이미지 분류(컴퓨터 비전) 모델인 AlexNet(2012)은 어떤 데이터로 훈련되었을까? AlexNet의 합성곱 신경망은 ImageNet[34]이라는 데이터셋으로 훈련되었다. 이 데이터셋은 인터넷에서 스크랩한 수백만 개의 이미지와 수천 개의 클래스로 레이블링되어 있다. 이 레이블들은 크라우드소싱crowdsourcing으로 사람이 직접 지정한 것이다.

지금까지 살펴본 모든 예시는 비정형 데이터라는 점에 유의하자.

특정 인공지능 시스템이 훈련한 데이터가 공개되어 있지 않은 경우 해당 인공지능에 대한 논문이나 문서를 찾아서 데이터를 어떻게 얻었는지 읽어보는 것도 좋다. 그것만으로도 많은 것을 배울 수 있다.

본격적으로 수학을 공부하기 전에 다음과 같은 핵심 사항을 기억해두자.

- 인공지능 시스템에는 디지털 데이터가 필요하다.
- 때로는 필요한 데이터를 얻기 어려울 수 있다.
- 전 세계를 디지털화하려는 움직임이 곳곳에서 일어나고 있다.

2.8 데이터 분포, 확률, 통계에서 자주 등장하는 용어

새로운 분야에 입문할 때 가장 먼저 배워야 할 것은 그 분야에서 사용하는 용어다. 이는 새로운 언어를 학습하는 것과 비슷하다. 새로운 언어는 교실에서 학습할 수도 있고 그 언어를 사용하는 나라로 여행을 가서 들을 수도 있다. 프랑스어로 '봉주르bonjour'가 무슨 뜻인지 몰라도 상관없다. 프랑스에 있는 동안 사람들이 항상 서로에게 이 말을 한다는 것을 알게 되면 나도 모르

---

33 *https://oreil.ly/7fnPa*
34 *https://oreil.ly/Yq1pJ*

게 그 말을 사용하기 시작할 것이다. 때로는 '봉수와^{bonsoir}'[35]라고 말해야 할 때 '봉주르'라고 하는 것처럼 맥락에 맞지 않는 말을 할 수도 있다. 하지만 프랑스에 오래 머물다 보면 맥락에 맞는 올바른 어휘를 사용할 수 있게 될 것이다.

세부적인 내용을 숙지하지 않고 어휘를 최대한 빨리 배우는 것에는 또 다른 장점이 있다. 분야마다 서로 다른 용어를 사용해 동일한 개념을 지칭하곤 하는데, 이렇게 되면 혼란이 발생하고 소통에 장벽이 생긴다. 따라서 해당 분야에서 자주 사용되는 어휘를 익히면 이미 알고 있던 개념에 새로운 이름이 있다는 사실을 알게 되고 혼란을 피할 수 있다.

인공지능 분야를 이해하기 위해 알아야 하는 확률과 통계 용어는 그리 많지 않다. 각 용어를 사용할 때마다 언급하겠지만 확률 이론의 목표는 랜덤한 숫자나 확률적인 사건을 결정론적인 명제로 만드는 것이다. 인간은 불확실성을 싫어하며 세상을 통제할 수 있고 예측 가능한 곳으로 만들고 싶어하기 때문이다. 인공지능, 머신러닝, 데이터 과학에 관한 글을 읽을 때 확률 및 통계 용어에 주목해야 한다. 다시 말하지만 용어의 정의까지 알 필요는 없다. 그저 용어에 관한 설명을 듣고 해당 용어의 개념이 다른 개념과 어떻게 연결되는지 이해하기만 하면 된다.

2.8.1 확률 변수

모든 것은 확률 변수에서 시작된다. 수학자들은 함수에 관해 끊임없이 이야기한다. 함수의 결과는 결정론적이다. 즉, 함수를 계산하면 어떤 값이 반환될지 정확히 알 수 있다. 함수 x^2을 3에 대해 계산하면 $3^2 = 9$가 나올 것이 확실하다. 반면에 확률 변수의 결과는 결정적이지 않다. 즉, 불확실하거나 예측할 수 없거나 확률적이다. 확률 변수를 사용하면 결과를 보기 전까지는 어떤 값이 반환될지 알 수 없다. 따라서 확률 변수에서는 더 이상 확실성을 목표로 할 수 없다. 그 대신 특정 결과를 얻을 가능성을 정량화하는 것을 목표로 한다. 예를 들어 주사위를 굴렸을 때 (굴린 사람이 주사위를 조작하지 않았다고 가정함) 결과가 4일 확률은 1/6이라고 자신 있게 말할 수 있다. 그렇지만 주사위를 굴리기 전에 결과를 미리 알 수는 없다. 만약 예측할 수 있다면 모든 카지노는 문을 닫게 될 것이고 금융 업계의 예측 분석 부서나 리스크 관리 조직이 필요하지 않게 될 것이다. 결정론적 함수와 마찬가지로 확률 변수는 이산 집합(이산 확률 변수) 또

---

35 옮긴이_ '봉주르'는 평상시에 하는 일반적인 인사말인 반면 '봉수와'는 해가 지는 저녁 시간에 하는 인사말이다.

는 연속 집합(연속 확률 변수)에서 결과를 반환할 수 있다. 확률 변수와 함수의 가장 중요한 차이는 결괏값의 무작위성과 확실성에 있다.

2.8.2 확률 분포

이번에는 연속 확률 변수$^{continuous\ random\ variable}$에 대한 확률 밀도 함수$^{probability\ density\ function}$와 불연속 확률 변수$^{discrete\ random\ variable}$에 대한 확률 질량 함수$^{probability\ mass\ function}$를 정의해보자. 일반적으로 분포가 이산 확률 변수인지 연속 확률 변수인지는 문맥을 통해 이해해야 한다. 이 용어를 사용하여 분포가 이산형이든 연속형이든 하나의 확률 변수를 확률 분포에서 샘플링하고 여러 개의 확률 변수를 결합 확률 분포$^{joint\ probability\ distribution}$에서 샘플링한다고 말한다. 실무에서 데이터에 포함된 모든 확률 변수의 전체 결합 확률 분포를 아는 경우는 드물다. 전체 결합 확률 분포를 데이터로부터 알 수 있거나 학습할 수 있다면 매우 강력한 해법이 될 수 있다.

2.8.3 주변 확률

주변 확률 분포$^{marginal\ probability\ distribution}$는 말 그대로 결합 확률 분포의 가장자리에 위치한다(위키피디아 페이지[36]의 첫 번째 표를 참고하면 변수 간 모든 조합 상태의 결합 확률 분포를 살펴볼 수 있다).[37] 운이 좋게도 이 설정에서는 여러 확률 변수의 결합 확률 분포 전체를 알 수 있다. 우리는 그중 하나 또는 몇 개 변수의 확률 분포만 알고자 한다. 예를 들어 확률의 덧셈 규칙을 사용하면 주변 확률 분포를 쉽게 찾을 수 있다.

$$p(x) \sum_{y \in all\ states\ of\ y} p(x, y)$$

---

36 *https://oreil.ly/11WiO*

37 옮긴이_ 주변 확률은 개별 사건의 확률이지만 결합 확률이 존재한다는 가정하에 결합 확률들의 합으로 표시할 수 있다. 결합 확률 분포를 기록한 표를 보면 두 확률 변수 중 하나를 고정한 후 나머지 확률 변수의 분포들의 합으로 표시하는데, 이처럼 표 주변에 기록할 수 있어서 주변 확률이라고 한다.

2.8.4 균등 분포와 정규 분포

균등 분포 uniform distribution 와 정규 분포 normal distribution 는 가장 많이 사용되는 연속 분포다. 정규 분포는 확률 이론의 기본 중심 극한 정리 central limit theorem 와 밀접한 관련이 있다. 많은 데이터를 접하다 보면 다양한 확률 변수를 나타내는 유용한 분포가 많지만 당장 필요한 것은 아니므로 필요한 시점에 설명하도록 하겠다.

2.8.5 조건부 확률과 베이즈 정리

여러 개의 확률 변수를 다루는 경우를 생각해보자. 사실 대부분의 경우가 여기에 해당될 것이다. 앞서 다룬 예시만 해도 성별, 키, 체중, 건강 지수 데이터 등 여러 개의 확률 변수를 다룬다. 이렇게 여러 확률 변수를 동시에 다루는 순간부터 독립 또는 조건부 독립인 확률 변수(한 변수의 확률을 안다고 해서 다른 변수의 확률이 달라지지 않는 것)의 개념을 비롯하여 조건부 확률 conditional probability, 베이즈 정리 Bayes' theorem, 조건부 확률의 곱 또는 연쇄 규칙을 배우게 된다.

2.8.6 조건부 확률과 결합 분포

조건부 확률과 결합 분포 joint distribution 모두 여러 개의 확률 변수를 다루므로 당연히 서로 관련이 깊다. 결합 확률 분포 그래프에서 확률 변수 중 하나의 값을 고정하여 그래프를 분할하면 조건부 확률 분포를 얻을 수 있다([그림 2-7]을 참고하자).

> **NOTE 베이즈 규칙 vs 결합 확률 분포**
> 어떤 상황에서 모든 확률 변수의 결합 확률 분포 전체를 알 수 있다면 베이즈 규칙은 불필요하다. 다시 말해 베이즈 규칙은 모든 확률 변수의 결합 확률 분포를 알지 못할 때 원하는 조건부 확률을 계산하는 데 활용된다.

2.8.7 사전 분포, 사후 분포, 가능도 함수

논리적, 수학적 관점으로 조건부 확률을 바라보면 우리의 일상 생활과 계산을 순조롭게 진행할 수 있다. 그러나 실무자들은 데이터나 추정해야 하는 가중치(파라미터) 중 어느 것을 조건으로 하는지에 따라 다양한 조건부 확률에 각각 다른 이름을 붙인다. 먼저 데이터를 관찰하기 전에 모델의 가중치에 대한 일반적인 확률 분포를 사전 분포^{prior distribution}라고 한다. 그리고 관찰된 데이터가 주어졌을 때 가중치에 대한 확률 분포를 사후 분포^{posterior distribution}라고 한다. 마지막으로 특정 가중치 분포가 주어졌을 때 데이터 포인트를 관찰할 확률을 인코딩하는 함수를 가능도(우도) 함수^{likelihood function}라고 한다. 이 개념들은 베이즈 규칙 및 결합 분포와 밀접한 관련이 있다.

> **NOTE 가능도 분포가 아닌 가능도 함수**
>
> 우리가 가능도^{likelihood}를 분포가 아닌 함수로 표현하는 이유는 확률 분포의 경우 합이 항상 1이 되어야 하지만(연속 확률 변수의 경우 적분했을 때 1이 되어야 함) 가능도 함수는 결과들의 합이 반드시 1이 되지 않기 때문이다(연속 확률 변수의 경우에도 적분한 값이 1이 되지 않을 수 있음).

2.8.8 혼합 분포

여러 확률 분포를 혼합하여 혼합 분포를 생성할 수도 있다. 가우스 혼합 모델^{gaussian mixture model}은 꽤나 유명하다. 앞서 살펴본 남성과 여성의 키에 대한 예시 데이터는 가우스 혼합의 좋은 예라고 할 수 있다.

2.8.9 확률 변수의 합과 곱

단순한 분포에서 샘플링한 확률 변수를 더하거나 곱해 좀 더 복잡한 분포 따르는 새로운 확률 변수를 생성하여 새로운 사건을 나타낼 수 있다. 여기서 자연스럽게 떠오르는 질문은 '확률 변수의 합 또는 곱의 분포가 어떻게 되는가'이다.

2.8.10 그래프를 활용한 결합 확률 분포의 묘사

방향성 그래프와 비방향성 그래프(다이어그램)를 사용하여 결합 확률 분포의 구성 요소를 효율적으로 분해할 수 있다. 그러면 훨씬 더 간편하게 계산할 수 있다. 이 부분에 관해서는 나중에 자세히 살펴보자.

2.8.11 기댓값, 평균, 분산 그리고 불확실성

확률, 통계, 데이터 과학의 핵심이 되는 네 가지 요소는 다음과 같다.

- 기댓값expectation
- 평균값mean
- 분산variance
- 표준 편차standard deviation

기댓값과 평균값은 확률 변수들의 평균을 정량화한 값이고, 분산과 표준 편차는 확률 변수가 평균을 중심으로 얼마나 퍼져 있는지를 정량화한 값이다. 이 값들을 통해 확률 변수의 불확실성을 인코딩할 수 있다. 우리의 목표는 분산을 제어하여 불확실성을 줄이는 것이다. 분산이 클수록 평균값을 사용하여 예측할 때 더 많은 오류가 발생한다. 따라서 이 분야를 연구하다 보면 무작위성을 띄는 어떤 수치에 대한 기댓값과 분산을 제어하는 수학적 명제, 부등식, 정리가 대부분이라는 것을 알게 된다.

어떤 확률 분포를 가진 확률 변수가 있는 경우 기댓값(확률 변수로부터 예상되는 결괏값), 분산(기댓값으로부터 예상되는 거리의 제곱), 표준 편차(기댓값으로부터 예상되는 거리)를 각각 계산할 수 있다. 앞서 보았던 키-체중 데이터처럼 이미 표본을 추출하거나 관찰한 데이터에서 표본 평균(평균값), 분산(평균으로부터 평균 거리의 제곱), 표준 편차(평균으로부터 거리의 평균, 평균 주변의 퍼진 정도를 측정함)를 계산할 수 있다. 관심 있는 데이터가 아직 샘플링되지 않았거나 관찰되지 않았다면 기댓값이라는 용어를 사용하여 추측할 수 있으며, 데이터가 샘플링되거나 관찰되었다면 이러한 통계량을 계산하여 사용할 수 있다. 당연히 우리는 관찰된 데이터의 통계량과 우리의 추측이 얼마나 차이가 나는지, 전체 인구에 대한 데이터를 측정할 수 있는 이상적인 경우에는 어떤 일이 일어나는지 궁금해한다. 이 궁금증은 큰 수의 법칙the law of large numbers을 통해 해결할 수 있다. 큰 수의 법칙은 전체 인구에 대한 데이터를 측정하는 이상적인 경우(표본 크기가 무한대가 되는 경우) 기댓값이 표본 평균과 일치한다는 것의 근거가 된다.

2.8.12 공분산과 상관관계

두 개 이상의 확률 변수가 있는 경우 공분산covariance, 상관관계correlation, 공분산 행렬covariance matrix을 계산할 수 있다. 선형 대수학의 벡터vector, 행렬matrix, 행렬 분해matrix decomposition (고유값

eigenvalue, 특이값 분해singular value decomposition 등)는 확률 및 통계 분야와 결합된다. 각 확률 변수의 분산은 공분산 행렬의 대각선에 위치하고 두 확률 변수의 쌍이 만들어내는 공분산은 대각선이 아닌 부분에 위치한다. 공분산 행렬은 대칭이다. 선형 대수 기법을 사용하여 공분산 행렬을 대각화diagonalize하면 관련된 확률 변수들의 상관관계를 없앨 수 있다.

잠시 멈춰서 변수 간 독립independence과 공분산이 0인 것의 차이에 관해 알아보자. 공분산과 상관관계 모두 두 확률 변수 사이의 선형 관계를 파악하기 위한 것이다. 상관관계는 정규화된 확률 변수에 대해 적용되므로 확률 변수나 데이터 측정값의 척도가 크게 다른 경우에도 선형 관계를 감지할 수 있다. 데이터를 정규화하면 단위나 척도는 더 이상 중요하지 않다. 단위가 수백만이든 0.001 단위든 상관없다. 공분산은 정규화되지 않은 확률 변수에 적용된다. 독립성은 공분산이 0인 것보다 더 강한 개념이다. 세상에 선형적인 것만 존재하지는 않으므로 독립성을 담보하는 상관관계와 공분산을 활용해 이를 검증할 수 있다.

2.8.13 마르코프 과정

마르코프 과정Markov process은 인공지능의 강화 학습 패러다임에 매우 중요한 개념이다. 마르코프 과정은 다음과 같은 특징을 갖는다.

- 시스템의 모든 가능한 상태status
- 에이전트가 수행할 수 있는 모든 가능한 행동action 집합(왼쪽으로 이동, 오른쪽으로 이동 등)
- 모든 상태 간의 전이 확률transition probability을 담고 있는 행렬
- 에이전트가 특정 행동을 취한 후 어떤 상태로 전이될지에 대한 확률 분포
- 최대화하고자 하는 보상 함수reward function

강화 학습이 적용된 인공지능의 대표적인 예로는 보드 게임 인공지능과 스마트 온도 조절기가 있다. 관련된 내용은 〈Chapter 11 확률〉에서 자세히 살펴본다.

2.8.14 확률 변수와 데이터의 정규화, 스케일링, 표준화

정규화normalizing, 스케일링scaling, 표준화standardizing는 다양한 맥락에서 동의어로 사용된다. 세 가지 모두 목표는 동일하다. 데이터 또는 확률 변수의 모든 가능한 결과에서 특정 숫자를 빼고

(이동shift) 상수로 나눈다(스케일). 데이터 샘플의 평균(확률 변수의 기대값)을 빼고 표준 편차로 나누면 평균이 0이고 표준 편차가 1인 새로운 표준화된(또는 정규화된) 데이터 값(확률 변수)을 얻을 수 있다. 이렇게 하는 대신 최솟값을 빼고 최댓값에서 최솟값을 뺀 값으로 나누면 새로운 값이 모두 0과 1사이에 있는 확률 변수를 얻을 수 있다. 벡터를 정규화한다는 것은 벡터 내의 모든 숫자를 벡터의 길이로 나누어 길이가 1인 새로운 벡터를 얻는다는 뜻이다. 따라서 숫자 집합을 정규화, 스케일링, 표준화한다고 할 때의 목표는 변수의 본질적인 가변성을 유지하면서 값을 0을 중심으로 설정하거나 퍼진 정도를 1이하로 제한하는 것이다.[38]

2.8.15 일반적인 예시

수학자들은 확률 개념을 어떤 사건이 발생할 때까지의 시간으로 표현하기를 좋아한다. 사건의 예로는 동전 던지기, 주사위 굴리기, 항아리에서 공 뽑기, 카드 덱에서 카드 뽑기, 역에 도착하는 기차, 핫라인에 전화하는 고객, 광고나 웹 사이트 링크를 클릭하는 고객, 질병과 증상, 형사 재판과 증거, 기계 고장 등이 있다. 우리 주변에서 일어나는 많은 일들이 이러한 예에 포함될 수 있다.

우리는 확률 이론 외에도 통계역학Statistical Mechanics (예 파티션 함수partition function)과 정보 이론 information theory (예 신호 vs 노이즈, 엔트로피entropy, 교차 엔트로피 함수cross-entropy function) 분야의 용어와 함수도 차용한다. 이런 개념들은 각 용어가 등장할 때 설명할 것이다.

2.9 연속 분포와 이산 분포

연속 분포continuous distribution를 다룰 때는 '정확한 값'을 관찰하거나 샘플링하는 대신 '특정 값 주변의 데이터 포인트'를 관찰하거나 샘플링한다고 표현하는 것이 중요하다. 실제로 연속 분포에서 정확한 값을 관찰할 확률은 0이다.

숫자가 연속적인 범위 안에 있을 때 어느 한 값과 다음 값 사이에는 이산적인 구분이 없다. 실

---

38 옮긴이_ 개념을 처음 정리할 때 스케일링(값을 조정하여 원하는 범위 내로 분포를 조정하는 방법) 방법 중에 정규화와 표준화가 있다고 정리하는 것이 좋다.

수는 무한하다. 예를 들어 남자의 키를 측정하여 180cm라는 값을 얻었다면 측정값이 정확히 180cm인지, 180.0000000785cm인지, 179.9999111134255cm인지 알 수 없다. 이 경우에는 179.95 < 관찰한 키 < 180.05와 같이 범위를 설정하고 범위 내에서 키가 관찰될 확률을 정량화하는 것이 더 좋다.

반면 이산 확률 변수를 다룰 때는 각각의 값을 쉽게 구분할 수 있다. 예를 들어 주사위를 굴릴 때 가능한 결괏값은 1, 2, 3, 4, 5, 6이다. 따라서 정확히 5가 나올 확률은 1/6이라고 자신 있게 말할 수 있다. 또한 이산 확률 변수는 숫자가 아닌 결과를 가질 수도 있다. 예를 들어 동전의 앞면, 뒷면이라는 결과도 이산 확률 변수다. 하지만 연속 확률 변수는 숫자만 가질 수 있다.

이와 같은 이유로 연속 확률 변수를 다룰 때는 확률 밀도 함수^{probability density function}를 정의한다. 이산 확률 변수의 경우에는 확률 질량 함수^{probability mass function}를 정의한다. 밀도는 지정된 길이, 면적, 공간(차원에 따라 다름)의 부피 내에 존재하는 물질의 양을 나타낸다. 물질의 질량을 구하려면 밀도에 해당 영역의 길이, 면적, 부피를 곱한다. 무한히 작은 단위당 밀도가 주어진 경우 적분은 무한히 많고 작은 영역의 합과 유사하기 때문에 질량을 구하려면 전체 영역에 대해 적분해야 한다.

〈Chapter 11 확률〉에서 이 아이디어를 자세히 설명하고 수식으로 표현해볼 것이다. 지금은 다음 사항들을 유념하자.

- 남성의 키 데이터처럼 연속적인 확률 변수가 하나만 있는 경우 1차원의 확률 밀도 함수를 사용하여 확률 분포를 구한다. 키가 $179.95cm < height < 180.05cm$ 사이에 있을 확률을 구하려면 확률 밀도 함수 $f(x_1)$을 $(179.95, 180.05)$ 구간에 걸쳐 적분한다. 수식은 다음과 같다.

$$P(179.95 < height < 180.05) = \int_{179.95}^{180.05} f(x_1) dx_1$$

- 남성의 키-체중 데이터처럼 두 개의 연속적인 확률 변수가 있는 경우 2차원의 확률 밀도 함수를 사용하여 이들의 결합 확률 분포를 구한다. 즉, $f(x_1, x_2)$와 같이 x_1과 x_2에 대한 분포 함수다. 키가 $179.95cm < height < 180.05cm$이고, 체중이 $70kg < weight < 75kg$인 결합 확률을 구하기 전에 먼저 결합 확률 밀도 함수 $f(x_1, x_2)$를 알고 있다고 가정한다. $(179.95, 180.05)$와 $(70, 75)$ 구간에서 결합 확률 밀도 함수 $f(x_1, x_2)$를 이중 적분한다. 수식은 다음과 같다.

$$P(179.95 < height < 180.05, 70 < weight < 75) = \int_{70}^{75} \int_{179.95}^{180.05} f(x_1, x_2) dx_1 dx_2$$

- 두 개 이상의 연속 확률 변수가 있는 경우 고차원의 확률 밀도 함수를 사용하여 결합 확률 분포를 나타낸다. 예를 들어 남성의 키, 체중, 혈압 데이터가 있는 경우 3차원 결합 확률 분포 함수를 사용한다. 결합 확

률 분포 함수는 $f(x_1, x_2, x_3)$ 형태를 가질 것이다. 이전의 설명과 비슷한 논리로 첫 번째 확률 변수가 $a < x_1 < b$, 두 번째 확률 변수가 $c < x_2 < d$, 세 번째 확률 변수가 $e < x_3 < f$ 사이인 결합 확률을 찾으려면 구간 $(a,b), (c,d), (e,f)$에 대한 결합 확률 밀도 함수를 적분해야 한다. 수식은 다음과 같다.

$$P(a < x_1 < b, c < x_2 < d, e < x_3 < f) = \int_e^f \int_c^d \int_a^b f(x_1, x_2, x_3) dx_1 dx_2 dx_3$$

연속 확률 변수에 대한 확률 밀도 함수를 정의한 후에도 모든 걱정이 해소되는 것은 아니다. 실수의 무한함 때문이다. 모든 집합에 확률을 부여하고 모든 집합이 독립이라 가정하자. 이 경우 집합들의 확률의 합이 1보다 큰 집합(프랙탈 모양의 집합, 유리수 집합을 변형하여 구성된 집합 등)을 만들 수 있다는 모순이 생긴다. 수학의 측정 이론은 이 모순을 해결하면서 우리가 확률 밀도 함수를 다룰 수 있도록 수학적 뼈대를 제공한다. 측정 이론에서는 측정값이 0인 집합을 정의하고 어디에서나 확률을 계산할 수 있는 많은 정리를 제공한다. 이것만으로도 우리가 응용하는 데 충분하다.

2.10 결합 확률 밀도 함수의 힘

확률 변수가 여러 개 있을 때 이들의 결합 확률 분포를 구할 수 있으면 가장 좋겠지만 그런 경우는 드물다. 결합 확률 분포를 안다는 것은 각 확률 변수의 분포(주변 분포)뿐만 아니라 이 확률 변수 간의 영향(조건부 확률)을 모두 안다는 뜻이기 때문이다. 마치 도시 전체를 위에서 내려다보는 것처럼 모든 정보를 다 아는 것과 같다. 도시 안에 있으면 우리가 관찰할 수 있는 정보가 제한되기 마련이다.

확률 변수들이 독립이라면 결합 분포는 각 확률 분포의 곱으로 쉽게 구할 수 있다. 하지만 사람의 키와 체중처럼 변수들이 독립적이지 않은 경우에 결합 분포를 구하는 것은 매우 어렵다. 확률 변수가 종속적일 때는 결합 분포에서 종속 변수 분포만 떼어 내서 확인할 수 없다. 두 개 이상의 변수가 종속적일 때는 변수들의 모든 값을 저장해야 각각의 분포를 구할 수 있다. 종속적인 확률 변수의 수가 늘어날수록 저장해야 하는 값, 계산하고 검색해야 하는 차원이 기하급수적으로 늘어나는데, 이를 차원의 저주 curse of dimensionality 라고 한다.

결합 확률 밀도 함수 $f(x_1, x_2)$의 확률 변수 중 하나를 특정한 값으로 고정하면 사후 확률 분포(관찰값이 주어졌을 때 다른 확률 변수의 분포)에 비례하는 분포를 구할 수 있다. 예를 들어

$f(x_1, x_2)$에 대해 $x_1 = a$라면 $f(a, x_2)$는 쉽게 구할 수 있다. 이는 사후 확률 분포 $f(x_2 | x_1 = a)$에 비례한다(그림 2-7).

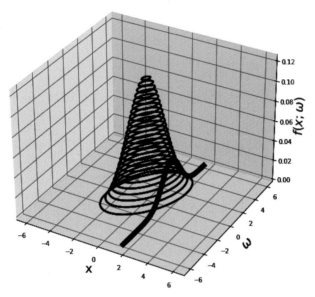

그림 2-7 결합 확률 분포와 사후 확률

이 경우는 결합 확률 분포를 알고 있는 것, 즉 매우 사치스러울 정도로 많은 정보를 알고 있는 것이다. 대부분의 경우 베이즈 정리와 사전 분포 및 가능도 함수를 사용해 동일한 사후 확률 분포를 얻는다.

인공지능을 활용한 일부 애플리케이션에서는 확률의 곱셈 규칙을 사용하여 결합 확률 분포를 학습하기도 한다. 결합 확률 분포를 조건부 확률의 곱으로 분리하여 결합 확률 분포를 학습하는데, 학습 후에 이 분포로부터 새롭고 흥미로운 데이터를 생성한다. 딥마인드는 이 원리를 이용해 WaveNet이라는 오디오를 생성 모델을 내놓기도 했다.

다음 절에서는 인공지능을 개발하는 데 가장 유용한 확률 분포를 소개한다. 바로 가장 보편적인 연속 분포인 균등 분포와 정규 분포(가우스 분포라고도 함)다. 그림과 자세한 내용은 주피터 노트북[39]을 참조하자.

---

39 옮긴이_ 옮긴이의 GitHub 페이지 *https://github.com/EmjayAhn/essential-mathematics-for-ai*에서 확인할 수 있다.

2.11 균등 분포

균등 분포를 직관적으로 이해하기 위해 비균등 분포의 예를 살펴보자. 실제 키-체중 데이터셋에서는 균등 분포를 사용해 키를 모델링할 수 없었다. 그 이유는 당연하게도 사람의 키와 체중이 균일하게 분포되어 있지 않기 때문이다. 실제로 키가 2미터인 사람과 160cm, 180cm 정도인 사람을 만날 확률은 경험적으로 같지 않다.

균등 분포는 말 그대로 균등하게 분포된 데이터만 모델링한다. 모든 데이터가 최솟값 x_{min}과 최댓값 x_{max} 사이의 연속적인 구간에서 균등하게 분포되어 있다면 그 구간 안에서 임의의 값을 추출할 확률은 모두 같다. 예를 들어 구간이 $(0,1)$이라면 0.2를 추출할 확률과 0.75를 추출할 확률은 같다.

따라서 균등 분포의 확률 밀도 함수는 상수다. 구간 (x_{min}, x_{max})에 있는 확률 변수 x에 대해 연속 균등 분포의 확률 밀도 함수는 다음과 같다.

$$f(x; x_{min}, x_{max}) = \frac{1}{x_{max} - x_{min}} \text{ for } x_{min} < x < x_{max}, \text{ 구간 외의 다른 범위에서는 모두 } 0.$$

구간 (x_{min}, x_{max})에서 균등 분포의 확률 밀도 함수를 그려보자. [그림 2-8]에서 볼 수 있듯이 균등 분포의 확률 밀도 함수 그래프는 직선 형태다. 이는 실제 데이터와 시뮬레이션 데이터 모두 균등하게 분포된 데이터가 있는 전체 구간에 골고루 분산되기 때문이다. 구간 내에서는 모든 데이터 값이 공평하다.

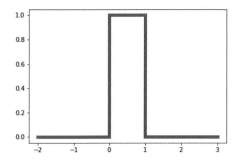

그림 2-8 구간 [0,1]에서 균등 분포의 확률 밀도 함수

균등 분포는 컴퓨터 시뮬레이션에서 랜덤한 숫자를 생성하는 데 매우 유용하다. 파이썬의 난수 생성기를 들여다보면 기본 알고리즘 어딘가에서 균등 분포가 사용되는 것을 확인할 수 있다.

2.12 정규 분포

사람의 키 데이터(특정 성별의 키 데이터)를 모델링하는 데 더 적합한 연속 확률 분포는 가우스 분포라고도 하는 종 모양의 정규 분포다. 정규 분포에서 추출한 샘플은 평균값 μ 주변에서 그 분포의 정점을 이루는 곳에 모이는 경향이 있고 평균에서 멀어질수록 대칭적으로 줄어든다. 분포가 평균에서 멀어질수록 얼마나 퍼져 있는지는 정규 분포의 두 번째 파라미터인 표준 편차 σ에 의해 조절된다. [그림 2-9]를 살펴보면 데이터의 약 68%가 평균의 1×표준 편차 이내에 있고, 데이터의 95%가 평균의 2×표준 편차 이내, 데이터의 약 99.7%가 평균의 3×표준 편차 이내에 속한다.

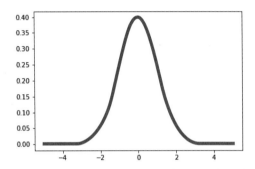

그림 2-9 $\mu = 0$, $\sigma = 1$인 정규 분포의 확률 밀도 함수

정규 분포에서 데이터를 샘플링할 때는 평균 근처의 값이 선택될 확률이 높으며 아주 작은 값($-\infty$)이나 아주 큰 값(∞)이 선택될 확률은 매우 낮다. 평균값 근처에서 정점을 형성하고 분포의 외곽에서 감소하는 성질 때문에 종 모양을 형성한다. 종 모양의 연속 분포도 많이 있지만 정규 분포가 가장 일반적이다. 또한 확률 이론에서 매우 중요한 정리인 중심 극한 정리central limit theorem(CLT)의 이론적 배경이 된다.

중심 극한 정리는 동일한 분포(반드시 정규 분포일 필요는 없음)를 가진 많은 독립 확률 변수들의 평균이 정규 분포를 따른다는 것을 나타낸다. 이는 정규 분포가 사회와 자연계 어디에서나 나타나는 이유를 설명해준다. 신생아의 체중 분포, 학생의 성적 분포, 국가의 소득 분포, 혈압 측정값 분포 등 다양한 분야에서 정규 분포가 등장한다. 실제 데이터셋을 정규 분포로 모델링할 수 있는지 여부를 판단하는 데 도움을 주는 특별한 통계 검정이 있는데, 이 부분은 〈Chapter 11 확률〉에서 자세히 다룬다.

만약 어떤 분포를 사용해야 할지 확신이 없고 데이터에 관해 사전 지식도 없는 상황이라면 정규 분포를 선택하는 것이 합리적이다. 사실 동일한 분산을 가지는 모든 분포 중에서 정규 분포는 불확실성이 가장 큰 선택이다. 즉, 정규 분포를 선택하는 것은 모델이 가장 적은 사전 지식을 인코딩하는 것과 같다.

평균 μ와 표준 편차 σ인 하나의 확률 변수 x(단변량[40])가 정규 분포를 따를 때 확률 밀도 함수는 다음과 같다.

$$g(x; \mu, \sigma) = \frac{1}{\sqrt{2\pi\sigma^2}} e^{-\frac{(x-\mu)^2}{2\sigma^2}}$$

[그림 2-9]에서 평균 $\mu = 0$, 표준 편차 $\sigma = 1$일 때의 그래프를 확인할 수 있다.

두 개의 확률 변수 x와 y(다변량)가 정규 분포를 따를 때 확률 밀도 함수는 다음과 같다.

$$g(x, y; \mu_1, \sigma_1, \mu_2, \sigma_2 \rho) = \frac{1}{\sqrt{(2\pi)^2 \det\begin{pmatrix} \sigma_1^2 & \rho\sigma_1\sigma_2 \\ \rho\sigma_1\sigma_2 & \sigma_2^2 \end{pmatrix}}} e^{-\left\{\frac{1}{2}(x-\mu_1 \ y-\mu_2)\begin{pmatrix} \sigma_1^2 & \rho\sigma_1\sigma_2 \\ \rho\sigma_1\sigma_2 & \sigma_2^2 \end{pmatrix}^{-1}\begin{pmatrix} x-\mu_1 \\ y-\mu_2 \end{pmatrix}\right\}}$$

[그림 2-10]에서 이 식에 대한 그래프를 확인할 수 있다.

선형 대수학을 사용하여 이 이변량 정규 분포의 확률 밀도 함수를 더 간결하게 표현할 수 있다.

$$g(x, y; \mu, \Sigma) = \frac{1}{\sqrt{(2\pi)^2 \det(\Sigma)}} e^{-\left\{\frac{1}{2}(u-\mu)^T \Sigma^{-1}(u-\mu)\right\}}$$

[그림 2-11]은 이변량 정규 분포에서 6,000개의 데이터 포인트를 랜덤 추출하여 그린 그래프다. 중심 근처의 점들은 선택될 확률이 높고 중심에서 멀리 떨어진 점들은 선택될 확률이 낮다. 그림의 선을 보면 정규 분포의 등고선을 따른다. 추출한 데이터들이 어떤 분포에서 샘플링되었는지 모르고 관찰한다면 이 선들은 정규 분포의 등고선이라고 추정할 수 있다.

---

40 **옮긴이_** 단변량 정규 분포는 확률 변수가 하나일 때를 의미한다. 이와 대비되는 다변량 정규 분포는 확률 변수가 두 개 이상일 때 정규 분포를 다차원 공간에 대해 확장한 분포를 의미한다.

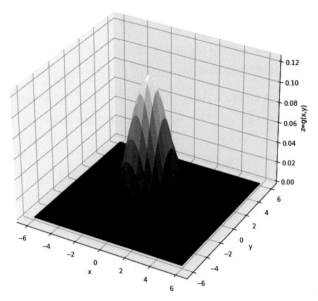

그림 2-10 이변량 정규 분포의 확률 밀도 함수

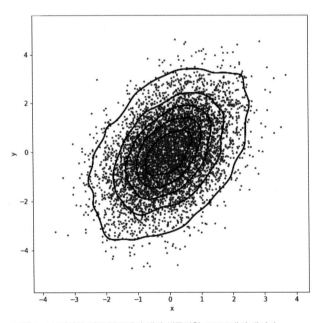

그림 2-11 이변량 정규 분포에서 랜덤 샘플링한 6,000개의 데이터

이변량 정규 분포의 확률 밀도 함수와 단변량 정규 분포의 확률 밀도 함수를 비교해보자.

- 단변량 정규 분포의 확률 밀도 함수 식에서 확률 변수가 한 개일 때 평균 μ와 표준 편차 σ는 각각 한 개다.

- 이변량 정규 분포의 확률 밀도 함수 식에서 확률 변수가 두 개일 때 평균은 $\begin{pmatrix} \mu_1 \\ \mu_2 \end{pmatrix}$, 표준 편차는 $\begin{pmatrix} \sigma_1 \\ \sigma_2 \end{pmatrix}$로 각각 두 개다. 단변량에서 표준 편차의 제곱인 σ^2은 이변량에서 공분산 행렬 $\Sigma = \begin{pmatrix} \sigma_1^2 & \rho\sigma_1\sigma_2 \\ \rho\sigma_1\sigma_2 & \sigma_2^2 \end{pmatrix}$과 이 행렬의 행렬식^{determinant}**41**으로 대치된다. ρ는 두 확률 변수 사이의 상관관계이며 정규화된 두 확률 변수의 공분산이다.

이변량 정규 분포의 확률 밀도 함수 식은 확률 변수가 두 개 이상일 때도 일반화된다. 예를 들어 100개의 피처를 갖는 데이터셋에 100개의 확률 변수가 있다면 평균 벡터에는 100개의 평균값이 있을 것이다. 그리고 공분산 행렬의 크기는 100×100이 되며, 이 행렬의 대각선에는 각 확률 변수의 분산이, 대각선이 아닌 곳에는 4,950쌍의 공분산이 있을 것이다.

2.13 자주 사용되는 분포들

이해하지 못한 내용이 있어도 너무 걱정하지 말자. 대부분의 내용은 책 전체에서 여러 번 반복되며, 〈Chapter 11 확률〉에서는 확률에만 초점을 맞추어 심도 있게 살펴볼 것이다. 또한 개념들이 다양하고 재미있는 주제에서 반복적으로 등장하기 때문에 이해도가 더욱 높아질 것이다. Chapter 2에서의 목표는 확률과 통계에서 자주 사용되는 용어를 접하고 인공지능 분야에서 자주 등장하는 아이디어에 관한 가이드맵을 확보하는 것이다. 따라서 불필요한 이유로 진도를 늦추거나 이후에 배울 내용을 미리 파고들지 말고 Chapter 2에 집중하여 확률에 대한 직관을 키우기 바란다.

세상에는 여러 가지 확률 분포가 존재한다. 각각의 확률 분포는 실제로 다양한 유형의 시나리오를 모델링한다. 균등 분포와 정규 분포가 가장 흔하지만 인공지능 분야에서 자주 등장하는 다른 중요한 분포들도 많이 있다. 우리의 목표는 우리 주변을 모델링하여 양질의 설계, 예측, 결정을 하는 것임을 기억하자. 확률 분포는 우리의 모델이 무작위성을 다루거나 결과에 대한 확신이 없을 때 예측을 도와준다.

---

41 행렬식이란 고유값의 곱이다. 또한 특이값의 곱과 행렬식은 절댓값이 같다.

확률 분포를 공부할 때 답답한 부분 중 하나는 분포의 이름을 보고 어떤 상황에 유용한지 직관적으로 파악할 수 없다는 점이다. 우리는 이런 이름을 외우기 위해 추가적인 노력을 들이거나 분포의 핵심 요점을 적은 메모를 가지고 다닐 수밖에 없다(필자는 외우는 것보다는 메모를 참고하는 것을 더 선호한다). 또 다른 답답한 부분은 대부분의 교과서 예시가 동전 뒤집기, 주사위 굴리기, 박스에서 색깔이 있는 공 뽑기 등이라는 점이다. 이런 예시들로 인해 학습 동기가 부족해지고 실제 사례를 이해하기도 어렵다. 필자는 영화 〈다크나이트〉[42]의 하비 덴트를 제외하고는 동전을 뒤집어서 앞면과 뒷면을 세는 사람을 본 적이 없다. 따라서 이 책에서는 가능한 한 많은 실제 사례를 소개하려고 노력했다.

지금부터 소개하는 분포 중 일부는 수학적으로 서로 관련되어 있거나 다른 분포에서 자연스럽게 파생된 것이다. 이러한 분포 간 관계는 〈Chapter 10 운용 과학〉에서 살펴본다. 여기서는 유명한 분포들을 살펴보며 이산적(예를 들면 우리가 알고자 하는 대상의 개수를 예측하는 것)인지 연속적(예를 들면 어떤 일이 발생하기까지 걸린 시간을 예측하는 것. 시간의 개수가 아니라는 점에 유의하자)인지 알아볼 것이다. 또한 분포들을 제어하는 파라미터가 무엇인지, 인공지능 애플리케이션에서 유용한 특성이 무엇인지 살펴본다.

이항 분포 binomial distribution

이항 분포는 이산 분포다. 하나의 실험을 독립적으로 여러 번 반복할 때 특정 횟수의 성공을 얻을 확률을 나타낸다. 분포를 제어하는 파라미터는 실험의 횟수 n과 사전에 정의된 성공할 확률 p다. 실제 사례로는 백신이나 약물의 임상 시험에서 부작용을 겪게 될 환자의 수, 구매로 이어질 광고 클릭 수, 신용 카드 연체 고객의 수 등을 예측하는 것이 있다. 독립 시행이라는 가정이 필요한 확률 분포를 사용해 실제 사례를 모델링한다는 것은 실제로 독립적이지 않더라도 독립성을 가정하겠다는 의미다. 모델의 가정을 예민하게 짚고 넘어가는 것은 매우 좋은 자세다.

푸아송 분포 poisson distribution

푸아송 분포는 이산 분포다. 주어진 시간 동안 발생할 사건의 수를 예측한다. 이 사건들은 서로 독립적이거나 약한 종속성을 가진다. 즉, 한 번 발생한 사건이 동일한 시간 동안 다음 사건의

---

[42] 2008년 개봉한 영화 〈다크나이트〉에서 히스 레저가 연기한 조커는 무작위성과 우연에 관한 깊은 명언을 남겼다. "세상은 잔인해. 그리고 잔인한 세상에서 유일한 도덕... 그건 우연이야. 편견이 없고 공정한."

발생 확률에 영향을 미치지 않는다. 또한 이런 사건은 일정한 평균 빈도 λ로 많이 발생한다. 따라서 일정하게 발생하는 평균 빈도는 이미 알고 있으며, 특정 기간 동안 이 사건이 얼마나 발생하는지 예측한다. 푸아송 분포를 제어하는 파라미터는 사전에 정의된 빈도 λ다. 실제 사례로는 특정 기간 동안 태어난 아기의 수, 98세 이상 인구 수, 특정 시간 동안 방사성 시스템에서 방출된 알파 입자 수, 국세청이 중복으로 발송한 청구서 수, 특정 날짜에 가장 적게 팔린 제품의 수, 이 책의 한 페이지에서 발견할 수 있는 오탈자 수, 기계가 특정 날짜에 생산한 불량품의 수, 특정 시간에 상점에 들어오는 손님 수, 특정 기간 동안 보험 회사가 처리해야 할 자동차 사고 수, 특정 기간 동안 발생한 지진 수 등을 예측하는 것이 있다.

기하 분포 geometric distribution

기하 분포는 이산 분포다. 성공할 확률 p를 알고 있는 독립 시행을 수행할 때 처음 성공할 때까지 시도한 횟수를 예측한다. 여기서 제어되는 파라미터는 당연히 성공 확률 p다. 실제 사례로는 네트워크 회사가 장애 없이 정상 운영을 지속할 수 있는 기간, 공장 기계가 불량품을 생산하기 전까지 작동하는 시간, 통과시키고자 하는 법안에 반대하는 사람이 나타날 때까지 인터뷰해야 하는 사람 수 등을 예측하는 것이 있다. 이러한 실제 사례에서 독립성을 가정하고 기하 분포를 사용해 모델링할 수 있지만 실제로는 각 시행이 독립적이지 않을 수도 있다는 것을 유념해야 한다.

지수 분포 exponential distribution

지수 분포는 연속 분포다. 특정 사건이 일정한 빈도 λ로 발생한다는 것을 알고 있을 때 이 사건이 발생할 때까지의 대기 시간을 예측한다. 지수 분포는 앞으로 발생할 사건 역시 지수 분포를 따르기에 이전에 발생한 사건에 영향을 받지 않는다(이를 무기억성 memoryless property 이라고 한다). 실제 사례로는 지진이 발생할 때까지의 시간, 금융 거래에서 누군가의 채무불이행이 발생할 때까지의 시간, 기계의 부품이 고장 날 때까지의 시간, 테러 공격이 발생하기 전까지의 시간 등을 예측하는 것이 있다. 예를 들면 '10년 보증'과 같은 문구를 작성하는 것처럼 특정 기계 부품의 신뢰도를 계산하는 분야에서 매우 유용하다.

베이불 분포 Weibull distribution

베이불 분포는 연속 분포다. (앞서 언급한 '10년 보증' 예시처럼) 공학 분야에서 제품 수명을 예측하는 데 널리 사용된다. 제품은 여러 부품으로 이루어져 있으며 그중 하나라도 고장나면 제품이 작동하지 않기 때문에 각 부품의 수명을 예측하는 것은 매우 중요하다. 예를 들어 자동차의 배터리가 방전되거나 기어 박스 안에서 퓨즈가 타면 자동차는 작동하지 않는다. 베이불 분포는 자동차를 구성하는 많은 부품 중 가장 약한 부품을 고려해 자동차의 기대 수명을 예측한다(자동차를 정비하지 않는다고 가정한다). 베이불 분포는 분포의 모양, 크기, 위치 이렇게 세 가지 파라미터로 제어된다. 지수 분포는 베이불 분포의 특수한 경우로, 지수 분포의 경우 사건 발생 확률이 일정하지만 베이불 분포는 시간에 따라 증가하거나 감소하는 사건 발생 확률을 모델링할 수 있다.

로그 정규 분포 log-normal distribution

로그 정규 분포는 연속 분포다. 이 분포에서 추출한 값에 로그를 취하면 정규 분포 데이터를 얻을 수 있다. 처음엔 정규 분포가 아닌 것처럼 보이지만 로그 함수를 사용하여 변환해보면 데이터가 정규 분포를 따른다는 것을 확인할 수 있다. 로그 정규 분포는 데이터가 한쪽으로 치우쳐 있고 그 값들이 모두 양수이며 평균값이 작고 분산이 큰 데이터에 사용하기 좋은 분포다. 확률 변수에서 독립적인 샘플을 추출해 평균을 구할 때 정규 분포가 등장하는 것처럼(중심 극한 정리) 로그 정규 분포는 여러 샘플들의 곱을 구할 때 등장한다. 이는 로그 함수의 멋진 수학적 특성 덕분이다. 곱셈[43]의 로그는 로그의 합이다. 로그 정규 분포의 파라미터는 분포의 모양, 크기, 위치 이렇게 세 가지다. 실제 사례로는 석유 탱크에 남아 있는 가스의 양, 오늘 주식의 종가와 전날 주식의 종가 비율 등을 예측하는 것이 있다.

카이제곱 분포 chi-squared distribution

카이제곱 분포는 연속 분포이며 정규 분포를 따르는 독립 확률 변수들의 제곱의 합에 대한 분포다. 왜 정규 분포를 따르는 확률 변수들을 제곱한 것의 합에 관심을 갖는 걸까? 그 이유는 이것이 확률 변수 또는 데이터 샘플의 분산을 계산하는 방법이며, 분산을 조정해 분포의 불확실성을 줄이는 것이 주요 목표이기 때문이다. 이 분포와 관련된 두 가지 검정이 있다. 첫 번째는 적합도 검정으로 기대값과 관찰값의 차이를 측정한다. 두 번째는 데이터 피처의 독립성 및 동질성 검정이다.

---

43 옮긴이_ $\log a \times b = \log a + \log b$

파레토 분포 pareto distribution

파레토 분포는 연속 분포다. 이 분포는 슈퍼 컴퓨터가 머신러닝 계산 작업을 완료하는 데 걸리는 시간, 특정 인구의 가계 소득 수준, 소셜 네트워크 친구 수, 인터넷 트래픽의 파일 크기 등 실제 애플리케이션에 유용하다. 파레토 분포는 하나의 파라미터 α에 의해 제어되며, 지수 분포보다 더 두꺼운 꼬리를 갖는 분포다.

세부적인 내용을 다루기 전에 가볍게 몇 가지 분포들을 더 살펴보자. 이 분포들은 앞서 언급한 분포와 어느 정도 관련이 있다.

- **스튜던트 t 분포** student's t-distribution : 연속 분포이며 정규 분포와 유사하지만 표본 크기가 작고 모집단의 분산이 알려지지 않은 경우에 사용된다.
- **베타 분포** beta distribution : 연속 분포이며 구간에서 임의의 값을 생성한다.
- **코시 분포** cauchy distribution : 연속 분포이며 평균과 분산이 정의되지 않은 특이한 분포다. 임의로 선택한 값에 탄젠트를 사용하여 구할 수 있다.
- **감마 분포** gamma distribution : 연속 분포이며 지수 분포에서와 같이 한 가지 사건이 아닌 n개의 독립적인 사건이 발생할 때까지 걸리는 시간과 관련이 있다.
- **음이항 분포** negative binomial distribution : 이산 분포이며 특정한 성공 횟수를 얻기 위해 필요한 독립 시행 횟수와 관련이 있다.
- **초기하 분포** hypergeometric distribution : 이산 분포이며 이항 분포와 유사하지만 시행이 독립적이지 않다.
- **음의 초기하 분포** negative hypergeometric distribution : 이산 분포이며 특정한 성공 횟수를 얻기 위해 필요한 종속 시행 횟수와 관련이 있다.

2.14 분포의 다양한 의미

분포라는 용어가 맥락에 따라 여러 가지 개념을 의미한다는 사실을 눈치챘을 것이다. 동일한 단어를 일관성 없이 사용하면 혼란을 일으킬 수 있고, 해당 분야에 입문하려는 사람에게 거부감을 줄 수 있다.

주어진 맥락에서 전하고자 하는 의미를 쉽게 알 수 있도록 '분포'라는 용어가 가리키는 다양한 개념을 나열했다.

- 키-체중 데이터와 같은 실제 데이터가 있다고 가정해보자. 키와 같은 데이터셋 중 하나의 피처에 대한 히스토그램을 그리면 해당 데이터의 경험적 분포를 얻을 수 있다. 일반적으로 전체 인구의 키에 대한 근본적

인 확률 밀도 함수, 즉 '**분포**'를 알 수는 없다. 실제 데이터는 항상 인구의 표본(모집단의 샘플)이기 때문이다. 따라서 확률 이론에 의해 주어진 확률 분포를 사용하여 근본적인 분포를 추정하거나 모델링하려고 하는 것이다. 이런 이유로 앞서 살펴본 예시에서 키와 체중 피처를 성별에 따라 구분할 때는 가우스 분포가 적절하다.

- 이산 확률 변수에서 사용되는 '**분포**'는 확률 질량 함수 또는 누적 분포 함수(확률 변수가 특정 값 이하인 확률을 의미하는 함수, $f(x) = prob(X \leq x)$)를 말한다.
- 연속 확률 변수에서 사용되는 '**분포**'는 확률 밀도 함수 또는 누적 분포 함수를 의미할 수 있으며, 이 함수의 적분은 확률 변수가 특정 값 이하일 확률을 나타낸다.
- 여러 종류의 확률 변수가 있는 경우(이산, 연속 또는 두 가지가 혼합된 경우)에서 '**분포**'는 여러 확률 변수의 결합 확률 분포를 의미한다.

일반적인 목표는 이상적인 수학 함수와 관찰 또는 현상을 적절하게 대응시키는 것이다. 예를 들어 앞서 살펴본 분포들을 가진 확률 변수와 우리가 관찰한 실제 데이터의 경험적 분포 사이의 관계를 적절하게 설정하는 것이다. 실제 데이터로 작업을 해보면 데이터셋의 각 피처는 확률 변수를 사용하여 모델링할 수 있다. 따라서 다른 의미에서 보면 해당 분포를 가진 수학적 확률 변수는 관찰한 피처의 이상적인 버전이다.

분포는 인공지능 분야의 모든 곳에 나타난다. 예를 들면 신경망의 각 계층에서 가중치의 분포, 다양한 머신러닝 모델에서 발생하는 노이즈와 오차의 분포 등이 있다. 이러한 내용은 이 책에서 여러 번 접하게 될 것이다.

2.15 A/B 테스트

마지막으로 분할 테스트 split test 또는 무작위 단일 맹검 시험 randomized single-blind trial /이중 맹검 시험 double-blind trial 이라고도 하는 A/B 테스트의 세계를 간략하게 살펴보자. A/B 테스트는 데이터 과학자에게 매우 중요하다. 수많은 기업에서 사용자 참여, 매출 및 고객 만족도를 높이기 위해 A/B 테스트를 수행하며 그 결과 데이터를 활용한다. 마이크로소프트, 아마존, 링크드인, 구글과 같은 기업들은 매년 수천 건의 A/B 테스트를 수행한다.

A/B 테스트의 기본 개념은 매우 간단하다. 전체 인구를 두 그룹으로 나눈다. 테스트하려는 항목(새로운 웹 페이지 디자인, 다른 글꼴 크기, 새로운 의약품, 새로운 정치 광고)의 버전을 테스트 그룹에 배포하고 다른 그룹은 대조군으로 유지한다. 그리고 두 그룹 간의 결과 데이터를 비교한다.

단일 맹검 시험이란 피험자는 자신이 어느 그룹에 속해 있는지 모르지만(심지어 자신이 실험에 참여하고 있다는 사실조차 모를 수 있다) 실험자는 알고 있는 경우를 말하고, 이중 맹검 시험이란 실험자, 피험자 모두 자신이 어느 그룹과 상호 작용하고 있는지 모르는 경우를 말한다.

정리하기

데이터는 인공지능의 핵심이다(다시 한번 강조한다). 또한 정형 데이터와 비정형 데이터, 선형 모델과 비선형 모델, 실제 데이터와 시뮬레이션 데이터, 결정 함수와 확률 변수, 이산 분포와 연속 분포, 사후 확률과 가능도 함수 등 일반적으로 혼동되는 개념 간의 차이점을 명확하게 설명했다. 또한 인공지능에 필요한 확률과 통계에 관해 자세히 설명하지 않고도 가장 많이 사용되는 확률 분포를 소개했다.

새로운 확률 개념이 낯설게 느껴진다면 Chapter 2의 내용을 다시 읽어보고 각 개념이 확률 이론의 큰 그림에 어떻게 들어맞는지, 인공지능과 어떤 관련이 있는지 살펴보는 것이 좋다. 특정 수학 개념이 인공지능과 어떤 관련이 있는지 모른다면 어떻게 켜는지는 알지만 어떤 용도로 사용되는지 모르는 도구만 가지고 있는 것과 같다.

아직 랜덤 행렬random matrix과 고차원 확률에 관해서는 살펴보지 않았다. 이 분야에서 확률 이론은 선형 대수와 결합된다. 여기서는 확률 이론을 활용해 랜덤한 수량의 분포, 기대값, 분산을 지속적으로 추적하고, 선형 대수를 활용해 고유값 및 다양한 행렬 분해를 하게 된다. 이는 인공지능 애플리케이션에서 매우 고차원적인 데이터를 다룰 때 중요하다. 이 개념은 〈Chapter 11 확률〉에서 설명한다.

Chapter 3에서는 데이터를 함수에 맞춘 다음, 이 함수를 사용하여 예측 또는 결정을 내려본다. 수학적으로는 데이터 피처 간 여러 상호 작용의 강도를 표현하는 가중치(w)를 찾을 것이다. 관련된 상호 작용 유형(학습 함수learning function 또는 훈련 함수training function[44]라고 하는 피팅 함수fitting function 공식)과 이러한 상호 작용의 강도(w)를 알게 되면 예측을 할 수 있다. 그리고 적절한 가중치 값과 피팅 함수를 찾는 이 개념을 컴퓨터 비전, 자연어 처리, 예측 분석(집값, 유지 보수를 하기 위한 시간 등) 및 기타 여러 애플리케이션에 적용할 수 있다.

---

44 옮긴이_ '학습 함수'와 '훈련 함수'는 같은 의미로 사용된다.

Chapter 3

데이터에 함수를 최적화시키는 방법

> 오늘은 맞는데, 내일은 어떨까?
>
> " "
>
> – H.

Chapter 3에서는 인공지능 애플리케이션의 핵심이 되는 수학적 개념들을 소개한다. 특히 신경망의 수학적 엔진에 집중할 것이다. 우리의 목표는 인공지능 문제에서 머신러닝 부분의 다음과 같은 구조를 이해하는 것이다.

문제 파악하기

문제는 구체적인 사례에 따라 다르다. 사례로는 이미지 분류, 문서 분류, 주택 가격 예측, 사기나 이상 징후 탐지, 제품 추천, 범죄자의 재범 가능성 예측, 건물 외부 이미지를 통한 내부 구조 예측, 음성 합성, 오디오 생성, 이미지 생성, 비디오 생성 등이 있다.

직질한 데이터 확보하기

이 과정은 우리의 모델이 원하는 대로 작동하도록 훈련시키는 것이다. 모델은 데이터로부터 학습한다. 데이터는 깨끗하고 완벽하며 필요한 경우 구현하는 특정 모델에 따라 변환(정규화, 표준화, 일부 피처에 대한 집계 등)되어 있어야 한다. 일반적으로 머신러닝 모델을 구현하고 훈련시키는 것보다 이 단계에 훨씬 더 많은 시간이 소요된다.

가설 함수 만들기

가설 함수hypothesis function는 훈련 함수, 예측 함수prediction function, 모델 등의 용어들과 혼용된다. 여기서 주요한 가정은 입출력 수학 함수가 관찰된 데이터를 잘 설명하며 새로운 데이터를 예측하는 데 사용될 수 있다는 점이다. 예를 들어 모델에 사람의 일상 습관과 같은 피처를 입력하면 대출 상환 가능성과 같은 예측을 반환한다. Chapter 3에서는 모델에 물고기의 길이를 입력하면 무게를 반환하는 예시를 살펴볼 것이다.

가중치 값 찾기

훈련 함수에 가중치라고 불리는 알 수 없는 파라미터가 있는 모델(신경망 포함)을 많이 접하게 된다. 목표는 데이터를 사용해 이러한 가중치 값을 찾는 것이다. 가중치 값을 찾으면 훈련된 함수 식에 새로운 데이터 포인트의 피처를 대입하여 예측할 수 있다.

오차 함수 만들기

알 수 없는 가중치 값을 찾기 위해 오차 함수error function, 비용 함수cost function, 목적 함수objective function, 손실 함수loss function라는 새로운 함수를 만든다(인공지능 분야에는 이름이 세 개 이상인 것들이 많다). 이 함수는 정답과 예측값 사이의 거리를 측정한다. 당연히 예측값이 정답에 최대한 가깝기를 원하므로 손실 함수를 최소화하는 가중치 값을 찾는다. 수학적으로는 최소화 문제를 해결하는 것이다. 수학적 최적화mathematical optimization 분야는 인공지능에 필수적인 분야다.

수학 공식 결정하기

이 단계에서 엔지니어는 훈련 함수, 손실 함수, 최적화 방법, 컴퓨터 구현을 위한 수학 공식을 결정한다. 엔지니어마다 다른 프로세스를 결정하고 다른 성능 결과를 얻게 되는데 이는 당연한 것이다. 결국 판단 기준은 배포된 모델의 성능이며, 일반적인 믿음과 달리 수학적 모델은 유연하고 필요에 따라 조정 및 변경될 수 있다. 따라서 배포 후 성능을 모니터링하는 것이 중요하다.

최솟값을 만드는 가중치 검색 방법 찾기

목표는 예측값과 정답 사이의 오차를 최소화하는 가중치 값을 찾는 것이다. 따라서 최솟값, 즉 가장 작은 오차를 만들어내는 특별한 가중치를 찾는 효율적인 수학적 방법을 찾아야 한다. 여기서 경사 하강법gradient descent이 핵심 역할을 한다. 오차 함수의 1차 미분을 계산하는 것도 이 단계에 포함된다. 이것이 우리가 미적분 수업의 절반을 도함수derivative와 기울기gradient[45]를 계산하는 데 할애한 이유다. 두 가지 도함수를 계산해야 하는 방법도 있다. 앞으로 이러한 방법들도 살펴보고 고차 방법을 사용할 때의 장점과 단점도 알아볼 것이다.

역전파 알고리즘 사용하기

데이터셋이 방대하고 모델이 여러 층layer으로 이루어진 신경망일 경우 1차 미분을 효율적으로 계산하는 방법이 필요하다. 이때 역전파 알고리즘backpropagation algorithm이 필요하다. 〈Chapter 4 신경망을 위한 최적화〉에서 경사 하강법과 역전파에 관해 자세히 알아본다.

함수 정규화하기

훈련 함수가 주어진 데이터에 너무 잘 맞는다면 새로운 데이터에서는 성능이 좋지 않을 것이다. 데이터와 너무 잘 맞는 함수는 적절한 신호뿐만 아니라 데이터의 노이즈까지도 잡아낸다 ([그림 3-1]의 왼쪽 그림). 하지만 우리는 노이즈까지 잡아내고 싶진 않다. 이때 정규화가 도움이 된다. 함수를 정규화하는 방법은 여러 가지다. 정규화는 함수를 더 매끄럽게 만들고 진동과 불규칙성을 줄여준다. 일반적으로 데이터의 노이즈까지 잡아내는 함수는 진동이 심하다. 우리는 더 규칙적인 함수를 원하므로 〈Chapter 4 신경망을 위한 최적화〉에서 정규화 기법을 살펴볼 것이다.

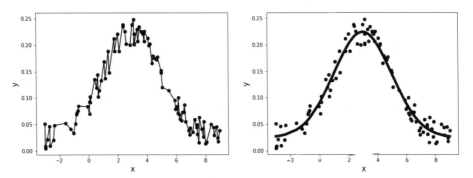

그림 3-1 왼쪽 그림은 주어진 데이터와 완벽하게 맞는 훈련 함수다. 데이터의 노이즈까지 학습했기 때문에 좋은 예측 함수가 아니다. 오른쪽 그림은 동일한 데이터에 대해 정규화를 추가하여 학습한 함수다. 왼쪽 그림의 함수가 각 데이터 포인트를 정확하게 학습한 것 같이 보이지만 오른쪽 함수의 예측이 더 뛰어날 것이다.

---

45 옮긴이_ 기울기는 고차원의 함수가 있을 때 한 변수에 대한 1차 미분을 의미한다.

이어서 간단한 실제 데이터셋을 사용하여 인공지능 문제의 구조를 살펴본다. 그리고 이러한 개념들이 훨씬 더 복잡한 상황에서는 어떻게 일반화되는지 Chapter 4에서 알아본다.

3.1 유용한 고전 머신러닝 모델들

여기서 사용되는 모든 데이터에는 정답ground truth 레이블이 지정되어 있다. 모델의 목표는 레이블이 없는 새로운 데이터(모델이 처음 보는 데이터)의 레이블을 예측하는 것이다. 이를 지도학습supervised learning이라고 한다.

유명한 머신러닝 모델을 사용하여 레이블이 정해진 데이터에 대해 훈련 함수를 학습시켜보자. 인공지능 분야의 최신 기술에 관한 이야기를 많이 들었을 것이다. 하지만 일반적인 비즈니스 환경에서는 다음과 같은 전통적인 모델부터 시작하는 것이 더 좋다.

- **선형 회귀**linear regression: 숫자 값을 예측한다.
- **로지스틱 회귀**logistic regression: 두 개의 클래스로 분류한다(이진 분류).
- **소프트맥스 회귀**softmax regression: 여러 클래스로 분류한다.
- **서포트 벡터 머신**support vector machine: 두 개의 클래스로 분류하거나 숫자 값을 예측(회귀)한다.
- **의사 결정 트리**decision tree: 원하는 수의 클래스로 분류하거나 숫자 값을 예측(회귀)한다.
- **랜덤 포레스트**random forest: 원하는 수의 클래스로 분류하거나 숫자 값을 예측(회귀)한다.
- **모델 앙상블**ensembles of model: 예측값의 평균이나 가장 많이 투표한 클래스 또는 번들링 메커니즘을 통해 여러 모델의 결과를 묶는다.
- **k-평균 클러스터링**k-means clustering: 원하는 수의 클래스로 분류하거나 숫자 값을 예측(회귀)한다.

같은 데이터셋에 여러 모델을 적용하여 성능을 비교할 것이다. 실제 사례에서도 많은 모델을 서로 비교하면서 배포하는 경우가 대부분이다. 이것이 연산이 많은 인공지능 산업의 특징이고 여러 모델을 한 번에 훈련할 수 있는 병렬 컴퓨팅이 필요한 이유다(단, 스태킹stacking[46]의 경우처럼 다른 모델의 결과를 기반으로 구축 및 개선하는 모델은 병렬 컴퓨팅을 사용할 수 없다).

머신러닝 모델에 관해 자세히 알아보기 전에 짚고 넘어갈 점이 있다. 데이터 과학자와 인공지

---

46 옮긴이_ 스태킹이란 모델의 성능을 높이기 위해 사용하는 앙상블 기법의 하나로, 크게 2단계로 이루어진다. 첫 번째 단계에서는 N개의 모델을 훈련 데이터로 학습시켜 모델을 생성한다. 두 번째 단계에서는 앞서 학습시킨 N개의 모델의 예측값을 기반으로 훈련 데이터와 테스트 데이터로 나누어 다시 예측한다.

능 연구원의 전체 시간 중 약 5%만이 머신러닝 모델을 학습하는 데 사용된다는 점이다. 대부분의 시간은 데이터를 수집하고 정제하고 구성하며 데이터에 적합한 파이프라인을 생성하는 작업에 사용된다. 따라서 머신러닝 모델의 학습은 전체 과정 중 한 단계에 불과하며 모델 학습을 위한 데이터가 준비되었다면 가장 쉬운 단계라고 할 수 있다. 이제 머신러닝 모델이 어떻게 작동하는지 알아보자. 우리가 필요로 하는 대부분의 수학은 모델에 있다. 인공지능 연구자들은 항상 머신러닝 모델을 개선하고 이를 전체 파이프라인에 자동으로 적용하기 위해 노력하고 있다. 따라서 결국에는 원시 데이터(스토리지, 하드웨어, 쿼리^{query} 프로토콜 등)부터 배포, 모니터링에 이르는 전체 파이프라인에 대해 학습하는 것이 중요하다. 머신러닝 모델의 학습은 더 크고 흥미로운 이야기의 일부분에 불과하다.

회귀는 앞으로 살펴볼 대부분의 인공지능 모델과 애플리케이션에서 매우 중요한 개념이기 때문에 회귀부터 시작해야 한다. 선형 회귀의 경우 분석적 방법으로 오차를 최소화하는 가중치를 찾는다. 또한 학습 데이터셋과 정답 레이블에 대해 최적의 가중치를 찾기 위한 명백한 공식이 있다. 선형 회귀 모델이 매우 단순하기 때문에 명백한 분석적 방법으로 문제를 해결할 수 있는 것이다. 대부분의 다른 모델에는 이런 명백한 해결 방법이 없으며 수치적 방법을 사용하여 최솟값을 찾아야 한다. 수치적 해결 방법으로는 경사 하강법이 많이 사용된다.

회귀 모델과 신경망 모델을 비롯하여 앞으로 배울 많은 모델의 모델링 과정에서 다음 내용에 순서대로 초점을 맞출 것이다.

1 훈련 함수
2 손실 함수
3 최적화

3.2 수치적 방법과 분석적 방법

수학 문제에서 수치적 방법과 분식적 방법의 차이점을 이해하는 것은 중요하다. 여기서 수학 문제의 예시는 다음과 같다.

- 어떤 함수를 최소화하는 최소점 찾기
- 한정된 예산으로 목적지 A에서 목적지 B로 가는 최적의 방법 찾기

- 데이터 웨어하우스를 설계하고 쿼리하는 최선의 방법 찾기
- 방정식의 해 구하기[47]

짚고 넘어가야 할 어휘는 다음과 같다.[48]

- **수치적**numerical: 숫자와 관련이 있다.
- **분석적**analytical: 분석과 관련이 있다.

일반적으로 시뮬레이션과 복잡한 계산을 위한 충분한 연산 능력만 있다면 분석적 해결 방법보다 수치적 해결 방법이 최솟값을 훨씬 더 쉽게 구할 수 있으며 접근성도 뛰어나다. 우리가 해야 하는 일은 연속 공간/연속 함수를 이산화하고 이 수치에 대한 함수를 평가하는 것이 전부다. 수치적 방법의 유일한 문제점은 근사 값이라는 점이다. 수치 해가 실제로 분석해와 얼마나 차이가 나고 참값에 얼마나 빨리 수렴하는지에 대한 추정이 뒷받침되지 않는 한 수치 해는 정확하지 않다. 하지만 수치적 방법은 분석적 방법에 대한 매우 유용한 인사이트를 제공한다. 실제로 많은 경우 분석해를 구할 수 없기 때문에 수치적 방법만이 유일한 해결책이며 수학 및 공학 분야에서 수치적 방법에 의존하지 않았다면 전혀 발전하지 못했을 것이다. 만약 수학 및 공학 분야에서 분석해와 증명을 기다렸다면, 다시 말해 수학 이론이 발전하기만을 기다렸다면 진보를 이룰 수 없었을 것이다.

반면 분석적 방법은 정확하고 견고하며 강력한 수학 이론 전체가 이를 뒷받침한다. 분석적 방법의 경우 정리와 증명이 함께 제공된다. 분석해를 이용할 수 있다면 이는 매우 강력해진다. 하지만 분석해는 찾기가 어렵고 때로는 구하는 것 자체가 불가능하다. 미적분학, 수학적 분석, 대수학, 미분 방정식 이론 등과 같은 분야에 대한 깊은 도메인 지식과 전문성이 필요하다. 분석적 방법은 해의 중요한 특징을 설명하고 수치 기법을 안내하며 근사 방법과 비교할 기준값을 제공하는 데 매우 유용하다.

연구자 중에는 분석적이고 이론적인 연구자도 있고 오로지 수치적이고 계산적인 것에 집중하

---

47 여기서 방정식은 대수 방정식, 일반 미분 방정식, 편미분 방정식, 적분-미분 방정식, 방정식 시스템 등 다양한 것이 될 수 있다. 해결 방법은 정적일 수도, 시간에 따라 변화할 수도 있다. 물리적, 생물학적, 사회경제적인 것을 포함하여 자연의 모든 것을 모델링할 수 있다.

48 옮긴이_ 수치적 방법과 분석적 방법의 차이를 조금 더 살펴보자. 수치적 방법은 수학 문제를 근사적으로 해결하고 계산을 위해 컴퓨터를 사용하는 방식이라고 이해하면 쉽다. 대부분의 실제 사례에서는 모델 공식이 복잡하기 때문에 수치적 방법을 활용한다. 수치적 방법을 반복적인 계산, 근사 값 사용 등으로 이해하자. 분석적 방법은 수학적 원리와 기호를 사용해 문제를 해결하는 것으로, 정확한 답을 구하는 방법이다. 우리가 학교에서 배운 방정식의 해를 구하는 방법은 대부분 분석적 방법이다. 외운 공식을 활용해 적분과 미분 방정식을 푸는 방법 역시 분석적 방법이다.

는 연구자도 있다. 가장 좋은 것은 분석적 측면과 수치적 측면 모두를 적절히 이해하는 것, 즉 이 두 가지 스타일의 연구자들 사이에 위치하는 것이다.

3.3 회귀: 숫자 값 예측

캐글 웹 사이트[49]에서 회귀 분석용 데이터셋을 검색하면 훌륭한 데이터셋과 관련 주피터 노트북을 많이 찾을 수 있다. 여기서는 Fish Market 데이터셋[50]을 사용할 것이다. 우리의 목표는 길이1(Length1), 길이2(Length2), 길이3(Length3), 높이(Height), 너비(Width)로 레이블이 지정된 다섯 가지 피처가 주어졌을 때 물고기의 무게를 예측하는 모델을 만드는 것이다(그림 3-2). 문제를 단순화하기 위해 이 모델에 범주형 피처인 종(Species)은 포함하지 않았다(물고기의 종이 무게를 예측하는 데 좋은 변수이므로 이 변수를 사용하면 더 나은 예측 결과를 얻을 수 있다). 범주형 피처인 종(Species)을 모델의 피처에 포함하려면 원-핫 인코딩one-hot encoding을 사용하여 값을 숫자 값으로 변환해야 한다. 이는 말 그대로 카테고리 유형(물고기의 종)에 따라 각 물고기에 1과 0으로 구성된 코드를 할당하는 것이다. 종(Species) 피처에는 농어(Perch), 도미(Bream), 로치(Roach), 잉어(Pike), 빙어(Smelt), 박키(Parkki), 흰살생선(Whitefish) 이렇게 일곱 가지 유형이 있다. 예를 들어 물고기가 잉어라면 (0,0,0,1,0,0,0)으로 인코딩하고 도미라면 (0,1,0,0,0,0,0)으로 인코딩할 수 있다. 물론 이렇게 하면 피처 공간에 7개의 차원이 추가되고 훈련할 가중치도 7개 더 늘어난다.

	Species	Weight	Length1	Length2	Length3	Height	Width
0	Bream	242.0	23.2	25.4	30.0	11.5200	4.0200
1	Bream	290.0	24.0	26.3	31.2	12.4800	4.3056
2	Bream	340.0	23.9	26.5	31.1	12.3778	4.6961
3	Bream	363.0	26.3	29.0	33.5	12.7300	4.4555
4	Bream	430.0	26.5	29.0	34.0	12.4440	5.1340

그림 3-2 캐글에서 다운로드한 Fish Market 데이터셋의 첫 5개 행이다. 우리의 목표는 물고기의 길이가 주어지면 새로운 물고기의 무게(Weight)를 예측하는 모델을 만드는 것이다.

---

49 https://www.kaggle.com

50 https://oreil.ly/yaV96

다섯 가지 피처의 이름을 x_1, x_2, x_3, x_4, x_5로 변경하고 물고기 무게를 이 다섯 가지 피처에 대한 함수 $y = f(x_1, x_2, x_3, x_4, x_5)$로 쓸 것이다. 이렇게 함수가 정해지고 특정 물고기에 대한 피처 값이 입력되면 해당 물고기의 예상 무게가 출력된다.

이번 절에서 다루는 내용은 앞으로 배울 모든 것의 기초가 되므로 구성을 먼저 살펴보는 것이 중요하다.

1 훈련 함수 training function
- 모수 모델 parametric model 과 비모수 모델 nonparametric model

2 손실 함수 loss function
- 예측한 값과 실제 값
- 절댓값 거리와 제곱 거리
- 특이점 singularity (뾰족한 부분)이 있는 함수
- 선형 회귀 손실 함수: 평균 제곱 오차 mean squared error
- 이 책에서 표현되는 벡터는 항상 열 벡터다.
- 훈련 데이터셋, 검증 데이터셋, 테스트 데이터셋
- 훈련 데이터셋의 피처 간 상관관계가 높은 경우

3 최적화 optimization
- 볼록한 convex 평면과 볼록하지 않은 nonconvex 평면
- 함수의 최솟값 찾기
- 미적분
- 1차원 최적화 예시
- 선형 대수 식의 도함수
- 평균 제곱 오차 손실 함수 최소화
- 주의: 큰 행렬들을 서로 곱하는 것은 비용이 매우 많이 드니 행렬과 벡터를 곱하자.
- 주의: 훈련 데이터를 너무 잘 맞추고 싶은 것은 아니다.

3.3.1 훈련 함수

다양한 길이 피처에 대한 무게를 그래프로 그려(그림 3-3) 빠르게 데이터를 탐색해보면 선형 모델을 가정할 수 있다(이 경우에는 비선형 모델이 좀 더 나을 수도 있다). 즉, 무게가 길이 피처에 선형 종속이라고 가정한다. 이는 물고기의 무게 y가 다섯 가지의 길이 피처 값의 선형 조합 linear combination 과 편향 항 w_0을 사용하여 계산될 수 있다는 뜻이며 다음과 같은 훈련 함수로 나타낼 수 있다.

$$y = w_0 + w_1 x_1 + w_2 x_2 + w_3 x_3 + w_4 x_4 + w_5 x_5$$

모델링 과정에서 선형 훈련 함수 $f(x_1, x_2, x_3, x_4, x_5)$를 사용하기로 결정했다면 이제 해야 할 일은 파라미터 $w_0, w_1, w_2, w_3, w_4, w_5$의 적절한 값을 찾는 것이다. 이때 w에 대한 최적의 값은 데이터에서 찾을 것이다. 데이터를 사용하여 적절한 w를 찾는 과정을 모델 훈련[training][51]이라고 한다. 따라서 훈련된 모델은 모든 w 값이 결정된 모델이다.

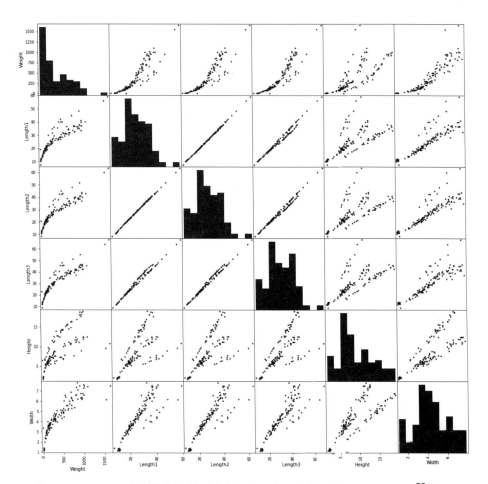

그림 3-3 Fish Market 데이터셋의 수치형 피처의 산점도 그래프. 자세한 내용은 GitHub 페이지[52] 또는 이 데이터셋과 관련된 캐글 공개 주피터 노트북[53]을 참고하자.

---

51 옮긴이_ '학습(learning)'과 '훈련(training)'은 같은 의미로 사용된다. 마찬가지로 '학습 함수'와 '훈련 함수'도 혼용된다.

52 옮긴이_ 옮긴이의 GitHub 페이지 *https://github.com/EmjayAhn/essential-mathematics-for-ai*에서 확인할 수 있다.

53 *https://oreil.ly/jFgxF*

일반적으로 신경망을 포함하여 선형이든 비선형이든 모든 훈련 함수에는 주어진 데이터를 이용해 학습해야 하는 알 수 없는 파라미터인 w가 있다. 선형 모델의 경우 각 파라미터는 예측 과정에서 각 피처에 일정한 가중치를 부여한다. 따라서 두 번째 피처와 다섯 번째 피처의 스케일(또는 단위)이 비슷하다고 가정할 때 w_2 값이 w_5 값보다 크면 예측 과정에서 두 번째 피처가 다섯 번째 피처보다 더 중요한 역할을 한다고 해석할 수 있다. 따라서 모델을 훈련시키기 전에 데이터를 스케일링하거나 정규화하는 것이 좋다. 반면 w_3 값이 0이 되거나 무시할 수 있을 정도로 작아지면 세 번째 피처는 예측 과정에 아무런 역할을 하지 않으므로 데이터셋에서 생략할 수 있다. 따라서 데이터에서 w를 학습하면 각 피처의 기여도를 수학적으로 계산할 수 있다(훈련 전 데이터 준비 단계에서 일부 피처들이 결합된 경우 피처 조합의 중요도 역시 계산할 수 있다). 즉, 모델은 데이터 피처들이 어떻게 상호 작용하는지, 상호 작용이 얼마나 강한지 학습한다. 마지막으로 학습시킨 훈련 함수를 통해 피처들이 어떻게 결합되어 관찰된 결과와 아직 관찰되지 않은 결과를 만들어내는지 정량화할 수 있다.

모수 모델과 비모수 모델

선형 회귀 모델(또는 신경망)의 w와 같은 파라미터(가중치라고도 함)를 이미 가지고 있는 모델을 모수 모델parametric model이라고 한다.

$$y = w_0 + w_1 x_1 + w_2 x_2 + w_3 x_3 + w_4 x_4 + w_5 x_5$$

실제 학습에 앞서 훈련 함수의 식을 정하고, 그 식에 포함된 파라미터를 구하면 된다. 훈련 함수 식을 미리 정하는 것은 훈련 함수가 속한 가족을 지정하는 것과 유사하며 파라미터 값을 찾는 것은 가족의 정확한 구성원을 찾는 것이라고 볼 수 있다. 그 가족과 가족 구성원은 데이터를 가장 잘 설명하도록 한다. 이후에 다룰 의사 결정 트리와 랜덤 포레스트 같은 비모수 모델nonparametric model은 훈련 함수 식과 파라미터를 미리 정하지 않는다. 따라서 비모수 모델을 훈련시키면 훈련된 모델이 얼마나 많은 파라미터를 갖게 될지 알 수 없다. 모델은 데이터에 맞춰 필요한 파라미터의 양을 결정한다. 여기서 과적합overfitting에 유의해야 한다. 모델이 데이터에 너무 많이 맞춰지면 보지 못한 데이터에 대해 일반화가 잘 되지 않기 때문이다. 일반적으로 비모수 모델은 과적합을 피하는 데 도움이 되는 기법과 함께 사용된다.

모수 모델과 비모수 모델 모두 하이퍼파라미터hyperparameter라는 또 다른 파라미터를 가지고 있다. 하이퍼파라미터는 훈련 과정에서 조정해야 하며, 훈련 함수의 식에 포함되어 있지 않다(비모수 모델의 식에도 포함되어 있지 않다). 앞으로 이 책에서 다양한 하이퍼파라미터를 접하게 될 것이다.

3.3.2 손실 함수

다음 단계는 가지고 있는 데이터를 사용하여 훈련 함수의 적합한 w 값을 찾는 것이다. 이를 위해서는 적절한 손실 함수를 최적화해야 한다.

예측한 값과 실제 값

아직 알지 못하는 파라미터 $w_0, w_1, w_2, w_3, w_4, w_5$에 대해 다음과 같이 임의의 값을 대입해보자. $w_0 = -3$, $w_1 = 4$, $w_2 = 0.2$, $w_3 = 0.03$, $w_4 = 0.4$, $w_5 = 0.5$라면 $y = w_0 + w_1x_1 + w_2x_2 + w_3x_3 + w_4x_4 + w_5x_5$의 식은 다음과 같다.

$$y = -3 + 4x_1 + 0.2x_2 + 0.03x_3 + 0.4x_4 + 0.5x_5$$

이 식을 활용해 예측값을 계산할 수 있다. i번째 물고기의 길이에 관한 피처 값을 대입하면 이 물고기에 대한 무게 예측값을 얻을 수 있다. 예를 들어 데이터셋의 첫 번째 물고기는 도미이고 길이 측정값은 $x_1^1 = 23.2$, $x_2^1 = 25.4$, $x_3^1 = 30$, $x_4^1 = 11.52$, $x_5^1 = 4.02$다. 이 값을 위 식에 대입하여 첫 번째 물고기의 무게 예측값을 구해보자.

$$
\begin{aligned}
y_{predict}^1 &= w_0 + w_1x_1^1 + w_2x_2^1 + w_3x_3^1 + w_4x_4^1 + w_5x_5^1 \\
&= -3 + 4(23.2) + 0.2(25.4) + 0.03(30) + 0.4(11.52) + 0.5(4.02) \\
&= 102.398 \, \text{grams}
\end{aligned}
$$

i번째 물고기에 대한 예측값을 구하는 식으로 일반화하면 다음과 같다.

$$y_{predict}^i = w_0 + w_1x_1^i + w_2x_2^i + w_3x_3^i + w_4x_4^i + w_5x_5^i$$

레이블이 정해진 데이터셋에 있는 물고기의 경우 y_{true}^i 값을 가지고 있다. 데이터셋에서 첫 번째 물고기의 실제 무게는 $y_{true}^1 = 242 \, \text{grams}$이다. 임의의 w 값을 사용한 우리의 선형 모델은 $102.398 \, \text{grams}$이라고 예측했다. 물론 w 값을 전혀 보정하지 않았기 때문에 예측한 값과 실제 값은 꽤 차이가 있다. 모델에서 예측한 무게와 실제 무게 사이의 오차를 측정해 더 나은 w 값을 선택하는 방법을 찾을 수 있다.

절댓값 거리와 제곱 거리

수학의 좋은 점 한 가지는 두 대상이 서로 얼마나 떨어져 있는지를 다양한 방법으로 측정할 수 있다는 점이다. 예를 들어 두 개의 대상이 서로 다르면 1, 같으면 0이라고 측정할 수 있고 '다름-1', '같음-0'이라고 인코딩할 수도 있다. 물론 이렇게 단순한 기준을 사용하면 2와 10 사이의 거리도 1, 2와 100만 사이의 거리도 1이 되므로 많은 정보가 손실된다.

머신러닝 분야에서 많이 사용되는 거리 척도는 다음과 같다.[54]

- **절댓값 거리**: $|y_{predict} - y_{true}|$, 미적분 함수 $|x|$에서 유래되었다.
- **제곱 거리**: $|y_{predict} - y_{true}|^2$, 미적분 함수 $|x|^2$에서 유래되었다(x^2의 스칼라 값과 같다). 물론 이렇게 하면 단위도 제곱이 된다.

[그림 3-4]의 함수 $|x|$와 $|x|^2$의 그래프를 살펴보면 $(0,0)$ 함수의 매끄러운 정도가 다르다. 함수 $|x|$는 $(0,0)$에서 뾰족한 부분이 생기고 이로 인해 $x = 0$에서 미분 불가능하다. $x = 0$에서의 특이점 때문에 많은 실무자(그리고 수학자!)들은 이 함수 또는 유사한 특이점을 가진 함수를 모델에 사용하는 것을 피한다. 하지만 다음 문장을 머릿속에 꼭 새기자.

> **TIP** 수학 모델은 유연하다. 우리는 장애물에 부딪히면 더 깊이 파고들어 무슨 일이 일어나고 있는지 이해한 다음 그 장애물을 해결하는 방법을 찾아낸다.

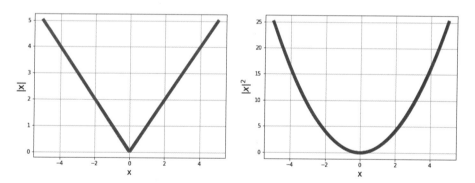

그림 3-4 왼쪽: $x = 0$에 모서리가 있어 그 지점에서 미분이 정의되지 않는다. 오른쪽: $x = 0$에서 매끄러우므로 미분에 문제가 없다.

---

[54] 옮긴이_ $y_{predict}$는 예측한 값, y_{true}는 실제 값이다.

모든 점에서 미분 가능한지 여부 외에도 오차를 계산할 때 함수 $|x|$와 $|x|^2$ 중 하나를 활용하려면 주의할 점이 있다. **숫자가 크면 그 제곱은 더 크다.** 즉, 제곱 거리로 오차를 측정하면 모델이 이상값^{outlier}에 더 민감해진다. 전체 예측 함수가 하나의 이상값 쪽으로 치우쳐서 데이터의 더 일반적인 패턴과 멀어질 수 있다. 이상적으로는 데이터를 머신러닝 모델에 입력하기 전 데이터 준비 단계에서 이런 이상값을 유지할지 여부를 결정했을 것이다.

$|x|$(분할 선형 함수)와 $|x|^2$(비선형이지만 미분 가능한 함수)의 마지막 차이점은 $|x|$의 도함수가 훨씬 쉽다는 것이다.

$$x > 0일 때 1, \ x < 0일 때 -1 \ \ (x = 0일 때 정의되지 않음)$$

수십억 개의 계단 단계가 있는 모델에 이러한 특징이 있다면 $|x|$의 도함수를 사용할 때 추가적인 값을 구하는 과정이 필요 없으므로 이 특징은 매우 유용하다. 선형 또는 분할 선형이 아닌 함수의 도함수는 그 값을 구하는 과정이 필요한데 빅데이터 환경에서는 연산 비용이 많이 들 수 있다. 선형 또는 분할 선형이 아닌 함수의 도함수에는 x가 포함되기 때문이다.

특이점이 있는 함수

일반적으로 미분 가능한 함수의 그래프에는 뾰족한 부분, 꺾인 부분, 모서리 같은 부분이 없다. 그래프에 이런 특이점이 있는 경우 이 지점에서는 함수가 미분 불가능하다. 그 이유는 뾰족한 점에서 접선을 그릴 때 왼쪽에 그릴지 오른쪽에 그릴지에 따라 두 개의 접선을 그릴 수 있기 때문이다(그림 3-5). 한 점에서 함수의 미분 값은 해당 점에서 함수의 그래프에 대한 접선의 기울기라는 것을 기억하자. 만약 한 점에 두 개의 기울기가 있다면 그 점에서는 미분을 정의할 수 없다.

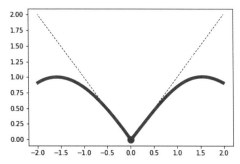

그림 3-5 특이점에서는 미분이 불가능하다. 접선의 기울기가 두 개 이상이기 때문이다.

접선의 기울기가 불연속적이면 경사 하강법과 같이 함수의 미분을 활용하는 방법에서 다음과 같은 문제가 발생한다.

정의되지 않는 도함수

어떤 도함수 값을 사용해야 할까? 뾰족한 지점에 도달하면 그 지점에서 도함수가 정의되지 않기 때문에 경사 하강법과 같은 방법은 어떻게 해야 할지 모른다. 일부 사람들은 그 지점에 미분 값을 할당하고(부분 기울기 또는 부분 미분 값이라고 함) 계속 진행한다. 실제로 운이 나빠서 이런 불연속적인 지점에 도달할 확률은 얼마나 될까? 함수의 표면이 알프스 산맥처럼 거칠지 않다면(실제로 많은 경우 그렇다) 수치적 방법은 이를 피할 수 있을지도 모른다.

불안정성

또 다른 문제는 불안정성이다. 미분 값이 불연속적인 지점을 지날 때 함수의 표면을 따라 급격하게 변하기 때문에 이 도함수를 사용하는 방법의 값도 급격하게 변한다. 따라서 어딘가로 수렴하려고 할 때 불안정성을 유발한다. [그림 3-6]의 알프스 산을 하이킹하고 있다고 상상해보자. 목적지는 계곡 아래에 보이는 작은 마을이다. 여기서 알프스 산은 손실 함수의 표면이고, 계곡 아래 작은 마을은 오차 값이 가장 작은 지점이다. 그런데 갑자기 어떤 외계인이 우리를 산 반대편으로 이동시켜 더 이상 목적지가 보이지 않게 되었다. 여기서 외계인은 급격하게 변하는 도함수에 의존하는 수학적 탐색 방법을 의미한다. 이제 우리 눈 앞에 보이는 것은 못생긴 관목과 매우 좁은 협곡뿐이다. 이 방법으로는 이곳을 빠져나가지 못할 수도 있다. 원래 목적지로 돌아가는 것, 즉 수렴이 완전히 불가능해지진 않았지만 불안정해졌다.

그림 3-6 스위스 알프스. 최적화는 함수의 표면을 하이킹하는 것과 같다.

그럼에도 이런 특이점을 가진 함수는 머신러닝에서 계속 사용된다. 신경망 훈련 함수(ReLU[55]), 손실 함수(절댓값 거리), 정규화 항(lasso 회귀)에서 이러한 함수를 확인할 수 있다.

선형 회귀 손실 함수 – 평균 제곱 오차

이번에는 손실 함수(또는 오차 함수라고도 함)를 살펴보자. 손실 함수는 모델이 예측할 때 얼마나 많은 오차를 발생시키는지 인코딩하는 함수로, 반드시 작게 만들어야 한다.

선형 회귀에서는 손실 함수로 평균 제곱 오차 함수를 사용한다. 이 함수는 m개의 데이터 포인트에 대해 예측한 값과 실제 값 사이의 제곱 거리를 구하고 여기에 평균을 취한다(여기서 사용할 데이터 포인트는 곧 언급할 것이다).

$$\text{평균 제곱 오차} = \frac{1}{m}\left(\left|y^1_{predict} - y^1_{true}\right|^2 + \left|y^2_{predict} - y^2_{true}\right|^2 + \cdots + \left|y^m_{predict} - y^m_{true}\right|^2\right)$$

시그마 기호를 사용하여 이 식을 더 간결하게 쓰면 다음과 같다.

$$\text{평균 제곱 오차} = \frac{1}{m}\sum_{i=1}^{m}\left|y^i_{predict} - y^i_{true}\right|^2$$

벡터와 행렬의 선형 대수 표기법을 사용하여 더 간결한 표현을 사용하는 습관을 들여보자. 이 습관은 머신러닝과 인공지능 분야에서 매우 유용하다. 인덱스를 추적하다가 헤매지 않도록 해주기 때문이다. 인덱스를 활용해 전체 데이터를 모두 이해하겠다는 야무진 꿈은 순식간에 무서운 악몽으로 변할 수 있다. 선형 대수 표기법을 사용하는 또 다른 중요한 이유는 머신러닝 모델을 위해 구축된 소프트웨어와 하드웨어가 모두 행렬과 텐서[tensor56] 계산에 최적화되어 있기 때문이다. 선형 대수는 많은 문제를 아름답게 처리하고 다양한 행렬 연산을 빠르게 수행할 수 있는 길을 열어 주었다.

선형 대수 표기법을 사용하여 평균 제곱 오차 식을 써보면 다음과 같다.

$$\text{평균 제곱 오차} = \frac{1}{m}(\vec{y}_{predict} - \vec{y}_{true})^t(\vec{y}_{predict} - \vec{y}_{true}) = \frac{1}{m}\left\|\vec{y}_{predict} - \vec{y}_{true}\right\|_{l^2}^2$$

---

55 옮긴이_ 정류된 선형 함수(Rectified Linear Unit)로, 줄여서 ReLU라고 한다. 신경망을 살펴볼 때 자세히 설명할 것이다.

56 3차원 상자처럼 층층이 쌓인 행렬로 이루어진 객체라고 생각하면 된다.

이 식은 벡터의 L2 노름[L2 norm] (l^2)을 도입한다. L2 노름은 $\sqrt{\text{벡터의 각 원소들의 제곱 합}}$[57]이다.

훈련 데이터셋, 검증 데이터셋, 테스트 데이터셋

손실 함수를 어떤 데이터 포인트로 계산해야 할까? 전체 데이터셋을 활용해야 할까, 아니면 데이터셋의 일부인 작은 배치만 활용할까? 아니면 딱 한 개의 데이터 포인트만 활용할까?

---

57 옮긴이_ L2 노름의 정의를 다시 정리하면, 벡터의 각 원소들의 제곱을 합한 다음 루트를 씌운 것이다. 이를 좀 더 일반화하면 Lp 노름까지 정의할 수 있다. $p \geq 1$일 때, Lp 노름은 다음과 같이 정의된다.

$$\| x \| = (| x_1 |^p + | x_2 |^p + \cdots + | x_n |^p)^{\frac{1}{p}}$$

58 옮긴이_ 전치는 행과 열을 서로 바꾸는 것을 말한다. $m \times n$ 행렬을 전치하면 $n \times m$ 행렬이 된다.

59 두 벡터를 곱하지만 결과가 스칼라 값이기 때문에 스칼라곱이라고 한다. 옮긴이_ 점곱 또는 내적이라고 부르기도 한다.

가장 먼저 해야 할 일은 전체 데이터셋을 훈련 데이터셋, 검증 데이터셋, 테스트 데이터셋 이렇게 세 개의 하위 데이터셋으로 분할하는 것이다. 훈련 데이터셋, 검증 데이터셋, 테스트 데이터셋이 무엇인지 알아보자.

훈련 데이터셋

훈련 데이터셋은 훈련 함수를 학습시키는 데 사용된다. 즉, 훈련 데이터셋에 속하는 데이터 포인트가 손실 함수에 대입하여 계산되는 데이터다. 앞서 살펴본 것처럼 모델에 피처 값을 넣어 $y_{predict}$를 계산하고 레이블인 y_{true}를 활용하여 손실 함수를 계산한다.

검증 데이터셋

검증 데이터셋은 다음과 같이 다양한 방식으로 사용된다.

- 검증 데이터셋은 일반적으로 머신러닝 모델의 하이퍼파라미터를 조정할 때 사용된다. 하이퍼파라미터란 우리가 찾으려는 훈련 함수의 w가 아닌 머신러닝 모델의 모든 파라미터를 말한다. 머신러닝 모델에는 이런 파라미터가 다양하게 있으며 그 값들이 모델의 결과와 성능에 영향을 준다. 하이퍼파라미터의 예는 다음과 같다(이 예시들을 몰라도 괜찮다. 책의 후반부에서 모두 다룰 것이다).
  - 경사 하강법에서 사용되는 학습률^{learning rate}
  - 서포트 벡터 머신에서 마진^{margin}의 폭을 결정하는 하이퍼파라미터
  - 전체 데이터셋에서 훈련, 검증, 테스트 데이터셋을 분할하는 비율
  - 랜덤한 배치^{batch}로 경사 하강법을 적용할 때 배치의 크기
  - ridge 회귀, lasso 회귀, 엘라스틱넷 회귀^{elastic net regression} 모델에서 사용되는 가중치 감소 비율을 결정하는 하이퍼파라미터
  - ADAM처럼 모멘텀^{momentum}을 활용한 경사 하강법에서 사용하는 하이퍼파라미터(여기에는 최솟값으로 수렴하는 속도를 빠르게 하는 부분이 있고, 테스트 및 배포 전에 조정된 하이퍼파라미터가 곱해진다).
  - 최적화 과정에서 필요한 에포크^{epoch} 수. 에포크란 모델 또는 최적화 프로그램이 훈련 데이터셋 전체를 본 횟수다.
  - 신경망의 구조(층 수, 각 층의 너비 등)
- 검증 데이터셋은 훈련 데이터셋에 과적합이 되기 전에 최적화를 중단해야 할 시점을 파악하는 데 도움이 된다.
- 동일한 검증 데이터셋에 대해 서로 다른 모델의 성능을 비교하는 데 사용한다. 예를 들어 선형 회귀 모델, 랜덤 포레스트, 신경망 등 서로 다른 머신러닝 모델의 성능을 비교하는 테스트 데이터셋 역할도 한다.

테스트 데이터셋

최적의 모델을 결정하고(또는 여러 모델의 결과를 평균내거나 합쳐서) 해당 모델을 학습시킨

다음, 배포 전 마지막 테스트를 위해 사용된다. 테스트 데이터셋의 데이터들은 모델이 한 번도 본 적 없는 데이터이므로 실제 데이터에 가장 가깝다고 볼 수 있다. '모델이 한 번도 본 적이 없다'는 것은 최적화 및 학습 과정에서 사용된 데이터셋과 테스트하는 데 사용된 데이터셋의 데이터가 철저히 구분된다는 뜻이다. 이를 통해 완전히 새로운 실제 데이터에 모델을 적용하기 전에 모델의 성능을 평가할 수 있다.

한눈에 요약하기

계속 진행하기 전에 지금까지 살펴본 것을 요약해보자.

- 우리가 다루고 있는 머신러닝 모델은 선형 회귀 모델이다.
- 훈련 함수는 다음과 같이 선형이다.

$$y = w_0 + w_1 x_1 + w_2 x_2 + w_3 x_3 + w_4 x_4 + w_5 x_5$$

x는 피처, w는 우리가 모르는 가중치(파라미터)다.
- 훈련 함수 식에 데이터 포인트의 피처를 대입하여 계산하면 해당 데이터 포인트에 대한 모델의 예측을 얻을 수 있다. 예를 들어 10번째 데이터 포인트에 대한 계산 식은 다음과 같다.

$$y_{predict}^{10} = w_0 + w_1 x_1^{10} + w_2 x_2^{10} + w_3 x_3^{10} + w_4 x_4^{10} + w_5 x_5^{10}$$

위첨자로 표시된 10은 10번째 데이터 포인트를 나타낸다.
- 손실 함수는 평균 제곱 오차 함수이며 수식은 다음과 같다.

$$\text{평균 제곱 오차} = \frac{1}{m}(\vec{y}_{predict} - \vec{y}_{true})^t(\vec{y}_{predict} - \vec{y}_{true}) = \frac{1}{m}\|\vec{y}_{predict} - \vec{y}_{true}\|_{l^2}^2$$

- 손실 함수를 최소화하는 w 값을 찾는 것이 우리의 목표다. 따라서 다음 단계는 최소화(최적화) 문제를 푸는 것이다.

최적화를 훨씬 쉽게 하기 위해 다시 한번 선형 대수(벡터와 행렬) 표기법을 사용해보자. 선형 대수 표기법을 사용하여 훈련 데이터셋 전체를 행렬로 만든 다음, 이 행렬을 손실 함수에 대입해 한 번에 계산할 수 있다. 각 데이터 포인트를 하나씩 계산하지 않아도 되는 것이다. 이처럼 선형 대수 표기법을 사용하면 큰 데이터셋을 다룰 때 각 데이터 포인트를 고려하지 않아도 되며 계산 실수와 지루함도 줄어든다.

훈련 데이터셋의 각 데이터 포인트에 대한 모델의 예측을 수식으로 작성해보자.

$$y^1_{predict} = 1w_0 + w_1 x^1_1 + w_2 x^1_2 + w_3 x^1_3 + w_4 x^1_4 + w_5 x^1_5$$
$$y^2_{predict} = 1w_0 + w_1 x^2_1 + w_2 x^2_2 + w_3 x^2_3 + w_4 x^2_4 + w_5 x^2_5$$
$$\vdots$$
$$y^m_{predict} = 1w_0 + w_1 x^m_1 + w_2 x^m_2 + w_3 x^m_3 + w_4 x^m_4 + w_5 x^m_5$$

이 식을 다음과 같이 합칠 수 있다.

$$\begin{pmatrix} y^1_{predict} \\ y^2_{predict} \\ \vdots \\ y^m_{predict} \end{pmatrix} = \begin{pmatrix} 1 \\ 1 \\ \vdots \\ 1 \end{pmatrix} w_0 + \begin{pmatrix} x^1_1 \\ x^2_1 \\ \vdots \\ x^m_1 \end{pmatrix} w_1 + \begin{pmatrix} x^1_2 \\ x^2_2 \\ \vdots \\ x^m_2 \end{pmatrix} w_2 + \begin{pmatrix} x^1_3 \\ x^2_3 \\ \vdots \\ x^m_3 \end{pmatrix} w_3 + \begin{pmatrix} x^1_4 \\ x^2_4 \\ \vdots \\ x^m_4 \end{pmatrix} w_4 + \begin{pmatrix} x^1_5 \\ x^2_5 \\ \vdots \\ x^m_5 \end{pmatrix} w_5$$

행렬로 더 간단하게 표현할 수 있다.

$$\begin{pmatrix} y^1_{predict} \\ y^2_{predict} \\ \vdots \\ y^m_{predict} \end{pmatrix} = \begin{pmatrix} 1\ x^1_1\ x^1_2\ x^1_3\ x^1_4\ x^1_5 \\ 1\ x^2_1\ x^2_2\ x^2_3\ x^2_4\ x^2_5 \\ \vdots \\ 1\ x^m_1\ x^m_2\ x^m_3\ x^m_4\ x^m_5 \end{pmatrix} \begin{pmatrix} w_0 \\ w_1 \\ w_2 \\ w_3 \\ w_4 \\ w_5 \end{pmatrix}$$

이 식의 좌변은 $\vec{y}_{predict}$다. 우변의 행렬은 모든 원소가 1로 이루어진 열 벡터가 훈련 데이터셋에 추가된 행렬 X다. 우변의 벡터는 아직 모르는 가중치로 구성된 열 벡터 $\vec{w}$다. $\vec{y}_{predict}$를 훈련 데이터셋과 $\vec{w}$에 대해 나타내면 다음과 같다.

$$\vec{y}_{predict} = X\vec{w}$$

그러면 앞서 살펴본 평균 제곱 오차 수식을 다음과 같이 바꾸어 쓸 수 있다.

$$\text{평균 제곱 오차} = \frac{1}{m}\left(\vec{y}_{predict} - \vec{y}_{true}\right)^t\left(\vec{y}_{predict} - \vec{y}_{true}\right) = \frac{1}{m}\left\|\vec{y}_{predict} - \vec{y}_{true}\right\|^2_{l^2}$$

$$\text{평균 제곱 오차} = \frac{1}{m}\left(X\vec{w} - \vec{y}_{true}\right)^t\left(X\vec{w} - \vec{y}_{true}\right) = \frac{1}{m}\left\|X\vec{w} - \vec{y}_{true}\right\|^2_{l^2}$$

이제 최적화(최소화)를 통해 $\vec{w}$를 찾을 준비가 되었다. 다음으로 할 일은 $\vec{w}$를 찾기 위해 최적화라는 아름다운 수학 분야를 살펴보는 것이다.

훈련 데이터셋의 피처 간 상관관계가 높은 경우

다음 학습 행렬(1 벡터가 추가된 행렬)을 살펴보자.

$$X = \begin{pmatrix} 1 & x_1^1 & x_2^1 & x_3^1 & x_4^1 & x_5^1 \\ 1 & x_1^2 & x_2^2 & x_3^2 & x_4^2 & x_5^2 \\ & & \vdots & & \\ 1 & x_1^m & x_2^m & x_3^m & x_4^m & x_5^m \end{pmatrix}$$

행렬 X는 벡터 $\vec{y}_{predict} = X\vec{w}$와 손실 함수인 평균 제곱 오차를 구하는 수식에 사용된다. 그리고 이 수식은 미지의 $\vec{w}$를 찾는 식으로 유도된다. 다음은 $\vec{w}$를 구하는 식으로, 정규 방정식normal equation이라고도 부른다.

$$\vec{w} = \left(X^t X \right)^{-1} X^t \vec{y}_{true}$$

데이터에서 두 개 이상의 피처(x열)가 매우 높은 상관관계를 가질 경우, 즉 피처 중 하나가 다른 피처(들)의 선형 조합을 사용하여 결정되면 모델은 심각한 문제에 빠질 수 있다. 따라서 높은 상관관계를 가지고 있는 피처들은 선형 독립linearly independent이 아니다. 이것은 역행렬이 존재하지 않는 행렬이거나 불량 조건ill-conditioned 행렬이라는 것을 의미한다. 불량 조건 행렬은 계산에 불안정성을 초래한다. 훈련 데이터의 작은 변화가 모델 파라미터를 크게 변하게 하여 모델의 예측을 신뢰할 수 없게 만들기 때문이다.

결국 행렬을 계산할 때 좋은 조건well-conditioned 행렬을 원하므로 불량 조건의 원인을 제거해야 한다. 매우 높은 상관관계를 갖는 피처들이 있는 경우 그중 하나만 모델에 포함시키는 것이 한 가지 방법이 될 수 있다. 해당 피처를 제외한 나머지 피처들은 추가적인 정보를 제공하지 않기 때문이다. 또 다른 해결 방법으로는 주성분 분석과 같은 차원 축소 기법을 적용하는 것이다. 이에 관한 내용은 〈Chapter 11 확률〉에서 자세히 다룬다. Fish Market 데이터셋은 상관관계가 높은 피처들을 가지고 있으므로 주피터 노트북에서 이 피처들을 처리하는 방법을 다룰 것이다.

의사 결정 트리와 랜덤 포레스트(곧 설명한다) 같은 일부 머신러닝 모델은 상관관계가 있는 피처의 영향을 받지 않는다. 반면 지금 다루고 있는 선형 회귀 모델과 다음에 다룰 로지스틱 회귀, 서포트 벡터 머신 같은 모델은 매우 부정적인 영향을 받는다. 신경망 모델의 경우에도 학습 중에 데이터 피처 간 상관관계에 영향을 받을 수 있다. 이런 정보의 중복성(높은 상관관계)을 미리 처리하면 계산 비용과 시간을 절약할 수 있을 뿐만 아니라 성능도 높일 수 있다.

3.3.3 최적화

최적화란 최적, 최고, 최대, 최소 또는 극단적인 해결 방법을 찾는 것을 의미한다.

우리는 다음과 같은 선형 훈련 함수를 작성했다.

$$y = w_0 + w_1 x_1 + w_2 x_2 + w_3 x_3 + w_4 x_4 + w_5 x_5$$

우리는 아직 6개의 파라미터(가중치) w_0, w_1, w_2, w_3, w_4, w_5를 모르는 상태다. 목표는 훈련 데이터셋에 가장 적합한 훈련 함수를 찾는 것이다. 손실 함수는 모델의 훈련 함수를 통해 예측된 값이 실제 값과 얼마나 차이가 나는지 측정한다. 우리는 이 차이가 작아지길 원하므로 최소화 문제를 풀어야 하는 것이다.

손실이 가장 작은 조합을 찾을 때까지 가능한 모든 w 값을 시도해보지는 않을 것이다. 시도한 조합 중 가장 작은 손실 값보다 더 나은(작은) 손실 값이 있는지 알 수 없으므로 언제 이러한 시도를 멈춰야 할지 모르기 때문이다. 따라서 손실 함수의 형태에 관한 사전 지식이 있어야 하며 그 수학적 특성을 활용해야 한다. 이는 눈을 가린 채 스위스 알프스 산맥을 하이킹하는 것과 눈을 뜨고 상세한 지도를 보면서 하이킹하는 것으로 비유할 수 있다(스위스 알프스 산맥은 [그림 3-7]과 같이 지형이 매우 험난하다.)

그림 3-7 스위스 알프스 산맥. 최적화는 함수의 지형을 하이킹하는 것과 같다. 목적지는 계곡의 가장 낮은 지점(최소화) 또는 봉우리의 가장 높은 지점(최대화)이다. 최적화에는 최소화 또는 최대화 지점의 좌표와 해당 지점의 높이 값 이 두 가지가 필요하다.

우리는 눈을 가리고 손실 함수의 최솟값을 찾는 대신 최적화 기법을 사용한다. 최적화는 함수의 최적화와 효율적인 최적값 검색 방법을 제공하는 수학의 아름다운 분야다.

지금부터 다루게 될 최적화 문제는 다음과 같다.

$$\min_{\vec{w}} \text{ 손실 함수}$$

여기서 다루는 선형 회귀 모델의 최적화 문제는 다음과 같다.

$$\min_{\vec{w}} \frac{1}{m}(X\vec{w} - \vec{y}_{true})^t(X\vec{w} - \vec{y}_{true}) = \min_{\vec{w}} \frac{1}{m} \| X\vec{w} - \vec{y}_{true} \|_{l^2}^2$$

수학 문제를 풀 때 항상 유념해야 하는 것이 있는데 우리가 알고 있는 것과 찾고 싶은 것이 무엇인지 놓치지 말아야 한다는 점이다. 그 이유는 이 두 가지를 잃어버리면 순환 로직에 갇힐 수 있기 때문이다. 방금 살펴본 수식에서 알고 있는 것은 다음과 같다.

- m: 훈련 데이터셋의 데이터 수
- X: 1 벡터가 추가된 학습 행렬
- $\vec{y}_{true}$: 훈련 데이터셋의 정답 벡터

그리고 우리가 찾고 싶은 것은 다음과 같다.

- 손실 함수를 최소화하는 $\vec{w}$
- 이때의 손실 함수의 최솟값

볼록한 평면과 볼록하지 않은 평면

가장 다루기 쉬운 함수와 가장 풀기 쉬운 방정식은 선형이다. 하지만 안타깝게도 우리가 다루는 대부분의 함수와 방정식은 비선형이다. 다루고 있는 함수가 완전히 비선형일 때 우리는 관심 있는 영역 근처에서 이 함수를 선형화한다. 함수의 전체 모양이 비선형일지라도 우리가 집중해서 보고 있는 좁은 영역에서는 선형 함수로 근사치를 구할 수 있다. 다시 말해 아주 작은 영역에서는 비선형 함수가 선형으로 보이고 선형으로 작동할 수 있다. 하지만 '아주 작은 영역'은 무한히 작을 수도 있다. 예를 들어 지구를 높은 곳에서 보면 비선형으로 보이지만 우리가 사는 곳(지구 표면 위)에서는 (거리 계산 등을 수행할 때) 평평하게 보인다. 함수를 특정한 점

근처에서 선형화하려는 경우 해당 점 근처의 접선 공간[60]으로 함수를 근사화한다. 이를 위해 함수의 모든 변수에 대한 도함수를 계산해야 한다. 근사한 평면 공간의 기울기(경사도)를 계산해야 하기 때문이다.

안타까운 소식은 한 점 근처에서 선형화하는 것만으로는 충분하지 않을 수 있으며 여러 위치에서 선형 근사를 사용해야 할 수도 있다는 점이다. 다행히 하나의 도함수를 여러 지점에서 계산하기만 하면 되기 때문에 그리 어렵지 않다. 선형 함수 다음으로 다루기 쉬운 함수는 조각별 선형 함수piecewise linear function(선형이지만 조각 구조에서만 선형이거나 고립된 점 또는 위치를 제외하고 선형인 함수)다. 선형 프로그래밍linear programming 분야에서 이러한 함수를 다루는데, 최적화할 함수가 선형이고 최적화가 이루어지는 영역의 경계가 부분적으로 선형인 함수를 의미한다.

최적화가 목표인 경우 선형 함수 또는 볼록 함수가 가장 다루기 좋다. 여기서 선형 함수에는 선형 프로그래밍 분야가 활용되는 경우가 포함되고, 볼록 함수에는 지역 최솟값local minima에 갇힐 걱정이 없으며 분석에 도움이 되는 좋은 부등식이 있는 경우가 포함된다.

머신러닝에서 자주 등장하는 중요한 함수 유형 한 가지는 두 개 이상의 볼록 함수 중 최댓값을 갖는 함수다. 이런 함수는 항상 볼록하다. 선형 함수는 평평하므로 볼록하면서 오목하다. 이는 선형 함수의 최댓값으로 정의되는 일부분이 선형이라고 보장되지는 않지만 볼록하다고 보장되기 때문에 유용하다. 즉, 선형 함수의 최댓값을 취할 때 선형성을 잃더라도 볼록성convexity으로 보상을 받을 수 있다.

신경망에서 비선형 활성화 함수로 사용되는 ReLU는 두 선형 함수의 최댓값으로 정의된 함수의 예다.

$$ReLU(x) = max(0,x)$$

또 다른 예로는 서포트 벡터 머신에서 사용되는 힌지hinge 손실 함수가 있다.

$$H(x) = max(0, 1-tx), \ t = 1 \ or \ -1$$

---

60 접선 공간은 함수의 변수가 한 개인 경우 접선, 변수가 두 개인 경우 접평면(tangent plane), 변수가 세 개 이상인 경우 초접평면(tangent hyperplane)이라고 한다.

볼록 함수 계열의 최솟값이 반드시 볼록하다는 보장은 없다. 이중 우물 형태를 가질 수도 있다. 하지만 최댓값은 확실히 볼록하다.

선형성과 볼록성 사이에는 또 하나의 관계가 있다. 볼록 함수(선형인 경우는 당연한 일이고 비선형일 때도)가 존재한다면 해당 함수 아래에 있는 모든 선형 함수의 최댓값은 해당 함수와 정확히 같다. 즉, 선형 함수를 사용할 수 없지만 볼록 함수를 사용할 수 있는 경우 모든 선형 함수의 최댓값을 볼록 함수로 대체할 수 있다(그림 3-8). 볼록 함수의 그래프는 어느 지점에서나 접선의 그래프 위에 있고 접선은 선형이라는 점을 기억하자. 이러한 점으로 인해 볼록 함수가 있을 때 간단한 선형 함수의 특징을 활용할 수 있는 것이다. 모든 접선의 최댓값을 고려하면 이 관계에서 등식이 성립하며 몇 개의 점에서 접선의 최댓값을 고려하면 근사치만 얻게 된다.

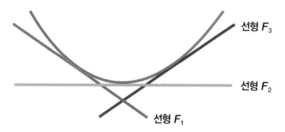

그림 3-8 볼록 함수는 모든 접선의 최댓값과 같다.

[그림 3-9]와 [그림 3-10]에서 비선형 볼록 함수와 비볼록 함수의 일반적인 모습을 볼 수 있다. 전반적으로 볼록 함수는 최소화 문제에 적합하다. 볼록 함수에서 모든 극솟값은 최솟값이므로 지역 극솟값에 갇힐 염려를 하지 않아도 된다. 비볼록 함수의 그래프에는 정점peak, 골짜기valley, 안장점saddle point이 있다. 이런 그래프에서 최소화 문제를 풀 때는 지역 최솟값에 갇혀 전역 최솟값을 찾지 못할 위험이 있다.

마지막으로 볼록 함수, 볼록 집합 그리고 볼록 집합에 대해 볼록 함수를 최적화하는 볼록 최적화convex optimization 문제의 차이점을 알고 있어야 한다.

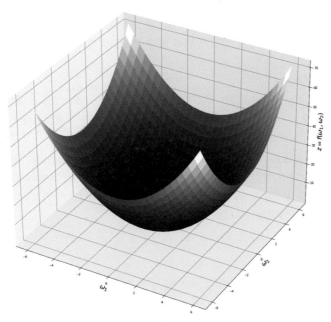

그림 3-9 볼록 함수의 그래프는 최소화 문제에 적합하다. 모든 극솟값은 볼록 함수의 전역 최솟값이기도 하므로 지역 최솟값에 갇힐 염려가 없다.

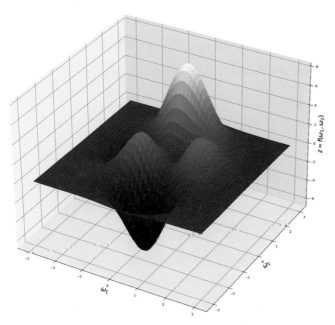

그림 3-10 비볼록 함수의 그래프에는 정점, 골짜기, 안장점이 있다. 이런 모양을 가진 함수에서 최소화 문제를 풀면 지역 최솟값에 갇혀 전역 최솟값을 찾지 못할 위험이 있다.

함수의 최솟값 찾기

일반적으로 함수의 최솟값을 찾는 데는 두 가지 접근 방법이 있다. 그리고 이 두 접근 방법의 절충안이 있다.

> **1** 하나의 도함수만 계산하고 천천히 최솟값으로 수렴하는 방법이다(수렴 속도를 높이는 가속 방법도 있다). 이를 경사법gradient method이라고 한다. 여기서 '경사'란 여러 변수에 대한 함수의 한 도함수다. 예를 들어 손실 함수는 여러 w(또는 하나의 벡터 $\vec{w}$)의 함수인 것처럼 말이다.
>
> **2** 두 개의 도함수를 계산하여 좀 더 빠르게 최솟값으로 수렴하는 방법이다. 하지만 이 방법은 계산 비용이 훨씬 더 많이 든다. 특히 수천 개의 파라미터가 있는 경우 큰 단점이 된다. 2차 도함수를 정확히 계산하지 않고 근사치로 구하면 계산 비용을 조금 절약할 수 있다. 2차 미분법을 뉴턴의 방법Newton's method이라고 하며 헤시안hessian(2차 도함수의 행렬) 또는 헤시안의 근사 값이 사용된다.

2차 도함수 이상을 계산할 필요는 없다.

그렇다면 최적값을 찾는 데 1차 도함수와 2차 도함수가 왜 이렇게 중요한 것일까? 1차 도함수는 함수가 어떤 지점에서 얼마나 빠르게 증가하거나 감소하는지에 대한 정보를 포함한다. 따라서 1차 도함수의 방향을 따라가면 최댓값으로 상승하거나 최솟값으로 하강하는지 알 수 있다. 2차 도함수는 함수의 모양이 위로 구부러지거나 아래로 구부러지는지에 대한 정보를 포함한다.

미적분학의 핵심 아이디어 한 가지를 명심하자. 최솟값 또는 최댓값을 만드는 점은 임계점(함수의 도함수가 0이거나 존재하지 않는 지점으로 정의됨) 또는 경계점이다. 따라서 최적값을 찾으려면 내부 임계점과 경계점(검색 공간에 경계가 있는 경우)을 모두 검색해야 한다.

검색 공간 안에서 임계점을 어떻게 찾을 수 있을까?

접근 방법 1

> **1** 함수의 도함수를 구한다.
>
> **2** 이 도함수를 0으로 만드는 w를 푼다.
>
> **3** 이제 도함수를 0으로 만드는 w를 구하자(이 부분이 어려운 단계다).

평균 제곱 오차 손실 함수와 같이 도함수가 선형 함수인 경우 w를 쉽게 풀 수 있다. 선형 대수학은 이런 선형 방정식 시스템을 풀기 위해 만들어졌다. 또 수치 선형 대수학은 불량 조건이 만연하는 현실적이고 큰 선형 방정식 시스템을 푸는 데 도움이 되도록 만들어졌다. 시스템이 선형이면 사용할 수 있는 도구(및 소프트웨어 패키지)가 많다.

반면에 방정식이 비선형인 경우 그 해를 찾는 것은 완전히 다른 이야기다. 대부분 실패할 확률이 높은 게임이 된다. 다음은 선형 방정식과 비선형 방정식을 푸는 것의 차이를 설명하는 짧은 예다.

선형 방정식 풀이

$0.002w - 5 = 0$을 만족하는 w를 찾아라.

풀이 방법: 5를 우변으로 넘기고, 양변을 0.002로 나눈다. 그러면 $w = 5/0.002 = 2500$으로 이 식을 풀 수 있다.

비선형 방정식 풀이

$0.002\sin(w) - 5w^2 + e^w = 0$을 만족하는 w를 찾아라.

풀이 방법: 풀이를 포기할 수밖에 없다. 비선형 방정식을 풀기 위해서는 수치적 방법이 필요하다. [그림 3-11]에서 비선형 방정식의 해에 대한 근사치를 확인할 수 있다.

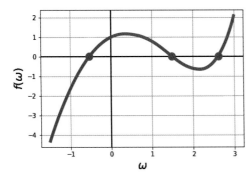

그림 3-11 비선형 방정식을 푸는 것은 쉽지 않다. 이 그림은 함수 $f(w) = 0.002\sin(w) - 5w^2 + e^w$을 그래프로 그린 것이다. $f(w) = 0$인 w의 개수를 세어보면 세 개의 근을 가지고 있음을 알 수 있다.

비선형 방정식이 해를 구하는 데만 사용되는 다양한 수치적 방법이 있다. 이런 방법들은 근사 해를 찾은 다음, 수치 해가 정확한 분석해와 얼마나 떨어져 있는지 그 범위를 제시한다. 또한 일반적으로 특정 조건하에서 분석해에 수렴하는 수열을 만들어낸다. 일부 방법은 다른 방법들보다 더 빠르게 수렴하며 특정 문제에 더 적합하다.

접근 방법 2

경사 방향을 따라 최솟값을 향해 내려가거나 최댓값을 향해 올라가는 것이다.

경사를 활용하는 방법을 이해하기 위해서는 산을 내려가는 하이킹을 생각해보면 된다(만약 가속도가 있거나 운동량momentum이 있는 경우라면 스키를 타고 내려오는 것을 상상해보자). 우리는 검색 공간 내 임의의 지점에서 시작하는데 이는 함수에서 초기 높이가 된다. 이제 경사 하강법은 검색 공간의 새로운 지점으로 우리를 이동시키고, 이 새로운 지점에서는 원래의 높이보다 더 낮은 지점에 도달하기를 바란다. 따라서 우리는 더 낮은 지점으로 내려가게 된다. 이 과정을 반복하면서 함수의 형태가 이상적이라면 이 일련의 점들이 우리가 찾고 있는 함수의 최솟값을 향해 수렴할 것이다.

봉우리와 골짜기가 많은 형태의 함수라면 시작 위치, 즉 초기화 방법이 중요하다. 초기화 방법에 따라 우리가 도달하고자 하는 곳과 완전히 다른 골짜기로 빠질 수도 있기 때문이다. 잘못하면 전역 최솟값이 아닌 지역 최솟값에 빠질 수 있다.

볼록하고 아래로 유계bounded from below[61]인 함수는 샐러드 그릇 모양이므로 이런 함수를 사용하면 지역 최솟값에 갇히거나 전역 최솟값에서 멀어지는 것을 염려할 필요가 없다. 볼록 함수에서 걱정되는 점은 함수의 그릇 모양이 너무 좁으면 수렴하는 속도가 느려질 수 있다는 점이다. 이 내용은 〈Chapter 4 신경망을 위한 최적화〉에서 자세히 살펴본다.

[접근 방법 1]과 [접근 방법 2] 모두 유용하며 널리 사용된다. 때로는 특정 환경에서 각 방법이 얼마나 빨리 수렴하는지, 최적화하려는 함수가 얼마나 정규화되어 있는지, 잘 작동하는 도함수가 얼마나 많은지 등에 따라 한 가지 방법만 사용해야 할 수도 있다. 가끔은 취향의 문제일 때도 있다. 선형 회귀의 평균 제곱 오차 손실 함수의 경우 두 가지 방법을 모두 사용할 수 있다. 이 책의 다른 손실 함수에는 경사 하강법(접근 방법 2)을 사용할 것이므로 [접근 방법 1]을 사용한다.

---

61 옮긴이_ '아래로 유계'라는 말은 최솟값이 존재하는 상태라고 이해하면 가장 쉽다. 정의는 다음과 같다.

> 실수의 부분 집합 $E \subset R$에 대하여 '모든 $x \in E$에 대하여 $x \geq m$를 만족하는 실수 m이 존재한다'는 조건을 만족할 때 집합 E는 아래로 유계인 집합이다. 이때, 실수 m을 하계(lower bound)라고 한다. E를 수직선으로 그리고 x와 m을 정의에 맞게 그리면 더 이해하기 쉽다.

경사 하강법을 하이킹에 비유한 것은 훌륭하지만 오해의 소지가 있을 수 있다. 우리가 산을 내려올 때는 우리와 산의 경치가 동일한 3차원 공간에 물리적으로 존재한다. 따라서 눈을 가리고 조금씩 움직일 수 있다 하더라도 특정 높이에서 낮은 위치로 내려갈 수 있다. 즉, 우리는 높이를 감지하고 내리막길로 움직일 수 있다. 그러나 수치 하강법은 함수가 포함된 동일한 차원에서 최솟값을 찾지 않는다. 함수의 표면보다 한 차원 낮은 곳에서 검색한다(그림 3-12). 이로 인해 최솟값에 접근하는 것이 훨씬 어려워진다. 한 차원 낮은 평면에서 어느 지점으로도 이동할 수 있지만 각 지점에서 함수의 높이를 계산하기 전까지는 어느 정도의 높이가 존재하는지 알지 못하기 때문이다. 따라서 수치 하강법은 실수로 원래보다 더 높은 지점으로 이동시켜 최솟값에서 더 멀어지게 만들 수 있다. 그렇기 때문에 우리는 기준이 되는 평면에서 함수의 높이를 빠르게 낮추는 방향을 찾고 그 방향으로 얼마나 멀리 이동할 수 있는지(스텝 크기$^{\text{step size}}$)를 파악하면서 현 지점의 함수 높이를 낮추는 것이 중요하다. 스텝 크기는 학습률 하이퍼파라미터라고도 하며 경사 하강법을 사용할 때마다 보게 될 것이다.

다시 원래 목표로 돌아와서 훈련 함수에 대해 최적의 $\vec{w}$를 찾고자 하므로 [접근 방법 1]을 사용하여 평균 제곱 오차 손실 함수를 최소화해야 한다. 손실 함수의 미분을 취한 다음 이를 0과 같게 설정하고 벡터 $\vec{w}$를 풀어야 한다. 이를 위해 선형 대수 표현식에 대한 미적분을 익혀야 한다. 미적분 내용을 다시 살펴보자.

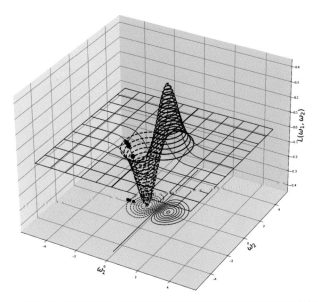

그림 3-12 최솟값을 찾는 것은 함수와 같은 차원이 아닌 함수의 표면상에서 이루어진다.

미적분학 짚고 넘어가기

미적분학 첫 번째 강의에서는 함수의 변수가 하나일 때, 함수 $f(w)$의 그래프와 특정 지점에서 함수를 계산하는 방법에 관해 배운다. 그런 다음 수학적 분석 방법에서 가장 중요한 연산인 극한에 관해 배운다. 극한이라는 개념으로부터 함수의 연속성과 불연속성을 정의하고 한 점에서의 도함수 $f'(w)$(한 점을 통과하는 기울기의 극한, 즉 접선의 기울기)와 특정 영역에 대한 적분(함수에 의해 결정되는 작은 영역의 합의 극한)을 정의한다. 미적분학 강의는 적분과 미분을 역연산으로 연관시키는 미적분학의 기본 정리로 마무리된다. 미분의 한 가지 특징은 특정 지점에서 함수가 얼마나 빠르게 증가하거나 감소하는지를 결정한다는 것이다. 이는 함수의 최솟값과 최댓값을 찾는 데 결정적인 역할을 한다(경계점은 별도로 처리한다).

미적분학의 세 번째 과목인 다변수 미적분학에서는 단일 변수 미적분학의 많은 개념이 그대로 적용된다. 여러 변수가 있기 때문에 기울기라고 불리는 미분법을 사용한다. 함수 $f(\vec{w})$의 기울기 $\nabla(f(\vec{w}))$는 함수를 벡터 $\vec{w}$에 대해 미분한 것이다.

딥러닝에서는 미지의 가중치를 벡터가 아닌 행렬로 구성하므로 변수인 행렬 W에 대한 함수 $f(W)$의 미분을 구해야 한다.

인공지능을 개발하는 데 있어 우리가 계산해야 하는 함수는 훈련 함수가 내장된 손실 함수다. 도함수의 연쇄 법칙^{chain rule}에 따라 w에 대한 훈련 함수의 도함수 역시 구해야 한다.

변수가 하나인 미적분 예시를 통해 이러한 과정을 살펴본 다음 선형 대수 식의 도함수를 구해 보자.

1차원 최적화 예시

문제: 구간 $[-1,6]$에서 함수 $f(w) = 3 + (0.5w - 2)^2$의 최솟값과 그때의 w 값을 찾아라.

이 문제를 해결하는 한 가지 방법은 -1에서 6 사이의 무한히 많은 w 값을 시도해보고 가장 작은 f 값을 제공하는 w를 선택하는 것이다. 또 다른 방법은 최소 또는 최대가 임계점(미분이 존재하지 않거나 0인 지점) 또는 경계점에서 발생한다는 사실을 활용하는 것이다(그림 3-13).

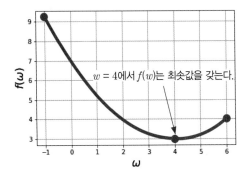

그림 3-13 구간 [−1,6]에서 함수 $f(w) = 3 + (0.5w − 2)^2$의 최솟값은 임계점인 $w = 4$에서 나타나고 그 값은 3이다. 임계점에서 미분 값은 0이며 수평인 접선을 그릴 수 있다.

경계점은 −1과 6이므로 이 점에서 함수의 결괏값을 계산해보자.

$$f(-1) = 3 + (0.5(-1) - 2)^2 = 9.25$$
$$f(6) = 3 + (0.5(6) - 2)^2 = 4$$

결괏값을 비교해보면 $f(6) < f(-1)$이기 때문에 −1에서는 최솟값이 아니다. 따라서 $w = 6$인 점과 구간 안의 임계점이 서로 경쟁하게 될 것이다. 임계점을 찾기 위해 구간 [−1,6]에서 도함수를 찾아보자.

$$f'(w) = 0 + 2(0.5w - 2) * 0.5 = 0.25(0.5w - 2)$$

이 도함수가 0이 될 때의 w가 임계점이 될 것이다. $0.25(0.5w - 2) = 0$을 계산하면 $w = 4$이며 이 점이 바로 임계점이다. 이제 우리의 목표인 최솟값을 찾기 위해 이 점에서의 함수 값을 계산하면 $f(4) = 3 + (0.5(4) - 2)^2 = 3$이다. 결과적으로 $f(6)$과 $f(4)$를 비교하면 $f(4)$가 더 작으므로 최솟값은 3이며 그때의 w 값은 4다.

선형 대수 식의 도함수

벡터와 행렬이 포함된 식은 벡터와 행렬의 구성 요소를 분해해서 각각 도함수를 구하는 것보다 바로 도함수를 계산하는 것이 효율적이다. 널리 사용되는 두 가지 계산 방법은 다음과 같다.

    1 a와 w가 스칼라이고 a는 상수일 때 함수 $f(w) = aw$의 도함수는 $f'(w) = a$다. $\vec{a}$와 $\vec{w}$가 길이가 같은 벡터이고 $\vec{a}$의 구성 요소가 상수일 때 함수 $f(\vec{w}) = \vec{a}^t\vec{w}$의 도함수는 $\nabla f(\vec{w}) = \vec{a}$다. 이와 같은 원리로

$f(\vec{w}) = \vec{w}^t \vec{a}$의 도함수는 $\nabla f(\vec{w}) = \vec{a}$다.

2 s가 스칼라 및 상수이고 w는 스칼라일 때 이차 함수 $f(w) = sw^2$의 도함수는 $f'(w) = 2sw$다. 이와 유사한 경우는 S가 대칭 행렬일 때 나타난다. 이차 함수 $f(\vec{w}) = \vec{w}^t S \vec{w}$의 도함수는 $\nabla f(\vec{w}) = 2S\vec{w}$다.

평균 제곱 오차 손실 함수 최소화

이제 평균 제곱 오차 손실 함수를 최소화할 준비가 되었다.

$$L(\vec{w}) = \frac{1}{m}(X\vec{w} - \vec{y}_{true})^t(X\vec{w} - \vec{y}_{true})$$

먼저 이 식을 풀어 써보자. $X^t X = S$라 하고 $X^t \vec{y}_{true} = \vec{a}$로 치환하면 $L(\vec{w})$는 다음과 같다.

$$\begin{aligned}
L(\vec{w}) &= \frac{1}{m}((X\vec{w})^t - \vec{y}_{true}^t)(X\vec{w} - \vec{y}_{true}) \\
&= \frac{1}{m}(\vec{w}^t X^t - \vec{y}_{true}^t)(X\vec{w} - \vec{y}_{true}) \\
&= \frac{1}{m}(\vec{w}^t X^t X \vec{w} - \vec{w}^t X^t \vec{y}_{true} - \vec{y}_{true}^t X\vec{w} + \vec{y}_{true}^t \vec{y}_{true}) \\
&= \frac{1}{m}(\vec{w}^t S \vec{w} - \vec{w}^t \vec{a} - \vec{a}^t \vec{w} + \vec{y}_{true}^t \vec{y}_{true})
\end{aligned}$$

가장 마지막 식을 $\vec{w}$에 대해 미분하고 0으로 설정한다. 기울기를 계산할 때는 앞서 배운 선형 대수 식의 미분법을 활용하면 된다.

$$\nabla L(\vec{w}) = \frac{1}{m}(2S\vec{w} - \vec{a} - \vec{a} + 0) = \vec{0}$$

이제 $\vec{w}$에 대해 풀면 다음과 같다.

$$\frac{1}{m} = (2S\vec{w} - 2\vec{a}) = \vec{0}$$

그러면 $2S\vec{w} = 2\vec{a}$이며 다음과 같이 쓸 수 있다.

$$\vec{w} = S^{-1}\vec{a}$$

우리가 앞서 $S = X^t X$, $\vec{a} = X^t y_{true}$로 치환했으므로 이를 다시 대입하여 정리하면 다음과 같다. 여기서 X는 1 열 벡터가 추가된 훈련 행렬이고 $\vec{y}_{true}$는 정답 레이블 벡터다.

$$\vec{w} = \left(X^t X\right)^{-1} X^t \vec{y}_{true}$$

Fish Market 데이터셋의 경우 $\vec{w}$는 다음과 같다(주피터 노트북[62] 참고).

$$\vec{w} = \begin{pmatrix} w_0 \\ w_1 \\ w_2 \\ w_3 \\ w_4 \\ w_5 \end{pmatrix} = \begin{pmatrix} -475.19929130109716 \\ 82.84970118 \\ -28.85952426 \\ -28.50769512 \\ 29.82981435 \\ 30.97250278 \end{pmatrix}$$

> **주의 큰 행렬을 서로 곱하지 말고 행렬에 벡터를 곱하자**
>
> 되도록이면 행렬을 서로 곱하는 것은 피하는 것이 좋다. 그 대신 행렬에 벡터를 곱하자. 예를 들어 정규 방정식 $\vec{w} = \left(X^t X\right)^{-1} X^t \vec{y}_{true}$의 경우 $X^t \vec{y}_{true}$를 먼저 계산하고 $\left(X^t X\right)^{-1}$을 한 번에 계산하는 것은 피해야 한다. 이 문제를 해결하는 방법은 X의 유사 역행렬 _pseudoinverse_ 을 사용하는 선형 문제인 $X\vec{w} = \vec{y}_{true}$를 푸는 것과 같다 (주피터 노트북 참고). 유사 역행렬은 역행렬이 존재하지 않는 행렬을 반전(나누기와 동일)시킨 것이라고 이해하면 된다(《Chapter 11 확률》에서 자세히 설명한다).

훈련 데이터와 선형 회귀 훈련 함수 간에 가장 잘 맞는 가중치 벡터 $\vec{w}$를 찾았다.

$$f(\vec{w};\vec{x}) = w_0 + w_1 x_1 + w_2 x_2 + w_3 x_3 + w_4 x_4 + w_5 x_5$$

분석적 방법(손실 함수의 도함수를 0으로 설정하고 그 식을 푸는 방식)을 사용하여 정규 방정식으로 주어진 해를 도출했다. 하지만 분석적 방법을 통해 해를 찾을 수 있는 경우는 매우 드물다. 최솟값을 구하고 그때의 w를 구하는 다른 모든 방법은 수치적 방법이다.

> **주의 훈련 데이터에 너무 잘 맞으면 안 된다**
>
> 조금 전에 계산한 $\vec{w} = \left(X^t X\right)^{-1} X^t \vec{y}_{true}$는 훈련 함수가 훈련 데이터에 가장 잘 맞도록 하는 w 값을 제공한다. 하지만 너무 잘 맞는다는 것은 훈련 함수가 데이터의 신호뿐만 아니라 노이즈도 잡아낼 수 있다는 것을 의미한다. 따라서 앞서 살펴본 식을 조금 수정하거나 최소화 문제 자체를 수정하여 훈련 함수가 너무 잘 맞추지 않도록 해야 한다. 이럴 때는 정규화나 조기 종료가 도움이 된다. 《Chapter 4 신경망을 위한 최적화》에서 좀 더 자세히 살펴볼 것이다.

---

62 옮긴이_ 주피터 노트북은 옮긴이의 Github에서 확인할 수 있다. _https://github.com/EmjayAhn/essential-mathematics-for-ai/tree/main/chapter03_

지금까지 회귀 분석 문제를 푸는 과정을 살펴봤다. 아직 시작 단계라서 중간중간 미적분학과 선형 대수 개념도 살펴보아야 했다. 앞으로 살펴볼 머신러닝 모델들(로지스틱 회귀, 서포트 벡터 머신, 의사 결정 트리, 랜덤 포레스트 등)의 경우 똑같은 개념과 아이디어를 다른 함수에 적용하기만 하면 되기 때문에 더 빠르게 살펴볼 수 있을 것이다.

3.4 로지스틱 회귀: 이항 분류

로지스틱 회귀는 주로 분류를 목적으로 사용된다. 먼저 이 모델을 이항 분류 작업에 어떻게 사용할 수 있는지 설명한다. 이항 분류의 예로는 암/암이 아님, 어린이에게 안전함/안전하지 않음, 대출 상환 가능/가능하지 않음 등 두 가지 클래스class로 분류하는 것들이 있다. 그런 다음 모델을 일반화하여 여러 클래스로 분류하는 문제를 풀도록 한다. 구성은 〈3.3 회귀〉와 동일하다.

> **1** 훈련 함수
> **2** 손실 함수
> **3** 최적화

3.4.1 훈련 함수

선형 회귀와 마찬가지로 로지스틱 회귀에 사용되는 훈련 함수는 피처의 선형 조합을 계산하고 편향인 상수 항을 더한다. 그리고 결과를 그대로 출력하지 않고 로지스틱 함수를 통과시킨다. 로지스틱 함수의 그래프는 [그림 3-14]에서 확인할 수 있으며 식은 다음과 같다.

$$\sigma(s) = \frac{1}{1 + e^{-s}}$$

이 함수는 0과 1 사이의 값을 출력한다. 따라서 출력값을 데이터 포인트가 특정 클래스에 속할 확률로 해석할 수 있다. 출력이 0.5보다 작으면 해당 데이터를 첫 번째 클래스에 속하는 것으로 분류하고, 출력이 0.5보다 크면 해당 데이터를 두 번째 클래스에 속하는 것으로 분류한다. 숫자 0.5는 데이터 포인트의 분류가 결정되는 임계값이다.

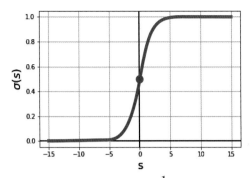

그림 3-14 로지스틱 함수 $\sigma(s) = \dfrac{1}{1 + e^{-s}}$의 그래프. 이 함수는 임의의 s에서 항상 계산될 수 있고 0과 1 사이의 숫자를 출력하므로 출력값을 확률로 해석할 수 있다.

따라서 여기서 훈련 함수는 피처의 선형 조합에 편향을 더하고 이를 로지스틱 함수로 구성한 다음, 임계값 함수를 적용한 것이다.

$$y = Thresh\left(\sigma\left(w_0 + w_1 x_1 + \cdots + w_n x_n\right)\right)$$

선형 회귀와 마찬가지로 w는 손실 함수를 최적화해서 찾아야 하는 미지수이며, 미지수의 개수는 데이터 피처 개수에 1을 더한 것과 같다. 1은 편향 항 때문에 더해진 것이다. 이미지 분류 문제의 경우 이미지의 각 픽셀이 피처이므로 수천 개의 피처가 있을 수 있다.

3.4.2 손실 함수

분류 문제를 위한 좋은 손실 함수를 설계해보자. 우리는 잘못 분류된 훈련 데이터 포인트에 불이익을 주고자 한다. 레이블이 부여된 데이터셋에서 어떤 인스턴스[63]가 특정 클래스에 속하면 $y_{true} = 1$, 속하지 않으면 $y_{true} = 0$이다.

우리는 훈련 함수가 양성 클래스에 속하는 훈련 인스턴스($y_{true} = 1$)에 대해 $y_{predict} = 1$을 출력하도록 하려고 한다. 잘 훈련된 w 값은 로지스틱 함수에 들어가기 위해 높은 t 값(선형 조합 결과)을 출력해야 한다. 이는 양성 클래스인 인스턴스에 높은 확률을 할당하고 임계값인 0.5를

---

63 옮긴이_ 이 책에서 '인스턴스'라는 표현은 각 데이터 포인트와 같은 의미다.

넘어 $y_{predict} = 1$이 되게끔 한다. 따라서 $y_{true} = 1$임에도 불구하고 선형 조합에 편향을 더한 t 값이 작으면 페널티를 준다.

마찬가지로 잘 훈련된 가중치 값은 양성 클래스에 속하지 않는 훈련 인스턴스($y_{true} = 0$)에 대해 로지스틱 함수에 들어가기 전 작은 t 값을 출력해야 한다. 따라서 $y_{true} = 0$임에도 불구하고 선형 조합에 편향을 더한 t 값이 크면 페널티를 준다.

그렇다면 잘못 분류된 훈련 데이터에 불이익을 주는 손실 함수를 어떻게 찾을 수 있을까? 거짓 양성false positive과 거짓 음성false negative 모두 페널티를 받아야 한다. 이 분류 모델의 출력은 1 또는 0이라는 점을 기억하자(그림 3-15).

> 1에는 보상을 주고 0에는 페널티를 주는 미적분 함수를 생각해보자: $-\log(s)$
>
> 1에는 페널티를 주고 0에는 보상을 주는 미적분 함수를 생각해보자: $-\log(1-s)$

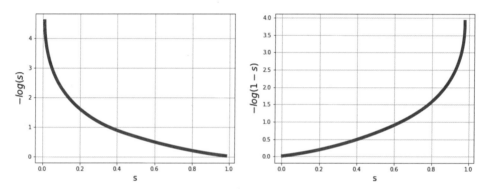

그림 3-15 왼쪽: 함수 $f(s) = -\log(s)$의 그래프. 이 함수는 0 근처에서 높은 값을 출력하고 1 근처에서 낮은 값을 출력한다. 오른쪽: 함수 $f(s) = -\log(1-s)$의 그래프. 이 함수는 1 근처에서 높은 값을 출력하고 0 근처에서 낮은 값을 출력한다.

이제 현재 선택된 w에 대한 로지스틱 함수 σ의 출력 s에 집중해보자.

- **거짓 음성**: $y_{true} = 1$일 때 $\sigma(s) < 0.50$이면(모델이 $y_{predict} = 0$이라 예측) 모델은 $-\log(\sigma(s))$에 의해 큰 페널티를 받는다.
- **진짜 양성**: $y_{true} = 1$일 때 $\sigma(s) > 0.50$이면(모델이 $y_{predict} = 1$이라 예측) $-\log(\sigma(s))$는 작으므로 페널티를 거의 받지 않는다.
- **거짓 양성**: $y_{true} = 0$일 때 $\sigma(s) > 0.50$이면(모델이 $y_{predict} = 1$이라 예측) 모델은 $-\log(1-\sigma(s))$에 의해 큰 페널티를 받는다.
- **진짜 음성**: $y_{true} = 0$일 때 $\sigma(s) < 0.50$이면(모델이 $y_{predict} = 0$이라 예측) 페널티를 거의 받지 않는다.

따라서 우리는 잘못 분류된 한 개의 훈련 데이터 $(x_1^i, x_2^i, \cdots x_n^i; y_{true})$에 대한 비용을 다음과 같은 식으로 표현할 수 있다.

$$cost = \begin{cases} -\log(\sigma(s)),\ y_{true} = 1일\ 때 \\ -\log(1-\sigma(s)),\ y_{true} = 0일\ 때 \end{cases} = -y_{true}\log(\sigma(s)) - (1-y_{true})\log(1-\sigma(s))$$

손실 함수는 m개의 훈련 데이터에 대한 평균 비용으로 정의되며 이를 (그 유명한) 크로스 엔트로피 손실 함수cross-entropy loss function라고 한다. 식은 다음과 같다.

$$L(\bar{w}) = -\frac{1}{m}\sum_{i=1}^{m} y_{true}^i \log(\sigma(w_0 + w_1 x_1^i + \cdots + w_n x_n^i)) + (1 - y_{true}^i)\log(1 - \sigma(w_0 + w_1 x_1^i + \cdots + w_n x_n^i))$$

3.4.3 최적화

선형 회귀와 달리 손실 함수를 최소화하기 위해 $\nabla L(w) = 0$이라고 식을 만들면 w에 대한 닫힌 형태의 해가 존재하지 않는다. 그나마 다행인 점은 이 함수가 볼록하다는 것이다. 이 경우 확률적stochastic 경사 하강법 또는 미니배치mini-batch 경사 하강법을 통해 최솟값을 찾을 수 있다 (학습률이 너무 크지 않고 충분히 오래 기다리면 구할 수 있다. 이 내용은 〈Chapter 4 신경망을 위한 최적화〉에서 자세히 살펴본다).

3.5 소프트맥스 회귀: 다항 분류

로지스틱 회귀를 쉽게 일반화하여 여러 클래스로 분류하는 모델을 만들 수 있다. 이런 다항 분류 문제의 대표적인 예는 MNIST 데이터셋[64]을 사용해 0,1,2,3,4,5,6,7,8,9까지 10개의 필기체 숫자 이미지를 분류하는 것이다. 이 데이터셋에는 70,000개의 필기체 숫자 이미지가 포함되어 있으며 60,000개의 훈련 데이터셋과 10,000개의 테스트 데이터셋으로 나뉘어 있다. 각 이미지에는 10개의 숫자 클래스 중 하나가 레이블로 지정되어 있다.

---

[64] Hacker News 페이지(https://oreil.ly/Csj-0)의 지침에 따라 MNIST 데이터셋에 접근할 수 있다. 옮긴이_ 이 책의 GitHub에서도 MNIST 데이터셋을 다운로드할 수 있다.

이 데이터셋에는 선형 분류기, K-최근접 이웃k-nearest neighbors, 의사 결정 트리, 다양한 커널을 가진 서포트 벡터 머신, 다양한 구조를 가진 신경망 등 많은 분류 모델의 결과와 관련 논문이 포함되어 있다. 세월이 흐르고 방법이 발전함에 따라 성능이 어떻게 향상되었는지 보는 것도 흥미로울 것이다.

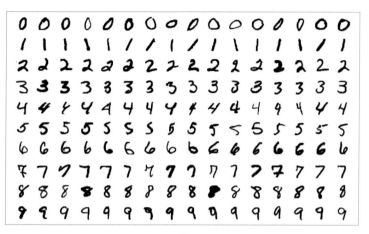

그림 3-16 MNIST 데이터셋의 샘플 이미지[65]

> **주의 다중 클래스로 분류하는 것과 다중 출력 모델을 혼동하지 말자**
>
> 소프트맥스 회귀는 한 번에 하나의 클래스만 예측한다. 따라서 같은 이미지에 5명의 사람을 동시에 분류하는 문제에는 사용할 수 없다. 그 대신 주어진 이미지가 나인지, 여동생, 오빠, 남편, 딸인지 확인하는 데는 사용할 수 있다. 소프트맥스 회귀 모델에 전달되는 이미지에는 5명 중 1명만 포함될 수 있다. 그렇지 않으면 모델의 분류가 명확하지 않게 된다. 즉, 우리가 분류하고자 하는 클래스들은 상호 배타적이어야 한다. 따라서 페이스북에서 하나의 이미지에 자동으로 다섯 사람을 태그하는 기능은 소프트맥스 회귀 모델을 사용한 것이 아니라 다중 출력 모델을 사용한 것이다.

한 개의 데이터 포인트에 여러 피처가 있을 때 이 피처들을 사용하여 k개의 클래스 중 하나로 분류하려고 한다. 이번에도 훈련 함수, 손실 함수, 최적화 단계로 모델을 살펴보자.

---

65 이미지 출처: *https://oreil.ly/0H32W*

3.5.1 훈련 함수

첫 번째 단계는 항상 동일하다. 피처를 선형 조합으로 만들고 상수인 편향 항을 더한다. 분류할 클래스가 2개뿐이었던 로지스틱 회귀에서도 선형 조합에 상수인 편향 항을 더한 값을 로지스틱 함수에 대입했다.

$$\sigma(s) = \frac{1}{1+e^{-s}} = \frac{1}{1+\dfrac{1}{e^s}} = \frac{e^s}{1+e^s} = \frac{e^s}{e^0+e^s}$$

그리고 이를 데이터 포인트가 특정 클래스에 속할 확률로 해석했다. 로지스틱 함수를 $\sigma(s) = \dfrac{e^s}{e^0+e^s}$로 다시 쓴 것에 주목하자. 이는 두 확률, 즉 각 클래스에 속할 확률을 모두 얻을 수 있다는 것을 강조하기 위함이다. 다시 말해 $\sigma(s)$는 데이터 포인트가 특정 클래스에 속할 확률을 뜻하고, $1 - \sigma(s) = \dfrac{e^0}{e^0+e^s}$는 데이터 포인트가 특정 클래스에 속하지 않을 확률을 뜻한다.

클래스가 여러 개일 때는 앞서 살펴본 과정을 동일한 데이터 포인트에 대해 각 클래스당 한 번씩 여러 번 반복한다. 각 클래스에는 피처를 선형으로 조합한 고유한 가중치와 편향이 있다. n개의 피처 $x_1, x_2, \cdots, x_n$과 k개의 피처가 있는 경우 한 개의 데이터 포인트에 대해 k개의 선형 조합과 편향을 계산한다.

---

66 옮긴이_ 옮긴이의 GitHub 페이지 *https://github.com/EmjayAhn/essential-mathematics-for-ai*에서 확인할 수 있다.

$$s^1 = w_0^1 + w_1^1 x_1 + w_2^1 x_2 + \cdots + w_n^1 x_n$$
$$s^2 = w_0^2 + w_1^2 x_1 + w_2^2 x_2 + \cdots + w_n^2 x_n$$
$$\vdots$$
$$s^k = w_0^k + w_1^k x_1 + w_2^k x_2 + \cdots + w_n^k x_n$$

TIP 좋은 습관 만들기 훈련 함수 식에 미지의 w가 몇 개 포함되는지 추적하는 습관을 들이는 것이 좋다. 그리고 이 w는 손실 함수를 최소화하여 찾는다는 점을 반드시 기억해야 한다. 또 다른 좋은 습관은 모델 전체를 효율적이고 일관된 방식(벡터, 행렬 등)으로 정리하는 것이다. 소프트맥스의 경우 각 데이터 포인트에 대해 k개의 클래스와 n개의 피처가 있다고 가정하면 $k \times n$개의 w들의 선형 조합이 나타나고 여기에 k개의 편향이 더해져 최종적으로는 $k \times n + k$개의 미지의 w가 생긴다. 소프트맥스 회귀 모델을 사용하여 필기체 숫자로 구성된 MNIST 데이터셋의 이미지를 분류하는 경우를 생각해보자. 각 이미지에는 28×28 픽셀, 즉 784개의 피처가 있다. 이를 10개의 클래스로 분류하려면 결국 7,850개의 w를 최적화해야 한다. 앞서 배운 내용을 바탕으로 생각해보면 선형 및 로지스틱 회귀 모델 모두 최적화해야 하는 미지의 w는 $n + 1$개뿐이다.

다음으로 이 k개의 결과를 소프트맥스 함수에 대입한다. 소프트맥스 함수는 로지스틱 함수를 두 개에서 여러 개의 클래스로 일반화한 것이며 결괏값 역시 확률로 해석한다. 소프트맥스 함수의 식은 다음과 같다.

$$\sigma\left(s^j\right) = \frac{e^{s^j}}{e^{s^1} + e^{s^2} + \cdots + e^{s^k}}$$

이렇게 하면 하나의 데이터 포인트는 k개의 확률 점수를 얻게 된다. 마지막으로 데이터 포인트가 가장 높은 확률 점수를 얻은 클래스에 속한다고 분류하면 된다.

이제 모든 내용을 종합하면 분류에 사용할 수 있는 훈련 함수의 최종 식을 얻을 수 있다. 물론 적절한 손실 함수를 최소화하여 최적의 w 값을 찾는 작업이 아직 남았다.

$$y = j \text{는 } \sigma\left(w_0^j + w_1^j x_1 + \cdots + w_n^j x_n\right) \text{이 최대가 되도록 한다.}$$

이 훈련 함수의 경우 데이터 피처(x 값)를 입력하면 클래스 번호 j를 반환한다.

3.5.2 손실 함수

로지스틱 회귀 식을 사용하여 크로스 엔트로피 손실 함수 식을 유도한다.

$$cost = \left\{ \begin{array}{l} -\log(\sigma(s)), y_{true} = 1 일 때 \\ -\log(1-\sigma(s)), y_{true} = 0 일 때 \end{array} \right\} = -y_{true}\log(\sigma(s)) - (1-y_{true})\log(1-\sigma(s))$$

$$L(\vec{w}) = -\frac{1}{m}\sum_{i=1}^{m} y_{true}^i \log(\sigma(w_0 + w_1 x_1^i + \cdots + w_n x_n^i)) + (1-y_{true}^i)\log(1-\sigma(w_0 + w_1 x_1^i + \cdots + w_n x_n^i))$$

이제 동일한 논리를 여러 클래스에 대한 것으로 일반화해보자. 특정 데이터 포인트가 i번째 클래스에 속하면 $y_{true,i} = 1$, 그렇지 않으면 $y_{true,i} = 0$으로 표기할 것이다. 그러면 특정 데이터 포인트가 잘못 분류되었을 때 발생하는 비용은 다음과 같다.

$$cost = \left\{ \begin{array}{l} -\log(\sigma(s^1)), y_{true,1} = 1 일 때 \\ -\log(\sigma(s^2)), y_{true,2} = 1 일 때 \\ -\log(\sigma(s^3)), y_{true,3} = 1 일 때 \\ \vdots \\ -\log(\sigma(s^k)), y_{true,k} = 1 일 때 \end{array} \right\} = -y_{true,1}\log(\sigma(s^1)) - \cdots - y_{true,k}\log(\sigma(s^k))$$

훈련 데이터셋에 있는 m개의 모든 데이터 포인트에 대해 평균하면 두 클래스만 있는 경우에서 여러 클래스가 있는 경우로 크로스 엔트로피 손실 함수를 일반화할 수 있다.

---

67 옮긴이_ 분배 함수는 열역학이나 통계역학에서 사용되는 용어다. 보통 Z로 쓰는데, 이는 분배 함수 개념을 나타낸 최초의 단어인 독일어 Zustandssumme의 첫 글자다.

모든 상태에 대한 합 Z는 $Z = \sum_a e^{\frac{k_B T}{E_a}} = \sum_a e^{-\beta E a}$로 정의된다. 즉, Z는 어떤 상태로 있을 수 있는 확률들을 모두 더한 값이다. 다시 말해, 에너지가 시스템의 상태들 간에 어떻게 분배되어 있는가를 표현한 것이다. 여기서 각 상태의 확률 표현 방법은 로지스틱 함수나 소프트맥수 함수와 동일하다.

$$L(\vec{w}) = -\frac{1}{m} \sum_{i=1}^{m} y_{true,1}^{i} \log(\sigma(w_0^1 + w_1^1 x_1^i + \cdots + w_n^1 x_n^i))$$
$$+ y_{true,2}^{i} \log(\sigma(w_0^2 + w_1^2 x_1^i + \cdots + w_n^2 x_n^i)) + \cdots$$
$$+ y_{true,k}^{i} \log(\sigma(w_0^k + w_1^k x_1^i + \cdots + w_n^k x_n^i))$$

3.5.3 최적화

이제 손실 함수에 대한 식을 구했으므로 이를 최소화하는 w를 찾을 수 있다. 대부분의 손실 함수와 마찬가지로 훈련 데이터셋과 레이블을 모두 활용해 손실 함수를 최소화하는 명확한 공식이 없기 때문에 경사 하강, 확률적 경사 하강, 미니배치 경사 하강과 같은 수치적 방법을 사용해야 한다(이 내용은 〈Chapter 4 신경망을 위한 최적화〉에서 다룬다). 일반화된 크로스 엔트로피 손실 함수는 볼록하므로 반드시 w를 찾을 수 있다는 점을 기억하자.

> **NOTE** 크로스 엔트로피와 정보 이론
>
> 크로스 엔트로피 개념은 정보 이론information theory에서 차용한 것이다. 의사 결정 트리에 관해 설명할 때 자세히 설명할 것이며, 지금은 다음 식을 알아두면 된다. 여기서 p는 사건이 발생할 확률이다.
>
> $$\log\left(\frac{1}{p}\right) = -\log(p)$$
>
> 이 값은 p가 작을 때 커진다. 즉, 발생할 확률이 낮은 사건에 대한 놀라움을 정량화한다.

3.6 신경망의 마지막 층에 모델 통합하기

선형 회귀 모델은 데이터 피처를 적절히 선형 조합한 다음 편향을 추가하여 예측을 수행한다. 로지스틱 회귀 및 소프트맥스 회귀 모델은 데이터 피처를 적절히 선형 조합한 다음 편향을 추가하고 그 결과를 확률 점수 함수에 대입하여 분류를 수행한다. 이런 단순한 모델들은 데이터 피처를 선형으로만 조합하기 때문에 데이터 피처 간에 잠재된 중요한 비선형적 상호 작용을 잡아내기 어렵다. 신경망 모델은 훈련 함수에 비선형 활성화 함수를 넣고 여러 층에 걸쳐 이를 수행하므로 비선형적이고 더 복잡한 관계를 훨씬 잘 감지할 수 있다. 신경망의 마지막 층은 출력 층이다. 마지막 층의 바로 앞 층은 몇 가지 고차원 피처를 마지막 층으로 전달한다. 신경망이 데이터를 여러 클래스로 분류하기를 원한다면 마지막 층 소프트맥스 층으로, 두 개의 클래스로 분류하기를 원한다면 마지막 층을 로지스틱 회귀 층으로 만들 수 있다. 또한 신경망이 수치 값으로 예측하기를 원한다면 마지막 층을 회귀 층으로 만들 수 있다. 자세한 예시는 〈Chapter 5 합성곱 신경망과 컴퓨터 비전〉에서 살펴본다.

3.7 유명한 머신러닝 방법과 앙상블 방법

회귀 및 로지스틱 회귀가 무엇인지 배운 후에는 머신러닝 커뮤니티에서 (회귀 및 분류 문제를 풀기 위한) 가장 인기 있는 방법들과 핵심 개념을 알아보는 것이 중요하다. 서포트 벡터 머신, 의사 결정 트리, 랜덤 포레스트는 분류와 회귀 문제를 모두 풀 수 있어 매우 인기 있는 모델이다. 그렇다면 다음과 같은 질문들이 자연스럽게 따라온다. 특정 머신러닝 방법을 언제 사용해야 할까? 어떤 방법을 사용하고 어떻게 예측과 결과의 근거로 사용할까? 이런 유형의 질문에는 머신러닝 모델에 관한 수학적 분석이 도움이 된다.

어떤 유형의 데이터셋이 어떤 머신러닝 방법과 잘 맞을지 등 각 방법에 관한 수학적 분석은 최근 인공지능, 머신러닝, 데이터 과학 분야의 연구 인력과 자원이 증가한 후에야 비로소 주목받기 시작했다. 현재의 관행은 같은 데이터셋에 대해 각 방법을 모두 시도해보고 가장 좋은 결과를 취하는 방식을 사용하는 것이다. 다양한 머신러닝 방법을 시도해볼 수 있는 시간과 컴퓨팅 자원이 확보되어 있다는 가정하에 말이다. 다양한 머신러닝 모델을 훈련해볼 시간과 자원(병렬 컴퓨팅 등)이 있다면 앙상블 방법까지 활용해보는 것도 좋다. 앙상블 방법은 다양한 머신러닝 모델의 결과를 평균하거나 투표를 통해 결합하는 방법이다. 앙상블 방법을 사용하면 수학적으로도 가장 우수한 개별 모델보다 더 좋은 결과를 얻을 수 있다.

앙상블의 예시로는 의사 결정 트리 모델들의 앙상블인 랜덤 포레스트가 있다.

앙상블에 기반한 예측에서는 배깅 bagging (또는 부트스트랩 집계 bootstrap aggregating), 페이스팅 pasting, 부스팅 boosting (ADA boost, 기울기 부스팅 gradient boosting 등), 스태킹 stacking, 랜덤 패치 random patch 등의 용어가 등장한다. 배깅과 페이스팅은 훈련 데이터셋에서 뽑은 서로 다른 랜덤 데이터셋으로 동일한 머신러닝 모델을 훈련하는 것이다. 배깅은 훈련 데이터셋에서 데이터를 교체하면서 인스턴스를 샘플링하고, 페이스팅은 데이터를 교체하지 않고 샘플링한다.[68] 랜덤 패치는 피처 공간에서 랜덤 샘플링하여 머신러닝 모델을 훈련하는 것이다. 즉, 데이터 포인트도 샘플링하지만 피처도 샘플링하는 것이다. 이는 각 픽셀이 피처인 이미지처럼 데이터셋에 피처가 많은 경우에 유용하다. 스태킹은 단순 투표나 평균 대신 여러 모델들을 앙상블하여 예측하는 메커니즘을 훈련하는 것이다.

3.7.1 서포트 벡터 머신

서포트 벡터 머신 support vector machine 은 선형(평면) 및 비선형(곡선) 결정 경계 decision boundary 를 이용해 분류와 회귀 문제를 모두 풀 수 있는 매우 인기 있는 머신러닝 알고리즘이다.

서포트 벡터 머신은 분류 문제를 풀 때 최대한 넓은 마진을 사용해 레이블링된 데이터를 분류하려고 한다. 이로 인해 분류 결정 경계가 얇은 선이 아니라 매우 넓은 고속도로와 같아진다. 훈련 함수, 손실 함수, 최적화의 맥락에서 서포트 벡터 머신이 어떻게 데이터를 분류하는지 알아보자.

훈련 함수

다시 한번 데이터 포인트의 피처와 미지의 가중치 w를 선형으로 조합하고 편향 w_0을 추가하자. 그리고 이 값을 부호 함수 sign function 에 대입한다. 그 결과 피처의 선형 조합에 편향을 더한 값이 양수라면 1을 반환하고(또는 첫 번째 클래스로 분류한다) 음수라면 −1을 반환한다(또는 다른 클래스로 분류한다). 이를 식으로 표현하면 최종 훈련 함수는 다음과 같다.

$$f(\vec{w};\vec{x}) = sign(\vec{w}'\vec{x} + w_0)$$

손실 함수

분류가 잘못된 데이터 포인트에 대해 불이익을 주는 손실 함수를 설계해보자. 로지스틱 회귀의

---

[68] 옮긴이_ 배깅과 페이스팅의 개념을 좀 더 부연 설명하자면 다음과 같다. 배깅은 훈련 데이터셋에서 중복을 허용하여 샘플링하는 방식이다. 반면에 페이스팅은 훈련 데이터셋에서 중복을 허용하지 않고 샘플링하는 방식을 의미한다.

경우 크로스 엔트로피 손실 함수를 사용했다. 서포트 벡터 머신의 손실 함수는 힌지 손실 함수 hinge loss function를 기반으로 한다.

$$\max(0, 1 - y_{true}(\vec{w}^t \vec{x} + w_0))$$

힌지 손실 함수가 분류 과정에서 어떻게 페널티를 주는지 살펴보자. 먼저 데이터 포인트가 양의 클래스에 속하면 $y_{true} = 1$, 음의 클래스에 속하면 $y_{true} = -1$임을 기억하자.

- 특정 데이터 포인트에 대해 $y_{true} = 1$이지만 $\vec{w}^t \vec{x} + w_0 < 0$이라면 훈련 함수는 이 데이터 포인트를 잘못 분류하여 $y_{predict} = -1$이라고 예측할 것이다. 이때 힌지 손실 함수의 값은 $1 - (1)(\vec{w}^t \vec{x} + w_0) > 1$이 된다. 우리의 목표는 손실 함수를 최소화하는 것이지만 이 손실 함수의 값은 매우 크기 때문에 높은 페널티를 부여한다.

- 반면 데이터 포인트에 대해 $y_{true} = 1$이고 $\vec{w}^t \vec{x} + w_0 > 0$이라면 훈련 함수는 이 데이터 포인트를 옳게 분류하여 $y_{predict} = 1$이라고 예측할 것이다. 하지만 힌지 손실 함수의 특성상 $\vec{w}^t \vec{x} + w_0 < 1$이라면 여전히 페널티를 줄 것이다. 따라서 그 값은 $1 - (1)(\vec{w}^t \vec{x} + w_0)$이 되고 이는 1보다는 작지만 여전히 0보다 큰 값을 가질 것이다.

- 오로지 데이터 포인트에 대해 $y_{true} = 1$이고 $\vec{w}^t \vec{x} + w_0 > 1$인 경우에만 힌지 손실 함수 값이 0이다(당연히 훈련 함수는 이 데이터 포인트에 대해 옳게 분류하여 $y_{predict} = 1$이라고 예측할 것이다). 힌지 손실 함수가 0과 음의 값 사이에서 최댓값을 구하기 때문이다.

- $y_{true} = -1$인 경우에도 동일한 논리가 적용된다. 힌지 손실 함수는 잘못된 예측에 대해서는 큰 페널티를 주고 올바른 예측에 대해서는 두 가지 경우로 나뉜다. 0이라는 경계선에서 멀리 떨어져 있지 않은 경우에는 (1보다 작은 경우) 약간의 페널티를 부여하고, 경계선에서 충분히 멀리 떨어져 있는 경우에는 (1보다 큰 경우) 페널티를 전혀 부여하지 않는다.

- 0이 되는 경계선의 방정식은 $\vec{w}^t \vec{x} + w_0 = 0$이다. 마진 경계선의 방정식은 $\vec{w}^t \vec{x} + w_0 = -1$과 $\vec{w}^t \vec{x} + w_0 = 1$이 된다. 마진 경계선 간의 거리는 $\dfrac{2}{\|w\|_2}$다. 우리가 이 거리를 최대화하기 위해서는 $\|w\|_2$를 최소화해야 하므로 $\|w\|$ 항이 손실 함수에 포함되어야 한다. 이는 잘못 분류된 데이터 포인트와 마진 경계선 내의 데이터 포인트 모두에 페널티를 부여한다.

이제 훈련 데이터셋의 모든 데이터 포인트에 대해 힌지 손실 값을 구해 평균을 취하고 $\|w\|_2^2$ 항을 너하면 다음과 같이 서포트 벡터 머신에서 일반적으로 사용되는 손실 함수 공식을 구할 수 있다.

$$L(\vec{w}) = \frac{1}{m} \sum_{i=1}^{m} \max(0, 1 - y_{true}^i (\vec{w}^t \vec{x}^i + w_0)) + \lambda \|w\|_2^2$$

최적화

이제 목표는 손실 함수를 최소화하는 $\vec{w}$를 찾는 것이다. 그 전에 손실 함수를 다시 한번 살펴보자.

- 최소화하려는 손실 함수는 $L(\vec{w}) = \frac{1}{m}\sum_{j=1}^{m}\max(0, 1 - y_{true}^{i}(\vec{w}^{t}\vec{x}^{i} + w_{0}))$과 $\lambda\|w\|_{2}^{2}$이렇게 항이 2개다. 최적화 문제에서 항이 두 개 이상일 때 첫 번째 항을 작게 만드는 w값이 두 번째 항을 크게 만드는, 즉 두 항이 경쟁하는 경우가 대부분이다. 따라서 두 항의 합을 최적화하는 $\vec{w}$를 찾는 과정에서 두 항 간에 밀고 당기는 게임 push-and-pull game이 벌어진다.

- $\lambda\|w\|_{2}^{2}$ 항의 λ는 훈련 과정 중 검증 단계에서 조정할 수 있는 모델 하이퍼파라미터의 일례다. λ 값을 조정하면 마진 간의 거리(너비)를 제어할 수 있다. 우리가 큰 λ 값을 선택하면 옵티마이저 optimizer는 큰 λ에 대해 보상하기 위해 매우 작은 $\|w\|_{2}^{2}$를 만들기 위한 $\vec{w}$를 찾느라 바빠진다. 동시에 손실 함수의 첫 번째 항은 주목을 덜 받게 될 것이다. 여기서 $\|w\|_{2}$가 작을 수록 마진 거리는 더욱 커진다는 것을 기억해야 한다.

- $\lambda\|\vec{w}\|_{2}^{2}$를 정규화 항 regularization term으로 생각할 수도 있다. 이러한 관점은 〈Chapter 4 신경망을 위한 최적화〉에서 더욱 자세히 살펴볼 것이다.

- 이 손실 함수는 볼록하고 하한이 0으로 제한되어 있어 지역 최솟값에 갇힐 염려가 없으므로 최소화 문제를 풀기 어렵지 않다. 첫 번째 항은 특이점을 가지지만 앞서 살펴봤듯이 특이점에서 하방 미분 subgradient을 정의하고 하강법 descent method을 사용할 수 있다.

일부 최적화 문제는 쌍대성 duality을 이용해 재구성될 수 있다. 원래의 문제 primal problem를 해결하는 대신 쌍대 문제 dual problem를 풀게 되는 것인데, 보통 둘 중 하나가 다른 하나보다 더 풀기 쉽다. 쌍대 문제는 평행 우주에 존재하는 또 다른 최적화 문제로 생각하면 된다. 원래 문제와 쌍대 문제는 옵티마이저에서 만난다. 따라서 하나의 문제를 풀면 자동으로 다른 문제의 해답을 얻을 수 있다. 최적화를 연구할 때는 쌍대성도 함께 연구한다. 특히 선형 및 이차 계획법 quadratic programming이라고 하는 선형 및 이차 최적화는 매우 흥미로우며 응용 범위가 매우 넓다. 다시 최소화 문제로 돌아가보자.

$$\min_{\vec{w}} \frac{1}{m}\sum_{i=1}^{m}\max(0, 1 - y_{true}^{i}(\vec{w}^{t}\vec{x}^{i} + w_{0})) + \lambda\|w\|_{2}^{2}$$

이는 이차 계획법의 한 예로, 원래 문제보다 쌍대 문제가 최적화하기 더 쉽다(피처 수가 많을 때 특히 유용하다).

$$\max_{\vec{a}} \sum_{j=1}^{m}\alpha_{j} - \frac{1}{2}\sum_{j=1}^{m}\sum_{k=1}^{m}\alpha_{j}\alpha_{k}y_{true}^{j}y_{true}^{k}((\vec{x}^{j})^{t}\vec{x}^{k})$$

앞서 본 쌍대 문제에는 $\alpha_j \geq 0$과 $\sum_{j=1}^{m} \alpha_j y_{true}^j = 0$이라는 제약 조건이 있다. 이 식은 직관적인 편이기 때문에 흐름을 끊지 않기 위해 유도 과정을 생략했다. 이차 계획법은 이미 많이 발전된 분야이며 이 문제를 해결할 수 있는 많은 소프트웨어 패키지들이 있다. 쌍대 문제를 최대화하는 $\vec{a}$를 찾으면 $\vec{w} = \sum_{j=1}^{m} \alpha_j y_{true}^i \vec{x}^j$를 이용해 원래 문제를 최소화하는 $\vec{w}$를 찾을 수 있다. $\vec{w}$를 찾으면 훈련된 함수를 사용해 새로운 데이터 포인트를 분류할 수 있게 된다.

$$f(\vec{x}_{new}) = sign(\vec{w}^t \vec{x}_{new} + w_0) = sign\left(\sum_j \alpha_j y^i (\vec{x}^j)^t \vec{x}_{new} + w_0\right)$$

이차 계획법을 피하고 싶다면 좌표 하강법$^{coordinate\ descent}$이라는 방법을 사용할 수도 있다. 이 방법은 쌍대 문제를 해결하고 피처 수가 많은 대용량 데이터셋에서 잘 작동한다.

커널 트릭

동일한 아이디어를 비선형 분류로 전환할 수 있다. 먼저 쌍대 문제에서 주목해야 할 점은 데이터 포인트가 항상 쌍으로만 나타나며, 더 구체적으로는 스칼라곱 $(\vec{x}^j)^t \vec{x}^k$ 형태로만 나타난다. 마찬가지로 훈련 함수에서도 스칼라곱 형태로만 나타난다. 이런 특징에는 다음과 같은 마법을 부릴 수 있다.

- 데이터 포인트 쌍에 적용할 수 있는 함수 $K(\vec{x}^j, \vec{x}^j)$가 있을 때 이 함수를 고차원 공간으로 변환된 데이터 포인트 쌍의 스칼라곱을 계산해주는 함수라고 가정하자(실제로 어떤 변환인지 몰라도 상관없다). 그러면 쌍대 문제의 스칼라곱을 $K(\vec{x}^j, \vec{x}^j)$로 대체하여 동일한 쌍대 문제를 더욱 고차원 공간에서 풀 수 있게 된다.
- 여기서 직관적으로 알 수 있는 점은 저차원에서 비선형적으로 분리되는 데이터가 고차원에서는 선형적으로 분리될 수 있다는 사실이다. 따라서 모든 데이터 포인트를 더 높은 차원으로 변환한 후에 분리한다. 커널 트릭$^{kernel\ trick}$은 각 데이터 포인트를 변환하지 않고도 고차원에서 선형으로 분류 문제를 해결한다. 커널 자체가 데이터를 변환하지 않고 데이터의 스칼라곱을 계산하기 때문이다. 정말 멋진 기능이다!

커널 함수의 대표적인 예는 다음과 같다.

- $K(\vec{x}^j, \vec{x}^j) = ((\vec{x}^j)^t \vec{x}^j)^2$
- **다항 커널:** $K(\vec{x}^j, \vec{x}^j) = (1 + (\vec{x}^j)^t \vec{x}^j)^d$
- **가우스 커널:** $K(\vec{x}^j, \vec{x}^j) = e^{-\gamma|x_j - x_k|^2}$

3.7.2 의사 결정 트리

의사 결정 트리$^{\text{decision tree}}$는 불리언 변수$^{\text{boolean variable}}$를 입력으로 받는 함수로 대출 승인 여부, COVID-19 감염 여부와 같은 결정을 출력값으로 반환한다. 불리언 변수란 참(또는 1) 또는 거짓(또는 0) 값만 취할 수 있는 변수다. 불리언 변수 간 연산은 더하거나 곱하는 것이 아닌 논리 연산자인 or, and, not을 이용한다.

하지만 원래 데이터셋의 피처가 불리언 변수로 주어지지 않은 경우에는 어떻게 해야 할까? 모델에 입력하기 전에 불리언 변수로 변환해야 한다. 예를 들어 [그림 3-17]의 의사 결정 트리는 Fish Market 데이터셋으로 학습한 회귀 트리다. 이 트리는 원시 데이터를 입력으로 받지만 트리를 표현하는 함수는 불리언 변수로 변환된 새로운 피처에 대해 작동한다. 자세한 내용은 주피터 노트북[69]을 참고하자.

1. $a1 = (\text{Width} \leq 5.117)$ 2. $a2 = (\text{Length3} \leq 59.55)$

3. $a3 = (\text{Length3} \leq 41.1)$ 4. $a4 = (\text{Length3} \leq 34.9)$

5. $a5 = (\text{Length3} \leq 27.95)$ 6. $a6 = (\text{Length3} \leq 21.25)$

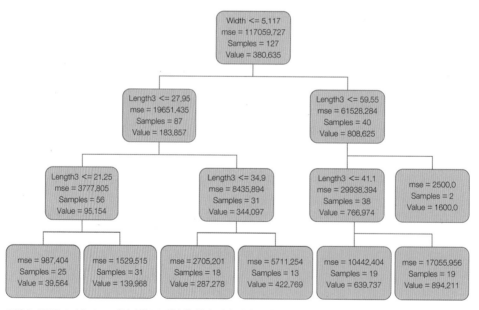

그림 3-17 Fish Market 데이터셋으로 학습한 회귀 의사 결정 트리

---

69 옮긴이_ 주피터 노트북은 옮긴이의 Github에서 확인할 수 있다. *https://github.com/EmjayAhn/essential-mathematics-for-ai/tree/main/chapter03*

[그림 3-17]의 결정 트리를 표현하는 함수는 다음과 같다.

$$f(a1,a2,a3,a4,a5,a6)=(a1 \text{ and } a5 \text{ and } a6)\times39.584+(a1 \text{ and } a5 \text{ and not } a6)\times139.968$$
$$+(a1 \text{ and not } a5 \text{ and } a4)\times287.278+(a1 \text{ and not } a5 \text{ and not } a4)\times422.769+(\text{not } a1 \text{ and }$$
$$a2 \text{ and } a3)\times639.737+(\text{not } a1 \text{ and } a2 \text{ and not } a3)\times824.211+(\text{not } a1 \text{ and not } a2)\times1600$$

지금까지 살펴본 훈련 함수들과 달리 이 함수에는 풀어야 할 파라미터 w가 없다. 이를 비모수 모델nonparametric model이라고 한다. 비모수 모델은 함수의 형태를 미리 고정하지 않으므로 데이터에 대해 적응할 수 있는 유연성을 갖는다. 물론 이로 인해 데이터에 과적합할 위험이 높다. 다행히도 다음과 같이 과적합 문제를 해결할 수 있는 방법들이 있다.

- 트리를 성장시킨 후 가지치기pruning
- 층의 개수 제한
- 노드당 최소 데이터 인스턴스 수 설정
- 랜덤 포레스트(하나의 트리 대신 트리 앙상블을 사용하는 방법. 나중에 자세히 설명한다.)

앞서 살펴본 의사 결정 트리에서 중요한 것은 모델이 원본 데이터셋의 두 가지 피처 Width와 Length3만 분할하기로 결정했다는 점이다. 의사 결정 트리는 더 중요한 피처(예측에 많은 정보를 제공하는 피처)를 루트에 가깝게 배치하도록 설계되었다. 따라서 의사 결정 트리는 모델이 결과를 예측하는 데 가장 필요한 피처를 고르는 피처 선택feature selection 단계에 도움이 된다.

Fish Market 데이터셋을 이용하여 물고기의 무게를 예측하는 데 Width와 Length3 피처가 가장 중요하다는 것은 당연한 결과다. [그림 3-18]의 상관관계 행렬과 [그림 3-3]의 산점도 그래프를 보면 모든 길이 피처들 간에는 매우 강한 상관관계가 있다는 것을 알 수 있다. 즉, 길이 피처들이 제공하는 정보가 중복되기 때문에 예측 모델에 모든 피처를 포함하면 계산 비용이 증가하고 성능이 저하된다.

	Weight	Length1	Length2	Length3	Height	Width
Weight	1.000000	0.908678	0.911888	0.917883	0.747700	0.896036
Length1	0.908678	1.000000	0.999493	0.991731	0.637844	0.870414
Length2	0.911888	0.999493	1.000000	0.993869	0.653291	0.877268
Length3	0.917883	0.991731	0.993869	1.000000	0.716450	0.882716
Height	0.747700	0.637844	0.653291	0.716450	1.000000	0.802115
Width	0.896036	0.870414	0.877268	0.882716	0.802115	1.000000

그림 3-18 Fish Market 데이터셋의 상관관계 행렬. 모든 길이(`Length`) 피처들 간에는 매우 높은 상관관계가 있다.

NOTE 피처 선택

조금 전에 피처 선택feature selection이라는 매우 중요한 주제를 언급했다. 실제 데이터셋에는 많은 피처들이 포함되어 있다. 그중 일부는 중복된 정보를 제공할 수 있고, 또 다른 일부는 대상 레이블을 예측하는 데 전혀 중요하지 않을 수 있다. 머신러닝 모델에 중복된 피처나 전혀 관련 없는 피처를 포함시키면 계산 비용이 증가하고 성능이 저하된다. 조금 전에 우리는 의사 결정 트리를 이용해 중요한 피처를 선택할 수 있다는 것을 확인했다. 다른 방법으로는 lasso 회귀라는 정규화 기법이 있다. 이는 〈Chapter 4 신경망을 위한 최적화〉에서 소개할 것이다. 또한 피처 간의 종속성을 검사하는 통계적 테스트도 있다. F 검정F-test(상관관계가 있는 피처에 더 높은 점수를 주지만 상관관계만으로는 신뢰할 수 없음)은 선형 종속성을 검사하고, 상호 정보 검정mutual information test은 비선형 종속성을 검사한다. 이러한 테스트는 피처가 대상 레이블을 결정하는 데 얼마나 기여하는지를 측정하여 가장 유망한 피처를 유지하도록 한다. 피처 간의 종속성뿐만 아니라 상관관계, 산점도를 이용해 테스트할 수도 있다. 분산 임계값은 피처 내에서 차이가 크지 않으면 예측력이 거의 없다는 전제하에 분산이 거의 또는 전혀 없는 피처를 제거하는 데 사용된다.

데이터셋에서 의사 결정 트리를 어떻게 학습시킬까? 어떤 함수를 최적화해야 할까? 의사 결정 트리를 학습시킬 때 일반적으로 최적화하는 함수로는 엔트로피entropy와 지니 불순도gini impurity가 있다. 둘 중 어느 것을 사용하든 트리의 결과에는 큰 차이가 없다. 엔트로피와 지니 불순도를 살펴보자.

엔트로피와 지니 불순도

여기서는 가장 중요하다고 평가되는 피처를 기준으로 트리의 노드를 분할하기로 하자. 엔트로피와 지니 불순도는 피처의 중요도를 측정하는 데 가장 많이 사용되는 방법이다. 이 두 방법은 수학적으로 동일하지는 않지만 의사 결정 트리에 모두 잘 적용되며 합리적인 의사 결정 트리를 만들어낸다. 지니 불순도는 일반적으로 계산 비용이 적어 대부분의 소프트웨어 패키지에서 기본값으로 사용된다. 지니 불순도를 사용하면 다른 클래스보다 훨씬 높은 빈도를 가진 클래스가 있을 때 균형이 맞지 않는 트리가 생성될 수 있다. 높은 빈도를 가진 클래스들은 결국 자신만의 가지에 고립되기 때문이다. 그러나 대부분의 경우 엔트로피와 지니 불순도 중 어느 것을 사용하더라도 의사 결정 트리의 결과는 큰 차이가 없다.

엔트로피 방법은 최대 정보 이득^{information gain}을 제공하는 피처 분할을 찾는다(곧 관련 공식을 살펴볼 것이다). 정보 이득은 정보 이론에서 가져온 개념으로 엔트로피 개념과 관련이 있다. 엔트로피는 열역학 및 통계 물리학에서 차용한 개념이며 특정 시스템에서 무질서한 정도를 정량화한다.

지니 불순도 방법을 사용하면 평균 지니 불순도가 가장 낮은 자식 노드를 제공하는 피처 분할을 찾는다(곧 관련 공식을 살펴볼 것이다).

의사 결정 트리를 성장시키는 알고리즘은 정보 이득을 최대화하기 위해(또는 지니 불순도를 최소화하기 위해) 학습 데이터셋의 각 피처를 살펴보고 정보 이득(또는 지니 불순도)을 계산한다. 그리고 트리가 해당 피처를 분할할 노드로 사용하는지 여부에 따라 정보 이득(또는 지니 불순도)을 계산한 다음 가장 높은 정보 이득(평균 지니 불순도가 가장 낮은 자식 노드)을 제공하는 피처를 선택해야 한다. 또한 피처에 숫자 값이 있는 경우 알고리즘은 노드에서 어떤 질문을 할 것인지(예 $x_5 < 0.1$인가?), 즉 피처에서 분할할 값을 결정해야 한다. 알고리즘은 트리의 각 계층에서 이 과정을 순차적으로 수행해야 하며, 각 노드의 데이터 인스턴스 피처에 대한 정보 이득(또는 지니 불순도)을 계산하고 때로는 피처에서 분할할 값의 확률에 대해 정보 이득을 계산해야 한다. 이는 예시를 통해 이해하면 쉽다. 그 전에 엔트로피, 정보 이득, 지니 불순도의 수식을 살펴보자.

엔트로피와 정보 이득

'어떤 사건이 발생할 확률이 높으면 그 사건이 발생했을 때 놀라운이 정도가 매우 낮다'는 것을 직관적으로 받아들이면 엔트로피 공식을 쉽게 이해할 수 있다. 사건 발생 확률 p(사건)가 크면 그 놀라움은 작다. 이를 확률이 증가할 때 감소하는 함수를 사용하여 수학적으로 나타낼 수 있다. 미적분학의 $\log \frac{1}{x}$ 함수는 이런 특징을 묘사하는 데 적합하며 다음과 같이 독립적인 '사건의 놀라움'을 더할 수 있다는 추가적인 속성도 가지고 있다.

$$Surprise\,(\text{사건}) = \log\frac{1}{p\,(\text{사건})} = -\log\,(p\,(\text{사건}))$$

이제 확률 변수(이 경우 학습 데이터셋의 특정 피처)의 엔트로피는 확률 변수와 관련된 '놀라움'의 기대값으로 정의된다. 이 기대값을 구하려면 가능한 확률 변수의 결과에 대한 놀라움을 해당 확률로 곱하고 이를 모두 더해야 한다. 수식으로 표현하면 다음과 같다.

$$Entropy\,(X) = -p\,(outcome_1)\log\,(p\,(outcome_1)) - p\,(outcome_2)\log\,(p\,(outcome_2)) -$$
$$\cdots - p\,(outcome_n)\log\,(p\,(outcome_n))$$

예를 들어 여러 값이 나올 수 있는 학습 데이터셋의 한 피처에 대한 엔트로피는 다음과 같다.

$$Entropy\,(Feature) = -p\,(value_1)\log\,(p\,(value_1)) - p\,(value_2)\log\,(p\,(value_2)) -$$
$$\cdots - p\,(value_n)\log\,(p\,(value_n))$$

우리의 목표는 결과(레이블 또는 특정 피처)에 대해 정보 이득이 큰 피처를 선택하여 분할하는 것이므로 먼저 결과 피처의 엔트로피를 계산해보자.

이진 출력

이진 분류 문제이므로 (문제를 단순하게 만들기 위해) 결과 피처에는 양수(특정 클래스에 속함)와 음수(특정 클래스에 속하지 않음) 두 가지 값만 있다고 가정하자.

대상 피처 중 양의 클래스에 속하는 데이터 인스턴스의 수를 p, 음의 클래스에 속하는 데이터 인스턴스의 수를 n이라고 하자. 그렇다면 $p + n = m$은 훈련 데이터셋의 데이터 인스턴스 수가 된다. 이제 대상 피처에서 양의 클래스에 속하는 데이터 인스턴스를 고를 확률은 $\frac{p}{m} = \frac{p}{p+n}$, 음의 클래스에 속하는 데이터 인스턴스를 고를 확률은 $\frac{n}{m} = \frac{n}{p+n}$이 된다.

따라서 결과 피처의 엔트로피는 (다른 피처의 정보를 활용하지 않는다는 전제하에) 다음과 같다.

$Entropy\,(\text{결과 피처})$
$$= -p\,(\text{양의 클래스})\log\,(p\,(\text{양의 클래스})) - p\,(\text{음의 클래스})\log\,(p\,(\text{음의 클래스}))$$
$$= -\frac{p}{p+n}\log\left(\frac{p}{p+n}\right) - \frac{n}{p+n}\log\left(\frac{n}{p+n}\right)$$

다음으로 다른 피처의 정보를 활용하여 결과 피처의 엔트로피 차이를 계산한다. 보통 정보가 늘어나면 놀라움은 줄어들기 때문에 결과 피처의 엔트로피는 감소할 것으로 예상된다.

피처 A를 의사 결정 트리의 분할 노드로 선택했다고 가정하자. 피처 A는 4개의 값을 가지며 $value_1$이라는 값을 가진 k_1개의 인스턴스가 있다. 이 중 p_1은 양의 클래스로 레이블이 지정되고 n_1은 음의 클래스로 레이블이 지정되므로 $p_1 + n_1 = k_1$이 된다고 가정한다. 마찬가지로 피처 A에는 $value_2$라는 값을 가진 k_2개의 인스턴스가 있으며, 이 중 p_2는 양의 클래스로 레이블이 지정되고 n_2는 음의 클래스로 레이블이 지정되므로 $p_2 + n_2 = k_2$가 된다. 피처 A의 $value_3$, $value_4$도 동일하게 적용된다. 따라서 데이터셋 전체에 포함되어 있는 인스턴스 수는 $k_1 + k_2 + k_3 + k_4 = m$이다.

피처 A의 각 값 $value_k$를 p_k개의 양의 클래스와 n_k개의 음의 클래스를 가진 독립적인 확률 변수로 생각할 수 있으므로 각 엔트로피(놀라움의 기대값)를 계산할 수 있다.

$$entropy(value_1) = -\frac{p_1}{p_1 + n_1}\log\left(\frac{p_1}{p_1 + n_1}\right) - \frac{n_1}{p_1 + n_1}\log\left(\frac{n_1}{p_1 + n_1}\right)$$

$$entropy(value_2) = -\frac{p_2}{p_2 + n_2}\log\left(\frac{p_2}{p_2 + n_2}\right) - \frac{n_2}{p_2 + n_2}\log\left(\frac{n_2}{p_2 + n_2}\right)$$

$$entropy(value_3) = -\frac{p_3}{p_3 + n_3}\log\left(\frac{p_3}{p_3 + n_3}\right) - \frac{n_3}{p_3 + n_3}\log\left(\frac{n_3}{p_3 + n_3}\right)$$

$$entropy(value_4) = -\frac{p_4}{p_4 + n_4}\log\left(\frac{p_4}{p_4 + n_4}\right) - \frac{n_4}{p_4 + n_4}\log\left(\frac{n_4}{p_4 + n_4}\right)$$

이제 이 정보를 얻었으므로 각각의 확률을 곱한 엔트로피 네 가지를 모두 더하여 피처 A에 대해 분할한 후 엔트로피의 기대값을 계산할 수 있다.

$$p(value_1) = \frac{k_1}{m}$$

$$p(value_2) = \frac{k_2}{m}$$

$$p(value_3) = \frac{k_3}{m}$$

$$p(value_4) = \frac{k_4}{m}$$

따라서 피처 A에 대해 분할한 후 예상되는 엔트로피는 다음과 같다.

$$Expected\ Entropy(Feature\ A)$$
$$= p(value_1)Entropy(value_1) + p(value_2)Entropy(value_2)$$
$$+ p(value_3)Entropy(value_3) + p(value_4)Entropy(value_4)$$
$$= \frac{k_1}{m}Entropy(value_1) + \frac{k_2}{m}Entropy(value_2) + \frac{k_3}{m}Entropy(value_3) + \frac{k_4}{m}Entropy(value_4)$$

그렇다면 피처 A를 분할에 사용하여 얻을 수 있는 정보량(정보 이득)은 무엇일까? 이는 피처 A와 관련된 어떤 정보도 없이 계산한 결과 피처의 엔트로피와 피처 A의 기대 엔트로피 간의 차이일 것이다. 우리는 피처 A를 분할하여 얻은 엔트로피에 대한 식을 가지고 있으므로 정보 이득을 쉽게 계산할 수 있다.

$$정보\ 이득 = Entropy\,(결과\ 피처) - Expected\ Entropy\,(피처 A)$$
$$= -\frac{p}{p+n}\log\left(\frac{p}{p+n}\right) - \frac{n}{p+n}\log\left(\frac{n}{p+n}\right) - Expected\ Entropy(피처 A)$$

이제 학습 데이터셋의 각 피처를 살펴보고 그 피처를 분할에 사용했을 때 얻을 수 있는 정보 이득을 쉽게 계산할 수 있다. 의사 결정 트리 알고리즘은 궁극적으로 정보 이득이 가장 높은 피처를 분할하기로 결정한다. 그리고 분할할 피처 또는 데이터 인스턴스가 더 이상 없을 때까지 이 과정을 계속한다. 여기까지가 엔트로피에 기반한 의사 결정 트리를 만드는 방법이다.

다중 클래스 출력

앞서 배운 논리를 다중 클래스 출력(대상 레이블이 3개 이상인 분류 문제 등)으로 일반화하는 것은 그리 어렵지 않다. UCI 머신러닝 리포지터리 UCI Machine Learning Repository[70]에 있는 아이리스 Iris 데이터셋[71]은 세 개의 대상 레이블이 있는 고전적인 데이터셋이다. 아이리스 데이터셋에는 아이리스 꽃에 대한 피처인 꽃받침 길이(sepal length)와 꽃받침 너비(sepal width), 꽃잎 길이(petal length)와 꽃잎 너비(petal width)가 있다. 이 피처들은 연속적인 확률 변수다. 따라서 앞서 살펴본 로직을 적용하기 전에 각 피처 값을 분할하는 테스트를 마련해야 한다. 이런 작업은 데이터 과학 프로젝트에서 피처 엔지니어링 단계의 일부다. 여기서 우리가 수행할 피처 엔지니어링은 '꽃잎 길이 > 2.45인가?'와 같이 연속적인 값을 갖는 피처를 불리언 피처로 변환하

---

70 *https://oreil.ly/iOnAc*

71 *https://oreil.ly/LZ1V9*

는 것이다. 2.45라는 숫자를 어떻게 선택했는지에 관해서는 다루지 않겠지만 아마 그 과정에서 도 최적화 단계가 있어야 한다는 것을 이미 짐작할 수 있을 것이다.

지니 불순도

의사 결정 트리는 노드[node], 가지[branch], 잎[leaf]으로 구성된다. 모두 동일한 대상 레이블을 가진 훈련 데이터 인스턴스만 포함하는 노드를 순수 노드라고 간주한다. 순수 노드는 그 클래스를 알고 있으므로 우리가 원하는 노드다. 따라서 알고리즘은 노드의 불순도를 최소화하는 방식으로 트리를 성장시키고자 할 것이다. 만약 노드 안의 데이터 인스턴스의 클래스가 모두 같지 않으면 그 노드는 불순한 것이다. 지니 불순도는 다음과 같은 방식으로 이 불순도를 정량화한다.

아이리스 데이터셋[72]처럼 우리의 분류 문제가 세 개의 클래스를 가지고 있다고 가정하자. 또한 이 데이터셋에 맞게 학습된 의사 결정 트리의 특정 노드에 n개의 훈련 데이터 인스턴스가 있으며 이 중 n_1개가 첫 번째 클래스, n_2개가 두 번째 클래스, n_3개가 세 번째 클래스에 속한다고 가정하자. 따라서 $n_1 + n_2 + n_3 = n$이다. 이 노드의 지니 불순도는 다음과 같다.

$$\text{지니 불순도} = 1 - \left(\frac{n_1}{n}\right)^2 - \left(\frac{n_2}{n}\right)^2 - \left(\frac{n_3}{n}\right)^2$$

지니 불순도는 각 노드에서 각 클래스에 속하는 데이터 인스턴스의 비율을 계산하여 제곱한 다음 그 합계를 1에서 빼서 구한다. 어떤 노드의 모든 데이터 인스턴스가 동일한 클래스에 속하는 경우 지니 불순도는 0이 된다.

이제 의사 결정 트리의 학습 알고리즘은 각 피처와 피처의 분할 지점을 찾아서 평균적으로 지니 불순도가 가장 낮은 자식 노드를 생성한다. 즉, 자식 노드는 부모 노드보다 평균적으로 더 순수해야 한다. 지니 불순도 값이 더 낮다는 의미다. 따라서 학습 알고리즘은 이진 트리에서 자식 노드 두 개의 지니 불순도의 가중 평균을 최소화하려고 시도한다. 각 자식 노드의 지니 불순도는 상대적인 크기에 따라 가중치가 부여된다. 여기서 '상대적인 크기'란 노드가 속하는 트리 계층의 총 데이터 인스턴스 수 대비 해당 노드의 데이터 인스턴스 수의 상대적인 크기(비율)를

---

[72] 옮긴이_ 옮긴이의 Github에서 아이리스 데이터를 다운로드할 수 있다. *https://github.com/EmjayAhn/essential-mathematics-for-ai/tree/main/chapter03/data/iris*

의미한다. 최종적으로 다음과 같이 피처와 각 피처에 대한 분할 지점의 조합을 찾고 최소화 문제를 풀어야 한다.

$$\min_{Feature, FeatureSplitValue} \frac{n_{left}}{n} Gini(Left\ Node) + \frac{n_{right}}{n} Gini(right\ Node)$$

n_{left}와 n_{right}는 각각 왼쪽과 오른쪽 자식 노드에 있는 데이터 인스턴스 수이고, n은 부모 노드에 있는 데이터 인스턴스 수다. 따라서 n_{left}와 n_{right}를 더하면 n이 된다.

회귀 의사 결정 트리

회귀와 분류 문제 모두에 의사 결정 트리를 사용할 수 있다. 회귀 의사 결정 트리는 클래스가 아닌 예측값을 반환하지만 분류 트리와 유사한 과정을 따른다.

정보 이득을 최대화하거나 지니 불순도를 최소화하는 피처와 피처 값을 선택하여(예 $height >$ 1미터인가?) 노드를 분할하는 대신 실제 레이블과 왼쪽 및 오른쪽 자식 노드 각각에 있는 모든 데이터 인스턴스의 레이블 평균 간 평균 제곱 거리를 최소화하는 피처와 피처 값을 선택한다. 즉, 회귀 의사 결정 트리 알고리즘은 분할할 피처와 피처 값을 선택한 다음 해당 분할로 인해 발생하는 왼쪽 및 오른쪽 자식 노드를 살펴보고 계산한다.

- 왼쪽 노드에 있는 모든 훈련 데이터 인스턴스 레이블의 평균 값을 계산한다. 이 평균은 왼쪽 노드 값인 y_{left}가 되며, 이 노드가 잎 노드가 되는 경우 의사 결정 트리에서 예측하는 값이 된다.
- 오른쪽 노드에 있는 모든 훈련 데이터 인스턴스 레이블의 평균 값을 계산한다. 이 평균은 오른쪽 노드 값인 y_{right}가 되며, 마찬가지로 이 노드가 잎 노드가 되는 경우 의사 결정 트리에서 예측하는 값이 된다.
- 앞서 구한 왼쪽 노드 값과 왼쪽 노드의 각 데이터 인스턴스의 실제 레이블 간 제곱 거리의 합을 계산한다.

$$\sum_{LeftNodeInstances} \left| y_{true}^{i} - y_{left} \right|^2$$

- 앞서 구한 오른쪽 노드 값과 오른쪽 노드의 각 데이터 인스턴스의 실제 레이블 간 제곱 거리 합을 계산한다.

$$\sum_{rightNodeInstances} \left| y_{true}^{i} - y_{right} \right|^2$$

- 방금 언급한 두 합의 가중 평균을 계산한다. 각 노드는 부모 노드의 상대적 크기에 따라 가중치가 부여되는데, 이는 지니 불순도와 같다.

$$\frac{n_{left}}{n} \sum_{LeftNodeInstances} \left| y_{true}^{i} - y_{left} \right|^2 + \frac{n_{right}}{n} \sum_{rightNodeInstances} \left| y_{true}^{i} - y_{right} \right|^2$$

각 피처와 각 피처의 분할 값에 대해 이 작업을 모두 수행해야 하고 왼쪽과 오른쪽 자식 노드 사이의 가장 작은 가중 제곱 오차 평균 값을 제시하는 피처와 피처 분할을 선택해야 한다. 따라서 이는 매우 탐욕적인greedy 알고리즘이며 계산 비용이 크다.

유명한 CARTclassification and regression tree 알고리즘[73]은 이 책과 함께 제공되는 주피터 노트북에서 자주 사용되는 파이썬의 사이킷런scikit-learn을 비롯하여 많은 소프트웨어 패키지에서 사용된다. 이 알고리즘은 각 노드에서 '예' 또는 '아니오'라는 답변을 가진 두 개의 자식만 보유한 노드로 구성된 트리(이진 트리)를 생성한다. 이에 반해 ID3와 같은 알고리즘은 두 개 이상의 자식을 갖는 노드로 구성된 트리도 생성할 수 있다.

의사 결정 트리의 단점

의사 결정 트리는 해석하기 쉽고 큰 데이터셋과 각기 다른 데이터 유형(이산 및 연속적인 피처를 다룰 수 있고 데이터 스케일링이 필요 없음)에 빠르게 적응할 수 있으며 회귀와 분류 작업 모두 수행할 수 있다는 장점이 있어 많이 사용된다. 하지만 단점도 많다. 데이터셋에 단 하나의 데이터 인스턴스를 추가하는 것만으로도 트리의 루트가 변경되어 매우 다른 의사 결정 트리를 생성할 수 있다. 따라서 불안정한 모델이라고 평가받는다. 또한 서포트 벡터 머신의 결정 경계처럼 기울어져 있지 않고 대체로 수평 및 수직이기 때문에 데이터의 회전에도 매우 민감하다. 일반적으로 특정 피처 값에서 분할이 일어나기 때문에 결정 경계가 피처 축에 평행하게 되는 것이다. 이를 해결하는 한 가지 방법은 〈Chapter 6 특이값 분해: 이미지 처리, 자연어 처리, 소셜 미디어〉에서 소개할 특이값 분해를 사용하여 데이터를 주축principle axes에 맞게 변환하는 것이다. 의사 결정 트리는 데이터에 과적합되는 경향이 있으므로 가지치기pruning가 필요하다. 이는 보통 통계 검정을 통해 수행된다. 의사 결정 트리를 생성하는 데는 모든 피처와 피처

---

[73] 옮긴이_ CART 알고리즘은 의사 결정 트리를 구현하는 방법론 중 하나다. 의사 결정 트리를 구현하는 다른 알고리즘(예를 들어, ID3 알고리즘)과 다르게 CART만의 특징은 두 가지가 있다. 먼저, 분류 문제에서 의사 결정 트리 구축을 위해 계산해야 하는 불순도로 지니 계수(Gini index)를 사용한다는 점이다. 지니 계수란 데이터의 통계적 분산 정도를 정량화한 값이라고 이해할 수 있다. 지니 계수의 수식은 다음과 같다. $G(S) = 1 - \sum_{i=1}^{c} p_i^2$ 여기서 S는 이미 발생한 사건 혹은 데이터의 집합이고 c는 사건의 수, 데이터의 수를 의미한다. 지니 계수는 0에서 1사이 값을 가지면서 0은 완벽하게 상등(complete equality), 1은 완벽하게 부등(complete inequality)이라고 한다. 즉 지니 계수 값이 클수록 데이터는 분산되어 있다는 뜻이다. 이 지니 계수는 의사 결정 트리를 구축하는 과정에서 불순도로 사용되므로 불순도가 작아지는 방향으로 데이터를 분할해야 한다. 또한 가장 낮은 지니 계수를 가진 피처가 결정 트리의 루트 노드가 된다. CART 알고리즘의 두 번째 특징은 트리의 각 노드에서 이진 분류로 분기한다는 점이다. 앞서 지니 계수를 계산해서 가장 작아지는 방향으로 서브 트리를 분기한다고 했는데, 이때 분기하는 방식이 이진 트리인 것이다. 참고로 ID3 알고리즘은 불순도를 계산하는 데 엔트로피를 사용하며 3개의 서브트리로 분기한다. 추가적으로 CART 알고리즘이 회귀로 사용되는 경우 불순도로 잔차제곱합(Residual Sum of Squares, RSS)을 사용한다.

값에 대한 탐색이 이루어지는 탐욕적 알고리즘이 사용되기 때문에 계산 비용이 매우 큰 것에 비해 정확도가 떨어진다. 이어서 설명할 랜덤 포레스트가 이러한 단점 중 일부를 해결한다.

3.7.3 랜덤 포레스트

의사 결정 트리를 처음 공부하면 다음과 같은 것들 때문에 많이 당황스럽다(일부 질문의 경우 앞서 답을 제공했다).

- 트리를 어떻게 시작하는가? 즉, 어떤 데이터 피처가 루트 피처인지 어떻게 결정할까?
- 어떤 피처 값에서 노드를 분할할지 결정할까?
- 언제 멈출까?
- 본질적으로 트리는 어떻게 키울까?

필자는 처음 의사 결정 트리를 공부할 때 답을 찾기 위해 인터넷 검색을 하던 중 의사 결정 트리가 만들기 쉽고 이해하기도 쉽다는 말들을 보면서 더욱 혼란스러워졌다. 의사 결정 트리를 혼란스럽고 어렵게 느끼는 사람은 필자뿐인 것 같았다.

하지만 랜덤 포레스트에 관해 알게 된 순간 혼란이 순식간에 사라졌다. 랜덤 포레스트의 놀라운 점은 혼란스러운 질문에 대한 답을 찾지 않아도 매우 좋은 회귀 또는 분류 결과를 얻을 수 있다는 점이다. '무작위로 선택하라' 이 두 단어로 의사 결정 트리를 구축하면서 생겼던 모든 질문에 답할 수 있게 되었다. 그리고 나서 앙상블 방법을 사용하면 신중하게 만든 하나의 의사 결정 트리보다 더 좋은 결과를 얻을 수 있다. 랜덤화는 종종 신뢰성을 향상시킨다는 교훈을 얻을 수 있다.

랜덤 포레스트의 또 다른 매우 유용한 특징은 피처 중요도^{feature importance}를 측정해준다는 점이다. 어떤 피처가 예측에 큰 영향을 주는지 찾아내고 피처를 선택하는 데도 도움을 준다.

3.7.4 k-평균 클러스터링

데이터 분석가의 일반적인 목표는 데이터를 클러스터로 분할하고 각 클러스터의 공통 특성을 찾아내는 것이다. k-평균 클러스터링은 n개의 데이터 포인트(벡터)를 k개의 클러스터로 분할하는 일반적인 머신러닝 방법이다. 각 데이터 포인트는 각 클러스터의 평균과 가장 가까운 클러스터에 할당된다. 각 클러스터의 평균 또는 중심은 클러스터의 프로토타입 역할을 한다. 즉, k-평균 클러스터링은 각 클러스터 내의 분산(평균에 대한 제곱 유클리드 거리)을 최소화한다.

k-평균 클러스터링의 가장 일반적인 알고리즘은 반복 알고리즘이다.

> **1** k개의 집합으로 시작한다. 이는 우리가 미리 클러스터의 수를 지정해야 한다는 의미인데, 이는 다음과 같은 질문으로 이어진다(다음 질문과 관련된 문헌이 있다).
>   - 어떻게 초기화해야 할까?
>   - 처음 k개의 중심 위치를 선택하는 방법은 무엇일까?
> **2** 각 데이터 포인트를 제곱 유클리디안 거리^{squared Euclidean distance}의 평균이 가장 작은, 즉 평균과 가장 가까운 클러스터에 할당한다.
> **3** 각 클러스터의 평균을 다시 계산한다.

알고리즘이 수렴하는 시점은 각 클러스터에 할당된 데이터 포인트가 더 이상 변하지 않는 순간이다.

3.8 분류 모델의 성능 평가

어떤 대상을 계산하고 결과를 생성하는 수학적 모델을 개발하는 것은 비교적 쉽다. 하지만 우리가 원하는 목표를 잘 수행하는 모델을 개발하는 것은 완전히 다른 이야기다. 또한 일부 성능 지표에 따라 잘 수행된다고 평가되는 모델이 다른 지표에서는 나쁜 성능을 보일 수도 있다. 사용 목적에 따라 어떤 성능 지표를 따를 것인지 결정하고 새로운 성능 지표를 개발하는 데는 각별한 주의가 필요하다.

회귀 모델과 같이 숫자 값을 예측하는 모델의 성능을 측정하는 것은 다양한 방법으로 예측값과 실제 값 사이의 거리를 계산할 수 있기 때문에 분류 모델보다 더 쉽다. 반면 우리의 목표가 분류인 경우(로지스틱 회귀, 서포트 벡터 머신, 의사 결정 트리, 랜덤 포레스트, 신경망 등의 모델을 사용할 수 있는 문제)에는 성능을 평가할 때 좀 더 신중해야 한다. 또한 일반적으로 상충 관계가 있다. 예를 들어 목표가 유튜브 동영상이 아이들에게 안전한지(양성) 안전하지 않은지(음성) 분류하는 것이라면 모델을 조정하여 거짓 양성의 수를 줄일 것인지 거짓 음성의 수를 줄일 것인지 결정해야 한다. 당연히 동영상이 안전하다고 분류되었지만 실제로는 안전하지 않은 경우(거짓 양성)가 반대의 경우보다 더 문제가 되므로 이런 부분을 성능 지표에 반영해야 한다.

다음은 분류 모델에서 일반적으로 사용되는 성능 평가 지표다. 이 지표들의 이름은 논리적으로 의미가 없으므로 각각의 이름을 기억하려고 애쓸 필요는 없다. 이름이 아닌 의미를 이해하는 데 시간을 투자해야 한다.

정확도 accuracy

모델이 올바르게 분류한 횟수에 대한 비율

$$\text{정확도} = \frac{\text{진짜 양성} + \text{진짜 음성}}{\text{양성이라고 예측한 수} + \text{음성이라고 예측한 수}}$$

혼동 행렬 confusion matrix

진짜 양성, 거짓 양성, 진짜 음성, 거짓 음성을 모두 세어 표시한 행렬

진짜 음성	거짓 양성
거짓 음성	진짜 양성

정밀도 precision score

양성 예측의 정확도

$$\text{정밀도} = \frac{\text{진짜 양성}}{\text{양성이라고 예측한 수}} = \frac{\text{진짜 양성}}{\text{진짜 양성} + \text{거짓 양성}}$$

재현율 recall score

올바르게 분류된 양성 데이터 인스턴스의 비율

$$\text{재현율} = \frac{\text{진짜 양성}}{\text{양성 레이블 수}} = \frac{\text{진짜 양성}}{\text{진짜 양성} + \text{거짓 음성}}$$

특이도 specificity

올바르게 분류된 음성 데이터 인스턴스의 비율

$$특이도 = \frac{진짜\ 음성}{음성\ 레이블\ 수} = \frac{진짜\ 음성}{진짜\ 음성 + 거짓\ 양성}$$

F_1 점수

이 값은 정밀도와 재현율 점수가 모두 높을 때에만 높다.

$$F_1 = \cfrac{2}{\cfrac{1}{정밀도} + \cfrac{1}{재현율}}$$

AUC area under the curve 와 ROC receiver operating characteristics 곡선

다양한 임계값에서 분류 모델의 성능을 측정하는 데 사용된다. 두 가지 곡선을 사용하여 특정 변수가 특정 결과를 얼마나 잘 예측하는지 측정한다. 예를 들어 처음 도전한 GRE 과목의 시험 점수로 대학원 진학 시험에 통과할 확률을 얼마나 잘 예측할 수 있는지 측정할 수 있다.

앤드류 응의 저서 『Machine Learning Yearning』(2018)[74]에서 성능 측정 지표에 대한 모범 사례를 제시한다. 수많은 실험과 성공 및 실패 경험을 기반으로 한 책이기 때문에 실제 인공지능 애플리케이션을 개발하기 전에 읽어보길 추천한다.

정리하기

지금까지 가장 많이 사용되는 머신러닝 모델 몇 가지를 살펴봤다. 그리고 모델의 수학적 구조인 훈련 함수, 손실 함수, 최적화를 순서대로 살펴봤다. 우리는 선형 회귀, 로지스틱 회귀, 소프

---

74 *https://oreil.ly/pnZF8*

트맥스 회귀에 관해 알아보고 서포트 벡터 머신, 의사 결정 트리, 앙상블, 랜덤 포레스트에 관해 간략히 살펴봤다.

또한 이러한 주제를 수학적인 관점으로 풀어냈다.

미적분

최솟값과 최댓값은 경계 또는 도함수가 0이거나 존재하지 않는 지점에서 나타난다.

선형 대수

- 선형 조합된 피처($w_1x_1 + w_2x_2 + \cdots + w_nx_n$)
- 행렬과 벡터 표기법을 사용한 수식
- 두 벡터의 스칼라곱($\vec{a}^t\vec{b}$)
- 벡터의 $L2$ 노름
- 불량 조건 행렬을 피하자(선형 종속인 피처를 제거한다. 이는 피처 선택과 관련이 있다).
- 행렬끼리 곱하지 말자(이는 계산 비용이 많이 든다. 그 대신 행렬과 벡터를 곱하자).

최적화

- 볼록 함수라면 지역 최솟값에 갇히는 것을 걱정할 필요가 없다. 볼록 함수에서 극솟값은 최솟값이다. 함수의 좁은 계곡을 조심하자(《Chapter 4. 신경망을 위한 최적화》 참고).
- 경사 하강법에서는 하나의 도함수만 필요하다(《Chapter 4. 신경망을 위한 최적화》 참고).
- 뉴턴 방법에는 두 개의 도함수 또는 두 개의 도함수에 대한 근사치가 필요하다(대규모 데이터셋에는 부적합하다).
- 서포트 벡터 머신에서는 이차 계획법, 쌍대 문제, 좌표 하강에 관해 배웠다.

통계

- 상관 행렬과 산점도
- 피처 선택을 위한 F-검정과 상호 정보 검정
- 데이터 피처 표준화(평균을 뺀 다음 표준 편차로 나누기)

이 책에서는 다루지 않지만 생각해보아야 할 것들

- 가중치 값과 하이퍼파라미터를 조정하여 과적합을 피한다(모델 유효성 검사).
- 훈련 및 검증 단계에서 사용하지 않은(보지 않은) 테스트 데이터셋에서 훈련된 모델을 테스트한다(이는 주피터 노트북에서 다룬다).
- 최종 모델을 배포하고 모니터링한다.
- 모델을 개선하고 전체 모델 개발 파이프라인에 통합하는 방법을 항상 고민한다.

Chapter 4에서는 새롭고 흥미로운 인공 신경망의 세계로 들어간다.

Chapter 4

신경망을 위한 최적화

> 나는 매일매일을 최적화하며 살아왔다...
> 66 첫 번째 깨달음의 순간은 우리의 뇌도 세상의 모델을 학습한다는 99
> 사실을 알게 되었을 때였다.

다양한 인공 신경망에는 완전 연결된 층$^{fully connected layer}$이 있다. Chapter 4에서는 완전 연결된 신경망이 수학적으로 어떻게 작동하는지 알아보고 실제 데이터셋을 사용하여 데이터 입력의 첫 단계부터 출력까지 한 번에$^{end-to-end}$ 모델링하는 예시를 살펴본다.

또 다양한 훈련 함수와 손실 함수를 설계하고 실험해본다. 신경망을 훈련시킬 때 사용되는 최적화 방법과 역전파 과정이 우리 뇌에서 학습이 일어나는 방식과 유사하다는 점도 짚어본다. 우리 뇌는 이전에 본 개념을 다시 마주하면 뉴런 연결을 강화하고 이전에 학습한 개념과 모순되는 새로운 정보를 학습하면 그 연결을 약화시키는 방식으로 학습한다. 기계의 경우 숫자만 이해한다. 수학적으로 보면 강한 연결은 더 큰 숫자에, 약한 연결은 더 작은 숫자에 해당된다.

마지막으로 다양한 정규화 기법을 살펴보고 각각의 장단점과 활용 사례를 알아본다.

4.1 대뇌 피질과 인공 신경망

신경망은 수십억 개의 뉴런이 계층 구조로 있는 대뇌 피질을 모델로 삼았다. [그림 4-1]은 대뇌 신경 피질을 세 방향에서 본 수직 단면이고 [그림 4-2]는 완전 연결된 인공 신경망의 다이어그램이다.

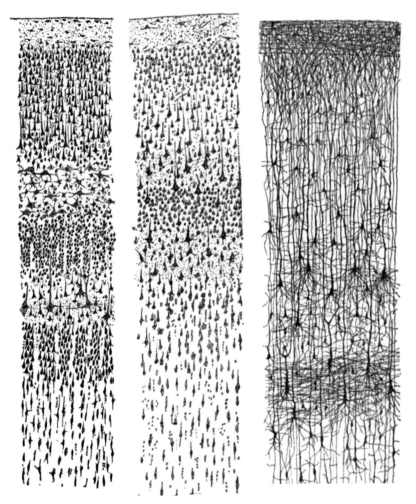

그림 4-1 산디이고 리몬 이 가할Santiago Ramón y Cajal이 그린 대뇌 피질[75]

[그림 4-1]은 대뇌 피질의 수직 단면으로, 가장 윗부분이 대뇌 피질의 표면(두개골에 가장 가까운 부분)이다. 왼쪽 그림은 성인의 니슬 염색된nissl-stained 시각 피질이다. 가운데 그림은 성인의 니슬 염색된 운동 피질이다. 오른쪽 그림은 생후 한 달 반 된 유아의 골지 염색된golgi-stained

---

75 이미지 출처: *https://oreil.ly/r5xJu*

피질이다. 니슬 염색은 뉴런의 세포체를 보여주는 반면 골지 염색은 뉴런의 수상 돌기와 축삭 돌기를 보여준다. 대뇌 피질에서 뉴런의 계층 구조는 세 가지 단면 모두에서 분명하게 드러난다.

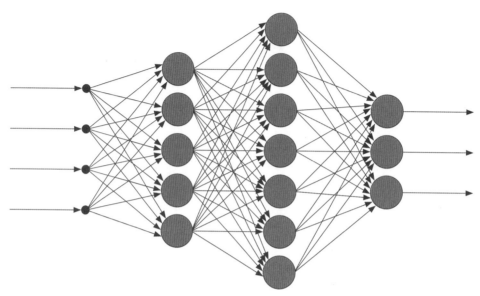

그림 4-2 4개의 층으로 완전 연결된 인공 신경망. 밀집 신경망dense network이라고도 한다.

대뇌 피질의 여러 영역들은 시각 및 청각, 논리적 사고, 언어 등 각기 다른 기능을 담당한다. 하지만 실제로 특정 영역의 기능을 결정하는 것은 연결, 즉 어떤 감각 및 운동 기능이 어떤 입력 및 출력 영역에 연결되었는지에 따라 결정된다. 예를 들어 대뇌 피질의 특정 영역이 다른 감각 입출력 영역(청각 영역이 아닌 시각 영역)에 연결되어 있으면 청각 기능이 아닌 시각 기능(시각 연산)을 수행하게 된다. 매우 단순화된 의미에서 피질은 뉴런 수준에서 기본 기능을 수행한다. 이와 마찬가지로 인공 신경망에서 기본 연산 단위는 퍼셉트론perceptron이며 인공 신경망 전체에서 동일한 방식으로 작동한다. 이러한 신경망(대뇌 피질과 인공 신경망 모두)의 다양한 연결, 계층, 구조를 통해 매우 인상 깊은 일들을 해낼 수 있다.

4.2 훈련 함수: 완전 연결 신경망, 밀집 신경망, 순방향 신경망

[그림 4-2]와 같은 완전 연결 신경망(또는 밀집 신경망)에서는 노드node(원으로 표시)로 표현

되는 모든 뉴런이 다음 층의 모든 뉴런에 연결된다. 첫 번째 층을 **입력 층**input layer, 마지막 층을 **출력 층**output layer, 중간에 있는 층을 **은닉 층**hidden layer이라고 한다. 인공 신경망은 완전 연결 여부와 상관없이(이후에 살펴볼 신경망은 합성곱 신경망convolutional network이며 완전 연결 구조가 아님) 훈련 함수 식을 표현한 계산 그래프다. 이 함수는 훈련이 끝나면 예측에 사용된다는 점을 기억하자.

신경망 관점에서 훈련이란 손실 함수를 최소화하여 훈련 함수 수식에 들어가는 파라미터, 즉 가중치를 찾는 것이다. 이는 〈Chapter 3 데이터에 함수를 최적화시키는 방법〉에서 논의한 선형 회귀, 로지스틱 회귀, 소프트맥스 회귀, 서포트 벡터 머신 모델을 훈련시키는 것과 비슷하다. 여기서도 다음과 같은 구조로 모델을 수학적으로 분석한다.

1 훈련 함수
2 손실 함수
3 최적화

유일한 차이점은 Chapter 3에서 살펴본 모델의 경우 훈련 함수 식이 매우 간단했다는 점이다. 데이터 피처들을 선형 조합하고 편향 항(w_0)을 더한 다음 그 결과를 하나의 비선형 함수(**예** 로지스틱 회귀에서 로지스틱 함수)에 대입했다. 이런 모델은 결과도 단순하다. 선형 회귀는 선형(평평한) 함수를 만들고 로지스틱 회귀, 소프트맥스 회귀, 서포트 벡터 머신은 서로 다른 클래스를 분할하는 선형 경계를 만든다. 비선형 데이터를 표현하기 위해 앞서 살펴본 간단한 모델, 예를 들면 다항 회귀(데이터의 피처를 다항 함수에 훈련시키는 모델)나 커널 트릭을 활용한 서포트 벡터 머신을 사용하더라도 여전히 더 높은 차원(다항 회귀의 경우 피처의 차원이나 피처의 n제곱) 또는 변환된 차원(서포트 벡터 머신에서 커널 트릭을 사용할 때)의 선형 함수나 분할 경계를 얻게 된다.

반면 신경망 모델에서 피처를 선형 조합하고 편향 항을 더한 다음 그 결과를 비선형 함수(신경망에서는 활성하 함수activation function라고 함)에 대입하는 과정은 하나의 뉴런에서 일어나는 과정이다. 이 간단한 프로세스는 수십, 수백, 수천, 때로는 수백만 개의 뉴런이 여러 개의 층으로 배열되어 한 층의 출력이 다음 층의 입력으로 들어가는 방식으로 반복된다. 대뇌 피질과 마찬가지로 여러 뉴런과 층에 걸쳐 단순하고 유사한 프로세스가 모이면 훨씬 더 복잡한 기능을 생성하거나 표현할 수 있다. 이것은 기적과도 같다. 인공 신경망을 설계하면서 이를 더욱 깊이 이해할 수 있을 것이며 결국 인공 신경망은 하나의 수학 함수에 불과하다는 사실을 알게 될 것이다. 인공 신경망에 대한 수학적 분석은 다른 모델들과 나란히 두고 보면 비교적 새로운 분야다. 아직 해답을 찾아야 할 질문이 많고 발견해야 할 것들이 많다. 함께 살펴보며 그 과정을 탐구해보자.

4.2.1 계산 그래프로 표현된 훈련 함수

[그림 4-3]의 신경망과 같이 단지 5개의 뉴런만 가졌더라도 훈련 함수 식을 쓰는 것은 꽤 복잡하다. 그렇기 때문에 계산 그래프를 사용하여 신경망을 체계적이고 쉬운 방식으로 표현한다. 그래프는 노드^{node}와 엣지^{edge}로 구성된다(그래프 이론 수업에서 첫 번째로 배우는 내용이다). 신경망에서 m층의 노드 i와 n층의 노드 j를 연결하는 엣지에는 가중치 $w_{mn,ij}$가 할당된다. 즉, 하나의 엣지에 4개의 인덱스가 부여된다! 인덱스의 깊은 바다에 빠질 위험을 무릅쓰고 신경망의 가중치를 행렬로 구성해보자.

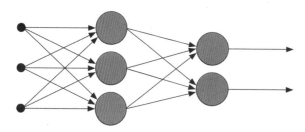

그림 4-3 5개의 뉴런이 3개의 층으로 배열된 완전 연결(또는 밀집) 순전파 신경망이다. 첫 번째 층(가장 왼쪽에 있는 3개의 검은 점)은 입력 층, 두 번째 층은 3개의 뉴런으로 구성된 유일한 은닉 층, 마지막 층은 2개의 뉴런으로 구성된 출력 층이다.

순전파 완전 연결 신경망의 훈련 함수를 모델링해보자. 순전파$^{feed forward}$란 신경망의 훈련 함수를 나타내는 계산 그래프를 통해 정보가 앞으로 흐른다는 의미다.

4.2.2 선형 조합, 편향 항, 활성화

뉴런이 다른 뉴런으로부터 입력을 받았을 때 뉴런 내부에서는 어떤 연산이 이루어질까? 많은 가중치를 사용하여 입력 정보를 선형 조합하고 편향 항을 더한 다음 비선형 함수를 사용해 뉴런을 활성화한다. 지금부터 이 전체 과정을 한 단계씩 살펴보자.

가중치

행렬 W^1은 은닉 층 1에 연결된 엣지의 가중치이고 행렬 W^2는 은닉 층 2에 연결된 엣지의 가중치라고 하자. 이런 식으로 출력 층에 도달할 때까지 엣지의 가중치들을 행렬로 생각할 것이다.

따라서 [그림 4-3]의 작은 신경망의 경우 $h = 1$, 즉 은닉 층이 한 개만 있으므로 두 개의 가중치 행렬을 얻을 수 있다.

$$W^1 = \begin{pmatrix} w_{11}^1 & w_{12}^1 & w_{13}^1 \\ w_{21}^1 & w_{22}^1 & w_{23}^1 \\ w_{31}^1 & w_{32}^1 & w_{33}^1 \end{pmatrix} \text{이고}, \quad W^{h+1} = W^2 = W^{output} = \begin{pmatrix} w_{11}^2 & w_{12}^2 & w_{13}^2 \\ w_{21}^2 & w_{22}^2 & w_{23}^2 \end{pmatrix}$$

여기서 위 첨자는 엣지가 가리키는 층을 의미한다. 만약 출력 층의 노드가 2개가 아닌 1개라면 마지막 가중치 행렬 $W^{h+1} = W^{output}$은 다음과 같은 행 벡터일 것이다.

$$W^{h+1} = W^2 = W^{output} = \begin{pmatrix} w_{11}^2 & w_{12}^2 & w_{13}^2 \end{pmatrix}$$

이제 이 신경망의 한 노드에서는 두 가지 계산이 이루어진다.

- 선형 조합 후 편향 항 더하기
- 1의 결과를 비선형 활성화 함수에 대입(미적분학에서의 합성 연산compositional operation)

이 두 가지를 자세히 살펴본 다음 궁극적으로는 [그림 4-3]의 순전파 완전 연결 신경망의 훈련 함수를 만들어볼 것이다.

선형 조합과 편향 항

첫 번째 은닉 층의 첫 번째 노드에서 입력과 가중치를 선형 조합하고 편향 항을 더하다.

$$z_1^1 = w_{11}^1 x_1 + w_{12}^1 x_2 + w_{13}^1 x_3 + w_{01}^1$$

첫 번째 은닉 층의 두 번째 노드에서도 마찬가지로 선형 조합하고 편향 항을 더하는데, 이때 가중치는 첫 번째 노드의 가중치와 다르다는 것에 유의해야 한다.

$$z_2^1 = w_{21}^1 x_1 + w_{22}^1 x_2 + w_{23}^1 x_3 + w_{02}^1$$

첫 번째 은닉 층의 세 번째 노드에서도 선형 조합하고 편향 항을 더한다. 이때의 가중치 역시 첫 번째 노드와 두 번째 노드의 가중치와 다르다는 것에 유의해야 한다.

$$z_3^1 = w_{31}^1 x_1 + w_{32}^1 x_2 + w_{33}^1 x_3 + w_{03}^1$$

앞서 살펴본 세 가지 방정식을 벡터와 행렬 표기법을 사용하여 표현해보자. 이렇게 표현하면 나중에 최적화를 수행하는 데 매우 편리할 뿐만 아니라 우리의 정신 건강을 유지하는 데도 도움이 될 것이다.

$$\begin{pmatrix} z_1^1 \\ z_2^1 \\ z_3^1 \end{pmatrix} = \begin{pmatrix} w_{11}^1 \\ w_{21}^1 \\ w_{31}^1 \end{pmatrix} x_1 + \begin{pmatrix} w_{12}^1 \\ w_{22}^1 \\ w_{32}^1 \end{pmatrix} x_2 + \begin{pmatrix} w_{13}^1 \\ w_{23}^1 \\ w_{33}^1 \end{pmatrix} x_3 + \begin{pmatrix} w_{01}^1 \\ w_{02}^1 \\ w_{03}^1 \end{pmatrix} = \begin{pmatrix} w_{11}^1 & w_{12}^1 & w_{13}^1 \\ w_{21}^1 & w_{22}^1 & w_{23}^1 \\ w_{31}^1 & w_{32}^1 & w_{33}^1 \end{pmatrix} \begin{pmatrix} x_1 \\ x_2 \\ x_3 \end{pmatrix} + \begin{pmatrix} w_{01}^1 \\ w_{02}^1 \\ w_{03}^1 \end{pmatrix}$$

이제 이 표현을 다음과 같이 간결하게 요약할 수 있다.

$$\vec{z}^1 = W^1 \vec{x} + \vec{w}_0^1$$

비선형 활성화 함수에 대입하기

피처와 가중치를 선형으로 조합하고 편향을 더하는 것만으로는 데이터가 가지고 있는 복잡한 정보를 포착할 수 없다. 따라서 은닉 층의 각 노드에 비선형 함수를 추가하는 것이 매우 중요하다. 아주 간단한 아이디어지만 이 단계가 없었다면 신경망은 결코 성공하지 못했을 것이다.

선형 조합의 선형 조합은 여전히 선형 조합이다

비선형 함수를 계산하는 단계를 생략하고 선형 조합만을 사용하여 첫 번째 층에서 다음 층으로 정보를 전달하면 신경망은 다음 층에서 새로운 것을 배우지 못할 것이다. 즉, 한 층에서 다음 층으로 가면서 복잡하고 새로운 특징을 잡아내지 못한다. 그 이유를 수학적으로 설명하면 간단하다. 쉽게 설명하기 위해 입력 피처가 2개만 있으며 첫 번째 은닉 층에 노드가 2개, 두 번째 은닉 층에도 노드가 2개 있다고 가정하자. 그러면 비선형 활성화 함수 없는 첫 번째 은닉 층의 출력은 다음과 같다.

$$z_1^1 = w_{11}^1 x_1 + w_{12}^1 x_2 + w_{01}^1$$
$$z_2^1 = w_{21}^1 x_1 + w_{22}^1 x_2 + w_{02}^1$$

두 번째 은닉 층에서는 이 결과를 다시 선형 조합하므로 두 번째 층의 첫 번째 노드의 출력은 다음과 같다.

$$
\begin{aligned}
z_1^2 &= w_{11}^2 z_1^1 + w_{12}^2 z_2^1 + w_{01}^2 \\
&= w_{11}^2 (w_{11}^1 x_1 + w_{12}^1 x_2 + w_{01}^1) + w_{21}^2 (w_{21}^1 x_1 + w_{22}^1 x_2 + w_{02}^1) + w_{01}^2 \\
&= (w_{11}^2 w_{11}^1 + w_{21}^2 w_{21}^1) x_1 + (w_{11}^2 w_{12}^1 + w_{21}^2 w_{22}^1) x_2 + (w_{11}^2 w_{01}^1 + w_{21}^2 w_{02}^1 + w_{01}^2) \\
&= w_1 x_1 + w_2 x_2 + w_3
\end{aligned}
$$

이 출력은 기존의 피처를 가중치와 선형 조합하고 편향을 더한 것에 불과하다. 따라서 비선형 활성화 함수 없이 층을 추가하는 것은 아무것도 추가하지 않는 것과 같다. 다시 말해, 훈련 함수는 선형적으로 계속 유지되며 데이터의 비선형 관계를 파악할 수 없다.

어떤 함수를 비선형 활성화 함수로 쓸지는 우리가 결정할 수 있다. 드물긴 하지만 노드마다 활성화 함수를 다르게 할 수도 있다. 활성화 함수를 f라고 할 때 첫 번째 은닉 층의 출력은 다음과 같다.

$$\vec{s}^1 = \vec{f}(\vec{z}^1) = \vec{f}(W^1 \vec{x} + \vec{w}_0^1)$$

만약 더 많은 은닉 층이 있다면 각 은닉 층을 통과한 출력은 이전 층의 출력과 연결되어 연쇄 작용이 일어나므로 훈련 함수 식을 세우는 것이 귀찮아질 수 있다.

$$\vec{s}^2 = \vec{f}(\vec{z}^2) = \vec{f}(W^2 \vec{s}^1 + \vec{w}_0^2) = \vec{f}(W^2 (\vec{f}(W^1 \vec{x} + \vec{w}_0^1)) + \vec{w}_0^2)$$
$$\vec{s}^3 = \vec{f}(\vec{z}^3) = \vec{f}(W^3 \vec{s}^2 + \vec{w}_0^3) = \vec{f}(W^3 (\vec{f}(W^2 (\vec{f}(W^1 \vec{x} + \vec{w}_0^1)) + \vec{w}_0^2)) + \vec{w}_0^3)$$

이러한 연쇄 작용은 출력 층까지 계속된다. 가장 마지막 층에서 일어나는 일은 신경망의 목적과 작업에 따라 달라진다. 목표가 회귀(하나의 숫자 값 예측) 또는 이진 분류(두 개의 클래스로 분류)라면 출력 층에는 노드가 하나만 있다(그림 4-4).

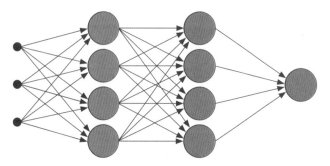

그림 4-4 4개의 층에 9개의 뉴런이 배열된 완전 연결(또는 밀집) 순전파 신경망이다. 맨 왼쪽의 첫 번째 층은 입력 층, 두 번째와 세 번째 층은 각각 4개의 뉴런(노드)이 있는 은닉 층, 마지막 층은 뉴런이 하나만 있는 출력 층이다. 이 신경망은 회귀 또는 이진 분류를 수행할 수 있다.

- 회귀 작업인 경우 최종 출력 노드는 이전 층의 출력을 선형 조합하고 편향 항을 더한 값을 결과로 출력한다(이 경우엔 비선형 함수를 거치지 않는다). 출력 층은 오직 하나의 노드만 가지므로 출력 행렬은 행 벡터 $W^{output} = W^{h+1}$이다. 그리고 하나의 편향 항 w_0^{h+1}만 갖는다. 신경망의 최종 예측값은 다음과 같이 표현할 수 있다.

$$y_{predict} = W^{h+1}\vec{s}^h + w_0^{h+1}$$

이때 h는 은닉 층의 개수로, 입력 층과 출력 층은 포함되지 않는다.

- 이진 분류 작업인 경우 출력 회귀일 때와 마찬가지로 출력 노드가 한 개다. 이전 층의 출력을 선형 조합하고 편향 항을 더한 다음 그 값을 로지스틱 함수 $\sigma(s) = \dfrac{1}{1 + e^{-s}}$에 대입한다. 신경망의 최종 예측값은 다음과 같이 표현할 수 있다.

$$y_{predict} = \sigma\left(W^{h+1}\vec{s}^h + w_0^{h+1}\right)$$

- 다중 분류 작업, 예를 들어 다섯 개의 클래스로 분류하는 작업이라면 출력 층의 노드는 다섯 개다. 각각의 노드에서는 이전 층의 출력을 선형 조합하고 편향 항을 더한 다음 그 값을 소프트맥스 함수에 대입한다.

$$\sigma(z^1) = \frac{e^{z^1}}{e^{z^1} + e^{z^2} + e^{z^3} + e^{z^4} + e^{z^5}}$$

$$\sigma(z^2) = \frac{e^{z^2}}{e^{z^1} + e^{z^2} + e^{z^3} + e^{z^4} + e^{z^5}}$$

$$\sigma(z^3) = \frac{e^{z^3}}{e^{z^1} + e^{z^2} + e^{z^3} + e^{z^4} + e^{z^5}}$$

$$\sigma(z^4) = \frac{e^{z^4}}{e^{z^1} + e^{z^2} + e^{z^3} + e^{z^4} + e^{z^5}}$$

$$\sigma(z^5) = \frac{e^{z^5}}{e^{z^1} + e^{z^2} + e^{z^3} + e^{z^4} + e^{z^5}}$$

이를 벡터를 입력으로 받는 벡터 함수 $\vec{\sigma}$로 모아서 표현하면 신경망의 최종 예측값은 특정 데이터 인스턴스가 다섯 개의 클래스에 해당될 확률 점수를 포함하는 벡터가 된다.

$$\vec{y}_{predict} = \vec{\sigma}(\vec{z}) = \vec{\sigma}(W^{output}\vec{s}^h + \vec{w}_0^{h+1})$$

표기법

신경망을 설명하는 동안에는 다음과 같이 표기법을 일관되게 유지하려고 노력할 것이다.

- x: 입력 피처
- W: 선형 조합에 사용되는 가중치 행렬 또는 열 벡터
- w_0: 벡터로 표현되는 편향 항
- z: 선형 조합에 편향 항을 더한 결과
- s: z를 비선형 활성화 함수에 대입한 결과

4.2.3 일반적인 활성화 함수

이론적으로는 노드를 활성화하기 위해 어떤 비선형 함수든 사용할 수 있다(지금까지 접해본 모든 미적분 함수를 생각해보자). 실제로는 [그림 4-5]에 표시된 비선형 함수들이 자주 사용된다.

신경망에서 가장 일반적으로 사용되는 활성화 함수는 ReLU다. 2012년 AlexNet[76]은 당시 자주 사용되었던 하이퍼볼릭 탄젠트, 로지스틱 함수(시그모이드)가 아닌 ReLU를 사용해 좋은 성과를 얻었다.

[그림 4-5]에서 위에 있는 네 가지 함수는 모두 계산 신경과학 분야에서 영감을 받은 함수들이다. 이 함수들은 한 뉴런 세포의 활성화(발화)에 대한 임계값을 모델링하려고 시도했다. 그래프는 서로 비슷하게 생겼다. 어떤 그래프는 다른 그래프에 비해 조금 더 부드러운 형태이고, 어떤 그래프는 양수만 출력한다. 또 어떤 그래프는 −1과 1사이 또는 $-\frac{\pi}{2}$와 $\frac{\pi}{2}$ 사이의 값을 출력한다. 모든 함수는 입력의 크기가 커질수록 그래프가 평평해지고 매우 작거나 큰 입력에 대

---

76 _https://oreil.ly/c8RCQ_

해 포화 상태[77]다. 평평해진 함수가 같은 숫자를 반복해서 출력하면 학습이 많이 일어나지 않기 때문에 문제가 된다.

수학적으로 이러한 현상은 **기울기 소실 문제**gradient vanishing problem로 나타난다. [그림 4-5]에서 아래에 있는 네 가지 함수들은 포화 상태를 해결하기 위해 등장했다. 하지만 이번에는 **기울기 폭발 문제**gradient explosion problem라는 새로운 문제가 발생한다. 이런 활성화 함수는 제한이 없고 큰 숫자를 출력할 수 있다. 그리고 이런 큰 숫자가 여러 층에 걸쳐 증가하면 기울기 폭발 문제가 발생한다.

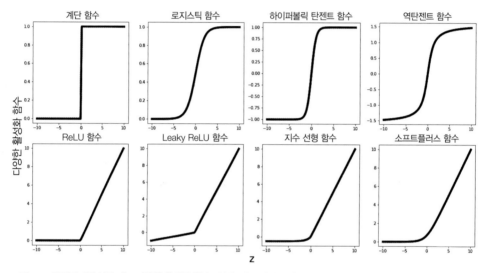

그림 4-5 신경망에서 사용되는 다양한 활성화 함수. 위에 있는 네 가지 함수는 S 모양의 시그모이드 유형 활성화 함수로, 크기가 큰 입력에 대해 포화된다. 아래에 있는 함수는 포화되지 않는 ReLU형 활성화 함수다. 한 엔지니어는 이러한 활성화 함수의 기능을 트랜지스터[78]의 물리적 기능에 비유했다.

새로운 문제가 발생할 때마다 이를 해결하기 위한 여러 방법들이 생겨났다. 예를 들면 기울기 클리핑clipping, 각 층의 출력을 정규화하는 방법 등이 있다. 중요한 것은 이 방법들이 절대 모든 것을 해결하는 마법이 아니라는 점이다. 많은 시행착오를 거쳐 해결 방법이 개발되며 새로운 방법으로 인해 발생한 문제를 해결하기 위해 또 다른 새로운 방법이 등장한다. 우리는 원리와 이유를 이해하고 이 분야에서 인기 있는 방법들을 충분히 접해야 하며, 이러한 방법들을 개선

---

77 옮긴이_ 그래프의 모양이 평평해지고, 동일한 값을 반복하여 출력하는 상태를 말한다.

78 옮긴이_ 트랜지스터는 전자 신호를 스위칭하거나(껐다가 켜거나) 증폭시키는 반도체 소자다.

하거나 전혀 다른 방식으로 문제를 해결하려는 열린 마음을 가져야 한다.

이번에는 자주 사용되는 활성화 함수와 그 도함수를 살펴보자. 신경망의 손실 함수를 최적화하여 가중치를 찾으려면 훈련 함수의 1차 도함수를 구해야 한다.

- **계단 함수** step function : $f(z) = \begin{cases} 0, z < 0 일 때 \\ 1, z \geq 0 일 때 \end{cases}$

  도함수: $f'(z) = \begin{cases} 0, z \neq 0 일 때 \\ 정의되지 않음, z = 0 일 때 \end{cases}$

- **로지스틱 함수** logistic function : $\sigma(z) = \dfrac{1}{1 + e^{-z}}$

  도함수: $\sigma'(z) = \dfrac{e^{-z}}{(1 + e^{-z})^2} = \sigma(z)(1 - \sigma(z))$

- **하이퍼볼릭 탄젠트 함수** hyperbolic tangent function : $\tanh(z) = \dfrac{e^z - e^{-z}}{e^z + e^{-z}} = \dfrac{2}{1 + e^{-2z}} - 1$

  도함수: $\tanh'(z) = \dfrac{4}{(e^z + e^{-z})^2} = 1 - f(z)^2$

- **역탄젠트 함수** inverse tangent function : $f(z) = \arctan(z)$

  도함수: $f'(z) = \dfrac{1}{1 + z^2}$

- **ReLU 함수** rectified linear unit function : $f(z) = \begin{cases} 0, z < 0 일 때 \\ z, z \geq 0 일 때 \end{cases}$

  도함수: $f'(z) = \begin{cases} 0, z < 0 일 때 \\ 정의되지 않음, z = 0 일 때 \\ 1, z > 0 일 때 \end{cases}$

- **Leaky ReLU 함수**[79] (또는 모수적 선형 함수 parametric linear unit): $f(z) = \begin{cases} \alpha z, z < 0 일 때 \\ z, z \geq 0 일 때 \end{cases}$

  도함수: $f'(z) = \begin{cases} \alpha, z < 0 일 때 \\ 정의되지 않음, z = 0 일 때 \\ 1, z > 0 일 때 \end{cases}$

- **지수 선형 함수** exponential linear unit function : $f(z) = \begin{cases} \alpha(e^z - 1), z < 0 일 때 \\ z, z \geq 0 일 때 \end{cases}$

  도함수: $f'(z) = \begin{cases} f(z) + \alpha, z < 0 일 때 \\ 1, z \geq 0 일 때 \end{cases}$

---

79 옮긴이_ ReLU는 입력이 음수일 때 0을 반환한다. 반면 Leaky ReLU는 음수일 때 아주 작은 기울기를 갖는 선형 함수를 사용한다. 함수 이름에 포함된 'leak'가 바로 입력이 0보다 작을 때 기울기가 아주 작은 값으로 누수되는 것을 묘사한 것이다.

- **소프트플러스 함수**softplus function: $f(z) = \ln(1 + e^z)$

    도함수: $f'(z) = \dfrac{1}{1 + e^{-z}} = \sigma(z)$

여기서 다루는 모든 활성화 함수는 매우 기본적인 기능을 하는데 이는 장점이다. 신경망의 훈련, 테스트, 배포 과정에서 수천 개의 파라미터(가중치)와 데이터 인스턴스를 활용하여 대량의 계산을 수행하기 때문에 일반적으로 기본적인 기능을 하도록 유지하는 것이 좋다. 복잡한 기능을 하는 함수를 사용하면 계산 비용과 복잡도가 증가할 것이다.

이론적으로는 범용 함수 근사 정리universal function approximation theorem에 의해 어떤 활성화 함수를 선택하든 크게 중요하지 않다(나중에 설명한다). 하지만 실무에서는 신경망 노드에 어떤 활성화 함수를 선택하는지가 매우 중요하다. 앞서 언급했듯이 AlexNet이 이미지 분류 작업에서 성공할 수 있었던 것은 부분적으로 ReLU 함수를 사용했기 때문이다. 겉으로 보기에는 이론과 실제가 모순되는 것처럼 보이지만 그렇지 않다. 이 내용을 이어서 살펴보자.

4.2.4 범용 함수 근사

근사 정리는 매우 유용하다. 우리가 모르는 함수가 있거나 알고 있지만 계산하기 어려운 함수가 있을 때, 수학적 확신과 권위를 가지고 이러한 함수를 아예 다루지 않아도 된다는 것을 알려주기 때문이다. 대신 잘 알려져 있고 계산하기 훨씬 쉬운 함수를 사용하여 매우 정밀하게 근사치를 구할 수 있다. 즉, 알 수 없거나 복잡한 함수와 잘 알려진 간단한 함수(때로는 기본 함수) 모두에 대해 특정 조건에서 단순한 함수를 활용할 수 있으며 계산이 올바르게 수행되고 있다는 것 또한 확신할 수 있다. 이런 유형의 근사 정리는 실제 함수와 근사 함수가 얼마나 떨어져 있는지를 정량화한다. 따라서 실제 함수를 근사 함수로 대체할 때 발생하는 오차를 정확히 알 수 있다.

하나의 은닉 층을 가진 얕은 신경망도 컴퓨터 비전, 음성 인식, 분류 및 회귀 등 다양한 작업에서 꽤나 좋은 성능을 보이는데, 이는 신경망에 보편적인 근사화 특성이 담겨 있다는 것을 의미한다. 신경망이 나타내는 (기본적인 선형 조합, 편향 항, 매우 간단한 활성화 함수로 구성된) 훈련 함수는 데이터를 대표하거나 생성하는 함수를 매우 잘 근사한다.

이제 수학자들이 한 가지 정리 또는 일련의 정리를 통해 답해야 하는 질문들은 다음과 같다.

우리가 잘 모르지만 (데이터의 기반이 되는 함수이거나 데이터를 생성하는 실제 함수라고 생각하기 때문에) 매우 중요하게 생각하는 함수가 주어졌을 때 (이 실제 함수를 알지 못해도) 이 함수를 충분히 정밀하게 근사할 수 있는 신경망이 있을까?

신경망이 성공적으로 활용되는 모습을 보면 이 질문의 답이 '그렇다'라는 것을 쉽게 예상할 수 있다. 범용 함수 근사 정리가 이를 증명한다.

실제 데이터를 생성하는 함수를 근사할 수 있는 신경망이 있다면 이를 어떻게 구성할 수 있을까? 몇 개의 층을 가져야 할까? 각 층에는 얼마나 많은 노드가 있어야 할까? 어떤 활성화 함수를 사용해야 할까?

다시 말해, 신경망을 어떤 구조로 만들어야 할까? 안타깝게도 현재로서는 이러한 신경망을 구성하는 방법에 관해 알려진 바가 거의 없다. 더 많은 수학자들이 이 문제에 관해 연구하고 답을 얻기 전까지는 다양한 구조와 활성화 함수를 실험해보는 것이 유일한 방법이다.

한 문제에 대해 잘 작동하는 신경망 구조가 여러 개일 수 있을까? 특정 신경망보다 더 나은 신경망 구조가 있을까?

동일한 문제에 대해 동일한 데이터셋을 활용하여 다양한 신경망 구조로 실험하고 성능을 비교해보면 이 질문의 답이 '그렇다'라는 것을 알 수 있다.

이 질문들에 대한 명확한 답을 아는 것은 매우 유용하다. 첫 번째 질문에 대한 답은 신경망이 다양한 함수를 잘 근사할 수 있다는 뜻이다. 데이터를 생성하는 함수를 알지는 못하지만 근사 정리가 광범위하게 적용될 수 있다면 우리가 파악하기 어려운 함수도 이 근사 대상에 포함될 수 있으므로 넓은 범위의 함수들을 포함하는 보편성은 신경망의 매우 중요한 특징이다. 두 번째와 세 번째 질문에 대한 답은 실제 애플리케이션에서 더욱 유용하다. 작업 유형과 데이터셋에 가장 적합한 구조를 알고 있다면 많은 실험을 하지 않아도 되고 성능이 좋은 구조를 바로 선택할 수 있기 때문이다.

신경망에서 사용되는 범용 근사 정리와 증명을 설명하기 전에 중학교 때 접했던 근사 정리의 예시 누 가지를 살펴보자. 이유가 어찌 되었든 다루기 어렵거나 알 수 없는 값이 있으며 다루기 쉬운 값을 사용해 근사치를 구하고자 하는 모든 문제에 동일한 원리가 적용된다. 여기서 보편적이고 범용적인 결과를 얻으려면 다음의 세 가지를 명확히 해야 한다.

1 다루기 힘든 값 또는 함수는 어떤 클래스 또는 어떤 공간에 속하는가? 실수 집합 $\mathbb{R}$에 속하는가? 무리수 집합인가? 특정 구간에서 연속 함수의 공간인가? 실수 집합 $\mathbb{R}$에서 콤팩트 지지 함수 compactly supported function[80]의 공간인가? 등(아무도 눈치채지 못하기를 바라면서 측정 이론에 관한 내용을 슬쩍 넣어보았다.)

2 복잡한 객체를 근사하기 위해 간단한 값이나 함수를 사용하고 있는가? 그리고 실제 함수 대신 이런 값이나 함수를 사용하면 어떤 이점이 있을까? 인기 있는 근사법과 다른 근사법을 비교했을 때 어떤 차이가 있을까?

3 어떤 의미에서 근사가 이루어질까? 즉, $f_{approximate}$를 사용하여 f_{true}를 근사할 수 있다고 할 때 f_{true}와 $f_{approximate}$ 사이의 거리를 어떻게 측정할까? 수학에서는 거리를 포함하여 어떤 객체의 크기를 측정하는 방법이 다양하다. 그렇다면 특정 근사법에는 어떤 측정 방식을 사용할까? 여기서 유클리디안 노름 euclidean norm, 균등 노름 uniform norm, 상한 노름 supremum norm, L2 노름 등이 등장한다. 노름(크기)이 거리와 어떤 관련이 있을까? 노름은 거리 값을 유도한다. 즉, 우리가 있는 공간에서 물체의 크기에 대해 이야기할 수 있다면 거리에 대해서도 이야기할 수 있어야 한다.

예시 1: 무리수를 유리수로 근사시키기

모든 무리수는 우리가 원하는 정밀도까지 유리수로 근사시킬 수 있다. 유리수는 정수의 쌍에 불과하기 때문에 매우 유용하다. 우리는 정수와 분수에 관해 직관적으로 알 수 있다. 하지만 무리수의 경우에는 그렇지 않다. 중학교에서 계산기 없이 $\sqrt{47} = 6.8556546\cdots$을 계산하라는 문제를 받아본 적 있는가? 필자는 그랬다. 정말 불친절한 문제였다! 심지어 계산기와 컴퓨터도 무리수를 계산할 때는 유리수로 근사시킨다. 하지만 당시에 필자는 계속해서 숫자를 적을 수 있을 것이라고 생각했다. 패턴을 찾거나 숫자들이 끝날 때까지 말이다. 물론 둘 다 일어나지 않았고, 대략 30자리 숫자까지 적고 나서야 무리수라는 개념이 있다는 것을 알게 되었다.

근사치를 정량화하는 수학적 명제는 여러 가지이며 모두 동등하고 유용하다.

근사치는 임의로 실제 값에 가깝게 만들 수 있다.

다음은 이 명제를 가장 직관적으로 이해할 수 있는 방법이다.

무리수 s와 매우 작은 정밀도 ϵ이 주어졌을 때 s에서 ϵ만큼의 거리 내에 있는 유리수 q를 구할 수 있다.

$$|s - q| < \epsilon$$

---

80 옮긴이_ 콤팩트 지지 함수란 지지 집합이 콤팩트 집합인 함수를 의미한다. 지지 집합은 우리가 관심 있는 부분을 추려낸 집합이고, 콤팩트 집합은 무한히 뻗어나가지 않는 촘촘한 공간이라고 이해하면 쉽다.

즉, 유리수와 무리수는 실수 선 $\mathbb{R}$에서 임의로 가깝게 만들 수 있다. 이는 밀도라는 개념을 도입한다.

밀도^{denseness}와 닫힌 집합^{closure}[81]

근사치들은 실제 값이 존재하는 공간에 밀집되어 있다.

근사치의 공간에 초점을 맞추고 모든 근사치의 수열에 극한을 취해 모으면 실제 값들이 존재하는 전체 공간을 얻을 수 있다. 특정 공간 S의 모든 극한점^{limit point}을 모은 것을 공간의 닫힘 또는 닫힘을 취한다고 하며 $\overline{S}$로 표기한다. 예를 들어 열린 구간 (a,b)에 극한점 a와 b를 추가하면 닫힌 구간 $[a,b]$를 얻는다. 따라서 (a,b)의 닫힌 집합은 $[a,b]$이며 $\overline{(a,b)} = [a,b]$라고 표기한다.

유리수 집합 $\mathbb{Q}$는 실수 선 $\mathbb{R}$에서 밀도가 높다. 다시 말해, $\mathbb{Q}$의 닫힌 집합은 $\mathbb{R}$이다. 우리는 $\overline{\mathbb{Q}} = \mathbb{R}$이라고 쓴다.

수열의 극한

실제 값은 근사치들의 수열의 극한이다.

앞서 수열과 수열의 극한이라는 용어를 사용해 극한점을 추가하는 아이디어를 살펴봤다.

무리수를 유리수로 근사시키는 과정은 다음과 같이 나타낼 수 있다.

임의의 무리수 s에 대해 $\lim_{n \to \infty} q_n = s$인 유리수 수열 q_n이 존재한다.

이 개념은 유명한 무리수 $e = 2.71828182\cdots$를 필자가 좋아하는 방식으로 정의할 수 있게 해준다.

$$\lim_{n \to \infty} \left(1 + \frac{1}{n}\right)^n = e$$

즉, 무리수 e는 유리수 수열 $\left(1 + \frac{1}{1}\right)^1, \left(1 + \frac{1}{2}\right)^2, \left(1 + \frac{1}{3}\right)^3, \cdots$의 극한이다. 이 수열은 다음 수열과 같다.

$$2, 2.25, 2.370370\ldots, \cdots$$

---

81 옮긴이_ closure는 수학 용어로 '폐포'라고 한다. 그러나 이 용어는 직관적이지 않으며 여기서 폐포 개념을 정확히 아는 것은 중요한 일이 아니므로 닫힌 집합으로 번역했다. 머신러닝 분야에서는 닫힌 공간으로 이해하는 것만으로 충분하다.

무리수를 유리수로 근사시킬 때 무리수 값에 임의로 가까워지는 개념을 사용하든 밀도와 닫힌 집합 개념을 사용하든 수열의 극한 개념을 사용하든 앞서 살펴본 명제에서 근사치와 실제 값 사이의 거리는 다음과 같이 유클리드 거리를 사용하여 측정된다. 유클리드 거리는 두 숫자 사이의 거리를 측정하는 일반적인 방법이다.

$$d(s,q) = |s - q|$$

NOTE 근접성에 관한 명제에는 노름이 함께 제시되어야 한다

노름을 변경하면 어떻게 될까? 근사화의 속성이 여전히 유지될까? 일반적인 유클리드 거리가 아닌 다른 거리 정의를 사용한다고 해도 여전히 무리수를 유리수로 근사시킬 수 있을까? 일반적으로 그 대답은 '아니오'이다. 어떤 두 값이 있을 때 특정 노름을 사용하면 서로 가깝고 다른 노름을 사용하면 매우 멀 수 있다. 따라서 수학에서는 두 값이 서로 가깝다거나 어떤 것을 근사시켰다거나 어딘가로 수렴한다고 말할 때, 즉 근접성에 관한 명제를 논할 때는 반드시 노름을 함께 제시하여 명확히 해야 한다.

예시 2: 연속 함수를 다항식으로 근사시키기

연속 함수는 무엇이든 될 수 있다. 어린아이가 종이 위에 구불구불한 선을 그렸다면 그 선의 수식은 알 수 없지만 연속 함수가 될 것이다. 다항식은 평가, 미분, 적분, 설명, 계산이 매우 쉬운 특수한 유형의 연속 함수이다. 다항식 함수와 관련된 연산은 오로지 거듭제곱, 스칼라곱, 덧셈, 뺄셈뿐이다. n차 다항식의 형태는 다음과 같다.

$$p_n(x) = a_0 + a_1 x + a_2 x^2 + a_3 x^3 + \cdots + a_n x^n$$

여기서 a_i는 스칼라 값이다. 당연히 다항식이 아닌 연속 함수를 다항식으로 근사시킬 수 있다는 것은 매우 바람직하다. 놀라운 사실은 우리가 원하는 정밀도 ϵ까지 근사시킬 수 있다는 점이다. 이를 바이어슈트라스 근사 정리^Weierstrass approximation theorem 라고 하며 수학 분석 분야에서는 매우 고전적인 내용이다. 이 정리는 다음과 같다.

> f가 실수 구간 $[a,b]$에 정의된 연속 실수 함수라고 가정하자. 정밀도 $\epsilon > 0$인 경우 $[a,b]$의 모든 x에 대해 $|f(x) - p_n(x)| < \epsilon$를 만족하는 다항식 p_n이 존재한다. 다르게 표현하면 상한 노름 $\|f - p_n\| < \epsilon$ 를 만족하는 다항식 p_n이 존재한다.

이전에 유리수를 사용해서 무리수에 근사시킬 때 설명한 것과 동일한 원리가 여기에도 적용된다. 이 정리는 연속 함수에 가까운 다항식을 항상 찾을 수 있다고 주장한다. 이는 다항식의 집합이 구간 $[a,b]$에 대해 연속 함수 공간에서 밀도가 높다는 것을 의미한다. 다르게 표현하면 어떤 연속 함수 f에 대해 f에 수렴하는 다항식 함수로 구성된 수열을 찾을 수 있다는 것을 의미한다(따라서 f는 그 수열의 극한이다). 그리고 이러한 명제에서 거리를 의미하는 값은 상한 노름으로 계산된다. [그림 4-6]에서 연속 함수 $\sin x$가 $\left\{ x, x - \dfrac{x^3}{3!}, x - \dfrac{x^3}{3!} + \dfrac{x^5}{5!}, \cdots \right\}$ 수열의 극한임을 확인할 수 있다.

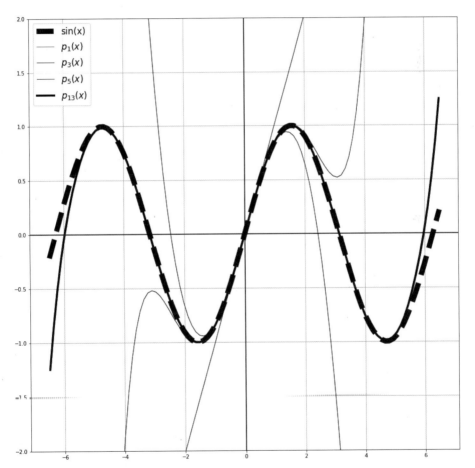

그림 4-6 다항식 수열을 사용하여 연속 함수 $\sin x$에 근사시키는 과정을 보여준다.

신경망에 대한 범용 근사 정리

근사법의 원리를 이해했으니 이제 신경망에 대한 가장 최근의 근사 정리를 살펴보자.

신경망은 훈련 함수를 계산 그래프로 표현한 것이라는 점을 유념하자. 우리는 훈련 함수가 데이터를 생성하는 함수를 잘 근사하길 바란다. 실제 데이터를 생성하는 함수를 모르더라도 훈련 함수를 사용하여 예측할 수 있다. 다음의 근사 정리들은 신경망이 원하는 정밀도까지 실제 함수를 근사할 수 있다고 주장한다. 이 정리들을 앞서 설명한 무리수 및 연속 함수 예시와 비교해 보면 같은 유형의 수학적 명제라는 것을 알 수 있다.

다음은 호르닉^{Hornik}, 스틴콤베 화이트^{Stinchombe White}의 연구 결과[82]다. 여기서 함수 f는 콤팩트 집합 K에서의 연속 함수이고 출력값은 실수 $\mathbb{R}^d$에 있다고 가정한다.

임의의 정밀도

은닉 층이 하나뿐인 순전파 신경망이 존재하고 이 신경망은 K에서 임의의 $\epsilon > 0$로 f를 균일하게 근사시킨다.

밀도

주어진 비선형 활성화 함수와 뉴런 및 층의 개수 d에 따라 달라지는 신경망은 $C(K, \mathbb{R}^d)$의 균일한 위상^{topology}에서 밀도가 높다.

여기서도 연속 함수의 거리는 상한 노름으로 계산된다.

증명을 위해 측정 이론과 수학적 함수 분석 개념이 필요하다. 측정 이론은 〈Chapter 11 확률〉에서 자세히 설명할 것이다. 여기서는 증명에 필요한 내용만 다루겠다.

- 보렐 및 라돈 측도 Borel and Radon measure
- 한-바나흐 정리 Hahn-Banach theorem
- 리즈 표현 정리 Riesz representation theorem

---

[82] *https://oreil.ly/e0VWk*

4.2.5 딥러닝을 위한 근사 정리

지금까지는 근사 정리에 대한 학습 동기를 부여하고 딥러닝과 관련된 주요 결과 한 가지만 살펴봤다. 더 많은 정보를 알고 싶다면 신경망의 확률 분포 학습 능력[83], 바론 정리barron's theorem[84], 신경 탄젠트 커널neural tangent kernel[85] 등 최신 연구 결과[86]를 참고하자.

4.3 손실 함수

신경망에 사용되는 손실 함수는 〈Chapter 3 데이터에 함수를 최적화시키는 방법〉에서 논의한 것과 대부분 동일하다. 손실 함수의 목표가 변하지 않았기 때문이다. 목표는 여전히 훈련 함수에 의해 예측된 값과 실제 값 사이의 오차를 포착하는 것이다. 딥러닝에서 신경망은 훈련 함수를 표현하며, 특히 순전파 신경망은 본질적으로 비선형 활성화 함수와의 합성을 따르는 선형 조합의 수열일 뿐이라는 것을 앞서 살펴봤다.

딥러닝에서 가장 많이 사용되는 손실 함수는 평균 제곱 오차 함수(회귀 문제)와 크로스 엔트로피 함수(분류 문제)이다. 각 함수에 관한 자세한 설명은 〈Chapter 3 데이터에 함수를 최적화시키는 방법〉을 참고하자.

종종 실무에서 다른 손실 함수를 접하게 될 수도 있다. 이 경우 일반적으로 모델 설계자가 인기 있는 손실 함수보다 해당 함수를 선호하는 특별한 이유가 있을 것이다. 따라서 특정 설정에 특정 손실 함수를 사용하는 근거를 꼼꼼하게 살펴봐야 한다. 이상적으로 좋은 손실 함수는 잘못된 예측에 불이익을 주고 계산 비용이 많이 들지 않으며 계산하기 쉬운 하나의 도함수를 가지고 있다. 최적화가 잘 이루어지려면 간단한 도함수가 필요하다. 〈Chapter 3 데이터에 함수를 최적화시키는 방법〉에서 설명했듯이 좋은 도함수가 하나만 있는 함수는 불연속 도함수가 있는 것보다 함수의 표면이 훨씬 더 매끄럽기 때문에 치저화 과정에서 손실 함수의 최솟값을 찾을 때 탐색하기가 더 쉽다.

---

83 *https://oreil.ly/gZk03*

84 옮긴이_ 바론 정리에 관해 간략히 정리되어 있는 글을 참조하기 바란다. *https://holdenlee.wordpress.com/2015/08/05/barrons-theorem-neural-networks-evade-the-curse-of-dimensionality/*

85 옮긴이_ 신경 탄젠트 커널에 관해 간략히 정리되어 있는 글을 참조하기 바란다. *http://jnwoo.com/archive/6/*

86 *https://oreil.ly/pNRT0*

4.4 최적화

목표는 손실 함수 $L(\vec{w})$의 표면을 효율적으로 검색하여 이를 최소화하는 w를 찾는 것이다. 이전에 신경망의 훈련 함수에 대한 수식을 명시적으로 작성했을 때 가중치 w를 행렬 W로, 편향을 벡터 $\vec{w}_0$로 묶어서 표현했다. 여기서는 표기법을 단순화하고 사용되는 수학적 기법에 초점을 맞추기 위해 모든 가중치와 편향을 하나의 아주 긴 벡터 $\vec{w}$로 표현할 것이다. 즉, 손실 함수는 $L(\vec{w})$가 된다. h개의 은닉 층을 가진 완전 연결 신경망의 손실 함수는 다음과 같다. 이 식은 손실 함수의 미분을 명시적으로 계산할 때만 필요하므로 뒷부분에서 역전파를 다룰 때만 사용된다.

$$\text{손실 함수} = L(W^1, \vec{w}_0^1, W^2, \vec{w}_0^2, \cdots, W^{h+1}, \vec{w}_0^{h+1})$$

딥러닝의 경우 벡터 $\vec{w}$에는 수만, 수백만, 심지어 수십억 개의 w가 있을 수 있다. 자연어 처리를 위한 OpenAI의 GPT–2[87]는 15억 개의 파라미터를 가지고 있으며 800만 개의 웹 페이지

---

[87] *https://oreil.ly/u8S5L*

데이터셋으로 학습되었다. 우리는 이처럼 엄청나게 많은 미지의 변수들을 해결해야 한다! 병렬 컴퓨팅이나 수학 및 알고리즘 파이프라인에 관해 생각해보자.

미지수가 많은 손실 함수의 2차 미분 행렬을 계산해야 하는 뉴턴식 최적화 방법을 사용하는 것은 현재의 강력한 계산 능력을 사용해도 불가능하다. 이는 수치적 방법의 수학 이론이 완벽하더라도 계산과 구현에 있어서는 비현실적이라는 점을 보여주는 훌륭한 예다. 여기서 아쉬운 부분은 2차 미분을 사용하는 수치 최적화 방법이 1차 미분만 사용하는 방법보다 보통 더 빠르게 수렴한다는 점이다. 1차 미분은 함수가 증가하거나 감소하는지에 대한 정보만을 사용하지만 2차 미분은 함수의 오목함(그릇 모양)에 대한 추가적인 정보를 활용하기 때문이다. 하지만 더 강력한 컴퓨터가 발명되기 전까지는 미지수 w에 대한 손실 함수의 1차 미분만 사용하는 것에 만족해야 한다. 이러한 최적화 방법은 경사 하강법에 해당하며 다행히도 아마존의 알렉사^{Alexa} 와 같이 현재 많이 사용되는 인공지능 시스템에서 매우 잘 작동하고 있다.

4.4.1 수학과 신경망의 불가사의한 성공

여기서 잠시 멈추고 신경망의 성공에 대해 생각해볼 필요가 있다. 여기서는 신경망의 성공이 손실 함수에 대한 최솟값을 찾는 능력에서 왔다고 해석할 수 있다. 손실 함수 $L(\tilde{w})$를 사용하여 훈련 함수가 보지 못한 데이터에 대해서도 잘 일반화하도록 만들 수 있다. 필자가 사투리를 쓰더라도 아마존의 알렉사가 이해할 수 있는 것처럼 말이다. 수학적으로 신경망의 성공은 다음과 같은 이유에서 여전히 불가사의하다.

- 최솟값을 찾는 손실 함수 $L(\tilde{w})$의 $\tilde{w}$ 영역은 매우 고차원이다(수십억 차원에 이를 수도 있다). 우리는 이 중에서 수십억 또는 수조 개를 선택할 수 있다. 그렇다면 어떻게 가장 올바른 것을 찾을 수 있을까?
- 손실 함수 자체는 볼록하지 않으므로 최적화 과정에서 멈추거나 잘못된 극솟값(지역 최솟값)으로 수렴할 수 있는 안장점이 많이 포함되어 있다. 마찬가지로 어떻게 가장 올바른 지점을 찾을 수 있을까?
- 컴퓨터 비전과 같은 일부 인공지능 애플리케이션에서는 데이터 포인트(이미지) 개수보다 w의 개수가 훨씬 많다. 이미지의 경우 각 픽셀이 피처이므로 입력 층만 보더라도 이미 많은 w가 있다. 이런 애플리케이션의 경우 필요한 정보(데이터 포인트)보다 미지수(w)가 훨씬 더 많다. 수학적으로 이는 결정되지 않은 시스템이며 이러한 시스템에는 무한히 많은 답이 있다! 그렇다면 신경망에 사용되는 최적화 방법은 어떻게 좋은 답을 찾아내는 것일까? 어떻게 잘 일반화된 답을 찾을 수 있을까?

이 불가사의한 성공의 일부는 정규화, 검증, 테스트 등 훈련 과정에서 중요한 역할을 하는 기법 덕분이다. 그러나 딥러닝은 여전히 견고한 이론적 기반을 갖추지 못했다. 최근 많은 수학자들이 이런 질문에 답하기 위해 모여들고 있다. 미국 국립 과학 재단^{National Science Foundation}(NSF)에서도 노력을 기울이고 있으며 깊이 있는 인사이트를 제공하기 위해 수학과 인공지능에 관한 연구를 진행 중이다. 다음은 NSF의 발표문이다.

> NSF는 최근 사람과 인공지능의 상호 작용과 협업, 최적화를 위한 인공지능, 인공지능과 첨단 사이버 인프라, 컴퓨터와 네트워크 시스템에서의 인공지능, 동적 시스템에서의 인공지능, 인공지능 증강 학습, 농업과 식품 시스템의 인공지능 주도형 혁신 등 다양한 분야에서 인공지능을 발전시키기 위해 11개의 인공지능 연구 기관[88]을 새로 설립했다. 컴퓨터 및 정보 과학과 공학, 인지 과학과 심리학, 경제학과 게임 이론, 공학과 제어 이론, 윤리학, 언어학, 수학, 철학 등 다양한 과학 분야를 통합하는 NSF의 능력은 인공지능의 영역을 확장하는 데 있어 독보적이고 중요한 위치에 있다. NSF는 인공지능의 모든 잠재력을 활용하여 경제를 강화하고 일자리 성장을 촉진하며 앞으로 수십 년 동안 사회에 많은 혜택을 가져다줄 수 있도록 도울 것이다.

다음은 NSF의 「Mathematical and Scientific Foundations of Deep Learning (SCALE MoDL)」[89]에서 인용한 내용이다.

> 딥러닝은 기초적인 과학적 발견을 촉진하고 여러 분야를 변화시키는 인상적이고 실증적인 성공을 거두었다. 그러나 이 분야에 관한 이론적 이해와 기반의 미흡함은 더 많은 사람들이 딥러닝 기술에 접근하는 데 큰 장애물이 되고 있다. 딥러닝의 기본 메커니즘에 관한 불완전한 이해를 직시하는 것은 딥러닝의 한계를 극복하고 적용 범위를 확장하는 데 도움이 될 것이다. SCALE MoDL 프로그램은 수학자, 통계학자, 전기 엔지니어, 컴퓨터 과학자들로 구성된 새로운 연구를 후원할 것이다. 연구 활동은 딥러닝이 수학 및 과학 기반의 일반적인 영역에서 마주하는 가장 어려운 이론적 질문과 주제에 초점을 맞춰야 한다. 또한 협업을 위해 최근 박사 학위를 받은 사람, 대학원생, 학부생 등 다양한 분야의 연구 참여자들을 대상으로 교육을 실시해야 한다. 제안서에는 딥러닝의 이론적 기초에 관한 다양한 과학적 주제를 담을 수 있다. 가능한 주제로는 기하학, 위상수학, 베이즈, 게임 이론, 최적 운송 이론, 최적화 이론, 근사화 이론, 정보 이론, 동적 시스템, 편미분 방정식, 평균장 이론을 활용한 분석법, 소규모 데이터셋을 활용한 효율적인 학습, 적대적 학습, 성공 지표, 개인 정보 보호, 인과 추론, 알고리즘의 공정성 등이 포함되며 이에 국한되지 않는다.

4.4.2 경사 하강법

딥러닝에서 최적화를 위해 널리 사용되는 경사 하강법은 매우 간단하다.

$$\vec{w}^{i+1} = \vec{w}^i - \eta \nabla L(\vec{w}^i)$$

---

[88] https://www.nsf.gov/cise/ai.jsp
[89] https://oreil.ly/ttUVi

경사 하강법이 손실 함수 $L(\vec{w})$의 표면을 따라가며 최솟값을 검색하는 방법은 다음과 같다.

1. $\vec{w}^0$ 어딘가에서 초기화하기

$\vec{w}^0 = (w_0, w_1, \cdots, w_n)$의 초기값을 임의로 선택한다. 이 선택은 $L(\vec{w})$의 표면 위 검색 공간 어딘가에 위치한다. 이때 시작하는 위치가 중요하다! 모든 좌표를 0 또는 모두 같은 숫자로 초기화하지 말아야 한다. 모두 같은 숫자로 초기화하면 모든 노드가 정확히 같은 숫자를 출력하기 때문에 신경망이 다른 피처를 학습하는 능력이 저하된다. 초기화에 관한 내용은 곧 설명할 것이다.

2. 새로운 $\vec{w}^1$로 이동하기

경사 하강법은 손실 함수의 기울기 벡터^{gradient vector}와 반대 방향인 $-\nabla L(\vec{w}^0)$으로 이동한다. 이때 학습률이라고도 하는 스텝 크기 η가 너무 크지 않다면 기울기 감소가 보장된다.

$$\vec{w}^1 = \vec{w}^0 - \eta \nabla L(\vec{w}^0)$$

3. 새로운 $\vec{w}^2$로 이동하기

마찬가지로 경사 하강법은 손실 함수의 기울기 벡터와 반대 방향인 $-\nabla L(\vec{w}^1)$로 이동하며 스텝 크기 η가 너무 크지 않다면 기울기 감소가 보장된다.

$$\vec{w}^2 = \vec{w}^1 - \eta \nabla L(\vec{w}^1)$$

4. 수열 $\{\vec{w}^0, \vec{w}^1, \vec{w}^2, \cdots\}$이 수렴할 때까지 반복하기

실제로는 이 수열이 수렴한다는 것이 명확해지기 전에 멈춰야 할 때가 있다. 예를 들면 함수가 평평해져 그 속도가 매우 느려지는 경우다.

[그림 4-7]은 경사 하강법을 사용하여 손실 함수 $L(w_1, w_2)$의 최솟값을 찾는 과정을 보여준다. 인간은 우리가 존재하는 3차원 공간에 국한되어 있기 때문에 3차원을 넘어서는 대상을 시각화할 수 없다. 손실 함수는 일반적으로 고차원 공간에서 움직이기 때문에 시각화 측면에서 매우 제한적이다. 이런 이유로 손실 함수는 많은 수의 w에 대한 함수이지만 최대 두 개의 w에 의존하는 경우에만 시각화할 수 있다. 즉, 우리는 두 개의 w에 의존하는 손실 함수 $L(w_1, w_2)$는 시

각화할 수 있지만 세 개 이상의 w에 의존하는 손실 함수 $L(w_1, w_2, w_3)$를 시각화할 수 없다. 고차원 공간에서 움직이는 손실 함수를 시각화할 수 없는 심각한 한계에도 불구하고 [그림 4-7]은 경사 하강법이 일반적으로 어떻게 함수에 적용되는지 정확하게 묘사한다. 검색은 두 차원 (w_1, w_2) 평면([그림 4-7]의 평평한 바닥)에서 일어나며 우리는 $\mathbb{R}^3$에 존재하는 함수 $L(w_1, w_2)$의 표면에서 검색 상황을 추적한다. 검색 공간은 항상 손실 함수의 표면이 존재하는 공간의 차원보다 한 차원 작다. 이는 표면이 평평하거나 찌그러진 상황에서 최적화를 진행하기 때문에 최적화 과정을 더 어렵게 만든다.

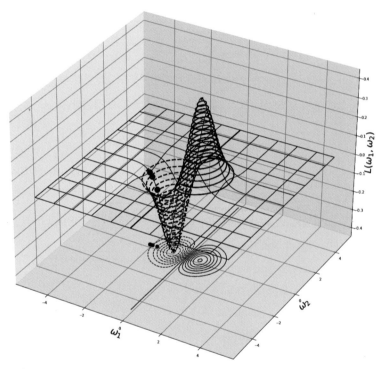

그림 4-7 두 개의 경사 하강 과정을 보여주는 그림. 솟아오른 산의 반대편에서 시작한다면 최솟값에 수렴하기 어렵다 (수렴하지 않을 수도 있다). 따라서 볼록하지 않은 함수의 최솟값을 구할 때는 w가 어디서 시작되는지가 매우 중요하다.

4.4.3 학습률 하이퍼파라미터 η의 역할

경사 하강법 $\vec{w}^{i+1} = \vec{w}^i - \eta \nabla L(\vec{w}^i)$는 각 반복마다 검색 공간에 있는 현재 $\vec{w}^i$를 $\vec{w}^{i+1}$로 이동시킨다. $\vec{w}^i$에 $-\eta \nabla L(\vec{w}^i)$를 더하여 $\vec{w}^{i+1}$을 만드는데, $-\eta \nabla L(\vec{w}^i)$는 스칼라 값인 η에 음의 기울

기 벡터 $-\nabla L(\bar{w}^i)$를 곱해 만들어진다. 이는 현재 위치 $\bar{w}^{i+1}$에서 손실 함수가 가장 가파르게 감소하는 방향을 가리킨다. 따라서 스케일링된 $-\eta \nabla L(\bar{w}^i)$는 다음 새로운 위치 $\bar{w}^{i+1}$을 선택하기 위해 가장 가파른 감소 방향을 따라 검색 공간에서 얼마나 멀리 갈 것인지를 알려준다. 즉, 벡터 $-\nabla L(\bar{w}^i)$는 현재 위치에서 어느 방향으로 이동할 것인지를 결정하고 학습률을 나타내는 스칼라 값 η는 그 방향으로 얼마나 멀리 진행할 것인지를 조절한다. [그림 4-8]은 두 개의 서로 다른 학습률 η로 경사 하강법을 한 단계 진행했을 때의 상황을 나타낸다. 학습률이 너무 크면 최솟값을 지나쳐 계곡의 다른 쪽으로 넘어갈 수 있다. 반면 학습률이 너무 작으면 최솟값에 도달하는 데 시간이 오래 걸린다. 이처럼 큰 학습률을 선택하는 것과 작은 학습률을 선택하는 것 사이에는 상충관계가 있다.

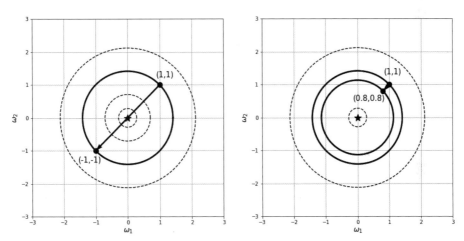

그림 4-8 두 가지 학습률을 사용해 경사 하강법을 한 단계 진행했다. 왼쪽은 학습률이 너무 커 최솟값(★ 지점)을 넘어 계곡의 정 반대편으로 이동한다. 오른쪽은 학습률이 작아 최솟값에 도달하는 데 시간이 많이 소요될 것이다. 이 그림에서는 한 지점에서 등고선과 기울기 벡터가 수직이라는 것도 확인할 수 있다.

학습률 η는 훈련 함수의 공식에 들어가는 가중치가 아닌 머신러닝 모델의 하이퍼파라미터로 훈련 함수의 가중치를 추정하는 데 사용하는 알고리즘에 내재된 파라미터이다.

피처의 스케일

피처의 스케일은 경사 하강법의 성능에 영향을 준다. 따라서 피처를 미리 표준화해야 한다. 피처의 표준화는 각 데이터 인스턴스에서 평균을 빼고 표준 편차로 나누어 수행한다. 이렇게 하면 모든 데이터가 평균이 0, 표준 편차가 1로 동일한 스케일을 갖게 된다. 그런데 이것이 경사 하강법의 성능에 영향을 미치는 이유는 무엇일까?

입력 피처의 값들이 훈련 함수에서 가중치와 곱해지고, 훈련 함수 결과는 다시 손실 함수로 들어간다는 점을 기억하자. 입력 피처 간에 스케일이 많이 다르면 손실 함수의 볼록한 모양이 변형되어 최소화 과정을 더 어렵게 만든다. [그림 4-9]는 다양한 a 값에 따른 손실 $L(w_1, w_2) = w_1^2 + aw_2^2$의 등고선을 보여준다. 이는 입력 피처의 스케일 변화를 표현한다. a 값이 커질수록 손실 함수의 등고선이 훨씬 좁아지고 길어진다는 것에 주목하자. 이는 손실 함수의 볼록한 모양이 좁고 긴 계곡으로 변한다는 것을 알게 해준다.

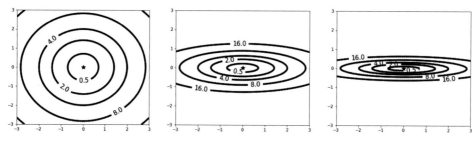

그림 4-9 a가 1, 20, 40으로 커질 때 손실 함수 $L(w_1, w_2) = w_1^2 + aw_2^2$의 등고선은 점점 좁고 길게 변한다.

좁은 계곡 모양에서 경사 하강법을 수행하면 계곡의 한쪽에서 다른 쪽으로 지그재그로 이동하면서 최솟값을 찾으려고 하기 때문에 수렴 속도가 상당히 느려진다. 헬리콥터를 타고 바티칸으로 직행하는 대신 로마의 모든 거리를 따라 지그재그로 이동해 바티칸에 도착한다고 상상해보라.

이런 지그재그 움직임은 왜 나타나는 걸까? 기울기 벡터가 함수의 등고선과 수직이라는 점 때문이다. 손실 함수의 계곡이 너무 좁고 길다면 함수의 등고선들은 서로 평행한 선처럼 보일 것이다. 그리고 스텝 크기(학습률)가 충분히 크다면 계곡이 너무 좁기 때문에 계곡의 한쪽에서 다른 쪽으로 건너갈 수 있다. 구글에 '경사 하강법 지그재그ᵍʳᵃᵈⁱᵉⁿᵗ ᵈᵉˢᶜᵉⁿᵗ ᶻⁱᵍᶻᵃᵍ'라고 검색하면 이런 모습을 묘사하는 이미지를 볼 수 있다.

좁고 긴 계곡에서 지그재그로 움직이는 문제를 해결하는 한 가지 방법은 매우 작은 학습률을 선택하는 것이다(당연히 입력 피처 값을 미리 스케일링하지 않았다고 가정한다). 이렇게 하면 경사 하강법이 계곡의 한쪽에서 다른 쪽으로 건너가는 것을 피할 수 있다. 그러나 각 반복마다 매우 조금씩 이동하기 때문에 최솟값에 도달하는 속도가 느려진다. 바티칸에 도착할 수 있지만 거북이의 속도로 도착하게 된다.

경사 하강법의 속도가 느려지는 이유

(지역 또는 전역) 최솟값, 안장점, 평평한 지점 근처에서 경사 하강법은 매우 느리게 움직인다. 경사 하강법은 현재 지점 $\tilde{w}^i$에 벡터 $-\eta \nabla L(\tilde{w}^i)$를 더해 위치를 업데이트한다. 현재 지점 $\tilde{w}^i$에서 음의 기울기 벡터 방향으로 나아가는 정확한 스텝 크기는 η에 기울기 벡터 $\nabla L(\tilde{w}^i)$의 길이를 곱한 값이다. 손실 함수의 최솟값, 최댓값, 안장점, 평평한 지점에서 기울기 벡터는 0이므로 스텝 크기 역시 0이다. 즉, 최솟값, 최댓값, 안장점, 평평한 지점 근처에서는 경사 하강법의 스텝 크기가 매우 작아지고 수렴 속도가 크게 느려진다. 최솟값 근처에서 이런 일이 발생하면 이는 반복 중지 사유가 될 수 있기 때문에 크게 걱정할 필요는 없다. 다만 이 최솟값이 전역 최솟값에서 매우 먼 지역 최솟값이라면 문제가 된다. 또한 이렇게 수렴 속도가 느려지는 일이 평평한 지점이나 안장점 근처에서 발생하면 경사 하강법은 그곳에 머무르게 되므로 바람직하지 않다. 종종 실무에서는 학습률을 최적화 과정 도중에 변경하기도 한다. 이렇게 하면 경사 하강법이 천천히 움직이는 것을 방지하고 계산 시간을 절약하며 수렴을 가속화할 수 있다.

〈4.4.5 확률적 경사 하강법〉에서 무작위로 진행되는 경사 하강법을 설명할 것이다. 확률적 stochastic (랜덤) 경사 하강법은 일관된 경로를 따라 최솟값에 도달하는 것이 아니라 건너뛰며 이동한다. 이는 안장점 근처나 지역 최솟값에서 벗어나 더 나은 경로를 따라 최솟값에 도달하는 데 유용하다.

4.4.4 볼록 함수와 비볼록 함수

볼록성을 언급하지 않고 최적화에 관해 논의하는 것은 불가능하다. 실제로 수학 분야 전체가 볼록 최적화convex optimization에만 전념한다.[90] 그러나 신경망의 최적화는 일반적으로 볼록하지 않다는 점을 알아두어야 한다.

[그림 4-5]의 윗부분에 나열된 시그모이드 유형 함수와 같이 볼록하지 않은 활성화 함수를 사용하면 결과적으로 생성되는 신경망의 손실 함수 또한 볼록하지 않다. 이것이 극솟값, 평평한 지점, 안장점에서 움직일 수 없는 문제에 상당한 시간을 할애하는 이유다. 손실 함수가 볼록하다면 이런 문제를 걱정할 필요가 없다. 볼록 함수와 볼록하지 않은 함수(비볼록 함수)의 모습

---

90 https://oreil.ly/xq7bx

은 [그림 4-10], [그림 4-11], [그림 4-12]에서 확인할 수 있다. 이 그림들은 함수의 3차원 형태와 등고선을 나타낸 것이다.

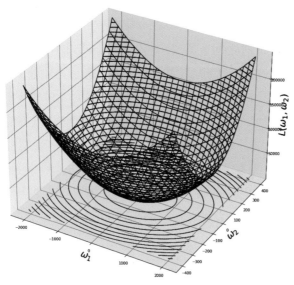

그림 4-10 3차원 볼록 함수와 등고선. 기울기 벡터는 $\mathbb{R}^3$이 아닌 등고선과 같은 공간($\mathbb{R}^2$)에 존재한다.

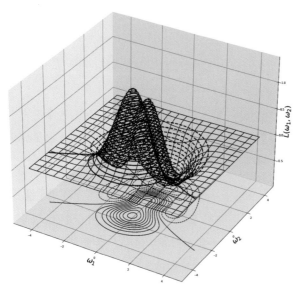

그림 4-11 3차원 비볼록 함수와 등고선. 기울기 벡터는 $\mathbb{R}^3$이 아닌 등고선과 같은 공간($\mathbb{R}^2$)에 존재한다.

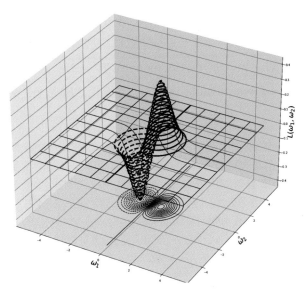

그림 4-12 3차원 비볼록 함수와 등고선. 기울기 벡터는 $\mathbb{R}^3$이 아닌 등고선과 같은 공간($\mathbb{R}^2$)에 존재한다.

[그림 4-5]의 아랫부분에 나열된 ReLU 유형의 함수들과 같이 신경망 전체에 볼록 활성화 함수와 볼록 손실 함수를 사용하더라도 두 볼록 함수의 합성이 반드시 볼록하지는 않기 때문에 여전히 비볼록 함수에 대한 최적화 문제가 발생할 수 있다. 다만 손실 함수가 증가하지 않고 볼록하다면 볼록 함수와의 합성 결과는 볼록하다. 신경망에 널리 사용되는 평균 제곱 오차, 크로스 엔트로피, 힌지 손실과 같은 손실 함수들은 모두 볼록하지만 증가하지 않는 함수들이다.

일단 볼록 최적화의 핵심 개념에 익숙해지는 것이 중요하다. 어디서부터 시작해야 할지 모르겠다면 선형성이 너무 단순하거나 사용할 수 없는 경우 볼록성이 선형성을 대체한다는 사실을 염두에 두고 다음 내용들을 학습하자(이 내용들은 〈Chapter 10 운용 과학〉에서 다루는 인공지능, 딥러닝, 강화 학습과 관련이 깊다).

- 볼록한 최대 선형 함수
- 최대 최소$^{\text{max-min}}$와 최소 최대$^{\text{min-max}}$
- 안장점
- 2인 제로섬 게임
- 쌍대성

볼록 최적화는 신경망의 수학적 기초보다 훨씬 더 잘 개발된 분야이다. 신경망은 수학적으로 아직 갈 길이 멀기 때문에 볼록성에 관한 지식을 활용하여 신경망을 더 깊이 이해할 수 있다면 좋을 것이다. 이러한 연구는 현재 진행형이며, 두 층으로 구성된 ReLU 신경망을 훈련시키는 문제를 볼록 분석 최적화 문제로 정의한 논문 「Convex Geometry of Two-Layer ReLU Networks: Implicit Autoencoding and Interpretable Models」[91]이 있다. 다음은 논문의 초록이다.

우리는 숨겨진 뉴런의 내부 작동과 함수 공간 특성을 설명하는 ReLU 신경망을 위한 볼록 분석 프레임워크를 개발한다. 신경망에서 ReLU가 특정 볼록 집합의 극한점을 통해 간단한 해를 유도하는 볼록 정규화 역할을 한다는 것을 보여주며, 1차원 회귀 및 분류에서 노름 정규화를 통해 2층으로 구성된 ReLU 신경망이 선형 스플라인 보간linear spline interpolation을 만들어낸다는 것을 증명한다. 더 일반적인 고차원의 경우 2층으로 구성된 신경망의 훈련 문제를 무한히 많은 제약 조건이 있는 볼록 최적화 문제로 바꿀 수 있다는 것을 보여준다. 그리고 해를 근사하기 위해 볼록 완화 제품군a family of convex relaxation과 완화를 개선하기 위한 절단면 알고리즘을 보여줄 것이다. 또한 볼록 완화의 정확성을 위한 조건을 도출하고 특정 경우 최적의 신경망 가중치에 대해 간단한 닫힌 공식을 보인다. 우리의 결과는 ReLU 신경망의 숨겨진 뉴런이 입력 층의 볼록 자동 인코더로 해석될 수 있음을 보여준다. 또한 압축 감지 분야에서 최소 카디널리티 솔루션minimal cardinality solution 과 유사한 신경망의 $l_0 - l_1$ 등가성에 대한 연결을 확립한다. 광범위한 실험 결과는 제안된 접근법으로 해석 가능하고 정확한 모델을 제공한다는 것을 보여준다.

4.4.5 확률적 경사 하강법

지금까지 순전파 신경망 학습은 다음과 같이 진행되었다.

1 훈련 함수의 초기 가중치 $\vec{w}^0$을 설정한다.

2 훈련 데이터셋의 모든 데이터 포인트에서 훈련 함수를 계산한다.

3 훈련 데이터셋의 모든 데이터 포인트에서 훈련 함수의 예측된 값과 실제 값을 비교하여 개별 손실을 계산한다.

4 훈련 데이터셋의 모든 데이터에 대해 이 작업을 수행한다.

5 모든 개별 손실의 평균을 구한다. 이 평균이 손실 함수이다.

6 초기 가중치에서 손실 함수의 기울기를 계산한다.

7 경사 하강법에 따라 가장 가파른 다음 가중치셋을 선택한다.

8 특정 지점에 수렴할 때까지 또는 검증 데이터셋에 대한 훈련 함수의 성능에 의해 결정된 횟수까지 반복한 후에 중지한다.

---

91 https://oreil.ly/mHc7S

이 과정의 문제점은 수천 개의 데이터 포인트가 있는 대규모 훈련 데이터셋과 수천 개의 가중치가 있는 신경망에서 훈련 데이터셋의 모든 데이터 포인트에 대해 훈련 함수, 손실 함수, 손실 함수의 기울기를 계산하는 데 너무 많은 비용이 든다는 점이다. 해결 방법은 이러한 과정을 무작위화하는 것이다. 훈련 데이터셋의 아주 작은 부분을 무작위로 선택하여 훈련 함수, 손실 함수, 손실 함수의 기울기를 계산하면 계산 비용이 대폭 줄어든다.

훈련 데이터셋의 작은 부분을 무작위로 선택(원칙적으로는 복원 추출해야 하지만 실무에서는 비복원 추출함)하는 것을 특정 지점에 수렴할 때까지 또는 검증 데이터셋에 대한 훈련 함수의 성능에 의해 결정된 횟수까지 반복한다. 이때 훈련 데이터셋의 모든 데이터 포인트를 한 번씩 살펴보는 것을 1 에포크epoch라고 한다.

확률적 경사 하강법은 놀라운 성능을 발휘하며 신경망 훈련의 필수 요소가 되었다.

4.4.6 가중치 초기화

우리는 이미 모든 가중치를 0 또는 동일한 값으로 초기화하는 것이 매우 나쁘다는 것을 알고 있다. 따라서 초기 가중치 $\tilde{w}^0$을 $[-1,1], [0,1], [-0.3,0.3]$과 같이 작은 구간의 균등 분포 또는 미리 선택된 평균과 분산으로 결정된 가우스 분포에서 샘플링하는 논리적이고 전통적인 관행에 따라 초기화했다. 비록 이러한 방법이 깊이 연구되진 않았지만, 경험적 증거에 따르면 최적화 과정 그리고 신경망이 보지 못한 데이터에 대해 잘 일반화할 수 있는 능력에 있어서는 초기 가중치를 어떻게 설정했는지가 중요한 것으로 보인다. 현재는 다음 두 가지 초기화 방법이 주목받고 있다. 둘 중 어떤 초기화 방법을 사용할지는 활성화 함수가 시그모이드 유형인지 ReLU 유형인지에 따라 달라진다.

세이비어 글로럿Xavier Glorot 초기화

초기 가중치를 구간 $\left[-\dfrac{\sqrt{6}}{\sqrt{n+m}}, \dfrac{\sqrt{6}}{\sqrt{n+m}}\right]$의 균등 분포에서 샘플링한다. 여기서 n은 해당 노드의 입력 수(에 이전 층의 노드 수), m은 해당 층의 출력 수(에 현재 층의 노드 수)다.

카이밍 히|Kaming He **초기화**

초기 가중치를 평균이 0, 분산이 $2/n$인 가우스 분포에서 샘플링한다. 여기서 n은 노드의 입력 수이다.

4.5 정규화

정규화는 훈련 함수에 대해 적절한 가중치를 선택하고 데이터에 대해 과적합을 방지하는 데 도움이 된다. 즉, 훈련된 함수가 노이즈에 강하고 본 적 없는 데이터에 대해서도 잘 일반화할 수 있게 한다. 이번에는 신경망을 훈련할 때 사용되는 간단하고 인기 있는 정규화 방법 네 가지를 살펴본다.

4.5.1 드롭아웃

드롭아웃^{dropout}은 훈련 중에 각 층에서 무작위로 선택된 뉴런을 제거하는 것이다. 보통 입력 층의 노드 중 약 20%, 각 은닉 층의 노드 중 절반 정도를 무작위로 제거한다. 출력 층 노드는 제거하지 않는다. 드롭아웃은 부모 유전자의 절반이 사라지고 돌연변이가 소량 발생하는 유전적 재생산에서 영감을 얻었다. 이는 각 층마다 노드 수가 다른 여러 신경망을 한 번에 훈련하고 그 결과를 평균하는 효과가 있으며, 일반적으로 더 신뢰할 수 있는 결과를 생성한다.

드롭아웃을 구현하는 한 가지 방법은 각 층마다 해당 층의 각 노드가 제거될 확률을 지정하는 하이퍼파라미터 p를 추가하는 것이다. 이전 층 노드의 출력을 선형 조합한 다음 활성화시키는 각 노드의 기본 연산을 기억하자. 드롭아웃을 사용하면 이전 층의 각 노드 출력에 p의 확률로 0 또는 1이 될 수 있는 무작위 숫자 r을 곱한다. 따라서 노드의 r이 0을 취하면 해당 노드는 기본적으로 신경망에서 제거되며 나머지 노드들은 경사 하강법 수행 단계에서 가중치를 조정할 때 이를 보완해야 한다. 이와 관련된 내용은 〈4.7.3 역전파 자세히 알아보기〉에서 더 자세히 설명할 것이며 웹 페이지[92]에서 드롭아웃 구현 방법을 단계별로 확인할 수 있다.

---

92 *https://oreil.ly/HGt8T*

더 깊이 있는 수학적 탐구를 위해 2015년 논문 「Dropout as a Bayesian Approximation: Representing Model Uncertainty in Deep Learning」[93]에서는 드롭아웃과 모델 불확실성의 베이즈 근사를 연결한다.

4.5.2 조기 종료

훈련 도중, 특히 경사 하강법을 수행해 가중치를 업데이트할 때 각 에포크가 완료된 후에 현재 가중치에서 검증 데이터셋을 활용해 훈련 함수에 의해 만들어진 오차를 계산한다.

이 오차는 훈련 데이터를 학습하면서 감소해야 하지만 일정 에포크 후에 오히려 증가하기 시작한다. 이는 훈련 함수가 훈련 데이터에 과적합되어 검증 데이터에 대해 일반화하지 못한다는 것을 의미한다. 검증 데이터셋에 대한 모델 예측 오차가 증가하기 시작하면 학습을 중단하고 오차가 증가하기 직전 가중치 집합으로 돌아가야 한다.

4.5.3 배치 정규화

배치 정규화batch normalization의 주요 아이디어는 신경망 각 층의 입력을 정규화하는 것이다. 즉, 각 층의 입력을 평균이 0이고 분산이 1이 되도록 만드는 것이다. 이는 일반적으로 각 층의 입력에서 평균을 빼고 분산으로 나누는 방식으로 수행된다. 이와 관련된 내용은 잠시 후에 자세히 설명할 것이다. 은닉 층에서 정규화를 수행하는 것의 이점은 입력 층에서 정규화했을 때의 이점과 동일하다.

배치 정규화를 적용하면 드롭아웃이 필요 없는 경우가 많으며 가중치 초기화에 신경을 덜 써도 된다. 또한 배치 정규화는 기울기가 사라지거나 폭발하는 것을 방지하여 안전하고 빠르게 훈련시킬 수 있다. 또한 이 모든 이점을 얻기 위해 각 층에 두 개의 파라미터만 추가하면 되므로 비용이 크지 않다. 파라미터 하나는 스케일링을 위한 것이고 다른 하나는 이동을 위한 것이다.

배치 정규화는 2015년 논문 「Batch Normalization: Accelerating Deep Network Training

---

[93] *https://oreil.ly/uvwNf*

by Reducing Internal Covariate Shift」[94]에서 소개됐다. 이 논문의 초록에는 배치 정규화 과정과 이를 통해 해결할 수 있는 문제가 설명되어 있다(밑줄 친 부분은 필자의 개인적인 생각이다).

> 심층 신경망의 훈련은 각 층의 입력 분포가 이전 층의 파라미터와 함께 변화해 매우 복잡하다. 이로 인해 가중치 초기화에 신경을 써야 하며 작은 학습률을 사용해야 해서 훈련 속도가 느려진다. 특히 포화 비선형 함수(<u>[그림 4-5]의 시그모이드 유형 활성화 함수와 같이 입력의 크기가 충분히 크게 되면 거의 일정하게 동일한 값을 출력하는 함수를 사용하는 경우를 의미한다. 비선형 함수를 사용하더라도 이런 현상으로 인해 훈련 과정에서 비선형성이 쓸모없게 되고 신경망은 다음 층에서 학습을 중단하게 된다</u>)를 사용하는 모델인 경우 훈련이 더욱 어려워진다. 이러한 현상(각 층의 입력 분포의 변화)을 공변량 이동^{covariate shift}이라고 하며 각 층의 입력을 정규화하면 이 문제를 해결할 수 있다. 배치 정규화는 정규화 과정을 모델 구조의 일부로 만들고 각 훈련 미니배치에 대해 정규화를 수행한다는 점에서 강점을 갖는다. 배치 정규화를 사용하면 가중치 초기화에 덜 신경 써도 되고 훨씬 더 큰 학습률을 사용할 수 있으며 경우에 따라 드롭아웃이 필요하지 않을 수도 있다. 최첨단 이미지 분류 모델에 적용된 배치 정규화는 훈련 단계를 14배 줄이고도 동일한 정확도를 달성할 수 있게 했다. ImageNet 분류에서는 배치 정규화 구조를 앙상블하여 사용해 인간 평가자의 정확도를 능가했다.

배치 정규화는 신경망 구조에서 활성화 전이나 후 자체 층으로 구현된다. 훈련 중에는 일반적으로 다음과 같은 과정을 따른다.

1 훈련 데이터에서 크기가 b인 배치를 선택한다. 이 배치의 각 데이터 포인트는 피처 벡터 $\vec{x}_i$를 가지므로 전체 배치의 피처 벡터는 $\vec{x}_1, \vec{x}_2, \cdots, \vec{x}_b$로 쓸 수 있다.

2 이 특정 배치에서 각 피처의 평균을 계산하여 평균 벡터를 구한다.

$$\vec{\mu} = \frac{\vec{x}_1, \vec{x}_2, \cdots, \vec{x}_b}{b}$$

3 이 배치 전체에 대한 분산을 계산한다. 각각의 벡터 $\vec{x}_1, \vec{x}_2, \cdots, \vec{x}_b$에서 $\vec{\mu}$를 빼고 그 결과의 L2 노름을 계산한 다음 b로 나눈다.

4 벡터 $\vec{x}_1, \vec{x}_2, \cdots, \vec{x}_b$를 정규화하기 위해 평균을 뺀 다음 분산의 제곱근으로 나눈다.

5 훈련 함수의 가중치가 훈련되는 것과 같은 방식으로 경사 하강법을 통해 초기화 및 훈련될 수 있는 파라미터로 스케일을 조정하고 이동시킨다. 이것이 첫 번째 은닉 층의 입력이 된다.

6 이어지는 층의 입력에 대해서도 동일한 작업을 수행한다.

7 다음 배치에 대해 반복한다.

테스트 및 예측 중에는 훈련할 데이터 배치가 없으며 각 층의 파라미터들은 이미 훈련되어 있다. 하지만 배치 정규화 파라미터들은 이미 훈련 함수 공식에 포함되어 있다. 훈련 중에 우리는

---

94 *https://oreil.ly/pZwV0*

훈련 데이터 배치마다 이 파라미터들을 변경했다. 이로 인해 손실 함수의 식이 배치마다 조금씩 변경된다. 그러나 정규화에서 요점은 손실 함수의 수식을 너무 많이 변경하지 않는 것이다. 손실 함수가 너무 많이 변경되면 최솟값의 위치가 변경되어 움직이는 목표를 쫓는 상황이 되기 때문이다. 이제 우리는 훈련 중에 발생할 수 있는 문제들을 배치 정규화로 해결했으니 검증, 테스트, 예측할 단계이다. 테스트 또는 예측하려는 특정 데이터 포인트에 어떤 평균 벡터와 분산을 사용해야 할까? 원본 데이터셋에 있는 피처들의 평균과 분산을 사용해야 할까? 이러한 결정은 우리가 내려야 한다.

4.5.4 페널티

데이터에 과적합되는 것을 막기 위해 훈련 함수를 정규화하는 또 다른 방법은 최소화 문제에 경쟁 항competing term을 도입하는 것이다. 손실 함수만 최소화하는 가중치 집합 $\vec{w}$를 구하는 것이 아니라($\min_{\vec{w}} L(\vec{w})$) 다음과 같이 새로운 항 $\alpha\|\vec{w}\|$을 추가하여 이를 최소화하는 가중치 집합 $\vec{w}$을 구하는 것이다.

$$\min_{\vec{w}} L(\vec{w}) + \alpha\|\vec{w}\|$$

예를 들어 회귀 문제에서 일반적으로 사용되는 평균 제곱 오차 손실 함수의 경우 최소화 문제는 다음과 같다.

$$\min_{\vec{w}} \frac{1}{m}\sum_{i=1}^{m} |y_{predict}(\vec{w}) - y_{true}|^2 + \alpha\|\vec{w}\|$$

지금까지 살펴본 최소화 문제 해결 방법은 다음과 같다.

미분이 0이 되는 지점 찾기

최솟값은 미분 값이 0이 되는 지점에서 찾을 수 있다. 따라서 $\nabla L(\vec{w}) + \alpha \nabla(\|w\|) = 0$ 을 만족해야 한다. 이 식을 $\vec{w}$에 대해 풀면 선형 회귀의 경우(층이 한 개이고 비선형 활성화 함수가 0인 매우 단순한 신경망으로 생각할 수 있음) 닫힌 형태의 해를 얻을 수 있다. 정규화된 경우 손실 함수를 최소화하는 $\vec{w}$에 대한 공식은 다음과 같다.

$$\vec{w} = (X^t X + \alpha B)^{-1} X^t \vec{y}_{true}$$

여기서 X는 데이터의 피처 열에 모든 요소가 1인 열 벡터가 추가된 것이고 B는 단위 행렬(나중에 ridge 회귀와 함께 자세히 설명한다)이다. 정규화를 사용한 선형 회귀 문제에 대한 닫힌 형태의 해는 가중치가 감소하는 형태의 정규화를 이해하는 데 도움이 되며 이러한 정규화가 얼마나 중요한 역할을 하는지 보여준다. 정규화되지 않은 해에서 행렬 $(X^t X)$의 역행렬을 구하고 불량 조건과 그에 따른 불안정성에 대해 걱정하는 대신 정규화된 해에서는 $(X^t X + \alpha B)$의 역행렬을 구한다. αB 항을 추가하는 것은 분수에서 스칼라 값 분모에 작은 양수 항을 추가하는 것과 같은 역할을 한다(0으로 나누는 것을 방지한다). x가 0이 될 위험이 있을 때 $1/x$를 사용하는 것이 아니라 양의 상수 α를 분모에 더해 $1/(x + \alpha)$를 사용한다. 행렬의 역행렬은 스칼라 값의 나눗셈과 유사하다는 것을 기억하자.

경사 하강법

미분이 0이 되는 방정식에 대해 닫힌 형태의 해를 구할 수 없거나 문제가 매우 크고 2차 미분까지 계산해야 하는 등 극단적으로 계산 비용이 많이 드는 경우 경사 하강법 또는 그 변형인 확률적 경사 하강법을 사용한다.

일반적으로 사용되는 가중치 감소 정규화 weight decay regularization

가중치의 크기를 제어하는 인기 있는 정규화 방법 세 가지를 소개한다.

- **ridge 회귀**: $\vec{w}$의 L2 노름에 페널티를 부과한다. 이 경우 손실 함수에 $\alpha \sum_{i=1}^{n} |w_i|^2$ 항을 추가하고 최소화를 수행한다.

- **lasso 회귀**: $\vec{w}$의 L1 노름에 페널티를 부과한다. 이 경우 손실 함수에 $\alpha \sum_{i=1}^{n} |w_i|$ 항을 추가하고 최소화를 수행한다.

- **엘라스틱넷**: ridge 회귀와 lasso 회귀의 중간 형태이다. 0과 1사이의 값을 취할 수 있는 하이퍼파라미터 γ를 하나 더 도입하고 ridge 회귀와 lasso 회귀를 모두 결합하는 항을 손실 함수에 추가한다.

$$\gamma: \gamma \alpha \sum_{i=1}^{n} |w_i|^2 + (1 - \gamma) \alpha \sum_{i=1}^{n} |w_i|$$

$\gamma = 0$이면 lasso 회귀, $\gamma = 1$이면 ridge 회귀가 되며 0과 1사이이면 일종의 중간값이 된다.

일반 선형 회귀, ridge, lasso, 엘라스틱넷은 언제 사용할까?

머신러닝 모델을 구축하는 데 사용할 수 있는 수많은 선택지로 인해 혼란에 빠졌더라도 절대 좌절하지 말자. 어떤 선택이 다른 선택보다 더 나은지, 어떤 상황에서 더 나은지 정확히 알려주는 수학적 분석이 가능해지기 전까지는 마치 집을 리모델링할 때처럼 많은 재료, 디자인, 구조(여러 가지 머신러닝 방법)를 잘 선택하여 최종 제품(머신러닝 모델)을 만든다고 생각하면 된다. 이것은 단지 집 꾸미기가 아니라 집 전체를 개조하는 것과 같기 때문에 각 구성 요소들은 모델의 기능과 성능에 영향을 미치지만 모두 우리가 결정해야 한다. 하지만 안심해도 된다. 인공지능을 다루는 방법은 다양하다!

- 약간의 정규화는 항상 좋다. 가중치의 크기를 제어하고 손실 함수를 최소화하는 데 경쟁 항을 추가하는 것은 일반적으로 항상 좋다.

- ridge 회귀는 보통 좋은 선택이다. L2 노름이 미분 가능하기 때문이다. 이는 L1 노름을 최소화하는 것보다 더 안정적이다.

- L1 노름을 사용하기로 결정했다면 L1 노름이 0에서 미분 불가능하더라도 0에서 부분 미분^{subdifferential} 또는 부분 기울기^{subgradient}를 정의할 수 있다. 예를 들면 이 값을 0으로 설정할 수 있다. $f(x) = |x|$는 $x \neq 0$일 때 미분 가능하므로 $x > 0$이면 도함수는 1이고, $x < 0$이면 도함수는 -1이다. 유일한 문제점은 $x = 0$일 때다.

- 모델링을 하는 데 몇 가지 피처만 유용하다고 판단된다면 lasso나 엘라스틱넷을 데이터 전처리 단계로 사용하여 덜 중요한 피처를 제거할 수 있다.

- 보통 lasso보다는 엘라스틱넷이 선호된다. 이는 피처 수가 훈련 인스턴스 수보다 많거나 여러 피처가 강한 상관관계를 가질 때 lasso가 잘 작동하지 않을 수 있기 때문이다.

4.5.5 L2 노름 페널티와 L1 노름 페널티

우리의 목표는 다음 식을 최소화하는 $\vec{w}$를 찾는 것이다.

$$\min_{\vec{w}} L(\vec{w}, \vec{w}_0) + \alpha \| \vec{w} \|$$

첫 번째 항은 손실 $L(\vec{w}, \vec{w}_0)$을 줄이려고 한다. 두 번째 항은 $\vec{w}$의 좌표 값을 0으로 감소시키고자 한다. 우리가 $\|\vec{w}\|$를 위해 선택한 노름 유형에 따라 $\vec{w}$가 $\vec{0}$으로 가는 경로가 결정된다.

L1 정규화를 사용하면 $\vec{w}$의 좌표는 감소하지만 대부분의 경우 다른 가중치보다 먼저 0에 대해

조기 사망에 직면할 수 있다. 즉, L1 정규화는 희소성을 부각시킨다. 가중치가 소멸하면 해당 피처는 훈련 함수에 전혀 기여하지 못하게 된다.

[그림 4-13]의 오른쪽 그래프는 $\|\vec{w}\|_{l^1} = |w_1| + |w_2|$에 대한 다이아몬드 형태의 등고선을 2차원으로 나타낸 것이다(피처가 두 개만 있는 경우다). 즉, 다양한 c 값에 대해 $|w_1| + |w_2| = c$가 성립한다. 만약 경사 하강법처럼 최소화 알고리즘이 가장 가파른 하강 경로를 따른다면 그래프의 화살표처럼 등고선에 수직인 방향으로 이동해야 한다. 다이아몬드 형태의 등고선에 수직으로 이동하다 보면 좌표축 중 하나를 반드시 만나게 되므로 w_2는 꽤 빠르게 0이 된다. 이러한 특성을 통해 효과적으로 해당 피처를 제거할 수 있다. 그 후 w_1은 수평축을 따라 0으로 이동한다.

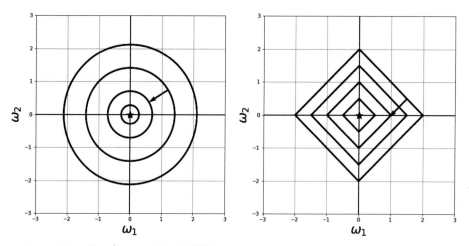

그림 4-13 왼쪽 그래프: $\vec{w}$의 L2 노름에 대한 원형 등고선과 (0,0)에서 최솟값을 향해 경사가 하강하는 방향을 보여준다. 오른쪽 그래프: $\vec{w}$의 L1 노름에 대한 다이아몬드 형태의 등고선과 (0,0)에서 최솟값을 향해 경사가 하강하는 방향을 보여준다.

만약 L2 노름을 사용한다면 가중치가 작아지지만 0이 되지는 않는다. [그림 4-13]의 왼쪽 그래프는 2차원에서 $\|\vec{w}\|_{l^2} = w_1^2 + w_2^2$의 원형 등고선을 보여준다. 다양한 c 값에 대해 $w_1^2 + w_2^2 = c$가 성립하므로 원형 그래프를 그릴 수 있는 것이다. 원형 등고선에 수직인 경로를 따라 (0,0)에서 최솟값을 향해 이동하면 w_1, w_2 값이 모두 감소하지만 둘 중 하나가 다른 하나보다 먼저 0이 되는 현상은 일어나지 않는다.

어떤 노름을 선택할지는 어떻게 활용할 것인지에 따라 다르다. 모든 경우에 편향 항 $\vec{w}_0$을 정규화하지는 않는다는 점에 유의하자. 이는 이번 설명에서 손실 함수를 나타낼 때 $\tilde{w}_0$을 분리하여 $L(\tilde{w}, \tilde{w}_0)$으로 쓴 이유다.

4.5.6 정규화 하이퍼파라미터 α의 역할

가중치 감소 정규화의 최소화 문제는 다음과 같다.

$$\min_{\tilde{w}} L(\tilde{w}) + \alpha \| \tilde{w} \|$$

정규화 하이퍼파라미터 α의 역할을 이해하기 위해 다음 사항을 살펴보자.

- 손실 함수 $L(\tilde{w})$가 훈련 데이터에 맞는 w를 선택하게 하는 첫째 항과 w 값을 작게 만드는 둘째 항이 경쟁한다. 이 두 가지 목표가 반드시 일치하는 것은 아니다. 첫째 항을 작게 만드는 w 값이 둘째 항을 크게 만들 수도 있고 반대의 경우도 가능하다.
- α가 크면 최소화 과정은 첫 번째 항이 얼마나 작게 만드는지 여부와 상관없이 w 값을 매우 작게 만들어 보정한다. 따라서 α가 커질수록 첫 번째 항보다 두 번째 항을 최소화하는 것이 더 중요해진다. 최종 모델이 데이터에 완벽하게 맞지 않을 수는 있지만(높은 편향), 본 적 없는 데이터에 더욱 잘 일반화하기 위해 때로는 큰 α가 바람직할 수도 있다(낮은 분산).
- α가 작으면(예를 들어 0에 가깝다면) 더 큰 w 값을 선택할 수 있으며 첫 번째 항을 최소화하는 것이 더 중요해진다. 이 경우 최소화 과정을 통해 첫 번째 항을 만족하는 w 값을 얻게 되므로 모델은 데이터에 아주 잘 맞지만(낮은 편향) 보지 못한 데이터에 잘 일반화되지 않을 수 있다(높은 분산).
- $\alpha \rightarrow 0$으로 정규화된 문제의 해가 정규화되지 않은 문제의 해로 수렴한다는 것을 수학적으로 증명할 수 있다.

4.6 머신러닝 모델의 하이퍼파라미터

지금까지 머신러닝 모델에 포함되는 여러 하이퍼파라미터를 알아봤다. 특정 모델에 포함되는 하이퍼파라미터를 그 값과 함께 나열해보는 것은 좋은 습관이다. 지금까지 살펴본 하이퍼파라미터를 나열하고 이를 조정하면 모델의 성능이 향상된다는 것을 기억하자. 대부분의 경우 권장하는 하이퍼파라미터 값이 있다. 이러한 값은 일반적으로 머신러닝 라이브러리 및 소프트웨어 패키지에서 기본값으로 구현된다. 하지만 시간과 자원이 충분하다면 모델링 과정 중 검증 단계에서 다양한 값으로 실험해보는 것이 좋다. 하이퍼파라미터에는 다음과 같은 것들이 있다.

- 경사 하강법에서 학습률

- ridge, lasso, 엘라스틱넷 정규화의 가중치 감소 계수

- 훈련을 중단하기까지의 에포크 수

- 훈련 데이터셋, 검증 데이터셋, 테스트 데이터셋의 크기

- 확률적 경사 하강법(및 그 변형)에서 미니배치의 크기

- 모멘텀 방법에서 가속 계수

- 신경망의 구조
  - 층 수
  - 각 층의 뉴런 수
  - 각 층에서 일어나는 일들(배치 정규화, 활성화 함수 유형)
  - 정규화 유형(드롭아웃, ridge, lasso)
  - 신경망 유형(순방향feedforward, 밀집, 합성곱, 적대적, 순환)
  - 손실 함수 유형

4.7 연쇄 법칙과 역전파

이제 중요한 것을 계산해볼 시간이다. 손실 함수의 미분 $\nabla L(\vec{w}^i)$를 계산해보자. 최적의 가중치를 찾기 위해 경사 하강법, 확률적 경사 하강법, 미니배치 경사 하강법, 그 밖의 다른 변형 등 어떤 경사 하강법을 사용하든 계산 과정을 피할 수는 없다. 손실 함수 식에는 훈련 함수가 포함되며 훈련 함수는 다시 활성화 함수와 선형 조합으로 구성된다. 이는 연쇄 법칙을 영리하게 사용해야 한다는 뜻이다. 지금까지 미적분학에서 단일 변수 연쇄 법칙만 사용했지만 이제는 여러 변수, 때로는 수십억 개의 변수에 대한 연쇄 법칙을 적용해야 한다.

신경망의 계층적 구조는 손실 함수의 미분 값을 정확히 어떻게 계산할 것인지 고민하게 만든다. 이 문제를 해결하는 가장 중요한 도구는 역전파 알고리즘backpropagation algorithm(역방향 자동 미분backward mode automatic differentiation 이라고도 부른다)이라는 매우 강력한 알고리즘이다.

수식을 작성하기 전에 신경망을 훈련하는 단계를 요약해보자.

- 훈련 함수는 $\vec{w}$에 대한 함수이므로 데이터 포인트가 신경망을 통과하여 계산한 결과는 다음과 같다.

$$결과 = function(\vec{w})$$

이는 각 노드 출력의 선형 조합과 활성화 함수로 구성되며 신경망의 모든 층에 걸쳐 반복된다. 출력 층에는

활성화 함수가 있을 수도 없을 수도 있으며, 신경망의 최종 목적에 따라 출력 층에는 노드가 하나이거나 여러 개일 수 있다.

- 손실 함수는 훈련 함수의 결과가 실제 값에서 얼마나 벗어났는지를 측정한다.
- 앞서 설명한 기본 초기화 규칙에 따라 임의의 가중치 집합 $\tilde{w}^0$으로 훈련 함수를 초기화한다. 그리고 이 특정 가중치 값을 사용해 발생하는 손실 또는 오차를 계산한다. 이것이 바로 데이터 포인트가 신경망을 통과하는 순방향 전파이다.
- 오차가 더 작은 다음 가중치 집합 $\tilde{w}^1$로 이동하려면 손실 함수의 기울기 벡터와 반대 방향으로 이동해야 한다.
- 신경망의 계층 구조와 높은 차원성을 생각해볼 때 손실 함수에 내장된 훈련 함수를 이용하여 다변수 연쇄 법칙을 효율적으로 수행해 그래디언트를 찾은 다음 이를 현재의 가중치 집합에서 어떻게 평가할 수 있을까?

훈련 함수는 손실 함수에 포함되어 있다는 사실을 비롯하여 신경망 구조로 인한 훈련 함수의 계층적 구조와 높은 차원을 고려할 때 어떻게 다변수 연쇄 법칙을 효율적으로 수행하여 기울기를 찾고 현재 가중치 집합에 대해 평가할 수 있을까?

이 질문의 답은 한 줄로 요약할 수 있다. 데이터 포인트를 신경망으로 다시 전달하여 출력 층에서 입력 층까지 기울기를 거꾸로 계산하고 그 과정에서 각 노드가 오차에 얼마나 기여했는지 평가하는 것이다. 본질적으로는 $\dfrac{\partial L}{\partial \text{node functions}}$을 계산하고 그에 따라 가중치를 조정하여 $\tilde{w}^0$에서 $\tilde{w}^1$로 업데이트한다. 이러한 과정은 일반적으로 더 많은 데이터 포인트를 신경망으로 보내면서(보통은 배치로 보낸다) 지속되며 신경망이 전체 훈련 데이터셋을 한 번 볼 때 한 번의 에포크로 계산된다.

4.7.1 우리 뇌가 학습하는 방식과 역전파

새로운 수학 개념을 접하면 우리 뇌의 뉴런들은 특정 연결을 만든다. 다음에 같은 내용을 다시 접하게 되면 이전에 연결된 뉴런들은 더욱 잘 연결된다. 신경망에 비유하자면 뉴런을 연결하는 엣지인 w가 증가하는 것이다. 같은 개념을 반복해서 보게 되면 그 개념은 우리 뇌의 모델의 일부가 된다. 이 모델은 이전 정보를 덮어버릴 만큼 새로운 정보를 학습하지 않는 한 변경되지 않는다. 새로운 정보가 들어오면 이전 뉴런 간의 연결이 약해질 것이다. 신경망에 비유하자면 뉴런들을 연결하는 w가 감소한다는 것이다. 우리는 손실 함수를 최소화하여 w 값을 조정하면서 뉴런 간의 올바른 연결을 도모하고자 한다.

신경과학자 도널드 헵은 저서 『The Organization of Behavior』(Wiley, 1949)에서 다음과 같이 언급했다.

신경심리학 이론에서 한 생물학적 뉴런이 다른 뉴런을 자주 작동시키면 두 뉴런 사이의 연결이 강해진다.

즉, 함께 작동하는 세포들은 연결된다.

마찬가지로 신경망의 계산 모델은 결과를 생성할 때 신경망이 만든 오차를 고려한다. 컴퓨터는 숫자만 이해하기 때문에 노드가 오차를 줄이는 데 기여하면 연결된 엣지의 w가 증가하고 노드가 오차를 증가시키는 데 기여하면 연결된 엣지의 w가 감소한다. 따라서 신경망의 학습 규칙은 오차를 줄이는 연결을 강화하기 위해 해당 w 값을 증가시키고 오차를 증가시키는 연결을 약화하기 위해 해당 w 값을 감소시킨다.

4.7.2 왜 역전파하는 것이 더 좋을까?

역전파는 신경망을 거꾸로 이동하면서 각 노드에 대한 훈련 함수의 미분 값을 계산한다. 이는 각 노드가 훈련 함수와 손실 함수 $L(\bar{w})$에 얼마나 기여하는지 측정한다.

여기서 기억해야 할 가장 중요한 공식은 미적분학의 연쇄 법칙이다. 연쇄 법칙은 합성 함수의 도함수를 계산한다. 주로 하나의 변수 w에만 의존하는 함수를 다루는데, 세 개의 함수가 합성된 경우 w에 대한 미분은 다음과 같다.

$$\frac{d}{dw}f_3\big(f_2(f_1(w))\big) = \left\{\frac{d}{dw}f_1(w)\right\}\left\{\frac{d}{df_1}f_2(f_1(w))\right\}\left\{\frac{d}{df_2}f_3\big(f_2(f_1(w))\big)\right\}$$

신경망의 경우 손실 함수에 연쇄 법칙을 적용해야 한다. 더 정확히는 행렬 변수 W와 벡터 변수 $\bar{w}_0$에 의존하는 손실 함수에 적용해야 한다. 따라서 앞서 살펴본 연쇄 법칙을 여러 변수가 있는 연쇄 법칙으로 일반화해야 한다. 이를 수행하는 가장 쉬운 방법은 출력 층에서 입력 층으로 미분을 거꾸로 계산하는 것이다.

만약 미분을 순방향으로 계산한다면 궁극적으로 각 변수에 대한 미분이 결과에 얼마나 기여할지 알 수 없다. 각 변수들이 신경망의 그래프를 통해 어떻게 연결될지 알 수 없기 때문이다. 그래프가 완전 연결되더라도 더 깊은 층의 가중치는 이전 층에 존재하지 않으므로 입력 층부터 미분을 계산하는 것은 큰 낭비이다.

미분을 역방향으로 계산할 때는 출력부터 시작하여 신경망 그래프의 엣지를 따라 각 노드에서 미분을 계산한다. 각 노드의 기여도는 해당 노드로 이어지는 엣지와 해당 노드에서 나가는 엣지에서만 계산된다. 이제 이 노드들이 언제 그리고 어떻게 신경망의 최종 결과에 기여하는지 확실하게 알 수 있기 때문에 계산 비용 측면에서 훨씬 더 경제적이다.

선형 대수학에서는 두 행렬의 곱셈을 계산하는 것보다 행렬과 벡터의 곱셈을 계산하는 비용이 훨씬 더 적게 든다. 두 행렬을 서로 곱하는 것은 항상 피해야 한다. $A(Bv)$와 $(AB)v$는 이론적으로는 같지만 $A(Bv)$가 계산 비용이 더 적게 든다. 이 간단한 사실은 행렬과 벡터의 규모가 크면 클수록 더 많은 비용 절감을 할 수 있게 해준다.

4.7.3 역전파 자세히 알아보기

잠시 멈춰서 곧 살펴볼 역전파 계산 과정이 구현된 소프트웨어 패키지가 있다는 사실에 감사하자. 덕분에 여러분은 직접 역전파 계산 과정을 구현할 필요가 없다. 이제 계산을 시작해보자.

은닉 층이 h개인 신경망의 경우 손실 함수를 훈련 함수에 대한 함수로 쓸 수 있다. 이는 다시 신경망에 나타나는 모든 가중치에 대한 함수이다.

$$L = L\big(g\big(W^1, \vec{w}_0^1, W^2, \vec{w}_0^2, \cdots, W^h, \vec{w}_0^h, W^{h+1}, \vec{w}_0^{h+1}\big)\big)$$

$\dfrac{\partial L}{\partial w^{h+1}}$과 $\dfrac{\partial L}{\partial \vec{w}_0^{h+1}}$에서 시작하여 $\dfrac{\partial L}{\partial w^1}$과 $\dfrac{\partial L}{\partial \vec{w}_0^1}$로 돌아가는 방식으로 L의 편미분을 역순으로 계산할 것이다. 이 미분은 각각 해당 행렬 또는 벡터에 대한 값으로 사용된다.

보편성을 잃지 않는 선에서 단순화를 위해 신경망이 하나의 숫자 값을 예측하는 회귀 모델이라 가정하고, 훈련 함수 g가 벡터가 아닌 스칼라라고 가정하자. 또한 신경망 전체에서 각 뉴런에 대해 동일한 활성화 함수 f를 사용한다고 가정한다. 회귀 모델이기 때문에 출력 뉴런은 활성화되지 않는다.

출력 층을 가리키는 가중치에 대한 미분을 찾아보자. 손실 함수는 다음과 같다.

$$L = L\big(W^{h+1}\vec{s}^h + w_0^{h+1}\big)$$

그러면 w_0^{h+1}에 대한 미분은 다음과 같다.

$$\frac{\partial L}{\partial w_0^{h+1}} = 1 \times L'\big(W^{h+1}\vec{s}^h + w_0^{h+1}\big)$$

그리고 W^{h+1}에 대한 미분은 다음과 같다.

$$\frac{\partial L}{\partial W^{h+1}} = (\vec{s}^h)^t L'(W^{h+1}\vec{s}^h + w_0^{h+1})$$

$\vec{s}^h$는 마지막 층의 출력이므로 이전 층의 모든 가중치에 따라 그 값이 달라진다는 점을 기억하자. 즉, 이 값은 $(W^1, \vec{w}_0^1, W^2, \vec{w}_0^2, \cdots W^h, \vec{w}_0^h)$에 따라 달라진다.

마지막 은닉 층을 가리키는 가중치에 대한 미분을 계산하기 위해 가중치를 손실 함수의 식에 명시적으로 나타낸다.

$$L = L(W^{h+1}(f(W^h\vec{s}^{h-1} + \vec{w}_0^h)) + w_0^{h+1})$$

그러면 $\vec{w}_0^h$에 대한 미분은 다음과 같다.

$$\frac{\partial L}{\partial \vec{w}_0^h} = \vec{1}(W^{h+1}f'(W^h\vec{s}^{h-1} + \vec{w}_0^h))L'(W^{h+1}(f(W^h\vec{s}^{h-1} + \vec{w}_0^h)) + w_0^{h+1})$$

그리고 W^h에 대한 미분은 다음과 같다.

$$\frac{\partial L}{\partial W^h} = \vec{s}^{h-1}(W^{h+1}f'(W^h\vec{s}^{h-1} + \vec{w}_0^h))L'(W^{h+1}(f(W^h\vec{s}^{h-1} + \vec{w}_0^h)) + w_0^{h+1})$$

$\vec{s}^{h-1}$은 마지막 은닉 층 이전의 은닉 층의 출력[95]이므로 이보다 더 이전 층의 모든 가중치 $(W^1, \vec{w}_0^1, W^2, \vec{w}_0^2, \cdots, W^{h-1}, \vec{w}_0^{h-1})$에 의존한다는 것을 기억하자.

입력 층에 도달할 때까지 이 과정을 계속 진행한다.

4.8 입력 데이터 피처의 중요도 평가

데이터 분석가의 한 가지 목표는 출력이나 대상에 대한 입력 변수(데이터 피처)의 중요도를 평

---

95 옮긴이_ 여기서의 미분이 어떤 층을 말하는 것인지 헷갈릴 수 있다. 가장 마지막 출력부터 그림을 그려가며 수식과 설명을 함께 살펴보는 것이 헷갈리지 않는 방법이다. 반드시 신경망 그림을 그려보자!

가하는 것이다. 이 목표를 이루기 위해서는 다음과 같은 질문의 답을 찾아야 한다.

특정 입력 피처 값을 조절하면 출력의 상대적인 변화는 어떻게 될까?

이 질문을 현실에서 일어날 수 있는 일에 비유해보면 다음과 같다.

특정 버스 노선에 버스를 한 대 더 추가하면 전체 버스 승객 수에 영향을 미칠까?

이 문제를 수학적으로 바꾸면 결국 미분에 관한 문제이다. 즉, 이 문제를 풀기 위해선 입력 변수에 대한 출력의 편미분을 찾으면 된다.

모델이 선형인 경우 변수의 중요도에 관한 통계학적 문헌들(민감도 분석 등)을 참고해볼 수 있다. 하지만 모델이 비선형인 경우, 특히 신경망 모델이라면 변수의 중요도에 관한 문헌들이 많지 않다. 불행히도 비선형 모델을 기반으로 예측한 후에 선형 모델을 위해 개발된 변수 중요도 분석을 사용할 수는 없다. 많은 데이터 분석가들이 중요도 분석을 위해 내장된 소프트웨어 패키지를 사용하다 이러한 함정에 빠지곤 한다. 이것이 바로 비즈니스 의사 결정의 기반이 되는 모델의 가정, 수학적 원리, 이론을 깊이 이해하고 있어야 하는 이유다.

정리하기

커다란 인공지능 분야에서 일부분인 딥러닝 분야로 넘어왔다. Chapter 3에서는 전통적이지만 여전히 매우 유용하게 활용되는 머신러닝 모델을, Chapter 4에서는 신경망 모델을 배웠다. 훈련 함수, 손실 함수, 최적화라는 일반적인 수학적 구조에 따라 각각의 모델을 자세히 살펴봤다.

여러 층에 걸쳐 신경망의 각 뉴런에 비선형 활성화 함수를 사용해 만들어진 훈련 함수는 설명하기 어려운 데이터의 복잡한 피처와 피처 간 관계를 포착할 수 있다. 수학적 분석, 특히 신경망에 대한 범용 근사 정리는 이런 직관을 뒷받침하며 신경망의 성공을 정당화하는 이론적 배경을 제공한다. 그러나 이런 정리들은 여전히 특정 작업과 데이터셋에 맞는 신경망 구성을 가이드하기에는 부족하다. 따라서 우리는 뛰어난 성능을 발휘하는 신경망 모델을 얻을 때까지 다양한 구조, 정규화, 하이퍼파라미터를 실험해봐야 한다.

신경망은 큰 데이터셋을 가진 대규모 문제에 적합하다. 대규모 문제의 최적화 과정에는 계산 비용이 저렴하고 효율적인 방법이 필요하지만 문제 자체가 워낙 크기 때문에 모든 계산 방법이 비용이 많이 드는 것처럼 보일 수 있다. 이런 대규모 문제에도 사용 가능한 최적화 방법은 확률적 경사 하강법이며 가장 널리 사용되고 선호되는 방법이다. 이 방법의 핵심은 역전파 알고리즘으로, 현재 가중치를 선택할 때 손실 함수(가중치 감소 정규화를 추가하는 경우 그 목적 함수)의 미분을 계산한다. 모든 최적화 과정에 있어서 목적 함수의 형태를 이해하는 것은 가장 중요하며 경험적으로 볼 때 볼록한 형태가 볼록하지 않은 형태보다 최적화하기 쉽다. 다만 신경망 모델의 손실 함수는 일반적으로 볼록하지 않다.

이제 우리는 더 전문적인 인공지능 모델과 더 깊은 수학에 관해 논의할 수 있다. Chapter 5는 순차적인 개념을 다루지 않으므로 여러분이 응용하려는 분야와 관련성이 깊거나 흥미롭게 느껴지는 부분부터 읽어도 좋다.

마지막으로 지금까지 살펴보았던 수학적 개념을 정리한다. 다음 내용들은 인공지능 분야를 더 깊이 이해하기 위해 자세히 알아두어야 하는 개념이다.

확률과 측정

범용 근사 유형의 정리를 증명하는 데 필요한 개념(〈Chapter 11 확률〉에서 살펴본다. 드롭아웃에 대한 불확실성 분석과도 관련이 있다.)

통계

- 신경망의 각 층에서 배치 정규화
- 각 층의 입력에 대한 표준화
- 그 결과 재구성된 입력 분포

최적화

- 경사 하강법
- 확률적 경사 하강법
- 볼록 함수와 비볼록 함수

선형 대수학의 미적분

역전파 알고리즘(행렬 변수에 관한 함수에 적용되는 미적분학의 연쇄 법칙)

Chapter 5

합성곱 신경망과 컴퓨터 비전

> "
> 그들은. 드디어. 볼 수 있다.
>
> – H.
> "

합성곱 신경망convolutional neural network은 컴퓨터 비전과 자연어 처리 분야에 혁명을 일으켰다. 자율 주행 자동차, 스마트 드론, 얼굴 인식, 음성 인식, 의료 영상, 오디오 생성, 이미지 생성, 로봇 공학 등과 같이 윤리적 문제[96]와 관계없는 곳에서는 그 응용 분야가 무한하다.

Chapter 5에서는 합성곱과 교차 상관관계에 대한 간단한 정의와 해석을 시작으로 머신러닝 분야에서 이 두 가지 수학 연산이 혼용되는 사례를 살펴볼 것이다. 우리도 종종 이 두 개념을 혼동해 같은 실수를 범하지만 그럴 만한 충분한 이유가 있다.

그런 다음 그리드 형태grid-like의 신호를 필터링하는 데 합성곱 연산을 적용해볼 것이다. 그리드 형태의 신호 예로는 시계열 데이터(1차원), 오디오 데이터(1차원), 이미지(이미지가 회색조인 경우 2차원, 컬러인 경우 3차원이며, 빨간색, 초록색, 파란색 채널에 해당하는 차원이 있음)와 같은 것들이 있다. 데이터가 1차원이면 1차원 합성곱을 사용하고, 2차원이면 2차원 합성곱을 사용한다(단순하고 간결하게 배우기 위해 여기서는 3차원 컬러 이미지에 3차원 합성곱을 하진 않는다. 다만 3차원 이상의 데이터는 텐서tensor라고 부른다는 사실을 기억하자). 다시 말해, 데이터에 맞게 합성곱의 형태를 조정함으로써 합성곱 신경망의 성공에 기여할 수 있

---

96 감시, 자동화된 무기 등에 쓰이는 경우 윤리적 문제가 생길 수 있다.

는 것이다. 이는 신경망의 입력 형태에 데이터를 맞추는 것과 대조적이다. 예를 들면 2차원 이미지를 하나의 긴 벡터로 평면화하여 1차원 입력만 받는 네트워크에 주입하는 것과 같다. 이후에는 그래프형 데이터에 대한 그래프 신경망에도 동일한 원리가 적용된다는 것을 알게 될 것이다.

다음으로 합성곱을 순방향 신경망 구조에 합치게 된다. 합성곱 연산은 신경망을 완전 연결fully connect하는 것이 아니라 지역적으로 연결locally connect하게 만드는 효과가 있다. 수학적으로 각 합성곱 층의 가중치를 담고 있는 행렬은 완전 연결되어 있지 않기 때문에 그 가중치는 대부분 0이다. 게다가 그 가중치는 비슷한 값을 가지고 있다(가중치 공유weight sharing). 이것이 각각의 입력에 다른 가중치가 할당되는 완전 연결 신경망과 다른 점이다. 따라서 합성곱 층의 가중치를 포함하는 행렬은 대부분 0이며 0이 아닌 부분은 지역화되어 있고 비슷한 값을 공유한다. 이점은 이미지 데이터나 오디오 데이터에 대해서 매우 좋다. 왜냐하면 이 데이터들의 정보 대부분은 지역적으로 분포되어 있기 때문이다. 더군다나 합성곱 층은 최적화 단계에서 저장하고 계산해야 할 가중치의 수를 대폭 줄여주어 많은 양의 피처를 가진 데이터(이미지를 예로 들 수 있다. 각 픽셀이 피처인 점을 상기해보자.)에 이상적이다.

그런 다음 합성곱 신경망의 구조에 흔히 사용되는 층인 풀링 층pooling layer에 대해 설명한다. 〈Chapter 4 신경망을 위한 최적화〉에서 설명한 것처럼 다층 구조와 각 층에서 추출하는 비전 형성은 이미지로부터 점점 더 복잡한 피처를 추출할 수 있으므로 컴퓨터 비전 작업의 성능을 크게 향상시킬 수 있다.

일단 합성곱 신경망의 기본 구조를 이해하면 감성 분석[97], 음성 인식, 오디오 생성 등 자연어 처리와 관련된 작업에 동일한 수학 원리를 적용하는 것은 간단하다. 컴퓨터 비전과 자연어 처리 모두에 동일한 수학 원리가 적용된다는 사실은 우리 뇌가 상황, 경험, 생각에 따라 변할 수 있는 놀라운 능력과 유사하다(우리 뇌의 가상 시뮬레이션이라고 할 수 있다). 우리 뇌에 계속 비유해보자. 뇌는 일부분이 손상되어도 다른 부분이 대체하여 새로운 기능을 수행할 수 있다. 예를 들어 시각을 담당하는 뇌 부위가 손상되면 이 부위는 청각 능력이나 기억 작업을 수행할 수 있다. 이런 현상을 신경과학neuroscience에서는 신경가소성neuroplasticity이라고 한다. 현재 우리는 뇌와 뇌의 작동 원리를 완벽하게 이해할 수 없지만 이 현상을 간단하게 설명해보겠다. 신경망의 뉴런이 하나의 기본 수학 계산을 수행하는 것처럼 뇌의 각 뉴런은 동일한 기본 기능을 수

---

97 옮긴이_ 감성 분석이란 텍스트를 분석하여 해당 텍스트와 그 속의 메시지가 긍정적인지, 부정적인지, 또는 중립적인지 확인하는 작업이다. 감성 분석은 시장 조사, 제품 성과 측정, 브랜드 평판 조회, 고객 서비스 개선 등에 활용될 수 있다.

행하고 여러 층에 걸쳐 다양한 신경 연결을 만들게 된다. 그리고 이러한 연결이 인지 및 행동에서 관찰되는 복잡성을 만들어내는 것이다.

합성곱 신경망은 사실 시각 대뇌피질 visual neocortex에서 영감을 받았다. 2012년 이미지 분류에서 이뤄낸 큰 성공[98]이 인공지능을 다시 주류로 끌어올려 많은 사람들에게 영감을 주었고 지금에 이르게 했다. 관심이 있다면 시각 대뇌피질의 기능과 컴퓨터 비전을 위해 설계된 합성곱 신경망의 유사성에 관한 책을 읽어보는 것도 좋다.

5.1 합성곱과 교차 상관관계

합성곱convolution 연산과 교차 상관관계cross-correlation 연산은 서로 약간 다른 연산으로, 특정 신호에서 각기 다른 것을 측정한다. 여기서 신호는 디지털 이미지나 디지털 오디오 등이 될 수 있다. 다만 필터filter나 커널kernel이라고 불리는 대칭 함수 k를 사용하면 이 둘은 완전히 동일하다. 간단히 말해 합성곱 연산은 필터를 뒤집은 다음 대상 함수에 걸쳐 슬라이딩하는 반면 교차 상관관계 연산은 필터를 뒤집지 않고 슬라이딩한다. 당연히 필터가 대칭적이라면 합성곱 연산과 교차 상관관계 연산은 정확히 동일하다. 커널을 뒤집는 것을 통해 합성곱 연산이 교환 법칙을 만족하게 되므로 이론적으로 증명하는 데 유리하다. 하지만 신경망 관점에서 볼 때 교환 법칙은 그리 중요하지 않은데 그 이유는 다음과 같다.

- 합성곱 연산은 일반적으로 신경망에서 단독으로 사용되지 않고 다른 비선형 함수와 함께 구성된다. 따라서 커널을 뒤집는지 여부에 관계없이 교환성을 잃게 된다.
- 신경망은 일반적으로 학습 과정에서 커널 내의 값을 학습한다. 따라서 올바른 위치에 있는 특정 값을 학습하게 되고 이 경우 뒤집는 것은 중요하지 않게 된다.
- 실제 구현에 있어 중요한 점이다. 합성곱 신경망은 일반적으로 다중 채널 합성곱을 사용한다. 예를 들어 입력은 빨강-초록-파랑 채널이 있는 컬러 이미지이거나 빨강-초록-파랑의 공간 채널과 하나의 시긴 채널을 가신 비디오가 될 수 있다. 또한 합성곱 신경망에서는 배치 모드 합성곱batch-mode convolution을 사용하여 입력 벡터, 이미지, 비디오 또는 다른 유형의 데이터를 일괄적으로 받아 동시에 병렬 합성곱 연산을 수행한다. 즉, 커널을 뒤집더라도 각 연산의 입력 채널과 동일한 수의 출력 채널을 가질 경우에만 교환 법칙이 보장된다. 이는 일반적이지 않은 상황이며 여러 채널의 출력이 보통 전체 또는 부분적으로 합쳐져서 입력 채널보다 적은 수의 출력 채널을 생성하는 경우가 많다.

---

98 AlexNet 2012: *https://oreil.ly/QxjXD*

이러한 이유로 다양한 머신러닝 라이브러리에서 합성곱을 구현할 때 커널을 뒤집지 않는다. 심지어는 교차 상관관계로 구현하고 이를 합성곱이라고 부른다. 이 책에서도 마찬가지다.

두 함수 k와 f 사이의 합성곱 연산은 다음과 같이 정의된다.

$$(k \star f)(t) = \int_{-\infty}^{\infty} f(s)k(-s+t)ds = \int_{-\infty}^{\infty} f(-s+t)k(s)ds$$

그리고 두 이산 함수에 대한 합성곱 연산은 다음과 같다.

$$(k \star f)(n) = \sum_{s=-\infty}^{\infty} f(s)k(-s+n) = \sum_{s=-\infty}^{\infty} f(-s+n)k(s)$$

두 실수 함수 k(필터)와 f 사이의 교차 상관 연산은 다음과 같이 정의된다.

$$(k * f)(t) = \int_{-\infty}^{\infty} f(s)k(s+t)ds = \int_{-\infty}^{\infty} f(s-t)k(s)ds$$

그리고 두 이산 함수에 대한 교차 상관 연산은 다음과 같다.

$$(k * f)(n) = \sum_{s=-\infty}^{\infty} f(s)k(s+n) = \sum_{s=-\infty}^{\infty} f(s-n)k(s)$$

합성곱과 교차 상관 공식은 완전히 동일하게 보이지만 합성곱 연산의 경우 s 대신 $-s$라는 점에서 다르다. 이는 함수를 이동시키기 전에 뒤집는 것과 같다. 또한 합성곱 연산에서는 교차 상관에서와 달리 t 또는 n을 더한다는 점을 유의해야 한다. 따라서 합성곱 연산은 $(f \star k)(n) = (k \star f)(n)$으로 교환 법칙이 성립하지만 교차 상관 연산의 경우 반드시 교환 법칙이 성립하는 것은 아니다. 교환 법칙에 대해서는 나중에 자세히 설명하겠다.

새로운 수학적 개념과 객체를 접할 때는 깊게 파고들기 전에 스스로에게 몇 가지 질문을 던져보는 것이 좋다. 그러면 복잡하고 어둡게 느껴지는 방대하고 기술적인 수학의 늪에서 견고한 수학적 기반을 다질 수 있을 것이다. 질문은 다음과 같다.

이 수학적 객체는 어떤 종류인가?

합성곱과 교차 상관의 경우 계산되는 함수가 이산 함수라면 무한합을 고려하고, 연속 함수라면 무한 영역에 대한 적분을 고려하게 된다. 그리고 이는 자연스럽게 다음 질문으로 이어진다.

무한한 영역에 대해 합을 취하므로 그 결과가 무한대로 발산하지 않도로 하기 위해 사용할 수 있는 함수는 어떤 종류인가?

표현을 약간 바꾸어보자. 어떤 함수에 이런 무한합과 무한 적분이 존재하고 잘 정의되어 있을까? 여기서는 f와 k가 콤팩트 지지 함수 function with compact support 인 경우(유한한 영역을 제외하고 모두 0이 되는 경우) 또는 무한합 또는 무한 적분이 수렴할 수 있을 만큼 빠르게 감소하는 경우처럼 쉬운 답부터 살펴보겠다. 실제로 대부분은 이런 간단한 경우만으로도 충분하다. 특히 이미지 또는 오디오 데이터와 여기에 사용되는 필터 등의 애플리케이션 대부분이 이에 해당된다. 앞서 언급한 간단한 답이 적용되지 않는 사례가 있다면 더 일반적인 답을 찾게 된다. 이런 답은 정리와 증명으로 이루어진다. 가장 일반적인 답을 먼저 찾으려고 해서는 안 된다. 일반적인 해답은 대부분 수세기 동안 형성되고 구체화되면서 무수히 많은 질문에 대한 답을 찾는 과정을 통해 구축된 것이다. 가장 일반적인 답을 찾으려고 하면 그 과정에 압도되기 마련이고, 역사적인 흐름을 어기거나 심지어는 직관에 반하는 경우도 생긴다. 결국 시간과 자원을 낭비하게 되는 것이다. 수학과 분석은 이렇게 발전하지 않았다. 또한 왜 이런 수준의 일반성과 복잡성이 필요한지에 대한 맥락이나 동기를 설명하지 않고 가장 일반적이고 기술적인 언어로 이야기하는 사람을 우연히 만나게 된다면 그냥 무시해야 한다. 그렇지 않으면 회복할 수 없을 정도로 혼돈에 휩싸일 수도 있다.

이 수학적 객체는 어떤 용도로 사용될까?

합성곱 연산은 순수 이론 수학부터 응용 과학, 공학 및 시스템 설계 분야에 이르기까지 광범위하게 응용된다. 수학에서는 미분 방정식, 측정 이론, 확률, 통계, 분석, 수치 선형 대수학 등 많은 분야에 등장한다. 응용 과학 및 공학의 경우 음향학, 분광학, 이미지 처리 및 컴퓨터 비전, 신호 처리에서 유한 임펄스 응답 필터의 설계 및 구현[99]에 사용된다.

---

99 옮긴이_ 디지털 신호 처리에서 배우는 대표적인 필터 두 가지는 유한 임펄스 응답 필터(finite impulse response filter, FIR)와 무한 임펄스 응답 필터(infinite impulse response filter, IIR)다. 유한 임펄스 응답 필터는 비순환필터로, 발산할 여지가 없기 때문에 안정적이다. 하지만 무한 임펄스 응답 필터에 비해 구현이 복잡하다. 유한 임펄스 응답 필터는 가중 이동 평균 필터의 일반화 형태라고도 볼 수 있다. 이에 반해 무한 임펄스 응답 필터는 발산할 수 있기 때문에 불안정하다. 가장 중요한 특징은 합성곱 연산으로 구현이 불가능하다는 점이다. 자세한 내용은 다음 링크를 참고하자.
FIR: http://www.ktword.co.kr/test/view/view.php?m_temp1=3758
IIR: http://www.ktword.co.kr/test/view/view.php?nav=2&no=4220&sh=IIR
FIR과 IIR 비교: http://www.ktword.co.kr/test/view/view.php?nav=2&no=4982&sh=IIR

이 수학적 객체가 내 연구 분야에 어떻게 쓰일 수 있을까? 내 특정 관심사나 사례에 어떻게 응용될까?

인공지능을 만들기 위해 우리는 1차원 텍스트 및 오디오 데이터와 2차원 이미지 데이터로 합성곱 연산을 수행하는 합성곱 신경망을 구성할 것이다. 이런 아이디어는 데이터 유형에 상관없이 모든 고차원 데이터에 대해 일반화될 수 있다.

또한 데이터 및 데이터 분포 관점에서 두 독립 확률 변수의 합의 확률 분포와 관련된 다음 결과를 사용한다.

> μ와 ν가 위상군 $(\mathbb{R}, +)$에 대한 확률 측정값이고, X와 Y가 각각 μ와 ν를 가진 독립 확률변수라면 합성곱 $\mu \star \nu$는 합의 확률변수 $X + Y$의 확률 분포이다.

이에 대해서는 〈Chapter 11 확률〉에서 더욱 자세히 설명한다.

이 수학적 객체는 어떻게 형성되었는가?

관심 있는 수학적 객체가 있다면 약간의 시간을 들여서 언제, 어떻게, 왜 처음 등장했는지 그리고 주요 결과와 함께 히스토리를 알아볼 가치가 있다. 모든 맥락을 제거한 채 건조한 보조 정리, 명제, 정리로 공부하는 것이 아니라 수학 자체의 이야기, 즉 수학자들이 시도했던 노력과 우여곡절을 알아보며 공부하는 것이 좋다. 여기서 얻을 수 있는 가장 가치 있는 교훈은 수학이 다양한 질문에 답하고 연결 고리를 찾으며 필요한 것들을 더 깊이 이해하려고 하는 탐구 과정에서 유기적으로 함께 발전했다는 점이다. 현대의 수학적 분석은 푸리에 사인과 코사인 급수 Fourier sine and cosine series (함수를 구성 요소 주파수로 분해하는 것)와 관련된 매우 간단한 질문의 답을 찾으려는 시도를 통해 발전했다. 예를 들어 적분과 무한합을 언제 바꿀 수 있는지, 적분이란 무엇인지, dx는 대체 무엇인지에 대한 질문 등이 있다. 하지만 이 과정은 다양하고 많은 함수로 인해 간단하지 않았다.

많은 사람들 특히 수학에 두려움을 느끼거나 겁을 먹는 사람들에게 놀라운 사실을 얘기하자면 특정 수학 분야의 아버지와 어머니라고 불리는 수학의 거장들조차도 더 깊이 이해하기 위한 탐구 과정에서 여러 번 실수를 저지르고, 스스로 또는 다른 사람들에 의해 뒤늦게 그 실수를 바로 잡아가며 이론의 형태를 완성했다.

합성곱 적분은 1754년에 달랑베르 d'Alembert 의 테일러 정리 Taylor's theorem 유도 과정에서 처음 등장했다. 그 후 1797년에서 1800년 사이에 실베스트르 프랑소아 라크루아 Sylvestre François Lacroix 는 자신의 저서 『Treatise on Differences and Series』[100]에서 합성곱 적분을 사용했다. 그리고 이어서 합성곱 연산은 라플라스^{Laplace}, 푸리에^{Fourier}, 푸아송^{Poisson}, 볼테라^{Volterra}와 같은 매우 유명한 수학자들의 연구에 등장하게 된다. 여기서 공통점은 이 모든 연구가 적분, 미분, 그리고 함수의 급수와 관련이 있다는 것이다. 즉, 합성곱 연산은 미적분학의 일부로, 함수를 구성하는 주파수(푸리에 급수$^{Fourier Series}$와 푸리에 변환$^{Fourier Transform}$)로 분해하는 것이다.

본격적으로 어떤 수학적 객체를 탐구하기 전에 알아야 할 가장 중요한 연산, 조작 방법, 정리는 무엇일까?

유용하고 이로운 것들은 바이러스처럼 금방 사람들 사이에 퍼져 매우 유명해지게 된다. 합성곱 연산은 매우 단순하지만 유용하며 측정값과 분포 같은 더 복잡한 수학적 객체로 잘 일반화된다. 합성곱 연산은 덧셈과 스칼라곱에 대해 교환 법칙, 결합 법칙, 분배 법칙을 만족한다. 합성곱 연산 내에 적분은 곱셈이 되며 그 미분은 연산을 구성하는 함수 중 하나만 미분하는 형태로 변한다.

5.1.1 변환 불변성과 변환 가변성

합성곱 신경망의 특성들 덕분에 우리는 이미지의 서로 다른 부분에서 유사한 피처들을 감지할 수 있다. 즉, 이미지의 특정 위치에서 발생한 패턴은 다른 위치에서도 쉽게 인식된다. 그 이유는 특정 합성곱 계층의 경우 동일한 필터(커널^{kernel} 또는 템플릿^{template}이라고도 한다)로 이미지 전체에 걸쳐 합성곱 연산을 수행하여 그 필터에 맞는 동일한 패턴(예 가장자리, 수평, 수직, 대각선 방향)을 잡아내기 때문이다. 필터는 고정된 가중치 집합을 가지고 있다. 반면 완전 연결 신경망은 이미지의 픽셀마다 서로 다른 가중치를 사용해야 한다. 이미지 필터링은 행렬의 곱셈 대신 합성곱 연산을 사용하기 때문에 일반적으로 패턴의 위치와 상관없이 그 패턴의 존재 여부만 고려하게 된다. 이로 인해 변환 불변성$^{translation invariance}$이라는 이점을 누릴 수 있다. 수학적으로 변환 불변성은 다음과 같다.

$$trans_a(k) ☆ f = k ☆ trans_a(f) = trans_a(k ☆ f)(t)$$

---

100 이 책은 그의 백과사전 시리즈인 『An Elementary Treatise on Differential Calculus and Integral Calculus』의 일부다.

여기서 $trans_a$는 어떤 함수를 a로 변환한 것이다. 이미지의 특정 피처를 감지하기 위해 설계된 필터가 주어졌을 때 이미지를 (수평 또는 수직 방향으로) 평행 이동하고 필터와 합성곱한 결과가 합성곱을 먼저 하고 평행 이동한 결과와 같다는 의미다. 이런 특징을 변환 가변성translation equivariance이라고 한다. 반면에 변환 불변성은 합성곱 신경망 구조 내의 풀링 층에 기인하는 경우가 많다. 이에 관해서는 나중에 자세히 논의할 것이다. 어쨌든 각 계층에서 전체 이미지에 대해 하나의 필터(하나의 가중치 세트)를 사용한다는 것은 위치에 상관없이 (여러 위치에) 특정 패턴이 존재하는 경우 이를 감지한다는 의미다. 오디오 데이터나 그리드 형태의 다른 유형의 데이터에도 동일하게 적용된다.

5.1.2 일반 영역[101]에서의 합성곱은 주파수 영역에서의 곱이다

두 함수의 합성곱의 푸리에 변환은 각 함수의 푸리에 변환 곱에 스케일링한 것이다. 간단히 말해 푸리에 변환은 함수를 주파수 성분으로 분해한다(〈Chapter 13 인공지능과 편미분 방정식〉에서 푸리에 변환에 대해 자세히 설명할 것이다). 즉, 합성곱 연산은 새로운 주파수를 생성하지 않으며, 합성곱 결과 함수에 있는 주파수는 단순히 이 연산을 구성하는 함수들의 주파수 곱인 것이다.

수학이라는 학문은 다양한 문제를 해결하는 데 유용한 도구를 계속해서 업데이트한다. 전문 분야에 따라 주기 함수를 위한 순환 합성곱, 합성곱 계산을 위한 알고리즘 등 좀 더 복잡한 내용을 연구하기도 한다. 이번에는 신호 및 시스템 설계에서의 합성곱 연산에 대해 깊이 알아보자.

5.2 시스템 설계 관점에서의 합성곱

우리는 주변 환경과 상호 작용하며 특정 작업을 수행하도록 설계된 시스템들에 둘러싸여 있다. 예를 들면 건물의 HVAC 시스템[102], 자동차의 적응형 정속 주행 장치Adaptive Cruise Control

---

101 옮긴이_ 대개 푸리에 변환을 배울 때는 시간 영역과 주파수 영역을 대조하여 그 변환에 대해 알아본다. 이 책에서는 시간 영역에서의 '시간'의 개념을 강조하고 있지 않아 주파수 영역에 대한 반대말로 '일반 영역(usual space)'이라 옮겼다.

102 옮긴이_ Heating, Ventilating, Air Conditioning의 약자로, 난방, 환기, 냉방 등으로 공기의 흐름을 제어하고 조절하는 시스템을 말한다.

System[103], 도시 교통 시스템, 관개 시스템, 통신 시스템, 보안 시스템, 내비게이션 시스템, 데이터 센터 등이 있다. 일부 시스템은 서로 상호 작용하지만 그렇지 않은 시스템도 있다. 또한 온도 조절기처럼 센서를 통해 주변 환경으로부터 신호를 받아 처리한 후 액추에이터actuator로 출력하는 작고 단순한 시스템이 있는 반면 매우 큰 시스템도 있다.

입력 신호를 처리하고 출력 신호를 생성하는 간단한 시스템을 설계하고 분석할 때 합성곱 연산은 선형성과 시간/변환 불변성이라는 특별한 제약 조건 두 가지를 둔다. 전기 신호나 오디오 신호처럼 시간에 의존하는 신호가 아니라 이미지처럼 공간에 의존하는 신호를 다룰 때 선형성과 변환 불변성을 갖게 된다. 비디오는 공간(2차원 또는 3차원)과 시간에 따라 달라진다는 점에 유의하자. 선형성은 스케일링된 신호(증폭 또는 축소)의 출력, 두 개의 중첩된 신호의 출력과 관련이 있다. 시간/변환 불변성은 지연된(시간에 따라 달라지는) 신호의 출력이나 변환 또는 이동된(공간에 따라 달라지는) 신호의 출력과 관련이 있다. 이제부터 이것을 자세히 살펴보자.

선형성과 시간/변환 불변성은 함께 사용하면 매우 강력하다. 시스템의 임펄스 응답Impulse Response이라고 하는 간단한 임펄스 신호의 출력을 알고 있으면 임의의 신호에 대한 시스템의 출력을 찾을 수 있다. 임의의 입력 신호에 대한 시스템의 출력은 신호를 시스템의 임펄스 응답으로 합성곱시키면 간단히 얻을 수 있다. 따라서 선형성 및 시간/변환 불변성 조건을 부과하면 신호 처리 시스템의 분석이 상당히 단순해진다.

그렇다면 이 놀라운 조건들이 얼마나 현실적인지에 대해 질문해볼 수 있다. 다시 말해 선형 및 시간/변환 불변 시스템 또는 대략적으로 선형이고 대략적으로 시간/변환 불변인 시스템이 얼마나 흔한 것일까? 대부분의 현실적인 시스템은 비선형이고 복잡하지 않은가? 다행히 우리는 시스템을 설계하고 직접 제어할 수 있기 때문에 선형성과 시간/변환 불변성을 가진 시스템을 설계할 수 있다. 예를 들면 커패시터capacitor, 저항, 인덕터, 선형 증폭기로 구성된 전기 회로 같은 것들이 있다. 또한 수학적으로 이상적인 기계식 스프링, 질량 및 댐퍼damper 시스템과도 농일하다. 그 외에 다양한 유형의 신호와 이미지를 처리하고 필터링하는 것도 이와 관련된 예라고 할 수 있다. 이 내용은 잠시 후부터 자세히 설명하겠다.

---

103 옮긴이_ 속도 제어, 차간 간격 유지 기능을 수행하는 장치이다.

5.2.1 선형 및 변환 불변 시스템을 위한 합성곱과 임펄스 응답

선형 시스템과 시간/변환 불변 시스템의 개념을 공식으로 살펴보고, 이러한 속성을 가진 시스템의 신호에 대한 응답을 정량화하려고 할 때 합성곱 연산이 어떻게 자연스럽게 사용되는지 이해해보자. 수학적인 관점에서 시스템은 입력 신호 x를 받아 출력 신호 y를 생성하는 함수 H다. 신호 x와 y는 시간, 공간(1차원 또는 고차원) 또는 두 가지 모두에 의존할 수 있다. 시스템을 의미하는 이 함수에 선형성을 적용하면 다음과 같은 두 가지 주장을 할 수 있다.

1 스케일링된 입력 신호의 출력은 원래 출력이 스케일링된 것과 같다.

$$H(ax) = aH(x) = ay$$

2 두 개의 중첩된 신호의 출력은 두 개의 원래 출력을 중첩한 것과 같다.

$$H(x_1 + x_2) = H(x_1) + H(x_2) = y_1 + y_2$$

즉, 시간/변환 불변성을 강제하면 지연된/변환된/이동된 신호의 출력은 지연된/변환된/이동된 원래의 출력과 같다.

$$H(x(t - t_0)) = y(t - t_0)$$

이산적이든 연속적이든 임의의 신호를 다양한 진폭의 임펄스 신호가 중첩된 것이라고 생각하면 앞서 살펴본 특징들을 활용할 수 있다. 이런 방식으로 시스템의 단일 임펄스 신호에 대한 출력, 즉 시스템의 임펄스 응답을 측정할 수 있다면 이는 다른 어떤 신호에 대한 해당 시스템의 응답을 측정할 수 있다는 뜻이다. 이 개념은 다양한 곳에서 활용되는 기초 이론이다. 그리고 여기서는 이산적인 경우만 다룬다. 인공지능에서 관심을 갖는 신호들이 이산적이기 때문이다 (**예** 자연어 처리, 인간과 기계의 상호 작용, 컴퓨터 비전 등). 이 신호는 1차원의 오디오 신호일 수도 있고, 2차원 또는 3차원의 이미지일 수도 있다. 연속적인 신호의 경우 이산적인 단위 대신 무한소 단위를 사용하고 합계 대신 적분을 사용하며 연속성 조건(또는 관련된 적분이 잘 정의되기 위해 필요한 조건)을 강제하는 점을 제외하면 이산적인 신호와 유사하다. 사실 연속적인 경우에는 조금 더 복잡한 것이 추가된다. 임펄스를 수학적으로 올바르게 다시 정의해야 하기 때문이다. 다행히 여러 가지 수학적 방법으로 정의할 수 있다. 예를 들면 분포 이론을 사용하거나, 일반적인 함수에 사용하는 연산자로 정의하거나, 측정값으로 정의하고 르베그^{Lebesgue} 적분을 사용할 수 있다. 하지만 우리는 이산적인 경우만 살펴봐도 충분하다.

단위 임펄스 $\delta(k)$를 0이 아닌 k에 대해서는 0, $k = 0$일 때 1로 정의하고 이때 시스템의 응답을 $H(\delta(k)) = h(k)$라 하자. 그러면 $\delta(n-k)$는 각 k에 대해 0이고 $k = n$일 때 1이 된다. 이는 $k = n$에 위치한 단위 임펄스를 의미한다. 따라서 $x(k)\delta(n-k)$는 $k = n$에서 진폭이 $x(k)$인 임펄스 신호이다. 여기까지 이해가 되었으면 입력 신호 $x(n)$은 다음과 같이 쓸 수 있다.

$$x(n) = \sum_{k=-\infty}^{\infty} x(k)\delta(n-k)$$

이 식에서 $\sum$로 신호를 표현하는 것이 복잡한 방법처럼 보일 수 있지만 모든 이산 신호는 올바르게 스케일링된 단위 임펄스의 무한합으로 표현할 수 있기 때문에 매우 유용하다. 이제 H에 대해 선형성과 변환 불변성을 가정하면 시스템이 신호 $x(n)$에 대해 다음과 같이 표현된다.

$$
\begin{aligned}
H(x(n)) &= H\left(\sum_{k=-\infty}^{\infty} x(k)\delta(n-k)\right) \\
&= \sum_{k=-\infty}^{\infty} x(k)H(\delta(n-k)) \\
&= \sum_{k=-\infty}^{\infty} x(k)h(n-k) \\
&= (x \star h)(n) \\
&= y(n)
\end{aligned}
$$

따라서 선형 및 변환 불변 시스템은 임펄스 응답 $h(n)$으로 완전히 설명된다. 이 시스템을 선형 및 변환 불변 시스템과 무관하게 바라보는 또 다른 방법이 있는데, 이는 앞으로 매우 유용할 것이다. 다음 식을 살펴보자.

$$y(n) = (x \star h)(n)$$

이 식은 신호 $x(n)$을 필터 $h(n)$으로 합성곱 연산하여 신호 $y(n)$으로 변환할 수 있다고 말한다. 따라서 필터 $h(n)$을 신중하고 주의 깊게 설계하면 원하는 피처를 가진 $y(n)$을 생성하거나 입력 신호 $x(n)$에서 특정 피처를 추출(예 모든 엣지edge를 추출)할 수 있다는 뜻이다. 그리고 또 다른 필터 $h(n)$을 사용하면 동일한 입력 신호 $x(n)$에서 다른 피처를 추출할 수 있다. 이런 개념에 대해서는 나중에 자세히 설명할 것이지만 신호나 이미지와 같은 정보가 합성곱 신경망을 통과할 때 각 합성곱 층에서 서로 다른 피처가 추출(매핑)된다는 점을 꼭 기억하기 바란다.

선형 및 시간/변환 불변 시스템에 대한 설명을 마무리하기 전에 선형 및 시간/변환 불변 시스템이 정현파sinusoidal wave[104] 입력에 대해 매우 간단한 응답을 보인다는 점을 짚고 넘어가자. 임의의 주파수로 사인파가 시스템에 입력으로 들어오면 그 출력도 주파수는 같지만 진폭과 위상이 다른 사인파가 된다. 앞서 배운 것처럼 시스템의 임펄스 응답을 알면 모든 주파수의 사인파에 대한 시스템의 응답 주파수를 계산할 수 있으며 그 반대의 경우도 마찬가지다. 정리하자면 시스템의 임펄스 응답을 결정할 수 있으면 주파수 응답을 계산할 수 있고, 반대로 주파수 응답을 결정하면 임펄스 응답을 계산할 수 있다. 그리고 이를 통해 임의의 신호에 대한 시스템의 응답을 완벽히 결정할 수 있다. 이 연결성은 이론적 관점에서나 애플리케이션 관점에서 모두 유용하며 푸리에 변환 및 신호의 주파수 영역에 대한 표현과 밀접하게 연관되어 있다. 간단히 말해 선형 및 변환 불변 시스템의 주파수 응답은 임펄스 응답의 푸리에 변환인 것이다. 이것이 이 책에서 필수적인 개념은 아니므로 여기서는 계산에 대해 자세히 다루지 않지만 이러한 연관성을 인식하고 서로 다른 분야의 것들이 어떻게 결합되고 연결되는지 이해해야 한다.

5.3 합성곱과 1차원 이산 신호

이번에는 합성곱 연산을 자세히 살펴보자. 합성곱 연산은 필터(커널)를 입력 신호에 대해 슬라이딩하며 새로운 신호를 만들어낸다. 여기서는 필터를 뒤집지 않을 것이다. 신경망 관점에서 필터를 뒤집는 것이 무의미하다는 사실을 앞서 확인했기 때문이다. 1차원 이산 신호 $x(n)$에서 시작하여 필터 $k(n)$으로 합성곱 연산을 수행한 다음 새로운 신호 $z(n)$을 생성한다. $x(n)$을 따라 $k(n)$을 슬라이딩하여 $z(n)$의 한 요소씩 구하는 방법을 알아보자. 간단히 하기 위해 $x(n) = (x_0, x_1, x_2, x_3, x_4)$라 가정하고, $k(n) = (k_0, k_1, k_2)$라 가정한다. 이 예제에서 입력 신호 $x(n)$은 오직 5개 성분만 가지고 있으며 필터는 3개의 성분만 가지고 있다. 실제로 신호 처리나 이미지 필터링, 인공지능의 신경망에서 사용되는 입력 신호 $x(n)$과 필터 $k(n)$의 크기는 매우 크다(이런 큰 예제는 곧 보게 될 것이다). 여기서는 설명을 위해 간단히 하겠다. 필터를 뒤집지 않는 합성곱인 이산 교차 상관 공식을 다시 살펴보자.

---

104 옮긴이_ 정현파(sinusoidal wave)란 사인파(sine wave)와 코사인파(cosine wave)를 모두 포함하는 용어로, 일정한 주기를 갖는 곡선을 의미한다. 정현파를 다룰 때 신경 써야 하는 특성값 3가지는 진폭(amplitude), 위상(phase), 주파수(frequency)이다.

$$(k * x)(n) = \sum_{s=-\infty}^{\infty} x(s)k(s+n) = \cdots + x(-1)k(-1+n) + x(0)k(n) + x(1)k(1+n) + x(2)k(2+n) + \cdots$$

$x(n)$과 $k(n)$을 구성하는 요소의 수는 무한하지 않으며 무한 영역에서의 합을 구하기 때문에 인덱스가 정의되지 않은 경우 그 값을 0이라고 가정한다. 이렇게 합성곱 연산을 통해 나온 필터링된 새로운 신호는 다음과 같은 인덱스에서만 의미 있는 값을 가질 것이다.

$$-4, -3, -2, -1, 0, 1, 2$$

각 인덱스의 값이 어떻게 구성되어 있는지 살펴보자.

$$(k * x)(-4) = x_4 k_0$$
$$(k * x)(-3) = x_3 k_0 + x_4 k_1$$
$$(k * x)(-2) = x_2 k_0 + x_3 k_1 + x_4 k_2$$
$$(k * x)(-1) = x_1 k_0 + x_2 k_1 + x_3 k_2$$
$$(k * x)(0) = x_0 k_0 + x_1 k_1 + x_2 k_2$$
$$(k * x)(1) = x_0 k_0 + x_1 k_2$$
$$(k * x)(2) = x_0 k_2$$

합성곱 연산은 신호 $x(n) = (x_0, x_1, x_2, x_3, x_4)$를 고정시키고 필터 $k(n) = (k_0, k_1, k_2)$를 오른쪽에서 왼쪽으로 밀면 이해하기 쉽다. 이 과정은 선형 대수 표기법을 사용해 간단하게 요약할 수 있다. 입력 벡터 $x(n)$에 특수한 형태의 행렬인 퇴플리츠 행렬^{Toeplitz matrix}을 곱하는 것이다. 이 퇴플리츠 행렬에는 필터 가중치들이 포함되어 있다. 이와 관련된 내용은 나중에 더 자세히 살펴볼 것이다.

5.4 합성곱과 2차원 이산 신호

2차원에서 (뒤집지 않은) 합성곱 연산은 다음과 같다.

$$(k * x)(m, n) = \sum_{q=-\infty}^{\infty} \sum_{s=-\infty}^{\infty} x(m+q, n+s)k(q,s)$$

예를 들어 다음 4×4 행렬 A와 3×3 커널 K 사이의 (뒤집지 않은) 합성곱 연산의 인덱스가 $(2,1)$인 요소의 값은 다음과 같다.

$$A * K = \begin{pmatrix} a_{00} & a_{01} & a_{02} & a_{03} \\ a_{10} & a_{11} & a_{12} & a_{13} \\ a_{20} & \boxed{a_{21}} & a_{22} & a_{23} \\ a_{30} & a_{31} & a_{32} & a_{33} \end{pmatrix} * \begin{pmatrix} k_{00} & k_{01} & k_{02} \\ k_{10} & \boxed{k_{11}} & k_{12} \\ k_{20} & k_{21} & k_{22} \end{pmatrix}$$

$$z_{21} = a_{10}k_{00} + a_{11}k_{01} + a_{12}k_{02} + a_{20}k_{10} + a_{21}k_{11} + a_{22}k_{12} + a_{30}k_{20} + a_{31}k_{21} + a_{32}k_{22}$$

이를 확인하기 위해 커널 K의 중심인 k_{11}을 행렬 A의 a_{21} 위에 잘 포개어 놓는다고 상상해보자. 그런 다음 각각의 요소 위에 겹쳐진 값을 서로 곱하고 모든 결과를 합한다. 이 결과는 출력 신호의 한 요소만 계산한 것이라는 점을 다시 한번 확인하자. 만약 이미지를 다루고 있었다면 이는 필터링된 이미지의 픽셀 값 하나일 뿐이다. 따라서 우리는 나머지 값들을 같은 방법으로 계산해야 한다! 이를 위해서는 어떤 인덱스 요소들이 유효한 합성곱 연산에 쓰이는지 알아야 한다. 여기서 유효하다는 것은 커널의 모든 요소들을 계산에 포함시킨다는 뜻이다. 행렬 A에서 유효한 요소는 가정과 정의에 따라 다를 수 있다. 행렬 A의 경계를 0으로 패딩한다면 행렬 A의 모든 요소가 유효하다고 볼 수 있다. 다시 커널과 행렬을 합성곱하는 연산으로 돌아와서 전체 커널을 고려해 중심 인덱스를 찾으려면 계산하려는 인덱스에 K의 중심을 두고 K가 A 위에 있는 것을 상상하면 된다. 이렇게 배치하고 K가 A의 경계를 넘지 않아야 한다고 가정하면 계산이 가능한 인덱스는 $(1,1),(1,2),(2,1),(2,2)$가 되어 출력 신호를 생성할 수 있다.

$$Z = \begin{pmatrix} z_{11} & z_{12} \\ z_{21} & z_{22} \end{pmatrix}$$

이미지에 합성곱 연산을 수행하면 필터링된 이미지 Z는 원본 이미지 A보다 그 크기가 작아진다. 이때 필터링된 이미지가 원본 이미지와 동일한 크기를 갖도록 하려면 필터를 적용하기 전에 원본 이미지를 0으로 패딩해야 한다. 이 예제에서는 A의 경계 전체를 0으로 한 층만 패딩하면 되지만, 만약 K의 크기가 더 크다면 더 많은 층의 0이 필요할 것이다. 다음은 한 층을 0으로 패딩한 A다.

$$A_{padded} = \begin{pmatrix} 0 & 0 & 0 & 0 & 0 & 0 \\ 0 & a_{00} & a_{01} & a_{02} & a_{03} & 0 \\ 0 & a_{10} & a_{11} & a_{12} & a_{13} & 0 \\ 0 & a_{20} & a_{21} & a_{22} & a_{23} & 0 \\ 0 & a_{30} & a_{31} & a_{32} & a_{33} & 0 \\ 0 & 0 & 0 & 0 & 0 & 0 \end{pmatrix}$$

0으로 패딩하는 것이 가장 간단하고 널리 사용되는 방법이지만, 출력 이미지의 크기를 유지하는 다른 방법들도 있다. 몇 가지 방법을 살펴보자.

반영 reflection

0으로 이미지 픽셀 층을 추가하는 대신 이미지의 경계 픽셀과 동일한 값을 그 아래에 층으로 추가하는 방법이다. 즉, 이미지 경계 외부의 픽셀을 꺼버리는 것이 아니라 경계 또는 그 근처의 동일한 픽셀을 사용하여 이미지를 확장하는 방법이다.

래핑 wraparound

이 방법은 주기를 갖는 신호에 사용된다. 수학적 예시로는 순환 합성곱, 순환 행렬, 순환 행렬의 고유값을 생성하는 이산 푸리에 변환 그리고 그 고유벡터를 열로 포함하는 행렬 등이 있다. 여기서는 자세히 설명하지 않겠지만 주기성은 보통 사물을 단순화시키며 주기적인 파동을 만든다. 또한 이 신호들은 푸리에와 관련된 것들로 변환될 수 있다.

다중 채널 multiple channles

하나 이상의 독립적인 필터(가중치 행렬)들을 사용하자. 원래의 입력에서 샘플링한 후에 각각의 출력 신호를 모두 합치는 방법이다.

5.4.1 이미지 필터

[그림 5-1]에서 동일한 이미지에 다양한 커널을 합성곱하여 이미지의 다양한 피처를 추출한 예시를 볼 수 있다.

예를 들어 엣지 검출 연산의 세 번째 커널은 중앙에 8이 있고 나머지 요소는 −1이다. 즉, 현재 픽셀의 강도를 8배로 만든 다음 주변 모든 픽셀의 값을 현재 픽셀에서 빼는 커널이다. 만약 이미지가 균일하다면(모든 픽셀의 값이 같거나 비슷하다면) 이 과정을 통해 0을 반환하여 검은색 또는 꺼진 픽셀을 만들어낼 것이다. 반면에 특정 픽셀이 가령 사슴의 눈이나 얼굴의 경계처럼 뚜렷한 명암 차이가 있는 경계 위에 있다면 합성곱 연산의 출력값은 0이 아닌 값이 될 것이다. 따라서 해당 픽셀은 밝게 나타날 것이다. 이 과정을 전체 이미지에 적용하면 가장자리는 밝은 픽셀로 표현되고 나머지는 어둡게 표현되는 새로운 이미지가 나올 것이다.

연산 종류	커널 w	연산 후 이미지 결과 $g(x,y)$
항등 커널	$\begin{bmatrix} 0 & 0 & 0 \\ 0 & 1 & 0 \\ 0 & 0 & 0 \end{bmatrix}$	
엣지 검출	$\begin{bmatrix} 1 & 0 & -1 \\ 0 & 0 & 0 \\ -1 & 0 & 1 \end{bmatrix}$	엣지가 검출되지 않은 경우 이 연산에서는 나머지 픽셀을 모두 끈다. 까맣게 만든다.
	$\begin{bmatrix} 0 & -1 & 0 \\ -1 & 4 & -1 \\ 0 & -1 & 0 \end{bmatrix}$	
	$\begin{bmatrix} -1 & -1 & -1 \\ -1 & 8 & -1 \\ -1 & -1 & -1 \end{bmatrix}$	
선명화	$\begin{bmatrix} 0 & -1 & 0 \\ -1 & 5 & -1 \\ 0 & -1 & 0 \end{bmatrix}$	픽셀을 매우 강하게 만든 다음 그 주변의 가로 세로 픽셀의 합을 뺀다.
박스 블러	$\dfrac{1}{9}\begin{bmatrix} 1 & 1 & 1 \\ 1 & 1 & 1 \\ 1 & 1 & 1 \end{bmatrix}$	각 픽셀은 주변 모든 픽셀의 평균이 되므로 흐릿한 이미지가 된다.
가우스 블러 3×3	$\dfrac{1}{16}\begin{bmatrix} 1 & 2 & 1 \\ 2 & 4 & 2 \\ 1 & 2 & 1 \end{bmatrix}$	

가우스 블러 5×5	$\dfrac{1}{256}\begin{bmatrix} 1 & 4 & 6 & 4 & 1 \\ 4 & 16 & 24 & 16 & 4 \\ 6 & 24 & 36 & 24 & 6 \\ 4 & 16 & 24 & 16 & 4 \\ 1 & 4 & 6 & 4 & 1 \end{bmatrix}$	
언샤프 마스킹	$\dfrac{-1}{256}\begin{bmatrix} 1 & 4 & 6 & 4 & 1 \\ 4 & 16 & 24 & 16 & 4 \\ 6 & 24 & -476 & 24 & 6 \\ 4 & 16 & 24 & 16 & 4 \\ 1 & 4 & 6 & 4 & 1 \end{bmatrix}$	

그림 5-1 동일한 이미지에 다양한 커널을 적용시킨 결과[105]

엣지를 감지하거나 블러blur(흐리게 하는 효과) 등을 감지할 수 있는 커널은 유일하지 않다. [그림 5-1]에는 블러링을 위한 2차원 이산 가우스 필터도 포함되어 있다. 1차원 가우스 함수를 이산화할 때는 그 대칭성을 잃지 않지만 2차원 가우스 함수를 이산화할 때는 원형 또는 타원형을 정방 행렬square matrix로 근사해야 하므로 방사 대칭성radial symmetry을 잃게 된다. 가우스 함수는 그 중심에서 정점을 찍고 중심에서 멀어질수록 감쇠한다는 점에 유의해야 한다. 또한 곡선 아래 면적(2차원의 경우 표면)은 1이다. 가우스 함수와 어떤 신호를 합성곱하면 평균화averaging 및 스무딩smoothing(노이즈 제거) 효과가 있다. 하지만 선명한 엣지가 제거되는 대가가 따른다. 이것이 바로 블러링의 정의이다. 선명한 엣지가 있는 픽셀이 자신과 그 중심에서 일정 표준 편차 거리 내에 있는 주변의 모든 픽셀의 감쇠 평균으로 대체되는 것이다. 표준 편차(또는 분산, 표준 편차의 제곱)가 작을수록 이미지에서 더 많은 세부 정보를 유지할 수 있다.

[그림 5-2]에 또 다른 좋은 예가 있다. 여기서 오른쪽의 각 이미지는 왼쪽의 이미지와 각 행 중간의 필터(커널)의 합성곱 결과이다. 이 필터들은 가버 필터Gabor Filter[106]라고 한다. 가버 필터는 이미지의 특정 패턴/질감texture/특징을 감지히도록 설계되었다. 또한 이 필터들은 인산의 시

---

105 옮긴이_ 1. 항등 커널(identity)은 픽셀 값을 그대로 유지하는 커널이다. 어떠한 변화도 일으키지 않게 된다. 2. 엣지 검출(edge detection)은 이미지에서 밝기가 급격하게 변화하는 부분, 즉 엣지를 찾는데 사용되는 커널이다. 3. 선명화(sharpen)는 이미지의 엣지를 강조하여 선명하게 만들 때 사용되는 커널이다. 4. 박스 블러(box blur)는 주변 픽셀 값들의 평균을 구하여 모든 픽셀에 적용하는 블러링 커널이다. 가장 간단한 유형의 블러 처리 방식으로 정사각형 모양의 커널 값이 모두 같기 때문에 박스라는 이름이 사용된다. 5. 가우스 블러는 가우스 분포를 간소화한 형태의 커널을 사용하는 블러링 기법이다. 이미지를 부드럽게 흐리게 만드는 효과가 있다. 커널의 크기에 따라 그 효과의 강도가 달라진다. 6. 언샤프 마스킹의 경우 이미지를 선명하게 하는 기법의 하나이다. 가우스 블러로 부드럽게 만든 이미지를 원본 이미지에서 빼고 남은 엣지 성분만을 강조한다. 이미지 출처: *https://oreil.ly/S2Nfu*

106 *https://oreil.ly/LRVLi*

각 시스템에서 볼 수 있는 필터와 유사한 방식으로 동작한다.

우리의 눈은 이미지에서 사물이 변화하는 부분, 즉 대비contrast를 감지한다. 시각 능력은 엣지 (수평, 수직, 대각선)와 기울기gradient(변화의 가파른 정도 측정)를 잡아낸다. 이제 이와 같은 동작을 할 수 있는 필터를 설계하고 합성곱을 하며 신호에 슬라이딩시킨다. 만약 신호에 변화가 없다면 부드럽고 무난한 결과(0이나 서로 가까운 값의 숫자들)를 출력할 것이고 커널과 일치하는 엣지나 기울기가 감지될 때는 피크를 생성할 것이다.

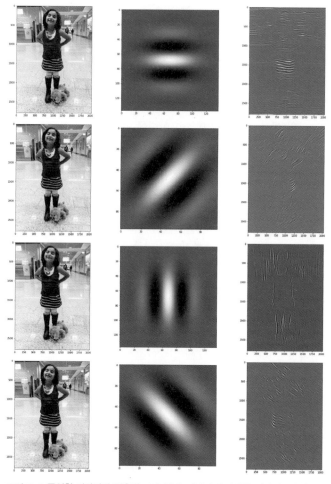

그림 5-2 동일한 이미지에 적용된 가버 필터. 이미지의 다양한 질감과 방향을 잡아내도록 설계한다. 이 책의 GitHub 페이지[107]의 코드를 사용해 실습해볼 수 있다.

---

107 옮긴이_ 옮긴이의 GitHub 페이지 *https://github.com/EmjayAhn/essential-mathematics-for-ai*에서 확인할 수 있다.

5.4.2 피처맵

합성곱 신경망은 완전 연결 신경망이 손실 함수를 최적화하는 것과 같은 방식으로 데이터로부터 커널을 학습한다. 훈련 함수 수식에 들어가지만 알지 못하는 가중치에는 다음과 같은 것들이 있다.

- 합성곱 계층의 각 커널의 가중치
- 합성곱 계층의 각 커널의 바이어스
- 모든 완전 연결 계층의 가중치

합성곱 계층의 출력(비선형 활성화 함수를 포함)을 피처맵feature map이라 부르며, 학습된 커널은 피처 검출기feature detector라고 한다. 합성곱 신경망에서 쉽게 확인할 수 있는 점은 신경망 초기 계층(입력 층에 가까운 층)에서 엣지 같은 낮은 수준의 피처를 학습하고 이후 층들에서 모양과 같은 높은 수준의 피처를 학습한다는 점이다. 이는 새로운 층이 추가될 때마다 비선형 활성화 함수도 같이 추가되기 때문에 자연스럽게 예상할 수 있다. 이에 따라 신경망의 복잡성은 여러 계층을 거치며 증가하게 되고 신경망이 더 복잡한 피처를 표현할 수 있는 능력도 증가하게 된다.

피처맵은 어떻게 그릴까?

피처맵은 훈련된 신경망의 각 합성곱 층에서 무엇을 감지하는지 직접 관찰할 수 있도록 도와준다. 신경망이 아직 훈련 과정 중에 있다면 피처맵을 통해 오류의 원인을 정확히 파악하고 그에 따라 모델을 조정할 수 있다. 훈련된 합성곱 신경망에 이미지를 입력한다고 가정해보자. 첫 번째 층에서는 커널이 합성곱 연산을 사용해 이미지 전체를 훑고 새로운 필터링된 이미지를 생성한다. 이 필터링된 이미지는 비선형 활성화 함수를 통과하여 또 다른 이미지를 생성한다. 그리고 곧바로 풀링 층(곧 설명할 것)을 통과하여 합성곱 층의 최종 출력을 생성한다. 이 출력은 처음에 가지고 있던 이미지와는 다른 이미지일 것이고 차원도 다를 수 있지만, 신경망이 잘 훈련되었다면 출력 이미지는 원본 이미지의 중요한 특징들, 예를 들어 엣지와 질감 등을 강조해 줄 것이다. 이 출력 이미지는 대개 숫자로 이루어진 행렬 또는 텐서(색상 이미지의 경우 3차원, 이미지 또는 비디오 데이터의 배치를 작업할 때는 시간 축을 위한 한 차원이 추가로 필요하다)로 표현된다. 파이썬의 matplotlib 라이브러리를 사용하면 이러한 행렬 또는 텐서를 피처맵으로 쉽게 시각화할 수 있다. 여기서 행렬 또는 텐서의 각 요소는 같은 위치의 픽셀 강도로 표현된다. [그림 5-3]에서 합성곱 신경망의 다양한 피처맵을 확인할 수 있다.

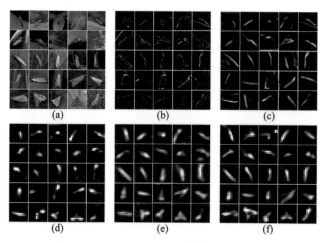

그림 5-3 합성곱 신경망의 합성곱 층별 피처맵[108]

5.5 선형 대수 표기법

이제 합성곱 신경망에서 가장 중요하고 기본적인 연산이 합성곱 연산임을 알게 되었다. 필터 k(1차원, 2차원, 3차원 또는 그 이상일 수 있음)가 주어진 경우 합성곱 연산은 입력 신호에 k를 적용하기 위해 신호 전체에 걸쳐 k를 슬라이딩시킨다. 이 연산은 선형적이며 각 출력은 입력 구성 요소의 선형 조합(필터 k의 가중치)이므로 행렬 곱셈으로 효율적으로 표현할 수 있다. 이런 효율성이 필요한 이유는 합성곱 신경망을 표현하는 훈련 함수를 쉽게 연산하고 미분할 수 있도록 수식을 작성해야 하기 때문이다. 이 문제의 수학적 구조는 이제는 많이 익숙한 보통의 머신러닝 모델과 같다.

훈련 함수

합성곱 신경망의 경우 입력 구성 요소의 선형 조합으로 만들어지며 그 결과는 활성화 함수에 대입된다. 그런 다음 풀링 함수(곧 설명한다)가 다양한 크기와 연결을 갖는 여러 계층을 거쳐 마지막엔 로지스틱 함수[logistic function], 서포트 벡터 머신 함수[support vector machine function] 또는 신경망의 최종 목적(분류, 이미지 분할, 데이터 생성 등)에 맞춘 기타 함수를 거치게 된다.

---

108 이미지 출처: *https://oreil.ly/WvY1l*

완전 연결 신경망과의 차이점은 선형 조합이 필터의 가중치와 연산된다는 점이다. 그 외에는 완전 연결 신경망의 경우와 모두 동일하다(국소적으로 연결된 것이라고 생각하면 완전 연결 신경망과 합성곱 신경망은 그리 다르지 않다).

게다가 필터의 크기는 일반적으로 입력 신호보다 몇 배 작으므로 합성곱 연산을 행렬 표기법으로 표현하면 행렬의 가중치는 대부분 0이다. 완전 연결 신경망에서는 신경망의 각 층에서 각각의 입력 피처에 대응하는 가중치가 있었다. 입력이 컬러 이미지인 경우 각 채널의 각 픽셀에 대해 서로 다른 가중치가 있을 것이다. 하지만 합성곱 층을 사용하기로 했다면 고유한 가중치는 몇 개에 불과하고 나머지는 모두 0으로 채워질 것이다. 이렇게 하면 가중치를 담고 있을 저장 공간과 연산 시간을 대폭 감소시킴과 동시에 중요한 국소적 상호 작용을 포착할 수 있게 된다.

합성곱 신경망은 최종 출력 계층 근처에 완전 연결 계층(각 연결마다 다른 가중치가 할당됨)을 두는 것이 일반적이다. 이는 피처의 추출로 설명할 수 있다. 각 계층에서 국소적이고 복잡성이 증가된 피처를 감지한 후 이를 결합해 예측을 수행한다. 즉, 정보가 완전 연결 계층에 도달하면 그 정보는 가장 중요한 피처들로 정제되어 있을 것이며 이런 정제된 피처는 최종 예측에 기여하는 고유한 피처로 작용할 것이다.

손실 함수

손실 함수는 앞서 다룬 손실 함수와 유사하며 신경망의 예측과 실제 값 사이의 오차를 측정한다.

최적화

여기서도 문제의 크기와 사용되는 변수의 양이 많기 때문에 확률적 경사 하강을 사용한다. 평소와 마찬가지로 손실 함수의 도함수를 계산하고 훈련 함수의 도함수도 계산해야 한다. 신경망의 모든 층과 필터에 포함된 미지의 가중치와 바이어스에 대해 미분 값을 계산해야 한다. 계산 측면에서는 역전파 알고리즘을 통해 그 미분을 계산하는 것이 핵심이다.

선형 대수학은 합성곱 신경망을 훈련시키는 데 필요한 모든 기능을 제공한다. 일반적으로 계산에 있어 가장 나쁜 행렬은 항목에 뚜렷한 구조나 패턴이 없는 밀집 행렬^{dense matrix}(요소 대부분이 0이 아닌 행렬)이다(대각화^{digonalize}할 수 없는 행렬이라면 더 나쁘다). 하지만 희소 행렬(요소 대부분이 0인 행렬)이거나 행렬에 특정 패턴(대각선, 삼각형, 원형 등)이 있는 행렬 또는 두 가지 모두인 경우에는 특수한 행렬 구조를 유리하게 활용할 수 있는 방법을 배우면서 계산 친화적으로 만들 수 있다. 대규모 행렬 연산과 알고리즘을 연구하는 사람들은 이런 활용과 응용에 매우 뛰어나며 그들의 연구가 없었다면 우리는 대규모 네트워크를 실제로 구현하지 못하고 이론으로 남겨두었을 것이다.

1차원에서는 합성곱 연산을 퇴플리츠 행렬이라는 특별한 행렬을 사용해 표현할 수 있다. 그리고 2차원에서는 이중 블록 순환 행렬doubly block circulant matrix이라 부르는 또 다른 특별한 종류의 행렬을 사용해 표현할 수 있다. 여기서는 이 두 가지에 집중할 것이다. 일반적으로 행렬 표기법이 가장 좋은 방법이며 행렬에 내재된 구조를 발견하고 최대한으로 활용하지 않는다면 무지의 늪에 빠질 수 있다는 교훈을 갖고 가야 한다. 또한 가장 일반적인 경우부터 먼저 다루는 것은 시간 낭비일 수 있다. 가장 일반적인 행렬과 특수한 경우의 행렬을 다루는 사이의 절충안은 결과와 함께 $O(n^3)$ 또는 $O(nlogn)$처럼 해당 방법의 복잡도를 함께 분석하는 것이다. 이를 통해 특정 방법을 사용할 때 다른 방법 간의 장단점을 파악할 수 있도록 하는 것이다.

이안 굿펠로Ian Goodfellow가 저술한 『심층 학습』(제이펍, 2018)[109]에서 간단한 예(⟨9장 Convolu-tional Networks⟩)를 빌려왔다. 이 예제는 특정 이미지 내의 수직 엣지를 감지하기 위해 합성곱이나 0이 많은 행렬을 사용하는 것과 일반적인 행렬 곱셈을 사용하는 것 사이의 효율성을 비교하는 것이다. 합성곱은 전체 입력에 걸쳐 작은 국소 영역에 동일한 선형 변환을 적용하는 매우 효율적인 방법이다.

[그림 5-4]의 오른쪽 이미지는 왼쪽의 원본 이미지의 각 픽셀에서 인접한 픽셀의 값을 빼서 만들었다. 이 연산은 입력 이미지의 세로 방향에 있는 엣지의 강도를 보여주며 이는 객체 감지에서 유용한 연산이 될 수 있다.

그림 5-4 이미지에서 수직 방향의 엣지를 감지한다.[110]

---

109 *https://www.deeplearningbook.org*
110 이미지 출처: *https://www.deeplearningbook.org*

두 이미지 모두 세로 길이는 280픽셀이다. 하지만 입력 이미지의 가로 길이는 320픽셀이고, 출력 이미지의 가로 길이는 319픽셀이다. 이 변환은 두 개의 요소로 이루어진 합성곱 커널로 설명할 수 있다. 합성곱을 사용해 계산하려면 $319 \times 280 \times 3 = 267{,}960$개의 부동 소수점 연산(출력 픽셀 한 개당 두 번의 곱셈과 한 번의 덧셈)이 필요하다.

같은 연산을 행렬 곱셈으로 설명할 때 필요한 요소의 개수 측면에서 살펴보면 $320 \times 280 \times 319 \times 280$, 즉 약 80억 개 이상의 요소가 필요하므로 합성곱 연산이 40억 배 더 효율적이다. 또한 연산 측면에서 살펴보면 160억 개 이상의 부동 소수점 연산을 수행해야 하므로 합성곱 연산이 약 6만 배 더 효율적이다. 물론 행렬의 대부분 요소는 0이 될 것이다. 행렬의 0이 아닌 요소만 저장한다면 행렬 곱셈과 합성곱 연산의 부동 소수점 연산 수는 같다. 다만 행렬에는 여전히 $2 \times 319 \times 280 = 178{,}640$개의 요소가 있어야 한다.

－『심층 학습』(제이펍, 2018), 이안 굿펠로

5.5.1 1차원의 경우: 퇴플리츠 행렬 곱셈

띠 모양의 퇴플리츠 행렬은 다음과 같다.

$$Toeplitz = \begin{pmatrix} k_0 & k_1 & k_2 & 0 & 0 & 0 & 0 \\ 0 & k_0 & k_1 & k_2 & 0 & 0 & 0 \\ 0 & 0 & k_0 & k_1 & k_2 & 0 & 0 \\ 0 & 0 & 0 & k_0 & k_1 & k_2 & 0 \\ 0 & 0 & 0 & 0 & k_0 & k_1 & k_2 \end{pmatrix}$$

이 퇴플리츠 행렬에 1차원 신호 $x = (x_0, x_1, x_2, x_3, x_4, x_5, x_6, x_7)$을 곱한 결과는 1차원 필터 $k = (k_1, k_2, k_3)$과 신호 x를 합성곱한 결과와 정확히 같다. 즉, $(Toeplitz)x^t = k * x$다. 곱셈 연산을 수행하니 신호 전반에 걸쳐 필터의 슬라이딩 효과가 나타나는 것을 볼 수 있다.

5.5.2 2차원의 경우: 이중 블록 순환 행렬 곱셈

이미지 필터링과 2차원 합성곱 연산은 2차원 시스템에 포함된다. 여기서는 퇴플리츠 행렬을 곱하는 대신 주어진 벡터가 각 행마다 순환 이동하는 이중 블록 순환 행렬을 곱하게 된다. 이 행렬을 직접 써보고 2차원 합성곱 연산과 동일하다는 것을 확인하는 것은 선형 대수학 연습에 아주 좋다. 딥러닝에서는 이 행렬들의 요소인 가중치를 학습하게 된다. 선형 대수 표기법(퇴플리츠 행렬 또는 순환 행렬 표기법)은 이런 가중치에 대한 손실 함수의 미분 수식을 찾는 데 큰 도움이 된다.

5.6 풀링

풀링pooling은 대부분의 합성곱 신경망에 공통적으로 적용되는 계층이다. 풀링은 일반적으로 입력이 합성곱 필터링을 거쳐 비선형 활성화 함수를 통과한 후에 적용된다. 풀링은 여러 가지 유형이 있지만 그 유형들의 공통적인 개념은 특정 위치의 현재 출력을 인접 출력의 요약 통계로 대체한다는 것이다. 이미지로 예를 들면 4개의 픽셀을 최댓값인 픽셀로 대체한다거나(최대 풀링max pooling), 평균값, 가중 평균, 제곱합의 제곱근 등으로도 풀링을 진행할 수 있다.

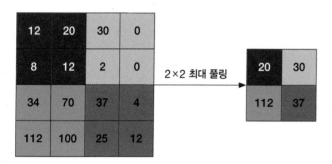

그림 5-5 최대 풀링[111]

결과적으로 이렇게 하면 출력의 인접 픽셀을 요약하고 차원이 줄어드는 이점이 있지만 반대로 디테일을 희생하게 된다. 그래서 풀링은 세부적인 디테일의 예측이 필수적인 경우에는 그다지 적합하지 않다. 그럼에도 불구하고 풀링은 다음과 같은 이점을 가지고 있다.

- 입력이 공간적으로 조금 변화하더라도 대략적인 불변성을 담보한다. 이는 어떤 피처가 정확히 어떤 위치에 있는지보다 해당 피처가 존재하는지 여부가 더 중요한 경우에 매우 유용하다.
- 신경망의 통계적 효율성을 크게 향상시킨다.
- 다음 계층으로 전달되는 입력 수를 줄이기 때문에 신경망의 계산 효율성과 메모리 효율성이 개선된다.
- 풀링되는 인접 출력의 크기와 풀링 후 최종 출력의 크기를 제어할 수 있기 때문에 다양한 크기의 입력을 처리하는 데 도움이 된다.

---

111 이미지 출처: *https://oreil.ly/y9x9P*

5.7 이미지 분류를 위한 합성곱 신경망

이 책의 주된 목적이기도 하지만, 다양한 모델의 기반이 되는 수학 이론을 충분히 이해하지 않고 신경망 구조와 그 변형을 완벽히 이해하는 것은 불가능하다. 다만 컴퓨터 비전 분야에서 이미지 분류를 위한 인공지능을 구축하는 데 필요한 필수 구성 요소와 더불어 이 요소들이 어떻게 결합되는지 살펴볼 수 있다. 이 모델의 훈련 과정에서도 〈Chapter 4 신경망을 위한 최적화〉에서 배운 단계들이 계속 적용된다.

1 (〈Chapter 4 신경망을 위한 최적화〉에서 배웠던 초기화 과정에 따라서) 가중치를 임의로 초기화한다.

2 합성곱 신경망에 이미지 배치를 주입해 순전파시키고 이미지의 예측 클래스 값을 출력한다.

3 이때의 가중치에 대한 손실 함수를 계산한다.

4 손실 함수를 신경망에 역전파시킨다.

5 오차에 기여한 가중치들을 조정한다(확률적 경사 하강).

6 특정 반복 횟수까지 또는 수렴할 때까지 반복한다.

다행히 이 모든 작업을 직접 수행할 필요는 없다. 파이썬 케라스^{keras} 라이브러리에 사전 학습된 모델이 있으며 이 모델들의 가중치는 이미 고정되어 있다. 그러므로 특정 데이터셋에 대해 학습된 모델을 평가하기만 하면 된다.

우린 성공한 신경망의 구조를 자세히 분석하고 배워야한다. [그림 5-6]은 LeCun과 그의 동료들이 만든 LeNet1[112]의 구조를 나타낸 것이고, [그림 5-7]은 AlexNet의 구조를 나타낸 것이다.

LeNet1과 AlexNet의 훈련 함수에 들어가는 가중치의 수를 세어보면 구조를 파악하기 쉽다. 각 층마다 기본 유닛(피처맵$^{feature\ map}$)이 많을수록 가중치의 개수가 더 많다는 의미다. 필자가 직접 [그림 5-6]의 구조를 바탕으로 LeNet1에 포함된 가중치를 세어보니 9,484개라는 것을 확인할 수 있었다. 하지만 해당 논문에서는 9,760개의 가중치가 사용됐다고 언급했다. 필자는 나머지 가중치가 어디 있는지 확인하지 못했지만 혹시 여러분이 찾게 되면 알려주기 바란다. 어쨌든 이제 중요한 것은 최적화 문제를 ~~푸는~~ 것이나. [그림 5-7]의 AlexNet의 가중치도 세어보자. AlexNet은 대략 6,230만 개의 가중치를 가진다. 거기다 신경망을 통해 한 번의 순전파를 하려면 11억 개의 연산 유닛이 필요하다.

---

112 *https://oreil.ly/kKgqL*

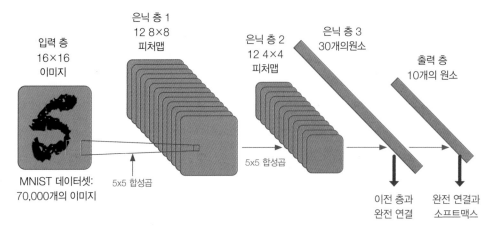

그림 5-6 LeNet1(1989)의 구조

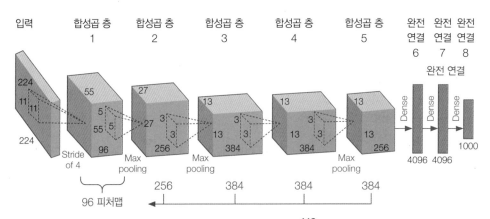

그림 5-7 AlexNet(2012)의 구조. 무려 6,230만 개의 가중치를 가진다.[113]

[그림 5-8]은 손으로 쓴 숫자 8이 사전 학습된 LeNet1을 통과하여 8로 정확하게 분류되는 과정을 보여준다.

마지막으로, 신경망 구조의 선택이 임의적으로 또는 작위적으로 보이거나 또는 더 간단한 구조로 비슷한 성능을 달성할 수 있을지 궁금하다면 커뮤니티에 가입하자. 커뮤니티의 멤버 모두가 같은 의문을 갖고 있다.

---

113 *https://oreil.ly/eEWgJ*

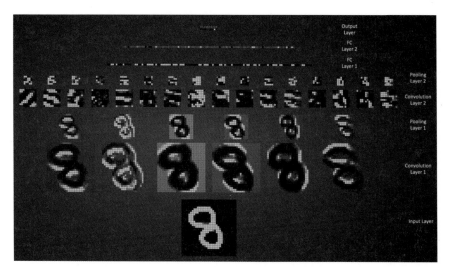

그림 5-8 손으로 쓴 숫자 8 이미지가 사전 학습된 LeNet1을 통과하는 과정[114]

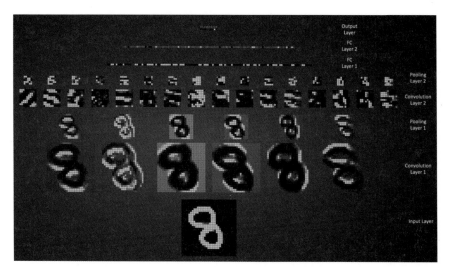

정리하기

지금까지 합성곱 신경망의 가장 중요한 구성 요소인 합성곱 연산에 대해 정의했다. 합성곱 신경망은 컴퓨터 비전, 오디오 신호 처리 및 기타 인공지능 애플리케이션에 필수적인 구조다.

시스템 설계 관점에서 합성곱 연산을 살펴본 다음 1차원 및 2차원 신호 필터링을 통해 합성곱 연산을 소개했다. 그리고 합성곱 연산과 선형 대수학을 연결시켜 동치인 개념(특별한 구조의 행렬 곱셈)을 중점적으로 살펴보았고 이미지 분류 예제로 마무리했다.

합성곱 신경망은 컴퓨터 비전과 자연어 처리를 포함해 수많은 인공지능 시스템에서 필수적인 요소로 자리 잡았다. 따라서 이 책의 후반부에서도 자주 접하게 될 것이다.

---

114 이미지 출처: *https://oreil.ly/6vg0c*

Chapter 6

특이값 분해: 이미지 처리, 자연어 처리, 소셜 미디어

> 꼭 필요한 것만 보여주세요.
>
> — H.

특이값 분해는 선형 대수학에서 나오는 수학 연산으로 데이터 과학, 머신러닝, 인공지능 분야에서 널리 활용된다. 이 연산은 주성분 분석(데이터 분석)과 잠재 의미 분석(자연어 처리)의 기반이 되는 수학 연산이다. 이 연산은 밀집 행렬^{dense matrix}을 대각 행렬^{diagonal matrix}로 변환한다. 선형 대수에서 대각 행렬은 매우 특별하고 매력적인 행렬이다. 대각 행렬은 곱셈을 수행할 때 특정 방향으로만 늘어나거나 줄어드는 스칼라 숫자처럼 작용한다.

행렬의 특이값 분해를 계산하면 해당 행렬이 공간 자체에 미치는 동작을 밝혀낼 수 있을 뿐만 아니라 그 동작을 정량화할 수 있다. 공간 자체에 미치는 동작에는 다음과 같은 것들이 있다.

- 회전^{rotating}
- 반사^{reflecting}
- 늘림^{stretching}
- 줄임^{squeezing}

이 연산들은 선형적이기 때문에 공간의 뒤틀림^{warping}(구부러짐^{bending})이 없다. 이를 '선형 대수'라고 부르는 이유이기도 하다. 한 방향에 대해 극단적으로 늘이거나 줄이는 것은 행렬과 관련된 모든 연산 안정성에 영향을 미친다. 따라서 노이즈 측정처럼 연산 민감도나 안정성을 측정함으로써 행렬과 관련된 연산을 제어할 수 있기도 하다.

특이값 분해의 강력함은 어떤 행렬에도 적용될 수 있다는 사실에 있다. 이로 인해 특이값 분해는 인공지능 분야에서 폭넓게 사용되고 있으며 이 책 역시 그 중요도에 비례해 이렇게 별도의 Chapter로 지면을 할애했다. 우선 특이값 분해의 세부적인 사항보다는 큰 그림 위주로 이미지 처리, 자연어 처리, 소셜 미디어에서의 응용에 중점을 두고 특이값 분해에 대해 살펴볼 것이다.

행렬(이미지, 데이터 행렬 등)이 주어졌을 때의 특이값 분해 계산에 대한 자세한 설명은 생략한다. 대부분의 선형 대수학 책에서는 대칭 행렬 C^tC와 CC^t의 고유벡터 eigenvector와 고유값 eigenvalue을 계산하는 이론적 방법을 제시한다. 사실 데이터가 중심에 있다면 우리에게 고유벡터와 고유값은 데이터의 공분산 행렬과 같다. 이론을 이해하는 것은 여전히 매우 중요하다. 하지만 이 이론이 알려주는 특이값 분해 계산 방법은 효율적인 계산 방법이 아니다. 게다가 실제 문제에서 접하게 되는 대규모 행렬에 대해서는 이 방법으로 계산할 수 없다. 우리는 소프트웨어 패키지를 사용해 쉽게 계산할 수 있는 시대에 살고 있다. 파이썬의 경우 numpy 라이브러리의 `numpy.linalg.svd` 메서드만 호출하면 된다. Chapter 6의 뒷부분에서는 이러한 소프트웨어 라이브러리에 들어가는 수치적 알고리즘을 간략히 살펴볼 것이다. 하지만 Chapter 6의 초점은 특이값 분해가 어떻게 작동하는지, 이 분해가 왜 주어진 문제의 저장 및 계산 요구 사항을 줄이는 데 중요한지, 이 분해가 핵심 정보를 잃게 만들지는 않는지 이해하는 데 있다. 그리고 데이터 클러스터링 clustering에서 특이값 분해의 역할을 알게 될 것이다.

6.1 행렬 분해

스칼라 숫자를 예로 들어보자. 스칼라 숫자는 여러 가지 방법으로 인수분해할 수 있다. 예를 들어 숫자 12를 $12 = 4 \times 3$, $12 = 2 \times 2 \times 3$, $12 = 0.5 \times 24$로 표현할 수 있다. 어떤 인수분해가 더 나은지는 어떻게 사용할지에 따라 다르다. 행렬도 마찬가지다. 선형 대수학에서는 다양하고 유용한 행렬 인수분해 방법을 소개한다. 행렬 인수분해를 사용해 하나의 행렬을 더 작은 구성 요소로 나누고, 각 구성 요소에 대한 이해를 통해 행렬 자체의 기능과 동작에 대한 인사이트를 얻을 수 있다. 이런 분석을 통해 어떤 구성 요소가 가장 많은 정보를 포함하는지, 다른 구성 요소보다 어떤 면에서 더 중요한지에 대한 아이디어를 얻을 수 있다. 어떤 경우에는 덜 중요한 구성 요소를 제거하고 비슷한 기능을 갖지만 더 작은 행렬을 구축함으로써 이익을 얻을 수도 있다. 이렇게 만든 작은 행렬은 모든 구성 요소와 기능을 포함하고 있기 때문에 처음 만든 행렬만큼 상세하지 않을 수 있지만 원래 행렬의 중요한 정보를 충분히 포함하고 있으므로 계산 및 메모리 사용 측면의 이점을 얻을 수 있다. 특이값 분해는 바로 이러한 작업을 수행하게 하는 행렬 인수분해다. 그 수식은 다음과 같다.

$$C_{m \times n} = U_{m \times m} \sum_{m \times n} V_{n \times n}^t$$

이 식에서는 행렬 C를 세 개의 구성 요소 행렬인 U, Σ, V^t로 분해한다. U와 V는 행과 열이 서로 직교이고 정규화된 정사각 행렬 orthonormal matrix 이며 Σ는 대각 행렬로 C와 같은 모양을 갖는다(그림 6-1).

예제로 살펴보자. 행렬 A는 3×3 행렬이고 행렬 B는 3×2 행렬이다.

$$A = \begin{pmatrix} 1 & 2 & 3 \\ 4 & 5 & 6 \\ 7 & 8 & 9 \end{pmatrix}_{3 \times 3}$$

$$B = \begin{pmatrix} 1 & 3 \\ 4 & -2 \\ 0 & 1 \end{pmatrix}_{3 \times 2}$$

행렬 C는 $C = AB$이며, 계산 결과 3×2 행렬이 된다.

$$C_{3 \times 2} = A_{3 \times 3} B_{3 \times 2} = \begin{pmatrix} 1 & 2 & 3 \\ 4 & 5 & 6 \\ 7 & 8 & 9 \end{pmatrix}_{3 \times 3} \begin{pmatrix} 1 & 3 \\ 4 & -2 \\ 0 & 1 \end{pmatrix}_{3 \times 2} = \begin{pmatrix} 9 & 2 \\ 24 & 8 \\ 39 & 14 \end{pmatrix}_{3 \times 2}$$

행렬 C가 숫자 $12 = 4 \times 3$과 같이 행렬 A와 행렬 B의 곱으로 인수분해되는 것으로 생각할 수 있다. 다만 행렬 A와 행렬 B가 앞서 살펴본 특수한 유형의 행렬이 아니기 때문에 이렇게 인수분해하는 것은 큰 의미가 없다. 행렬 C를 의미 있게 분해하기 위해서는 특이값 분해를 수행해야 한다. 모든 행렬은 특이값 분해를 할 수 있다. 파이썬을 사용하여 이를 계산해보자(코드는 주피터 노트북[115] 참고).

---

115 옮긴이_ _https://github.com/EmjayAhn/essential-mathematics-for-ai_ 페이지의 chapter06 폴더를 참고하자.

$$C_{3\times2} = U_{3\times3}\sum\nolimits_{3\times2}V_{2\times2}^t$$

$$= \begin{pmatrix} -0.1853757 & 0.8938507 & 0.4082482 \\ -0.5120459 & 0.2667251 & -0.8164965 \\ -0.8387161 & -0.3604005 & 0.4082482 \end{pmatrix} \begin{pmatrix} 49.402266 & 0 \\ 0 & 1.189980 \\ 0 & 0 \end{pmatrix} \begin{pmatrix} -0.9446411 & -0.3281052 \\ 0.3281052 & -0.9446411 \end{pmatrix}$$

이 행렬 분해를 자세히 살펴보자. V^t의 행 벡터는 오른쪽 특이 벡터 right singular vector 다(V의 열 벡터를 오른쪽 특이 벡터라 할 수도 있다). U의 열은 왼쪽 특이 벡터 left singular vector 이고 $\sum$의 대각선 요소는 특이값 singular value 이다. 특이값은 항상 양수이며 $\sum$의 대각선을 따라 내림차순으로 배열된다. 가장 큰 특이값과 가장 작은 특이값의 비율을 행렬의 조건수 χ라고 한다. 이 예제에서는 특이값이 두 개뿐이며 $\chi = \dfrac{49.402266}{1.189980} = 41.515207$이다. χ는 이 행렬을 포함하고 있는 연산 안정성에 중요한 역할을 한다. 우리는 조건 수가 그리 크지 않은 행렬을 좋은 조건 well-conditioned 의 행렬이라고 한다.

왼쪽 특이 벡터는 직교이며 정규화 orthonormal[116] 되어 있다(서로 직교하고 길이가 1이다). 오른쪽 특이 벡터 역시 직교 정규화되어 있다.

행렬이 가진 내재적 속성을 빠르게 평가하기 위해서는 숫자 배열 자체를 확인하는 것보다 이미지로 변환하여 살펴보는 것이 더 효율적이다. 파이썬을 사용하면 행렬을 이미지로 쉽게 시각화할 수 있다. 행렬의 각 요소 값은 해당 픽셀의 강도 intensity 에 해당한다. 즉, 숫자가 클수록 해당 픽셀이 밝아지고 행렬의 숫자가 작을수록 픽셀이 어두워진다. [그림 6-1]은 앞서 언급한 특이값 분해를 이미지로 보여준다. 대각 행렬 $\sum$는 행렬 C와 모양이 같으며 가장 큰 특이값에 해당하는 왼쪽 상단 모서리는 가장 밝은 픽셀로 표현되고 이를 시작으로 대각선으로 점점 어두워진다.

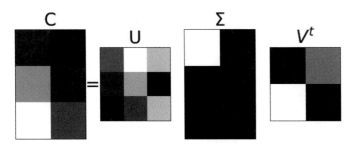

그림 6-1 특이값 분해를 시각화한 그림

---

116 옮긴이_ 여기서 직교라 함은 다음 정의를 따른다. 행렬 U와 행렬 V가 직교 행렬이라는 것은 $UU^T = VV^T = E$ 를 만족하는 것이고, 따라서 $U^{-1} = U^T, V^{-1} = V^T$이다.

[그림 6-2]와 [그림 6-3]은 두 개의 직사각 행렬 A와 B의 특이값 분해를 시각화한 것으로, A는 폭이 넓고 B는 길이가 길다.

$$A = \begin{pmatrix} -1 & 3 & -5 & 4 & 18 \\ 1 & -2 & 4 & 0 & -7 \\ 2 & 0 & 4 & -3 & -8 \end{pmatrix}_{3 \times 5} = U_{3 \times 3} \sum_{3 \times 5} V^t_{5 \times 5}$$

$$B = \begin{pmatrix} 5 & 4 \\ 4 & 0 \\ 7 & 10 \\ -1 & 8 \end{pmatrix}_{4 \times 2} = U_{4 \times 4} \sum_{4 \times 2} V^t_{2 \times 2}$$

[그림 6-2]를 보면 Σ의 마지막 두 열은 모두 0(검은 픽셀)임을 알 수 있으므로 저장 공간을 절약하기 위해 이 두 열과 V^t의 마지막 두 행을 버릴 수 있다('6.2 대각 행렬' 참고). 마찬가지로 [그림 6-3]에서 Σ의 마지막 두 행이 모두 0(검은 픽셀)이므로 이 두 행과 U의 마지막 두 열을 버려 저장 공간을 절약할 수 있다('6.2 대각 행렬' 참고). 즉, 이미 특이값 분해는 저장 공간을 절약하는 역할을 하고 있다(보통 0을 포함하는 Σ 전체를 저장하는 것이 아니라 대각선 요소들만 저장한다는 점을 유의해야 한다).

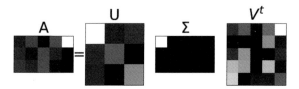

그림 6-2 가로로 긴 직사각 행렬의 특이값 분해를 시각화한 그림. Σ의 마지막 두 열은 모두 0(검은색 픽셀)이므로 저장 공간을 줄일 수 있다. Σ의 마지막 두 열을 V^t의 마지막 두 행과 함께 버린다.

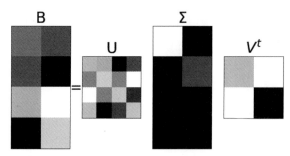

그림 6-3 세로로 긴 직사각 행렬의 특이값 분해를 시각화한 그림이다. Σ의 마지막 두 행은 모두 0(검은색 픽셀)이므로 저장 공간을 줄일 수 있다. Σ의 마지막 두 행을 U의 마지막 두 열과 함께 버린다.

6.2 대각 행렬

벡터에 스칼라 수(**예** 3)를 곱하면 방향은 같지만 길이가 세 배 늘어난 새로운 벡터를 얻게 된다. 같은 벡터에 다른 스칼라 수(**예** −0.5)를 곱하면 같은 방향의 벡터를 얻지만 이번에는 길이가 절반으로 줄어들고 방향이 뒤집힌다. 스칼라 숫자를 곱하는 것은 매우 간단한 연산이며, 이를 벡터에 적용(곱하기)하여 스칼라 숫자와 똑같이 작동하는 행렬이 있으면 좋을 것이다. 우리의 삶이 1차원이라면 스칼라 수만 다루면 되겠지만 실제로는 고차원이므로 대각 행렬을 잘 알아야 한다(그림 6-4)

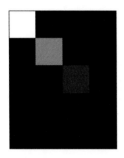

그림 6-4 5 × 4의 대각 요소와 대각 행렬. 가장 밝은 픽셀이 10이고 1이 가장 어둡다(1은 0을 제외하고 가장 어두운 픽셀)

대각 행렬을 곱하는 것은 특정 공간에서 곱해지는 해당 벡터의 방향과 크기를 늘리거나 줄이는 것과 같다. 대각선에 음수가 포함되어 있으면 그 방향을 뒤집는 것과 같다. 잘 알고 있듯이 대부분의 행렬은 대각 행렬이 아니다. 특이값 분해의 강력함은 (비록 넓은 의미에서이긴 하지만) 행렬이 대각 행렬처럼 동작하여 공간의 방향을 제공한다는 데 있다. 대각 행렬은 일반적으로 벡터 좌표와 같은 방향으로 늘리거나 줄인다. 반면에 행렬이 대각 행렬이 아닌 경우 일반적으로 좌표와 같은 방향으로 늘어나거나 줄어들지 않는다. 대각 행렬이 아닌 행렬은 좌표가 변경된 다음 다른 방향으로 늘어나게 된다. 정리하자면 특이값 분해는 다음과 같은 세부 사항을 알려준다.

- 필요한 좌표 변경(오른쪽 특이 벡터 right singular vector)
- 벡터가 늘어나거나 줄어드는 방향(왼쪽 특이 벡터 left singular vector)
- 늘어나거나 줄어드는 크기(특이값 singular value)

이는 '6.3 공간상 선형 변환인 행렬'에서 자세히 설명할 것이다. 그 전에 왼쪽과 오른쪽에서 대각 행렬을 곱하는 것이 무엇인지 명확히 짚고 넘어가자.

대각 행렬 Σ를 행렬 A의 오른쪽에서 곱하면 $A\Sigma$가 되고 행렬 A의 열은 σ만큼 스케일링된다. 다음 수식을 살펴보자.

$$A\Sigma = \begin{pmatrix} a_{11} & a_{12} \\ a_{21} & a_{22} \\ a_{31} & a_{32} \end{pmatrix} \begin{pmatrix} \sigma_1 & 0 \\ 0 & \sigma_2 \end{pmatrix} = \begin{pmatrix} \sigma_1 a_{11} & \sigma_2 a_{12} \\ \sigma_1 a_{21} & \sigma_2 a_{22} \\ \sigma_1 a_{31} & \sigma_2 a_{32} \end{pmatrix}$$

대각 행렬 Σ를 행렬 A의 왼쪽에서 곱하면 ΣA가 되고 행렬 A의 행은 σ만큼 스케일링된다. 다음 수식을 살펴보자.[117]

$$\Sigma A = \begin{pmatrix} \sigma_1 & 0 & 0 \\ 0 & \sigma_2 & 0 \\ 0 & 0 & \sigma_3 \end{pmatrix} \begin{pmatrix} a_{11} & a_{12} \\ a_{21} & a_{22} \\ a_{31} & a_{32} \end{pmatrix} = \begin{pmatrix} \sigma_1 a_{11} & \sigma_1 a_{12} \\ \sigma_2 a_{21} & \sigma_2 a_{22} \\ \sigma_3 a_{31} & \sigma_3 a_{32} \end{pmatrix}$$

6.3 공간상 선형 변환인 행렬

행렬은 공간에 존재하는 벡터에 작용하는 왜곡 없는 선형 변환과 공간 자체에 작용하는 왜곡 없는 선형 변환으로 볼 수 있다. 왜곡이 없다고 가정하면 어떤 작용이 가능한가? 바로 회전 rotation, 반사reflection, 늘림stretching 또는 줄임squeezing이다. 이 모든 것이 왜곡 없는 연산이다(왜곡이 있으면 비선형 연산이 될 수 있다). 특이값 분해 $A = U\Sigma V^t$에서 이 개념을 잡아낸다. 행렬 A가 벡터 $\vec{v}$에 작용하면 $A\vec{v} = U\Sigma V^t\vec{v}$와 같은 식이 되는데 이 곱셈을 단계별로 살펴보자.

- 직교 행렬 V^t로 인해 $\vec{v}$가 회전/반사된다.
- 대각 행렬 Σ로 인해 특정 방향으로 늘어나거나 줄어든다.
- 또 다른 직교 행렬 U로 인해 다시 한 번 회전/반사된다.

---

117 옮긴이_ 이 식을 보니 학창시절에 암기했던 방법이 생각나 짧게 소개한다. "왼컬오로". Σ를 왼쪽에서 곱하면 A의 컬럼(열) 방향으로 스케일링하고, 오른쪽에서 곱하면 로우(행) 방향으로 스케일링한다. 사실 저 식을 빠르게 계산하면 '외울 필요 없지 않나?'라고 생각할 수 있지만, 선형 변환이 여러 개 겹쳐 있을 때 입력이 (여기서는 A) 어떻게 변하는지 기하학적으로 빠르게 이미지화할 수 있도록 하기 위함이다.

반사와 회전은 벡터의 크기와 대칭성을 유지하기 때문에 실제로 공간을 변화시키지는 않는다 (물체를 회전시키거나 거울에 비친 물체를 생각해보자). 대각 행렬 Σ에 인코딩되어 있는 양 (대각선으로 존재하는 특이값)의 변화를 통해 행렬 A가 미치는 동작에 관한 유용한 정보를 얻을 수 있다.

> **NOTE 직교 행렬**
>
> 직교 행렬은 직교 행과 직교 열을 갖는다. 직교 행렬은 벡터를 절대 늘리거나 줄이지 않고 회전 및/또는 반사만 한다. 즉, 객체에 작용될 때 크기와 모양은 변하지 않고 위치 및/또는 방향만 바뀐다. 수학에서 대부분이 그렇듯 우리를 혼란스럽게 하는 것은 이름이다. 행과 열이 직교하고 그 길이가 1과 같다는 의미인데도 불구하고 '직교 행렬'이라 불린다. 직교 행렬의 유용한 특징을 한 가지 더 알아보자. C가 직교 행렬이면 다음을 만족한다.
>
> $$CC^t = C^tC = I$$
>
> 즉, 직교 행렬의 역행렬은 자기 자신의 전치 행렬이다. 행렬의 역행렬을 계산하는 것은 보통 비용이 많이 드는 연산이지만 직교 행렬의 경우에는 행과 열을 바꾸기만 하면 된다.

앞서 살펴본 개념들을 시각화하기 쉽도록 2차원 행렬을 사용해 설명한다. 이제부터 우리는 다음 사항들을 살펴볼 것이다.

- 행렬 A가 행렬 V의 열인 오른쪽 특이 벡터 $\vec{v}_1$, $\vec{v}_2$에 미치는 영향을 알아본다. 이 영향은 행렬 U의 열인 왼쪽 특이 벡터 $\vec{u}_1$, $\vec{u}_2$의 배수로 전달된다.
- 행렬 A가 표준 단위 벡터 $\vec{e}_1$, $\vec{e}_2$에 미치는 영향을 알아본다. 또한 이 영향으로 단위 정사각형이 평행사변형으로 변환되는 것을 알 수 있다.
- 행렬 A가 일반적인 벡터 $\vec{x}$에 미치는 영향을 알아본다. 이를 통해 행렬 U와 행렬 V가 공간에서 회전과 반사로 이해되는 데 도움이 될 수 있다.
- 행렬 A의 단위 원에 미치는 영향을 알아본다. 행렬 A는 단위 원을 타원으로 변환하고 그 주축은 왼쪽 특이 벡터($\vec{u}$)를 따르며 주축의 길이는 특이값(σ)이 된다. 특이값은 내림차순으로 배열되므로 $\vec{u}_1$은 가장 변동성이 큰 방향을 정의하고 $\vec{u}_2$는 두 번째로 큰 변동성을 가진 방향을 정의하는 식이다.

6.3.1 오른쪽 특이 벡터에 대한 행렬 A의 작용

행렬 A를 다음과 같이 2×2 행렬이라 가정하자.

$$A = \begin{pmatrix} 1 & 5 \\ -1 & 2 \end{pmatrix}$$

특이값 분해 $A = U\Sigma V^t$는 다음과 같이 주어진다.

$$A = \begin{pmatrix} 0.93788501 & 0.34694625 \\ 0.34694625 & -0.93788501 \end{pmatrix} \begin{pmatrix} 5.41565478 & 0 \\ 0 & 1.29254915 \end{pmatrix} \begin{pmatrix} 0.10911677 & 0.99402894 \\ 0.99402894 & -0.10911677 \end{pmatrix}$$

식 $A = U\Sigma V^t$의 양변 오른쪽에 V를 곱하고, V의 직교성에 따라 $V^t V = I$를 대입하면 다음과 같다.

$$AV = U\Sigma$$

AV는 행렬 A가 행렬 V의 각 열에 작용하는 것이라 생각할 수 있다. $AV = U\Sigma$이므로 V에 대한 A의 작용은 U의 열을 특이값만큼 늘리거나 줄이는 것과 동일하다. 따라서 이를 식으로 표현하면 다음과 같다.

$$A\vec{v}_1 = \sigma_1 \vec{u}_1$$
$$A\vec{v}_2 = \sigma_2 \vec{u}_2$$

이 관계는 [그림 6-5]에서 그림으로 확인할 수 있다.

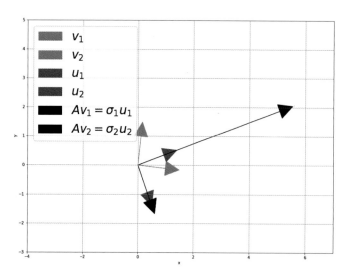

그림 6-5 행렬 A는 오른쪽 특이 벡터를 왼쪽 특이 벡터의 배수로 변환한다.

6.3.2 표준 단위 벡터와 단위 정사각형에 대한 행렬 A의 작용

행렬 A는 표준 단위 벡터를 행렬 A의 열로 보내고 단위 정사각형을 평행사변형으로 변환한다. 공간의 왜곡(뒤틀림)은 없다. 이 변환은 [그림 6-6]에서 확인할 수 있다.[118]

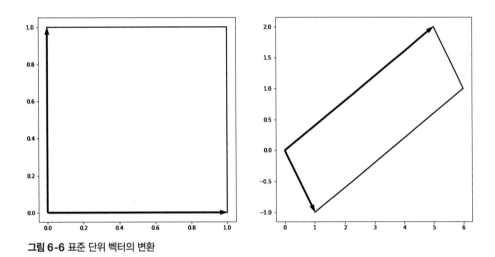

그림 6-6 표준 단위 벡터의 변환

6.3.3 단위 원에 대한 행렬 A의 작용

[그림 6-7]에서 행렬 A가 단위 원을 타원으로 변환하는 것을 볼 수 있다. 주축[119]은 u를 따르고 주축의 길이는 σ와 같다. 또한 행렬은 선형 변환이므로 공간에서 반사/회전/늘림/줄임이 있을 수 있지만 왜곡은 없다.

---

118 옮긴이_ 이 부분에 대한 설명이 부족한 것 같다는 생각이 들어 약간의 설명을 덧붙인다. 표준 단위 벡터란 벡터의 길이가 1이고 각 요소가 차원의 방향을 나타내는 벡터를 의미한다. 예를 들어 2차원이라면 $(1,0), (0,1)$ 이렇게 두 개의 표준 단위 벡터가 있게 된다. 이 두 벡터는 자연스럽게 각각 x축과 y축이 된다. 행렬 A가 표준 단위 벡터에 곱해지면 $(1,0)$은 A의 첫 번째 열로 이동하고 $(0,1)$은 A의 두 번째 열로 이동한다. 이런 방식으로 단위 벡터에 의해 형성된 단위 정사각형은 A의 열 벡터에 의해 정의되는 평행사변형으로 변환된다. 이때 중요한 것은 선형 변환(행렬 A의 작용)이 공간 자체를 왜곡시키지 않는다는 점이다. 즉, 길이와 각도는 변할 수 있지만 선과 평면의 '선형' 구조는 그대로 유지된다.

119 옮긴이_ 타원에서 주축이란 장축을 의미한다.

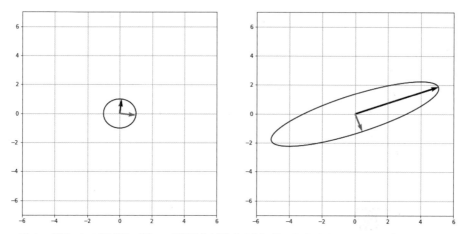

그림 6-7 행렬 A는 단위 원을 타원으로 변환한다. 타원의 주축은 왼쪽 특이 벡터를 따라가고 주축의 길이는 특이값과 같다.

특이값 분해를 통해 앞서 설명한 작용을 쉽게 이해할 수 있다.

극분해polar decomposition란 다음과 같다.

$$A = QS$$

이 식을 보면 원이 타원으로 변환되는 과정을 기하학적으로 이해할 수 있다.[120]

6.3.4 특이값 분해에 따른 원에서 타원으로의 변환 분석

[그림 6-8]은 앞서 설명한 원에서 타원으로의 변환 과정을 단계별로 분해하여 보여준다.

- 단위 원과 벡터 $\vec{v}_1$, $\vec{v}_2$를 V^t로 곱한다. $V^tV = I$이므로 $V^t\vec{v}_1 = \vec{e}_1$이고, $V^t\vec{v}_2 = \vec{e}_2$다. 따라서 처음에 오른쪽 특이 벡터가 표준 단위 벡터와 올바르게 정렬되어 곧게 펴진다.

- Σ를 곱한다. 이 과정에서 표준 단위 벡터가 σ_1과 σ_2(특이값의 크기가 1보다 크거나 작은 경우에 따라 늘어나거나 줄어듦)에 의해 늘어나거나 줄어든다.

- U를 곱한다. 이는 타원이 선을 따라 반사되거나 시계 방향 또는 반시계 방향으로 회전하게 만든다(이어서 자세히 설명한다).

---

120 옮긴이_ 이해를 돕기 위해 설명을 덧붙인다. 극분해란 행렬 A를 두 부분 Q와 S로 나누는 방법이다. 여기서 Q는 회전을 나타내고 S는 스케일링, 즉 크기 조정을 나타낸다. 원은 먼저 Q에 의해 회전하고 S에 의해 스케일링되어 타원으로 변환된다.

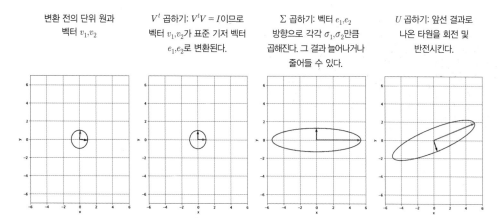

변환 전의 단위 원과 벡터 v_1, v_2

V^t 곱하기: $V^t V = I$이므로 벡터 v_1, v_2가 표준 기저 벡터 e_1, e_2로 변환된다.

Σ 곱하기: 벡터 e_1, e_2 방향으로 각각 σ_1, σ_2만큼 곱해진다. 그 결과 늘어나거나 줄어들 수 있다.

U 곱하기: 앞선 결과로 나온 타원을 회전 및 반전시킨다.

그림 6-8 특이값 분해를 사용해 단위 원에서 타원으로 변환하는 것을 단계별로 보여준다.

6.3.5 회전 행렬과 반사 행렬

특이값 분해 $A = U\Sigma V^t$에서 행렬 U와 V^t는 직교 행렬이다. 즉, 행과 열은 직교하고 그 역행렬은 전치transpose 행렬과 같다. 2차원에서 U와 V는 회전 행렬rotation matrix 또는 선에 대한 반사 행렬reflection matrix일 수 있다.

회전 행렬

시계 방향으로 θ만큼 회전하는 행렬은 다음과 같다.

$$\begin{pmatrix} \cos\theta & \sin\theta \\ -\sin\theta & \cos\theta \end{pmatrix}$$

회전 행렬의 전치 행렬은 반대 방향으로 회전하는 것을 말한다. 따라서 행렬이 시계 방향으로 θ만큼 회전하면 그 전치 행렬은 반시계 방향으로 θ만금 회전하게 된다. 즉, 반시계 방향으로 회전하는 행렬은 다음과 같다.

$$\begin{pmatrix} \cos\theta & -\sin\theta \\ \sin\theta & \cos\theta \end{pmatrix}$$

반사 행렬

x축과 각도 θ를 이루는 직선 L에 대한 반사 행렬은 다음과 같다.

$$\begin{pmatrix} \cos 2\theta & \sin 2\theta \\ \sin 2\theta & -\cos 2\theta \end{pmatrix}$$

직선 L의 기울기는 $\tan \theta$이며 원점을 통과하므로 직선 L에 대한 방정식은 $y = (\tan \theta)x$다. 이 직선은 반사 연산을 위한 거울과 같은 역할을 한다. [그림 6-9]에서 행렬 V'와 U가 반사하는 두 직선과 벡터 $\hat{x}$, 그리고 벡터 $\hat{x}$가 변환되는 모습을 확인할 수 있다.

회전 행렬의 행렬식은 1이고, 반사 행렬의 행렬식은 −1이다.

고차원에서 반사 행렬과 회전 행렬은 조금 다르게 보인다. 항상 다루고 있는 객체를 이해해야 한다. 3차원 공간에서 회전이 있다면 어떤 축을 기준으로 회전할까? 3차원 공간에서 반사가 있다면 어떤 평면에 대해 반사될까? 더 자세히 알아보고 싶다면 직교 행렬과 그 속성에 대한 자료를 읽어보는 것도 좋다.[121]

6.3.6 일반적인 벡터 $\hat{x}$에 대한 행렬 A의 작용

지금까지 오른쪽 특이 벡터(왼쪽 특이 벡터로 매핑됨), 표준 단위 벡터(행렬 A의 열로 매핑됨), 단위 정사각형(평행사변형으로 매핑됨), 단위 원(왼쪽 특이 벡터를 따라 주축이 있고, 그 길이는 특이값과 같은 타원에 매핑됨)에 대한 행렬 A의 작용을 살펴봤다. 마지막으로 일반적이고 특별하지 않은 벡터 $\hat{x}$에 대한 행렬 A의 작용을 살펴보자. 사실 일반적인 벡터 $\hat{x}$는 별로 특별하지 않은 벡터 $A\hat{x}$로 매핑된다. 하지만 이 변환을 특이값 분해를 사용해 단계별로 나누어 살펴보면 매우 유익할 것이다.

예제로 사용하고 있는 행렬 A와 그 특이값 분해를 상기시켜보자.

---

121 옮긴이_ 3차원에서의 회전 행렬과 반사 행렬에 관한 좋은 읽기 자료를 덧붙인다.
  https://gaussian37.github.io/math-la-rotation_matrix/
  https://m.blog.naver.com/kimjw1218/70178629876

$$A = \begin{pmatrix} 1 & 5 \\ -1 & 2 \end{pmatrix}$$

$$= U\Sigma V^t$$

$$= \begin{pmatrix} 0.93788501 & 0.34694625 \\ 0.34694625 & -0.93788501 \end{pmatrix} \begin{pmatrix} 5.41565478 & 0 \\ 0 & 1.29254915 \end{pmatrix} \begin{pmatrix} 0.10911677 & 0.99402894 \\ 0.99402894 & -0.10911677 \end{pmatrix}$$

이 특이값 분해에서 U와 V^t는 모두 반사 행렬이다. 이 반사 변환에서 거울 역할을 하는 직선 L_U와 L_{V^t}를 [그림 6-9]에서 확인할 수 있고 그 직선에 대한 방정식은 각 행렬에서 쉽게 찾을 수 있다. $\cos(2\theta)$와 $\sin(2\theta)$는 첫 번째 행에 있으므로 이를 활용해 기울기 $\tan(\theta)$를 찾을 수 있다. 그러면 V^t가 반사하는 직선의 방정식은 $y = (\tan(\theta_{V^t}))x = 0.8962347008436108x$ 이고, U가 반사하는 직선의 방정식은 $y = (\tan(\theta_U))x = 0.17903345403184898x$가 된다. $A\vec{x} = U\Sigma V^t\vec{x}$이므로, 먼저 $\vec{x}$가 직선 L_{V^t}에 반사되어 직선 $V^t\vec{x}$가 된다. [그림 6-9]는 이 과정을 보여준다.

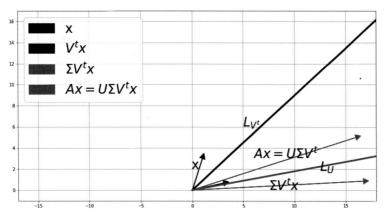

그림 6-9 일반 벡터 $\vec{x}$에 대한 행렬 A의 작용. 특이값 분해를 사용해 변환을 단계적으로 보여준다.

6.4 행렬 곱셈을 위한 세 가지 방법

빅데이터 시대에 들어서면서 행렬 곱셈을 효율적으로 수행할 수 있는 알고리즘을 갈망하게 되었다. 이론적으로 두 행렬 $A_{m \times n}$과 $B_{n \times s}$를 곱하는 데는 세 가지 방법이 있다.

행row_열column 접근법

행렬 A의 i번째 행과 행렬 B의 j번째 열의 내적을 통해 한 번에 하나의 요소 $(ab)_{ij}$를 생성한다.

$$(ab)_{ij} = A_{row_i} B_{col_j} = \sum_{k=1}^{n} a_{ik} b_{kj}$$

열column_열column 접근법

행렬 A의 열과 행렬 B의 i번째 열을 선형 결합함으로써 한 번에 하나의 열 $(AB)_{col_i}$를 생성한다.

$$(AB)_{col_i} = b_{1i} A_{col_1} + b_{2i} A_{col_2} + \cdots + b_{ni} A_{col_n}$$

열column_행row 접근법

행렬 A의 첫 번째 열과 행렬 B의 첫 번째 행을, 두 번째 열과 두 번째 행을, … 이런 식으로 각각 곱하여 랭크[122]가 1인 부분 행렬들을 생성한다. 그런 다음 랭크가 1인 행렬들을 모두 더해 최종적인 행렬 AB를 구한다.

$$AB = A_{col_1} B_{row_1} + A_{col_2} B_{row_2} + \cdots + A_{col_n} B_{row_n}$$

이 방식을 통해 특이값 분해의 유용성을 이해할 수 있다. 특이값 분해 $A = U\Sigma V^t$는 행렬 곱셈의 열-행 접근법을 사용하여 랭크가 1인 행렬들의 합으로 확장할 수 있다. 여기서는 행렬 $U\Sigma$ (행렬 U의 각 열 U_{col_i}를 σ_i로 스케일링한 행렬)를 V^t와 곱하는 것으로 생각한다. 특이값 분해에 열-행 접근법을 사용한 수식은 다음과 같다. 다음 수식에서 r은 행렬 A에서 0이 아닌 특이값의 개수이다. 또 이 값은 행렬 A의 랭크라고 부르기도 한다.

$$A = U\Sigma V^t = \sigma_1 U_{col_1} V_{row_1}^t + \sigma_2 U_{col_2} V_{row_2}^t + \cdots + \sigma_r U_{col_r} V_{row_r}^t$$

이 수식 표현의 좋은 점은 σ가 큰 것부터 감소하는 순서로 정렬된다는 점이다. 이는 행렬 A를 중요도 순으로 배열된 랭크가 1인 행렬의 합으로 분해한다는 뜻이다. 또한 특이값이 작은 부분을 버리면 행렬 A를 더 작은 랭크의 행렬로 근사시킬 수 있는 방법이 된다. 에카르트-영-미르

---

122 옮긴이_ 여기서 랭크는 행렬의 차원을 의미한다. 이 행렬이 선형 독립일 때 행렬의 차원은 행렬의 열과 행의 개수 중 최댓값이다. 예를 들어 행렬 A가 3×2 행렬이라면 행렬 A의 랭크는 2다.

스키^{Eckart-Young-Mirsky} 정리[123]는 프로베니우스 노름^{Frobenius norm}[124]을 사용해 행렬에 대한 근사의 근접도를 측정해봄으로써 이 방법이 행렬 A의 저차원 근사를 찾는 가장 좋은 방법이라고 주장한다. 잠시 후에는 디지털 이미지 압축을 위해 행렬 A를 랭크 1인 행렬로 분해하는 것을 활용해볼 것이다.

> **NOTE** 행렬 곱셈을 위한 알고리즘
>
> 행렬 곱셈을 위한 효율적인 알고리즘을 개발하는 것은 매우 중요하지만 매우 어려운 목표다. 행렬 곱셈에서는 한 번의 곱셈 연산을 절약하기만 해도 매우 가치가 있다(덧셈 연산을 절약하는 것은 그다지 중요하지 않다). 최근 딥마인드^{Deep Mind}는 행렬 곱셈에서 더 효율적인 알고리즘을 자동으로 발견하는 알파텐서^{AlphaTensor}[125](2022)를 개발했다. 행렬 곱셈은 신경망, 컴퓨터 그래픽, 과학 컴퓨팅을 포함한 광범위한 기술의 밑바탕이 되기 때문에 이는 획기적인 사건이다.

6.5 큰 크림

지금까지 공간에 대한 행렬 A의 작용이라는 관점과 랭크가 작은 행렬을 사용해 행렬 A를 근사화하는 관점에서 행렬 $A = U \Sigma V^t$의 특이값 분해에 대해 살펴봤다. 인공지능에 응용되는 애플리케이션으로 넘어가기 전에 큰 그림을 바라보고 전체적인 관점을 가져보자.

우선 실수 행렬이 주어졌을 때 그 쓰임새에 따라 달라지는 것들을 이해해야 한다.

- 만약 행렬이 우리가 관심 있는 데이터를 표현한 것이라면, 예를 들어 이미지나 표 형식의 데이터라면 이 행렬(데이터)에서 가장 중요한 구성 요소는 무엇일까?
- 데이터가 주로 어떤 방향으로 퍼져 있는가?(데이터의 변동이 가장 큰 방향)
- 행렬 $A_{m \times n}$이 초기 공간 $\mathbb{R}^n$에서 목표 공간 $\mathbb{R}^m$으로의 변환이라고 생각하면 이 행렬이 $\mathbb{R}^n$의 벡터에 미치는 영향은 무엇일까? $\mathbb{R}^m$에서는 어떤 벡터로 보내질까?
- 이 핵렬이 공간 지체에 미치는 영향은 무엇일까? 행렬에 의한 변환은 선형 변환이기 때문에 공간 왜곡은 없지만 공간의 늘림/줄임/회전/반사가 될 수 있다.

---

123 *https://oreil.ly/5eYKY*

124 *https://oreil.ly/Yev1c*

125 *https://oreil.ly/HZPbd*

- 다양한 물리 시스템은 $A\vec{x} = \vec{b}$ 형태의 선형 방정식으로 표현될 수 있다. 이 시스템을 어떻게 해결할 수 있을까(즉, 어떻게 $\vec{x}$를 찾을 수 있을까)? 행렬 A의 특성에 따라 가장 효율적인 방법은 무엇일까? 만약 해가 없다면 우리의 목적을 만족할 수 있는 근사 해가 있을까? 선형 방정식으로 표현했다는 것은 행렬 A가 작용할 때 $\vec{b}$로 변환되는 미지의 벡터 $\vec{x}$를 찾고 싶다는 뜻이다.

특이값 분해는 이 모든 질문에 답할 수 있다. 처음 두 가지 질문은 행렬 자체에 관한 것이고, 그 다음 두 가지는 행렬과 벡터의 곱에 대한 효과와 관련이 있다(행렬은 공간에 작용할 뿐만 아니라 이 공간의 벡터에도 작용한다). 마지막 질문은 다양한 종류의 애플리케이션에서 마주할 수 있는 선형 방정식 시스템에 대한 해결과 관련이 있다.

따라서 우리는 행렬을 두 가지 관점에서 바라봐야 한다.

- 해당 행렬의 고유 속성은 무엇인가?
- 해당 행렬을 변환이라고 바라볼 때 그 특징은 무엇인가?

이 두 가지는 행렬의 고유 속성이 벡터와 공간에 작용하는 방식에 영향을 미치기 때문에 서로 관련이 깊다.

다음은 유의해야 할 속성이다.

- 행렬 A는 초기 공간의 직교 정규 벡터^{orthonormal vector} v_i(오른쪽 특이 벡터)를 목표 공간의 직교 정규 벡터 u_i(왼쪽 특이 벡터)의 스칼라 배수로 변환한다. 이를 수식으로 표현하면 다음과 같다.

$$Av_i = \sigma_i \mu_i$$

- 주어진 행렬이 정방 행렬이라면 그 행렬의 행렬식의 절댓값은 모든 특이값들의 곱과 같다.

$$\sigma_1 \sigma_2 \cdots \sigma_r$$

- 유클리드 공간에서 거리 개념과 같은 l^2 노름에 대해 행렬의 조건수는 가장 큰 특이값과 가장 작은 특이값의 비율이다.[126]

$$\chi = \frac{\sigma_1}{\sigma_r}$$

---

126 옮긴이_ 행렬의 조건수(condition number)를 정의하는 데 있어 행렬의 노름은 반드시 필요하다. 행렬 A에 대한 조건수 $cond(A)$ = $\chi(A)$는 다음과 같이 정의된다. $cond(A) = \chi(A) = \|A\| \|A^{-1}\|$
이때 일반적인 p − 노름을 사용하는데, $p = 2$로 유클리드 거리, 즉 l^2 노름으로 정할 경우 다음 식이 성립한다.
$(\|A\|_2)^2 = \lambda[A^T A] a$
즉, 행렬의 l^2 노름의 제곱은 $A^T A$의 최대 특이값과 같다. 또한 행렬 A가 대칭 행렬이라면 $\|A\|_2 = \lambda_{\max}[A]$다. 따라서 조건수 $cond(A) = \|A\|_2 \|A^{-1}\|_2 = \frac{\lambda_{\max}[A]}{\lambda_{\min}[A]} = \frac{\sigma_1}{\sigma_r}$ 이다.

6.5.1 조건수와 연산 안정성

조건수는 연산 안정성에 매우 중요하다.

- 조건수는 행렬 A가 공간을 얼마나 늘리는지 측정한다. 조건수가 너무 크면 한 방향으로 공간을 너무 많이 늘리게 된다. 이렇게 심하게 늘어난 공간에서 연산을 수행하는 것은 위험할 수 있다. 행렬 A의 조건수가 클 때 $A\vec{x} = \vec{b}$의 방정식을 풀면 그 해 $\vec{x}$가 매우 불안정해진다. 이는 해 $\vec{x}$가 $\vec{b}$의 작은 변동에 매우 민감하다는 뜻이다. 즉, $\vec{b}$에 작은 오차가 생길 경우 오차가 없을 때의 해와 크게 달라진다는 것이다. 이 불안정성은 기하학적으로 쉽게 상상할 수 있다.

- $A\vec{x} = \vec{b}$를 수치적으로 푸는 것(⑩ 가우스 소거법^{Gaussian elimination})이나 반복적인 방법으로 푸는 것은 그 행렬의 조건수가 합리적일 때(매우 크지 않을 때) 잘 작동한다.

- 특히 조건수가 큰 행렬이 갖는 특징 중 하나는 공간을 너무 많이 늘려 저차원 공간으로 붕괴된다는 것이다. 재미있는 점은 매우 작은 특이값을 버리기로 결정하고 축소된 공간에서 작업한다면 우리의 계산이 완벽하게 괜찮아진다는 것이다. 행렬이 예상대로 움직일 때 '이 행렬은 정상적이다' 또는 '정상성을 보유한다'고 한다. 조건수가 극도로 크다면 행렬의 특성과 행동은 일반적이지 않으며 경계 끝에서나 정상성을 확인할 수 있다. 차원을 축소하면 저차원에서 정상성을 확인할 수 있다.

- 반복적으로 수행하는 수치 방법에는 매우 유용한 경사 하강법도 포함되며 이 연산에도 행렬 연산이 들어간다. 여기서 행렬의 조건수가 너무 크면 반복적인 방법을 수행하더라도 최종적인 해에 수렴하지 못할 수 있다. 이처럼 조건수는 반복법이 얼마나 빨리 수렴할지를 제어할 수 있다.

6.6 특이값 분해의 구성 요소

우리는 $A = U\Sigma V^t$라는 하나의 공식만 분석했다. 그리고 파이썬을 사용하여 U, Σ, V의 각 요소들을 계산했다. 이 요소들은 정확히 무엇일까? 고유벡터와 고유값을 알고 있다면 그 답은 매우 간단하다. 이에 관해서는 〈6.7 특이값 분해 vs 고유값 분해〉에서 더 자세히 설명할 것이다. 지금은 U, Σ, V의 각 요소를 나열하며 정리해보자.

- 행렬 V의 열(오른쪽 특이 벡터)은 대칭 행렬 A^tA의 정규 직교^{orthonormal} 고유벡터나.
- 행렬 U의 얼(왼쪽 특이 벡터)은 대칭 행렬 AA^t의 정규 직교 고유벡터다.
- 특이값 $\sigma_1, \sigma_2, \cdots \sigma_r$은 A^tA 또는 AA^t의 고유값의 제곱근이다. 특이값은 음수가 아니고 내림차순으로 정렬된다. 또한 특이값은 0이 될 수 있다.
- $Av_i = \sigma_i u_i$

6.7 특이값 분해 vs 고유값 분해

특이값 분해의 구성 요소를 제대로 이해하기 위해서는 대칭 행렬에 대해 더 자세히 알아봐야 한다. 대칭 행렬에 대한 개념은 특이값 분해 $A = U\Sigma V^t$와 고유값 분해 $A = PDP^{-1}$의 차이를 구별하는 데도 도움이 될 것이다.

행렬을 우리가 원하는 특징에 따라 나눌 수 있다. 다음은 다루기 좋은 순서로 정리한 것이다.

1 가장 쉽고 다루기 최고인 행렬은 대각선에 동일한 숫자가 있는 정방 대각 행렬이다.

2 두 번째로 좋은 행렬은 대각선의 숫자가 동일하지 않은 정방 대각 행렬 D다.

3 세 번째로 좋은 행렬은 대칭 행렬이다. 대칭 행렬은 실수 고유값과 직교 고유벡터를 가지고 있다. 이는 대각 행렬과 가장 유사한 유형의 행렬이다. 즉, $S = PDP^{-1}$로 대각화되거나 기저basis를 변경하면 대각 행렬과 유사해진다. 행렬 P의 열(고유벡터)은 직교한다.

4 네 번째로 좋은 행렬은 대각화가 가능한 정방 행렬이다. $A = PDP^{-1}$로 대각화가 될 것이다. 이들은 기저를 변경하면 대각 행렬과 유사하다. 그러나 행렬 P의 열(고유벡터)은 직교일 필요가 없다.

5 다섯 번째로 좋은 행렬은 나머지 모든 행렬이다. 이들은 대각화할 수 없다. 즉, 기저 변경을 통해 대각 행렬로 변환할 수 없다. 그러나 특이값 분해를 통해 대각 행렬과 유사하게 만들 수 있도록 한다.

$$A = U\Sigma V^t$$

여기서 행렬 U와 V는 서로 다르며 직교인 열과 행을 갖고 있다. 이 행렬의 역행렬은 매우 간단하다. 역행렬이 전치 행렬과 같기 때문이다. 특이값 분해는 정방 행렬과 정방이 아닌 행렬 모두에서 가능하다.

행렬 A가 주어질 때 A^tA와 AA^t는 모두 대칭이고 양의 준정 행렬(고유값이 음수가 아닌 행렬)이다. 따라서 두 개의 직교 고유벡터의 기저로 대각화가 가능하다. 이 직교 고유벡터의 노름으로 나누면 직교 벡터가 된다. 이것이 각각 V와 U의 열이다.

A^tA와 AA^t는 정확히 동일한 음수가 아닌 고유값 $\lambda_i = \sigma_i^2$을 갖고 있다. 이 값들의 제곱근을 내림차순으로 정렬하면 (고유벡터의 순서를 U와 V에 유지하면서) 특이값 분해에서 자주 본 대각 행렬 Σ를 구할 수 있다.

만약 우리가 마주하고 있는 행렬이 대칭 행렬이라면 어떻게 될까? 이 행렬의 특이값 분해 $A = U\Sigma V^t$와 대각화 $A = PDP^{-1}$는 어떻게 관련될까? 행렬 P의 열과 대칭 행렬 A의 고유벡터들은 직교한다. 그리고 그 크기로 벡터를 나누면 정규 직교 벡터가 된다. 이 정규 직교 고유벡터들을 고유값의 절댓값 순서에 따라 행렬에 쌓으면 특이값 분해의 행렬 U와 V를 모두 구할 수 있다. 대칭 행렬 A의 모든 고유값이 0이 아니라면 이 양의 준정부호 대칭 행렬의 특이값 분해는 그 고유값 분해와 동일해질 것이다. 단, 행렬 P의 직교 고유벡터를 정규화하고 0이 아닌 고유값을 내림차순으로 정렬해야 한다.

따라서 이 경우 $U = V$다. 일부(또는 모든) 고유값이 음수인 경우에는 어떻게 될까? 그러면 $\sigma_i = |\lambda_i| = -\lambda_i$지만, 고유벡터 $Av_i = -\lambda_i v_i = \lambda_i(-v_i) = \sigma_i u_i$이므로 주의해야 한다. 이로 인해 특이값 분해의 U와 V는 같지 않게 된다. 즉, 일부 고유값이 음수인 대칭 행렬의 특이값 분해는 해당 행렬의 고유값 분해에서 쉽게 구할 수 있지만 정확히 같지는 않다.

만약 행렬이 대칭은 아니지만 대각화가 가능한 경우에는 어떻게 될까? 이 행렬의 특이값 분해 $A = U\Sigma V^t$는 그 대각화 행렬 $A = PDP^{-1}$와 어떤 연관이 있을까? 이 경우 행렬 A의 고유벡터들인 P의 열들은 일반적으로 직교하지 않으므로 이러한 행렬의 특이값 분해와 고유값 분해는 관련이 없다.

6.8 특이값 분해의 계산

파이썬과 같은 도구들은 행렬의 특이값 분해를 어떻게 수치적으로 계산할까? 그 도구들의 내부에는 어떤 수치 알고리즘이 숨어 있을까? 이 질문에 빠르게 답하자면 QR 분해$^{\text{QR decomposition}}$, 하우스홀더 반사$^{\text{Householder reflection}}$, 그리고 고유값 및 고유벡터에 대한 반복 알고리즘이 있다.

이론적으로 일반 행렬에 대한 특이값 분해를 계산하거나 정방 행렬에 대한 고유값 및 고유벡터를 계산하려면 다항식을 세우고 이를 0으로 설정하여 선형 방정식을 풀어야 한다. 하지만 이런 방식은 애플리케이션에서 실용적이지 않다. 다항식의 근을 찾는 문제는 다항식의 계수에서 발생하는 작은 변동에도 매우 민감하다. 또한 계수 자체에 존재하는 반올림 오류$^{\text{roundoff error}}$에 매우 취약하다. 이 문제를 해결하기 위해서는 고유벡터와 고유값을 찾는 데 다항식의 근을 수치적으로 계산하지 않으면서 안정적인 수치 방법이 필요하다. 또한 선형 방정식에 관련된 행렬이 잘 조건화$^{\text{well-conditioned}}$되어 있는지 확인해야 한다. 그렇지 않으면 가우스 소거법(LU 분해)과 같은 인기 있는 방법이 잘 작동하지 않는다.

대부분의 특이값 분해의 수치적 구현에서는 AA^t와 A^tA를 잘 계산하지 않으려고 한다. 이는 이 책의 주제 중 하나와 일치한다. 행렬 간 곱셈을 하지 않는 대신 행렬과 벡터를 곱하는 것이다. 특이값 분해를 구하는 데 유명한 수치 방법 중 하나인 하우스홀더 반사 알고리즘을 사용하여 행렬을 대각 대칭 행렬로 변환하고(때로는 QR 분해로 시작하기도 한다) 반복 알고리즘을 사용하여 고유값과 고유벡터를 찾는다. 수치 선형 대수 분야에서는 이러한 방법을 개발하고 애플리케이션에 나타나는 행렬의 유형과 크기에 맞게 그 알고리즘을 조정한다. 이어서 주어진 행렬에 대한 하나의 고유값과 그에 상응하는 고유벡터를 계산하는 반복 방법에 대해 알아보자.

6.8.1 수치적으로 고유벡터 계산하기

정방 행렬 A의 고유벡터는 A를 곱해도 방향이 변하지 않는 0이 아닌 벡터로, 고유값 λ에 의해서만 크기가 조절된다.

$$Av = \lambda v$$

다음의 반복 알고리즘은 행렬의 가장 큰 고유값에 해당하는 고유벡터를 찾는 가장 쉬운 수치적 알고리즘이다.

1 길이가 1인 임의의 단위 벡터 v_0에서 시작한다.
2 행렬 A를 곱한다. $v_{i+1} = Av_i$

3 v_{i+1}의 길이로 나누어 벡터의 크기가 너무 커지는 것을 피한다.

4 수렴할 때까지 반복한다.

이 반복 방법은 매우 간단하지만 단점이 있다. 바로 행렬의 고유벡터 중 가장 큰 고유값에 해당하는 고유벡터 단 하나만을 찾는다는 점이다. 즉, 행렬 A를 적용할 때 가장 많이 늘어나는 방향만 찾는다.

예를 들어 행렬 A가 $A = \begin{pmatrix} 1 & 2 \\ 2 & -3 \end{pmatrix}$이라고 해보자. 우리가 시작하는 임의의 단위 벡터 $\vec{v}_0 = \begin{pmatrix} 1 \\ 0 \end{pmatrix}$ 이라고 하고 앞서 본 알고리즘을 수행해보자. 28번 반복하면 고유벡터 $\vec{v} = \begin{pmatrix} -0.38268343 \\ 0.92387953 \end{pmatrix}$ 를 찾을 수 있다. 이 알고리즘의 자세한 코드는 GitHub[127]의 주피터 노트북에서 확인할 수 있다. 반복 알고리즘이 수행되는 동안 그 출력값을 살펴보자.

```
[1   0]
[0.4472136   0.89442719]
[0.78086881   -0.62469505]
[-0.1351132   0.99083017]
[0.49483862   -0.86898489]
[-0.3266748   0.9451368]
[0.40898444   -0.91254136]
[-0.3700749   0.92902877]
[ 0.38871252  -0.92135909]
[-0.37979817   0.92506937]
[ 0.3840601  -0.9233081]
[-0.38202565   0.92415172]
[ 0.38299752  -0.92374937]
[-0.38253341   0.92394166]
[ 0.38275508  -0.92384985]
[-0.38264921   0.92389371]
[ 0.38269977  -0.92387276]
[-0.38267563   0.92388277]
[ 0.38268716  -0.92387799]
[-0.38268165   0.92388027]
[ 0.38268428  -0.92387918]
[-0.38268303   0.9238797 ]
[ 0.38268363  -0.92387945]
[-0.38268334   0.92387957]
```

---

127 옮긴이_ 옮긴이의 GitHub 페이지 *https://github.com/EmjayAhn/essential-mathematics-for-ai*에서 확인할 수 있다.

```
[ 0.38268348 -0.92387951]
[-0.38268341  0.92387954]
[ 0.38268344 -0.92387953]
[-0.38268343  0.92387953]
[ 0.38268343 -0.92387953]

v= [-0.38268343  0.92387953]
Av=[1.46507563 -3.53700546]
$\lambda=$ -3.828427140993716
```

[그림 6-10]은 반복 과정을 보여준다. 모든 벡터의 길이가 1이고 알고리즘이 수렴할 때 벡터 방향이 바뀌지 않으므로 행렬 A의 고유벡터를 찾아갈 수 있다. 반복 과정 마지막 몇 단계를 보면 부호가 계속 흔들리므로 벡터의 방향이 뒤집히는 것을 확인할 수 있다. 고유값은 음수여야 하는데 실제로 $\lambda = -3.828427140993716$임을 확인할 수 있다.

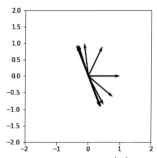

그림 6-10 단위 벡터 $\vec{v}_0 = \begin{pmatrix} 1 \\ 0 \end{pmatrix}$에서 시작해 수렴할 때까지 행렬 A를 곱하고 정규화하는 것을 반복한다.

6.9 유사 역행렬

많은 물리적 시스템은 선형 방정식 $A\vec{x} = \vec{b}$로 표현될 수 있거나 근사될 수 있다. $\vec{x}$가 미지의 벡터라면 $\vec{x}$를 찾기 위해 양변을 행렬 A로 나누어야 한다. 행렬의 나눗셈은 역행렬인 A^{-1}을 찾는 것과 동일하고 결국 $\vec{x} = A^{-1}\vec{b}$와 같다. 우리는 이렇게 역행렬이 존재하는 행렬을 **가역 행렬** invertible이라고 한다. 이러한 행렬은 영이 아닌 행렬식을 가진 정방 행렬이다. 하지만 시스템의 모든 행렬이 직사각형인 경우에는 어떻게 될까? 그리고 비가역 행렬이 있는 경우에는 어떻게 될까? 행렬이 정방형이고 가역 행렬이지만 행렬식이 0에 가까워 거의 비가역적인 경우에는 어떻게 될까? 우리는 여전히 이런 시스템의 해를 찾는 데 관심이 많다. 앞서 언급한 것처럼 특이값 분해의 힘은 모든 행렬에 대해 존재하고 모든 행렬에 대한 그 역을 구하는 데 도움이 된다는 것이다.

어떤 행렬이 주어지든 행렬의 특이값 분해 $A = U\Sigma V^t$가 주어지면 유사 역행렬은 다음과 같이 정의할 수 있다.

$$A^+ = V\sum{}^+ U^t$$

여기서 Σ^+는 Σ에서 대각선 원소들을 모두 역수로 바꾼 행렬이다. 다만 대각선 원소가 0이거나 0에 매우 가까운 값은 역수를 취하지 않는다. 이는 역수를 취했을 때 조건이 좋지 않은 행렬을 만들어 수치적 안정성이 떨어지는 것을 방지하는 데 매우 중요하다.

이를 통해 $Ax = b$ 형태의 어떤 선형 방정식 시스템에 대한 해를 찾을 수 있다. 즉, $x = A^+b$로 구할 수 있다.

> **NOTE**
>
> 행렬의 역행렬이 존재하면 유사 역행렬과 역행렬은 동일하다.

6.10 이미지에 특이값 분해 적용하기

이제 특이값 분해를 활용한 애플리케이션에 대해 이야기할 준비가 되었다. 먼저 이미지 압축을 살펴보자. 디지털 이미지는 숫자 행렬로 저장되며 각 숫자는 픽셀의 강도를 의미한다. 그렇다면 이 이미지 행렬에 특이값 분해를 사용하면 이미지의 중요한 정보를 잃지 않으면서도 저장 공간을 줄일 수 있다. 여기서 해야 할 것은 불필요한 특이값들을 제거하여 제거한 특이값에 해당하는 U의 열과 V^t의 행을 제거하는 것이다. 이를 이해할 수 있는 수식은 다음과 같다.

$$A = U\sum V^t = \sigma_1 U_{col_1} V^t_{row_1} + \sigma_2 U_{col_2} V^t_{row_2} + \cdots + \sigma_r U_{col_r} V^t_{row_r}$$

σ는 내림차순으로 정렬되어 있다는 것을 기억하자. 따라서 처음 몇 개의 큰 σ를 남기고 나머지 작은 σ는 버릴 수 있다.

[그림 6-11]로 작업해보자. 코드를 비롯한 세부적인 내용은 GitHub 페이지[128]에서 확인할 수 있다. 컬러 이미지는 빨강, 초록, 파랑으로 구성된 3개의 채널을 가지고 있다(그림 6-12, 그림 6-13). 각 채널은 우리가 계속해서 살펴본 행렬과 같다.

[그림 6-11]의 각 채널은 크기가 960 × 714인 행렬이므로, 이미지 전체를 저장하려면 960 × 714 × 3 = 2,056,320개의 숫자가 필요하다. 많은 이미지 프레임이 포함된 비디오를 저장하기 위해서는 매우 큰 저장 공간이 필요할 것이다. 따라서 행렬 연산을 위한 메모리가 부족하지 않도록 압축 메커니즘이 필요하다. 압축을 위해서 각 채널에 대해 특이값 분해를 계산한다([그림 6-14]에서 빨강 채널의 특이값 분해를 이미지로 표현한 모습을 확인할 수 있다). 그런 다음 각 채널에 대해 (714개 중) 처음 25개의 특이값, (960개 중) U의 25개 열, (714개 중) V'의 25개 행만 유지한다. 이렇게 하면 각 채널의 저장 용량이 매우 줄어든다. U의 사이즈는 이제 960 × 25, V'는 25 × 714이고, 대각 행렬 Σ는 행렬의 0을 저장할 필요가 없기 때문에 특이값 25개만 저장하면 된다. 따라서 각 채널마다 41,875개의 숫자만 저장하면 된다. 3개의 채널 전체에 대해서는 41,875 × 3 = 125,625개의 숫자를 저장하면 되므로 무려 93%의 저장 공간을 절약했다.

이제 축소된 U, Σ, V'를 곱해 이미지의 각 채널로 합한다.

$$Channel_{reduced} = U_{960 \times 25} \Sigma_{25 \times 25} (V')_{25 \times 714}$$

[그림 6-15]는 이 곱셈의 결과인 빨강, 초록, 파랑의 각 채널을 보여준다.

마지막으로 축소된 채널을 겹쳐 최종 압축된 이미지를 생성한다(그림 6-16). 이 과정에서 세부 정보를 잃은 것은 분명하지만 이미지를 압축함으로써 이점을 얻으려면 단점을 감수해야 한다.

---

128 옮긴이_ 옮긴이의 GitHub 페이지 *https://github.com/EmjayAhn/essential-mathematics-for-ai*에서 확인할 수 있다.

그림 6-11 크기가 960 × 714 × 3인 디지털 컬러 이미지(GitHub 페이지[129]에서 컬러를 확인할 수 있다)

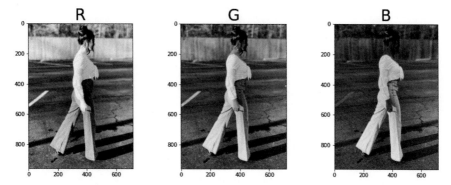

그림 6-12 앞서 살펴본 이미지의 빨강(R), 초록(G), 파랑(B) 채널 사진. 각 채널의 사이즈는 960 × 714다.

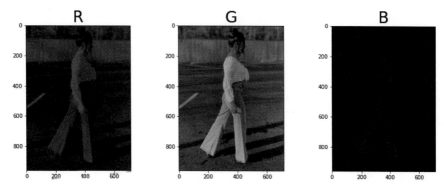

그림 6-13 디지털 이미지의 빨강(R), 초록(G), 파랑(B) 채널의 색조를 함께 표시했다(GitHub 페이지[130]에서 컬러를 확인할 수 있다).

---

129 옮긴이_ 옮긴이의 GitHub 페이지 *https://github.com/EmjayAhn/essential-mathematics-for-ai*에서 확인할 수 있다.

130 옮긴이_ 옮긴이의 GitHub 페이지 *https://github.com/EmjayAhn/essential-mathematics-for-ai*에서 확인할 수 있다.

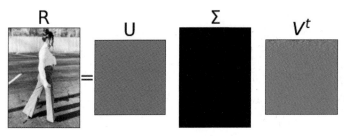

그림 6-14 빨간색 채널의 특이값 분해를 이미지로 나타낸 그림. 0이 아닌 특이값이 714개 있지만 유의미한 특이값은 거의 없는 것과 같다. 대각 행렬 Σ는 모두 검은색으로 보이지만 행렬의 대각선은 0이 아닌 특이값으로 채워져 있다. 이 해상도 수준에서는 픽셀이 충분히 밝지 않기 때문에 선명하게 보이지 않을 뿐이다.

그림 6-15 축소 후의 빨강(R), 초록(G), 파랑(B) 채널. 각 채널에 대해 첫 25개의 특이값과 첫 25개의 U열, 25개의 V^t행만 유지되었다.

그림 6-16 714개의 특이값을 가진 원본 이미지와 25개의 특이값을 가진 압축된 이미지 비교. 두 이미지 모두 크기가 $960 \times 714 \times 3$이지만 저장용량이 다르다.

고급 이미지 압축 기법에 대해 좀 더 알아보고 싶다면 이 글[131]을 참조해보기 바란다.

---

131 *https://oreil.ly/7dsZ3*

6.11 주성분 분석과 차원 축소

주성분 분석은 데이터 분석에서 자주 사용되는 방법이다. 이 방법은 비지도 학습의 차원 축소 dimension reduction 와 클러스터링 clustering 에 사용된다. 주성분 분석을 간단히 요약하면 데이터 행렬 X를 중심화한 후 특이값 분해를 한 것이다(여기서 데이터 중심화란 각 피처 열 (X의 각 열) 에서 각 피처의 평균값을 뺀 것이다). 주성분 분석은 오른쪽 특이 벡터로, 이제는 친숙한 $X = U\Sigma V^t$의 V^t 행이 된다.

통계학자들은 주성분 분석을 분산, 데이터의 변동성 또는 데이터의 상관관계 제거로 설명하는 것을 좋아한다.[132] 통계학자들은 결국 데이터의 공분산 행렬의 고유벡터를 다룬다. 다음은 통계학에서 자주 쓰이는 주성분 분석에 관한 설명이다.

> 주성분 분석은 데이터셋의 차원을 줄이는 방법이면서 가능한 한 많은 변동성과 통계 정보를 최대한 보존하는 방법이다. '가능한 한 많은 변동성을 보존한다'는 것은 데이터셋 내 피처의 선형 조합으로 새로운 피처를 찾아내고 점진적으로 분산을 최대화하며 서로 상관없는 피처를 찾아내는 것을 의미한다.

두 설명(중심 데이터의 오른쪽 특이 벡터와 공분산 행렬의 고유벡터라는 설명)은 완전히 동일하다. 왜냐하면 V^t의 행들은 $X_{centered}^T X_{centered}$의 고유벡터인데, 이는 차례로 데이터의 공분산 행렬이기 때문이다. 더욱이 통계학에서 상관관계를 제거하는 용어는 수학과 선형 대수에서 대각화하는 것과 같은 말이며 특이값 분해는 임의의 행렬이 새로운 좌표 집합, 즉 V^t의 행, 다시 말해 V의 열에서는 대각 행렬인 Σ처럼 동작한다고 말한다.

이를 자세히 알아보기 위해 행렬 X가 중심화된 데이터 행렬이고 그 특이값 분해가 $X = U\Sigma V^t$라고 가정해보자. 이 식은 결국 $XV = U\Sigma$와 같으며 이를 열별로 해석하면 $XV_{col_i} = \sigma_i U_{col_i}$다. 여기서 XV_{col_i}는 행렬 V의 해당 열의 원소를 사용하여 데이터 피처의 선형 조합일 뿐인 것이다. 이제 지금까지 해왔던 것처럼 덜 중요한 구성 요소들, 즉 특이값이 작은 것에 해당하는 V와 U의 열들을 제거할 수 있다.

이제 우리 데이터에 200개의 피처가 있지만 중요한 특이값은 2개뿐이라고 가정하자. 그러면 V의 첫 2개 열과 U의 첫 2개 열만 유지하기로 결정할 수 있다. 결국 우리는 피처의 차원을 200에서 2로 줄인 것이다. 원래 첫 번째 피처는 200개의 모든 피처들의 선형 조합이지만, 새로운 첫 번째 피처는 V의 첫 번째 열의 원소들만 사용한 것이고 이는 정확히 $\sigma_1 U_{col_1}$이다. 두 번째 피

---

132 *https://oreil.ly/HdOrY*

처는 원래 200개의 모든 피처들의 선형 조합이지만 이는 정확히 $\sigma_2 U_{col_2}$다.

이제 개별 데이터 포인트에 대해 생각해보자. 데이터 행렬 X의 데이터 포인트는 200개의 피처를 가지고 있다. 이는 이 데이터 포인트의 그래프를 그리기 위해 200개의 축이 필요하다는 뜻이다. 그러나 앞서 살펴본 두 개의 주성분만 사용하여 차원 축소를 하게 되면 이 데이터 포인트들은 이제 두 개의 좌표만 갖게 되는데, 이는 $\sigma_1 U_{col_1}$과 $\sigma_2 U_{col_2}$의 해당 항이다. 따라서 데이터셋의 세 번째 데이터 포인트의 새로운 좌표는 $\sigma_1 U_{col_1}$의 세 번째 항과 $\sigma_2 U_{col_2}$의 세 번째 항이다. 이제 데이터셋을 200차원 공간에 표시하는 대신 2차원 공간에서 쉽게 표시할 수 있다.

우리는 몇 개의 특이값(그리고 주성분)을 유지할지 선택할 수 있다. 유지하는 것이 많을수록 원본 데이터셋에 더 충실할 수 있지만 당연하게도 차원이 더 높아진다. 이 절단 결정(특정 특이값에서 절단해 최적의 임계값을 찾는 것)은 계속해서 연구되는 주제이다. 일반적인 방법은 원하는 랭크를 미리 결정하거나 원본 데이터가 갖는 특정 양의 분산을 계속 유지하게 하는 것이다. 또 다른 방법은 모든 특이값의 그래프를 그리고 해당 그래프에서 명백한 변화를 관찰하여 그 위치에서 절단하는 것이다. 우리는 이를 통해 데이터가 필수적으로 갖고 있는 패턴과 노이즈를 분리하고자 한다.

단순히 데이터를 중심화하는 것뿐만 아니라 표준화하는 것도 중요하다. 표준화는 데이터 포인트에서 각 피처의 평균을 빼고 표준 편차로 나누는 것이다. 표준화가 중요한 이유는 특이값 분해가 피처 측정 단위에 매우 민감하기 때문이다. 데이터를 표준화하면 공분산 행렬 대신 상관 행렬을 사용하는 것과 같다. 혼란스러울 수 있으니 간단하게 정리하면 표준화된 데이터셋에서 특이값 분해를 수행하면 주성분은 V의 열이고 데이터 포인트의 새로운 좌표는 $\sigma_i U_{col_i}$의 원소가 된다.

6.12 주성분 분석과 클러스터링

앞서 주성분 분석을 사용하여 데이터의 피처 수를 줄이고 데이터의 변동 측면에서 계층적 순서로 새로운 피처를 구하는 방법을 알아봤다. 우리는 2차원 또는 3차원에서만 시각화할 수 있기 때문에 고차원 데이터를 시각화하는 데 주성분 분석이 매우 유용하다. 예를 들어 유전[genetic] 데이터는 고차원 데이터의 패턴과 상관관계를 시각화하는 것이 매우 중요하다. 주성분 분석의 또 다른 이점은 클러스터링에 있다. 주성분 분석에 의해 결정된 축소된 차원 공간에서 데이터가 카테고리별로 모여 있는 모습을 확인할 수 있다. 예를 들어 암 환자와 암이 없는 환자가 포함된 데이터셋이 있을 때 수천 개의 차원에 존재하는 그들의 유전 표현을 주성분 공간에서 시각화한 다면 암 환자와 암이 없는 환자가 각각 모여 있는 것을 확인할 수 있다.

6.13 소셜 미디어에서의 응용

주성분 분석과 클러스터링은 그 본질이 동일하다. 댄 빌렌치크Dan Vilenchik는 2020년 12월 발표[133]에서 소셜 미디어 분야에 이를 응용한 사례를 제시했다. 이 발표는 온라인 소셜 미디어 플랫폼에서 사용자를 특성화하는 비지도 접근법과 관련된 내용이다. 이 내용과 관련된 댄 빌렌치크의 강연 내용을 살펴보자.

> 온라인 소셜 미디어나 전자 학습 플랫폼과 같은 온라인 플랫폼에서 자동으로 수집되는 데이터를 이해하는 것은 매우 어려운 일이다. 데이터가 방대하고 고차원적이며 노이즈가 있으면서 개개인의 데이터가 이질적(개개인이 서로 다르게 행동하는 데이터)이기 때문이다. 이 강연에서는 모든 온라인 소셜 플랫폼에서 공통적으로 발생하는 핵심 사안인 사용자 특성화에 중점을 둔다. 예를 들어 트위터에서 스팸 사용자나 봇을 자동으로 식별하거나 전자 학습 플랫폼에서 잘 참여하지 않는 학생을 식별하는 것 등이 있을 수 있다.

> 온라인 소셜 미디어는 우리 삶에서 중심적인 역할을 한다. 소셜 네트워크에서 사용자를 특성화하는 것은 매우 오래된 주제로 캐츠Katz와 라자스펠드Lazarsfeld가 대중 커뮤니케이션Mass Communication에 관해 연구했던 1950년대로 거슬러 올라간다. 머신러닝 시대에 이 주제는 일반적으로 지도 학습 문제로 여겨진다. 즉, 목표 변수(⑩ 나이, 성별, 정치적 성향, 소득 등)를 예측하는 것이다. 이 강연에서는 비지도 방법으로 무엇을 이룰 수 있는지 알아볼 것이다. 구체적으로 주성분 분석을 활용하여 일부 소셜 미디어 플랫폼에서 나타나는 고유한 기본 패턴과 구조가 무엇인지, 다른 플랫폼에서는 왜 그렇지 않은지를 이해해볼 것이다. 우리는 이러한 플랫폼에서 데이터 기반 사용자 특성화 프로세스에 대한 더 깊은 이해를 위해 심슨의 역설[134]도 마주할 것이다.

이 책 전반에 걸쳐 데이터에서 최대 분산을 가진 군집을 생성하는 주성분 분석에 관한 개념이 여러 번 나올 것이다.

---

133 *https://oreil.ly/H1sLr*

134 옮긴이_ 심슨의 역설이란 여러 군집으로 이루어진 데이터가 있을 때, 데이터 전체를 합쳐서 분석했을 때와 군집별로 분석했을 때 그 결과가 상반되는 현상을 의미한다.

6.14 잠재 의미 분석

자연어 데이터(문서)에 대한 잠재 의미 분석은 숫자 데이터에 대한 주성분 분석과 유사하다.

여기서 우리는 문서 집합과 그 문서에 포함된 단어 간의 관계를 분석하려고 한다. 잠재 의미 분석을 위한 분포 가설은 유사한 의미를 가진 단어는 유사한 텍스트 조각, 유사한 전체 문서에서 발생한다는 것이다. 컴퓨터는 숫자만 이해하므로 본격적인 분석을 시작하기 전에 문서를 숫자로 표현해야 한다. 이러한 표현 중 하나는 단어의 각 개수를 센 행렬 X이다. 이 행렬의 열은 고유한 단어(**예** 사과, 오렌지, 개, 도시, 정보 등)를 나타내고 행은 단어의 개수를 의미하며 단어를 표현하는 숫자가 된다. 하지만 이 행렬은 매우 희소하다. 즉, 0이 너무 많다. 단어의 종류(피처들)가 너무 많기 때문에 문서(데이터 포인트) 간의 유사 구조는 유지하면서 피처의 차원을 줄여야 한다. 이제는 피처의 차원을 줄이기 위해 무엇을 해야 하는지 잘 알고 있다. 바로 단어의 각 개수를 센 행렬 X에 특이값 분해 $X = U\Sigma V^t$를 적용하고 U의 열과 V^t의 행과 함께 작은 특이값을 버리는 것이다. 이렇게 하면 주성분 분석을 통해 저차원의 특징 공간에서 데이터를 표현할 수 있는 것과 같은 방식으로 각 문서를 저차원 공간(단어의 선형 조합)에서 표현할 수 있다.

마지막으로 차원을 줄인 후에는 코사인 유사도 cosine similarity를 사용해 문서를 비교할 수 있다. 문서를 나타내는 두 벡터 사이의 각으로 코사인 값을 계산한다. 코사인이 1에 가까우면 두 문서가 단어 공간에서 같은 방향을 가리키고 있다는 뜻이므로 매우 유사한 문서라는 뜻이다. 코사인이 0에 가까우면 문서를 나타내는 두 벡터가 서로 직교하므로 두 문서가 매우 다르다는 뜻이다.

초창기 구글 검색은 문서를 색인하는 것에 가까웠으나 이제는 자연어 검색을 더 많이 수용할 수 있도록 발전했다. 스마트폰의 자동 완성 기능도 마찬가지이다. 잠재 의미 분석으로 문장이나 문서의 의미를 벡터로 압축하고 이를 검색 엔진에 통합하면 검색 엔진의 품질을 획기적으로 개선하여 원하는 문서를 정확하게 검색할 수 있다.

6.15 랜덤 특이값 분해

우리는 특이값 분해를 직접 계산하는 것을 피했다. 그 이유는 계산 자체의 비용이 많이 들기 때문이다. 앞서 흔히 사용되는 알고리즘인 QR 분해로 행렬을 분해하고 하우스홀더 반사를 사용해 쌍대각 행렬^{bidiagonal matrix}로 변환한 다음, 필요한 고유벡터와 고유값을 계산하는 반복 방법을 사용한다고 소개했다. 하지만 안타깝게도 데이터셋이 끊임없이 증가하면 이런 효율적인 알고리즘을 사용하더라도 너무 커서 분해하기 어렵다. 여기서 유일한 해결책은 **랜덤 선형 대수**이다. 이는 행렬 분해에 랜덤 샘플링 이론을 더한 효율적인 방법이다. 무작위성의 수치적 방법은 결정론적 방법보다 훨씬 연산 비용이 저렴하면서도 정확한 행렬 분해를 할 수 있는 놀라운 성능을 발휘한다. **랜덤 특이값 분해**는 큰 데이터 행렬 X의 열 공간을 샘플링하고 샘플링된(훨씬 작은) 행렬에 대해 QR 분해를 계산해 X를 더 작은 공간에 투영한다($Y = Q^t X$이고 $X \approx QY$). 그런 다음 Y의 특이값 분해를 계산한다($Y = U\Sigma V^t$). 행렬 Q는 직교 정규화되어 있으며 X의 열 공간을 근사하므로 행렬 Σ와 V는 각각 X, Y와 동일하다. 즉, X의 U를 찾으려면 Y와 Q의 U로부터 계산할 수 있다($QU_X = QU_Y$).

정리하기

Chapter 6의 핵심은 다음과 같다.

$$X = U\sum V^t = \sigma_1 U_{col_1} V_{row_1}^t + \sigma_2 U_{col_2} V_{row_2}^t + \cdots + \sigma_r U_{col_r} V_{row_r}^t, \; XV = U\sum \text{이고}, \;\; XV_{col_i} = \sigma_i U_{col_i}$$

특이값 분해의 강점은 핵심 정보를 잃지 않고 행렬의 랭크를 줄일 수 있다는 점이다. 이는 이미지를 압축하고 데이터셋의 피처 공간의 차원을 줄이며 자연어 처리에서 문서의 유사도를 계산할 수 있게 해준다.

지금까지 주성분 분석, 잠재 의미 분석, 주성분 공간에 내재된 클러스터링 구조에 대해 살펴봤다. 그리고 주성분 분석이 암 환자의 유전자 발현에 따른 비지도 클러스터링 기법으로 사용된 사례와 소셜 미디어의 피처 분석에 사용된 사례도 살펴봤다.

마지막으로 랜덤 특이값 분해로 마무리하면서 자주 되풀이되는 주제를 강조했다. 데이터셋이 너무 크면 샘플링하자. 무작위성은 항상 신뢰할 수 있다.

더 깊이 알아보고 싶다면 텐서 분해^{tensor decomposition}와 N-방향 데이터 배열, 특이값 분해가 제대로 작용하기 위한 데이터 정렬의 중요성에 대해 살펴보자. 이 내용은 이안 굿펠로의『심층 학습』(제이펍, 2018)[135]에서 자세히 살펴볼 수 있다. 다른 유명한 예제를 살펴보고 싶다면 고유 얼굴eigenface에 대한 글을 살펴보는 것도 좋다.

---

135 *https://www.deeplearningbook.org*

Chapter 7

자연어 처리와 금융 인공지능: 벡터화와 시계열 분석

> 그들은 읽을 수 있다.
>
> — H.

인간지능의 특징 중 하나는 매우 어린 나이에 언어와 관련된 것들을 숙달한다는 것이다. 예를 들면 문어와 구어 표현의 이해, 두 명 이상의 사람들 사이의 대화, 한 언어에서 다른 언어로의 번역, 공감 표현, 감정 전달, 주변에서 인지한 시각 및 청각 데이터를 처리하는 것 등이다. (의식에 대한 철학적 질문은 제쳐 두고) 기계가 인간과 비슷하거나 그 이상의 수준으로 이러한 언어 활동을 수행하고 단어의 의도를 해석하는 능력이 있다면 이는 일반 인공지능에 가까워질 수 있는 핵심 능력이 될 것이다. 이런 작업은 자연어 처리 natural language processing, 계산 언어학 computational linguistics, 머신러닝 및/또는 확률적 언어 모델링 probabilistic language modeling 의 범주에 속한다. 이 분야들은 매우 방대하기 때문에 다양한 모델 속에서 방황하는 사람들이 많다. 우리는 길을 잃어서는 안 된다. 여기서의 목표는 자연어 처리 분야를 한 번에 정리하여 큰 조감도를 볼 수 있도록 하는 것이다.

다음 질문들이 항상 우리의 길잡이가 될 것이다.

- 당면한 과제의 유형은 무엇인가? 즉, 목표는 무엇인가?
- 사용 가능한 데이터의 유형은 무엇인가? 수집해야 할 데이터 유형은 무엇인가?
- 유사한 과제와 유사한 데이터 유형을 다루는 최신 모델은 무엇인가? 없다면 모델을 만들어야 한다.

- 이러한 모델을 어떻게 훈련시키는가? 어떤 형식으로 데이터를 소비하는가? 어떤 형식으로 출력을 생성하는가? 훈련 함수, 손실 함수(또는 목적 함수), 최적화 구조가 있는가?
- 다양한 모델들의 장단점은 각각 무엇일까?
- 모델 구현을 위한 파이썬 패키지 또는 라이브러리가 있는가? 다행히 요즘 대부분의 모델은 파이썬 구현과 함께 매우 간단한 API를 제공한다. 사전 훈련된 많은 모델들을 다운로드할 수 있을 뿐만 아니라 애플리케이션에 활용할 수도 있다.
- 이러한 모델을 훈련시키거나 배포하는 데 얼마나 많은 연산 인프라가 필요한가?
- 더 잘 할 수 있는가? 항상 개선의 여지가 있다.

또한 최고 성능의 모델로부터 수식과 수학 개념을 이끌어내야 한다. 다행히 이 과정은 쉽다. 왜냐하면 비슷한 수학 개념이 있는 모델, 예를 들어 문장에서 다음 단어를 예측하거나 주식 시장 행동을 예측하는 것과 같이 서로 다른 유형 또는 다른 응용 분야와 그 개념이 관련 있을 때가 많기 때문이다.

지금부터 다룰 최신 모델은 다음과 같다.

- 트랜스포머Transformer와 어텐션Attention 모델(2017년)
  여기서 중요한 수학 개념은 매우 간단하다. 바로 두 벡터의 내적이다.
- 순환 장단기 메모리Long Short-Term Memory(LSTM) 신경망(1995년)
  여기서 중요한 수학 개념은 시간에 대한 역전파이다. 〈Chapter 4 신경망을 위한 최적화〉에서 역전파에 대해 다뤘지만 순환 신경망의 경우 시간에 대해 미분을 취한다.
- 시계열 데이터를 위한 합성곱 신경망(1989년).
  여기서 중요한 수학 개념은 합성곱 연산으로 〈Chapter 5 합성곱 신경망과 컴퓨터 비전〉에서 자세히 다뤘다.

여기서 다루는 모델들은 시간순으로 나타나는 데이터, 즉 시계열 데이터에 매우 적합하다. 시계열 데이터의 예로는 영화, 음악과 음성 녹음 같은 오디오 파일, 금융 시장 데이터, 기후 데이터, 동적 시스템 데이터, 문서, 책 등이 있다.

문서와 책은 이미 작성되어 있으며 그 자체로 존재하고 있다. 따라서 이를 시간에 의존하는 것으로 간주하는 이유가 궁금할 수도 있다. 이미지는 시간에 의존하지 않는데 책과 읽고 쓰는 것은 어떻게 시간에 의존한다고 보는 것일까? 그 답은 간단하다.

- 우리는 책을 읽을 때 한 번에 한 단어, 한 구절, 한 문장, 한 단락을 읽으며 이해한다. 이러한 과정을 통해 책의 개념과 주제를 파악한다.
- 문서를 작성할 때도 마찬가지다. 글로 표현하고자 하는 전체 아이디어가 이미 개념적으로 존재하고 인코딩되어 있더라도 한 번에 한 단어씩 순차적으로 출력하여 작성한다.

- 이미지에 캡션을 달 때 이미지 자체는 시간에 의존하지 않지만 캡션(결과)은 앞서 말한 책, 문서와 같다.

- 기사를 요약하거나 질문에 답하거나 한 언어에서 다른 언어로 번역할 때 출력하는 텍스트는 시간에 의존한다. 입력 텍스트의 경우 순환 신경망을 사용해 처리할 때는 시간에 의존할 수도 있지만 트랜스포머나 합성곱 모델을 사용하여 한 번에 처리하는 경우에는 고정될 수도 있다.

2017년 전까지 시계열 데이터를 처리하는 가장 인기 있는 머신러닝 모델은 합성곱 신경망이나 장단기 메모리를 가진 순환 신경망이었다. 2017년에는 특정 애플리케이션 영역에서 순환 신경망을 완전히 포기한 트랜스포머가 그 자리를 대신했다. 순환 신경망이 더 이상 쓸모 없는지에 대해서는 여전히 의문이 제기되고 있지만 인공지능 분야는 매일 같이 변화가 일어나고 있으므로 어떤 모델이 사라지고 어떤 모델이 시간의 시험을 견뎌낼지 알 수 없다. 게다가 순환 신경망은 여전히 다양한 인공지능 엔진을 구동하고 있으며 여전히 활발한 연구 대상이다.

이제부터 다음 질문들에 대한 답을 설명하겠다.

- 의미를 유지한 채로 자연어 텍스트를 어떻게 숫자로 변환할 수 있는가? 기계를 사용하여 자연어를 처리해야 하는데 우리가 활용하는 기계는 숫자만 이해할 수 있다. 따라서 텍스트 데이터 샘플을 벡터화하거나 유한한 차원의 벡터 공간에 임베딩embedding해야 한다.

- 자연어를 나타내기 위해 처음 필요한 엄청난 벡터의 차원을 어떻게 줄일 수 있는가? 예를 들어 프랑스어에는 약 135,000개의 고유한 단어가 있다. 그렇다면 프랑스어 문장에서 단어를 각각 135,000개의 원소로 구성된 벡터로 원-핫 인코딩해야 하는 문제를 어떻게 해결할 수 있는가?

- 모델에 자연어 데이터가 시간에 따라 순차적으로 입력되는가, 한 번에 처리될 수 있는 정지 벡터로 입력되는가?

- 자연어 처리를 위한 다양한 모델들이 정확히 어떻게 작동하는가?

- 금융과 관련된 내용이 왜 포함되어 있는가?

이 과정에서 모델이 잘 작동할 수 있는 자연어 처리 및 금융 애플리케이션의 유형에 대해 알아본다. 이러한 모델들(특히 언어 애플리케이션의 경우)은 상당한 연산 인프라를 필요로 하므로 프로그래밍이 아닌 내부의 수학 개념에 중점을 둔다. 예를 들어 DeepL 번역기[136]는 아이슬란드의 수력 발전으로 운영되는 슈퍼 컴퓨터(5.1 페타플롭petaflops)를 사용하여 번역을 생성한다. 또한 인공지능 전용 반도체 산업은 엔비디아NVIDIA, 구글Google의 Tensor Processing Unit(TPU), AWS의 Inferentia, AMD의 Instinct GPU, Cerebras와 Graphcore 같은 스

---

136 *https://oreil.ly/9NZ6b*

타트업을 중심으로 빠르게 급성장하고 있다. 기존 반도체 산업은 전통적으로 무어의 법칙[Moore's Law], 즉 18개월마다 처리 능력이 2배가 되는 것을 따라잡기 어려웠지만 인공지능 전용 반도체는 이 법칙을 크게 앞질렀다.

여기서는 코드를 자세히 살펴보지 않지만 대부분의 프로그래밍은 파이썬의 텐서플로[tensorflow]나 케라스[keras] 라이브러리를 사용하여 구현할 수 있다.

앞으로 기억해야 할 점은 다루고 있는 부분이 모델의 훈련 단계인지 예측 단계(미리 훈련된 모델을 사용하여 예측)인지 잘 구분하여 인식해야 한다는 점이다. 또한 모델이 훈련하기 위해 레이블링된 데이터가 필요한지 아니면 레이블링되지 않은 데이터로도 가능한지 구별하는 것이 중요하다. 예를 들어 프랑스어 문장과 함께 레이블로 사용될 번역된 영어 문장이 필요한지 또는 맥락 안에서 단어의 의미를 계산할 때와 같이 레이블이 필요 없는지 구별할 수 있어야 한다.

7.1 자연어 처리 인공지능

자연어 처리 애플리케이션은 어디에나 존재한다. 이 기술은 우리 삶의 많은 측면에 이미 통합되어 이제는 당연한 것으로 받아들여지고 있다. 예를 들어 스마트폰의 앱, 디지털 캘린더, 디지털 홈 어시스턴트, 시리[Siri], 알렉사[Alexa] 등이 있다. 다음 목록은 Hobson Lane, Hannes Hapke, Cole Howard가 쓴 책 『Natural Language Processing in Action』(manning, 2019)에서 인용한 것으로, 자연어 처리가 얼마나 필수적인 요소로 자리잡았는지 알 수 있다.

- **검색 및 정보 탐색:** 웹, 문서, 자동 완성, 챗봇
- **이메일:** 스팸 필터, 이메일 분류, 이메일 우선순위
- **편집:** 철자 검사, 문법 검사, 스타일 추천
- **감성 분석:** 제품 리뷰, 고객 관리, 커뮤니티 사기 감지
- **대화:** 챗봇, 아마존 알렉사와 같은 디지털 비서, 일정 관리
- **글쓰기:** 색인화, 일치성, 목차
- **텍스트 마이닝:** 요약, 지식 추출, 선거 운동의 재정 및 자연어 데이터 마이닝(정치 후원자 간의 연관성 찾기), 이력서−직업 매칭, 의료 진단
- **법률:** 법적 추론, 판례 검색, 소환장 분류
- **뉴스:** 사건, 이슈 감지, 사실 확인, 헤드라인 구성

- **저작권:** 표절 탐지, 문학 포렌식, 스타일 코칭
- **행동 예측:** 금융 애플리케이션, 선거 예측, 마케팅
- **창작 글쓰기:** 영화 대본, 시, 노래 가사, 봇^{bot} 기반 금융 및 스포츠 뉴스 기사
- **캡션:** 컴퓨터 비전과 자연어 처리의 결합
- **번역:** 구글 번역기와 DeepL 번역기

지난 10년 동안 자연어 처리 분야는 놀라운 성과를 거두었지만 자연어를 완벽히 마스터하기란 여전히 힘들다. 인간이 언어를 습득하기 위해 기억력을 필요로 하는 것처럼 기계가 자연어를 습득하는 과정에는 지루하고 세심한 통계 관리와 실질적인 메모리가 필요하다. 여기서 핵심은 이 분야에 새로운 혁신을 만들고 기여할 수 있는 여지가 충분하다는 것이다.

최근 언어 모델은 수작업으로 작성했던 코드에서 데이터 기반으로 전환되었다. 이젠 하드 코딩으로 논리와 문법 규칙을 구현하지 않는다. 그 대신 단어 간의 통계적 관계를 감지하는 것에 초점을 둔다. 언어학에는 인간의 타고난 특성에 문법이 포함되어 있다고 주장하는 학파가 있지만 인간은 새로운 언어에 대한 문법 규칙을 접하지 않고도 새로운 언어를 습득할 수 있는 놀라운 능력을 갖고 있다. 개인적인 경험으로 보면 새로운 언어의 문법을 배우는 것은 그 언어에 대한 학습을 더 어렵게 만드는 것 같기도 하다(필자의 개인적인 생각일 뿐이니 그대로 받아들이지 않길 바란다).

자연어를 위한 데이터가 극도로 고차원적이라는 것은 이 분야의 주요 도전 과제 중 하나다. 자연어에는 수천 개의 언어가 있고 또 각 언어에는 수백만 개의 단어가 있다. 예시로는 작가들의 작품, 수십억 개의 트윗, 위키백과 글, 뉴스 기사, 페이스북 댓글, 영화 리뷰 등의 대규모 문서 말뭉치^{corpus}[137]가 있다. 첫 번째 목표는 이런 대규모 문서 말뭉치를 효율적으로 저장, 처리, 연산하기 위해 차원 수를 줄이는 동시에 중요한 필수 정보는 잃지 않도록 하는 것이다. 이는 인공지능 분야에서 흔히 접할 수 있는 주제이다. 만약 우리가 무제한의 저장 공간 및 연산 인프라를 보유하고 있었다면 얼마나 많은 수학적 혁신이 세상에 나오지 못했을까 하는 생각도 든다.

---

137 옮긴이_ 말뭉치 또는 코퍼스는 자연어 연구를 위해 특정 목적을 가지고 특정 언어의 표본, 샘플을 추출한 집합을 말한다. 한 가지 언어로 구성된 단일 언어 말뭉치와 다양한 언어로 구성된 다중 언어 말뭉치가 있다. 최근 다양한 언어 모델을 연구하기 위해 출처가 다양한 말뭉치들이 공개되고 있다.

7.2 자연어 데이터 준비하기

기계가 자연어를 처리하기 위해서는 가장 먼저 텍스트를 분석하여 의미, 의도, 문맥, 주제, 정보, 정서를 유지한 채로 틀을 잡아야 한다. 이를 위해 토큰화[tokenizing], 어간 추출[stemming] (예 단수형 단어와 복수형 단어에 동일한 토큰을 부여), 표제어 추출[lemmatization] (유사한 의미의 여러 단어를 함께 연결), 대소문자 정규화[case normalization] (예 동일한 철자의 대문자와 소문자 단어에 동일한 토큰을 부여) 등의 과정을 거쳐 단어와 숫자 태그 간의 대응관계를 설정해야 한다. 이런 대응관계는 단어를 구성하는 개별 문자가 아니라 의미를 지닌 전체 단어, 단어 한 쌍 또는 그 이상의 단어(2-그램[gram] 또는 n-그램), 구두점, 중요한 대문자인 이니셜 등에 적용된다. 이렇게 하면 주어진 자연어 문서 말뭉치에 해당하는 숫자 토큰의 어휘 또는 어휘집이 생성된다. 이렇게 만든 어휘 또는 어휘집은 파이썬의 딕셔너리와 유사하다. 자연어의 구성 요소인 각 객체에는 고유한 토큰이 있게 된다.

n-그램이란 n개의 단어가 순서대로 나열된 순서열을 말한다. 이때 각 단어가 홀로 존재할 때와 다른 의미를 지니게 되는 것이 n-그램의 특징이다. 2-그램은 함께 있을 때 의미가 바뀌는 두 단어 쌍을 의미한다. 예를 들면 'ice cream[138]', 'was not'과 같은 것들이 있다. 따라서 이런 경우 2-그램 전체가 하나의 숫자 토큰을 갖게 되면서 문맥 내에서의 의미를 유지하게 된다. 마찬가지로 존 F. 케네디와 같은 단어는 3-그램을 사용한다. 자연어 파서[parser]는 컴퓨터에서 컴파일러와 같다. 새로운 용어들로 인해 혼란스럽더라도 걱정할 필요는 없다. 여기서 수학적 내용을 다룰 때 필요한 것은 고유한 단어, n-그램, 이모지, 구두점 등과 같이 숫자 토큰에 연결될 수 있는 용어와 자연어 문서 말뭉치들이 파서를 통해 나온 어휘들이다. 이 결과물은 딕셔너리와 같은 객체에 저장되어 텍스트와 숫자 토큰 간에 쉽게 전환될 수 있다.

토큰화, 어간 추출, 표제어 추출, 파싱, 기타 자연어 데이터를 준비해야 하는 세부 사항들은 컴퓨터 과학자와 언어학자와의 협업을 위한 것이다. 사실 모델이 데이터에서 직접 패턴을 감지하는 능력이 성숙됨에 따라 언어학자와의 협업이 덜 중요해졌고 자연스럽게 자연어 모델에 수작업으로 언어학적 규칙을 코딩하는 필요성 역시 줄었다. 이에 따라 모든 자연어 처리 파이프라인에 어간 추출과 표제어 추출 작업이 포함되지 않게 되었다. 다만 토큰화 과정은 항상 수행된

---

138 옮긴이_ 'ice cream'의 경우 우리나라 말로는 '아이스크림'이기 때문에 단위 그램에서도 잡아낼 수 있지만, 영어에서는 두 단어 'ice'와 'cream'이 합쳐진 말이므로 2-그램으로 토큰화해야 아이스크림이라는 단어를 잡아낼 수 있다.

다. 텍스트 데이터의 토큰화 품질은 자연어 모델 성능에 매우 중요하다. 토큰화는 모델에 공급할 데이터를 표현하는 아주 기본적인 구성 요소다. 데이터의 품질과 토큰화 방식은 전체 자연어 처리 파이프라인의 결과에 영향을 미친다. 프로덕션 애플리케이션의 경우 문장 분할, 토큰화를 비롯한 여러 가지 작업을 한 번에 처리하는 spaCy 파서를 사용하는 것을 추천한다.

토큰화하여 품질이 좋은 어휘(자연어 텍스트에 해당하는 숫자 토큰과 단어 객체의 모음)를 구축한 후에는 숫자 벡터를 사용해 전체 자연어 문서를 표현해야 한다. 이러한 문서는 책 시리즈처럼 길 수도 있고 트위터의 트윗이나 구글 검색, 덕덕고^{DuckDuckGo}에서 사용되는 간단한 검색 쿼리처럼 매우 짧을 수도 있다. 그리고 나서 백만 개의 문서로 구성된 말뭉치를 백만 개의 숫자 벡터 모음이나 백만 개의 열을 가진 행렬로 표현할 수 있다. 이러한 열의 길이는 우리가 선택한 어휘의 길이만큼 길거나 문서를 압축한 경우 좀 더 짧을 수 있다. 선형 대수학 용어로 이 벡터의 길이는 문서가 포함된 벡터 공간의 차원이다.

이 과정의 핵심은 문서에 수학을 적용할 수 있도록 문서의 숫자 벡터 표현을 얻는 것이다. 숫자 벡터 표현을 얻으면 이제는 선형 조합, 투영, 내적, 특이값 분해와 같은 선형 대수학의 무기고에서 다양한 무기들을 꺼내 적용시킬 수 있다. 다만 한 가지 주의할 점이 있다. 자연어 애플리케이션의 경우 문서를 나타내는 벡터의 길이나 어휘의 크기가 매우 크다는 것이다. 즉, 차원의 저주가 실제로 나타나게 되는 것이다.

> **NOTE 차원의 저주**
>
> 차원의 수가 증가함에 따라 벡터는 유클리드 거리 측면에서 기하급수적으로 그 거리가 멀어진다. 자연어 애플리케이션의 예로는 검색 분야가 있다. 검색어와 다른 문서들을 거리에 따라 정렬하는 것을 생각해보자. 이 작업에서 문서의 유사도를 측정하기 위해 유클리드 거리를 사용하면 20차원 이상으로 올라갈 때 그 연산이 매우 비현실적이다(자세한 내용은 위키피디아의 차원의 저주 글[139] 참고). 따라서 자연어 애플리케이션의 경우 문서 간 거리를 측정하기 위해 다른 측정 방법을 사용해야 한다. 이와 관련하여 잠시 후 코사인 유사도에 대해 알아볼 것이다. 코사인 유사도는 두 개의 문서 벡터 사이의 각도를 측정하는 반면 유클리드 거리는 두 벡터 사이의 거리를 측정한다.

따라서 자연어 모델의 주요 목표는 문서의 주제와 의미를 유지하면서 더 짧은 벡터로 문서를 표현하는 것이다. 이 책을 표현하는 동시에 가장 중요한 정보를 보존하려면 얼마나 많은 고유

---

[139] *https://oreil.ly/575IJ*

토큰과 그 조합들을 사용해야 할지 생각해보자.

요약하자면 자연어 처리 파이프라인은 다음과 같이 진행된다.

1 텍스트를 숫자 토큰으로 변환하고 전체 문서 말뭉치에 허용 가능한 단어로 변환한다.

2 토큰화된 문서를 고차원 숫자 벡터로 변환한다.

3 특별한 기술을 사용해 고차원 숫자 벡터에서 저차원의 벡터로 만든다. 특별한 기술의 예로는 단어 공간에서 더 작은 부분 집합으로 직접 투영하는 것과 같은 기술(일부 어휘를 제거하고 해당 부분을 0으로 만든다)이나 잠재 의미 분석(문서 벡터의 선형 조합으로 결정된 벡터로 투영한다), Word2Vec, Doc2Vec, 사고 벡터^{thought vector}, 디리클레 할당 등이 있다. 이에 관해서는 곧 알아볼 것이다.

수학 모델링에서 흔히 그렇듯이 주어진 문서를 숫자 벡터로 나타내는 방법은 한 가지만 있는 것이 아니다. 우리는 문서가 포함하는 벡터 공간 또는 삽입되는 벡터 공간을 결정한다. 각각의 벡터 표현은 자연어 문제에 따라 각각 장단점을 갖고 있다. 어떤 것은 매우 단순하기도 하다.[140]

7.3 통계적 모델과 로그 함수

문서를 숫자 벡터로 나타내기 시작할 때 특정 단어가 나타나는 횟수를 세면 이 문서 벡터화 모델은 빈도 기반이므로 통계적이다.

단어의 빈도수를 다룰 때는 원시적으로 센 값을 바로 사용하는 것보다 로그 함수를 적용하는 것이 좋다. 로그 함수는 극단적으로 크거나 극단적으로 작은 값 또는 극단적인 변동이 있는 값을 다룰 때 유리하다. 이렇게 극단적으로 움직이는 숫자를 로그 스케일로 보면 이를 정상 영역에서 분석할 수 있다.

예를 들어 숫자 10^{23}은 엄청나게 크지만 $\log(10^{23}) = 23\log(10)$으로 그리 크지 않다. 마찬가지로 '상어'라는 단어가 2,000만 개의 문서 말뭉치 중 2개의 문서에 나타나고(2,000만/2 = 1000만), '고래'라는 단어가 20개 문서에 나타나면(2,000만/20 = 100만) 900만 차이가 나며 각각 문서 2개, 문서 20개에서 나타난 단어에 비해 지나치게 큰 차이처럼 보인다. 동일한 값을 로그 스케일로 계산하면 각각 $7\log(10)$과 $6\log(10)$이다(어떤 로그 베이스를 사용하든

---

140 옮긴이_ 자연어를 숫자 벡터로 표현하는 방법은 여러 가지이며, 문제에 따라 방법을 선택한다. 예를 들어 글을 분류하는 경우에는 단어 토큰의 빈도수를 사용하는 것이 더 좋은 방법일 수 있다. 반면에 글의 주제를 추출하려는 경우에는 단어 벡터의 평균을 사용하는 것이 더 복잡하지만 효과가 좋을 수 있다.

상관없다). 이렇게 보면 이젠 더 이상 지나치게 크지 않고 말뭉치에서 단어의 발생 빈도와 더 일치하는 것처럼 표현된다.

단어 수를 다룰 때 로그 함수를 사용해야 하는 것은 지프의 법칙^{Zipf's law}에 의해 더욱 강조된다. 지프의 법칙에 따르면 자연어 말뭉치의 단어 수는 자연적으로 거듭제곱 법칙을 따르기 때문에 로그 함수를 사용하여 단어 빈도수의 차이를 선형 스케일로 변환하는 것이 가장 좋다. 이어서 이 법칙을 좀 더 자세히 살펴보자.

7.4 단어 수에 관한 지프의 법칙

지프의 법칙은 자연어의 단어 수와 관련 있다. 매우 흥미롭고 놀랍기 때문에 필자의 책에서도 적용되는지 확인하고 싶을 정도다. 필자는 이 책의 한 단어 한 단어를 쓰면서 각 단어의 개수가 실제로 어떠한 법칙을 따르고 있다고 상상하기 어렵다. 우리의 아이디어와 생각을 표현하는 방식이 정말로 예측 가능한 것일까? 지프의 법칙은 문서와 말뭉치의 단어뿐만 아니라 우리 주변의 많은 것을 세는 데까지 확장된다.

지프의 법칙은 다음과 같다. 자연어 말뭉치에서 단어의 빈도에 따라 정렬될 경우 첫 번째 단어의 빈도는 두 번째 단어의 빈도보다 두 배, 세 번째 항목의 빈도보다 세 배이다. 즉, 말뭉치에서 단어가 나타나는 빈도는 그 순위와 연관이 있다.

$$f_1 = 2f_2 = 3f_3 = \cdots$$

지프의 법칙이 적용되는지 확인하려면 단어의 빈도와 순위를 각각 그래프로 표시하고 지수 법칙을 확인하면 된다.

$$f_r = f(r) = f_1 r^{-1}$$

지수 법칙을 확인하려면 $\log(f_r)$을 $\log(r)$에 대해 그려 로그-로그 그래프를 확인해야 한다. 로그-로그 그래프에서 직선이 나오면 $f_r = f(r) = f_1 r^{\alpha}$이고, 여기서 α는 직선의 기울기가 된다.

7.5 자연어 문서의 다양한 벡터 표현

최신 자연어 처리 모델에서 가장 많이 사용되는 문서 벡터 표현을 나열해보겠다. 첫 두 가지는 단어 빈도term frequency와 단어 빈도-역문서 빈도term frequency-inverse document frequency(TF-IDF)로, 빈도 기반의 통계적 표현이다. 이 방법은 특정 단어의 존재 여부를 감지하는 간단한 이진 표현보다는 약간 더 복잡하지만 단순히 단어를 세는 수준에 불과하다. 그럼에도 불구하고 이 방법을 통한 표현은 스팸 필터링 및 감성 분석과 같은 애플리케이션에 매우 유용하다.

7.5.1 Bag of Words의 단어 빈도 벡터 표현

여기서는 단어의 순서를 무시하고 문서의 Bag of Words를 사용하여 문서를 나타낸다. 단어의 순서는 문서의 중요한 정보를 인코딩하지만 짧은 문장과 구문에 대해서는 일반적으로 이를 무시해도 괜찮다.

주어진 문서를 10,000개의 토큰으로 구성된 어휘 공간에 임베딩한다고 가정해보자. 그러면 이 문서를 나타내는 벡터는 10,000개의 원소를 가지게 되며 각 원소는 문서에서 특정 토큰이 나타나는 횟수를 의미한다. 따라서 우리는 이 방법을 문서의 단어 빈도 또는 Bag of Words 벡터 표현이라고 하며 각 원소는 음이 아닌 정수가 된다.

예를 들어 '내일 날씨 어때?'라는 구글 검색 쿼리는 어휘에 '내일', '날씨', '어때'에 해당하는 단어 토큰이 있으면 모두 1씩 늘고, 이에 해당하지 않는 토큰을 0으로 벡터화할 것이다. 그런 다음 이 벡터를 정규화하여 문서의 길이가 분석을 왜곡하지 않도록 문서의 총 단어 수로 각 원소를 나눈다. 즉, 문서에 50,000개의 단어가 있는데 '고양이'라는 단어가 100번 언급되었고, 또 다른 문서에는 100개의 단어만 있는데 '고양이'라는 단어가 10번 언급되었다면 '고양이'는 첫 번째 문서보다 두 번째 문서에서 더 중요하다. 따라서 정규화를 하지 않고 단순히 단어의 수만으로 이 단어의 중요도를 잡아낼 수는 없다.

마지막으로 앞서 이야기한 것처럼 일부 자연어 클래스에서는 문서를 벡터로 표현할 때 해당 카운트에 로그를 취한 값으로 가져오기도 한다.

7.5.2 문서의 용어 빈도-역문서 빈도 벡터 표현

여기서 문서를 나타내는 벡터의 각 원소들은 단어 토큰이 문서에 몇 번 나타나는지 세어 계산되지만 마지막에는 해당 토큰이 포함된 문서의 수로 나눈다.

이 아이디어는 어떤 문서에서 특정 단어가 많이 나타나고 다른 문서에서는 그렇지 않은 경우 특정 단어가 해당 문서에서 중요한 것이어야 하며 이 문서를 나타내는 벡터에서 해당 원소가 더 높은 값을 가져야 한다는 것에서 출발했다.

만약 특정 단어가 어떤 문서에도 나타나지 않을 경우 0으로 나누는 것을 피하기 위해 분모에 1을 더하는 것이 일반적이다. 예를 들어 '고양이'라는 토큰의 역문서 빈도^{inverse document} ^{frequency}(IDF)는 다음과 같다.

$$IDF \ for \ 고양이 = \frac{number \ of \ documents \ in \ corpus}{number \ of \ documents \ containing \ 고양이 + 1}$$

TF-IDF 표현을 사용하면 문서 벡터의 원소는 음수가 아닌 유리수가 되고 각 원소는 문서에서 특정 토큰의 중요도로 볼 수 있다. 마지막으로 이전 섹션들에서 설명한 것과 같은 이유로 이 벡터의 각 원소에 로그를 취한다.

정보 검색 시스템과 관련하여 Okapi BM25[141]와 Molino 2017[142] 같은 TF-IDF 대체 접근법이 있다.[143]

7.5.3 잠재 의미 분석에 의해 결정된 문서의 토픽 벡터 표현

TF-IDF 벡터는 상당히 고차원적이다(차원이 말뭉치의 토큰만큼이므로 수백만 차원이 될 수

---

141 *https://oreil.ly/xrntI*

142 *https://oreil.ly/jT56u*

143 옮긴이_ TF-IDF에 대한 설명을 보충한다. TF-IDF를 정확하게 이해하기 위해선 용어 정리부터 해야 한다. TF란 Term Frequency 의 약자로, 특정 문서 d에서 특정 단어 t의 출현 빈도다. TF를 계산하는 방법은 앞서 살펴본 Bag of Words로, 문서마다 단어별 출현 횟수를 세는 것이다. IDF로 넘어가기 전에 먼저 DF부터 살펴보자. DF란 Document Frequency의 약자로, 특정 문서 d들이 포함된 전체 문서 집합 D에서 특정 단어 t가 나타난 문서의 개수다. 수식으로 표현하면 $df(t) = |\{d \in D : t \in d\}|$다. IDF는 이 DF 의 역수를 취하는 것이다. 다만 0으로 나누는 것을 막기 위해 분모에 1을 더한다. 수식으로 표현하면 $idf(d,t) = \log\left(\frac{D}{1 + df(t)}\right)$ 다. 최종적으로 TF와 IDF를 곱해주면 우리가 구하고 싶은 TF-IDF가 된다.

있다). 또한 매우 희소하며 서로 더하거나 뺄 때 특별한 의미가 없다. 수백만 차원을 압축한 수백 차원 이하의 더 간결한 벡터가 필요하다. 이러한 벡터는 차원 축소의 이점 외에도 단어 수를 비롯한 통계를 제공하고 일부 단어의 의미를 잡아낸다. 이 벡터를 **토픽 벡터**topic vector라 부른다. 이 벡터는 문서 내 단어의 통계를 고려하는 대신 전체 말뭉치에 걸쳐 단어 간 연결의 통계에 중점을 둔다. 여기서 생성된 토픽은 단어 수로 이루어진 선형 조합이다.

먼저 말뭉치의 전체 TF-IDF 행렬 X를 활용해 토픽 공간을 생성한다. 이때 행렬 X의 활용은 선형 대수학에서 배운 특이값 분해를 뜻한다. TF-IDF 행렬 X를 특이값 분해하면 $X = U \Sigma V^t$ 이다. 〈Chapter 6 특이값 분해: 이미지 처리, 자연어 처리, 소셜 미디어〉에서 특이값 분해에 대해 자세히 알아보았으므로 여기서는 말뭉치의 토픽 공간을 생성하는 데 특이값 분해가 어떻게 사용되는지 살펴본다. 자연어 처리에서는 선형 대수학에서의 특이값 분해를 **잠재 의미 분석** latent semantic analysis[144]이라 부른다. 따라서 두 용어를 동의어로 사용할 것이다.

말뭉치의 TF-IDF 행렬 X의 열이 단어 토큰을 나타내는지 문서를 나타내는지 주의 깊게 확인해야 한다. 코드를 작성하는 사람마다 또는 소프트웨어 패키지에 따라 행렬 X의 열이 토큰일 수도 문서일 수도 있기 때문에 토픽 공간을 생성하기 위해 그 행렬 또는 그 전치를 신중하게 처리해야 한다. 여기서는 행이 전체 말뭉치의 모든 단어(토큰, n-그램)이고, 열은 말뭉치 내에 있는 각 문서의 TF-IDF 벡터 표현이다. 이는 일반적인 데이터 행렬의 표현과 약간 다르다. 일반적인 데이터 행렬에서는 피처(각 문서 내의 단어)가 열에 있고 인스턴스(문서)는 행에 있다. 우리가 사용하는 표현이 이 일반적인 표현과 다른 이유는 잠시 후에 분명해질 것이다. 우리의 표현 방식은 문서를 열 벡터로 표현하는 것과 크게 다르지 않다.

다음으로 TF-IDF 벡터 표현이 있는 새로운 문서가 주어지면 이를 말뭉치의 TF-IDF 행렬의 특이값 분해로 생성된 토픽 공간에 투영projecting함으로써 훨씬 더 간결한 주제 벡터로 변환할 수 있다. 선형 대수학에서 투영은 단순하게 적절한 벡터와의 내적을 계산하고 그 결과인 스칼라 값을 새로 투영된 벡터의 원소에 저장하는 것이다. 정리해보면 다음과 같다.

- 전체 말뭉치에서 토큰 수만큼의 항목을 가진 문서의 TF-IDF 벡터를 가지고 있다.
- 토픽 가중치 벡터는 TF-IDF 행렬 $X = U\Sigma V^t$의 특이값 분해에 의해 생성된 행렬 U의 열이다. 다시 말해 각각의 토픽 가중치 벡터는 말뭉치의 토큰 수만큼의 원소를 갖는다. 처음에는 전체 말뭉치의 토큰 수만큼의 토픽 가중치 벡터가 있다(U의 열). U의 열에 있는 가중치는 특정 토큰이 토픽에 얼마나 기여하는지를 알려

---

144 *https://oreil.ly/Ul0nb*

준다. 1에 가까운 양수면 큰 기여, 0에 가까운 경우 중간 정도의 기여, −1에 가까운 음수면 부정적인 기여를 한다고 볼 수 있다. U의 원소는 항상 −1과 1 사이이므로, 이를 말뭉치의 토큰에 대한 가중치를 나타내는 원소라고 해석할 수 있다.

토픽 선택과 차원 축소

말뭉치의 토큰 수만큼 토픽 가중치 벡터가 있고 각 벡터 또한 말뭉치의 토큰 수만큼의 원소를 가지고 있다면 어디에서 어떻게 절감하여 언제 차원 축소나 압축이 일어나는지 궁금할 것이다. 그렇다면 다음 내용을 계속 읽어보자.

목표 1

문서에 특정 토픽이 얼마나 포함되어 있는지 계산한다. 이는 문서의 TF−IDF 벡터와 우리가 관심 있는 토픽에 해당하는 행렬 U의 열 간의 내적이다. 이 값을 첫 번째 스칼라 값으로 저장한다.

목표 2

문서에 서로 다른 토픽이 얼마나 많이 포함되어 있는지 계산한다. 이는 문서의 TF−IDF 벡터와 우리가 관심을 갖는 다른 토픽에 해당하는 행렬 U의 열 간의 내적이다.

목표 3

토픽의 많고(행렬 U의 수만큼, 즉 말뭉치의 총 토큰 수와 같다) 적음(1개)과 상관없이 관심 있는 토픽에 대해 이를 반복한다. 그리고 각 내적 연산에서 얻은 스칼라 값을 저장한다. 이제 이 문맥에서 '토픽'은 말뭉치의 각 토큰에 −1과 1 사이의 가중치가 할당된 열 벡터를 의미한다.

목표 4

중요한 토픽만 유지하며 차원을 축소한다. 만약 두 개의 토픽만 유지하기로 했다면 문서의 압축된 벡터 표현은 문서의 TF−IDF 벡터와 두 토픽의 가중치 벡터 간의 내적을 사용해 생성된 두 개의 스칼라 값을 포함한 2차원의 벡터가 될 것이다. 이렇게 하면 수백만 개의 문서 벡터 차원을 단 두 개로 줄일 수 있다.

문서를 나타낼 적절한 토픽을 선택한다. 이 부분에서 특이값 분해가 마법을 발휘한다. 행렬 U의 열은 말뭉치 전체에서 가장 중요한 토픽부터 가장 덜 중요한 토픽 순서로 정렬된다. 통계학 용어로 표현하자면 행렬의 열은 말뭉치 전반에 걸쳐 가장 큰 분산을 가진 토픽부터 가장 작은 분산을 가진 토픽 순서로 정렬된다. 분산이 크다는 것은 더 많은 정보를 인코딩하는 토픽을 의미하고, 분산이 작다는 것은 뜻 적은 정보를 인코딩한다는 것이다. 〈Chapter 10 운용 과학〉에서 분산과 특이값 분해가 어떻게 연관되는지 자세히 설명할 것이다. 결론을 살펴보자면 고차원 문서를 행렬 U의 처음 몇 개의 열 벡터에만 투영하기로 결정하더라도 말뭉치 전체에서 가능한 토픽의 변화를 충분히 포착하며 많은 정보를 놓치지 않을 것이라는 점이 보장된다. 또한 문서에 포함된 이러한 토픽의 양을 평가할 수도 있다.

목표 6

이러한 방법들은 여전히 문서에서 토픽을 잡아내는 통계적인 방법이라는 점을 기억해야 한다. 우리는 말뭉치의 TF-IDF 행렬에서 시작하여 문서 내에서 각 토큰의 출현 횟수를 간단히 계산할 수 있다. 이는 비슷한 토픽을 언급하는 문서는 유사한 단어를 사용한다는 가정하에 이루어지는 계산이다. 이 방법은 단어의 의미를 기반으로 토픽을 포착하는 것과 다르다. 이 방법을 사용하면 완전히 다른 어휘를 사용하지만 같은 주제를 논하는 두 문서가 있을 때 이 두 문서가 토픽 공간에서 멀리 떨어져 있게 된다. 이에 대한 해결책은 단어의 의미가 비슷한 다른 단어를 가까운 곳에 함께 저장하는 것이다. 이 방법이 바로 Chatper 7 후반부에서 다룰 Word2Vec 접근법이다.

그렇다면 이번에는 몇 가지 질문에 대해 생각해보자.

질문 1

만약 말뭉치에 또 다른 문서를 추가한다면 어떻게 될까? 다행히 문서의 토픽 벡터를 생성하기 위해 전체 말뭉치를 다시 처리할 필요는 없다. 그저 새로운 문서를 기존 말뭉치의 토픽 공간에 투영하기만 하면 된다. 물론 기존의 말뭉치와 아무런 공통점이 없는 새로운 문서를 추가하는 경우라면 이 방법은 실패할 수밖에 없다. 예를 들어 셰익스피어^{Shakespeare}의 『소네트^{Love Sonnets}』라는 작품에 대한 말뭉치에 순수 수학에 관한 글을 추가하는 경우에 그럴 것이다. 이 경우 수학에 관한 글은 0에 가깝거나 0인 항목으로 표현되어 글의 토픽을 적절하게 포착하지 못한다.

그럼 이제 다음과 같은 질문이 생길 것이다.

[질문 2]

자연어 처리를 수행함에 있어 특이값 분해 $X = U\Sigma V^t$의 행렬 V^t는 우리의 말뭉치에서 어떤 의미를 가지는가? 행렬 V^t는 우리 말뭉치의 문서 수와 동일한 개수의 행과 열을 갖게 된다. 이는 문서-문서 행렬이며 문서 간의 의미를 공유한다.

[질문 3]

잠재 의미 분석을 사용해 저차원의 토픽 공간으로 이동시키면 문서 간 큰 거리는 유지되는가? 그렇다. 특이값 분해는 말뭉치의 문서 간 분산을 최대화하는 데 초점을 맞추기 때문이다.

[질문 4]

작은 거리도 보존되는가? 즉, 잠재 의미 분석은 다른 문서와 크게 다르지 않은 문서를 구분하는 미세한 차이를 유지할 수 있는가? 아니다. 곧 설명할 잠재 디리클레 할당(LDA)이 이 부분에서 더 나은 성능을 발휘한다.

[질문 5]

저차원의 토픽 공간에서도 근접한 문서 벡터를 유지하도록 잠재 의미 분석을 개선할 수 있을까? 그렇다. 문서의 추가 정보 또는 메타데이터, 예를 들어 같은 발신자가 보낸 메시지와 같은 메타데이터를 활용해 벡터를 조정하거나 토픽 벡터가 근접성을 유지할 수 있도록 비용 함수를 사용하여 페널티를 부여함으로써 잠재 의미 분석 방법을 개선할 수 있다.

요약하자면, 잠재 의미 분석은 말뭉치 전체에서 토픽 간의 다양성을 최대화하는 최적의 방식으로 토픽을 선택한다. TF-IDF 행렬의 특이값 분해로부터 얻은 행렬 U는 매우 중요하나. 이 행렬은 분산이 최대인 방향을 반환한다. 일반적으로 말뭉치 내의 문서 간 분산이 가장 작은 주제를 제거하며, 이는 행렬 U의 마지막 열을 버리는 것과 같다. 분산이 가장 작은 토픽을 제거하는 것은 텍스트 전처리 중에 불용어 (⑩ and, a, the 등)를 수동으로 제거하는 것과 유사하지만, 잠재 의미 분석은 최적화된 방식으로 이를 수행한다. 행렬 U는 문서의 어휘 수와 동일한 개수의 행과 열을 갖는다. 이는 동일한 문서에서 단어의 동시 발생에 기반한 특정 단어와 주제 간의 교차 상관관계 값과 같다. 새 문서에 행렬 U를 곱하면(행렬 U의 열에 투영하면) 해당 문서에서 각 토픽의 양을 구할 수 있다. 우리가 원하는 대로 행렬 U를 잘라내고 덜 중요한 토픽은 버려 원하는 만큼의 토픽으로 차원을 줄일 수도 있다.

잠재 의미 분석의 단점

잠재 의미 분석이 생성하는 토픽 공간 또는 행렬 U의 열은 가능한 분산을 최대로 포착하는 방식으로 결합된 토큰의 선형 조합일 뿐이다. 이는 반드시 사람에게 의미 있는 단어 조합으로 변환되는 것은 아니다. 추후에 논의할 Word2Vec은 이러한 단점을 해결할 수 있다.

마지막으로 잠재 의미 분석을 통해 생성된 토픽 벡터는 TF-IDF를 선형적으로 변환한 것에 불과하다. 그렇기 때문에 의미 기반 검색^{semantic search}, 문서 클러스터링^{clustering document}, 그리고 콘텐츠 기반 추천 엔진에서 가장 먼저 선택되어야 한다. 이 모든 것은 토픽 벡터 간의 거리를 측정함으로써 수행할 수 있다(Chapter 7의 후반부에서 자세히 설명한다).

7.5.4 잠재 디리클레 할당에 의해 결정된 문서의 토픽 벡터 표현

잠재 의미 분석을 사용하는 토픽 벡터와 달리, 잠재 디리클레 할당^{latent Dirichlet allocation}(LDA)을 사용하면 새 문서를 말뭉치에 추가하기 위해 토픽 벡터를 생성할 때 전체 말뭉치를 다시 처리해야 한다. 또한 LDA는 단어를 토픽으로 묶기 위해 비선형 통계 접근법을 사용한다. 여기서는 단어 빈도의 디리클레 분포를 가정한다. 그 덕분에 이 방법은 단어를 토픽에 할당하는 통계 측면에서 잠재 의미 분석보다 더 정밀하다. 따라서 문서에서 단어가 얼마나 자주 함께 나타나는지에 따라 단어에 토픽을 할당하는 방식과 문서에 토픽을 할당하는 방식을 사람이 이해할 수 있고 충분히 설명 가능하다.

비선형 방식인 잠재 디리클레 할당은 선형인 잠재 의미 분석보다 학습 시간이 길다. 잠재 디리클레 할당이 설명 가능하더라도 시간이 오래 걸리기 때문에 말뭉치 전체가 포함되는 애플리케이션에서는 잘 사용되지 않는다. 그 대신 단일 문서를 요약할 때 사용할 수 있다. 이때는 문서의 각 문장이 개별 문서가 되고 모체 문서를 말뭉치로 생각할 수 있다.

LDA는 2000년에 유전학자들이 인구 구조를 추론하기 위해 발명했다. 그리고 2003년에 자연어 처리를 위해 채택되었다. 다음은 LDA의 가정이다.

- 여기서는 정규화된 TF-IDF 벡터가 아니라 원시적인 단어 수로 시작하기 때문에 맥락을 이해하기 위한 단어의 순서는 없다. 그 대신 단어 분포를 모델에 명시적으로 통합시키고 여전히 각 문서에 대한 단어 통계 모델링에 의존하게 된다.
- 문서는 임의의 수로 이루어진 토픽의 선형 결합이다. 이 임의의 수를 미리 지정하여 문서의 토큰을 이 토픽 수에 할당하게 된다.
- 각 토픽은 단어의 빈도에 따라 특정 단어 분포로 나타낼 수 있다.
- 문서에서 특정 토픽이 발생할 확률은 디리클레 확률 분포를 따른다.
- 특정 단어가 해당 토픽에 할당될 확률도 디리클레 확률 분포를 따른다.

결과적으로 디리클레 할당을 사용하여 얻은 토픽 벡터는 희소하다. 이는 토픽이 포함하는 단어의 측면에서 토픽들을 깔끔하게 구분할 수 있다는 것을 의미하며 각각의 토픽을 설명 가능하게 만든다.

디리클레 할당을 사용하면 함께 자주 발생하는 단어가 동일한 토픽에 할당된다. 따라서 이 방법은 차원이 낮은 토픽 공간으로 이동할 때 가까운 토큰을 계속해서 가깝게 유지한다. 반면에 잠재 의미 분석은 차원이 낮은 토픽 공간으로 이동할 때 서로 떨어져 있는 토큰을 계속해서 떨어져 있게 유지하므로 차원이 낮은 공간으로 이동하면서도 클래스 간의 구분이 유지되는 분류 문제에 더 적합하다.

7.5.5 잠재 판별 분석에 의해 결정된 문서의 토픽 벡터 표현

잠재 판별 분석latent discriminant analysis은 잠재 의미 분석과 잠재 디리클레 할당처럼 우리가 원하는 만큼 여러 토픽으로 문서를 분류하는 대신 문서를 스팸/비스팸, 긍정/부정 등과 같이 하나의 토픽으로만 분해한다. 따라서 메시지를 스팸 또는 비스팸으로 분류하거나 리뷰를 긍정 또는 부정으로 분류하는 것과 같은 이진 분류에 유용하다. 잠재 의미 분석이 새로운 토픽 공간에서 모든 벡터 간의 분리를 극대화하는 것과 달리 잠재 판별 분석은 각 클래스에 속하는 벡터의 중심점들 사이의 분리만을 극대화한다.

이 하나의 토픽을 나타내는 벡터를 어떻게 결정할 수 있을까? 레이블이 지정된 스팸/비스팸 문서의 TF-IDF 벡터가 주어지면 우리는 각 클래스의 중심점을 계산한다. 이 벡터는 그 두 중심점을 연결하는 선상에 위치한다(그림 7-1).

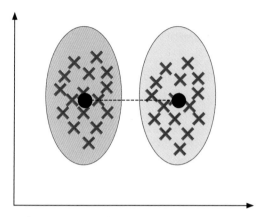

그림 7-1 잠재 판별 분석

새로운 각각의 문서는 이제 이 하나의 차원에 투영될 수 있다. 새로운 문서의 좌표는 해당 문서의 TF-IDF와 중심선의 방향 벡터 간 내적이다. 수백만 차원의 전체 문서는 이제 두 중심점과 그들의 중간점을 포함하는 하나의 차원(하나의 축)으로 압축된다. 이제 하나의 축을 따라 각 중심점으로부터의 거리를 구하면 해당 문서를 특정 클래스로 분류할 수 있다. 이 방법을 사용하여 클래스를 분리하는 결정 경계는 선형임을 꼭 기억하자.

7.5.6 신경망 임베딩에 의해 결정된 단어와 문서의 벡터 표현의 의미

자연어로 이루어진 문서를 벡터화하는 모델 중 옛날 모델들은 단어 간의 선형 관계만 고려했다. 잠재 디리클레 할당에서는 모델의 파라미터를 선택하고 그 피처를 추출하기 위해 사람의 판단을 사용해야 했다. 이제 신경망은 비선형 관계를 포착하고 피처를 추출하며 모델의 적절한 파라미터를 자동으로 찾는 능력이 있다는 것을 알고 있다. 이제 우리는 신경망을 사용하여 개별 단어와 용어를 나타내는 벡터를 생성하고 이와 비슷한 방법을 사용하여 전체 단락의 의미를 나타내는 벡터를 생성할 것이다. 이 벡터들은 용어 각각의 의미와 논리적, 맥락적 사용 사례를 인코딩했기 때문에 우리는 벡터의 덧셈과 뺄셈을 통해 이 벡터들과 논리적 대화를 할 수 있다.

연속성을 통합한 단어의 Word2Vec 벡터 표현

지금까지는 토픽 벡터 모델의 시작점으로 TF 벡터 또는 TF-IDF 벡터를 사용하면서 단어의 주변 문맥이 그 단어의 의미에 미치는 영향에 대해서는 무시해왔다. **단어 벡터**word vector는 이 문제를 해결한다. 단어 벡터는 단어의 의미를 수치로 표현한 벡터이므로 말뭉치의 모든 단일 용어가 의미 벡터가 된다. 실수인 원소를 갖는 벡터 표현은 단어 각각에 대한 의미론적 쿼리와 논리적 추론을 가능하게 한다.

단어 벡터 표현은 신경망을 사용해 학습된다. 일반적으로 단어 벡터는 100~500개 차원으로 구성되며, 이 단어 벡터의 차원 수는 얼마나 많은 의미를 인코딩하는가에 따라 달라진다. 단어 벡터 모델을 학습시킬 때는 텍스트 데이터에 레이블이 없다. 학습이 완료되면 일부 근접성 지표를 통해 두 단어의 의미가 가까운지 또는 멀리 떨어져 있는지 판단할 수 있다. 7.6절에서 설명할 코사인 유사도가 근접성 지표 중 가장 많이 사용되는 방법이다.

2013년 구글은 1,000억 개의 단어가 포함된 구글 뉴스 피드로 학습한 단어-벡터 모델인 Word2Vec을 만들었다. 사전 학습된 Word2Vec 모델은 300만 개의 단어와 구문에 대해서 300차원의 벡터로 구성되어 있다. Word2Vec 프로젝트의 코드는 구글 코드 아카이브 페이지[145]에서 확인할 수 있다.

Word2Vec이 구축한 벡터는 앞서 논의한 토픽 벡터보다 훨씬 더 많은 단어의 의미를 포착할 수 있다. 다음의 논문 「Efficient Estimation of Word Representations in Vector Space」의 초록을 참고하면 더 다양한 인사이트를 얻을 수 있을 것이다.

> 우리는 매우 큰 데이터셋에서 단어의 연속 벡터 표현을 계산하기 위한 두 가지 새로운 모델 구조를 제안한다. 이러한 벡터 표현의 품질은 단어 유사성으로 측정하였으며 이를 이전의 다른 신경망에 기반한 최고 성능 기법과 비교한다. 16억 개 단어 데이터셋에서 고품질의 단어 벡터를 학습하는 데 걸리는 시간은 하루 미만이다. 또한 이렇게 학습한 벡터는 구문 및 단어의 의미적 유사성을 측정하기 위한 테스트셋에서 최고 성능을 보여준다.

이로부터 한 달 후 발표된 논문 「Distributed Representations of Words and Phrases and their Compositionality」에서는 'Air Canada[146]'처럼 단어 각각의 의미와 다른 의미를 가지는 구문 표현에 대해 다루었다.

> **최근** 소개된 연속 스킵-그램Skip-gram 모델은 고품질의 분산 표현을 학습하는 효율적인 방법으로 다수의 정확한 구문과 단어의 의미론적 관계를 포착할 수 있다. 이 논문에서는 벡터의 품질과 학습 속도 모두를 향상시키는 몇 가지 확장 기능을 제시한다. 자주 등장하는 단어의 서브샘플링subsampling을 통해 상당히 향상된 속도를

---

145 *https://oreil.ly/qvGQo*
146 옮긴이_ 'Air'와 'Canada'는 각각 '공기', '캐나다'라는 의미이지만 합쳤을 때는 '캐나다 항공'이라는 뜻이 된다.

구현할 수 있으며 규칙적인 단어 표현을 더 잘 학습할 수 있다. 또한 계층적 소프트맥스^{hierarchical softmax}의 대안이 될 수 있는 간단한 네거티브 샘플링^{negative sampling}에 대해서도 설명한다. 단어 표현이 본질적으로 가지고 있는 한계는 어순을 무시하고 관용구를 잘 표현하지 못한다는 것이다. 예를 들어 'Canada'와 'Air'의 의미를 결합하여 'Air Canada'의 의미를 얻을 수 없다. 이 예를 바탕으로 텍스트에서 구문을 찾는 간단한 방법을 제시하고, 수백만 개의 구문에 대해 좋은 벡터 표현을 학습할 수 있다는 것을 보여준다.

Word2Vec 표현을 소개한 논문인 「Linguistic Regularities in Continuous Space Word Representations」[147]에서는 단어에 대한 의미 벡터가 논리적 규칙성을 어떻게 인코딩하는지 그리고 이를 통해 일반적인 유추 문제에 어떻게 답할 수 있는지 제시한다.

연속 공간에서의 언어 모델은 최근 다양한 작업에서 뛰어난 결과를 보여주고 있다. 이 논문에서는 입력 층 가중치에 의해 암시적으로 학습된 벡터 공간의 단어 표현을 살펴본다. 우리는 이러한 표현이 언어의 문법적, 의미적 규칙성을 놀라울 정도로 잘 포착한다는 것을 발견했고 단어 간 관계는 관계별 벡터 오프셋으로 특정지어진다는 것을 발견했다. 이를 통해 단어 간의 오프셋을 기반으로 벡터 지향 추론이 가능하다. 예를 들어 남성과 여성의 관계는 자동으로 학습되며, 유도된 벡터 표현을 통해 '왕 − 남자 + 여자'는 '여왕'에 매우 가까운 벡터를 생성한다는 것을 확인할 수 있다. 우리는 이 논문에서 문법적 유추 질문을 통해 단어 벡터가 문법적 규칙성을 갖는다는 것을 보여주고 전체 질문 중 40%의 질문에 정확하게 답할 수 있음을 확인했다. 우리는 벡터 오프셋 방법을 사용하여 SemEval-2012 Task 2 질문에 답할 수 있었다. 이는 단어 벡터가 의미적 규칙성을 잡아낼 수 있다는 것을 보여준다. 놀랍게도 이 방법은 당대 최고의 시스템을 능가한다.

Word2Vec은 2013년부터 훨씬 더 큰 규모의 말뭉치를 학습시킴으로써 그 성능이 크게 향상되었다.

Word2Vec은 하나의 단어를 가져와 이를 표현하는 벡터에 장소 특성^{placeness}, 동물 특성^{animalness}, 도시 특성^{cityness}, 긍정 특성^{sentiment}, 밝기, 성별 등과 같은 속성을 할당한다. 이러한 단어 의미 벡터와 속성은 수동으로 사람이 직접 인코딩하는 것이 아니라 모델이 보유한 단어의 의미, 즉 같은 문장에 있는 주변 단어 5개 정도를 학습해서 만들어진다. 이는 같은 문서 내에 있지만 가까울 필요는 없는 단어들끼리만 그 토픽을 학습하는 잠재 의미 분석과는 다르다. 짧은 문서와 문장이 활용되는 애플리케이션의 경우 단어 벡터 임베딩은 실제로 잠재 의미 분석을 통해 얻은 토픽 벡터들을 대체한다. 또한 단어 벡터 표현에서 k−평균 클러스터링을 수행하여 대규모 데이터셋에서 단어의 군집을 구하는 데도 단어 벡터를 사용할 수 있다. 자세한 내용은 Word2Vec 프로젝트의 코드 페이지[148]를 참고하자.

---

147 *https://oreil.ly/vKzgZ*

148 *https://oreil.ly/7tqd8*

단어를 벡터로 표현하는 것의 장점은 벡터를 활용해 추론할 수 있다는 것이다. 앞서 예를 든 것처럼 '남자'를 나타내는 벡터에서 '왕'을 나타내는 벡터를 빼고 '여자'를 나타내는 벡터를 더하면 '여왕'이라는 단어를 나타내는 벡터와 매우 가까운 벡터를 얻게 된다. 또 다른 예로는 단수와 복수 사이의 관계를 포착하는 것이다. 단수 형태의 단어를 나타내는 벡터에서 복수 형태를 나타내는 벡터를 빼면 모든 단어에 대해 거의 동일한 벡터를 얻을 수 있다.

다음 질문은 Word2Vec 임베딩을 어떻게 계산할 것인가에 관한 것이다. Word2Vec 모델을 어떻게 훈련할까? 훈련 데이터, 신경망의 구조, 입력과 출력은 무엇일까? Word2Vec 모델을 훈련하는 신경망은 한 개의 은닉 층을 가진 얕은^{shallow} 구조다. 입력은 대규모의 텍스트 말뭉치이고 출력은 말뭉치 내 각 고유 단어에 대한 수백 차원의 벡터가 된다. 공통된 언어학적 맥락을 공유하는 단어들은 서로 가까운 벡터를 갖게 된다.

Word2Vec 임베딩을 학습시키는 데는 두 가지 학습 알고리즘이 있지만 여기서는 각 알고리즘을 자세하게 살펴보지 않는다. 앞서 신경망 특히 은닉 계층이 하나뿐인 얕은 신경망이 어떻게 작동하는지 보았기 때문에 이를 바탕으로 두 가지 학습 알고리즘을 쉽게 이해할 수 있을 것이다.

연속^{continuous} Bag of Words(CBOW)

이 알고리즘은 주변 맥락 단어들의 윈도로부터 현재 단어를 예측한다. 맥락 단어들의 순서는 예측에 영향을 미치지 않는다.

연속^{continuous} 스킵-그램

이 알고리즘은 현재 단어를 사용하여 주변의 맥락 단어들의 윈도를 예측한다. 스킵-그램은 더 가까운 맥락 단어들에 더 높은 가중치를 부여하고 먼 맥락 단어들에 낮은 가중치를 부여한다.

두 알고리즘 모두 문장의 다른 단어를 예측하는 데 유용한 단어의 벡터 표현을 학습한다. 연속 Bag of Words는 연속 스킵-그램보다 빠른 반면 스킵-그램은 빈번하지 않은 단어에 더 나은 성능을 보인다.

자세한 내용은 'The amazing power of word vectors(단어 벡터의 놀라운 힘)[149]'이라는

---

149 *https://oreil.ly/mDBZf*

튜토리얼과 Word2Vec에 대한 위키백과 페이지[150]를 참고하자. 그리고 이 주제에 관한 다음 논문들 역시 좋은 학습 자료다.

- 「Efficient Estimation of Word Representations in Vector Space」[151]
- 「Distributed Representations of Words and Phrases and their Compositionality」[152]
- 「Linguistic Regularities in Continuous Space Word Representations」[153]

학습된 구글 뉴스 Word2Vec 모델의 경우 300만 개의 단어가 있으며 각 단어는 300차원의 벡터로 표현된다. 이를 다운로드해 사용하려면 3GB의 메모리가 필요하다. 메모리가 제한되어 있거나 일부 단어에만 관심이 있다면 사전 훈련된 모델 전체를 다운로드하지 않고 다른 방법을 사용해 활용할 수 있다.

단어 벡터를 시각화하는 방법

단어 벡터는 100~500차원에 이를 만큼 매우 고차원이다. 하지만 사람은 2차원과 3차원 벡터만 시각화할 수 있기 때문에 고차원 벡터를 이러한 저차원 공간에 투영하면서도 가장 핵심적인 특성은 유지하도록 해야 한다. 이제 우리는 특이값 분해(주성분 분석)를 통해 중요도가 감소하는 순서로 투영할 벡터 또는 주어진 단어 벡터 집합이 가장 많이 변하는 방향을 구해준다는 것을 알고 있다. 즉, 특이값 분해는 단어 벡터를 가능한 한 멀리 떨어뜨린 채 최상의 시각적 정보를 제공하도록 보장한다.

인터넷에 좋은 예가 많이 있다. 논문 「Word Embedding - Topic Distribution Vectors for MOOC」[154]에서 저자들은 교육 도메인의 데이터셋과 코세라[coursera][155]에서 수집한 강좌 200개의 동영상 강의 스크립트 12,032개를 사용해 Word2Vec 모델의 단어 벡터와 잠재 디리클레 할당을 사용한 문서 토픽 벡터를 생성한다. 데이터셋에는 878,000개의 문장과 79,000,000개 이상의 토큰이 포함되어 있으며, 68,000개 이상의 고유 단어들이 포함되

---

150 *https://oreil.ly/rwL93*

151 *https://oreil.ly/1PeLI*

152 *https://oreil.ly/XDZzr*

153 *https://oreil.ly/vKzgZ*

154 *https://oreil.ly/ktDdy*

155 *https://www.coursera.org*

어 있다. 개별 비디오 스크립트의 길이는 228개에서 32,767개까지 다양하며, 비디오 스크립트당 평균 6,622개의 토큰이 포함되어 있다. 저자들은 파이썬의 Gensim 패키지에 있는 Word2Vec과 잠재 디리클레 할당 구현을 사용했다. [그림 7-2]는 주성분 분석을 사용하여 단어 벡터의 부분 집합을 3차원으로 시각화한 것이다.

단어 벡터와 문서 토픽 벡터는 그 자체가 목적이 아니다. 주된 목적은 단어 벡터와 토픽 벡터를 활용한 자연어 처리 프로젝트다. 예를 들어 특정 도메인(앞선 예시처럼 대규모 공개 온라인 강좌 등) 내에서의 분류, 기존 모델과 새로운 모델의 벤치마킹 및 성능 분석, 전이 학습, 추천 시스템, 문맥 분석, 주제가 포함된 짧은 텍스트 보강, 개인화된 학습, 검색하기 쉽고 가시성을 극대화하는 콘텐츠 구성 등 자연어 처리 프로젝트를 위한 수단이라는 점에 유의해야 한다. 이러한 자연어 처리 프로젝트에 대해서는 곧 자세히 살펴볼 것이다.

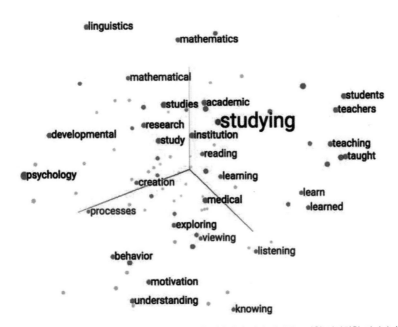

그림 7-2 주성분 분석에서 첫 세 개의 주성분을 사용하여 단어 벡터를 3차원 시각화한 것이다. 'studying(공부)'이라는 단어를 중심으로 그 이웃 단어인 'academic(학문)', 'studies(연구)', 'institution(기관)', 'reading(독서)' 등이 주변에 위치한다.[156]

---

156 이미지 출처: *https://oreil.ly/Pj0GF*

개별 n−문자^character 그램을 표현하는 페이스북의 fastText 벡터 표현

페이스북의 fastText는 Word2Vec과 유사하지만, 전체 단어나 n-그램을 벡터로 나타내는 대신 모든 n-문자 그램에 대한 벡터 표현을 출력하도록 훈련되었다. 이를 통해 fastText는 드물게 사용되거나 철자가 틀린 단어들도 처리할 수 있다. 심지어는 단어의 일부만 표현되어 있더라도 이를 처리할 수 있다. 이러한 단어들은 주로 소셜 미디어 게시물에 자주 등장한다. Word2Vec의 스킵-그램 알고리즘은 주어진 단어의 주변 문맥을 예측하는 방법으로 학습한다. 이와 유사하게 fastText의 n-문자 그램 알고리즘은 단어의 주변 n−문자 그램을 예측하는 방법을 학습해 더 세밀하고 유연한 기능을 제공한다. 예를 들어 단어 'lovely'만을 벡터로 표현하는 대신 2-그램 및 3-그램도 벡터로 표현한다. 즉, lo, lov, ov, ove, ve, vel, el, ely, ly 와 같은 문자 그램까지 벡터로 표현하는 것이다.

페이스북은 294개 언어로 이루어진 위키백과를 사전 학습한 fastText 모델을 공개했다. 아브카즈어^Abkhazian부터 줄루어^Zulu에 이르기까지 다양한 언어들이 포함되어 있다. 물론 공개된 모델의 정확도는 언어 및 훈련 데이터의 가용성과 품질에 따라 다르다.

문서의 Doc2Vec 또는 Par2Vec 벡터 표현

문서 전체를 의미론적으로 표현하면 어떨까? 〈7.5.5 잠재 판별 분석에 의해 결정된 문서의 토픽 벡터 표현〉에서는 전체 문서를 토픽 벡터로 표현할 수 있었지만 Word2Vec은 개별 단어나 구문만 벡터로 표현할 수 있다. 그렇다면 Word2Vec 모델을 확장해 전체 문서의 의미를 담아 벡터로 표현할 수 있지 않을까? 논문 「Distributed Representations of Sentences and Documents」[157]는 이를 정확히 수행한다. 이 논문은 문장, 단락, 문서와 같은 가변 길이의 텍스트 조각으로부터 고정 길이의 밀집 벡터를 학습하는 비지도 알고리즘을 제시한다. 'Doc2Vec tutorial using Gensim(Gensim을 사용한 Doc2Vec 튜토리얼)[158]'에서는 주어진 말뭉치에서 각각의 전체 문서에 대해 고정된 크기의 벡터를 생성하는 방법에 대해 설명한다.

---

157 *https://oreil.ly/Y1NzF*
158 *https://oreil.ly/tWRcj*

글로벌global 벡터 표현

단어의 의미를 나타내는 벡터를 생성하는 다른 방법들도 있다. 글로벌 벡터, 즉 GloVe(2014)[159]
는 특이값 분해를 사용하여 단어 벡터를 구하는 모델이다. 이 모델은 전체 말뭉치에 걸쳐 단어
들이 얼마나 자주 함께 등장하는지 행렬로 나타내고, 이 단어−단어 동시 등장 행렬의 0이 아닌
항목에 대해서만 학습한다.

GloVe는 기본적으로 가중 최소 제곱weighted least−squares을 목표로 가진 로그 이선형log bilinear 모
델이다. 로그 이선형 모델은 아마도 가장 간단한 신경 언어 모델일 것이다. 로그 이선형 모델은
앞의 $n-1$개 단어가 주어지면 이 단어의 벡터 표현을 선형적으로 결합하여 다음 단어에 대한
초기 벡터 표현을 계산한다. 그런 다음 선형 조합 벡터 표현과 어휘에 포함된 모든 단어의 표현
간 유사도(내적)를 계산하여 앞의 $n-1$개 단어가 주어졌을 때 다음 단어가 발생할 확률을 계
산한다.

$$prob(w_n = w \mid w_1, w_2, \cdots, w_{n-1}) = \frac{\exp(w^t_{vocab_1^w})}{\exp(w^t_{vocab_1^w}) + \exp(w^t_{vocab_2^w}) + \cdots + \exp(w^t_{vocab_{vocab-size}^w})}$$

글로벌 벡터 모델의 주된 아이디어는 단어와 단어의 공동 출현 확률의 비율이 잠재적으로 어
떤 형태의 의미를 인코딩할 수 있다는 것에서 출발한다. GloVe 프로젝트 웹 사이트의 예시에
서는 단어 'ice(얼음)'와 'steam(증기)'의 동시 등장 확률을 함께 고려한다. [표 7−1]은 60억
개의 단어 말뭉치 중에서 'ice'와 'steam'의 동시 등장 확률을 보여준다.

표 7-1 'solid', 'gas', 'water', 'fashion'이라는 단어와 'ice', 'steam'이라는 단어의 발생을 보여주는 확률

확률과 비율	k = solid	k = gas	k = water	k = fashion
P(k|ice)	1.9×10^{-4}	6.6×10^{-5}	3.0×10^{-3}	1.7×10^{-5}
P(k|steam)	2.2×10^{-5}	7.8×10^{-4}	2.2×10^{-3}	1.8×10^{-5}
P(k|ice)/P(k|steam)	8.9	8.5×10^{-2}	1.36	0.96

[표 7−1]을 보면 예상대로 ice는 gas(기체)보다 solid(고체)와 더 자주 함께 등장한다. 반대
로 steam은 solid보다 gas와 더 자주 함께 나타난다. 동시에 ice와 steam은 공통된 속성인

---

159 https://oreil.ly/8P32U

water(물)라는 단어와 자주 등장하며 전혀 관련이 없는 fashion(패션)이라는 단어와는 거의 함께 나타나지 않는다. 이는 확률의 비율을 계산해 water와 같은 단어에서 오는 노이즈를 제거하면 1보다 훨씬 큰 값은 ice의 속성과 잘 연관되고, 1보다 훨씬 작은 값은 steam의 속성과 잘 연관된다는 의미가 된다. 이처럼 확률의 비율을 통해 열역학적 상태와 관련된 추상적 개념의 의미를 인코딩할 수 있다.

GloVe의 학습 목표는 단어 벡터를 학습하여 이들의 내적이 단어의 동시 등장 확률의 로그와 같아지게 하는 것이다. 로그를 취한 비율은 로그의 차^{difference}와 같기 때문에 이는 단어 벡터 공간에서의 벡터 간 차이를 고려하는 것과 같다. 이 비율로 인해 단어의 의미를 인코딩할 수 있게 되고 이 정보는 벡터 간 차이로 인코딩이 된다고 볼 수 있다. 이렇게 얻어진 단어 벡터 결과는 Word2Vec 패키지에서 설명한 것과 같은 단어 유추 작업에서 매우 우수한 성능을 발휘한다.

특이값 분해 알고리즘은 수십 년 동안 최적화되어 왔기 때문에 GloVe는 경사 하강법과 역전파에 의존해 오류를 최소화하는 신경망인 Word2Vec보다 학습에서 이점이 있다. 단어에 대한 의미론적, 논리적 추론을 가장 먼저 수행한 것은 Word2Vec이지만 우리가 관심 있는 특정 말뭉치로부터 자체 단어 벡터를 훈련하는 경우에는 GloVe가 더 빠르게 훈련된다. 또한 GloVe는 RAM 메모리와 CPU 활용 측면에서 더욱 효율적이며 크기가 작은 말뭉치에서도 Word2Vec보다 더 정확한 결과를 제공하기 때문에 GloVe를 사용하는 것이 더 나을 수 있다.

7.6 코사인 유사도

지금까지 우리는 하나의 목표를 위해 달려왔다. 그 목표는 바로 자연어 텍스트 문서를 숫자 벡터로 변환하는 것이다. 여기서 텍스트 문서는 한 단어, 한 문장, 한 단락, 여러 단락 또는 그 이상일 수 있다. 지금까지 우리는 문서에서 벡터를 얻는 여러 방법을 살펴봤으며 그중 일부는 특정 문서에서 그 의미를 더 잘 표현하기도 한다.

문서의 벡터 표현을 구하면 분류 알고리즘, 클러스터링 알고리즘 등의 머신러닝 모델에 이를 입력할 수 있다. 한 가지 예로 k-평균과 같은 클러스터링 알고리즘을 사용하여 말뭉치의 문서 벡터를 클러스터링해서 문서 분류기를 만들 수 있다. 또한 검색 엔진, 정보 검색 시스템 및 기타 애플리케이션을 위해 문서가 다른 문서와 얼마나 의미론적으로 유사한지 판단할 수도 있다.

차원의 저주로 인해 매우 고차원의 문서 벡터 간 유클리드 거리를 측정하는 것은 무의미하다. 그 이유는 벡터가 존재하는 공간이 너무나 광활하여 벡터들이 극도로 멀리 떨어져 존재하기 때문이다. 그렇다면 문서를 나타내는 벡터 간의 거리가 가까운지, 먼지, 비슷한지를 어떻게 정할 수 있을까? 여러 가지 방법 중 가장 대표적인 것은 코사인 유사도cosine similarity를 사용하는 것이다. 코사인 유사도는 두 문서 벡터가 이루는 각도의 코사인을 측정한다. 이는 다음과 같이 각 벡터의 길이로 정규화된 벡터의 내적으로 구할 수 있다(문서 벡터를 이미 정규화했다면 그 길이는 이미 1이 되어 있을 것이다).

$$\cos(\text{angle between } \vec{doc_1} \text{ and } \vec{doc_2}) = \frac{\vec{doc_1}^t}{length(\vec{doc_1})} \frac{\vec{doc_2}}{length(\vec{doc_2})}$$

[그림 7-3]은 세 개의 문서를 2차원 벡터 공간에 표현한 것이다. 여기서 우리는 각 문서 벡터 사이의 각도에 관심이 있다.

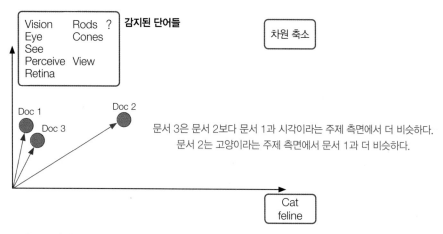

그림 7-3 세 가지 문서가 2차원 벡터 공간에 표현되어 있다.

코사인은 항상 −1과 1 사이의 값을 갖는다. 두 문서 벡터가 모든 차원에 걸쳐 완벽하게 정렬되어 같은 방향을 가리키면 코사인 값은 1이다. 모든 단일 차원에 대해 서로 완벽히 반대 방향을 가리킨다면 코사인 값은 −1이다. 그리고 두 문서 벡터가 서로 직교하면 코사인 값은 0이다.

7.7 자연어 처리 애플리케이션

지금까지 자연어 텍스트로 주어진 문서를 숫자 벡터로 변환하는 것에 관해 다뤘다. 문서 벡터를 얻는 방법은 여러 가지이며, 각 방법마다 다양한 벡터 표현으로 이어지거나 주어진 자연어 데이터의 특정 측면을 강조한다는 것을 확인했다. 인공지능을 사용하는 자연어 처리 분야에 입문하는 사람들에게 문서 벡터 개념은 극복하기 어려운 장벽 중 하나다. 특히 수학적 모델링과 분석에 적합한 수학적 배경을 가진 사람이라면 더욱 그렇다. 벡터 값 자체를 분석해내려 하기 때문이다. 우리는 이 장벽을 극복하고 자연어 데이터에 대한 구체적인 벡터 표현을 갖추었으므로 이를 활용한 애플리케이션에 대해 수학적으로 생각할 수 있다. 우선은 이제부터 살펴볼 애플리케이션 각각의 목표를 달성하는 방법이 여러 가지라는 점을 인식해야 한다. 전통적인 접근법은 하드코딩 hardcoded된 규칙으로 단어, 마침표, 이모티콘 등에 점수를 부여한 다음 데이터 샘플에 이와 관련된 항목이 존재하는지에 따라 결과를 생성한다. 최신 접근법은 다양한 머신러닝 모델에 의존하는데 이 모델은 주로 레이블이 있는 데이터셋에 의존한다. 이 분야에서 탁월한 역량을 발휘하려면 시간을 할애하여 동일한 작업에 대해 다양한 모델을 시도하고 성능을 비교하며 각 모델의 강점, 약점, 성공과 실패에 대한 수학적 근거와 함께 각 모델에 대한 심층적인 이해가 필요하다.

7.7.1 감성 분석

다음은 자연어 텍스트에서 감성을 추출하는 일반적인 접근법이다.

하드코딩된 규칙

전통적으로 감성 분석에서 성공한 알고리즘은 VADER Valence Aware Dictionary for sEntiment Reasoning이다. VADER에서 사용되는 토크나이저는 구두점과 이모티콘을 적절히 처리해야 하는데 이러한 요소가 다양한 감성 정보를 전달하기 때문이다. 또한 컴퓨터가 자동으로 이를 처리하는 대신 수천 개의 단어와 그 감성 점수들을 수동으로 컴파일해야 한다.

나이브 베이즈 분류기[Naive Bayes classifier][160]

나이브 베이즈 분류기는 확률 이론 중 베이즈 정리에 기반한 분류 알고리즘이다. 최대 가능도에 근거해 분류한다. 이에 관한 내용은 〈Chapter 11 확률〉에서 자세히 다룰 것이다.

잠재 판별 분석

앞서 잠재 판별 분석을 사용해 문서를 두 개의 클래스로 분류하는 방법을 배웠다. 요약하자면 먼저 데이터를 두 개의 클래스로 분류한 다음, 각 클래스의 중심을 계산하고 이를 연결하는 방향을 찾는다. 그 방향을 따라 각각의 새로운 데이터 인스턴스를 투영하고 어느 중심점에 더 가까운지에 따라 분류한다.

잠재 의미 분석

잠재 의미 분석을 사용하여 만들어진 문서 벡터의 군집을 분류에 사용할 수 있다. 이상적으로 긍정적인 리뷰의 군집은 잠재 의미 분석 토픽 공간에서 부정적인 리뷰의 군집으로부터 멀리 떨어져 있다. 긍정 또는 부정으로 레이블이 붙은 리뷰 데이터 집합이 주어지면 우리는 먼저 잠재 의미 분석을 사용해 각각의 토픽 벡터를 계산한다. 그런 다음 새 리뷰를 분류하기 위해 해당 리뷰의 토픽 벡터를 계산하고 해당 토픽 벡터와 긍정/부정 토픽 벡터 간의 코사인 유사도를 비교한다. 마지막으로 리뷰가 긍정적 토픽 벡터와 더 유사하면 긍정으로, 부정적 토픽 벡터와 더 유사하면 부정으로 분류한다.

트랜스포머[Transformer], 합성곱 신경망, 순환 장단기 기억 신경망[recurrent long short-term memory neural network]

최신 머신러닝 방법은 모두 문서를 벡터 형태로 특정 구조를 가진 신경망에 전달해야 한다. 이러한 최신 방법들에 대해서도 이어서 알아볼 것이다.

7.7.2 스팸 필터

수학적으로 스팸 필터링은 이전에 논의된 감성 분석과 유사한 분류 문제다. 따라서 감성 분류에서 살펴보았던 방법들을 스팸 필터링에도 적용할 수 있다. 사실 문서 벡터를 생성하는 방법

---

160 *https://oreil.ly/uzJDd*

자체는 중요하지 않다. 다만 문서 벡터를 사용해 소셜 게시물이 스팸인지 아닌지 분류하고 좋아요를 받을 가능성이 얼마나 되는지 예측하는 목표가 중요할 뿐이다.

7.7.3 정보 검색

다시 말하지만 문서를 표현하는 수치 벡터를 어떻게 생성하든 우린 또 이를 정보 검색 작업에 활용할 수 있다. 여기서 검색은 인덱스 기반 또는 의미 기반일 수 있다.

전체 텍스트 검색

문서에 포함된 단어 또는 단어의 일부를 기반으로 문서를 검색할 때 검색 엔진은 문서를 인덱싱할 수 있는 단어들로 분해한다. 이는 교과서나 책의 마지막 부분에 있는 색인(찾아보기) 섹션과 유사하다. 물론 오탈자에는 많은 추적과 추측이 필요하겠지만 인덱스를 사용할 수 있는 경우에는 꽤나 잘 작동한다.

의미 검색semantic search

여기서 문서 검색은 검색어와 검색 중인 문서에 포함된 단어의 의미 모두를 고려한다.

다음은 정보 검색을 위한 일반적인 접근법들이다.

문서의 TF-IDF 간 코사인 유사도 기반 검색

이는 수십억 개의 문서가 포함된 말뭉치에 적합하다. 검색 응답 시간이 밀리초 이내인 모든 검색 엔진은 기본적으로 TF-IDF 행렬을 사용한다.

의미 기반 검색

잠재 의미 분석(수백만 개의 문서가 포함된 말뭉치의 경우) 또는 잠재 디리클레 할당(훨씬 더 작은 말뭉치의 경우)을 통해 얻은 문서의 토픽 벡터 간의 코사인 유사도를 구하는 것이다. 이는 잠재 의미 분석을 사용하여 메시지가 스팸인지 아닌지 분류하는 방식과 유사하기도 하지만 이제는 새 문서의 토픽 벡터와 데이터베이스의 모든 토픽 벡터 간의 코사인 유사도를 계산해 문서와 가장 유사한 벡터를 반환한다는 점이 다르다.

고유벡터^{eigenvector} 반복 기반 검색

고유벡터 반복은 페이지 랭크 알고리즘과 같이 검색 결과에 순위를 매기는 알고리즘과 관련이 있다(〈9.2 예제: 페이지 랭크 알고리즘〉에서 자세히 설명한다). 다음은 논문 「Role of Ranking Algorithms for Information Retrieval」[161]에서 발췌한 것이다. 유용한 내용이니 읽어보기 바란다.

> 검색 엔진에는 중요한 구성 요소 세 가지가 있다. 첫 번째는 크롤러, 두 번째는 색인 생성기, 세 번째는 랭킹 (순위 결정) 메커니즘이다. 크롤러는 로봇 또는 스파이더라고도 불리며 웹을 순회하면서 웹 페이지들을 다운 로드한다. 다운로드된 페이지들은 웹 페이지들을 파싱하고 해당 페이지들의 키워드를 기반으로 색인을 만드는 색인 생성 모듈로 보내진다. 색인은 일반적으로 키워드를 사용하여 유지 관리된다. 사용자가 검색 엔진의 인터페이스에 키워드를 사용하여 쿼리를 입력하면 쿼리 프로세서의 구성 요소들이 쿼리 키워드를 색인과 매칭한다. 그리고 사용자에게 페이지를 보여주기 전에 검색 엔진은 관련성이 가장 높은 페이지를 상단에, 관련성이 낮은 페이지를 하단에 보여주기 위해 랭킹 메커니즘을 사용한다. 그리고 최종적으로 계산된 URL을 사용자에게 반환한다.

단어 벡터(Word2Vec 또는 GloVe)를 사용한 의미 검색 및 쿼리

『파이썬으로 배우는 자연어 처리 인 액션』(제이펍, 2020)에 차용된 검색 예시를 살펴보자. '그녀는 20세기 초 유럽에서 물리학과 관련된 무언가를 발명했다.'라는 검색 문장을 구글이나 빙에 입력하면 마리 퀴리^{Marie Curie}라는 직접적인 검색 결과를 얻지 못할 수 있다. 구글 검색은 아마도 유명한 남녀 물리학자 목록이 있는 페이지로 연결되는 링크들만 제공할 것이다. 여러 페이지를 검색한 후에야 우리는 원하는 결과인 마리 퀴리를 찾게 될 것이다. 구글은 이 활동을 기록하고 다음번 검색 때 개선된 결과를 제공한다. 단어 벡터를 사용해 '여성 + 유럽 + 물리학 + 과학자 + 유명 인사'를 나타내는 단어 벡터에 대해 간단한 연산을 수행하여 마리 퀴리를 나타내는 벡터와 코사인 유사도가 가까운 새로운 벡터를 얻을 수 있게 되는 것이다. 심지어 자연 과학 분야의 성별 편향도 워드 벡터를 사용해 제거할 수 있다. 즉, 단어 벡터에서 man, male 등의 토큰을 나타내는 벡터를 빼서 '여성 + 유럽 + 물리학 + 과학자 − male − 2∗man'에 가장 가까운 워드 벡터를 검색할 수 있디.

유추 질문을 기반으로 한 검색

'과학 분야에 마리 퀴리가 있다면 음악 분야에는 누가 있는가'와 같은 검색을 계산하기 위해선

---

161 *https://oreil.ly/jEbMX*

'마리 퀴리 − 과학 + 음악'을 나타내는 단어 벡터들에 대해 간단히 산술 연산만 수행하면 된다.

다음 문단은 『Natural Language Processing in Action』(Manning, 2019)[162]에서 발췌한 내용을 번역한 것으로, 색인 생성 및 의미 검색에 관한 내용이다.

> 기존의 색인 방법은 이진 단어 발생 벡터binary word occurrence vector, 불연속 벡터(Bag of Words 벡터), 희소 부동 소수점 벡터(TF-IDF 벡터), 저차원 부동 소수점 벡터(3차원 지리 그래픽 정보 시스템 데이터 등)로 작동한다. 반면에 잠재 의미 분석이나 잠재 디리클레 할당의 토픽 벡터와 같은 고차원 부동 벡터를 적용하는 것은 매우 어려운 작업이다. 이산 벡터나 이진 벡터에 대해 역색인이 작동하는 이유는 색인이 0이 아닌 각 이산 차원에 대한 항목만 유지하면 되기 때문이다. 각 차원의 값은 참조된 벡터나 문서에 따라 값이 있을 수도 있고 없을 수도 있다. TF-IDF 벡터의 경우 대부분 그 값이 0으로 희소하기 때문에 대부분의 문서와 각 차원에 대해 색인이 필요하지 않다. 반면에 잠재 의미 분석과 잠재 디리클레 할당은 0이 거의 없는 고차원이고 연속적이며 밀집된dense 토픽 벡터를 생성한다. 또한 의미 분석 알고리즘은 확장 가능한 검색을 위해 효율적인 색인을 생성하지 않는다. 고차원의 토픽 벡터는 차원의 저주에 의해 더 악화되어 정확한 색인을 불가능하게 만든다. 고차원 벡터의 문제에 대한 한 가지 해결책은 우편번호와 같이 고차원 영역을 지정하는 지역에 민감한 해시hash를 사용하여 색인을 생성하는 것이다. 이러한 해시는 일반적으로 알고 있는 해시와 유사하며 이산적이고 벡터의 값에만 의존적이다. 하지만 이마저도 약 12차원을 넘어가면 완벽하게 작동하지는 않는다. 정확한 의미론적 검색은 구글 검색이나 위키피디아 검색과 같은 대규모 말뭉치에서 잘 작동하지 않는다. 핵심은 완벽한 색인이나 고차원 벡터에 대한 잠재 해싱 알고리즘을 추구하기보다는 충분히 좋은 기능에 만족하는 것이다. 요즘에는 잠재 의미 해싱latent semantic hashing을 사용하여 의미 검색을 효율적으로 만드는 몇 가지 효율적이고 정확한 근사 최근접 이웃 알고리즘의 오픈 소스가 있다. 그러나 기술적으로 이 색인 또는 해싱 솔루션이 우리의 의미 검색 질의에 대해 최상의 매치를 해줄 것이라는 보장은 할 수 없다. 그렇지만 정확도를 조금만 포기하면 TF-IDF 벡터나 단어 벡터에 대한 기존 역색인만큼 빠르게 좋은 매치 목록을 얻을 수 있다. 신경망 모델은 토픽 벡터의 개념을 미세 조정하여 단어와 관련된 벡터를 더 정확하고 유용하게 만들어 검색을 강화할 수 있다는 것을 아는 것이 중요하다.

7.7.4 기계 번역

기계 번역의 목표는 문장이나 단락 등 텍스트의 길이에 상관없이 토큰의 시퀀스에 따라 다른 언어 토큰 시퀀스로 번역하는 것이다. 트랜스포머와 순환 신경망에서 등장하는 인코더−디코더 구조는 번역 작업에서 효과적이라는 것이 증명되었다. 여기서 인코더−디코더 구조는 오토인코더autoencoder 구조와 다르다.

---

162 옮긴이_ 이 책의 번역서는 『파이썬으로 배우는 자연어 처리 인 액션』(제이펍, 2020)이다.

7.7.5 이미지 캡셔닝

이미지 캡셔닝은 컴퓨터 비전 기술과 자연어 처리 기술이 결합된 형태다.

7.7.6 챗봇

챗봇은 자연어 처리 분야의 궁극적인 응용 애플리케이션이다. 챗봇은 언어 구문 분석, 검색, 분석, 응답 생성, 요청에 대한 응답, 실행 등 여러 종류의 처리가 필요하다. 또한 과거 문장과 응답에 대한 메모리를 유지하기 위해 데이터베이스가 필요하다.

7.7.7 기타 애플리케이션

다른 애플리케이션으로는 개체명 인식 named-entity recognition[163], 개념 이해 conceptual focus[164], 정보 추출(예 날짜 등), 언어 생성 애플리케이션 등이 있다. 이 내용은 〈Chapter 8 확률적 생성 모델〉에서 다룬다.

7.8 트랜스포머와 어텐션 모델

트랜스포머와 어텐션 Attention 모델은 기계 번역, 질문 응답, 언어 생성, 개체명 인식, 이미지 캡셔닝, 챗봇과 같은 자연어 처리 애플리케이션을 위한 최신 기술이다(2022년 기준). 현재 이모델들은 구글의 BERT(양방향 인코더 트랜스포머 표현)[165]와 Open AI의 GPT-2(사전 학습된 생성 트랜스포머), GPT-3[166]와 같은 대규모 언어 모델의 기반이 되고 있다.

트랜스포머는 기존의 자연어 처리를 위해 범용적으로 사용되던 순환 신경망 및 합성곱 신경망

---

163 https://oreil.ly/5Mg9k
164 https://oreil.ly/QYDOn
165 https://oreil.ly/sP7uM
166 https://oreil.ly/NzDKo

과는 완전히 다른 구조이다. 트랜스포머는 2017년 논문 「Attention is All You Need」[167]에서 소개됐다.

트랜스포머 이후 권위를 잃은 순환 및 합성곱 신경망 구조가 더 이상 쓰이지 않을 것 같지만 그렇진 않다. 특정 자연어 처리 애플리케이션과 금융 애플리케이션에서 여전히 사용되고 있으며 심지어 잘 작동한다. 시계열 데이터에서 사용되는 순환 및 합성곱 신경망 모델에 대해서는 나중에 자세히 설명할 것이다.

자연어 처리에서 순환 및 합성곱 신경망의 사용 빈도가 줄어든 이유는 다음과 같다.

- 입력이 자연어 토큰으로 이루어진 짧은 시퀀스인 경우 트랜스포머 모델에 포함된 어텐션 층이 순환 신경망 구조보다 빠르다. 길이가 긴 시퀀스의 경우에도 어텐션 층을 수정하여 입력 내 특정 이웃에만 초점을 맞출 수 있다.
- 순환 신경망 층에서 필요한 연속적인 연산의 수는 입력 시퀀스의 길이에 따라 달라진다. 반면 어텐션 층의 경우 일정하게 유지된다.
- 합성곱 신경망에서는 커널의 너비(폭)가 입력과 출력 쌍 사이의 장기적 의존성long-term dependency에 직접적인 영향을 미친다. 장기적 의존성을 추적하려면 큰 커널 또는 합성곱 층을 겹겹이 쌓은 스택이 필요하며 이는 자연어 모델의 계산 비용을 증가시킨다.

7.8.1 트랜스포머 구조

트랜스포머는 GPT-2, GPT-3, 구글의 BERT(왼쪽에서 오른쪽, 오른쪽에서 왼쪽으로 순차적인 텍스트 데이터를 보고 언어 모델 학습), 우 다오Wu Dao 모델[168]과 같은 거대 언어 모델에서 필수적인 부분이다. 이러한 모델은 엄청나게 크다. GPT-2는 전 세계 웹 사이트 8백만 개에서 추출된 수백만 개의 문서에 대해 약 15억 개의 파라미터를 훈련했다. GPT-3는 더 큰 데이터셋에 대해 1750억 개의 파라미터를 훈련했다. 우 다오 모델은 무려 1조 7500억 개의 파라미터를 가지고 있으며 훈련 및 추론을 위해 더 많은 연산 자원을 소비한다.

트랜스포머는 원래 언어 번역 작업을 위해 설계되었기 때문에 인코더-디코더 구조를 가진다. [그림 7-4]는 논문 「Attention is All You Need」[169]에서 소개한 트랜스포머 모델의 구조다.

---

167 https://oreil.ly/S3vEz

168 https://oreil.ly/Submn

169 https://oreil.ly/S3vEz

인코더와 디코더는 독립된 모듈이므로 각각을 다양한 개별 작업에 사용할 수 있다. 예를 들면 인코더만 사용하여 품사 태깅과 같은 분류 작업을 수행할 수 있다. 다음과 같은 문장을 입력하고 각 단어에 대한 클래스를 출력할 수 있는 것이다.

> 입력: I love cooking in my kitchen.
>
> 출력: I - 대명사, love - 동사, cooking - 명사 등

인코더와 디코더가 모두 포함된 전체 트랜스포머 모델의 입력은 챗봇에게 하는 질문, 프랑스어로 번역할 영어 문단, 요약할 문서와 같이 특정한 길이의 자연어 토큰 시퀀스다. 이때 출력은 챗봇의 대답, 프랑스어로 번역된 문단, 헤드라인이 될 것이며 이 역시 또 다른 자연어 토큰 시퀀스다.

여기서 주의할 점이 있다. 학습 단계와 모델의 추론 단계를 혼동하지 말자.

학습 단계

영어 문장(입력 데이터 샘플)과 프랑스어 번역(레이블) 같이 모델에는 데이터와 레이블이 모두 제공된다. 모델은 두 언어의 전체 어휘와 문법을 잘 일반화할 수 있도록 입력-목표 레이블 간의 매핑을 학습한다.

추론 단계

모델에는 영어 문장만 입력되고 프랑스어 번역이 출력된다. 트랜스포머는 프랑스어 문장을 한 번에 하나씩 새로운 토큰으로 출력한다.

[그림 7-4]를 보면 트랜스포머 구조의 왼쪽 절반에 있는 인코더는 영어 문장 'How was your day?'와 같은 토큰을 입력으로 받고, 이 문장의 각 토큰에 대해 여러 개의 숫자 벡터 표현을 생성하여 문장 내에서 토큰의 문맥 정보를 인코딩한다. 트랜스포머의 디코더 부분은 이러한 벡터를 입력으로 받는다.

트랜스포머 구조의 오른쪽 절반에 있는 디코더는 인코더의 출력 벡터를 이전 시간 스텝에서의 디코더 출력과 함께 입력으로 받는다. 그리고 프랑스어로 번역된 토큰 출력을 생성한다. [그림 7-5]의 'Comme se passe ta journée'라는 문장을 보면 디코더가 실제로 계산하는 것은 프랑스어 어휘(5만 개의 토큰) 중 각 단어에 대한 확률이다.

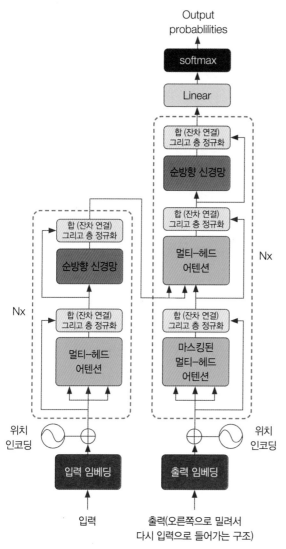

Output probablilities

softmax

Linear

합 (잔차 연결)
그리고 층 정규화

순방향 신경망

합 (잔차 연결)
그리고 층 정규화

멀티-헤드
어텐션

Nx

합 (잔차 연결)
그리고 층 정규화

순방향 신경망

합 (잔차 연결)
그리고 층 정규화

마스킹된
멀티-헤드
어텐션

합 (잔차 연결)
그리고 층 정규화

멀티-헤드
어텐션

Nx

위치
인코딩

위치
인코딩

입력 임베딩

출력 임베딩

입력

출력(오른쪽으로 밀려서
다시 입력으로 들어가는 구조)

그림 7-4 트랜스포머 모델의 간단한 인코더-디코더 구조[170]

그런 다음 가장 높은 확률을 가진 토큰을 생성한다. 사실 고차원 어휘에 대한 소프트맥스를 계산하는 것은 비용이 많이 들기 때문에 디코더는 샘플링된 소프트맥스를 사용한다. 샘플링된 소프트맥스는 각 단계에서 프랑스어 어휘 중 랜덤 샘플링에 대한 각 토큰의 확률을 계산한다. 훈

---

170 이미지 출처: *https://oreil.ly/q1F0p*

련 중에는 이 샘플에 타깃^{target} 토큰을 포함해야 하지만 추론 중에는 타깃 토큰이 없다.

트랜스포머는 어텐션을 사용해 토큰 시퀀스의 장기 의존성을 포착한다. 여기서 '토큰 시퀀스', '단어 시퀀스'라는 용어는 수학자에게 혼동을 줄 수 있다. 수학자들은 시퀀스^{sequence}, 시리즈^{series}, 벡터^{vector}, 리스트^{list}와 같은 용어를 명확히 구분한다. 시퀀스는 일반적으로 한 번에 하나의 항목을 처리하는 방식으로 진행된다. 즉, 하나의 항목이 처리된 후 다음 항목이 차례로 처리되어 전체 입력이 소진될 때까지 계속된다. 하지만 트랜스포머는 입력 토큰을 순차적으로 처리하지 않는다. 대신 전체 토큰을 병렬로 동시에 처리한다. 이는 순환 신경망이 입력 토큰을 처리하는 방식과 다르다. 순환 신경망에서는 입력 토큰을 순차적으로 공급해야 하기 때문에 병렬 계산이 사실상 불가능하다. 따라서 트랜스포머 모델을 사용하여 자연어 문장을 처리할 때는 '벡터'라고 부르는 것이 적절하다. 또한 문장의 각 단어가 자체 벡터로 표현되므로 '행렬'이라고도 할 수 있다. 한 번에 여러 문장의 배치를 처리할 때는 트랜스포머의 구조가 허용하는 바에 따라 '텐서'라고도 할 수 있다. 만약 동일한 문장을 순환 신경망 모델을 사용해 처리한다면 모델은 입력 데이터를 순차적으로 한 토큰씩 소진하기 때문에 '시퀀스'라고 부르는 것이 적절할 것이다. 만약 합성곱 신경망을 사용해 처리한다면 다시 '벡터'나 '행렬'이라고 부르는 것이 적절하다. 합성곱 신경망은 전체를 한꺼번에 소진하며 한 번에 하나의 토큰으로 분해되어 처리되지 않기 때문이다.

트랜스포머 구조는 병렬 처리를 허용하기 때문에 모델이 입력을 순차적으로 처리할 필요가 없다는 이점이 있으며 이는 계산 효율성을 향상시킨다. 하지만 자연어 입력의 내재적인 순차성과 그 순차성에 기반한 인코딩된 정보를 충분히 활용할 수 없다는 단점도 있다. 이에 따라 실제로 사람이 텍스트를 처리하는 방식을 활용하려는 새로운 트랜스포머 모델들이 등장했다.

트랜스포머 모델은 다음과 같이 동작한다.

1 입력 시퀀스의 각 단어를 d차원 벡터로 표현한다.

2 모델에 단어 순서를 포함시키기 위해 단어 벡터에 위치 정보(위치 인코딩)를 추가한다. 각 단어의 벡터에 동일한 길이의 위치 인코딩 벡터를 함께 주입해 입력 단어와 위치 정보를 함께 주입할 수 있다. 위치 인코딩 벡터는 단어 벡터 임베딩과 동일한 차원을 가진다. 덕분에 두 벡터를 더할 수도 있다. 위치 인코딩에는 여러 선택지가 있다. 일부는 훈련 중에 학습되고 다른 일부는 고정된다. 위치 인코딩 방법으로는 다양한 주파수를 가진 이산화된 사인 및 코사인 함수가 흔히 사용된다.

3 위치 인코딩된 단어 벡터를 인코더 블록에 주입한다. 인코더는 고려 중인 단어의 앞뒤에 있는지 여부와 상관없이 입력 시퀀스의 모든 단어를 처리하므로 트랜스포머 인코더는 양방향 인코더다.

4 디코더는 인코더의 출력 벡터와 함께 이전 시간 스텝인 $t-1$에서의 디코더 출력 단어를 입력으로 받는다.

5 디코더에 대한 입력 데이터도 위치 인코딩에 의해 확장augmented 된다.

6 확장된 디코더 입력은 세 개의 하위 계층으로 공급된다. 디코더는 이어지는 단어를 인식할 수 없으므로 첫 번째 하위 계층에서 마스킹masking을 적용한다. 두 번째 하위 계층에서 디코더는 인코더의 출력을 함께 받게 되며, 이를 통해 디코더는 입력 시퀀스의 모든 단어에 주목할 수 있다.

7 디코더의 출력은 마지막으로 완전 연결 계층과 소프트맥스 계층을 통과하여 출력 시퀀스의 다음 단어에 대한 예측을 생성한다.

7.8.2 어텐션 메커니즘

트랜스포머의 마법은 어텐션 메커니즘 덕분이다. 어텐션 메커니즘을 사용하면 다음과 같은 이점이 있다.

설명 가능성explainability

모델이 특정 출력을 생성할 때 입력 문장(또는 문서)의 어느 부분에 주목했는지 나타낼 수 있다(그림 7-5).

사전 훈련된 어텐션 모델 활용

사전 훈련된 모델들을 특정 분야의 문제에 맞게 학습시킬 수 있다. 즉, 특정 분야의 데이터에 대한 추가 훈련을 통해 모델의 파라미터 값을 조정할 수 있다.

긴 문장을 더욱 정확하게 모델링

어텐션 메커니즘의 또 다른 장점은 자연어 토큰이 시퀀스 내에서 얼마나 멀리 떨어져 있는지와 관계없이 해당 토큰 시퀀스 간의 의존성을 모델링할 수 있게 해준다는 점이다.

[그림 7-5]는 영어를 프랑스어로 번역하는 작업에 활용된 어텐션 모델이다.

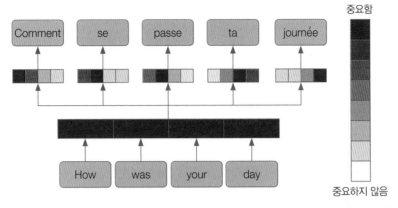

중요함

중요하지 않음

그림 7-5 번역 작업에 활용된 어텐션 모델. 입력 토큰에 할당된 가중치 중 모델이 각 출력 토큰을 생성하기 위해 어떤 토큰에 더 많은 주의를 기울였는지 보여준다.[171]

어텐션 메커니즘에는 복잡한 수학이 필요하지 않다. 단지 스케일링된 내적만 계산하면 된다. 어텐션 메커니즘의 주요 목표는 입력 시퀀스에서 가장 관련성이 높은 부분을 강조하고 입력 내에서 서로 얼마나 강한 관련이 있는지, 출력의 특정 부분에 얼마나 크게 기여하는지를 알아내는 것이다.

셀프 어텐션Self Attention은 벡터 시퀀스가 자체 구성 요소 내에서 정렬alignment[172]을 계산하는 것을 말한다. 내적이 두 벡터 사이의 호환성compatibility을 측정한다는 사실에 이제 익숙해졌을 것이다. 즉, 벡터 시퀀스 구성 요소 사이의 내적을 구하면 아주 간단하게 셀프 어텐션 가중치를 계산할 수 있다. 예를 들어 'I love cooking in my kitchen'이라는 문장이 있다면 우리는 'I', 'love', 'cooking', 'in', 'my', 'kitchen'을 나타내는 단어 벡터 사이의 모든 내적을 계산할 것이다. 실제로 계산해보아야 알겠지만, 'I'와 'my', 'cooking'과 'kitchen' 사이의 내적 값이 클 것이다. 물론 가장 큰 값은 자기 자신, 즉 'I'와 'I', 'love'와 'love'의 내적 값이 가장 클 것이다. 왜냐하면 이 벡터들은 자기 자신과 완벽하게 정렬되어 있기 때문이다. 그러나 여기서 얻을 수 있는 유용한 정보는 없다. 이러한 낭비를 피하기 위한 트랜스포머의 해결책은 다음과 같다.

> **1** 입력 시퀀스의 각 벡터(문장의 각 단어)에 세 가지 서로 다른 변환transformation을 적용하여 세 가지 다른 가중치 행렬을 곱한다. 그런 다음 각 입력 단어 벡터 w에 해당하는 세 가지 벡터 집합을 얻는다.

---

171 이미지 출처: *https://oreil.ly/2SZCW*

172 옮긴이_ 어텐션과 트랜스포머에 관한 논문과 글을 읽다 보면 'alignment'라는 단어를 자주 접하게 된다. 문장 혹은 단어의 정렬 (alignment)이란 두 문장 혹은 두 단어(source, target) 사이에 존재하는 의미적 관계가 얼마나 가까운지 혹은 먼지를 의미한다.

- 쿼리query 벡터: $\overrightarrow{query} = W_q \vec{w}$

  어텐션이 어디서 왔는지 알 수 있는 벡터

- 키key 벡터: $\overrightarrow{key} = W_k \vec{w}$

  어텐션이 어디로 향하는지 알 수 있는 벡터

- 밸류value 벡터: $\overrightarrow{value} = W_v \vec{w}$

  생성되는 문맥에 해당하는 값을 나타내는 벡터

2 문장의 모든 단어에 대해 쿼리 벡터와 키 벡터 간 정렬 점수를 구할 수 있다. 이 점수는 벡터 길이 1의 제곱근의 역수로 스케일링한 다음 내적하여 구할 수 있다(내적한 값이 커지는 것을 방지하기 위해 스케일링한다). 내적의 결과 값은 바로 소프트맥스 함수에 전달될 것이다. 소프트맥스 함수는 입력 크기가 매우 크면 기울기 값이 매우 작기 때문에 각각의 내적 값을 $\sqrt{l}$로 나눠 그 효과를 상쇄한다. 또한 두 벡터의 정렬은 벡터 길이와 무관하다. 따라서 문장에서 'cooking'과 'kitchen'의 정렬 점수alignment score는 다음과 같다.

$$alignment_{cooking, kitchen} = \frac{1}{\sqrt{l}} \overrightarrow{query}^{t}_{cooking} \overrightarrow{key}_{kitchen}$$

쿼리 벡터와 키 벡터가 단어마다 각각 다르기 때문에 'kitchen'과 'cooking' 사이의 정렬 점수와 다른 단어 간 정렬 점수가 다를 수 있다는 점에 유의해야 한다. 따라서 결과적으로 정렬 행렬은 대칭이 아니다.

3 다음 예시와 같이 문장 내 두 단어 사이에서 구한 정렬 점수를 소프트맥스 함수에 전달하여 확률로 변환한다.

$$w_{cooking, kitchen} = soft\,max(alignment_{cooking, kitchen}) = \frac{\exp(alignment_{cooking, kitchen})}{\left\{\begin{array}{l} \exp(alignment_{cooking, I}) + \\ \exp(alignment_{cooking, love}) + \\ \exp(alignment_{cooking, cooking}) + \\ \exp(alignment_{cooking, in}) + \\ \exp(alignment_{cooking, my}) + \\ \exp(alignment_{cooking, kitchen}) \end{array}\right\}}$$

4 다음 예시와 같이 밸류 벡터와 정렬 확률을 가중치로 사용해 선형 조합하여 각 단어의 문맥을 인코딩한다.

$$context_{cooking} = w_{cooking, I} \overrightarrow{value}_I + w_{cooking, love} \overrightarrow{value}_{love} + w_{cooking, cooking} \overrightarrow{value}_{cooking} \\ + w_{cooking, in} \overrightarrow{value}_{in} + w_{cooking, my} \overrightarrow{value}_{my} + w_{cooking, kitchen} \overrightarrow{value}_{kitchen}$$

이렇게 주어진 문장에서 각 단어의 문맥을 하나의 벡터에 담을 수 있게 되었고 문장 내에서 서로 정렬되는 단어들에 높은 값을 할당했다.

여기서 좋은 소식은 앞서 언급한 벡터들을 행렬로 감싸서 병렬로 효율적인 행렬 연산을 할 수 있다는 것이다. 이렇게 행렬 연산을 하면 문장(데이터 샘플)의 모든 단어에 대한 컨텍스트

^{context} 벡터를 한꺼번에 계산할 수 있다. 즉, 한 번에 모든 단어의 맥락을 구할 수 있다.

앞서 언급한 모든 것은 하나의 어텐션 헤드에서 구현된다. 즉, 하나의 어텐션 헤드가 데이터 샘플의 각 토큰에 대해 하나의 컨텍스트 벡터를 생성한다. 이제 동일한 토큰에 대해 여러 컨텍스트 벡터를 생성하는 것이 유리할 것이다. 왜냐하면 컨텍스트 벡터로 가는 도중에 평균을 취하면서 일부 정보가 손실되기 때문이다. 여기서 주요 아이디어는 단일 어텐션 헤드를 구할 때 이에 해당하는 단일 표현 대신 문장(데이터 샘플)의 단어에 대한 다른 표현을 사용하여 정보를 추출할 수 있도록 하는 것이다. 따라서 우리는 멀티 헤드 어텐션을 구현하고 각 헤드에 대해 새로운 변환 행렬 W_q, W_k, W_v를 구해 활용할 수 있다.

변환 행렬의 원소는 훈련 과정에서 훈련 데이터 샘플로부터 학습해야 하는 모델의 파라미터다. 그렇다면 모델의 파라미터 개수가 얼마나 빨리 늘어날지 상상해보자.

[그림 7-6]은 멀티 헤드 어텐션 메커니즘이다. 멀티 헤드 어텐션 메커니즘은 h개의 헤드를 구현하여 선형으로 변환된 쿼리, 키, 값을 받고 각 토큰에 대해 h개의 컨텍스트 벡터를 생성한다. 그런 다음 이 벡터들을 연결하여 모델 구조 중 멀티 헤드 어텐션 부분의 출력을 생성한다.

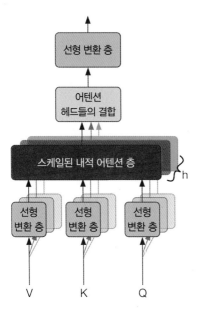

그림 7-6 멀티 어텐션 메커니즘[173]

---

173 이미지 출처: *https://oreil.ly/j9ypn*

디코더도 비슷한 셀프 어텐션 메커니즘을 사용하지만 여기에서는 텍스트가 왼쪽에서 오른쪽으로 생성되기 때문에 각 단어는 이전 단어에만 주의를 기울일 수 있다. 또한 디코더는 인코더로부터 받는 출력에 주의를 기울이는 추가 어텐션 메커니즘을 갖고 있다.

7.8.3 트랜스포머는 완벽하지 않다

트랜스포머 모델은 자연어 처리 분야에서 혁신을 일으켰지만 완벽하지는 않다. 일반적으로 언어 모델은 생각 없이 흉내만 낸다. 언어 모델은 입력이나 출력을 이해하지 못한다. MIT 테크놀로지 리뷰와 같은 비판적인 기사[174]에서는 언어 모델이 언어 자체를 이해하지 못하고 있으며 긴 텍스트 생성 시 어휘를 반복하는 등의 단점을 자세히 설명한다. 그럼에도 불구하고 트랜스포머 모델은 자연어 분야에 큰 변화를 가져왔고 생명의학, 컴퓨터 비전, 이미지 생성 등의 분야에도 영향을 미치고 있다.

7.9 시계열 데이터를 위한 합성곱 신경망

자연어 처리 및 금융 영역에서는 시계열 $^{time\ series}$이라는 용어 대신 시간 순서 $^{time\ sequence}$라는 용어를 사용해야 한다. 수학에서 시리즈 ^{series}는 무한한 수열의 항을 합하는 것을 의미하기 때문에 모든 자연어 데이터와 대부분의 금융 데이터처럼 데이터가 합산되지 않는 경우 실제로는 시리즈가 아닌 숫자 또는 벡터 순서 ^{sequence}로 존재하게 된다. 하지만 어찌 됐든 용어 충돌은 피할 수 없다. 서로 의존하는 분야에서도 마찬가지이다.

사전에서 단어의 정의를 제외하면 단어의 의미는 대부분 서로 상대적인 의미와 연관되어 있다. 이는 문장에서 단어의 순서와 문맥, 다른 단어와의 근접성에 따라 달라진다. 먼저 문서에서 단어와 용어의 의미를 탐색할 수 있는 두 가지 방법을 살펴보자.

---

174 https://oreil.ly/aaj80, https://oreil.ly/ToNil

공간적 방법

토큰들이 수학적으로 어떻게 표현되는지에 관계없이 하나의 벡터로 문장을 한 번에 탐색하는 방법이다.

일시적 방법

한 번에 한 토큰씩 순차적으로 문장을 탐색하는 방법이다.

〈Chapter 5 합성곱 신경망과 컴퓨터 비전〉에서 설명한 합성곱 신경망은 고정된 너비의 윈도 window(커널kernel 또는 필터filter)를 토큰을 따라 슬라이딩하면서 문장을 공간적으로 탐색한다. 텍스트 데이터를 분석하기 위해 합성곱 신경망을 사용하면 네트워크는 고정된 차원의 입력을 기대한다. 반면 다음 챕터에서 설명할 순환 신경망을 사용하여 텍스트 데이터를 분석하면 네트워크는 토큰을 순차적으로 입력받으므로 입력 길이가 고정되지 않아도 된다.

Chapter 5에서는 이미지 위에서 2차원의 윈도(커널 또는 필터)를 슬라이딩했다면, 여기서는 텍스트 토큰 위에서 1차원의 커널을 슬라이딩할 것이다. 우리는 이제 각 토큰이 숫자 벡터로 표현된다는 것을 알고 있다. 여기서도 마찬가지로 원–핫 인코딩one-hot encoding이나 Word2Vec 모델의 단어 벡터를 사용할 수 있다. 원–핫 인코딩된 토큰은 말뭉치에서 포함하려는 가능한 모든 어휘에 대해서는 0을, 인코딩 중인 토큰의 위치에는 1을 갖는 매우 긴 벡터로 표현된다. 또는 Word2Vec을 사용해 훈련된 단어 벡터를 사용할 수 있다. 따라서 합성곱 신경망에 입력되는 데이터 샘플은 데이터 샘플의 각 토큰에 대해 하나의 열 벡터로 구성된 행렬이다. 토큰을 표현하기 위해 Word2Vec을 사용하는 경우 각 열 벡터에는 사용된 Word2Vec 모델에 따라 100~500개의 원소들이 포함된다. 합성곱 신경망의 경우 각 데이터 샘플에는 정확히 동일한 수의 토큰이 있어야 한다는 점을 기억하자.

따라서 하나의 데이터 샘플(문장이나 문단)은 2차원 행렬로 표현된다. 이 행렬의 행의 수는 단어 벡터의 전체 길이가 된다. 여기서 우리가 데이터 샘플 위에 1차원 커널을 슬라이딩한다고 말하는 것에 오해의 소지가 있을 수 있다. 샘플 토큰의 벡터 표현은 아래로 확장되지만, 필터는 해당 차원의 전체 길이에 대해 이를 한 번에 커버한다. 즉, 필터가 3개의 토큰 너비라면 필터는 3개의 열과 토큰의 벡터 표현만큼의 행이 있는 가중치 행렬이 된다. 그러므로 여기서 1차원 합성곱은 수평으로만 합성되는 것을 의미하며 이미지에 대한 2차원 합성곱과 다르다. 2차원 필터는 이미지의 가로, 세로로 모두 이동한다.

Chapter 5에서처럼 순전파 중에는 한 개의 데이터 샘플에 대해 필터 내의 가중치 값이 동일하다. 이는 우리가 순전파 과정을 병렬화할 수 있다는 것을 의미한다. 이런 이유로 합성곱 신경망은 훈련하기에 효율적이라고 할 수 있다.

합성곱 신경망은 동시에 두 개 이상의 입력 채널, 즉 2차원 숫자 행렬뿐만 아니라 3차원 텐서 입력도 처리할 수 있다는 것을 상기해보자. 이미지의 경우라면 입력 이미지의 빨강, 초록, 파랑 채널을 한꺼번에 처리한다. 자연어에서 하나의 입력 샘플은 열 벡터로 표현된 단어들이 옆으로 나열된 것이다. 이제 우리는 같은 단어를 숫자 벡터로 표현하는 다양한 방법을 알고 있고, 각 방법마다 같은 단어의 다른 의미를 잡아낼 수 있다는 사실도 알게 되었다. 동일한 단어에 대한 여러 가지 벡터 표현은 반드시 동일한 길이일 필요는 없다. 다만 우리가 여러 벡터 표현을 동일한 길이로 제한한다면 각 표현이 한 단어의 채널이 될 수 있고, 합성곱 신경망은 동일한 데이터 샘플의 모든 채널을 한 번에 처리할 수 있다.

Chapter 5에서 살펴본 것처럼 합성곱 신경망은 가중치 공유, 풀링 층, 드롭 아웃, 작은 필터 크기 덕분에 효율적이다. 우리는 다양한 크기의 필터로 모델을 학습시킨 다음, 각기 다른 크기의 필터 출력을 긴 벡터로 생각해 연결하고 이를 마지막 완전 연결 계층으로 전달시킬 수도 있다. 물론 신경망의 마지막 계층은 감정 분류, 스팸 필터링, 텍스트 생성과 같이 원하는 작업을 수행한다. 이와 관련된 내용은 〈Chapter 5 합성곱 신경망과 컴퓨터 비전〉과 〈Chapter 6 특이값 분해: 이미지 처리, 자연어 처리, 소셜 미디어〉에서 살펴봤다.

7.10 시계열 데이터를 위한 순환 신경망

다음 세 문장을 살펴보자.

- 그녀는 영화를 보기 위해 표를 샀다.
- 그녀는 자유 시간이 생겨 영화를 보기 위해 표를 샀다.
- 그녀는 2주 동안 쉬지 않고 영화에 관한 이야기를 들었고, 마침내 영화를 보기 위해 표를 샀다.

'영화를 보기 위해 표를 샀다'의 주체는 '그녀'이다. 자연어 모델이 장기 의존성을 처리하도록 설계되었다면 이 형태를 학습할 수 있다. 이번에는 다양한 모델이 이러한 장기 의존성을 어떻게 처리하는지 살펴보자.

합성곱 신경망과 장기 의존성

3~5개의 토큰 범위 내에서 작은 필터링 윈도를 사용해 문장을 스캔하는 합성곱 신경망은 첫 번째 문장 정도는 쉽게 학습할 수 있다. 두 번째 문장의 경우에도 술어의 위치가 조금 바뀐 수준이라 학습할 수 있을 것이다(여기서는 풀링 층이 네트워크가 작은 변화에 저항하는 데 도움을 줄 것이다). 세 번째 문장은 더 큰 필터를 사용하거나 네트워크의 깊이를 깊게 하여 합성곱 계층이 서로 겹치도록 하고 문장이 네트워크 깊숙히 들어갈 수 있도록 적용 범위를 넓게 하지 않는 한 어려울 것이다. 더 큰 필터를 사용하거나 네트워크의 깊이가 깊어진다면 계산 비용도 같이 증가한다는 단점이 있다.

메모리 유닛이 있는 순환 신경망

앞서 소개한 네트워크 구조와 전혀 다른 방식도 있다. 문장을 네트워크에 순차적으로 한 토큰씩 주입하고, 일정 시간 동안 중요한 정보를 유지하는 메모리를 사용해 그 정보를 기억하는 구조다. 이 구조에서는 문장의 모든 토큰이 네트워크를 통과했을 때 결과를 생성한다. 훈련 중이라면 마지막 토큰이 처리된 후 생성된 결과만을 해당 레이블과 비교하고 그 오류가 시간을 거슬러 역전파되며 가중치를 조정한다. 긴 문장이나 단락을 읽을 때 우리가 정보를 기억하는 방식을 떠올려보자. 장단기 기억 유닛이 있는 순환 신경망은 이러한 방식으로 설계된다.

트랜스포머 모델과 장기 종속성

트랜스포머 모델은 합성곱과 순환 신경망을 모두 없애고 문장의 주어인 '그녀'와 술어인 '영화를 보기 위해 표를 샀다' 사이의 관계를 파악하기 위해 어텐션만 사용한다.

순환 모델과 합성곱 모델, 트랜스포머 모델의 다른 점은 모델이 모든 데이터 샘플에 대해 동일한 길이의 입력을 요구하는지 여부이다. 어떻게 동일한 길이의 문장만을 입력으로 사용할 수 있을까? 트랜스포머와 합성곱 신경망의 경우 고정 길이의 데이터 샘플만 입력으로 주입해야 하므로 샘플을 사전에 전처리하여 모두 동일한 길이로 만들어야 한다. 반면에 순환 신경망은 모든 토큰을 한 번에 하나씩 가져오므로 입력 길이가 가변적이더라도 매우 잘 처리할 수 있다.

순환 신경망의 주요 아이디어는 새로운 정보를 처리할 때 이전 정보를 유지한다는 것이다. 어떻게 유지하는 것일까? 신경망에서 순전파를 시키면 뉴런의 출력은 뉴런을 떠나고 결코 다시 돌아오지 않는다. 다만 순환 신경망에서는 그 출력이 새로운 입력과 함께 다시 뉴런으로 회귀

하면서 궁극적으로는 메모리 기능을 생성한다. 이 알고리즘은 자동 완성 및 문법 검사에서 높은 성능을 나타낸다. 이런 구조를 활용해 2018년 Gmail의 스마트 작성 기능이 개발되었다.

7.10.1 순환 신경망의 훈련 메커니즘

레이블이 매겨진 데이터 샘플에서 순환 신경망이 어떻게 훈련되는지 단계별로 알아보자. 각 데이터 샘플은 일련의 토큰들과 레이블로 구성된다. 언제나 그랬듯이 신경망의 목표는 특정 레이블(또는 출력)을 생성하는 데 기여하는 데이터 내의 일반적인 특징과 패턴을 학습하는 것이다. 각 샘플의 토큰들이 순차적으로 입력될 때 전체 데이터 샘플 안에서 특정 토큰에 상대적으로 뚜렷하게 나타나는 패턴과 특징을 탐지하는 것이 우리의 목표이다.

1 데이터셋에서 토큰화되고 레이블이 있는 데이터 샘플 하나를 가져온다(**예** '긍정' 레이블이 지정된 영화 리뷰나 '가짜 뉴스' 레이블이 지정된 트윗).

2 데이터 샘플의 첫 번째 토큰 $token_0$을 신경망의 입력으로 주입한다. 여기서 토큰은 벡터화되어 있다는 것을 명심하자. 그래서 실제로는 숫자 벡터를 신경망에 입력하고 있는 것이다. 수학적으로 말하면, 해당 토큰 벡터에서 함수를 평가하고 또 다른 벡터를 생성하는 것이다. 지금 이까지 이 신경망은 $f(token_0)$을 계산한 것이다.

3 이제 데이터 샘플의 두 번째 토큰 $token_1$과 신경망을 통과한 첫 번째 토큰의 결과 $f(token_0)$을 함께 신경망에 보낸다. 이제 신경망은 $f(token_1 + f(token_0))$을 평가한다. 이 부분이 반복, 순환, 재귀라고 불리는 단계다. 이 방법 덕분에 신경망은 $token_1$을 처리하면서 $token_0$을 잊지 않게 되는 것이다.

4 이제 샘플의 세 번째 토큰인 $token_2$를 이전 단계의 출력인 $f(token_1 + f(token_0))$과 함께 다시 신경망에 입력한다. 신경망은 이제 $f(token_2 + f(token_1 + f(token_0)))$을 평가할 것이다.

5 지금까지 수행한 일을 샘플의 모든 토큰을 처리할 때까지 계속 진행한다. 이 샘플에 다섯 개의 토큰만 있다고 가정해보면 순환 신경망은 마지막에 $f(token_4 + f(token_3 + f(token_2 + f(token_1 + f(token_0)))))$을 출력할 것이다. 이 출력은 우리가 〈Chapter 4 신경망을 위한 최적화〉에서 논의한 순전파 완전 연결 신경망feed forward fully connected network의 출력과 매우 유사하다. 다만 여기서 순환 신경망의 출력은 샘플의 토큰을 하나씩 순환 뉴런에 입력하면서 몇 개의 단위 시간에 걸쳐 입력된다. 반면에 Chapter 4에서의 신경망 출력은 공간에 걸쳐 하나의 데이터 샘플이 신경망의 한 계층에서 다음 계층으로 이동하게 된다. 각각의 결과를 수식으로 작성해보면 수학적으로 그 결과가 동일하므로 앞서 살펴본 것 이상의 수학이 필요하지 않다. 그게 바로 우리가 수학을 사랑하는 이유이기도 하다.

6 신경망이 올바른 결과를 만들 수 있도록 훈련시킬 때는 Chapter 3, 4, 5에서 배운 것처럼 해당 데이터 샘플의 최종 출력인 $f(token_4 + f(token_3 + f(token_2 + f(token_1 + f(token_0)))))$과 실제 레이블을 활용해 손실 함수를 계산한다.

7 다음 데이터 샘플을 한 번에 한 토큰씩 신경망에 주입하고 동일한 작업을 다시 수행한다.

8 신경망의 가중치를 업데이트하는 방법은 Chapter 4에서 했던 것과 정확히 같다. 경사 하강 기반 알고리즘을 사용해 손실 함수를 최소화하고 필요한 경사(네트워크의 모든 가중치에 대한 미분)를 계산해 역전파하여 신경망의 가중치를 업데이트한다. 방금 말했듯이 Chapter 4에서 배운 역전파 수학과 완전히 동일하지만 이번에는 시간을 통해 역전파한다고 볼 수 있다.

금융 분야나 역학 및 피드백 제어 분야에서는 이 프로세스를 ARMA^AutoRegressive Moving Average[175] 모델이라고도 한다.

순환 신경망을 훈련시키는 것은 연산 비용이 많이 드는 작업이다. 특히 10개 이상의 토큰을 가진 데이터 샘플이라면 더욱 그렇다. 학습해야 할 가중치의 수가 데이터 샘플의 토큰 수와 직접적으로 관련이 있기 때문이다. 조금만 생각해보면 토큰이 많을수록 순환 신경망의 시간적 깊이가 깊어진다는 사실을 눈치챌 수 있다. 연산 비용 외에도 시간적 깊이가 깊어지면 일반적인 순전파 신경망의 계층에서 흔히 겪는 문제인 기울기 소실 또는 폭발이 나타난다. 특히 수백 개의 토큰을 가진 데이터 샘플의 경우 수학적으로 수백 개의 계층을 가진 완전 연결 순전파 신경망과 동일하다. 따라서 순전파 신경망에서 기울기 소실 및 폭발을 해결하기 위한 동일한 해결책이 여기서도 적용된다.

7.10.2 게이트 순환 유닛과 장단기 메모리 유닛

순환 신경망의 순환 뉴런만으로는 문장의 장기 기억을 잡아내기에 충분하지 않다. 더 많은 토큰이 순환 뉴런을 통과할수록 과거 토큰의 효과는 희석되고 새로운 정보에 의해 압축된다. 실제로 토큰의 정보는 두 개의 토큰이 더 들어오면 그 정보가 완전히 사라진다. 이 문제는 신경망의 구조에 장단기 기억 유닛^long short-term memory unit이라고 불리는 메모리 유닛을 추가함으로써 해결할 수 있다. 이 유닛들은 전체 데이터 샘플에 걸친 종속성을 학습하는 데 도움이 된다.

장단기 기억 유닛에는 신경망이 포함되어 있다. 미래의 입력을 위해 보유해야 하는 새로운 정보만 찾고 더 이상 관련이 없는 정보는 잊거나 0으로 재설정하도록 학습할 수 있다. 따라서 장

---

175 `https://oreil.ly/GEwhG`

단기 기억 유닛은 어떤 정보를 보유할지 학습하고 나머지 신경망은 실제 레이블을 예측하는 방법을 학습한다.

요약하자면 각 시간 스텝의 입력 토큰은 forget 및 update 게이트(함수)를 통과하고 가중치와 마스크로 곱해진 다음 메모리 셀에 저장된다. 신경망의 다음 출력은 입력 토큰과 메모리 단위의 현재 상태의 조합에 따라 달라진다. 또한 장단기 기억 유닛은 여러 샘플에서 학습한 가중치를 공유하므로 각 샘플의 토큰들이 통과할 때마다 언어에 대한 기본 정보를 다시 학습할 필요가 없다.

사람은 무의식 수준에서 언어를 처리할 수 있다. 장단기 기억 유닛은 이런 특징을 모델링하는데 한 걸음 더 나아간 것이다. 장단기 기억 유닛은 해당 언어에서 패턴을 감지할 수 있으므로 단순한 분류 이상의 복잡한 작업을 처리할 수 있다. 예를 들어 데이터셋으로부터 학습한 확률 분포에서 새로운 텍스트를 생성하는 작업들에 활용된다. 이와 관련된 내용은 〈Chapter 8 확률적 생성 모델〉에서 다룬다.

7.11 자연어 데이터 예제

다양한 모델에 관한 설명에서 실제 데이터와 모델의 하이퍼파라미터가 포함된 구체적인 예제가 있으면 모델에 대해 이해하기가 훨씬 쉽다. IMDb 영화 리뷰 데이터셋[176]은 스탠포드 인공지능 웹 사이트[177]에서 찾을 수 있다. 각 데이터 샘플은 부정적 리뷰에 대해서는 0, 긍정적 리뷰에 대해서는 1로 지정된다. 자연어 데이터에 대해 전처리 연습을 해보고 싶다면 이런 원시 텍스트 데이터부터 시작할 수 있다. 그런 다음 구글의 Word2Vec 모델이나 다른 모델을 사용해 선택한 단어를 토큰화하고 벡터화할 수 있다. 이때 원시 데이터를 훈련 및 테스트셋으로 나누는 것을 잊지 말아야 한다. 그리고 나서 단어 벡터의 길이는 약 300, 데이터 샘플당 토큰 수는 약 400, 미니 배치는 32, 에포크 수는 2 등으로 하이퍼파라미터를 정하자. 이렇게 하이퍼파라미터와 데이터를 가지고 놀아보면서 특정 모델의 성능을 체감해볼 수 있다.

---

176 *https://oreil.ly/HbLZX*
177 *https://oreil.ly/by2UQ*

7.12 금융 인공지능

지금까지 대부분의 인공지능 모델의 기본 구조에 대해 알아봤다(그래프는 다른 수학적 구조를 가지고 있으므로 〈Chapter 9 그래프 모델〉에서 그래프 신경망에 대해 설명할 것이다). 인공지능 모델은 금융 분야에서도 광범위하게 사용된다. 이 시점에서 금융 애플리케이션을 언급하는 것만으로도 인공지능을 사용하여 모델링하는 방법에 대한 좋은 아이디어를 얻을 수 있다. 게다가 다양한 금융 애플리케이션에서 고객 리뷰를 기반으로 마케팅 관련 의사 결정을 하거나 모델의 출력만으로 경제 동향을 예측하고 있다.

다음 예시는 금융 분야에서 인공지능을 응용한 사례다. 지금까지 배운 것을 활용하여 이러한 문제들을 모델링하는 방법에 대해 생각해보자.

- 주식 시장 시계열 예측
  순환 신경망은 일련의 입력을 받아 일련의 출력을 만들 수 있다. 이는 주식 가격에 필요한 시계열 예측에 유용하다. 지난 n일 동안의 가격을 입력하면 신경망은 지난 $n-1$일 동안의 가격과 내일의 가격을 출력한다.
- 금융, 역학, 피드백 제어 분야에서 활용되는 자기회귀 이동 평균(ARMA) 모델

이 책에는 주식 시장에 관한 예제가 여러 번 등장한다. 〈Chapter 11 확률〉에서 배울 확률적 프로세스를 논의할 때 주식 시장에 대해 다시 한번 살펴보자.

정리하기

새롭게 배운 수학적 내용은 거의 없었지만 가장 어려운 주제를 다뤘다. 여기서 목표는 자연어 처리 분야에서 가장 중요한 아이디어들을 이해하는 것이었다. 단어의 의미를 담아내면서 비교적 저차원의 숫자 벡터로 바꾸는 것은 극복해야 할 주요 장벽이다. 한 번에 하나의 단어를 벡터화하든 긴 문서나 전체 말뭉치의 주요 토픽을 벡터화하든, 이러한 벡터들을 다양한 구조와 목적을 가진 머신러닝 모델에 입력하는 것이 늘 그렇듯 우리의 목표다.

미적분학
용어 빈도와 역문서 빈도에 대한 로그 스케일

통계학

- 단어 수에 대한 지프의 법칙
- 단어를 토픽에 할당하고 토픽을 문서에 할당하는 데 사용되는 디리클레 확률 분포

선형 대수학

- 자연어 문서의 벡터화
- 두 벡터의 내적과 벡터 간의 유사성 또는 호환성 측정 방법
- 코사인 유사도
- 특이값 분해
- 잠재 의미 분석

확률 이론

- 조건부 확률
- 쌍선형 로그 모델bilinear log model

시계열 데이터

- 시계열 데이터가 의미하는 것
- 머신러닝 모델에 입력되는 방식(일괄적으로 또는 한 토큰씩)

인공지능 모델

- 트랜스포머

Chapter 8

확률적 생성 모델

> 나는 오랜 시간 동안 수학을 공부해왔고,
>
> " 이제 인공지능은 내가 아는 모든 수학 지식을 연결해준다. "
>
> – H.

기계가 사람처럼 상상하거나 꿈꾸고 그림을 그리거나 노래를 만들며 영화를 보거나 책을 쓰는 것처럼 주변의 세계를 이해하고 재창조할 수 있는 능력을 갖추는 데 중요한 역할을 하게 될 것이 바로 생성 모델이다. '범용 인공지능 개발'이라는 목표를 달성하기 위해서는 생성 모델을 올바르게 구축해야 한다.

생성 모델은 모델이 데이터의 통계적 구조를 학습하여 입력 데이터를 정확하게 해석할 수 있다는 가정하에 구축된다. 비유하자면 사람의 뇌가 환경을 가상으로 재현할 수 있는 것이다.

이번에도 마찬가지로 책 전반에 걸쳐 제시된 훈련 함수, 손실 함수, 최적화의 수학적 구조를 다룰 것이다. 그러나 이 책의 초반에 언급한 것과 달리 결정론적 함수가 아닌 확률 분포를 학습한다. 여기서 가장 중요한 주제는 학습 데이터가 주어졌을 때 이와 유사한 새로운 데이터를 생성하는 수학적 모델을 만들어내는 것이다.

우리가 관심 있는 분포는 다음과 같다.

- 입력 데이터 피처들의 실제 (그리고 미지의) 결합 확률 분포 $p_{data}(\vec{x})$
- 데이터의 피처들과 모델의 파라미터를 함께 고려한 모델의 결합 확률 분포 $p_{model}(\vec{x}; \vec{\theta})$

이상적으로 이 두 분포를 최대한 가깝게 만들고자 한다. 하지만 실제로는 특정 사례에 $p_{model}(\vec{x};\vec{\theta})$가 잘 맞도록 파라미터 $\vec{\theta}$를 설정해야 한다. 이번에는 확률 분포에 대한 다음 세 가지 규칙을 사용할 것이다.

1 다변수 결합 확률 분포multivariable joint probability distribution를 단일 변수 조건부 확률 분포single variable conditional probability distribution들의 곱으로 분해하는 곱셈 규칙

2 베이즈 규칙Bayes' rule, 이는 변수들 사이의 전환을 매끄럽게 해준다.

3 피처나 잠재적(숨겨진) 변수들에 대한 독립 또는 조건부 독립 가정, 이는 단일 변수 조건부 확률들의 곱을 더욱 단순화한다.

지금까지는 손실 함수를 최소화했다. 이번에는 유사한 기능을 하는 **로그 가능도 함수**log likelihood function를 최대화할 것이다. 주의할 점은 손실 함수를 최소화하는 것이 아니라 이 목표 함수를 최대화하는 것이다.

깊이 들어가기 전에 결정론적 머신러닝 모델들을 확률 언어로 표현하는 방법을 정리해보자. 지금까지 모델들은 입력 데이터 $\vec{x}$의 피처들을 출력 y(목표 또는 레이블)에 매핑하는 훈련 함수를 학습했고 이를 수식으로 표현하면 다음과 같다.

$$f(\vec{x};\vec{\theta}) = y$$

우리의 목표가 분류라면 f는 가장 높은 확률을 가진 레이블 y를 반환했다. 즉, 분류기는 입력 데이터 $\vec{x}$에서 클래스 레이블 y로의 직접적인 매핑을 학습한다. 바꿔 말하면 모델은 사후 확률 posterior probability $p(y|\vec{x})$를 모델링하는 것이다. 이에 관해서는 Chapter 8의 후반부에서 자세히 다룬다.

8.1 생성 모델은 어떤 경우에 유용한가?

생성 모델은 실제 데이터와 컴퓨터 생성 데이터 사이의 경계를 흐릿하게 만들었다. 사람의 이미지를 포함하여 인공지능이 생성한 이미지가 점점 더 사실적으로 표현되는 등 생성 모델은 계속해서 발전하고 있으며 꽤나 인상적인 성공을 거두고 있다. 패션 업계에서 사용되는 모델의 이미지는 실제 인물인지 생성 모델의 결과물인지 구분하기 어려워졌다.

생성 모델의 목표는 기계를 사용해 새로운 데이터 예를 들어 음성이 포함된 오디오 파형, 이미지, 비디오, 자연어 텍스트를 생성하는 것이다. 생성 모델은 학습된 확률 분포에서 데이터를 샘플링하며 이 샘플들은 가능한 한 현실을 모방한다. 여기서는 모방하려는 실제 데이터의 기저에 알려지지 않은 확률 분포가 있다고 가정한다. 이런 가정을 하지 않거나 그런 확률 분포가 없다면 현실은 일관성과 구조가 없는 무작위적이고 혼란스러운 노이즈로 가득 찰 것이다. 모델의 목표는 훈련 데이터를 사용해 이 확률 분포의 근사치를 학습하는 것이다.

특정 도메인에서 대량의 데이터를 수집하면 생성 모델을 훈련시켜 수집된 데이터와 유사한 데이터를 생성한다. 수집된 데이터는 수백만 개의 이미지나 비디오, 수천 개의 오디오 녹음 또는 자연어 말뭉치일 수 있다.

생성 모델은 더 많은 데이터를 필요로 하지만 부족한 데이터 보강, 높은 해상도 이미지를 위한 결측값 입력, 레이블이 거의 없는 경우 강화 학습 또는 준지도 학습을 위한 새 데이터 시뮬레이션 등 다양한 애플리케이션에 유용하다. 또 다른 애플리케이션으로는 항공 이미지를 지도로 변환하거나 손으로 그린 스케치를 이미지로 변환하는 등의 이미지 간 변환이 있다. 그 외에도 이미지 노이즈 제거, 인페인팅 inpainting[178], 초고해상도화, 그리고 미소를 짓게 만들거나 광대뼈를 더 높게, 얼굴을 더 갸름하게 하는 등 사람 얼굴 이미지를 편집하는 것 등이 있다.

또한 생성 모델은 원하는 확률 분포에서 여러 샘플을 추출하여 하나 이상의 허용 가능한 출력을 생성하도록 구축된다. 이는 평균 제곱 오차 손실 함수나 다른 평균화 손실 함수를 사용하여 훈련 중에 다른 피처들로 출력을 평균화하는 결정론적 모델과는 다르다. 다만 이로 인해 생성 모델이 잘못된 샘플을 뽑을 수도 있다는 단점도 동시에 생겨난다.

생성 모델의 한 종류인 적대적 생성 신경망 generative adversarial network (2014년 이안 굿펠로 등이 발명)[179]은 매우 유망하다. 응용할 수 있는 분야가 많기 때문인데 예를 들어 데이터셋을 증강시키는 것부터 가려진 사람 얼굴을 완성하는 것, 천문학과 고에너지 물리학에 이르기까지 다양한 응용 분야가 있다. CERN 강입자 충돌기에서 생성된 것과 유사한 데이터셋 시뮬레이션, 암흑 물질의 분포 시뮬레이션 및 중력 렌즈 현상 예측에 이르기까지 매우 광범위하다. 생성적 적대 모델은 두 개의 신경망을 설정하여 게임 이론의 제로섬 게임처럼 서로 경쟁하도록 한다. 이 과정은 기계가 실제 이미지와 컴퓨터 생성 이미지의 차이를 구분할 수 없을 때까지 계속된다. 이

---

178 옮긴이_ 인페인팅이란 이미지 내에서 손실되거나 손상된 부분을 재구성해 복원하는 작업을 말한다.
179 *https://oreil.ly/pTJZN*

것이 바로 이 모델의 결과가 현실에 매우 가깝게 보이는 이유다.

자연어 처리에 중점을 둔 〈Chapter 7 자연어 처리와 금융 인공지능〉에서는 생성 모델을 명시적으로 언급하지 않았다. 단순한 분류 모델(스팸 분류, 감성 분석, 품사 태깅)이 아닌 대부분의 자연어 처리 애플리케이션에는 언어 생성이 포함된다. 예를 들어 텍스트 자동 완성, 기계 번역, 텍스트 요약, 챗봇, 이미지 캡셔닝 등이 있다.

8.2 생성 모델의 일반적인 수학

생성 모델은 확률 분포를 통해 세상을 인식하고 표현한다. 즉, 컬러 이미지는 의미 있는 이미지를 구성하는 픽셀의 결합 확률 분포에서 나온 하나의 샘플이고(빨간색, 초록색, 파란색 채널을 모두 포함하는 이런 결합 확률 분포의 차원을 계산해보자), 오디오 파형은 의미 있는 소리를 구성하는 오디오 신호의 결합 확률 분포에서 나온 하나의 샘플이며(오디오 신호의 결합 확률 분포 역시 매우 고차원이다), 문장은 일관된 문장을 나타내는 단어나 문자의 결합 확률 분포에서 나온 하나의 샘플이다.

그렇다면 자연스럽게 따라오는 질문이 있다. 세상의 복잡성을 잡아낼 수 있는 대표적인 결합 확률 분포는 어떻게 계산할 수 있을까? 안타깝게도 이런 결합 확률 분포는 극도로 고차원적이다.

이 지점에서 머신러닝의 답변을 예측할 수 있다. 우리가 알고 있는 쉽고 간단한 확률 분포, 예를 들어 가우스 분포로 시작한 다음 가지고 있는 데이터의 경험적 분포에 가장 근사한 다른 분포로 변형시키는 방법을 찾으면 된다. 그렇다면 어떻게 특정 분포를 다른 분포로 변형시킬 수 있을까? 확률 밀도에 결정론적 함수를 적용하면 되는데 그러기 위해서는 다음 사항을 이해해야 한다.

확률 분포에 결정론적 함수를 적용하는 방법과 결과 확률 변수의 확률 분포는 무엇일까? 다음과 같은 변환 공식을 사용하면 된다.

$$p_x(\vec{x}) = p_z\big(g^{-1}(\vec{x})\big)\left|\det\left(\frac{\partial g^{-1}\vec{x}}{\partial \vec{x}}\right)\right|$$

이 식은 많은 확률 책에서 자세하게 설명한다. 이 책에서도 곧 이 식과 관련된 핵심 내용을 살펴볼 것이다. 우선 다음 질문의 답을 알아보자.

적용할 올바른 함수는 무엇일까?

우리가 사용할 수 있는 방법은 모델을 학습시키는 것이다. 우리는 신경망이 다양한 함수를 표현할 수 있다는 사실을 잘 알고 있으므로 신경망에 간단한 확률 분포를 전달한 다음, 주어진 데이터의 경험적 분포와 신경망이 출력하는 분포 사이의 오차를 최소화하여 신경망의 파라미터를 학습시킬 수 있다. 이 신경망이 결국 우리가 찾고자 하는 결정론적 함수가 될 것이다.

확률 분포 간의 오차는 어떻게 측정할까?

확률 이론의 쿨백–라이블러 Kullback-Leibler (KL) 발산 divergence 을 사용해 두 확률 분포가 서로 얼마만큼 다른지 측정할 수 있다. 이는 정보 이론의 교차 엔트로피 cross-entropy 와도 관련이 있다.

모든 생성 모델이 이러한 방식으로 작동하는가?

예와 아니오, 모두 맞다.

'예'인 이유는 모든 생성 모델이 훈련 데이터가 생성된 것으로 추정되는 결합 확률 분포를 학습하려고 하기 때문이다. 즉, 생성 모델은 학습 데이터의 가능성을 최대화하는(또는 모델이 학습 데이터에 할당하는 확률을 최대화하는) 결합 확률 분포의 공식과 파라미터를 학습하려고 시도한다.

'아니오'인 이유는 어디까지나 궁극적으로 원하는 결합 확률 분포를 가깝게 구하는 명시적인 방법만 설명했기 때문이다. 일반적으로 명확하고 다루기 쉬운 확률 밀도 함수를 정의하는 모델은 훈련 데이터의 로그 가능도에 직접 작용하고 그 기울기를 계산해 최적화 알고리즘을 적용하여 최댓값을 검색할 수 있도록 한다. 명확하지만 다루기 어려운 확률 밀두 함수를 다루는 다른 모델도 있으며 이 경우엔 근사를 사용하여 로그 가능도를 최대화해야 한다. 그렇다면 어떻게 최적화 문제를 근사하여 해결할까? 변분법 variational method (변이형 오토인코더 모델 variational autoencoder model)을 사용하는 결정론적 근사를 활용하거나 마르코프 체인 Markov chain 몬테카를로 방법 Monte Carlo method 을 사용하는 확률적 근사를 활용할 수 있다. 마지막으로는 원하는 결합 확률 분포를 근사하는 암시적 방법이 있다. 암시적 모델은 미지의 분포에 대한 공식을 명시적으로 정의하지 않고도 미지의 분포에서 샘플링하는 방법을 학습한다. 적대적 생성 신경망generative adversarial network (GAN)이 여기에 속한다.

오늘날 생성 모델링에 가장 많이 사용되는 세 가지 접근법은 다음과 같다.

적대적 생성 신경망

적대적 생성 신경망은 암시적 밀도implicit density 모델이다.

명시적explicit 이지만 다루기 어려운 확률 밀도 함수를 제공하는 변분법적variational 모델

데이터에서 로그 가능도를 바로 최대화하는 것은 다루기 어렵다. 따라서 확률적 그래프 모델의 프레임워크 내에서 최적화 문제의 해를 근사화해 데이터 로그 가능도에 대한 하한을 최대화한다.

완전히 눈에 보이는 신경망

명시적이고 다루기 쉬운 확률 밀도 함수를 제공하는 모델의 예로는 PixelCNN[180]과 WaveNet[181] 등이 있다. 이 모델들은 결합 확률 분포를 각각의 개별 차원에 대해 1차원 확률 분포의 곱으로 분해하여 학습한다. 이때 각 분포는 그 앞에 있는 차원들의 확률 분포에 조건부를 두고 각각의 분포들을 차례로 학습한다. 확률 분포의 이러한 분해는 확률에 대한 곱셈 규칙과 연쇄 법칙 덕분에 가능하다. 예를 들어 PixelCNN은 이미지의 각 개별 픽셀에 대한 조건부 확률 분포를 학습하는 신경망을 훈련시키는데, 이는 해당 픽셀의 왼쪽과 위쪽에 있는 픽셀을 기준으로 한다. 또한 WaveNet은 음파에서 각 개별 오디오 신호에 대한 조건부 확률 분포를 각 음파에 앞서는 신호에 기반하여 신경망을 훈련시킨다. 이러한 모델들의 단점은 샘플을 한 번에 하나씩만 생성하며 병렬 처리를 허용하지 않는다는 것이다. 이로 인해 생성 프로세스가 상당히 느려진다. 예를 들어 WaveNet은 1초의 오디오를 생성하는 데 2분의 연산 시간이 걸리므로 실시간으로 주고받는 대화에는 사용할 수 없다.

앞서 설명한 세 가지 범주에 속하지만 덜 유명한 다른 생성 모델들도 있다. 연산 비용이 크거나 확률 밀도 함수를 활용한 변환이 어렵기 때문에 덜 유명하다. 이러한 모델의 예로는 비선형 독립 성분 추정(명시적이고 추적 가능한 밀도 모델), 볼츠만 머신 모델(명시적이고 추적 불가능

---

180 https://oreil.ly/DJFM0
181 https://oreil.ly/YODqz

한 밀도 모델, 최대화 문제의 해에 대한 확률적 마르코프 체인 근사치 사용), 확률적 생성 네트워크 모델(암시적 밀도 모델, 마르코프 체인에 따라 대략적인 최대 가능도^{likelihood}에 도달) 등 변수의 변환이 필요한 모델이 있다(이 모델들은 Chapter 8의 마지막 부분에서 살펴보겠다). 수학적 이론이나 분석과는 별개로 마르코프 체인 접근법은 계산 비용이 많이 들고 빠르게 수렴하기 어려워 실제로는 선호되지 않는다.

8.3 결정론적 사고에서 확률 이론적 사고로의 전환

우리는 점차 우리의 사고를 결정론적 사고에서 확률 이론적 사고로 전환하고 있다. 지금까지는 예측을 위해 결정론적 함수만 사용했다. 훈련 함수는 데이터 피처들의 선형 조합이었으며 종종 비선형 활성화 함수와 조합되기도 했다. 그리고 손실 함수는 실제 값과 예측값 사이의 결정론적 판별자였다. 또한 결정론적 경사 하강법에 기반을 둔 최적화 방법을 사용했다. 확률성 또는 무작위성은 우리 모델의 결정론적 구성 요소 중 그 연산을 덜 비싸게 만들 필요가 있을 때만 도입되었다. 예를 들면 다음과 같은 것들이 있다.

- 확률적 경사 하강법
- 확률적 특이값 분해
- 데이터셋을 훈련, 검증, 테스트셋으로 나눌 때
- 미니 배치를 선택할 때
- 일부 하이퍼파라미터 공간을 탐색할 때
- 데이터 샘플의 점수를 결정론적 함수인 소프트맥스 함수에 전달하고 그 결과를 확률로 해석할 때

지금까지 적용해온 확률성, 확률 분포는 모델의 특정 구성 요소하고만 관련이 있으며 결정론적 모델의 실용적 구현과 계산을 가능하게 하는 수단으로만 사용되었다. 다시 말해, 확률성이 모델의 핵심 구성 요소는 아니었다.

생성 모델의 핵심은 바로 본질적으로 확률 이론적이라는 것이다. 이 점이 앞서 살펴봤던 모델들과 다른 점이다. 하지만 여전히 훈련, 손실, 최적화 구조를 가지고 있다. 다만 이제 모델은 결정론적 함수를 학습하는 대신 확률 분포(명시적이거나 암시적이거나)를 학습한다. 그리고 우리의 손실 함수는 실제 확률 분포와 예측된 확률 분포 사이의 오차를 측정한다(명시적 밀도 모델인 경우여야 한다). 따라서 우리는 결정론적 값 대신 확률 사이의 오차 함수를 어떻게 정의

하고 계산할지 파악해야 한다. 또한 이 확률 이론적 환경에서 어떻게 미분을 취하고 최적화하는지도 배워야 한다.

수학에서 주어진 함수를 연산하는 것(정방향 문제)은 그 역함수를 찾는 것(역방향 문제)보다 훨씬 쉬운 문제다. 특히 데이터 샘플과 같이 함수 값에 대한 몇 개의 관측치에만 접근할 수 있는 경우라면 더욱 그렇다. 확률 이론적 설정에서 정방향 문제는 다음과 같다. 특정 확률 분포가 주어졌을 때 일부 데이터를 샘플링한다. 우리가 관심을 갖는 역방향 문제는 알 수 없는 확률 분포의 출력(데이터 샘플)이 유한한 수인 것을 감안했을 때 이 출력을 생성할 가능성이 가장 높은 확률 분포를 찾는 것이다. 여기서 한 가지 어려움은 고유성uniqueness 문제다. 우리의 데이터에 맞는 분포가 하나 이상일 수 있다는 것이다. 더욱이 역방향 문제는 대부분 훨씬 더 어렵다. 본질적으로 주어진 관측값에 도달하기 위해 정방향 함수가 따랐던 과정을 되돌리고 역행해야 하기 때문이다. 문제는 대부분의 과정을 되돌릴 수 없다는 점이다. 이는 우주가 엔트로피를 증가시키는 방향으로 움직인다는 자연 법칙이 우리보다 더 큰 영향을 미친다는 뜻이다. 역방향 문제 해결에 내재된 어려움 외에도 일반적으로 인공지능 애플리케이션에서 추정하려고 하는 확률 분포는 변수가 많아 고차원적이며 확률 이론적 모델이 모든 변수를 고려했는지조차 확신할 수 없다(물론 결정론적 모델에서도 문제가 되는 부분이다). 하지만 이러한 어려움에 좌절해서는 안 된다. 고차원 확률 분포를 표현하고 조작하는 것은 많은 수학, 과학, 금융, 공학 및 기타 분야에서 중요하다. 따라서 생성 모델에 대해 더욱 자세히 알아보아야 한다.

이제부터는 추정된 확률 분포가 명시적인 공식으로 주어진 경우와 공식은 없지만 암시적 분포에서 새로운 데이터 샘플을 수치적으로 생성하는 경우를 구분할 것이다. 앞서 살펴봤던 결정론적 모델에서는 항상 주어진 훈련 함수를 위한 명시적인 공식이 있었다. 예를 들어 결정 트리decision tree, 완전 연결 신경망fully connected neural network, 합성곱 신경망convolutional neural network 처럼 말이다. 결정론적 모델을 다룰 때는 데이터에서 결정론적 함수를 추정한 후에 다음과 같은 질문에 대답할 수 있다.

- 목표 변수의 예측값은 무엇인가?

확률 이론적 모델을 다룰 때는 다른 질문에 대답할 수 있다.

- 목표 변수가 특정 값을 가질 확률 또는 특정 구간에 속할 확률은 얼마인가?

여기서 차이점은 결정론적 모델과는 다르게 모델이 어떻게 변수를 결합하여 결과를 도출했는지 알 수 없다는 것이다. 확률 이론적 모델에서 추정하고자 하는 것은 모델의 변수들이 목표 변수와 함께 발생할 확률(이들의 결합 확률)이다. 이상적으로는 모든 변수의 모든 범위에 대해 추정한다. 이렇게 하면 모델의 변수가 어떻게 상호 작용하여 이 결과를 생성하는지 명시적으로 공식화할 필요 없이 목표 변수의 확률 분포를 알 수 있다. 이는 오로지 데이터를 관찰하는 것에 달려 있다.

8.4 최대 가능도 추정

많은 생성 모델은 직간접적으로 최대 가능도 원칙^{maximum likelihood principle}에 의존한다. 확률 이론적 모델의 목표는 관측된 데이터의 실제 확률 분포에 근사한 확률 분포를 학습하는 것이다. 이를 수행하는 한 가지 방법은 일부 알 수 없는 파라미터 $\vec{\theta}$를 사용하여 명시적인 확률 분포 $p_{model}(\vec{x};\vec{\theta})$를 지정한 다음 훈련 데이터셋이 관찰될 가능성이 최대가 되도록 하는 파라미터 $\vec{\theta}$를 찾는 것이다. 즉, 샘플에 높은 확률을 부여하여 훈련 데이터의 가능성을 최대화하는 $\vec{\theta}$를 찾아야 한다. 학습 데이터 포인트가 m개 있다면 우리는 이 데이터들이 독립적으로 샘플링되었다고 가정한다. 그러면 이 데이터 포인트들이 함께 관찰될 확률은 모든 개별 샘플의 확률의 곱과 같다. 이를 식으로 표현하면 다음과 같다.

$$\vec{\theta}_{optimal} = \arg\ \max_{\vec{\theta}}\ p_{model}(\vec{x}^1;\vec{\theta})p_{model}(\vec{x}^2;\vec{\theta})\cdots p_{model}(\vec{x}^m;\vec{\theta})$$

확률은 0과 1사이의 숫자임을 기억하자. 이러한 확률을 모두 곱하면 크기가 매우 작은 숫자가 나오게 되는데 이는 수치적 불안정성을 초래하고 언더플로^{underflow}(컴퓨터가 매우 작은 숫자를 0으로 저장하여 본질적으로 유의미한 모든 숫자를 제거하는 것)의 위험이 생긴다. 로그 함수는 항상 이 문제를 해결해준다. 크기가 극도로 크거나 작은 모든 숫자를 합리적인 크기를 가진 영역으로 변환하기 때문이다. 좋은 소식은 우리가 구한 확률에 대한 로그 변환에서 사용되는 로그 함수는 증가 함수이기 때문에 로그 변환을 취하는 여부와 상관없이 최적의 $\vec{\theta}$ 값은 변하지 않는다는 것이다. 즉, 모든 $\vec{\theta}$에 대해 $f(\vec{\theta}_{optimal}) \geq f(\vec{\theta})$를 만족하면 모든 $\vec{\theta}$에 대해 $\log(f(\vec{\theta}_{optimal})) \geq \log(f(\vec{\theta}))$도 만족한다는 것이다. 그리고 증가 함수와의 합성이 부등호의 방향을 바꾸지 않는다는 수학적 특징도 알 수 있다. 따라서 최대 가능도의 해가 최대 로그 가능도 해와 동일하게 된다는 것이다. 이제 로그 함수가 곱셈을 합으로 바꿀 수 있다는 것을 기억하자. 그러면 이제 다음과 같은 식을 유도할 수 있다.

$$\vec{\theta}_{optimal} = \arg \ \max_{\vec{\theta}} \log\big(p_{\text{model}}(\vec{x}^1;\vec{\theta})\big) + \log\big(p_{\text{model}}(\vec{x}^2;\vec{\theta})\big) + \cdots + \log\big(p_{\text{model}}(\vec{x}^m;\vec{\theta})\big)$$

이 표현식을 보면 각 데이터 샘플에 대해 $p_{\text{model}}(\vec{x};\vec{\theta})$를 증가시키려고 하는 것을 볼 수 있다. 즉, θ의 값이 각 데이터 포인트 $\vec{x}^i$마다 $p_{\text{model}}(\vec{x};\vec{\theta})$의 그래프를 위로 밀어 올린다는 뜻이다. 하지만 이 그래프를 무한정 밀어 올릴 수는 없다. $p_{\text{model}}(\vec{x};\vec{\theta})$가 확률 분포라는 것을 기억한다면 그래프 아래 영역의 면적의 합이 1이 되어야 하기 때문에 아래로 내려야 할 수밖에 없다.

우리는 앞서 살펴본 식을 기대값과 조건부 확률의 관점에서 다음과 같이 다시 쓸 수 있다.

$$\vec{\theta}_{optimal} = \arg \ \max_{\vec{\theta}} \mathbb{E}_{x \sim p_{data}} \log\big(p_{\text{model}}(\vec{x}|\vec{\theta})\big)$$

앞서 설명한 결정론적 모델은 모델의 파라미터(또는 가중치)를 모델의 예측값과 데이터 레이블에서 제공되는 실제 값 간의 오차를 계산하는 손실 함수를 최소화하여 찾는다. 즉, y_{model}과 y_{data} 사이의 오차를 측정하는 손실 함수를 최소화한다는 것이다. 지금 우리는 데이터의 로그 가능도log likelihood를 최대화하는 파라미터를 찾는 것에 관심이 있다. 여기서 다루는 개념과 앞서 배운 것 사이의 비슷한 점을 명확하게 하기 위해 확률 분포 p_{model}과 p_{data} 간의 오차를 측정하여 이를 최소화하는 수식과 로그 가능도를 최대화하는 수식을 비교해보는 것이 좋다. 최대 가능도 추정maximum likelihood estimation은 데이터를 생성한 확률 분포와 모델의 확률 분포 사이의 쿨백-라이블러(KL) 발산[182]을 최소화하는 것과 같다.

$$\vec{\theta}_{optimal} = \arg \ \min_{\vec{\theta}} Divergence_{KL}\big(p_{data}(\vec{x}) \| p_{model}(\vec{x};\vec{\theta})\big)$$

p_{data}가 $p_{model}(\vec{x};\vec{\theta})$의 분포족family 중 하나이고 최소화를 정확하게 수행할 수 있다면 우리는 데이터를 생성하는 정확한 분포 p_{data}를 복구할 수 있다. 하지만 실제로는 데이터를 생성하는 분포에 직접 접근할 수 없으며, 이 분포의 근사치를 찾는 것이 우리가 하려는 일이다. 우리가 접근할 수 있는 것은 오직 p_{data}에서 나온 m개의 샘플 데이터다. 결국 이 m개의 샘플에만 무게를 두어 경험적 분포 $\hat{p}_{data}$를 정의할 수 있다. 이제 훈련 데이터셋의 로그 가능도를 최대화하는 것은 $\hat{p}_{data}$와 $p_{model}(\vec{x};\vec{\theta})$ 사이의 KL 발산을 최소화하는 것과 정확히 같다.

---

182 *https://oreil.ly/Dk4NY*

$$\vec{\theta}_{optimal} = \arg\ \min_{\hat{\theta}}\ divergence_{KL}\left(\hat{p}_{data}(\vec{x}) \| p_{model}(\vec{x}; \vec{\theta})\right)$$

이 시점에서 사실상 수학적으로 동일한 세 가지 최적화 문제 사이에서 혼란이 생길 수 있다. 이는 각 최적화 문제가 수학, 통계, 자연 과학, 컴퓨터 과학이라는 세부 분야에서 독립적으로 발전했기 때문이다.

- 훈련 데이터셋의 로그 가능도 최대화
- 훈련 데이터셋의 경험적 분포와 모델 분포 사이의 KL 발산 최소화
- 소프트맥스 함수와 합성하여 여러 클래스로 분류할 때 훈련 데이터셋 레이블과 모델 출력 사이의 교차 엔트로피 손실 함수 최소화

혼동하지 말자. KL 발산을 최소화하는 파라미터는 교차 엔트로피와 음의 로그 가능도를 최소화하는 파라미터와 동일하다.

8.5 명시적 밀도 모델과 암시적 밀도 모델

최대 로그 가능도 추정(또는 최소 KL 발산)의 목표는 데이터 샘플을 가장 잘 설명하는 확률 분포 $p_{model}(\vec{x}; \vec{\theta})$를 찾는 것이다. 생성 모델은 여기서 학습된 $p_{model}(\vec{x}; \vec{\theta})$를 사용하여 새로운 데이터를 생성한다. 여기에는 두 가지 접근법이 있는데, 하나는 명시적이고 다른 하나는 암시적이다.

명시적 밀도 모델 explicit density model

확률 분포의 공식을 $\vec{x}$와 $\vec{\theta}$에 대해 명확하게 정의한 다음 기울기gradient 벡터($\vec{\theta}$에 대한 편미분)를 따라 올라가서 학습 데이터 샘플의 로그 가능도를 최대화하는 $\vec{\theta}$의 값을 찾는다. 여기서 까다로운 점은 데이터의 복잡성을 잡아낼 수 있는 확률 밀도 공식을 만들면서 동시에 로그 가능도와 그 경사를 쉽게 계산하도록 유지해야 한다는 점이다.

암시적 밀도 모델 implicit density model

여기서는 확률 분포에 대한 공식을 작성하지 않고 $p_{model}(\vec{x}; \vec{\theta})$에서 직접 샘플링한다. 확률적

생성 모델은 마르코프 체인 프레임워크를 기반으로 하는데, 이는 수렴하기까지 매우 오래 걸려 실용적인 애플리케이션에는 잘 사용되지 않는다. 암시적 밀도 모델의 접근법을 사용하면 모델은 기존 샘플을 확률적으로 변환하여 동일한 분포에서 다른 샘플을 얻는다. 적대적 생성 모델generative adversarial network은 모델의 확률 분포를 명시적으로 정의하지 않고 간접적으로 상호 작용한다. 적대적 생성 모델은 두 신경망 간의 제로섬 게임을 설정하여 학습시킨다. 한 신경망은 샘플을 생성하는 생성기 역할을 하며 다른 신경망은 생성된 샘플이 올바른 분포에서 나온 것인지 아닌지를 판단하는 분류기 역할을 한다.

8.6 추적 가능한 명시적 밀도: 믿을 수 있는 가시적인 신경망

명시적인 모델은 추적 가능한 로그 가능도 최적화와 함께 명시적 확률 밀도 함수를 갖게 된다. 여기서는 확률의 연쇄 법칙에 의해 결합 확률 분포 $p_{model}(\vec{x})$를 1차원 확률 분포들의 곱으로 분해한다.

$$p_{model}(\vec{x}) = \prod_{i=1}^{n} p_{model}(x_i \mid x_1, x_2, \cdots, x_{i-1})$$

한 가지 큰 단점은 샘플을 한 번에 하나의 구성 요소(이미지의 한 픽셀, 단어의 한 문자, 이산 오디오 파형의 한 항목)만 생성해야 하므로 하나의 샘플을 생성하는 데 $O(n)$만큼의 비용이 든다는 점이다.

8.6.1 예제: PixelCNN을 통한 이미지 생성 및 WaveNet을 통한 오디오 생성

PixelCNN[183]은 목표 픽셀의 왼쪽과 위쪽에 있는 픽셀들을 조건으로 하여 개별 픽셀의 조건부 분포를 모델링하는 합성곱 신경망을 훈련시킨다. [그림 8-1]에서 이를 확인할 수 있다.

WaveNet은 이전 신호가 주어졌을 때 이를 조건으로 하여 오디오 웨이브의 다음 신호를 모델링하는 합성곱 신경망을 훈련시킨다. 여기서는 WaveNet에 대해서만 자세히 설명한다. 그 이

---

183 *https://oreil.ly/y1lHU*

유는 1차원에서 모델링하기 때문에 이해하기 쉽고 PixelCNN의 핵심 아이디어를 포함하기 때문이다.

WaveNet의 목표는 광대역[wideband]의 원시[raw] 오디오 파형을 생성하는 것이다. 따라서 특정 장르의 오디오 파형 $\vec{x} = (x_1, x_2, \cdots, x_T)$의 결합 확률 분포를 학습해야 한다.

곱셈 규칙을 사용하여 결합 분포를 단일 변수 분포들의 곱으로 분해한다. 이때 오디오 파형의 각 항목을 그 앞의 파형에 조건부로 적용한다.

$$p_{model}(\vec{x}) = \prod_{t=1}^{T} p_{model}(x_t \mid x_1, x_2, \cdots, x_{t-1})$$

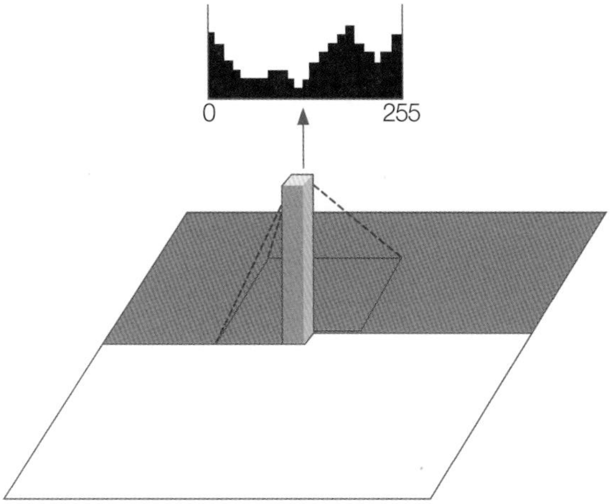

그림 8-1 PixelCNN은 이전 $n-1$ 픽셀들에 의한 조건하에 n번째 픽셀의 조건부 분포를 학습한다.[184]

한 가지 어려운 점은 오디오 신호가 시간 축에서 매우 높은 해상도를 갖고 있다는 점이다. 1초에 최소 16,000개의 원소가 존재하며(이런 계산이라면 1분 길이의 데이터 샘플 하나는 T = 960,000개의 원소가 있는 벡터가 된다), 각 원소는 이산화된 원시 오디오의 단위 시간 스텝을 의미하고 보통 16비트 정수로 저장된다. 즉, 각 원소는 0부터 65,535 사이의 값이 된다. 각 원소의 범위가 이와 같다면 신경망은 각 원소에 대한 확률을 학습해야 하므로 마지막 출력 단계의 소프트맥스 함수는 단일 원소마다 65,536개의 확률 점수를 출력해야 한다. 이렇게 되면 원소의 총 개수와 신경망 자체의 계산 복잡성으로 인해 비용이 매우 높아진다. 이를 더 다루기 쉽

184 이미지 출처: *https://oreil.ly/aTZkg*

게 만들기 위해서는 **양자화**quantization해야 한다. 양자화란 전자기기에서 연속적으로 변하는 신호를 사전에 정해진 일련의 값으로 제한된 진폭을 가진 신호로 근사하는 것을 말한다. WaveNet은 원시 데이터를 변환하여 각 항목의 값들을 0에서 255사이의 256개 신호로 제한하여 변환한다. 이는 디지털 이미지 픽셀 범위와 유사하다. 이제 신경망은 훈련 중에 이전 원소들을 주어진 조건으로 하여 각 원소마다 256개의 값에 대한 확률 분포를 학습해야 하며, 오디오 생성 중에는 학습된 분포로부터 한 번에 하나씩 샘플링하게 된다.

마지막으로 복잡한 점은 오디오 신호가 어떤 의미 있는 것을 나타내면 해당 신호를 나타내는 벡터는 여러 시간 축에 걸쳐 장기적인 의존성을 가진다는 점이다. WaveNet은 이러한 장기적 의존성을 잡아내기 위해 확장된 합성곱dilated convolution을 사용한다. 이는 파라미터의 수를 늘리지 않고 일부 항목을 건너뛰어 더 넓은 범위를 다루는 1차원 커널 또는 필터다(그림 8-2).

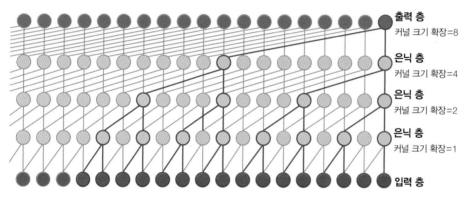

그림 8-2 커널 크기가 2인 확장된 합성곱. 각 계층에서 커널은 두 개의 파라미터만 갖지만 더 넓은 범위를 커버하기 위해 원소 몇 개를 건너뛴다.[185]

또한 신경망은 미래에서 데이터를 가져올 수 없으므로 각 계층의 필터는 타깃 원소보다 앞서 있는 훈련 샘플 원소를 사용할 수 없다. 1차원에서 합성곱을 진행하면 그 필터링을 미리 중단하기 때문에 이는 단순한 시간 이동time shift과 같다. 2차원에서는 중앙에 있는 원소의 오른쪽과 아래쪽에 0으로 채워진 마스크 필터masked filter를 사용한다.

WaveNet은 오디오 파형의 각 원소에 대해 앞선 원소가 조건부로 붙어 총 T개의 확률 분포를 학습한다. 이를 수식으로 표현하면 다음과 같다.

---

185 멋진 애니메이션이 있는 이미지: *https://oreil.ly/WiHpx*

$$p_{model}(x_1), p_{model}(x_2|x_1), p_{model}(x_3|x_1, x_2), \cdots, p_{model}(x_T|x_1, x_2, \cdots, x_{T-1})$$

훈련 중에 이러한 분포를 병렬적으로 계산할 수 있다.

이제 앞선 99개의 원소가 주어졌을 때 100번째 원소의 확률 분포를 학습해야 한다고 가정해 보자. 훈련 데이터에서 오디오 샘플 배치를 입력하면 합성곱 신경망은 각 샘플의 처음 99개 원소만 사용하여 선형 조합(필터가 선형적으로 결합)을 계산한다. 일부 스킵 연결과 남은 계층을 사용해 감소하는 기울기를 연결하고 비선형 활성화 함수를 거쳐 한 계층에서 다음 계층으로 연결한다. 마지막으로 결과를 소프트맥스 함수를 통과시켜 100번째 원소의 값에 대한 확률 점수가 포함된 256 길이의 벡터를 출력한다. 이 결과는 모델에 의해 나온 100번째 원소에 대한 확률 분포다. 이 출력 분포를 훈련 배치에서 100번째 원소의 데이터에 대한 경험적 분포와 비교한 후 신경망의 파라미터를 조정하여 오차를 줄인다(교차 엔트로피를 낮추거나 가능도를 높임). 더 많은 데이터 배치와 더 많은 에포크^{epoch}를 반복함에 따라 이전 99개 원소를 고려한 100번째 원소의 확률 분포는 학습 데이터의 경험적 분포에 더욱 가까워진다. 훈련을 마친 후 신경망에 저장되는 것은 파라미터 값이다. 훈련을 마친 신경망을 사용하면 한 번에 한 원소씩 오디오를 생성할 수 있다.

1 확률 분포 $p_{model}(x_1)$에서 x_1 값을 샘플링한다.

2 신경망의 입력에 필요한 길이를 설정하기 위해 x_1에 0을 추가하고 이 벡터를 신경망에 통과시킨다. 그 결과 $p_{model}(x_2|x_1)$의 분포를 구할 수 있으며, 여기서 x_2를 샘플링할 수 있다.

3 마찬가지로 x_1, x_2에 입력 길이에 맞게 0을 추가하고 이 벡터를 신경망에 통과시킨다. 그 결과 $p_{model}(x_3|x_1, x_2)$를 출력으로 받게 되며, 여기서 x_3을 샘플링할 수 있다.

4 1~3의 과정을 반복한다.

우리는 이제 화자에 따라 WaveNet을 조정할 수 있으므로 하나의 모델을 사용해 다양한 음성을 생성할 수 있다.

지금까지 논의한 내용을 수학적 맥락에서 요약하자면, PixelCNN과 WaveNet은 특정 장르의 이미지 데이터나 오디오 데이터의 질합 확률 분포를 학습하려는 모델이다. 이들은 결합 분포를 데이터의 각 원소에 대한 조건부 1차원 확률 분포의 곱으로 분해함으로써 이 목표를 달성한다. 모델은 1차원 조건부 분포를 찾기 위해 관찰된 데이터 원소들이 어떻게 상호 작용하여 다음 원소의 분포를 생성하는지를 학습하기 위해 합성곱 신경망을 사용한다. 이러한 방식으로 신경망의 입력은 결정론적이며 출력은 확률 질량 함수$^{probability\ mass\ function}$이다. 신경망 자체도 결정론적 함수다. 우리는 신경망과 그 출력을 우리가 조정할 수 있는 파라미터를 가진 확률 분포로 볼 수 있다. 훈련이 진행됨에 따라 출력이 훈련 데이터의 경험적 분포와 허용 가능한 범위 내에서 일치할 때까지 파라미터가 조정된다. 따라서 확률 분포에 결정론적 함수를 적용하고 훈련 데이터의 분포와 정확히 일치할 때까지 함수의 파라미터를 조정하지 않는다. 그 대신 많은 파라미터(신경망의 파라미터)가 포함된 확률 분포에 대한 명시적인 공식으로 시작하여 이 명시적 확률 분포가 학습 데이터와 합리적으로 일치할 때까지 파라미터를 조정한다. 각 원소에 해당하는 조건부 확률 분포에 대해 이 작업이 반복적으로 수행된다.

8.7 명시적 밀도 – 추적 가능: 변수 변환 및 비선형 독립 성분 분석

주요 아이디어는 관찰된 훈련 데이터 $\tilde{x}$를 나타내는 확률 변수를 가지고 있으며 이를 생성한 원본 확률 변수 $\tilde{s}$를 학습하는 것이다. 우리는 이 부분에서 미지수인 $\tilde{s}$를 관찰된 $\tilde{x}$로 변환하는 가역적이고 미분 가능한 결정론적 변환 $g(\tilde{s}) = \tilde{x}$가 존재한다고 가정한다. 즉, $\tilde{s} = g^{-1}(\tilde{x})$다. 이제 $\tilde{s}$의 확률 분포를 찾기 위해 적절한 g를 찾아야 한다. 또한 $\tilde{s}$는 독립적인 원소나 구성 요소를 가지고 있다고 가정하므로, 확률 분포는 구성 요소들의 분포의 곱에 불과하다고 가정한다.

확률 변수의 확률 분포와 확률 변수의 결정론적 변환의 확률 분포를 연관시키는 공식은 다음과 같다.

$$p_s(\tilde{s}) = p_x(\tilde{x}) \times determinant(jacobian) = p_x\big(g(\tilde{s})\big)\left|\det\frac{\partial g(\tilde{s})}{\partial \tilde{s}}\right|$$

여기서는 변환으로 인한 공간의 부피 변화를 설명하기 위해 변환의 야코비 행렬식^{determinant of the Jacobian}을 곱한다.

비선형 독립 구성 요소 추정은 결합 확률 분포를 데이터의 비선형 변환 $\tilde{s} = g^{-1}(\tilde{x})$로 모델링한다. 변환 g는 g^{-1}이 데이터를 인자화된 분포를 따르는 잠재 공간으로 매핑하도록 학습된다. 즉, 매핑은 독립적인 잠재 변수를 생성한다. 변환 g^{-1}은 야코비 행렬식과 역야코비^{inverse Jacobian}의 계산을 용이하게 하도록 파라미터화된다. g^{-1}은 심층 신경망을 기반으로 하며 추적 가능한 로그 가능도 최적화를 통해 파라미터를 학습한다.

변환 g가 반드시 가역적이어야 한다는 조건은 잠재 변수 $\hat{s}$가 데이터 피처와 동일한 차원(즉, $\hat{x}$의 길이)을 가져야 한다는 것을 의미한다. 이는 함수 g의 선택에 제약을 가하며, 비선형 독립 구성 요소 분석 모델의 단점 중 하나다.

이에 비해 적대적 생성 신경망은 g에 대해 매우 적은 요구 사항을 전제로 한다. 특히 $\hat{s}$가 $\hat{x}$보다 더 많은 차원을 가질 수 있도록 허용한다.

8.8 명시적 밀도 – 추적 불가능: 변분 오토인코더의 변분법을 통한 근사화

결정론적 오토인코더deterministic autoencoder에는 데이터를 x 공간에서 더 낮은 차원의 잠재 공간 z로 매핑하는 인코더encoder와 z 공간에서 $\hat{x}$ 공간으로 데이터를 되돌리는 디코더decoder로 구성된다. 이때의 목표는 많은 정보를 잃지 않거나 재구성될 때 그 오류를 줄이는 것이다. 예를 들어 유클리드 거리 개념에서 x와 $\hat{x}$이 가까워지도록 하는 것을 의미한다. 이러한 의미에서 특이값 분해에 기반한 주성분 분석 $X = U\Sigma V'$를 선형 인코더로 볼 수 있으며, 디코더는 단순히 인코딩 행렬의 전치다. 인코딩 및 디코딩 함수는 비선형이거나 신경망일 수 있다.

결정론적 오토인코더에서는 디코더를 데이터 생성기로 사용할 수 없다. 만약 생성기로 사용한다면 적어도 잠재 공간 z에서 어떤 특정 z를 선택하고 여기에 디코더 함수를 적용해야 한다. 하지만 이렇게 하면 과적합을 통해 새겨진 x에 해당하는 z를 직접 선택하지 않는 한 우리가 원하는 데이터 x와 비슷한 $\hat{x}$을 얻을 가능성은 낮다. 과적합을 피하고 오토인코더를 데이터 생성기로 사용할 수 있는 이점을 활용하기 위해서는 z 공간을 어느 정도 제어할 수 있는 정규화가 필요한데, 결정론적 오토인코더에서 확률적 오토인코더probabilistic autoencoder로 전환함으로써 이를 달성할 수 있다.

변분 오토인코더variational autoencoder는 확률적 오토인코더다. 여기서 인코더는 잠재 공간 z에 대해 단순히 점을 출력하는 것이 아니라 확률 분포를 출력한다. 또한 학습 시 손실 함수에는 잠재 공간에 대한 분포를 제어하는 정규화 항이 추가된다. 즉, 변분 오토인코더의 손실 함수는 재구성 항(예 평균 제곱 거리mean squared distance)과 인코더에 의해 출력된 확률 분포를 제어하기 위한 정규화 항으로 이루어져 있다. 정규화 항은 가우스 분포로부터의 KL 발산일 수 있는데, 이는 단순 확률 모델이 학습 데이터를 가장 잘 설명한다는 것을 기본 가정으로 했기 때문이다. 다시 말해 복잡한 관계가 의외로 확률적으로는 단순할 수 있다. 여기서 주의해야 할 점은 잠재 변수의 데이터 분포에 대한 가정이 단순하거나 너무 약할 경우 편향이 발생할 수 있다는 점이다. 즉, 사전 분포 prior distribution 에 대한 가정이나 근사 사후 분포 approximate posterior distribution 에 대한 가정이 너무 약하면 완벽한 최적화 알고리즘과 무한한 훈련 데이터를 가지고도 추정치 $\mathscr{L}$ 과 실제 로그 가능도 log likelihood 사이의 격차로 인해 p_{model} 이 진정한 p_{data} 와 완전히 다른 분포로 학습될 수 있다.

수학적으로 우리는 데이터의 로그 가능도에 대한 하한선을 최대화하려고 한다. 과학에서 변분법은 최대화하고자 하는 에너지 함수에 대한 하한선을 정의하거나 최소화하고자 하는 에너지 함수에 대한 상한선을 정의한다. 이러한 경계는 일반적으로 로그 가능도가 없는 경우에도 쉽게 구할 수 있으며 실행 가능한 최적화 알고리즘이 있다. 다음의 경계는 우리가 찾고자 하는 최적값의 추정치에 관해 받을 수 있는 좋은 힌트라고 할 수 있다.

$$\mathscr{L}\left(\vec{x},\vec{\theta}\right) \le \log p_{model}\left(\vec{x},\vec{\theta}\right)$$

변분법은 매우 뛰어난 가능성을 제공하지만 샘플의 품질이 낮다는 주관적 평가를 받는다. 또한 완전 가시적인 신뢰망 belief network 보다 최적화하기 어렵다고 여겨진다. 게다가 사람들은 일반적인 신뢰망과 적대적 생성 신경망(곧 논의할 것이다)의 수학보다 변분법의 수학을 어렵게 여긴다.

8.9 명시적 밀도 – 추적 불가능: 마르코프 체인을 통한 볼츠만 머신 근사

1980년대에 시작된 볼츠만 머신 Boltzmann machine 은 마르코프 체인을 이용하여 모델을 훈련하는 생성 모델의 일종이다. 볼츠만 머신은 손실 함수를 추정하기 위해 데이터셋에서 미니 배치를 간단히 샘플링하는 것보다 더 많은 비용이 드는 샘플링 기법이다. 마르코프 체인에 대해서는 〈Chapter 11 확률〉에서 강화 학습을 다룰 때 논의할 것이다. 데이터 생성 관점에서 이 방법은 연산 비용이 많이 들고 고차원으로 확장하기 어려우며 수렴 속도가 느리고 비효율적이라는 단점으로 인해 그 인기가 떨어졌다. 또한 이론적으로 수렴할 것이라 하더라도 모델이 수렴했는지 여부를 알 수 있는 명확한 방법이 없다. 이로 인해 마르코프 방법은 ImageNet 생성 문제로 확장 적용되지 않았다.

마르코프 체인은 시스템의 특정 상태에서 다른 상태로 전이할 확률을 나타내는 전이 연산자 q를 가지고 있다. 이 전이 연산자 q는 명시적으로 정의되어 있어야 한다. 이제 전이 연산자 q에 따라 순차적으로 x'를 업데이트하면서 $x' \sim q(x'|x)$에서 반복적으로 추출하여 데이터 샘플을 생성할 수 있다. 이렇게 순차적인 생성은 단일 단계 생성과 비교했을 때 또 다른 단점이 되기도 한다. 다만 마르코프 체인 방법은 수렴이 느릴 수 있지만 x'가 결국 $p_{model}(x)$의 샘플로 수렴하게 된다는 것을 보장할 수 있다.

참고로 심층 볼츠만 머신과 같은 일부 모델은 마르코프 체인과 변분 근사^{variational approximation}를 모두 사용하기도 한다.

8.10 암시적 밀도 – 마르코프 체인: 확률적 생성 모델

확률적 생성 모델^{generative stochastic network}(Bengio et al. 2014[186])은 밀도 함수를 명시적으로 정의하지 않고 훈련 데이터에서 샘플링함으로써 $p_{model}(x)$와 간접적으로 상호 작용하는 마르코프 체인 전이 연산자를 사용한다. 여기서 마르코프 체인 연산자는 $p_{model}(x)$에서 샘플을 얻기 위해 여러 번 실행되어야 한다. 이 방법 역시 이전 섹션에서 설명한 마르코프 체인의 단점을 똑같이 갖고 있다.

8.11 암시적 밀도 – 적대적 생성 모델

현재 가장 인기 있는 생성 모델은 다음과 같다.

- PixelCNN, WaveNet 및 그 변형 모델들과 같은 완전 가시적인 심층 신뢰망
- 확률적 인코더–디코더 구조로 구성된 변분법적 오토인코더

---

186 *https://oreil.ly/DJI78*

- 개념의 단순성과 생성된 샘플의 우수한 품질로 인해 과학계에서 많은 관심을 받고 있는 적대적 생성 모델 generative adversarial network (이제부터 이에 관해 설명한다)

적대적 생성 모델은 2014년 이안 굿펠로 등에 의해 소개되었다. 이는 확률 이론과 게임 이론을 적절히 혼합한 수학을 기반으로 한다. 적대적 생성 모델은 다른 생성 모델의 몇 가지 단점을 피하게 해준다.

- PixelCNN과 같이 새로운 픽셀을 신경망에 다시 입력하여 다음 픽셀을 예측하는 대신 모든 샘플을 한 번에 병렬로 생성한다.
- 생성 함수 generator function 의 제한이 거의 없다. 이는 볼츠만 머신과 비교했을 때 장점이 된다. 볼츠만 머신은 몇 가지 확률 분포만 처리할 수 있는 마르코프 체인 샘플링만 허용한다. 게다가 (비선형 독립 성분 분석과 비교했을 때) 생성기가 반전 가능해야 하고 잠재 변수 z가 샘플 x와 동일한 차원을 가져야 한다.
- 적대적 생성 모델은 마르코프 체인이 필요하지 않다. 이는 볼츠만 머신과 확률적 생성 모델에 비해 매우 발전된 구조다.
- 변분 오토인코더는 사전 prior distribution 또는 사후 분포 posterior distribution 를 너무 약하게 가정하면 실제 데이터 생성 분포에 수렴하지 못할 수 있지만, 적대적 생성 모델은 충분한 양의 학습 데이터와 큰 모델이 있으면 실제 p_{data}에 수렴할 수 있으며 변분 경계가 필요하지 않다. 또한 적대적 생성 신경망에서 자주 사용되는 모델들은 이미 보편적인 접근법과 수렴 방법이 알려져 있다. 따라서 적대적 생성 신경망은 점차 일관성이 있다고 여겨지고 있다. 일부 변분 오토인코더도 일관성이 있을 것이라 추측되지만 이에 관해서는 추가적인 증명이 필요하다.

적대적 생성망의 단점은 훈련 과정이 단순히 목적 함수를 최적화하는 것이 아니라 게임 내 내시 균형 Nash equilibrium [187]을 찾아야 한다는 점이다. 또한 학습이 완료된 모델은 수치적으로 불안정한 경향이 있을 수 있다. 이러한 단점은 2015년 논문 「Unsupervised Representation Learning with Deep Convolutional Generative Adversarial Networks」[188]에서 개선됐다. 이 접근법은 더 안정적인 모델을 만드는 데 도움이 된다.

적대적 생성 모델은 훈련 중에 두 개의 분리된 신경망인 생성기 신경망과 판별기 신경망이 게임을 하도록 만든다. 생성기 신경망은 계속해서 샘플을 생성하고, 판별기 신경망은 참 분포로부터 나온 $p_{data}(x)$와 모델로부터 나온 $p_{model}(x)$를 분류한다. 두 신경망의 손실 함수는 서로 연관되어 있는데, 판별기가 두 분포 간의 차이를 전달하면 생성기는 그에 따라 파라미터를 조

---

187 옮긴이_ 내시 균형은 경쟁자의 대응에 따라 최선의 선택을 하면 각자의 선택을 바꾸지 않게 되는 균형 상태를 뜻한다. 여기서 경쟁자는 생성기(generator)와 판별기(discriminator)를 의미한다.

188 https://oreil.ly/ARUUD

정한다. 생성기는 (이론상) 실제 데이터 분포를 정확하게 재현할 때까지 파라미터를 조정하고 판별기의 분류가 무작위 추측보다 더 나빠지지 않게 한다.

생성기 신경망은 샘플이 훈련 데이터에서 온 것인지 모델에서 온 것인지에 관계없이 판별기가 잘못된 레이블을 할당할 확률을 최대화하려고 한다. 반면 판별기 신경망은 그 확률을 최소화하려고 한다. 이는 한 플레이어의 이득이 다른 플레이어의 손실이 되는 2인 제로섬 게임이다. 결국 순수한 최대화 또는 최소화가 아닌 최대 최소 문제^{minimax problem}를 풀게 된다. 그리고 여기에는 독특한 해결 방법이 존재한다.

8.11.1 적대적 생성 신경망은 어떻게 작동할까?

데이터에 대해 생성기의 확률 분포 $p_g(\vec{x}, \vec{\theta})$를 학습한다는 목표를 유지하면서 적대적 생성 신경망의 학습이 진행되는 방식은 다음과 같다.

1 사전 확률 분포 $p_z(\vec{z})$에서 추출한 랜덤 샘플 $\vec{z}$에서 시작한다. 이 $\vec{z}$의 각 구성 원소는 균일한 랜덤 노이즈일 수 있다.

2 훈련 데이터에서도 무작위로 샘플 $\vec{x}$를 추출하여 시작한다. 생성기가 학습하려는 것은 확률 분포 $p_{data}(\vec{x})$의 샘플이다.

3 $\vec{z}$에 생성 신경망을 의미하는 결정론적 함수 $G(\vec{z}, \vec{\theta}_g)$를 적용한다. 파라미터 θ_g는 출력 $G(\vec{z}, \vec{\theta}_g)$가 훈련 데이터 샘플과 유사해질 때까지 역전파를 통해 조정해야 할 대상이다.

4 판별기 신경망을 의미하는 결정론적 함수 D에 출력 $G(\vec{z}, \vec{\theta}_g)$를 전달한다. 새로운 출력 $D(G(\vec{z}, \vec{\theta}_g), (\vec{\theta})_d)$는 0 또는 1에 가까운 숫자로, 이 샘플이 생성기에서 나온 것인지 아니면 학습 데이터에서 나온 것인지를 의미한다. 따라서 이 경우 생성기에서 나온 입력에 대해 $D(G(\vec{z}, \vec{\theta}_g), (\vec{\theta})_d)$는 1에 가까운 숫자여야 한다. 파라미터 $\vec{\theta}_d$는 D가 잘못된 분류를 반환할 때까지 역전파를 통해 조정해야 하는 파라미터다.

5 훈련 데이터의 샘플 $\vec{x}$도 D에 전달하여 $D(\vec{x}, \vec{\theta}_d)$를 연산한다. 이 입력의 경우 $D(\vec{x}, \vec{\theta}_d)$는 0에 가까운 숫자를 반환해야 한다.

6 이 두 신경망의 손실 함수는 무엇일까? 그리고 그 공식에 피라미터 $\vec{\theta}_g$와 $\vec{\theta}_d$뿐만 아니라 샘플링된 벡터 $\vec{x}$와 $\vec{z}$도 포함되어 있을까? 판별 함수 D는 두 가지 유형의 입력 $\vec{x}$와 $G(\vec{z}, \vec{\theta}_g)$에 대해 정확하게 답을 얻고자 한다. 따라서 파라미터 $\vec{\theta}_d$는 입력이 $G(\vec{z}, \vec{\theta}_g)$일 때 1에 가까운 숫자에 큰 점수를 할당하고, 입력이 $\vec{x}$일 때 0에 가까운 숫자에 큰 점수를 할당하도록 해야 한다. 두 경우 모두 음의 로그 함수를 사용할 수 있다. 0 근처에서 크고 1 근처에서 작은 함수이기 때문이다. 따라서 D는 다음을 최대화하는 파라미터 $\vec{\theta}_d$가 필요하며, 동시에 G는 $(\log(1 - D(G(\vec{z}, \vec{\theta}_g), \vec{\theta}_d))$를 최소화하는 파라미터 $\vec{\theta}_g$가 필요하다.

$$\mathbb{E}_{\vec{x} \sim p_{data}(\vec{x})}\big[\log D(\vec{x}, \vec{\theta}_d)\big] + \mathbb{E}_{\vec{z} \sim p_z(\vec{z})}\big[\log\big(1 - D(G(\vec{z}, \vec{\theta}_g), \vec{\theta}_d)\big)\big]$$

최종적으로 D와 G를 합친 가치 함수 $V(D,G)$로 최대최소 게임을 하게 된다.

$$\min_G \max_D V(D,G) = \mathbb{E}_{\tilde{x} \sim p_{data}(\tilde{x})}\big[\log D(\tilde{x})\big] + \mathbb{E}_{\tilde{z} \sim p_z(\tilde{z})}\big[\log(1 - D(G(\tilde{z})))\big]$$

이는 매우 간단한 수학 구조로 판별자를 설정하면 생성자 신경망을 명시적으로 정의하거나 어떤 가정을 하지 않고도 실제 데이터 분포에 가까이 다가갈 수 있다.

마지막으로 적대적 생성 신경망은 다양한 애플리케이션에 유용하다. 한 가지 예를 들자면 적대적 생성 신경망은 준지도 학습$^{semi-supervised\ learning}$의 성능을 극적으로 향상시킬 수 있다. 'NIPS 2016 Tutorial: Generative Adversarial Networks[189]'에 소개된 글을 살펴보자.

> 적대적 생성 신경망을 이용한 준지도 학습 접근법을 소개한다. 이 접근법에서는 판별자가 입력의 레이블을 나타내는 추가 출력을 생성한다. 레이블이 거의 없는 환경에서 MNIST, SVHN, CIFAR-10에 대해 매우 좋은 결과를 얻었다. 예를 들어 MNIST에서는 완전 연결 신경망을 사용하여 클래스당 레이블이 있는 10개의 샘플만으로 99.14%의 정확도를 달성했다. 완전 연결 신경망은 레이블이 지정된 샘플 60,000개를 사용하여 얻은 결과인 반면, 우리가 제시한 접근법은 레이블이 지정된 샘플이 훨씬 적었음에도 이러한 성과를 달성했다. 실제로 레이블이 있는 샘플을 구하는 데 비용이 많이 들기 때문에 이 접근법은 매우 유망하다고 볼 수 있다.

적대적 생성 신경망(그리고 일반적인 머신러닝)의 또 다른 애플리케이션은 고에너지 물리학 데이터를 활용한 시뮬레이션이다. 이어서 살펴보자.

8.12 예제: 머신러닝 및 생성 신경망을 활용한 고에너지 물리학

지금부터 다루는 내용은 2020년 'Machine Learning Jet Physics Workshop[190]'과 2018년 'Deep Learning and Its Application to LHC Physics[191]' 그리고 'Graph Generative Adversarial Networks for Sparse Data Generation in High Energy Physics[192]'에서 차용했다.

---

188 *https://oreil.ly/isXsx*
190 *https://oreil.ly/Uy3Ah*
191 *https://oreil.ly/4nlAj*
192 *https://oreil.ly/EHGrK*

2012년 딥러닝 혁명이 시작되기 전 고에너지 물리학 분야는 전통적으로 물리적 고려 사항과 인간의 직관, 의사 결정 트리, 수작업으로 만든 데이터 피처 엔지니어링, 차원 축소 그리고 전통적인 통계 분석에 의존해왔다. 이러한 기술로부터 인사이트를 도출해왔지만 자연스럽게 최적화와는 거리가 멀어졌고 자동화하거나 고차원으로 확장하기 어려웠다. 여러 연구에 따르면 물리학에서 영감을 받은 고수준 피처 엔지니어링에 기반한 기존의 얕은 신경망은 저수준 피처 엔지니어링에 기반한 깊은 신경망에 비해 성능이 우수하다. 대형 강입자 충돌기Large Hadron Collider[193]로부터 나온 데이터를 분석하는 다양한 영역에서는 오랫동안 최적의 피처 엔지니어링을 적용하지 못해 어려움을 겪었고, 이런 연구 결과가 속속들이 공개되자 데이터를 재검토할 필요가 생겼다. 이렇듯 고에너지 물리학 분야는 머신러닝 애플리케이션을 적용하기에 매우 좋은 환경이다. 최근에는 인공 신경망, 커널 밀도 추정, 서포트 벡터 머신, 유전 알고리즘, 부스팅된 의사 결정 트리, 랜덤 포레스트, 생성 네트워크를 포함한 다양한 머신러닝 기술이 고에너지 물리학 분야에 사용되기 시작했다.

대형 강입자 충돌기의 실험 프로그램은 현대 물리학에서 가장 기본적인 질문들을 탐구한다. 질량의 본질, 공간의 차원성, 기본 힘들의 통합, 암흑 물질의 입자 성질, 그리고 표준 모델[194]의 미세 조정 같은 것들이 그 예라고 할 수 있다. 가장 중요한 목표는 물질의 가장 근본적인 구조를 이해하는 것이다. 따라서 대형 강입자 충돌기와 같은 가속기에서 충돌할 때 생성되는 최상위 쿼크quark와 힉스 입자Higgs boson 같은 이색 입자를 찾고 연구하는 것은 필수적이다. 구체적인 벤치마크와 과제로는 질량 재구성mass reconstruction[195], 제트 하부 구조jet substructure[196], 제트-플레이버 분류jet-flavor classification[197] 등이 있다. 예를 들어 무거운 (c,b,t) 또는 가벼운 (u,d,s) 쿼크, 글루온gluon, W, Z, H 보손boson에서 나온 제트를 식별할 수 있다.

고에너지 입자 실험을 직접 수행하고 그 결과 데이터를 수집하는 것은 매우 비용이 많이 드는

---

193 *https://oreil.ly/WKudv*

194 *https://oreil.ly/SMljD*

195 옮긴이_ 질량 재구성은 입자 물리학 실험에서 발생하는 입자의 질량을 측정 및 결정하는 과정을 말한다. 대형 강입자 충돌기에서 서로 충돌하는 입자들로부터 나온 에너지와 운동량을 측정하여 원래 입자의 질량을 계산한다. 이는 힉스 입자와 같은 새로운 입자를 발견하고 연구하는 데 필수적인 과정이다.

196 옮긴이_ 제트 하부 구조는 고에너지 충돌에서 생성되는 제트의 내부 구조를 가리킨다. 입자들이 충돌한 후 생성되는 입자 샤워의 묶음으로 이들의 하부 구조를 분석함으로써 더 근본적인 과정을 이해할 수 있다. 예를 들어 제트 내부의 입자 분포나 형태를 분석하여 특정 종류의 쿼크나 보손의 존재를 추론할 수 있다.

197 옮긴이_ 제트를 생성하는 원래 입자의 종류를 플레이버라고 하는데 이를 분류하는 과정을 제트-플레이버 분류라고 한다. 제트는 다양한 종류의 쿼크(u, d, s, c, b, t)나 글루온에서 생성될 수 있으며 각각 고유한 특성을 가지고 있다. 이 분류를 통해 고에너지 물리학 실험에서 어떤 입자끼리 상호 작용했는지 유추할 수 있다.

작업이다. 또한 수집된 데이터는 그 충돌 수와 각 충돌의 복잡성 측면에서 매우 방대하다. 가속기 내에서 발생하는 사건 중 흥미로운 입자를 생성하는 것은 매우 드물다(신호 입자$^{\text{signal particle}}$ 대 배경 입자$^{\text{background particle}}$). 즉, 신호 입자는 매우 드물게 나타나기 때문에 데이터 속도가 높아야 한다. 예를 들어 대형 강입자 충돌기의 검출기 부분에서는 각 충돌 후 생성되는 수많은 입자들을 기록하기 위해 $O(108)$개의 센서를 사용한다. 측정된 실험 데이터에서 최대한의 정보를 추출(회귀 및 분류 모델을 생각할 수 있다)하는 것이 매우 중요하다. 효과적인 측정을 위해 사건을 정확하게 선택 및 식별하고 실험으로부터 생성된 데이터와 유사한 새로운 데이터를 시뮬레이션하기 위한 방법(생성 모델을 생각할 수 있다)을 개발할 필요가 있다. 고에너지 물리학 데이터는 많은 신호 이벤트의 복잡한 토폴로지와 마찬가지로 고차원이라는 특징이 있다.

이러한 사실은 충돌의 본질과 충돌의 생성물이 대형 강입자 충돌기의 검출기와 상호 작용하는 방식을 통해 이 Chapter의 내용과 연결된다. 강입자 충돌은 양자역학적이기 때문에[198] 특정 상호 작용으로 인한 관측은 근본적으로 확률적이다. 따라서 데이터 분석은 통계적이고 확률 이론적인 관점에서 이루어져야 한다.

여기서의 목표는 관찰된 데이터가 주어졌을 때 모델 파라미터의 확률 분포 $p(\vec{\theta}|\tilde{x})$를 학습하는 것이다. 데이터가 5차원 미만의 저차원이라면 관측된 샘플에서 알려지지 않은 통계 모델을 추정하는 문제는 히스토그램이나 커널 기반 밀도 추정을 사용하여 어렵지 않게 구할 수 있다. 하지만 차원의 저주로 인해 고차원으로 쉽게 확장할 수는 없다. 1차원에서 원본 확률 밀도 함수를 추정하기 위해선 N개의 샘플이 필요하지만 d차원에서는 $O(N^d)$개의 샘플이 필요하다. 결과적으로 데이터의 차원이 10 이상인 경우 이러한 방법으로 확률 분포를 추정하는 것은 비현실적이며 불가능할 정도로 막대한 계산 자원을 필요로 한다.

고에너지 물리학자들은 전통적으로 데이터의 차원을 줄이는 과정을 통해 차원의 저주 문제를 다루어왔다. 그리고 이러한 과정은 각각의 입자 충돌 사건과 그 사건 집합 모두에 적용되었다. 이렇게 확립된 기존 접근법은 공학적으로 설계된 특징을 기반으로 하며 수작업으로 피처 엔지니어링을 진행한다. 시뮬레이션 도구로 생성된 샘플을 사용하여 알려지지 않은 확률 분포 $p(x|\theta)$를 추정할 수 있을 만큼 충분히 작은 수준으로 줄이는 것이다. 분명 데이터의 복잡성과

---

198 옮긴이_ 양자역학의 핵심적인 특징 중 하나는 확률적인 성질이다. 양자 세계에서는 사건들이 확실한 결과를 가지는 것이 아니라 여러 가능성 중 하나가 일어날 확률을 가지고 있다고 해석한다. 예를 들어 전자가 원자핵 주변을 도는 위치나 속도는 확실하게 결정된 것이 아니라 특정 확률 분포를 따른다. 이러한 확률적 특성 때문에 양자역학에서는 어떤 입자가 정확히 어디에 있는지, 어떤 상태에 있는지 확실히 말하기 어렵다. 그 대신 가능성의 범위를 말할 수 있다.

잠재적인 새로운 물리학의 희귀성 그리고 미묘한 징후들을 고려하면 이러한 전통적인 접근법은 차선책에 불과할 것이다. 수작업으로 피처 엔지니어링을 설계하고 차원을 직접 축소하여 핵심 정보를 놓칠 수 있는 위험을 덜어내기 위해 머신러닝을 활용할 수도 있다. 또한 센서에서 직접 얻은 원시 데이터는 합성곱 신경망과 그래프 신경망처럼 잘 확립된 신경망 모델과 아주 잘 맞는다. 예를 들어 대부분의 최신 고에너지 물리학 감지기에 존재하는 열량계의 투영 타워 구조는 이미지 픽셀과 유사하다.

이미지 기반 접근법은 어느 정도 성공적이긴 했지만 실제 검출기의 기하학적인 구조가 완전히 규칙적이지는 않으므로 제트 이미지를 표현하기 위해서는 약간의 데이터 전처리가 필요하다. 또한 제트 이미지는 일반적으로 매우 희소하다. 입자 모델링에서 불규칙한 기하학 구조와 희소성은 일반적인 합성곱 신경망 대신 그래프 기반 합성곱 신경망을 사용하여 해결할 수 있다. 그래프 합성곱 신경망은 불규칙하게 샘플링된 데이터에서 합성곱 신경망을 적용할 수 있도록 확장하는 효과를 가지고 있다. 즉, 그래프 합성곱 신경망은 복잡한 기하학적 구조를 가진 희소하고 순열 불변permutation invariant[199]의 데이터를 처리할 수 있다(이 책의 〈9장 그래프 모델〉에서 그래프 신경망에 대해 논의할 것이다). 그래프 신경망은 항상 노드, 엣지, 그래프에서의 관계를 인코딩하는 행렬인 인접 행렬을 가지고 있다. 고에너지 물리학 관점에서 제트 입자들은 그래프의 노드로 표현되고 엣지는 학습된 인접 행렬에서 입자가 얼마나 가까운지를 나타낸다. 고에너지 물리학에서 그래프 기반 신경망은 분류, 재구성 및 생성 작업에 성공적으로 적용되었다.

여기서의 주제는 생성 모델, 즉 주어진 데이터셋과 유사한 데이터를 생성하는 것이다. 고에너지 물리학에서 수집된 실험 데이터에 충실한 데이터를 생성하거나 시뮬레이션하는 것은 매우 중요하다. 「Graph Generative Adversarial Networks for Sparse Data Generation in High Energy Physics(고에너지 물리학에서 희소 데이터 생성을 위한 적대적 생성 그래프 모델)[200]」에서 저자는 CERN[201] 대형 강입자 충돌기에서 생성된 것과 같은 희소 데이터 집합을 시뮬레이션하기 위해 적대적 생성 모델 프레임워크를 사용하여 그래프 기반 생성 모델을 개발한다.

저사는 MNIST 손글씨 숫자 이미지의 희소 표현과 대형 강입자 충돌기 같은 양성자–양성자

---

199 옮긴이_ 순열 불변이란 데이터가 어떤 순서로 정렬되더라도 결과가 달라지지 않는 상태를 의미한다.
200 *https://oreil.ly/eVkOP*
201 *https://home.cern*

충돌에서 발생하는 제트 입자의 희소 표현을 훈련하고 데이터를 생성하여 접근법을 설명한다.

이 모델은 희소 MNIST 숫자와 제트 입자 데이터를 성공적으로 생성한다. 저자는 실제 데이터와 생성된 데이터 간의 일치 정도를 정량화하기 위해 그래프 기반 프레쳇 인셉션 거리^{Fréchet} $^{inception\ distance}$[202]와 입자 및 제트 피처 수준의 1-바세르슈타인 거리$^{Wasserstein\ distance}$[203]라는 두 가지 지표를 사용한다.

8.13 기타 생성 모델

지금까지 최신 생성 모델(2022년 기준)에 대해 설명했다. 하지만 나이브 베이즈, 가우스 혼합 모델, 볼츠만 머신 모델까지 다루어야 Chapter 8이 더 완벽해질 것이다. 이 외에도 다양한 모델이 있다. 메타의 부사장이자 유명한 인공지능 과학자인 얀 르쿤$^{Yann\ LeCun}$은 최신 생성 모델에 대한 자신의 관점을 다음과 같이 제시했다.

> 2000년대 음성 인식, 컴퓨터 비전, 자연어 처리 분야의 연구자들은 불확실성을 정확하게 표현하는 데 집착했다. 이로 인해 음성 인식에서는 히든 마르코프 모델$^{hidden\ markov\ model}$, 컴퓨터 비전에서는 마르코프 랜덤 필드$^{Markov\ random\ field}$ 및 별자리 모델$^{constellation\ model}$, 자연어 처리 분야에서는 잠재 디리클레 분석$^{latent\ dirichlet\ analysis}$과 같은 확률적 생성 모델에 대한 연구가 활발히 진행되었다. 그러던 중 한 컴퓨터 비전 워크숍에서 생성 모델과 판별 모델에 대한 논쟁이 벌어졌다. 비모수적 베이즈 방법을 사용해 객체 인식 시스템을 구축하려는 영웅적이지만 헛된 시도도 있었다. 이런 작업들은 이전의 베이즈 네트워크, 요인 그래프$^{factor\ graph}$ 및 기타 그래픽 모델에 관한 연구에 기반을 두고 있다. 사람들이 지수족$^{exponential\ family}$, 신뢰 전파$^{belief\ propagation}$, 루프 신뢰 전파$^{loopy\ belief\ propagation}$, 변분 추론$^{variational\ inference}$ 등에 관심을 갖게 된 것도 동일한 맥락이다. 중식당 프로세스$^{Chinese\ restaurant\ process}$, 인디언 뷔페 프로세스$^{Indian\ buffet\ process}$ 등도 마찬가지다. 그래프 모델의 구조와 그 안의 잠재 변수는 주어진 것으로 가정했다. 피처를 선형적으로 결합하여 일종의 로그 가능도를 계산하고, 앞서 언급한 고급 추론 방법 중 하나를 사용해 미지의 변수에 대한 주변 분포를 생성한 후 그중 하나(예 카테고리)가 정답이 되기만 하면 되는 것이었다.
>
> 모델의 파라미터를 학습하는 것은 또 하나의 변분 추론 문제로 여겨졌다. 흥미로운 점은 오늘날 최고 수준의 음성 인식, 컴퓨터 비전, 자연어 처리 시스템에서는 이런 것들이 거의 관련이 없다는 것이다. 결국 계층적 표현과 복잡한 함수 종속성을 학습하는 문제를 해결하는 것이 얕은 모델로 정확한 확률적 추론을 수행하는 능력보다 훨씬 더 중요한 이슈로 부각되었다. 물론 정확한 확률적 추론이 유용하지 않다는 말은 아니다.

---

[202] https://oreil.ly/LHron
[203] https://oreil.ly/V2UVS

같은 맥락에서 얀 르쿤은 다음과 같이 말하기도 했다.

> 적대적 생성 신경망은 예쁜 그림을 생성하는 데는 좋지만(물론 확산 모델diffusion model 또는 멀티 스텝 노이즈 제거 오토인코더multistep denoising auto-encoder에 밀려나고 있다) 인식 및 표현 학습에는 큰 실망을 안겨주었다.

그럼에도 불구하고 이러한 모델들로부터 배울 수 있는 수학적 내용이 많다. 필자의 경험에 비추어볼 때 수학이 특정 목적을 위해 개발되고 활용된다는 것에 집중하면 훨씬 더 깊은 수준에서 수학을 이해하고 기억할 수 있게 된다. 많은 수학자가 아직 응용 분야를 찾지 못한 이론을 증명하면서 즐거움을 느낀다고 하는데, 필자는 그런 사람은 아니었다.

8.13.1 나이브 베이즈 분류 모델

나이브 베이즈 모델은 매우 간단한 분류 모델로, 데이터에 대한 결합 확률 분포를 계산하기 때문에 생성 모델로 활용할 수 있다. $p(\vec{x}, y_k)$를 계산하여 데이터의 분류를 결정하기 때문이다. 학습 데이터에는 피처인 $\vec{x}$와 레이블 y_k가 있다. 따라서 나이브 베이즈 모델을 사용해 이 결합 확률 분포에서 샘플링하여 레이블과 함께 새로운 데이터 포인트를 생성할 수 있다.

나이브 베이즈 모델의 목표는 데이터 피처 $\vec{x}$가 주어졌을 때 클래스 y_k의 확률, 즉 조건부 확률 $p(y_k | \vec{x})$를 구하는 것이다. 피처가 많은 데이터(고차원의 $\vec{x}$)의 경우 계산 비용이 많이 들기 때문에 베이즈 규칙을 사용하여 역 조건부 확률을 활용하고 결합 확률 분포를 도출한다. 수식으로 표현하면 다음과 같다.

$$p(y_k | \vec{x}) = \frac{p(y_k)p(\vec{x} | y_k)}{p(\vec{x})} = \frac{p(\vec{x}, y_k)}{p(\vec{x})}$$

나이브 베이즈 모델은 클래스 레이블 y_k에 따라 피처가 상호 독립적이라는 매우 강력하면서도 단순한 가정을 하는데 실제로는 예상보다 더 잘 작동한다. 이 가정은 분지의 결합 확률 분포를 구할 때 단순화하는 데 도움이 된다. 특히 단일 변수 조건부 확률의 곱으로 확장할 때 큰 도움이 된다. 클래스 레이블 y_k에 대한 조건부 피처 독립성 가정은 다음을 의미한다.

$$p(x_i | x_{i+1}, x_{i+2}, \cdots, x_n, y_k) = p(x_i | y_k)$$

따라서 결합 확률 분포는 다음과 같다.

$$p(\vec{x}, y_k) = p(x_1 | x_2, \cdots, x_n, y_k)p(x_2 | x_3, \cdots, x_n, y_k)\cdots p(x_n | y_k)p(y_k)$$
$$= p(x_1 | y_k)p(x_2 | y_k)\cdots p(x_n | y_k)p(y_k)$$

이제 학습 데이터에서 각 데이터 카테고리에 따른 단일 특성 확률single feature probability을 쉽게 추정할 수 있다. 다시 말해 학습 데이터에서 각 클래스의 확률 $p(y_k)$를 유사하게 추정할 수 있거나 다음과 같이 각 클래스마다 동등한 가능성을 보유하고 있다고 가정할 수 있다.

$$p(y_k) = \frac{1}{number\ of\ class}$$

일반적으로 생성 모델은 레이블 y_k와 데이터 $\vec{x}$ 사이의 결합 확률 분포 $p(\vec{x}, \vec{y}_k)$를 찾는다. 반면 분류 모델은 조건부 확률 $p(y_k | \vec{x})$를 계산한다. 분류 모델에서는 가장 높은 확률을 가진 클래스 y_k를 반환하여 데이터에서 서로 다른 클래스 간의 결정 경계decision boundary를 계산하는 데 중점을 둔다. 따라서 나이브 베이즈 분류기의 경우 가장 높은 값을 가진 레이블 y_*를 반환한다. 이는 $p(x_1 | y_k)p(x_2 | y_k)\cdots p(x_n | y_k)p(y_k)$의 가장 높은 값과 같다.

8.13.2 가우스 혼합 모델

가우스 혼합 모델gaussian mixture model에서는 모든 데이터 포인트가 미지의 파라미터(평균 및 공분산 행렬)를 가진 유한한 수의 가우스 분포의 혼합에 의해 생성된다고 가정한다. 혼합 모델은 k-평균 클러스터링과 유사하다고 생각할 수 있지만 여기서는 클러스터의 중심(가우스 평균)에 대한 정보와 각 클러스터 내 데이터의 분포 형태(가우스 공분산에 의해 결정됨)를 함께 고려한다. 데이터의 클러스터 수를 결정하기 위해 가우스 혼합 모델은 때때로 베이즈 정보 기준Bayesian information criterion[204]을 세운다. 또한 혼합에 포함되어 있는 다양한 가우스 공분산을 제어하기 위해 모델을 제한할 수도 있다. 제한 방법에는 전체full, 연결tied, 대각선diagonal, 연결 대각선tied diagonal, 구형spherical 등이 있다.

---

204 *https://oreil.ly/YjP4F*

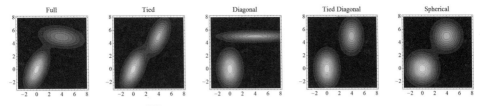

그림 8-3 가우스 혼합 공분산 유형[205]

마지막으로 혼합의 알려지지 않은 파라미터(공분산 행렬의 평균 및 원소)를 추정하기 위해 데이터의 가능도를 최대화해야 한다.

데이터에 잠재 변수나 숨겨진 변수(직접 측정하거나 관찰할 수 없는 변수)가 있는 경우에는 최대 가능도maximum likelihood를 구하기 어려워진다. 이 문제를 해결하기 위한 방법은 최대 가능도를 추정하기 위해 기대값 최대화expectation maximization(EM) 알고리즘[206]을 사용하는 것이다. 기대값 최대화 알고리즘은 다음과 같이 작동한다.

1 미지의 파라미터에 대한 현재 추정치를 사용하여 로그 가능도의 기대값에 대한 함수를 생성함으로써 잠재 변수의 값을 추정한다.

2 최적화: 1단계에서 계산된 기대 로그 가능도를 최대화하는 새로운 파라미터를 계산한다.

3 수렴할 때까지 1단계와 2단계를 반복한다.

클러스터링의 경우 기대값 최대화를 통해 미지의 파라미터를 계산한 후 혼합체mixture에서 새로운 데이터 포인트를 샘플링하면 된다. 분류의 경우 새로운 데이터 포인트가 주어지면 모델은 데이터가 속할 가능성이 가장 높은 가우스 분포를 할당한다.

8.14 생성 모델의 발전

이번에는 신경망의 겨울이 끝나고 확률적 심층 학습으로 이어지는 과정을 이야기해볼 것이다. 여기에는 변분 오토인코더, 가시적인 완전 심층 신뢰 신경망, 적대적 생성 모델 등이 포함되며 홉필드 네트워크Hopfield network에서 볼츠만 머신, 제한된 볼츠만 머신으로의 발전을 접할 수 있

---

205 이미지 출처: *https://oreil.ly/BMF7a*
206 *https://oreil.ly/QpWUo*

다. 필자는 이 모델에 특별한 애정을 가지고 있다. 그 자체로 역사적 가치가 있을 뿐만 아니라 기본적인 연산 단위의 신경망을 조립하여 데이터 피처의 결합 확률 분포를 학습하는 능력이 있으며, 필자의 초기 연구 분야인 통계역학이라는 매우 깔끔하고 잘 발달된 수학적 도구를 사용하기 때문이다.

통계역학에서는 에너지 함수 관점에서 확률 분포를 정의한다. 특정 상태 $\tilde{x}$에 있는 시스템을 발견할 확률은 해당 상태의 에너지 $E(\tilde{x})$에 따라 달라진다. 더 정확히 말하면 에너지가 높은 상태일수록 확률이 낮다. 이는 다음 공식에서 지수의 음의 부호로 나타난다.

$$p(\tilde{x}) = \frac{exp(-E(\tilde{x}))}{Z}$$

지수 함수는 p가 양수임을 보장하고, 분모의 분할 함수 Z는 전체 $p(\tilde{x})$의 합(또는 $\tilde{x}$가 연속인 경우 적분)이 1이 되도록 보장하여 p를 유효한 확률 분포로 만든다.

이런 방식으로 결합 확률 분포를 정의하는 머신러닝 모델들을 **에너지 기반 모델** energy-based model 이라고 부른다. 에너지 기반 모델은 각 상태에서 에너지를 할당하는 방식, 즉 $E(\tilde{x})$에 사용되는 특정 공식이 각기 다르며 이는 다시 분할 함수 Z의 공식에 영향을 미친다. $E(\tilde{x})$의 공식에는 최대 가능성 추정을 사용해 데이터에서 계산해야 하는 모델의 파라미터 $\vec{\theta}$가 포함되어 있다. 사실 결합 확률 분포 공식에서 p, E, Z가 $\vec{\theta}$에 대해 명시적으로 주어져 있는 경우가 더 좋다.

$$p(\tilde{x}, \vec{\theta}) = \frac{exp(-E(\tilde{x}, \vec{\theta}))}{Z(\vec{\theta})}$$

대부분의 경우 분할 함수 Z에 대한 닫힌 공식을 계산할 수 없으므로 최대 가능성 추정이 불가능하다. 더 정확히 말하면 로그 가능도를 최대화할 때 파라미터 $\vec{\theta}$에 대한 기울기를 계산해야 한다. 그리고 이때 다시 $\vec{\theta}$에 대한 분할 함수 Z의 기울기를 계산해야 한다. 이런 계산에 자주 등장하는 수식은 다음과 같다.

$$\nabla_{\vec{\theta}} \log Z(\vec{\theta}) = \mathbb{E}_{\tilde{x} \sim p(\tilde{x})} \left(\nabla_{\vec{\theta}} \log \left(numerator(\tilde{x}, \vec{\theta}) \right) \right)$$

에너지 기반 결합 확률 분포 공식에서 분자는 $exp(-E(\tilde{x}, \vec{\theta}))$지만 이는 모델에 따라 다를 수 있다.

분할 함수가 처리하기 어려운 경우에는 확률적 최대 가능도 방법stochastic maximum likelihood과 대조적 발산contrastive divergence 방법 같은 근사 방법을 사용해야 한다. 다른 방법들은 분할 함수에 대한 지식 없이 조건부 확률을 계산하는 방식이다. 이 방법들은 분할 함수를 근사하는 과정을 피하면서 조건부 확률을 계산한다. 이 방법은 조건부 확률의 비율 정의[207]와 에너지 기반 결합 확률 분포의 정의에 있는 비율을 이용하여 효과적으로 분할 함수를 근사해 상쇄한다. 이러한 방법으로는 스코어 매칭score matching, 비율 매칭ratio matching, 노이즈 제거 스코어 매칭denoising score matching 등이 있다.

노이즈 대비 추정noise contrastive estimation, 어닐링 중요도 샘플링annealed importance sampling, 브리지 샘플링bridge sampling 및 이를 조합한 방법들은 그 기울기의 로그가 아닌 분할 함수를 직접 근사한다.

여기서는 이러한 방법들에 대해 자세히 설명하지 않지만, 관심이 있다면 이안 굿펠로의『심층 학습』(제이펍, 2018)을 참고하기 바란다.

다시 홉필드 네트워크와 볼츠만 머신으로 돌아가보자. 홉필드 네트워크와 볼츠만 머신은 최근 결정론적 및 확률 이론적 딥러닝 모델이 사용하는 역전파를 통해 훈련되는 심층 신경망의 기초가 된다. 이 방법들은 0과 1의 이진 벡터에 대해 시작하여 임의의 실수 값을 가진 벡터에 대해서도 임의의 확률 분포를 학습하는 최초의 연결주의적 접근법을 만들었다.

8.14.1 홉필드 네트워크

홉필드 네트워크는 인공 신경망의 뉴런 상태를 물리 시스템의 구성 요소와 동일시하면서 통계 역학의 우아한 수학적 테크닉을 활용한다. 홉필드 신경망은 비용이 많이 들고 실용적이지 않다는 것이 판명되었지만 현대 신경망의 시초가 되었다. 따라서 인공지능 분야의 역사적 진화를 가늠하기 위해서라도 살펴볼 만한 가치가 있다. 홉필드 네트워크에는 숨겨진 유닛이 없다. 모두 보이는 유닛이며 유닛들이 서로 연결되어 있다 각 유닛은 켜짐 또는 꺼짐 상태(1 또는 0)를 가지며 선제 네트워크(또는 시스템)에 대한 정보를 함께 인코딩한다.

---

207 *https://oreil.ly/ViEzk*

8.14.2 볼츠만 머신

볼츠만 머신은 홉필드 네트워크에 숨겨진^{hidden} 유닛을 추가한 형태다. 신경망의 입력 유닛과 숨겨진 유닛의 구조에 이미 익숙하므로 자세히 설명하지는 않지만 볼츠만 머신이 그 기원이라는 점은 알아둘 만한 사실이다. 홈필드 네트워크와 마찬가지로 입력 및 숨겨진 유닛 모두 0 또는 1의 이진 상태를 지닌다. 현대 버전에서는 이진 값뿐만 아니라 실수 값을 취하는 유닛도 구현된다.

모든 볼츠만 머신은 다루기 어려운 분할 함수를 가지므로 앞서 언급했던 기술을 활용해 최대 가능도 기울기를 근사한다.

볼츠만 머신은 학습을 위해서 계산 집약적인 **깁스 샘플링**^{Gibbs sampling}에만 의존한다. 깁스는 통계 역학 분야에서 반복적으로 등장하는 이름이다. 깁스 샘플링은 네트워크의 가중치에 대해 편향되지 않은 추정치를 구할 수 있지만 이러한 추정치는 편차가 크다. 일반적으로 편향과 분산 사이에는 트레이드 오프^{trade-off}가 있으며 이 트레이드 오프는 각 방법의 장단점을 부각시킨다.

8.14.3 제한된 볼츠만 머신(명시적 밀도와 추적 불가능)

볼츠만 머신은 보이는 계층, 숨겨진 계층 그리고 수많은 계층 간 연결로 인해 학습 속도가 매우 느리다(매우 지저분한 역전파를 생각하면 된다). 이처럼 학습 속도가 매우 느리기 때문에 실제 문제에 응용할 수 없다. 제한된 볼츠만 머신은 서로 다른 계층 간의 연결만을 허용함으로써 이 문제를 해결한다. 즉, 제한된 볼츠만 머신은 각 계층 내에서의 연결이 없어 각 계층의 모든 유닛을 동시에 업데이트할 수 있다. 따라서 연결된 두 계층에 대해 각 계층의 모든 유닛을 번갈아 업데이트하여 동시 등장 통계^{co-occurrence}를 수집할 수 있다. 실제로는 대조 발산과 같은 최소한의 샘플링 방법까지 더해 더 큰 연산량 절감 효과가 있다.

조건부 독립

각 계층 내에 연결이 없다는 것은 숨겨진 계층의 모든 유닛의 상태가 서로 의존적이지 않지만 이전 계층에 있는 유닛의 상태에는 의존적이라는 의미다. 즉, 이전 계층의 유닛 상태가 주어지면 다음 숨겨진 계층의 유닛은 같은 계층의 다른 유닛 상태와는 독립적이다. 이 조건부 독립성

을 활용해 숨겨진 계층의 결합 확률 $p(\vec{h} | \overrightarrow{h_{previous}})$를 각각의 숨겨진 유닛 상태의 조건부 확률의 곱으로 분해할 수 있다. 예를 들어 숨겨진 계층에 세 개의 유닛이 있다고 하면 결합 확률은 다음과 같이 표현된다.

$$p(\vec{h} | \overrightarrow{h_{previous}}) = p(\vec{h}_1 | \overrightarrow{h_{previous}})p(\vec{h}_2 | \overrightarrow{h_{previous}})p(\vec{h}_3 | \overrightarrow{h_{previous}})$$

그 반대의 경우도 마찬가지다. 현재 계층의 상태가 주어졌을 때 이전 계층에 있는 유닛의 상태는 서로 조건부 독립이다. 이 조건부 독립성은 우리가 유닛 상태를 오랜 시간 동안 반복적으로 업데이트하는 대신 샘플링할 수 있음을 의미한다.

보편적 근사

제한된 볼츠만 머신의 제한된 연결은 스태킹 stacking, 즉 더 복잡한 피처를 추출할 수 있게 하는 일련의 숨겨진 계층을 가질 수 있게 해준다. 이제 현대의 다층 인공 신경망의 구조가 어떻게 등장했는지 알 수 있다. 〈Chapter 4 신경망을 위한 최적화〉에서 결정론적 함수에 대한 신경망의 보편적 근사치에 관해 논의했던 것을 떠올려보자. 앞서 결정론적 함수가 아닌 결합 확률 분포를 표현(또는 학습)하는 신경망에 대해 알아봤다. 2008년 르 루 Le Roux와 벤지오 Bengio는 볼츠만 기계가 아닌 모든 이산 확률 분포를 임의의 정확도로 근사화할 수 있음을 증명했다. 이 결과는 제한된 볼츠만 머신에도 적용된다. 또한 특정 조건에서 숨겨진 계층이 추가될 때마다 로그 확률 함수의 값이 증가하여 모델 분포가 훈련 집합의 실제 결합 확률 분포에 더 가까워진다.

2015년에 엘단 Eldan과 샤미르 Shamir는 신경망의 계층 수를 늘리는 것이 각 계층의 유닛 수로 신경망 계층의 폭을 늘리는 것보다 훨씬 더 가치가 있다는 사실을 경험적으로 확인했다. 또한 수백 개의 숨겨진 계층으로 신경망을 훈련할 수 있으며 더 깊은 신경망이 더 고차원적 피처를 나타낼 수 있다는 것을 실습을 통해 (증명하지 않고) 발견했다. 다만 심층 신경망을 훈련시키기 위해서는 기울기 소실 문제를 극복해야 했다.

8.14.4 기존 오토인코더

오토인코더는 입력 정보를 저차원의 숨겨진 계층으로 압축하는 것을 목표로 한다. 숨겨진 계층은 입력 계층보다 유닛의 수가 적더라도 입력 계층과 동일한 양의 정보를 보유해야 한다. 지금까지 오토인코더를 효율적인 방법으로 학습시킬 수 있는 변형된 오토인코더에 대해 살펴봤다. 학습하는 동안 각 벡터는 자기 자신에게 매핑되어야 하며(비지도 학습), 네트워크는 최적의 인코딩을 학습하려고 시도한다. 이를 만족시키려면 입력 계층과 출력 계층은 동일한 수의 유닛을 가져야 한다. 일정 수의 입력 유닛, 더 적은 수의 숨겨진 유닛, 입력 계층과 동일한 수의 유닛을 가진 출력 계층으로 설정된 볼츠만 머신으로 오토인코더 구조를 잘 설명할 수 있다. 역사적으로 보면 오토인코더는 네트워크가 숨겨진 유닛의 상태에 내재된 코드를 성공적으로 학습하여 입력을 표현한 최초의 사례다. 이를 통해 네트워크가 정보 손실을 최소화하면서 입력을 숨겨진 계층으로 압축하도록 강제할 수 있다. 이 부분은 이제 우리가 당연하게 여기는 신경망의 필수적인 부분이다. 오토인코더 구조는 볼츠만 머신이 있든 없든(에너지 기반 결합 확률 분포의 유무에 관계없이) 여전히 큰 영향력을 발휘하고 있다.

앞에서 변형된 오토인코더에 대해 설명했다. 이는 '합성에 의한 분석analysis by synthesis(1958)'이라는 개념에 뿌리를 둔 볼츠만 머신 오토인코더, 심층 오토인코더, 노이즈 제거 오토인코더, 정보 병목 현상information bottleneck(2000)의 아이디어를 종합한 것이다. 변형된 오토인코더는 학습을 위해 빠른 변형 방법을 사용한다. 편향-분산 트레이드 오프의 관점에서 볼 때, 변형 방법은 분산이 낮은 네트워크의 가중치에 대해 편향된 추정치를 제공한다.

8.15 확률 이론적 언어 모델링

Chapter 8에서의 목표는 자연어 처리와 자연어 데이터에서 의미를 추출하는 다양한 방법을 다룬 Chapter 7의 내용을 자연스럽게 연결하여 확률 이론적 언어 모델의 기본을 살펴보고, 기본을 중시하는 Chapter 7의 모델을 강조하는 것이다.

Chapter 8은 최대 가능도 추정으로 시작했다. 확률 분포를 추정해야 할 때마다 이 방법이 등장하는 이유는 몇 가지 조건하에서 최대 가능도 추정을 통해 얻은 확률 분포가 수학적 이론에 의해 탄탄히 뒷받침되기 때문이다. 최대 가능도 추정은 데이터 샘플의 수가 무한대로 증가함에 따라 그리고 모델 확률 분포 $p_{model}(\tilde{x};\vec{\theta})$에 이미 실제 확률 분포가 포함되어 있다고 가정하면 데이터를 생성한 참 분포 $p_{data}(x)$로 수렴한다. 즉, 샘플 수가 무한대로 가는 극한에서 데이터의 가능도를 최대화하는 모델 파라미터 $\vec{\theta}^*$는 $p_{model}(\tilde{x},\vec{\theta}^*)=p_{data}(\tilde{x})$를 만족한다.

언어 모델에서 훈련 데이터는 특정 말뭉치 및/또는 장르에서 추출한 텍스트 샘플이며 우리는 유사한 텍스트를 생성할 수 있도록 그 확률 분포를 학습시키고자 한다. 참 데이터 분포의 경우 $p_{model}(\vec{x};\vec{\theta})$가 만드는 분포의 집합에 대부분 포함되어 있지 않을 가능성이 높기 때문에 이전 단락의 이론적 결과가 실제로는 절대 유효하지 않을 수 있다는 점을 염두에 두어야 한다. 하지만 포기하지 말자. 실제로는 목표에 부합하는 모델을 만들 수 있다. 우리의 목표는 언어의 조각들에 확률을 할당하는 모델을 구축하는 것이다. 언어의 조각들을 무작위로 조합하면 대부분의 경우 터무니없는 내용이 나올 것이다. 여기서 우리의 목표는 어떤 의미를 갖는 문장들의 분포를 찾는 것이다. 좋은 언어 모델은 훈련 데이터에 포함되어 있지 않은 문장이라도 의미 있는 문장에 높은 확률을 할당하는 모델이다. 사람들은 일반적으로 언어 모델의 성능을 평가하기 위해 학습 데이터셋에 대한 언어 모델의 퍼플렉서티^{perplexity}[208]를 계산한다.

언어 모델은 다음 단어의 확률 분포가 그 앞의 $n-1$개의 단어에 의존한다는 가정을 바탕으로 한다. 이때 n은 고정된 값이다. 따라서 우리의 목표는 $p_{model}(x_n \mid x_1, x_2, \cdots, x_{n-1})$을 구하는 것이 된다. Word2Vec 모델을 사용하여 각 단어의 의미를 벡터로 변환하려는 경우 앞서 본 식의 x는 벡터로 표현된다. 이렇게 되면 의미가 있는 단어나 유사한 맥락에서 자주 사용되는 단어들은 유사한 벡터 값을 가지는 경향이 있다. 또한 〈Chapter 7 자연어 처리와 금융 인공지능〉에서 소개된 트랜스포머 모델을 사용하여 이전 단어 벡터를 바탕으로 다음 단어 벡터를 예측할 수도 있다.

빈도 기반 언어 모델은 훈련 말뭉치에서 단어들이 함께 나타나는 횟수를 계산하여 조건부 확률 표를 구성한다. 예를 들어 '아침'이라는 단어가 '좋은'이라는 단어 뒤에 나타나는 조건부 확률 $p(\text{아침} \mid \text{좋은})$을 추정하기 위해 말뭉치에서 '좋은 아침'이 나타나는 횟수를 '좋은'이 나타나는 횟수로 나누어 계산할 수 있다.

$$p(\text{아침} \mid \text{좋은}) = \frac{p(\text{좋은, 아침})}{p(\text{좋은})}$$

---

208 옮긴이_ 데이터셋에 대해 언어 모델이 이해할 수 없는 정도 혹은 헷갈리는 정도라고 이해하면 쉽다. 데이터셋이 충분히 신뢰할 만하다는 가정하에 이 값이 낮을수록 언어 모델이 우수하다고 평가된다. 데이터셋이 신뢰할 만하다고 하는 것은 샘플 수가 충분히 많고 언어 모델이 적용될 도메인이 특정되었다는 것을 의미한다.

이 방법은 매우 큰 말뭉치, 페이스북 댓글, SMS 메시지와 같이 비구조적인 텍스트 데이터에 적용하기 어렵다. 이런 경우에는 일반적인 문법과 단어 순서 규칙 등이 완전히 지켜지지 않기 때문이다.

확률적 언어 모델이라는 개념을 공식화해보자.

1 해당 언어의 단어 V를 지정한다. V는 문자, 공백, 구두점, 기호, 고유 단어, n-그램의 집합이 될 수 있다. 수학적으로는 문장의 끝을 나타내는 마침표를 포함하는 유한한 이산 집합이다(비록 영어에서 약어에 사용될 때처럼 마침표가 항상 문장의 끝을 의미하지는 않는다 하더라도 말이다).

2 마침표로 끝나는 단어 V에서 (의미가 있을 수도 있고 없을 수도 있는) 문장을 다음과 같은 유한한 시퀀스로 정의한다.

$$\vec{x} = (x_1, x_2, \cdots, x_m)$$

각각의 x_i는 단어 V에서 어떤 값이라도 취할 수 있으며 문장의 최대 길이를 m으로 지정할 수 있다.

3 우리의 언어 공간 $l^m = \{(x_1, x_2, \cdots, x_m), x_i \in V\}$를 길이가 m 이하인 모든 문장의 집합으로 정의한다. 이 문장들 중 대다수는 아무런 의미가 없을 것이며, 의미 있는 문장에 높은 확률을 할당하고 의미 없는 문장에 낮은 확률을 할당하는 언어 모델을 정의할 필요가 있다.

4 $\mathscr{L}$을 l^m의 모든 부분 집합의 모음이라고 하자. 이는 최대 길이 m의 모든 의미 있는 문장과 의미 없는 문장들의 모음을 의미한다.

5 엄격한 확률 이론에서는 보통 확률을 구성하는 3가지 요소인 확률 트리플로 시작한다. 확률 트리플은 공간 space, 해당 공간의 일부 부분 집합을 포함하는 시그마 대수 sigma algebra, 선택한 시그마 대수의 각 요소에 할당된 확률 측정값을 의미한다(여기서는 이 세부 사항에 대해 걱정하지 않아도 된다). 이 확률 트리플의 개념을 그대로 언어 모델에 투영하면 다음과 같다. 언어 공간 l^m, 언어 공간의 모든 부분 집합으로 구성된 시그마 대수 $\mathscr{L}$, 그리고 시그마 대수 $\mathscr{L}$의 원소에 할당해야 하는 확률 측정값 P. 우리의 언어 공간은 이산적이고 유한하기 때문에 각 l^m의 원소에 확률 p를 할당하는 것은 어렵지 않다. 즉, 각 문장 $\vec{x} = (x_1, x_2, \cdots, x_m)$에 확률을 할당하는 것이다. 바로 이 p를 훈련 데이터로부터 학습해야 한다. 일반적인 접근법은 $\vec{\theta}$에 의해 파라미터화된 $p(\vec{x}; \vec{\theta})$의 전체를 살펴보는 것이다.

6 마지막으로 l^m에서 다양한 문장 샘플이 포함된 훈련 데이터셋의 가능도를 최대화하여 파라미터 $\vec{\theta}$를 추정해야 한다. 의미 있는 문장이 샘플링될 확률이 매우 작기 때문에 언더플로의 가능성도 생각해야 한다. 이를 위해 우리는 로그가 씌워진 확률을 사용한다.

〈Chapter 7 자연어 처리와 금융 인공지능〉의 로그 선형 모델과 로그 이중 선형 모델(GloVe), 잠재 디리클레 할당을 다시 한번 확인해보는 것도 좋은 연습이 될 것이다.

정리하기

최첨단 인공지능 모델에 필요한 수학을 정확히 파악하기 위한 여정에서 또 하나의 기초를 완성했다. 이전에 배운 결정론적 함수들을 데이터 피처의 결합 확률 분포로 전환하는 것을 학습했다. 여기서 목표는 이를 활용해 훈련 데이터와 유사한 새로운 데이터를 생성하는 것이었다. 아직 공식화하지는 않았지만 확률 분포에 대한 많은 속성과 규칙을 배웠다. 우리는 역사적으로 모델의 발전과 함께 이와 관련이 큰 이론에 대해서도 살펴봤다. 결합 분포에 대한 명시적인 공식이 있는 모델과 명시적인 공식이 없지만 분포와 간접적으로 상호 작용하는 모델을 구분했다. 명시적 공식을 사용하는 모델의 경우 로그 확률과 그 기울기를 계산하는 것은 추적 가능하거나 추적 불가능할 수 있으며 각각 알맞은 방법을 필요로 한다. 로그 가능도를 최대화하는 모델을 찾음으로써 데이터의 참 결합 확률 분포를 잡아내는 과정도 살펴봤다.

데이터가 한두 개의 피처로 구성되었다면(저차원이라면) 이 모든 과정이 필요하지 않았을 것이다. 히스토그램과 커널 밀도 추정기는 저차원 데이터에 대한 확률 분포를 추정하는 데 탁월한 성능을 보인다. 머신러닝에서 가장 큰 성과 중 하나는 큰 데이터 볼륨에 대해 고차원 결합 확률 분포를 모델링할 수 있다는 것이다.

지금까지 소개한 모든 접근법에는 장단점이 있다. 예를 들어 변형된 오토인코더를 사용하면 숨겨진(잠재) 변수가 있는 확률 이론적 그래픽 모델에서 학습과 추론을 모두 효율적으로 수행할 수 있다. 하지만 품질이 낮은 샘플을 생성하기도 한다. 적대적 생성 신경망은 더 나은 샘플을 생성하지만 불안정한 훈련 역학으로 인해 최적화하기 더 어렵다. 안정적인 최댓값이나 최솟값 대신 불안정한 안장점으로 수렴하기도 한다. PixelCNN이나 WaveNet 같은 심층 신뢰망은 안정적인 훈련 과정을 통해 소프트맥스 손실 함수를 최적화한다. 하지만 샘플링 과정에서 비효율적이며 오토인코더처럼 데이터를 낮은 차원에 임베딩시킬 수는 없다.

Chapter 9에서는 그래프 모델링에 대해 살펴보면서 신경망 그래프의 연결이 조건부 확률을 적용하는 방식을 결정하고 다양한 종속성과 조건부 독립성을 쉽게 구분할 수 있다는 점에 집중할 것이다. Chapter 8에서는 제한된 볼츠만 머신을 살펴보면서 관련된 개념만 간단히 알아보았지만 Chapter 9에서는 그동안 피해왔던 그래프 모델링에만 집중할 것이다.

Chapter 9

그래프 모델

> 이제 이것은 우리 모두가 배우고 싶어 하는 것이다.
>
> – H.

그래프, 다이어그램, 신경망은 우리 주변에 친숙하게 존재한다. 도시와 도로 지도, 공항과 연결된 항공편, 전기 배선, 인터넷(WWW), 분자 네트워크, 우리의 신경계와 같은 생물학적 네트워크, SNS, 수학 모델의 개략적 표현, 인공 신경망 등 곳곳에서 쉽게 볼 수 있다. 또한 우리가 관심을 가지는 어떤 구성 요소들이 쉽게 구별될 수 있는 노드들로 이루어져 있으며, 이 노드들 사이에 어떤 관계가 존재한다는 사실도 알고 있다. 이 관계들은 방향성 또는 비방향성의 엣지로 연결되어 있다.

자연스러운 그래프 구조를 가진 데이터는 해당 구조를 활용하고 유지하는 메커니즘을 통해 직접 그래프 위에서 작동하는 함수를 구축하기 때문에 (수학적으로 어떻게 표현되어 있든) 더 잘 이해될 수 있다. 데이터를 인위적으로 변형한 후 분석하는 머신러닝 모델에 그래프 데이터를 입력하는 방식과는 대조된다. 이는 필연적으로 중요한 정보의 손실로 이어진다. 이는 합성곱 신경망이 이미지 데이터에서 성공하고 순환 신경망이 시계열 데이터에서 실패하는 것과 같은 이유이다.

그래프 기반 모델은 데이터 과학자와 엔지니어에게 매우 매력적인 모델이다. 그래프 구조는 유클리드 공간이나 관계형 데이터베이스 같이 기본 좌표계가 고정된 공간에서 얻기 힘든 유연성을 제공한다. 기본 좌표계가 고정된 공간에서는 데이터와 그 피처가 엄격하고 미리 정해진 형식을 따라야 한다. 또한 그래프는 데이터셋 내에서 데이터 간의 관계를 분석할 수 있는 자연스러운 환경을 제공한다. 지금까지 배운 머신러닝 모델들은 고립된 데이터 포인트로 표현된 데이터들을 사용해왔다. 반면 그래프 모델들은 고립된 데이터 포인트뿐만 아니라 그 사이의 연결도 함께 사용하여 더 깊은 이해와 더 표현력 있는 모델을 만들 수 있게 한다.

사람의 두뇌는 자연스럽게 그래픽 구조를 내재화하여 개체와 개체 간의 연결을 모델링할 수 있다. 또한 도시 계획이나 교통망이 변경될 때와 같이 새로운 네트워크를 생성하거나 기존의 것을 확장하고 개선하는 것에 충분히 유연하다. 또한 사람은 자연어 텍스트에서 그래프 모델로, 또는 그 반대로도 원활하게 전환할 수 있다. 우리가 새로운 내용을 읽을 때 이를 더 잘 이해하거나 다른 사람에게 설명하기 위해서 그래픽으로 표현하는 것은 자연스러운 행동이다. 반대로 그래프 도식을 볼 때 우리는 이를 자연어로 잘 설명할 수 있다. 요즘 이처럼 지식 그래프를 기반으로 자연어 텍스트를 생성하거나 반대로 그래프를 생성하는 모델이 존재한다. 이를 **지식 그래프에 대한 추론**reasoning over knowledge graphs이라고 한다.

지금 우리는 신경망의 기본 구성 요소와 신경망 각각에 적합한 데이터 및 작업 유형에 상당히 익숙해져 있다. 지금까지 우리가 다뤘던 주제를 정리해보자.

- 다층 퍼셉트론과 완전 연결 신경망(Chapter 4)
- 합성곱 신경망(Chapter 5)
- 순환 신경망(Chapter 7)
- 인코더-디코더의 구성 요소(Chapter 7)
- 적대적 모델의 구성 요소와 2인 제로섬 게임(Chapter 8)
- 변분 모델의 구성 요소(Chapter 8)

주요 목표 작업은 대부분 분류, 회귀, 클러스터링, 암호화 및 복호화, 새로운 데이터 생성이다. 여기서 모델은 데이터 피처들의 결합 확률 분포를 학습한다.

우리는 신경망의 일부 구성 요소를 혼합하고 조합하여 특정 작업에 맞는 새로운 모델을 구축할 수 있다는 사실에 익숙하다. 다행히도 그래프 신경망은 우리가 앞서 배운 구성 요소를 사용하므로 여기서 새로운 머신러닝 개념을 살펴볼 필요는 없다. 네트워크(그래프) 데이터의 분석이나 생성을 위해 그래프 데이터를 그 피처와 함께 신경망에 입력할 수 있고 수학적으로 표현하는 방법을 이해했다면 그 다음 단계로 넘어갈 수 있다. 따라서 시중에 나와 있는 모든 그래프 신경망에 대해 혼란을 야기할 수 있는 탐구는 피하겠다. 대신 간단한 수학적 공식, 널리 사용되는 애플리케이션, 그래프 모델을 위한 일반적인 작업, 가능한 데이터셋, 모델 평가 방법에 초점을 맞출 것이다. 우리의 목표는 이 주제의 작동 원리와 이에 대한 강한 직관을 개발하는 것이다. 그래프 모델에서도 어려운 점은 문제의 차원을 연산과 분석에 적합한 방식으로 줄이면서도 가급적 많은 정보를 보존하는 것이다. 즉, 수백만 명의 사용자를 가진 네트워크의 경우 수백만 차원의 벡터나 행렬을 입력으로 그대로 사용하는 모델을 만들 수는 없다. 따라서 그래프 데이터에 대한 효율적인 표현 방법이 필요하다.

그래프 신경망에 대해 더 깊고 빠르게 알아보고 싶다면 서베이 논문인 「A Comprehensive Survey on Graph Neural Networks」[209]가 훌륭한 출발점이 될 것이다(그 전에 Chapter 9의 내용을 꼼꼼히 읽어야 이해할 수 있을 것이다).

9.1 그래프: 노드, 엣지, 피처

그래프는 개체 간의 관계를 통해 이산적인 개체 집합을 이해하는 것이 목표인 문제를 모델링하는 데 잘 맞는다. 그래프 이론은 이산 수학과 컴퓨터 과학 분야에서 비교적 역사가 짧은 분야로, 사실상 그 응용 분야가 거의 무한하다. 이 분야는 아직 해결되지 않은 많은 문제를 다루기 위해 더 많은 똑똑한 사람들을 필요로 한다.

그래프는 다음과 같은 요소로 구성된다(그림 9-1).

노드 node 또는 정점 vertices

$Nodes = \{node_1, node_2, \cdots node_n\}$과 같이 집합으로 묶여 있다. 노드 집합은 몇 개의 노드(또는 하나의 노드)만 있는 작은 집합일 수도 있고, 수십억 개의 노드가 있는 방대한 집합일 수도 있다.

엣지 edge

두 노드를 방향성 directed (한 노드에서 다른 노드를 가리킴) 또는 비방향성 undirected (엣지가 두 노드 중 어느 쪽도 상대 노드를 가리키지 않음)으로 연결한다. 여기서 엣지는 자기 자신으로 연

---

209 https://oreil.ly/938pf

결되는 엣지와 동일한 두 노드를 연결하는 다중 엣지를 포함한다. 엣지 집합은 다음과 같이 표현할 수 있다.

$$Edges = \{ edge_{ij} = (node_i, node_j), node_i \text{에서 } node_j \text{를 가리키는 엣지} \}$$

노드 피처 node feature

$node_i$에 d개의 피처를 할당하면 이를 벡터 $\overrightarrow{features}_{node_i}$로 묶을 수 있다. 그런 다음 그래프의 모든 n개 노드의 피처 벡터를 $d \times n$ 크기의 행렬 $Features_{Nodes}$에 묶을 수 있다.

엣지 피처 edge feature

마찬가지로 $edge_{ij}$에 c개의 피처를 할당하면 이를 벡터 $\overrightarrow{features}_{edge_{ij}}$로 묶을 수 있다. 그런 다음 그래프의 모든 m개의 엣지의 피처 벡터를 $c \times m$ 크기의 행렬 $Features_{Edges}$로 묶을 수 있다.

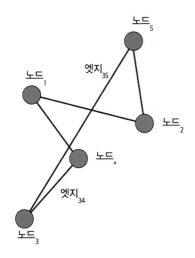

그림 9-1 그래프는 노드와 노드를 연결하는 방향성 또는 비방향성 엣지로 구성된다.

그래프 모델은 유연하기 때문에 반드시 엄격한 그리드 구조를 따를 필요가 없으므로 강력하다. 그래프의 노드는 좌표 없이 공간을 떠다니는 것이라고 생각하면 쉽다. 노드들은 단지 서로를 연결하는 엣지에 의해 결합되어 있다. 하지만 그 본질적인 구조를 표현할 방법이 필요하긴

하다. 노드와 엣지의 집합을 주고 그래프를 시각화하는 소프트웨어 패키지들이 있지만, 이처럼 아름답고 유익한 그림들을 통해서는 분석과 계산을 할 수 없다. 머신러닝 모델에 입력으로 사용할 수 있는 두 가지 유명한 그래프 표현 방식이 있다. 바로 그래프의 인접 행렬 adjacency matrix 과 근접 행렬 incidence matrix 이다.

그래프 이론 알고리즘에 유용한 다른 표현 방식들로는 엣지 리스트와 두 개의 선형 배열, 후속자 리스트가 있다. 여기서 언급되는 모든 표현들은 같은 정보를 전달하지만 저장 공간의 효율성과 그래프 검색, 탐색, 조작의 효율성에서 차이가 있다. 대부분의 그래프 신경망은 노드와 엣지에 관한 특성 행렬과 함께 인접 행렬을 입력으로 사용한다. 그래프 데이터를 모델에 입력하기 전에 차원 축소를 수행해야 하는 경우가 많다. 이를 그래프 표현 또는 그래프 임베딩이라고 한다. 때로는 차원 축소 과정이 모델 자체에 포함되는 경우도 있다.

인접 행렬

그래프의 구조를 컴퓨터에 저장하고 그 특성을 연구하는 대수적인 방법 중 하나는 인접 행렬을 사용하는 것이다. 인접 행렬은 $n \times n$ 크기의 행렬로 $node_i$에서 $node_j$로 가는 엣지가 있으면 $adjacency_{ij} = 1$, 없으면 $adjacency_{ij} = 0$이 된다. 이 정의는 노드에서 자기 자신인 노드를 가리키는 엣지인 셀프 엣지를 포함할 수 있지만 서로 다른 두 노드 사이의 다중 엣지는 표현하지 못한다. 물론 우리가 인접 행렬에서 0과 1만 사용하는 것이 아니라 2,3 등을 사용하기로 했다면 표현할 수는 있다. 그러나 이렇게 하면 그래프 연구자들이 인접 행렬을 사용해 정립해놓은 일부 결과가 엉망이 될 수 있다.

근접 행렬

근접 행렬은 그래프의 구조를 저장하고 그 전체 정보를 유지하는 또 다른 대수적인 방법이다. 여기서는 노드와 엣지를 모두 나열하고 행이 노드에 열이 엣지에 해당하는 행렬을 만든다. 행렬의 원소 $incidence_{ij}$는 $edge_j$가 $node_i$에 연결되어 있는 경우 1이고 그렇지 않은 경우 0이다. 이 정의는 두 개의 노드 사이의 다중 엣지를 표현할 수 있지만 자기 자신으로의 셀프 엣지는 표현하지 못한다. 대부분의 그래프들이 노드보다는 엣지의 수가 더 많기 때문에 이 행렬은 일반적으로 매우 넓고 인접 행렬보다 그 크기가 크다.

라플라시안 행렬Laplacian matrix[210]은 방향성 없는 그래프와 관련된 행렬이다. 이 행렬은 $n \times n$ 크기의 대칭 행렬로 각 노드에 해당하는 행과 열이 있다. 라플라시안 행렬의 대각선 원소는 각 노드의 차수degree와 같고 대각선이 아닌 원소는 해당 원소의 노드 사이에 엣지가 없으면 0, 있으면 -1이 된다. 이는 미적분학과 편미분 방정식에서 나오는 연속 라플라스 연산자continuous Laplace operator의 이산 아날로그 버전이라고 생각하면 된다.

라플라시안 행렬은 연속적이고 (두 번 미분 가능한) 함수의 2차 도함수까지 고려하며 이는 함수의 오목함을 측정하거나 한 점에서의 함수 값이 주변 점에서의 함수 값과 얼마나 다른지 측정한다. 연속 라플라스 연산자와 비슷하게 라플라시안 행렬은 그래프가 한 노드에서 주변 노드의 값과 얼마나 다른지 측정하는 방법으로 사용될 수 있다. 그래프의 라플라시안 행렬은 그래프의 랜덤 워크를 조사하거나 전기 네트워크에서 저항을 연구할 때 등장하기도 한다. Chapter 9의 후반부에서 이 내용을 자세히 살펴볼 것이다.

인접 행렬과 근접 행렬로부터 노드와 엣지에 관한 간단한 통계를 쉽게 추론할 수 있다. 예를 들어 노드의 차수와 같은 정보 말이다. 여기서 노드의 차수란 각 노드에 연결된 간선의 수를 의미한다. 차수 분포 $P(k)$는 노드가 정확히 k개의 엣지를 가질 확률을 나타내는 경험적 확률이다. 이는 웹 연결이나 생물학적 네트워크 분야에서 관심 갖는 주제이다.

예를 들어 그래프 내에서 차수 k의 노드 분포가 $P(k) = k^{-\alpha}$ 형태의 거듭제곱 법칙을 따른다면 이러한 그래프는 네트워크 토폴로지의 중심이 되는 연결성 높은 노드, 즉 허브가 없게 된다. 연결성이 낮은 노드가 많이 존재하게 되는 것이다.

시간 종속성을 추가하여 시간에 따라 특성이 변하는 동적 그래프를 생각해볼 수도 있다. 현재 노드와 엣지 피처 벡터에 시간 종속성을 추가한 모델도 존재한다. 이렇게 되면 벡터의 각 성분

---

210 옮긴이_ 라플라시안 행렬의 정의와 구하는 방법에 관한 설명이 조금 부족할 것 같아 덧붙인다. 라플라시안 행렬을 구하기 위해서는 먼저 차수(degree) 행렬에 대한 이해가 필요하다. 차수 행렬은 대각 성분을 제외하고 모두 0이다. 대각 성분은 특정 노드의 차수 정보를 표현한다. 예를 들어 $node_1$에 노드 2개가 연결되어 있다면 차수는 2이고 차수 행렬의 (1, 1) 성분은 2가 된다. 이렇게 차수 행렬을 구할 수 있으면, '라플라시안 행렬 = 차수 행렬 - 인접 행렬'을 계산하면 구할 수 있다. 라플라시안 행렬을 수식으로 표현하면 다음과 같다.

$$L_{ij} = \begin{cases} \deg(v_i), i = j \text{일 때} \\ -1, i \neq j \text{이고 } v_i \text{가 } v_j \text{에 접할 때} \\ \text{나머지는 } 0\; \end{cases}$$

이 시간에 따라 달라진다. 예를 들어 이동 경로를 예측하는 GPS 시스템의 경우 교통 상황에 따라 지도의 한 지점과 다른 지점을 연결하는 따라 엣지의 피처가 시간에 달라지게 된다.

이제 노드 및 엣지 특성에 대한 수학적 프레임워크를 배웠으므로 대표적인 벡터와 행렬들을 머신러닝 모델에 입력하고 평소와 같이 학습을 진행할 수 있다. 대부분의 경우 눈앞에 놓인 객체를 잘 표현하면 절반은 성공이다. 나머지 절반은 일반적으로 머신러닝 모델의 표현력에 달렸다. 그래프 모델에서는 원하는 결과를 만들어내는 규칙을 인코딩하거나 심지어는 학습할 필요도 없이 좋은 결과를 얻을 수 있다. 즉, 그래프 이론을 세세하게 배우기 전에 그래프 신경망으로 바로 뛰어들 수 있다는 것을 의미한다.

> **NOTE 원방향성 그래프**
>
> 방향성 그래프 directed graph 의 경우 무방향 그래프 undirected graph 와 동일하게 스패닝 트리 spanning tree, 기본 회로 fundamental circuit, 절단 집합 cut set, 평면성 planarity, 두께 thickness 등의 특성을 갖는다. 또한 방향성 그래프는 무방향 그래프와는 다른 독특한 특성을 가지고 있기도 하다. 예를 들면 강한 연결성 strong connectedness, 트리 구조 arborescence(뿌리가 있는 나무의 방향성 형태), 비순환적 특성 decyclization 같은 고유한 특성 등을 갖는다.

9.2 예제: 페이지 랭크 알고리즘

페이지 랭크 알고리즘[211]은 구글이 검색 엔진 결과에서 웹 페이지의 순위를 매기는데 사용했던 알고리즘이다. 다만 2019년에 만료되었다. 페이지 랭크 알고리즘은 웹 페이지에 링크된 다른 페이지의 수에 따라 웹 페이지의 중요도를 결정한다. 그래프 관점에서 보면 웹 페이지가 각 노드이고 한 페이지에서 다른 페이지를 가리키는 링크가 방향성 있는 엣지가 된다. 페이지 랭크 알고리즘에서는 한 노드에 가리키는 웹 페이지가 많을 때, 즉 차수가 클 때 중요하다 (그림 9-2).

---

211 *https://oreil.ly/0yqGu*

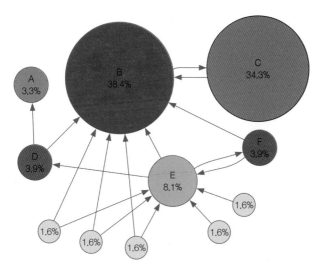

그림 9-2 페이지 랭크 알고리즘은 많은 페이지가 가리키거나 링크하는 페이지에 더 높은 점수를 부여한다.[212]

그래프, 인접 행렬, 선형 대수, 웹의 개념이 함축된 페이지 랭크 알고리즘의 예시로 [그림 9-3]을 살펴보자. 예시를 단순화하기 위해 웹 페이지 4개로 구성된 가상 상황에서의 페이지 랭크 알고리즘을 살펴본다.

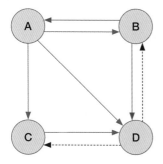

그림 9-3 인덱싱된 4개의 웹 페이지로 구성된 가상의 웹[213]

[그림 9-3]의 그래프를 보면 오직 B만 A로 연결되어 있고 A와 D는 B로, A와 D는 C로 연결되어 있다. 또한 A, B, C는 D로 연결되어 있다. 정리하면, A는 B, C, D로 연결되어 있고, B는 A와 D로, C는 D로, D는 B와 C로 연결되어 있다.

---

212 이미지 출처: *https://oreil.ly/wMg3p*

213 이미지 출처: 코세라 강의 – 머신러닝을 위한 수학 *https://oreil.ly/gHqYs*

어떤 페이지에서 시작해서 그 페이지에서 임의의 링크를 클릭한 다음, 이 새로운 페이지에서 다른 링크를 클릭하는 등의 방식으로 웹 서핑하는 사람을 생각해보자. 이 웹 서퍼는 웹 그래프에서 랜덤 워킹random walking을 한다고 가정한다.

일반적으로 웹을 나타내는 그래프에서 이렇게 랜덤 워킹을 하는 사람은 특정 노드에서 그 노드의 이웃 노드 중 하나로 이동한다(또는 자기 자신으로 돌아가는 링크가 있는 경우 자기 페이지로 다시 돌아온다). 이제부터 우리는 웹을 다시 한번 살펴보면서 그래프의 특성에 대해 알아볼 것이다. 여기서는 연결 행렬linking matrix이라고 부르는 랜덤 워크 행렬이 필요하다. 다만 실제로는 각 노드의 차수에 따라 가중치가 부여된 인접 행렬을 사용한다. 그래프상에서 랜덤 워크의 장기적인 상태를 이해하기 위해 랜덤 워크 행렬, 연결 행렬을 사용하려고 한다. 그래프상에서의 랜덤 워크에 대한 내용은 앞으로 자주 등장할 것이다.

[그림 9-3]에서 봤던 4개의 웹 페이지로 구성된 웹으로 다시 돌아가자. 웹 서퍼가 페이지 A에 있을 때 페이지 B로 이동할 확률은 1/3, 페이지 C로 이동할 확률은 1/3, 페이지 D로 이동할 확률도 1/3이다. 그러면 페이지 A의 외부 연결 벡터outward linking vector는 다음과 같다.

$$\overrightarrow{linking_A} = \begin{pmatrix} 0 \\ 1/3 \\ 1/3 \\ 1/3 \end{pmatrix}$$

웹 서퍼가 페이지 B에 있는 경우 이 서퍼가 페이지 A로 이동할 확률과 페이지 D로 이동할 확률은 각각 절반이므로 페이지 B의 외부 연결 벡터는 다음과 같다.

$$\overrightarrow{linking_B} = \begin{pmatrix} 1/2 \\ 0 \\ 0 \\ 1/2 \end{pmatrix}$$

마찬가지로 페이지 C와 페이지 D의 외부 연결 벡터는 다음과 같다.

$$\overrightarrow{linking_C} = \begin{pmatrix} 0 \\ 0 \\ 0 \\ 1 \end{pmatrix} \qquad \overrightarrow{linking_D} = \begin{pmatrix} 0 \\ 1/2 \\ 1/2 \\ 0 \end{pmatrix}$$

모든 웹 페이지의 연결 벡터를 묶어 연결 행렬을 만들면 다음과 같다.

$$Linking = \begin{pmatrix} 0 & 1/2 & 0 & 0 \\ 1/3 & 0 & 0 & 1/2 \\ 1/3 & 0 & 0 & 1/2 \\ 1/3 & 1/2 & 1 & 0 \end{pmatrix}$$

연결 행렬을 살펴보면 행렬의 열은 외부 연결 확률이고 행은 내부 연결 inward linking 확률이다. 웹 서퍼는 어떻게 해야 페이지 A에 도달할 수 있을까? 서퍼는 페이지 B에서만 A로 갈 수 있으며 그 확률은 0.5에 불과하다.

이제 페이지 A를 가리키는 모든 페이지의 랭크를 합산하여 페이지 A의 최종 랭크를 계산할 수 있으며, 각 랭크는 해당 페이지에서 페이지 A로 이동할 확률에 따라 가중치가 부여된다. 따라서 이 방법대로라면 랭크가 높은 페이지가 가리키는 페이지 역시 높은 랭크를 차지하게 된다. 예제로 돌아가서 4개의 페이지 랭크는 다음과 같다.

$$rank_A = 0rank_A + 1/2rank_B + 0rank_C + 0rank_D$$
$$rank_B = 1/3rank_A + 0rank_B + 0rank_C + 1/2rank_D$$
$$rank_C = 1/3rank_A + 0rank_B + 0rank_C + 1/2rank_D$$
$$rank_D = 1/3rank_A + 1/2rank_B + 1rank_C + 0rank_D$$

각 웹 페이지의 랭크를 구하려면 선형 대수학의 영역인 선형 방정식을 풀어야 한다. 행렬 벡터 표기법을 활용해 선형 방정식을 다음과 같이 표현할 수 있다.

$$\overrightarrow{ranks} = Linking\ \overrightarrow{ranks}$$

따라서 모든 웹 페이지의 모든 랭크를 포함하는 벡터는 웹 페이지 그래프(노드가 웹 페이지고 방향성 있는 엣지가 페이지 간의 링크)의 연결 행렬의 고유벡터이며 고유값은 1이다. 실제로 웹 그래프는 방대하기 때문에 그 연결 행렬도 방대하다. 따라서 그 고유벡터를 효율적으로 구하는 방법을 고안하는 것이 당장의 고민거리가 될 것이다.

주어진 행렬의 고유벡터와 고유값을 계산하는 것은 선형 대수에서 가장 중요한 부분이며 다양한 분야에서 바로 응용할 수 있다. 고유벡터와 고유값을 수치적 방법으로 구하려면 행렬과 벡터를 반복적으로 곱해야 한다. 거대한 행렬을 다룰 때는 비용이 많이 들기 때문에 연산 비용을 낮추기 위해 책에 있는 모든 트릭을 사용해야 한다. 행렬의 희소적 특징을 활용하고 무작위성 또는 확률성을 도입해 고차원의 확률 및 대규모 랜덤 행렬을 응용한다(〈Chapter 11 확률〉에서 이러한 내용을 훑어볼 것이다). 여기서 희소적 특징을 활용한다는 것은 행렬의 많은 성분이 0인 경우 이를 곱해서 0임을 알아내는 것이 낭비이기에 미리 해당 성분에 대한 처리를 한다는 뜻이다. 지금은 〈Chapter 6 특이값 분해: 이미지 처리, 자연어 처리, 소셜 미디어〉에서 소개한 반복적 방법을 사용해볼 것이다. 다음과 같이 임의의 벡터 $\overrightarrow{ranks_0}$에서 시작해 연결 행렬을 반복적으로 곱해 벡터를 만들 것이다.

$$\overrightarrow{ranks_{i+1}} = Linking \; \overrightarrow{ranks_i}$$

4개의 페이지가 있는 웹의 경우 이는 다음과 같은 벡터로 수렴한다.

$$\overrightarrow{ranks} = \begin{pmatrix} 0.12 \\ 0.24 \\ 0.24 \\ 0.4 \end{pmatrix}$$

이 벡터를 보면 페이지 D가 가장 높은 랭크를 차지하며 유사한 내용의 검색 엔진 쿼리에서는 제일 첫 번째로 반환되는 페이지가 될 것임을 알 수 있다. 그러면 [그림 9-3]의 다이어그램에서 원의 크기를 각 페이지의 중요성에 비례하게 다시 그릴 수 있다.

페이지 랭크 알고리즘이 사용되던 시절에 실제 구현 단계에서는 0과 1 사이의 감쇄 인자 d(보통 0.85 정도)가 사용되었다. 이는 웹 서퍼가 현재 페이지의 링크를 클릭할 확률이 85%, 현재 페이지의 링크가 아닌 완전히 새로운 페이지에서 시작할 확률이 15%라는 것을 고려한 수치다. 이를 통해 웹 페이지의 랭크를 찾기 위한 반복적인 과정을 다음과 같이 간단하게 만들 수 있다.

$$\overrightarrow{ranks_{i+1}} = d\left(Linking \; \overrightarrow{ranks_i} \right) + \frac{1-d}{total \; number \; of \; pages} \overrightarrow{ones}$$

마지막으로 구글이 계속해서 새로운 웹 페이지를 검색하여 색인을 생성하는지, 색인된 모든 웹 페이지에 새로운 링크가 있는지의 여부를 계속 검사하는지 궁금한 사람도 있을 것이다. 이에 대한 답은 '예'다. 구글의 '구글 검색 작동 방식에 대한 심층 가이드[214]'의 내용을 참고하자.

> 구글 검색은 웹 크롤러 web crawler 라는 소프트웨어로 웹을 정기적으로 탐색해 색인에 추가할 페이지를 찾는 완전 자동화된 검색 엔진입니다. 실제로 검색 결과에 표시되는 대부분의 페이지는 수동으로 제출하여 색인에 추가하는 것이 아니라 웹 크롤러가 웹을 탐색할 때 자동으로 찾아서 추가하게 됩니다. […] 모든 웹 페이지의 중앙 레지스트리가 없기 때문에 구글은 지속적으로 새 페이지와 업데이트된 페이지를 찾아서 알려진 페이지 목록에 추가해야 합니다. 이 프로세스를 'URL 검색'이라고 합니다. 일부 페이지는 구글이 이미 방문했기 때문에 색인되어 있습니다. 그렇지 않은 페이지는 구글이 알려진 페이지에서 새 페이지로 연결되는 링크를 따라갈 때 검색됩니다(⑩ 카테고리 페이지와 같은 허브 페이지가 새 블로그 게시물로 연결되는 링크). 또 다른 페이지는 구글이 크롤링할 수 있도록 사이트 맵을 제출할 때 검색됩니다. […] 사용자가 검색어를 입력하면 서버가 색인에서 일치하는 페이지를 검색해 사용자에게 가장 적합하며 품질이 높다고 판단되는 결과를 반환합니다. 그 관련성은 사용자의 위치, 언어, 디바이스(데스크톱 또는 휴대폰) 등의 정보를 포함한 수백 가지 요소에 의해 결정됩니다. 예를 들어 '자전거 수리점'을 검색하면 파리에 있는 사용자에게는 홍콩에 있는 사용자와 다른 결과가 표시될 수 있습니다.

여기서 수집하는 데이터가 많아질수록 검색은 더욱 복잡해진다. 구글은 2015년에 랭크 브레인 RankBrain 을 출시했다. 이 기능은 〈Chapter 7 자연어 처리와 금융 인공지능〉에서 살펴본 것과 유사하게 머신러닝을 활용해 웹 페이지의 텍스트를 벡터화한다. 이 프로세스는 색인된 페이지에 컨텍스트와 의미를 추가하여 검색이 더 정확한 결과를 반환하도록 한다. 이 프로세스의 단점은 의미 벡터와 같이 차원이 훨씬 커진다는 것이다. 검색어에 가장 가까운 웹 페이지를 반환하기 전에 모든 차원에서 모든 벡터를 확인해야 하는 어려움을 피하고자 구글은 **근사 최근접 이웃 알고리즘** approximate nearest neighbor algorithm 을 사용했고, 현재와 같이 밀리초 내의 우수한 결과를 반환할 수 있게 되었다.

9.3 그래프를 사용한 역행렬 계산

응용 과학의 많은 문제에는 이산 선형 시스템 $A\vec{x} = \vec{b}$를 작성하고 이를 해결하는 것이 포함된다. 이는 행렬 A의 역행렬을 구하고 그 해인 $\vec{x} = A^{-1}\vec{b}$를 찾는 것과 동일하다. 하지만 크기가

---

214 *https://oreil.ly/oHw0g*

큰 행렬의 경우 역행렬을 구하는 것은 계산 비용이 많이 들 뿐만 아니라 큰 저장 공간이 필요하며, 이러한 자원을 확보하더라도 그 값의 정확도는 매우 낮다. 우린 항상 행렬의 역행렬을 구하는 효율적인 방법을 연구하고 있으며 때로는 특정 행렬의 특수한 특성을 활용하기도 한다.

다음은 적당한 크기의 행렬의 역행렬을 계산하는 그래프 이론적 방법이다. 여기서 적당한 크기는 예를 들어 100×100을 의미한다.

1 행렬 A의 성분 중 0이 아닌 성분을 1로 바꾼다. 이렇게 되면 이진 행렬이 만들어진다.

2 앞서 만든 이진 행렬의 행과 열 순회하며 대각선 모든 성분을 1로 만든다.

3 이렇게 얻은 행렬을 방향성 그래프의 인접 행렬로 간주한다. 이때 인접 행렬은 대각선이 모두 1이다. 대각선에 있는 1에 해당하는 셀프 루프는 그래프에서 삭제한다.

4 결과적으로 생성된 방향성 그래프는 조각으로 분할된다.

5 그래프 조각이 너무 크면 엣지를 적절히 제거하여 더 작은 조각들로 나눈다.

6 더 작아진 행렬의 역행렬을 구한다.

7 분명 이 작아진 행렬의 역행렬은 원래의 역행렬과 관련되어 있다.

이 방법의 이유와 수학적 근거를 자세히 설명하지는 않았지만 방법 자체가 매우 간단하고 직관적이어서 소개했다.

9.4 케일리 그래프 그룹: 순수 대수학과 병렬 연산

그룹별 그래프graphs of groups, 즉 케일리 그래프Cayley graphs (또는 케일리 다이어그램Cayley diagrams이라고도 불린다)는 병렬 연산을 위한 네트워크 구조 설계와 분석, 라우팅 문제, 상호 연결된 네트워크를 위한 라우팅 알고리즘에 적용되는 이론이다. 논문「Processor Interconnection Networks from Cayley Graphs」[215]에서는 병렬 연산 네트워크에 케일리 그래프를 적용한 최초의 설계 방식을 흥미롭고 쉽게 설명한다. 또한 특정 설계 조건을 충족하는 파라미터로 케일리 그래프를 구성하는 방법을 설명한다. 케일리 그래프는 데이터 분류 문제를 푸는 데도 적용되었다.[216]

---

215 *https://oreil.ly/zXqYi*

216 *https://oreil.ly/xp5hB*

n개의 원소로 구성된 모든 그룹을 n개의 노드가 있는 연결된 방향 그래프로 표현할 수 있다. 여기서 각 노드는 그룹의 한 원소에 해당하며 각 엣지는 그룹의 생성자generator에 의한 곱셈을 나타낸다. 이 엣지는 그룹에서 어떤 생성자로 곱하는지에 따라 레이블이 붙거나 색상이 정해진다(그림 9-4). 여기서 방향 그래프는 그룹을 고유하게 정의한다. 그룹의 각 원소의 곱은 그래프에서 방향성 엣지의 순서를 따르는 것과 같다. 예를 들어 n개의 원소를 가진 순환 그룹cyclic group 그래프는 모든 엣지가 그룹의 한 생성자에 의한 곱셈을 나타내는 n개의 노드를 가진 방향 회로directed circuit다.

순수하게 수학적 관점에서 보면 케일리 그래프는 추상 그룹을 시각화하고 연구하는 데 유용하며, 전체 추상 구조와 그 모든 원소를 시각적 다이어그램으로 인코딩할 수 있다는 데 의의가 있다. 케일리 그래프의 대칭성은 더 복잡한 추상 개체를 시각화하는 데 유용하다. 이는 조합론combinatorics과 기하군 이론geometric group theory의 핵심 도구다. 케일리 그래프에 대한 상세 내용은 Wolfram Mathworld 페이지[217]를 참고하자.

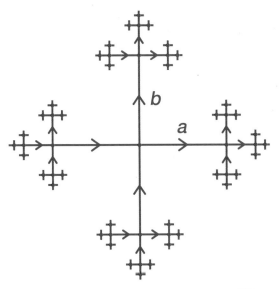

그림 9-4 두 개의 생성자 a와 b에 대한 자유 그룹free group[218]의 케일리 그래프. 각 노드는 자유 그룹의 원소를 나타내고 각 엣지는 a 또는 b의 곱셈을 의미한다.

---

217 *https://oreil.ly/JCvux*
218 옮긴이_ 자유 그룹이란 그룹의 범주에서 관계가 없음을 나타내는 표시를 갖는 그룹이다.

9.5 그래프 내 메시지 전달

메시지 전달 프레임워크는 그래프 내에서 정보의 전파를 모델링하고 노드, 엣지, 그래프 자체의 구조에서 전달되는 정보를 원하는 피처 벡터로 깔끔하게 집계하는 데 유용한 접근법이다. 이 프레임워크 내에서 모든 노드는 이와 연결된 엣지 및 인접 노드의 피처 벡터에서 얻은 정보로 업데이트된다. 그래프 신경망은 여러 라운드에서 메시지 전달을 수행하며, 각 라운드마다 단일 노드의 정보를 추가로 전파한다. 마지막으로 각 개별 노드의 잠재적 특징을 결합해 통합된 벡터 표현을 얻고 전체 그래프를 나타낸다.

구체적으로는 특정 노드에 대해 함수를 선택할 수 있다. 이 함수는 노드의 피처 벡터, 엣지로 연결된 인접 노드 중 하나의 피처 벡터, 그리고 이 인접 노드를 연결하는 엣지의 피처 벡터를 입력으로 받아 노드, 이웃, 이들을 연결하는 엣지의 정보를 포함한 새로운 벡터를 출력한다. 우리는 같은 함수를 노드의 모든 이웃에 적용한 다음, 결과 벡터들을 더하여 메시지 벡터를 생성한다. 마지막으로, 우리가 선택한 함수 내에서 원래 피처 벡터와 메시지 벡터를 결합함으로써 노드의 피처 벡터를 업데이트한다. 그래프의 각 노드에 대해 이 과정을 수행하면 각 노드의 새로운 피처 벡터는 자신, 모든 이웃 노드, 모든 연결된 엣지로부터의 정보를 포함하게 된다. 이제 이 과정을 한 번 더 반복하면 노드의 가장 최근 피처 벡터는 자신, 모든 이웃 및 이웃의 이웃, 그리고 모든 연결 엣지로부터의 정보를 포함하게 된다. 따라서 메시지를 전달하는 라운드를 거듭 수행할수록 각 노드의 피처 벡터는 그래프 내에서 더 먼 노드들의 정보를 포함하게 되며 한 번에 한 엣지씩 분리되어 이동한다. 이 정보는 전체 네트워크에 걸쳐 연속적으로 확산된다.

9.6 그래프의 무한한 활용

그래프 신경망과 그래프 모델의 응용은 어디에서나 적용될 수 있고 매우 중요하기 때문에 그래프에 대한 설명으로 이 책을 시작하지 않은 것이 조금 후회스럽기도 하다. 모든 그래프 모델을 다룰 때는 다음과 같은 질문에 답하는 것부터 시작한다.

- 노드란 무엇인가?
- 두 노드를 연결하여 두 노드 사이에 방향 또는 방향이 없는 엣지를 설정하는 관계는 무엇인가?
- 모델에 노드 및/또는 엣지에 대한 피처 벡터가 포함되어야 하는가?

- 노드 엣지 및 그 피처가 시간에 따라 진화하는 동적 모델인가 아니면 시간에 따라 정적인 모델인가?
- 우리는 무엇에 관심을 가지고 있는가? 분류인가(⑩ 가짜 뉴스인지 진짜 뉴스인지, 세포 조직 검사 결과가 양성인지 음성인지)? 새로운 그래프 생성인가(⑩ 신약 개발)? 클러스터링인가? 그래프를 저차원의 구조화된 공간에 삽입해야 하는가?
- 사용 가능한 데이터가 있는가? 필요한 데이터의 종류는 무엇인가? 데이터가 정리되어 있거나 레이블이 지정되어 있는가? 전처리가 필요한가?

그래프 모델의 몇 가지 애플리케이션에 대해 조사했지만 그래프 모델링 구조에 진정으로 적합한 애플리케이션은 이보다 훨씬 더 많다. 이 책의 앞부분에 있는 '이 책의 대하여'를 읽어보면 이러한 모델에 대한 공통된 주제와 사고 방식을 파악하는 데 도움이 될 것이다. 다음 목록을 통해 그래프 신경망의 응용에 관한 좋은 인사이트를 얻게 되기를 바란다.

- 노드 분류
- 그래프 분류
- 클러스터링 및 커뮤니티 감지community detection
- 새로운 그래프 생성
- 영향력 극대화
- 링크 예측

> **NOTE** 그래프로 보는 이미지 데이터
>
> 컴퓨터 비전의 벤치마크 세트 중 하나인 손글씨 MNIST 데이터셋에서 테스트된 그래프 신경망을 살펴보자.[219] 각 채널에 걸쳐 픽셀 강도의 3차원 텐서로 저장된 이미지 데이터가 어떻게 그래프 구조에 들어맞는지 궁금하다면 다음과 같이 설명할 수 있다. 각 픽셀은 노드이며 각 픽셀의 특징은 세 채널의 각기 다른 강도다(컬러 이미지인 경우 세 채널이며, 단색 이미지의 경우 한 채널만 있다). 엣지는 픽셀이 이미지의 위치를 표현한다. 이미지의 모서리에 있는지, 가장자리 또는 중앙에 있는지에 따라 각 픽셀을 주변 3개, 5개 또는 8개의 픽셀에 연결한다.

9.6.1 뇌 네트워크

신경과학의 주요 연구 분야 중 하나는 뇌의 네트워크 조직을 이해하는 것이다. 그래프 모델은

---

219 *https://oreil.ly/HQL5F*

해부학적 구조와 기능적 측면에서 복잡한 뇌의 네트워크를 분석하기 위한 자연스러운 프레임워크와 다양한 도구를 제공할 수 있다.

사람의 지능과 동등한 수준의 인공지능을 개발하려면 사람의 뇌를 여러 측면에서 이해해야 한다. 한 가지 측면은 뇌의 네트워크 연결성, 연결성이 뇌의 기능에 미치는 영향, 그리고 이를 복제하여 작은 계산 단위부터 모듈식 구성 요소, 완전히 독립적이고 기능적인 시스템까지 구축하는 것이다. 또한 이 네트워크는 모듈식 및 계측적 위상 구조와 기능을 보여준다. 뇌 네트워크의 위상 구조와 그 기능은 장단기적 시간 척도 모두에서 상호 의존적이다. 네트워크의 동적 특성은 구조적 연결성에 의해 영향을 받으며 더 긴 시간 규모에서 동적 특성은 네트워크의 위상 구조에 영향을 미친다.

가장 중요한 질문은 다음과 같다. 뇌의 네트워크 특성과 인지 행동 사이에 어떤 관계가 있는가? 네트워크 특성과 뇌 및 정신 장애 간에는 어떤 관계가 있는가? 예를 들어 신경정신과적 장애를 네트워크 구조에서의 연결성 결함(단절) 증후군으로 볼 수 있는데, 그래프 이론은 네트워크 구조의 약점, 병변에 대한 취약성, 비정상성을 정량화하는 데 도움을 줄 수 있다. 실제로 그래프 이론은 조현병, 알츠하이머 및 기타 장애의 구조적 및 기능적 네트워크 특성을 연구하는 데 적용되고 있다.

9.6.2 질병의 확산

COVID-19 대유행을 겪으며 우리 모두가 알게 되었듯이 질병의 유행 완화, 격리 조치, 정책과 같은 의사 결정을 위해 질병의 발생을 정확하게 예측하는 것은 매우 중요하다. 그래프 모델은 개인 또는 지리적 단위를 노드로 간주하고 이러한 개인 또는 지리적 단위 간의 접촉 발생을 엣지로 간주한다. 예를 들어 COVID-19 확산을 예측하기 위한 최근 모델이 소개된 논문 「Combining Graph Neural Networks and Spatio-temporal Disease Models to Improve the Prediction of Weekly COVID-19 Cases in Germany」[220]에서는 페이스북, 애플, 구글로부터 얻은 사람들의 이동성 데이터를 통합해 네트워크 내 노드 간의 상호 작용을 모델링했다.

---

220 *https://oreil.ly/Tkhy7*

온라인에는 유용한 데이터가 많다. 페이스북의 Data for Good[221]에는 인구 밀도, 사회적 이동성 및 여행 패턴, 사회적 연결성 등에 관한 데이터가 풍부하다. 구글의 COVID-19 커뮤니티 이동성 보고서에는 구글 지도 및 기타 제품에서 얻은 인사이트를 소매점, 식료품점, 약국, 공원, 환승역, 직장, 주거 지역 등 다양한 범주의 장소에 걸쳐 지역별 시간 경과에 따른 이동 추세를 차트화한 데이터셋에 담았다. 마찬가지로 애플과 아마존의 이동성 데이터도 COVID-19의 확산을 제한하기 위한 노력을 지원하는 비슷한 목적을 가지고 있다.

9.6.3 정보의 확산

그래프를 활용해 정보, 질병, 루머, 가십, 컴퓨터 바이러스, 혁신적인 아이디어 등의 확산을 모델링할 수 있다. 이러한 모델은 일반적으로 각 노드가 개인에 해당하는 방향성 그래프이며, 엣지에 개인 간의 상호 작용에 대한 정보가 저장된다. 엣지의 태그, 즉 가중치는 일반적으로 확률이다. $node_i$와 $node_j$를 연결하는 엣지의 가중치 w_{ij}는 특정 효과(**예** 질병, 루머, 컴퓨터 바이러스 등)가 $node_i$에서 $node_j$로 전파될 확률이다.

9.6.4 가짜 뉴스 전파의 탐지와 추적

그래프 신경망은 콘텐츠 기반 자연어 처리 접근법보다 가짜 뉴스 탐지 작업에서 더 나은 성능을 보인다(그림 9-5). 논문 「Fake News Detection on Social Media using Geometric Deep Learning」[222]의 초록에서 다음과 같은 내용을 확인할 수 있다.

> 소셜 미디어는 저렴한 비용, 쉬운 접근성, 빠른 전파력으로 인해 오늘날 전 세계 수백만 명의 사람들이 이용하는 주요 뉴스 소스 중 하나다. 하지만 이는 신뢰성이 의심스럽고 독자를 오도하기 위해 의도적으로 작성된 가짜 뉴스일 수도 있다는 위험도 가지고 있다. 가짜 뉴스를 자동으로 탐지하는 것은 기존의 콘텐츠 기반 분석 접근법과는 다른 도전 과제다. 뉴스를 해석하는 데 정치적 또는 사회적 맥락이나 상식에 대한 지식이 필요한 경우가 많은데, 현재의 자연어 처리 알고리즘은 이에 관해 완벽하게 파악하지는 못하고 있기 때문이다. 전파 기반 접근법은 콘텐츠 기반 접근법에 비해 여러 가지 장점이 있으며, 그중 언어에 대한 독립성과 적대적인 언어에 대한 대응성이 우수하다. 이 논문에서는 기하학적 딥러닝에 기반한 새로운 가짜 뉴스 자동 탐지 모델을 소

---

221 *https://oreil.ly/MJAwr*
222 *https://oreil.ly/HQNTq*

개한다. 기본 핵심 알고리즘은 고전적인 합성곱 신경망을 그래프로 일반화하여 콘텐츠, 사용자 프로필 및 활동, 소셜 그래프, 뉴스 전파 등 서로 다른 데이터를 융합할 수 있도록 한다. 그리고 트위터에 퍼진 전문 팩트 체크 기관의 검증을 거친 뉴스 기사를 대상으로 모델을 훈련하고 테스트했다. 그 결과 소셜 네트워크 구조와 광고 및 선전물이 매우 정확한 가짜 뉴스 탐지를 가능하게 하는 중요한 피처임을 알 수 있었다. 둘째로 가짜 뉴스가 단 몇 시간 만에 전파된 후에도 초기 단계에서 안정적으로 탐지될 수 있음을 관찰했다. 셋째로는 시간 차를 두고 분리된 훈련 및 테스트 데이터에 대해 모델의 노후화를 테스트했다. 그 결과 콘텐츠 기반 접근법의 대안 또는 보완 전략으로 가짜 뉴스 탐지를 위한 전파 기반 접근법의 가능성을 시사했다.

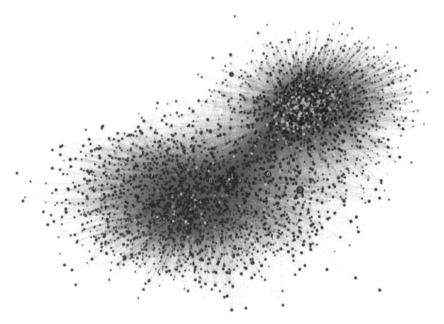

그림 9-5 가짜 뉴스를 퍼뜨리는 노드는 빨간색으로 표시되며, 비슷한 생각을 가진 사람들이 소셜 네트워크에서 함께 모이게 된다(지면상 색상 표기는 하지 않았으나 이미지 출처에서 확인 가능).[223]

9.6.5 웹 스케일[224]의 추천 시스템

2018년부터 핀터레스트Pinterest는 핀세이지PinSage 그래프 합성곱 신경망Graph Convolutional Network (GCN)[225]을 사용하고 있다. 이를 통해 사용자의 홈 피드를 큐레이션하고 새롭고 관련성 높은

---

223 이미지 출처: *https://oreil.ly/hfNuf*

224 옮긴이_ 웹 스케일(Web-scale)이란 글로벌 수준의 대규모 트래픽 환경에서 서비스를 제공하는 수준 및 운영 방식을 말한다.

225 *https://oreil.ly/JQYz4*

핀을 추천할 수 있었다. 핀세이지 그래프 합성곱 신경망 모델은 그래프에서 랜덤 워크를 활용하는데, 이에 대해서는 Chapter 9의 후반부에서 설명한다. 다음은 논문의 초록이다.

최근 그래프 구조의 데이터를 위한 심층 신경망의 발전으로 추천 시스템 벤치마크에서 최첨단 성능을 달성할 수 있게 되었다. 하지만 이러한 방법을 수십억 개의 항목과 수억 명의 사용자가 있는 웹 스케일Web-scale의 추천 시스템에 대해 실용적이고 확장 가능하게 만드는 것은 여전히 어려운 과제다. 여기서는 핀터레스트에서 개발하고 배포한 대규모 심층 추천 엔진에 대해 설명한다. 효율적인 랜덤 워크와 그래프 합성곱을 결합하여 그래프 구조와 노드 피처 정보를 모두 포함한 노드의 임베딩을 생성하는 효율적인 그래프 합성곱 신경망(GCN) 알고리즘인 핀세이지를 개발했다. 합성곱을 구조화하기 위한 매우 효율적인 랜덤 워크를 토대로 새로운 방법을 개발했고, 모델의 견고함과 수렴성을 개선하기 위해 점점 더 어려운 훈련 데이터에 기반을 둔 새로운 훈련 전략을 설계했다. 그리고 핀터레스트에 핀세이지를 배포하고 핀과 보드를 나타내는 30억 개의 노드와 180억 개의 엣지로 구성된 그래프에서 75억 개의 예제를 학습시켰다. 오프라인 지표, 사용자 연구 및 A/B 테스트에 따르면 핀세이지는 이와 유사한 딥러닝 및 그래프 기반의 방식보다 더 높은 품질의 추천을 생성한다. 이는 현재까지 딥 그래프 임베딩을 적용한 사례 중 가장 큰 규모다. 그래프 합성곱 아키텍처를 기반으로 하는 차세대 웹 스케일 추천 시스템을 위한 기반을 마련한 것이다.

9.6.6 암과의 전쟁

논문 「HyperFoods: Machine Intelligent Mapping of Cancer-Beating Molecules in Foods」[226]에서 저자는 단백질, 유전자, 약물 상호 작용 데이터를 사용해 암을 예방하고 이겨내는 데 도움이 되는 분자를 식별했다. 또한 암을 억제하는 분자가 가장 풍부한 식품을 매핑했다(그림 9-6). 다음은 논문 초록이다.

최근 데이터에 따르면 최대 30~40%의 암은 식습관과 생활 방식만으로 예방할 수 있다고 한다. 여기서는 음식을 토대로 암을 억제하는 치료 분자를 식별하기 위한 독특한 네트워크 기반의 머신러닝 플랫폼을 소개한다. 이는 임상적으로 승인된 항암 요법과 분자생물학적 네트워크의 공통성을 통해 확인되었다. 슈퍼 컴퓨팅 Dream Lab 플랫폼 내에서 작동하는 그래프상의 랜덤 워크에 기반을 둔 머신러닝 알고리즘이 사용되어 인간 interactome 네트워크에서 약물 작용을 시뮬레이션했다. 이를 통해 1962개 약물(이 중 199개가 항암으로 분류되어 표기됨)의 전체 게놈 활동 프로파일을 얻었다. 이렇게 학습된 interactome 휠싱 쁘로필을 사용하여 암을 억제하는 분자를 예측하기 위해 시노 학습 방법을 사용했다. 검증된 모델에 따라 84~90%의 분류 정확도로 항암 치료제를 예측했다. 식품 내 7962개의 생리 활성 분자에 대한 포괄적인 데이터베이스가

---

226 *https://oreil.ly/2BfHL*

모델에 입력되어 플라보노이드, 테르페노이드, 폴리페놀 등 다양한 화학 계열에서 임상 승인된 항암제와 유사한 효능을 가진 110개의 암 억제 분자(항암제와의 유사성 임계치를 70% 이상으로 정의)를 예측했다. 이를 통해 각 성분의 항암 잠재력을 암을 억제하는 분자의 수로 정의하여 '식품 지도'를 구축했다. 이 분석은 차세대 암 예방 및 영양 치료 전략 설계를 가능하게 한다.

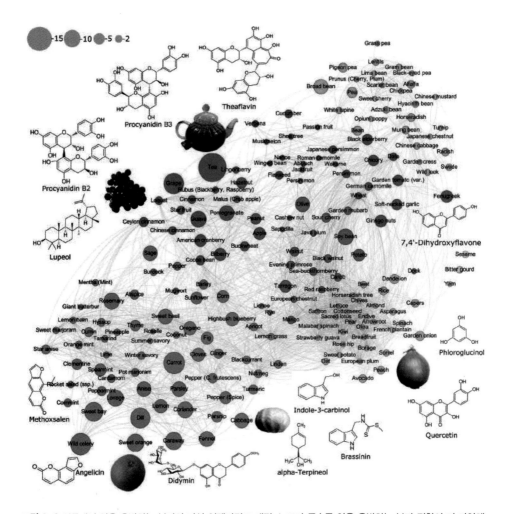

그림 9-6 식품에서 암을 유발하는 분자의 머신 인텔리전트 매핑. 노드가 클수록 암을 유발하는 분자 집합이 더 다양해진다.[227]

---

227 이미지 출처: *https://oreil.ly/sGAIp*

9.6.7 생화학 그래프

분자와 화합물을 그래프로 표현할 수 있다. 노드는 원자이고 엣지는 원자 사이의 화학 결합이다. 이 화학 정보학 영역의 데이터셋은 분류 모델의 정확도를 평가하는 데 유용하다. 예를 들어 약 4,100개의 화합물이 포함된 NCI1 데이터셋[228]은 폐암 세포를 억제하기 위해 화학 물질들에 긍정 또는 부정으로 레이블링된 항암 물질 분류하는 데 유용하다. 단백질 및 기타 화합물에 대한 유사한 레이블이 지정된 그래프 데이터셋과 이를 사용한 논문 및 이러한 데이터셋에 대한 다양한 모델의 성능도 같은 웹 사이트에서 확인할 수 있다.

9.6.8 약물 및 단백질 구조의 발견을 위한 분자 그래프 생성

〈Chapter 8 확률적 생성 모델〉에서는 다양한 목적을 위해 유사하게 보이는 데이터를 생성하기 위한 변분 오토인코더와 적대적 네트워크 등 생성 네트워크가 데이터로부터 결합 확률 분포를 학습하는 방법을 배웠다. 그래프 생성 네트워크는 이러한 모델들과 비슷한 아이디어를 기반으로 하지만 이미지 자체를 생성하는 네트워크보다는 조금 더 복잡하다. 그래프 생성 네트워크는 노드와 엣지를 단계별로 출력하는 순차적 방식 또는 전체 그래프의 인접 행렬을 한 번에 출력하는 전역적 방식으로 새로운 그래프를 생성한다. 이 주제에 대한 자세한 내용은 그래프 생성 네트워크에 관한 설문 조사 보고서[229]를 참고하자.

9.6.9 인용 네트워크

인용 네트워크 citation network 에서 노드는 저자가 되고 엣지는 저자들의 공동 저술이 된다. 또는 노드가 논문이 되고 (방향이 지정된) 엣지는 논문 간의 인용이 될 수 있다. 각 논문에는 인용된 논문을 가리키는 방향 표시가 있다. 각 논문의 특징에는 초록, 저자, 연도, 장소, 제목, 연구 분야 등이 포함된다. 여기시는 노느 클러스터링, 노드 분류, 링크 예측 등의 작업이 있을 수 있다. 논문 인용 네트워크에 널리 사용되는 데이터셋에는 CoRA, CiteSeerX, PubMed 등이 있다.

---

228 *https://oreil.ly/LUikV*
229 *https://oreil.ly/omCsl*

CoRA 데이터셋[230]에는 7개의 카테고리로 분류된 3,000개의 머신러닝 출판물이 포함되어 있다. 인용 네트워크의 각 논문은 미리 지정된 사전에서 단어의 유무를 나타내는 원-핫 벡터 또는 용어 빈도-역문서 빈도(TF-IDF) 벡터로 표현된다. 이러한 데이터셋은 더 많은 논문이 네트워크에 합류함에 따라 지속적으로 업데이트되고 있다.

9.6.10 소셜 미디어 네트워크와 영향력 예측

페이스북, 트위터, 인스타그램, 레딧과 같은 소셜 미디어 네트워크는 2010년 이후의 시대를 대표하는 특징이다. 사용 가능한 데이터셋으로는 레딧 데이터셋[231]이 있다. 이 그래프에서는 노드가 게시물이며 같은 사용자의 댓글이 있는 두 게시물 사이에 엣지가 있게 된다. 게시물에는 해당 게시물이 속한 커뮤니티가 레이블로 지정되어 있다.

소셜 미디어 네트워크와 그 사회적 영향력은 광고부터 대통령 선거 승리에 이르기까지, 심지어는 정치 체제의 붕괴에 이르기까지 우리 사회에 상당한 영향을 미친다. 소셜 네트워크를 나타내는 그래프 모델의 중요한 목표 중 하나는 네트워크 안의 노드들의 사회적 영향력을 예측하는 것이다. 여기서 노드는 사용자이며 그들 간의 상호 작용이 엣지다. 사용자에는 성별, 나이, 위치, 활동 수준 등이 포함된다. 목표 변수인 사회적 영향력을 정량화하는 한 가지 방법은 네트워크에서 가까운 이웃의 행동이 주어졌을 때 사용자의 행동을 예측하는 것이다. 예를 들어 사용자의 친구가 어떤 제품을 구매했다면 그 친구가 주어진 시간 후에 같은 제품을 구매할 확률은 얼마나 되는가에 대한 예측이다. 그래프의 랜덤 워크는 네트워크에서 특정 노드의 사회적 영향력을 예측하는 데 도움이 된다.

9.6.11 사회학적 구조

소셜 다이어그램은 사회에서 개인 간 또는 그룹 간의 관계를 나타내는 방향성 그래프다. 노드는 사회 또는 그룹의 구성원이며 방향이 지정된 엣지는 이러한 구성원 간의 관계다. 관계의 예

---

230 *https://oreil.ly/X3J3t*
231 *https://oreil.ly/uwT6N*

를 들자면 존경하는 정도, 연관성, 영향력 등이 있다. 우리는 이러한 소셜 다이어그램에서 연결성, 분리 가능성, 조각의 크기 등에 관심을 갖는다. 한 가지 예로 인류학 연구에서 여러 부족을 친족 관계 구조에 따라 분류하는 것을 들 수 있다.

9.6.12 베이즈 네트워크

Chapter 9의 후반부에서 베이즈 네트워크에 대해 설명할 것이다. 베이즈 네트워크는 확률 이론적 그래프 모델로 데이터셋의 피처에 대해 결합 확률 분포를 학습하는 것을 목표로 하는 모델이며, 인공지능 분야에서는 매우 익숙한 분야다. 베이즈 네트워크는 이 결합 확률 분포를 데이터의 피처 간 관계를 나타내는 그래프에서 노드의 부모에만 조건부인 단일 변수 분포의 곱으로 간주한다. 즉, 노드는 피처 변수이고 엣지는 연결되었다고 생각되는 피처들 사이의 관계를 나타낸다. 이는 스팸 필터링, 음성 인식, 인코딩 및 디코딩 등 다양한 분야에서 활용되고 있다.

9.6.13 교통량 예측

교통량 예측은 과거 도로 지도, 차량 흐름의 속도 및 교통 데이터를 사용해 교통량을 예측하는 것이다. 사용 가능한 데이터셋으로는 교통 상황을 추적하고 모델을 비교하는 데 사용할 수 있는 벤치마크 교통량 데이터셋[232]이 있다. 예를 들어 METR-LA 데이터셋[233]은 로스앤젤레스 카운티의 고속도로에서 207개의 센서로 4개월간 수집한 교통 데이터를 포함하는 공간-시간 그래프다. 교통 네트워크는 노드가 센서이고 엣지가 센서 사이의 도로 구간인 그래프다.

특정 시간 t에서 피처는 차의 속도 및 양과 같은 교통량의 파라미터다. 그래프 신경망은 일정 시간이 지난 후 그래프의 각 피처를 예측하는 것이다.

다른 교통량 예측 모델에서는 인접한 도로 링크 간의 교동 흐름과 같은 베이즈 네트워크[234]를 사용한다. 이 모델은 인접한 도로 링크의 정보를 활용해 목표로 하는 링크의 추세를 분석한다.

---

232 *https://oreil.ly/LsZ0Q*
233 *https://oreil.ly/YU918*
234 *https://oreil.ly/6mVzy*

9.6.14 물류 및 운용 과학

그래프를 사용하면 교통 문제나 활동 네트워크와 같은 운용 과학의 많은 문제들을 모델링하고 해결할 수 있다. 여기서 관련된 그래프는 보통 가중치가 있는 방향 그래프다. 운용 과학 문제는 조합적 성격 combinatorial 을 가지고 있으며 네트워크가 작다면 항상 단순하게 마무리된다. 하지만 실제 대규모 네트워크의 경우 방대한 검색 공간을 샅샅이 훑어보고 그중 상당 부분을 빠르게 제외할 수 있는 효율적인 알고리즘을 찾는 것이 과제다. 연구의 상당 부분은 이러한 알고리즘의 계산 복잡성을 추정하는 데 집중한다. 이를 **조합 최적화** combinatorial optimization 라고 한다. 전형적인 문제로는 외판원 문제[235], 공급망 최적화, 공유 승차 경로 및 요금, 일자리 매칭 등이 있다. 이러한 문제에 사용되는 그래프 방법론 및 알고리즘에는 최소 스패닝 트리 minimum spanning tree, 최단 경로 shortest path, 최대 유량 최소 절단 정리 max-flow min-cuts, 그래프 매칭 matching in graph 등이 있다. 이 책의 뒷부분에서 운용 과학에 관한 예제를 좀 더 살펴볼 것이다.

9.6.15 언어 모델

그래프 모델은 다양한 자연어 처리 영역과도 관련이 있다. 자연어 처리 분야에서 많은 작업은 겉으로 보기에는 서로 달라 보이지만 많은 영역에서 클러스터링으로 귀결된다. 이때는 그래프 모델이 매우 적합하다.

어떤 애플리케이션이든 먼저 각 애플리케이션의 노드, 엣지, 피처가 무엇을 나타내는지 선택해야 한다. 자연어의 경우 이러한 선택을 통해 언어와 언어 말뭉치에서 숨겨진 구조와 규칙성을 발견할 수 있다.

그래프 모델에서는 순환 모델을 위한 토큰 시퀀스나 트랜스포머를 위한 토큰 벡터로 자연어 문장을 표현하는 대신 그래프에 문장을 임베딩한 다음 그래프 딥러닝, 그래프 신경망을 사용한다.

전산 언어학의 한 예는 [그림 9-7]에서 볼 수 있듯이 언어 구문 분석을 위한 다이어그램을 구성하는 것이다.

---

235 옮긴이_ 외판원 문제는 외판원이 판매를 위해 n개의 도시로 출장을 계획하고 있다고 가정한다. 각 도시는 다른 도시와 도로로 이어져 있으며 외판원은 출장 시간을 최소화하고자 한다. 즉, 현재 살고 있는 도시에서 출발하여 각 도시를 한 번씩 방문하고 다시 출발한 도시로 돌아오는 가장 짧은 루트를 찾는 문제이다. 이 문제는 각 노드를 도시로 하고 각 도로를 가중치를 포함하는 엣지로 표현하여 그래프 문제로 풀 수 있다.

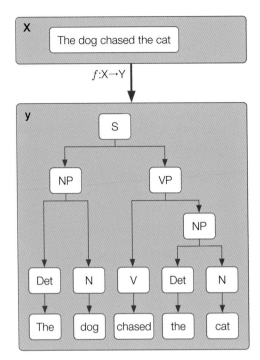

그림 9-7 구문 분석된 문장

노드는 단어, n-그램 또는 구문이며 엣지는 언어 문법 또는 구문(관사, 명사, 동사 등)에 따라 달라지는 노드 간의 관계다. 언어는 문법 규칙에 따라 어휘에서 올바르게 생성된 모든 문자열의 집합으로 정의된다. 그런 의미에서 컴퓨터 언어는 구문 분석^{parsing}이 쉽다(그렇게 되도록 만들어졌기 때문이다). 반면에 자연어는 그 복잡한 특성 때문에 완벽하게 분석하기가 훨씬 어렵다.

> **NOTE 구문 분석**
>
> 구문 분석이란 입력 스트림을 구조화되거나 정량화된 표현으로 변환해 자동으로 처리할 수 있도록 하는 것을 의미한다. 구문 분석기의 입력은 문장, 단어 또는 문자일 수 있다. 출력은 입력 각 부분의 기능에 대한 정보를 포함하는 트리 다이어그램이다. 사람의 뇌는 언어 입력에 대해 훌륭한 구문 분석기 역할을 한다. 컴퓨터는 프로그래밍 언어를 분석한다.

또 다른 예로는 뉴스 클러스터링 또는 기사 추천이 있다. 여기서는 텍스트 데이터의 그래프 임베딩을 사용해 텍스트 유사성을 결정한다. 노드는 단어가 되고, 엣지는 단어 간의 의미 관계나 단어의 동시 발생을 나타낼 수 있다. 또는 노드는 단어와 문서가 되고, 엣지는 다시 의미 관계나 동시 등장 관계를 나타낼 수도 있다. 노드와 엣지의 피처에는 작성자, 주제, 날짜 등이 포함될 수 있다. 이러한 그래프에서 클러스터는 자연스럽게 나타난다.

언어의 구문이나 문법에 의존하지 않는 또 다른 유형의 구문 분석으로는 **추상적 의미 표현**abstract meaning representation (AMR)이 있다. 의미 표현에 의존하면서 의미가 비슷한 문장은 동일한 추상적 의미 표현을 할당한다. 동일한 단어로 구성되어 있지 않더라도 말이다. 추상적 의미 표현 그래프는 전체 문장을 나타내는 루트, 레이블, 방향성, 비순환 그래프다. 이는 기계 번역과 자연어 이해에 유용하다. 추상적 의미 표현 구문 분석, 시각화 및 표면 생성을 위한 패키지와 라이브러리가 있으며 공개적으로 사용 가능한 데이터셋도 있다.

자연어를 활용한 다른 애플리케이션의 경우 서베이 논문 「A Survey of Graphs in Natural Language Processing」[236]이 이 주제에 대해 자세히 알아볼 수 있는 좋은 참고 자료가 될 것이다.

9.6.16 웹에서의 그래프 구조

1989년 월드 와이드 웹World Wide Web은 탄생한 이래로 엄청난 성장을 거듭하며 전 세계 수십억 명의 사람들에게 없어서는 안 될 도구가 되었다. 인터넷 웹 브라우저를 사용하면 수십억 개의 웹 페이지, 문서 및 기타 다양한 자료에 접근할 수 있다. 수십억 개의 페이지가 서로 연결되어 있기 때문에 웹의 그래프 구조를 연구하는 것은 매우 흥미로운 주제다. 수학적으로 이 방대하고 큰 그래프는 그 자체로도 매력적이지만 이 그래프를 반드시 이해해야 한다. 웹을 크롤링하고 색인화하며 랭크를 지정하는 알고리즘(❶ 페이지 랭크 알고리즘)에 대한 통찰력을 기르고 커뮤니티를 검색하며 성장 또는 쇠퇴를 특징짓는 사회적 및 기타 현상을 발견할 수 있기 때문이다.

월드 와이드 웹의 그래프는 다음과 같이 정의된다.

노드
수십억 개의 웹 페이지

---

236 *https://oreil.ly/2Birx*

엣지

한 페이지에서 다른 페이지로 연결되는 수십억 개의 엣지

우리가 주목해야 할 사항

- 노드의 평균 차수는 얼마인가?
- 노드의 차수 분포(들어오는 차수와 나가는 차수가 다를 수 있다). 멱법칙을 따르는가? 아니면 다른 법칙을 따르는가?
- 그래프의 연결성: 연결된 쌍의 비율은 얼마나 될까?
- 노드 간의 평균 거리는 어떻게 되는가?
- 관찰된 웹의 구조가 특정 크롤링에 종속적인가, 독립적인가?
- 약하게 연결된 구성 요소와 강하게 연결된 구성 요소의 피처 구조
- 거대하고 강하게 연결된 구성 요소가 있는가? 이 거대한 구성 요소에 도달하거나 도달할 수 있는 노드의 비율은 얼마나 되는가?

9.6.17 컴퓨터 프로그램 자동 분석

그래프는 컴퓨터 프로그램 검증, 프로그램 추론, 신뢰성 이론, 컴퓨터 고장 진단, 컴퓨터 메모리 구조 연구 등에 사용될 수 있다. 일례로 논문 「Graph Neural Networks on Program Analysis」[237]를 들 수 있다.

> 프로그램 분석은 프로그램의 동작이 특정 사양을 준수하는지 확인하는 것을 목표로 한다. 일반적으로 프로그램 분석은 사람이 정의하고 조정해야 한다. 이는 비용이 많이 드는 과정이다. 최근 머신러닝 방법은 광범위한 프로그램 분석을 체계적으로 수행할 수 있는 가능성을 보여주었다. 프로그램의 구조적 특성과 프로그램 분석에서의 그래프 표현의 공통점을 활용하여 그래프 신경망은 프로그램을 표현하고 학습하고 추론하는 우아한 머신러닝 방법을 제공하며 머신러닝 기반의 프로그램 분석에 사용될 수 있었다. 이 논문에서는 두 가지 실제 사용 사례를 중심으로 프로그램 분석에 그래프 신경망을 사용하는 방법에 대해 설명한다. 한 가지 사용 사례는 변수 오용 탐지|variable misuse detection 이며, 다른 하나는 **유형 추론**|type inference 이다.

---

237 https://oreil.ly/ZJyeo

9.6.18 컴퓨터 과학의 데이터 구조

컴퓨터 과학에서 데이터 구조는 데이터를 저장, 관리, 구성하는 구조를 말한다. 데이터 구조는 정말 다양한 종류가 있으며 일반적으로 데이터에 효율적으로 접근(읽기, 쓰기, 추가, 관계 추론, 저장 등)할 수 있는 관점에서 데이터 구조가 선택된다.

일부 데이터 구조는 그래프를 사용하여 데이터, 연산 장치를 클러스터로 구성하고 데이터와 연산 장치 또는 통신 네트워크의 흐름을 표현하기도 한다. 그래프 데이터를 저장하고 쿼리를 보내는 데 특화된 그래프 데이터베이스도 있다. 다른 데이터베이스는 그래프 데이터를 더 구조화된 형식(**예** 관계형 방식)으로 변환한다.

다음은 그래프 데이터 구조의 몇 가지 예다.

페이지 랭크 알고리즘

우리는 이미 월드 와이드 웹에서 노드가 웹 페이지이고 엣지는 한 페이지에서 다른 페이지로의 링크를 나타내는 방향성 그래프임을 알고 있다. 모든 웹 페이지를 링크 구조와 함께 보관하는 데이터베이스는 연결 행렬 또는 인접 행렬을 사용해 그래프를 변환 없이 그대로 저장할 수 있는 그래프 구조일 수도 있고 비그래프 데이터베이스의 구조에 맞게 변형하여 저장할 수도 있다.

데이터베이스에서 파일을 정리하기 위한 이진 검색 트리

이진 검색 트리는 레코드에 대한 임의 접근과 순차 접근 그리고 수정에 모두 효율적인 정렬 데이터 구조다. 이진 검색 트리의 고유한 순서는 검색 시간을 단축시킨다. 트리의 각 레벨에서 정렬할 데이터의 양을 절반으로 줄인다. 배열과 달리 이진 트리 데이터 구조에 노드를 추가할 때는 메모리에 새 조각을 만들어 링크하므로 삽입 시간도 빨라진다. 이는 새로운 큰 배열을 만든 다음 작은 배열의 데이터를 새로운 큰 배열에 삽입하는 것보다 빠르다.

그래프 기반 정보 검색 시스템

일부 정보 검색 시스템에서는 각 문서에 일정 수의 색인 용어를 할당한다. 이러한 용어를 문서의 지표, 설명, 키워드로 생각할 수 있다. 이러한 인덱스 용어는 그래프의 노드로 표시된다. 색인 그래프와 네트워크처럼 두 색인 용어가 밀접하게 연관되어 있는 경우 두 인덱스 용어를 방향이 없는 엣지로 연결한다. 이 과정으로 만들어낸 유사도 그래프는 그 크기가 매우 크며 연결이 끊어질 수도 있다. 따라서 연결을 최대로 유지할 수 있는 그래프가 전체 그래프의 하위 그래프가 되고, 이 하위 그래프를 기준으로 자연스럽게 문서를 분류할 수 있다. 정보 검색을 위해 쿼리에서 일부 색인 용어, 즉 그래프의 특정 노드를 지정하면 시스템은 해당 노드를 포함하는 완전한 최대 하위 그래프를 반환한다. 이렇게 하면 색인 용어의 전체 목록이 제공될 수 있으며, 이는 차례로 우리가 찾고 있는 문서들을 의미한다.

9.6.19 분산 네트워크의 부하 분산

컴퓨팅 세계는 무어의 법칙에서 병렬 컴퓨팅을 거쳐 클라우드 컴퓨팅으로 성장했다. 클라우드 컴퓨팅에서는 데이터, 파일, 그리고 파일을 실행하고 나온 데이터에 대한 연산을 수행하는 장치가 우리 옆에 있지 않다. 심지어 그 연산 장치들도 서로 멀리 떨어져 있다. 애플리케이션이 더 복잡해지고 네트워크 트래픽이 증가함에 따라 단일 서버가 무거운 부하를 짊어지지 않고 애플리케이션의 응답 시간, 최종 사용자 경험 등의 성능을 향상시키기 위해 네트워크 트래픽을 여러 서버에 분산시키는 네트워크 트래픽 분산 장치와 같은 소프트웨어 또는 하드웨어가 필요하다.

트래픽이 증가하면 해당 트래픽 볼륨을 처리하기 위해 더 많은 기기나 노드를 추가해야 한다. 네트워크 트래픽 분산은 데이터 보안과 개인 정보 보호를 유지하면서 이루어져야 하며 트래픽 병목 현상이 발생하기 전에 이를 예측할 수 있어야 한다. 이것이 바로 **로드 밸런서**^{load balancer}가 하는 일이다. 연결된 서버와 기기를 분산 네트워크의 노드로 생각해 그래프로 상상하는 것은 어렵지 않을 것이다. 로드 밸런싱, 즉 부하 분산은 주어진 그래프에서의 트래픽 흐름 문제이며 부하를 각각 할당하기 위한 다양한 알고리즘이 존재한다. 모든 알고리즘은 네트워크의 그래프에서 작동한다. 알고리즘의 일부는 정적 알고리즘으로, 네트워크의 현재 부하 상태나 고장난 장치에 대한 업데이트 없이 부하를 할당한다. 다른 일부는 동적 알고리즘으로, 네트워크 내 노드 상태에 대한 지속적인 통신을 통해 현재 부하 상태에 따른 로드 밸런싱을 수행한다. 다음은 몇 가지 알고리즘이다.

최소 연결 알고리즘^{least connection algorithm}

이 방법은 활성 연결이 가장 적은 서버로 트래픽을 전달하는 알고리즘이다.

최소 응답 시간 알고리즘 least response time algorithm

이 방법은 활성 연결 수가 가장 적고 평균 응답 시간이 가장 짧은 서버로 트래픽을 전달한다.

라운드-로빈 알고리즘 round-robin algorithm

이 알고리즘은 서버에 로드를 로테이션 방식으로 할당한다. 이 알고리즘은 트래픽을 가장 먼저 사용 가능한 서버로 보낸 다음 해당 서버를 대기열의 맨 아래로 이동시킨다.

IP 해시 IP hash

이 방법은 클라이언트의 IP 주소를 기반으로 서버를 할당한다.

9.6.20 인공 신경망

마지막으로 인공 신경망 artificial neural network 은 노드가 연산 단위이고 엣지가 이 단위들의 입력과 출력인 그래프다. [그림 9-8]은 인기가 많은 인공 신경망 모델을 그래프로 요약한 것이다.

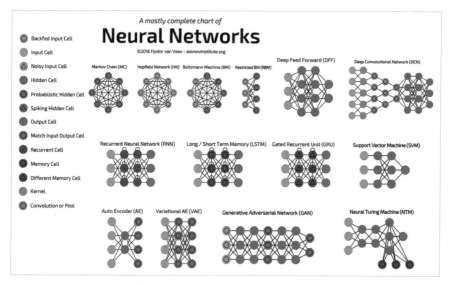

그림 9-8 그래프로 보는 신경망[238]

---

238 이미지 출처: *https://oreil.ly/e6HQp*

9.7 그래프에서의 랜덤 워크

그래프에서의 랜덤 워크는 말 그대로 어떤 노드에서 시작하여 각 시간 스텝에서 인접 행렬을 사용해 엣지의 가중치에 비례하는 확률로 인접한 노드를 선택하고 그 노드로 이동하는 일련의 단계를 말한다(그림 9-9).

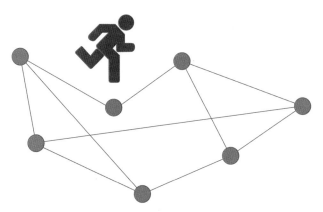

그림 9-9 비방향 그래프에서의 랜덤 워크

랜덤 워크에서 엣지에 가중치가 없는 경우 인접 노드가 다음 스텝으로 선택될 가능성이 있다. 어떤 시간 스텝에서든 셀프 엣지가 있거나 랜덤 워크에서 양의 확률로 노드에 머무르는 경우가 있으면 같은 노드에 머물 수 있다. 하지만 우리는 다음 사항에 좀 더 관심이 있다.

- 랜덤 워크에 의해 방문한 노드들의 목록은 어떻게 되며 그들의 방문 순서는 어떻게 되는가? 이 문제에서 시작점과 그래프의 구조는 랜덤 워크로 얼마나 많은 영역을 커버하는지 또는 랜덤 워크가 그래프의 특정 영역에 도달할 수 있는지 여부에 중요한 역할을 하게 된다. 그래프 신경망에서는 이웃 노드의 특징을 기반으로 특정 노드에 대한 표현을 학습하는 데 관심이 있다. 주로 노드에 연산이 가능한 양보다 더 많은 이웃이 있는 대규모 그래프에서 랜덤 워크를 사용한다. 하지만 그래프의 각 부분마다 랜덤 워크의 확장 속도가 다르기 때문에 주의해야 한다. 또한 하위 그래프 구조에 따라 랜덤 워크의 단계 수를 조정하여 이를 고려하지 않으면 노드의 표현 품질이 낮아지고 파이프라인을 따라 내려갈수록 바람직하지 않은 결과가 나올 수 있다.

- 랜덤 워크의 예상되는 동작, 즉 특정 수의 스텝 후 방문한 노드에 대한 확률 분포는 어떻게 될까? 인접 행렬의 고유값 집합인 그래프의 스펙트럼을 사용해 랜덤 워크의 장기적인 움직임과 같은 기본 속성을 연구할 수 있다. 일반적으로 연산자의 스펙트럼은 연산자를 반복적으로 적용할 때 어떤 일이 일어나는지 이해하는 데 도움을 준다. 그래프 위를 무작위로 걷는다는 것은 정규화된 인접 행렬을 처음 시작한 그래프의 노드에 반복적으로 적용하는 것과 같다. 이 랜덤 워크 행렬을 적용할 때마다 그래프에서 한 걸음씩 더 나아가게 된다.

- 도로, 나무, 하나의 엣지로 연결된 두 개의 완전 연결 그래프, 무한 그래프 등 다양한 유형의 그래프에서 랜덤 워크는 어떻게 작동할까?

- 주어진 그래프에서 랜덤 워크가 시작점으로 돌아가는 경우가 있을까? 그렇다면 돌아올 때까지 얼마나 랜덤 워크를 수행해야 할까?

- 특정 노드에 도달할 때까지 얼마나 랜덤 워크를 수행해야 할까?

- 모든 노드를 방문할 때까지 얼마나 랜덤 워크를 수행해야 할까?

- 랜덤 워크는 어떻게 확장될까? 즉, 그래프의 특정 영역에 속하는 특정 노드의 영향력 분포는 어떻게 될까? 영향력의 크기는 얼마일까?

- 큰 그래프에서 잘 보이지 않는 부분까지 도달할 수 있는 랜덤 워크 기반 알고리즘을 설계할 수 있을까?

> **NOTE 랜덤 워크와 브라운 운동**
>
> 브라운 운동Brownian motion은 랜덤 워크의 스텝 크기가 0이 되는 한계에 얻어진다. 브라운 운동은 일반적으로 유체와 같은 매질에 떠 있는 입자의 랜덤 운동이나 금융 시장의 파생상품 가격 변동을 모델링한다. 우리는 브라운 운동이라는 용어를 와이너 과정Weiner process이라는 용어와 함께 자주 접하게 되는데, 이는 (입자 또는 금융 가격 변동의) 운동이 (0에서) 어떻게 시작되는지, 다음 단계가 (정규 분포에서 독립적인 스텝으로) 어떻게 샘플링되는지, 시간의 함수로서 연속성에 대한 가정(거의 확실하게 연속적임)이 무엇인지 명확한 수학적 정의가 있는 연속 확률적 과정이다. 이와 관련된 또 다른 용어는 마틴게일martingale이다. 이 부분은 〈Chapter 11 확률〉에서 살펴본다.

페이지 랭크 알고리즘을 설명할 때 웹 페이지 방문자가 현재 있는 페이지에서 웹의 이웃 페이지로 무작위로 이동하는 랜덤 워크에 대해 언급한 적이 있다. 각 노드의 차수로 정규화된 인접 행렬과 동일한 그래프의 연결 행렬을 반복적으로 적용할 때 랜덤 워크의 장기적인 상태가 발견된다는 것을 알게 되었다. 잠시 후에는 그래프 신경망에 대한 랜덤 워크의 다양한 용도에 대해 더 살펴보려고 한다.

규모가 작은 네트워크에서 커뮤니티 감지 및 영향력 극대화를 위해 랜덤 워크(방향성 또는 비방향성 그래프, 가중치 또는 비가중치 그래프)를 사용할 수 있으며 이 경우 그래프의 인접 행렬만 있으면 된다. 피처 벡터에 노드를 임베딩한 다음 클러스터링하는 것과는 대조적이다.

9.8 노드 표현 학습

컴퓨터에서 그래프를 구현하기 전에 그래프의 노드를 그래프 내 위치와 이와 관련된 노드의 특징에 대한 정보를 포함하는 벡터로 표현할 수 있어야 한다. 노드를 표현하는 벡터는 일반적으로 노드 자체의 피처와 주변 노드의 피처를 통해 계산된다.

피처를 모아서 계산, 변환하거나 특정 노드의 피처 표현에 기여하는 인접 노드를 선택하는 방법에는 여러 가지가 있다. 몇 가지 방법을 살펴보자.

- 하위 그래프를 요약하는 통계량을 활용한다. 이는 전통적인 노드 표현 방법이다.
- 짧은 랜덤 워크에서 함께 발생하는 노드와 유사한 벡터 표현을 갖게 한다.
- 노드의 표현 방법을 노드가 속한 로컬 하위 구조에 맞게 조정하여 노드가 속한 하위 그래프의 토폴로지에 따라 각 노드에 대한 적절한 영향 반경을 결정한다. 이는 랜덤 워크가 그래프 하위 구조에 따라 다르게 퍼지는 경향이 있다는 점을 고려한 것이다.
- 노드의 피처 벡터에 랜덤 워크 행렬의 제곱을 곱하여 멀티스케일 표현을 생성한다.
- 노드와 그 이웃 노드의 피처 벡터를 비선형적으로 연산한다.

정보를 가져오는 이웃의 규모(영향력 분포)를 결정하는 것, 즉 특정 노드의 표현에 영향을 미치는 노드의 범위를 찾는 것도 중요하다. 이는 통계의 민감도 분석 sensitivity analysis 과 유사하지만 여기서는 노드를 둘러싼 노드의 피처 변화에 대한 노드 표현의 민감도를 결정해야 한다.

노드의 표현 벡터를 생성한 후에는 분류를 위한 서포트 벡터 머신 모델과 같은 다른 머신러닝 모델의 학습을 위해 이를 입력하는 것과 마찬가지로 데이터의 다른 피처들을 모델에 입력한다. 예를 들어 소셜 네트워크에 있는 모든 사용자의 피처 벡터를 학습한 다음 이 벡터를 다른 피처와 함께 분류 모델에 전달하여 해당 사용자가 가짜 뉴스 유포자인지 아닌지를 예측할 수 있다. 하지만 노드를 분류하기 위해 다운스트림에서 머신러닝 모델에 의존할 필요는 없다. 다른 로컬 노드와의 연관성에 따라 노드의 클래스를 예측할 수 있는 그래프 구조 데이터에서 직접 이를 수행할 수 있다. 그래프에는 부분적으로만 레이블을 지정할 수 있으며 나머지 레이블을 예측하는 것이 우리의 과제다. 또한 노드를 표현 벡터로 표현하는 단계는 전처리 단계이거나 그래프 신경망과 같은 엔드투엔드 모델의 한 부분이다.

9.9 그래프 신경망의 응용

그래프의 선형 대수 공식, 그래프 모델의 응용, 그래프에서의 랜덤 워크, 그래프 내 영향력 영역과 함께 노드 피처를 인코딩하는 벡터의 노드 표현을 살펴보면 그래프 신경망이 수행할 수 있는 작업의 종류에 대해 잘 알 수 있을 것이다. 몇 가지 예시를 살펴보자.

9.9.1 노드 분류

다음은 노드 분류 작업의 예시를 나타낸 것이다.

- 노드가 학술 논문(Bag of Word 벡터로 제공된다)이고 방향이 지정된 엣지가 논문 간의 인용인 CiteSeerX 또는 CoRA와 같은 논문 인용 네트워크에서 각 논문을 특정 학문 분야로 분류한다.

- 노드가 댓글 및 게시물(단어 벡터로 제공된다)이고 방향이 지정되지 않은 엣지가 동일한 사용자가 게시한 댓글 사이에 있는 레딧 데이터 집합에서 각 게시물이 속한 커뮤니티로 분류한다.

- 단백질-단백질 간의 상호 작용 네트워크 데이터셋에는 노드가 유전자 온톨로지셋으로 레이블이 지정된 24개의 그래프가 포함되어 있다(의학 기술 명칭이니 이 명칭보다는 관련된 그래프 개념에 집중하길 바란다). 수학 모델링의 장점은 모든 분야, 모든 종류의 애플리케이션에서 동일한 방식으로 작동한다는 점이며, 이는 수학이 우주의 잠재적인 기본 언어임을 입증한다. 일반적으로 단백질-단백질 간의 상호 작용 네트워크 데이터셋에서 20개의 그래프는 훈련에, 2개의 그래프는 검증에, 나머지는 테스트에 사용된다. 각 그래프는 인간 조직에 해당한다. 노드와 연관된 피처는 위치 유전자셋, 모티프 *motif* 유전자셋, 면역학적 특징이다. 유전자 온톨로지셋에 따라 각 노드를 분류한다.

- Traffic.org와 같은 야생 동물 거래 모니터링 네트워크는 역동적인 야생 동물 거래 동향을 분석하고 CITES 야생 동물 거래 데이터베이스[239] 또는 USDA 농업 데이터 커먼즈와 같은 데이터셋[240]을 사용해 업데이트한다. 이 데이터셋에는 100만 건 이상의 야생 동물 또는 야생 동물 제품이 포함되어 있으며, 이는 60개 이상의 생물 종과 32억 마리 이상의 생물체를 대표한다. 거래 네트워크의 분류 작업 중 하나는 각 노드를 분류하는 것으로, 이러한 노드들은 거래자(구매자 또는 판매자)를 대표하며, 불법 무역 활동에 관여하고 있는지 여부를 판단한다. 네트워크 내의 엣지들은 구매자와 판매자 간의 무역 거래를 의미한다. 노드의 피처에는 거래자의 개인 정보, 은행 계좌 번호, 위치 등이 포함되며 엣지의 특징에는 거래 식별 번호, 날짜, 가격표, 구매 또는 판매한 상품 등이 포함된다. 이미 불법 거래자로 분류된 거래자들의 부분 집합을 가지고 있는 경우 모델은 네트워크의 다른 노드와의 연결 및 피처를 기반으로 레이블을 예측할 수 있다.

노드 분류의 예시에는 데이터셋의 일부 노드에만 레이블을 지정하고 나머지 노드에 레이블을 지정하는 준지도 학습을 적용할 수 있다. 레이블이 깔끔하게 지정된 데이터는 시스템을 더욱 정확하고 신뢰할 수 있으며 투명하게 만들기 위해 우리 모두 지지해야 하는 분야다.

9.9.2 그래프 분류

그래프의 개별 노드에 레이블을 붙이는 대신 전체 그래프에 레이블을 붙이고 싶을 때가 있다.

---

239 *https://oreil.ly/wj2o1*
240 *https://oreil.ly/PKD3D*

예를 들어 단백질 데이터셋(PROTEINS)에는 각각 그래프로 표현된 화합물 모음이 있고 이들이 효소인지 아닌지 레이블이 지정되어 있다. 그래프 학습 모델의 경우 노드, 엣지, 피처, 그래프 구조, 데이터셋의 각 그래프에 대해 레이블을 입력으로 주어 단일 노드 표현이 아니라 전체 그래프 표현 또는 임베딩을 생성하게 된다.

9.9.3 클러스터링 및 커뮤니티 감지

그래프에서 클러스터링은 네트워크 내에서 테러 조직과 같은 커뮤니티나 그룹을 발견할 수 있는 중요한 작업이다. 노드 및 그래프 표현식을 생성한 다음 이를 k-평균 클러스터링과 같은 기존의 클러스터링 방법에 입력하여 구현할 수 있다. 또 다른 방법으로는 클러스터링의 목표에 맞게 설계하여 노드와 그래프 표현을 만드는 것이다. 이러한 방법에는 인코더-디코더 방식의 설계나 어텐션 메커니즘이 사용될 수 있다. 추가적인 다른 방법으로는 스펙트럼 방법이 있다. 이는 그래프의 라플라시안 행렬의 고유값을 활용한다는 의미다. 그래프가 아닌 데이터의 경우 클러스터링에 주성분 분석이 주로 활용되며 데이터의 특이값에 의존하는 스펙트럼 방식이다. 고유값을 계산하는 것은 항상 비용이 많이 드는 작업이므로 이를 피할 수 있는 방법을 찾는 것은 언제나 목표가 된다. 그래프의 경우 최대 유량 최소 절단과 같은 그래프 이론 방법을 사용할 수 있다(이 방법은 Chapter 9의 후반부에서 살펴본다). 각 방법마다 장단점이 있는데 어떤 방법은 오랜 시간 동안 입증된 그래프 이론의 결과를 사용하지만 노드나 엣지의 피처를 포함하지 못하는 경우가 있다. 이 이론이 모든 특징을 염두에 두고 개발된 것이 아니기 때문이다. 우리는 항상 모델이 고려하고 있는 것과 그렇지 않은 것에 대해 솔직해야 한다는 뜻이다.

9.9.4 그래프 생성

그래프 생성은 신약 개발, 재료 설계 및 기타 응용 분야에서 매우 중요하다. 기존의 그래프 생성 방식은 간단한 확률적 생성 프로세스를 사용하여 수작업으로 만든 그래프 모델 그룹을 사용했다. 이러한 모델은 단순한 특성으로 인해 수학적으로 잘 이해된다는 장점이 있다. 하지만 같은 이유로 더 복잡한 종속성을 가진 실제 그래프나 다양한 실제 네트워크에서 나타나는 노드의 정확한 통계적 특성을 잡아내는 데는 한계가 있다. 예를 들어 두터운 꼬리 분포와 같은 통계적 특징들 말이다. 그래프 생성 신경망은 앞서 살펴본 그래프와 노드 표현을 생성 모델과 통합한다. 이러한 접근법들은 데이터로부터 구조적 정보를 학습하고 분자나 화합물과 같은 복잡한 그래프를 생성하는 특성을 가지고 있다.

9.9.5 영향력 극대화

영향력 극대화 분야는 네트워크 확산의 하위 분야로 네트워크를 통해 정보나 백신 등의 확산을 극대화하는 동시에 소수의 초기 노드, 즉 시드에게만 정보를 제공하는 것을 목표로 한다. 여기서 목표는 전체적으로 가장 큰 영향력을 가진 소수의 노드를 찾는 것이다. 채용 공고, 뉴스, 광고, 백신 접종과 같은 정보 전파에 이를 적용할 수 있다. 시드를 찾는 기존의 방법에는 가장 높은 차수highest degree, 근접도 closeness, 중간도 betweenness 및 기타 그래프 구조 속성을 기준으로 노드를 선택했다. 다른 사람들은 이산 최적화 분야를 사용하여 좋은 결과를 얻고 근사 최적화의 존재를 증명하기도 했다. 최근 접근법에서는 노드의 영향력을 최대화하는 목표 외에 다른 목표들이 있을 때, 예를 들어 그래프의 허브와 강하게 연결되어 있지 않은 특정 소수 집단이 특정 부분에 도달하려는 목표가 있을 때 그래프 신경망과 적대적 신경망을 사용한다.

9.9.6 연결 예측

그래프의 두 노드가 주어졌을 때 두 노드를 연결하는 엣지가 있을 확률은 얼마일까? 공통된 이웃을 공유한다는 의미에서 인접성이 반드시 연결(또는 상호 작용)의 지표가 되는 것은 아니다. 소셜 네트워크에서 사람들은 같은 모임이나 커뮤니티에서 활동하는 경향이 있으므로 공통의 친구를 많이 공유하는 두 사람은 상호 작용할 가능성이 높으며 서로 연결되어 있을 가능성이 높다. 그러나 단백질과 단백질 간의 상호 작용 연구 같은 생물학적 일부 시스템에서는 그 반대의 결과가 나타난다. 공통의 이웃을 많이 공유하는 단백질은 상호 작용할 가능성이 적다. 따라서 그래프 거리, 차수, 공통 이웃 등과 같은 기본 속성을 바탕으로 유사도 점수를 계산한다고 해서 항상 올바른 결과가 나오는 것이 아니다. 두 노드가 연결되어 있는지 여부를 분류하는 것과 함께 노드와 그래프 임베딩을 학습하려면 신경망이 필요하다. 이러한 네트워크의 한 가지 예가 논문 「Link Prediction with Graph Neural Networks and Knowledge Extraction」[241]에 나와 있다.

9.10 동적 그래프 모델

앞서 논의한 많은 애플리케이션은 본질적으로 동적이기 때문에 그래프 모델에 시간 종속성을 포함하면 이러한 이점을 얻을 수 있다. 트래픽 예측, 분산 네트워크의 부하 분산, 모든 종류의 상호 작용하는 파티클 시스템 시뮬레이션, 불법 야생 동물 거래 모니터링 등이 그 예다. 동적 그래프 모델에서는 노드와 엣지의 기능이 시간에 따라 진화할 수 있으며 일부 노드나 엣지를 추가하거나 제거할 수 있다. 동적 그래프 모델링은 시장의 최신 거래 동향, 변동, 특정 네트워크의 새로운 범죄 활동, 교통 시스템의 새로운 경로 또는 연결 같은 정보를 잡아낸다.

동적 그래프를 모델링하고 이로부터 정보를 추출하는 방법에 대한 생각은 새로운 것이 아니다 (논문 「Dynamic Graph Models」[242]를 참고하자). 여기에 딥러닝을 도입하면 이러한 시스템에서 지식과 인사이트를 추출하는 것이 더 간단해진다. 현재 동적 그래프에 대한 접근법은 공간적 종속성을 포착하기 위해 그래프 합성곱을 순환 신경망 또는 시간 종속성을 모델링하기 위한 합성곱 신경망과 통합한다.

논문 「Learning to Simulate Complex Physics with Graph Networks」[243]는 동적 그래프 신경망을 사용해 상호 작용하는 입자의 시스템을 이전보다 훨씬 더 큰 규모로 시뮬레이션한다. 또한 관련된 입자의 수와 시스템이 (수치적으로) 진화할 수 있는 시간 측면에서 시뮬레이션하여 놀라운 고해상도 결과를 보여준다. 모래 입자나 물 분자 같은 입자는 그래프에서 위치, 속도, 압력, 외력 등의 속성을 가진 노드이며 엣지는 서로 상호 작용할 수 있는 입자를 연결한다. 신경망에 대한 입력은 그래프 그 자체이며 출력은 노드와 엣지는 동일하지만 파티클 위치와 속성이 업데이트된 그래프다. 네트워크는 메시지 전달을 통해 각 시간 스텝의 동역학, 즉 업데이트 규칙을 학습한다. 업데이트 규칙은 현재 시간 스텝의 시스템 상태와 특정 애플리케이션

에 따라 달라지는 교육 목표에 최적화되고 파라미터화된 함수에 따라 달라진다. 이 지도 학습에서 예측하고 싶은 목표는 각 입자의 평균 가속도인 것이다.

9.11 베이즈 네트워크

베이즈 네트워크Bayesian network는 불확실성에 완벽하게 대처할 수 있는 그래프로, 확률을 수학적으로 매우 탄탄하게 인코딩한다. [그림 9-10]과 [그림 9-11]은 두 가지 베이즈 네트워크의 예시를 나타낸 것이다.

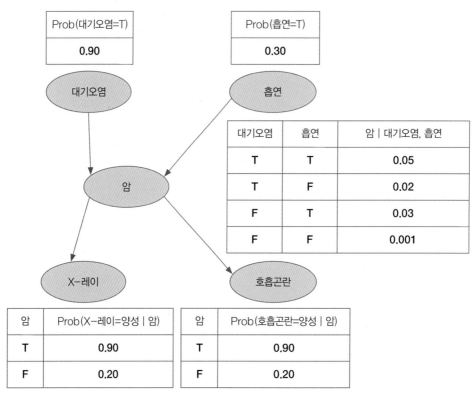

그림 9-10 베이즈 네트워크

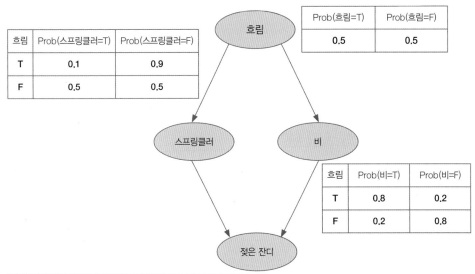

흐림	Prob(스프링클러=T)	Prob(스프링클러=F)
T	0.1	0.9
F	0.5	0.5

Prob(흐림=T)	Prob(흐림=F)
0.5	0.5

흐림	Prob(비=T)	Prob(비=F)
T	0.8	0.2
F	0.2	0.8

스프링클러	비	Prob(젖은 잔디=T)	Prob(젖은 잔디=F)
T	T	0.99	0.01
T	F	0.9	0.1
F	T	0.9	0.1
F	F	0.0	1.0

그림 9-11 또 다른 베이즈 네트워크

베이즈 네트워크는 다음과 같은 특징이 있다.

- 노드는 모델에 포함되어야 하는 변수다.
- 엣지는 부모 노드에서 자식 노드로, 또는 상위 뉴런에서 하위 뉴런으로 향하는 방향이 지정되어 있는데 이는 자식 변수의 확률이 부모 변수를 관찰하는 데 조건부이기 때문이다.
- 네트워크 그래프에서는 자기 자신으로 돌아가는 것이 허용되지 않는다.
- 베이즈 규칙에 대해 큰 의존성을 지니고 있다. A에서 B로 향하는 화살표가 있다면 $P(B|A)$는 순방향 확률이고 $P(A|B)$는 역방향 확률이다. 이를 $P(증거|가설)$ 또는 $P(증상|질병)$이라고 생각하면 된다. 우리는 베이즈 규칙을 통해 역방향 확률을 계산할 수 있다.

$$P(A|B) = \frac{P(B|A)P(A)}{P(B)}$$

- 변수를 가리키는 화살표가 없는 경우, 즉 부모 노드가 없는 경우 데이터 또는 전문 지식을 통해 계산된 해당 변수의 사전 확률(⑩ 미국 여성의 13%가 유방암에 걸린다)만 있으면 된다.

- 모델의 변수 중 하나에 대해 더 많은 데이터 또는 더 많은 증거를 얻으면 해당 변수에 해당하는 노드(조건부 확률)를 업데이트한 다음 네트워크의 연결에 따라 해당 정보를 전파한다. 정보가 부모에서 자식으로 전파되는지 또는 자식에서 부모로 전파되는지에 따라 두 가지 방식으로 각 노드에서 조건부 확률을 업데이트한다. 각 방향으로의 업데이트는 매우 간단하다. 베이즈 규칙을 따르기만 하면 된다.

9.11.1 압축된 조건부 확률 테이블

베이즈 네트워크는 압축된 조건부 확률 테이블을 나타낸다. 일반적으로 실제 시나리오를 모델링할 때 불연속 변수 각각은 특정 불연속 값 또는 범주로 가정할 수 있으며, 연속 변수 각각은 주어진 연속 범위의 모든 값으로 가정할 수 있다. 이론적으로는 다른 변수의 값이 고정된 특정 상태를 가정하여 각 변수의 확률을 알려주는 거대한 조건부 확률 테이블을 만들 수 있다. 하지만 현실에서는 변수의 수가 상당히 적은 경우에도 이 작업이 불가능할 뿐만 아니라 그 값을 저장하고 연산하는 비용도 많이 든다. 게다가 테이블을 만들기 위해 필요한 모든 정보에 접근이 가능한 것도 아니다. 베이즈 네트워크는 각 변수가 소수의 인접 변수끼리만 상호 작용하도록 허용하므로 네트워크 그래프에서 직접 연결된 변수의 상태가 주어졌을 때 해당 변수의 확률만 계산하면 된다(앞뒤로 모두 그렇다). 네트워크의 어떤 변수에 대해 새로운 증거가 도착하면 그래프 구조는 베이즈 규칙과 함께 네트워크 내 모든 변수의 확률을 체계적으로 설명 가능하며 투명한 방식으로 업데이트하도록 안내한다. 이러한 방식으로 네트워크를 희소화하는 것이 베이즈 네트워크가 성공할 수 있었던 이유다.

요약하면 베이즈 네트워크의 그래프는 모델 변수(또는 데이터의 피처)의 결합 확률 분포를 각 노드마다 하나씩 있는 로컬 조건부 확률 분포의 곱으로 표현하는 것이다.

$$P(x_1, x_2, \ldots, x_n) = \prod_{i=1}^{n} P(x_i \mid \text{parents of } x_i)$$

9.11.2 예측

베이즈 네트워크가 설정되고 조건부 확률이 시작되면(그리고 더 많은 데이터를 사용하여 지속적으로 업데이트되면), 쿼리에 따라 베이즈 규칙 또는 곱 규칙에 의해 이러한 조건부 확률 분포표를 검색하기만 하면 빠른 결과를 얻을 수 있다. 예를 들어 이메일에 포함된 단어, 발신자 위치, 시간, 포함된 링크, 발신자와 수신자 간의 상호 작용 기록, 기타 스팸 탐지 변수의 값을 고려할 때 이 메일이 스팸일 확률은 얼마일까? 유방 촬영술 검사 결과, 가족력, 증상, 혈액 검사 등을 고려할 때 환자가 유방암에 걸릴 확률은 얼마나 될까? 여기서 가장 좋은 점은 결과를 얻기 위해 대규모 프로그램을 실행하여 자원을 소비하거나 대규모 컴퓨터 클러스터를 사용할 필요가 없다는 것이다. 즉, 우리가 가지고 있는 휴대폰과 태블릿 장치 배터리의 뛰어난 연산 능력을 메시지의 코딩 및 디코딩에 사용하지 않아도 되므로 더 오래 지속 가능하다. 그 대신 터보 디코딩 전방 오류 수정 알고리즘turbo decoding forward error correction algorithm을 사용하기 위해 베이즈 네트워크를 적용한다.

9.11.3 인과 네트워크가 아닌 신뢰 네트워크

베이즈 네트워크에서는 부모 변수에서 자식 변수로 향하는 화살표가 인과관계라고 생각하는 것이 바람직할 수도 있지만 일반적으로 인과관계가 있는 것은 아니다. 이는 부모 변수의 상태가 주어졌을 때 자식 변수의 확률 분포를 모델링할 수 있고 베이즈 규칙을 사용해 역확률을 구할 수 있다는 의미일 뿐이다. 즉, 자식이 주어졌을 때 부모의 확률 분포를 바로 구할 수 있다. 이는 직관적이지 않고 관찰하기 어렵기 때문에 일반적으로는 구하기 더 어려운 방향이다. 쉽게 생각하면 자식의 특성을 알고 부모의 특성을 추론하는 것보다 자녀를 갖기 전에 부모의 특성을 알고 자식의 확률 분포를 계산하는 것이 더 쉽다. $P($아버지|자식$)P($어머니|자식$)$ [그림 9-12]에는 베이즈 네트워크에 어머니, 아버지, 자식이라는 세 개의 노드가 있으며 어머니에서 자식을 가리키는 엣지와 아버지에서 자식을 가리키는 또 다른 엣지가 있다.

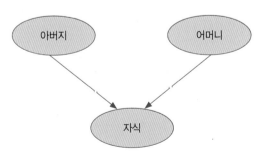

그림 9-12 이 베이즈 네트워크에서 자식 변수는 콜라이더collider244다.

---

244 옮긴이_ 콜라이더 구조는 [그림 9-12]에서 아버지와 어머니가 조건이 되어 공통의 결과인 자식을 만들어내는 구조를 일컫는다. 콜라이더 구조에서는 공통의 결과인 자식을 조건부로 하지 않으면 아버지와 어머니 간 상관관계(correlation, association)가 없는 것과 같다.

어머니와 아버지의 특성은 관련이 없기 때문에 어머니와 아버지 사이에는 우열이 없다. 어머니의 특성을 알면 아버지의 특성에 대한 정보를 알 수 없지만 어머니의 특성과 자녀의 특성을 알면 아버지의 특성, 즉 $P($아버지$|$어머니, 자녀$)$ 분포에 대해 조금 더 알 수 있다. 원래는 독립적이었던 어머니와 아버지의 특성이 자식의 특성을 알고 나면 조건부 관계로 된다는 뜻이다. 따라서 베이즈 네트워크는 변수 간의 의존성을 그래프 구조로 모델링하여 변수가 서로 어떻게 관련되어 있다고 믿어지는지, 즉 조건부 의존 관계와 독립성에 대한 맵을 제공한다. 이것이 베이즈 네트워크를 **신뢰 네트워크**라고 부르는 이유다.

9.11.4 베이즈 네트워크 관련 유의 사항

베이즈 네트워크에 관한 다음 사항들을 유념하자.

- 베이즈 네트워크는 인과적 방향이 없으며 특정 질병의 발병 원인이 무엇인가 같은 인과적 질문, 즉 '왜'라는 질문에 답하는 데 한계가 있다. 하지만 잠시 후에 베이즈 네트워크를 인과관계 추론과 원인의 개입에 의한 결과를 예측하는 데 사용할 수 있다는 사실을 알게 될 것이다. 인과 추론에 사용하든 사용하지 않든 베이즈 네트워크를 업데이트하는 방법이나 신뢰를 전파하는 방법은 항상 같은 방식으로 작동한다.
- 베이즈 네트워크는 정보가 많은 변수에서 정보가 적은 변수로 정보를 효율적으로 전파하도록 설계되었기 때문에 일부 변수에 누락된 데이터가 있는 경우 이를 처리할 수 있다.

9.11.5 체인, 포크, 콜라이더

[그림 9-13]에서 베이즈 네트워크의 구성 요소(노드가 3개 이상인 경우)로 이루어진 세 가지 유형의 접합점 체인chain, 포크fork, 콜라이더collider를 확인할 수 있다.

체인: $A \rightarrow B \rightarrow C$

체인에서 B는 매개자mediator다. 우리가 B의 값을 안다고 해서 A에 대한 학습이 C에 대한 신뢰를 높이거나 낮추지 않는다. 따라서 파라미터 B의 값을 안다는 전제하에 A와 C는 조건부 독립이다. 조건부 독립은 베이즈 네트워크를 사용하는 시스템이 관련 정보에만 집중할 수 있게 해준다.

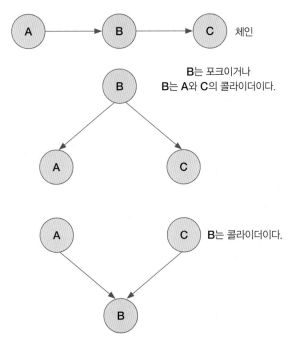

체인

B는 포크이거나
B는 A와 C의 콜라이더이다.

B는 콜라이더이다.

그림 9-13 베이즈 네트워크에서 세 가지 유형의 접합점

포크: $B \to A$ 그리고 $B \to C$

B는 A와 C의 공통 부모common parent 또는 교란 변수confounder다. 이 경우 데이터는 A와 C 사이에 인과관계가 없음에도 통계적으로 상관관계가 있는 것으로 표시된다. 교란 변수 B를 조건부로 두는 것을 통해 가짜 상관관계를 드러낼 수 있다.

콜라이더: $A \to B$ 그리고 $C \to B$

콜라이더는 중간에 있는 변수에 조건을 부여할 때 체인이나 포크와 다르다. 부모가 자식을 가리키는 엣지에서 콜라이더를 살펴본 것처럼 A와 C가 원래 독립적인 변수였다면 B를 조건으로 하여 종속 변수가 된다. 이런 예상치 못한 비인과적 정보 전달은 베이즈 네트워크 조건화의 한 특징이다. 콜라이더에 조건을 부여하면 그 부모 사이에 의존성 경로가 열리게 되는 것이다.

또 한 가지 주의해야 할 부분은 결과와 매개체가 혼동될 때다. 이 경우 파라미터에 조건을 부여하는 것은 이를 일정하게 유지하는 것과는 다르다.

9.11.6 주어진 데이터셋에서 관련 변수에 대한 베이즈 네트워크를 어떻게 구축할까?

베이즈 네트워크의 그래프 구조는 직접 결정하거나 알고리즘을 통해 데이터로부터 학습할 수 있다. 베이즈 네트워크 알고리즘은 충분히 발전했으며 상용 가능한 알고리즘도 많다. 네트워크의 구조가 설정되면 네트워크의 특정 변수에 대한 새로운 정보가 올 때 네트워크의 각 변수에 대한 신뢰를 업데이트함으로써 각 노드의 조건부 확률을 쉽게 업데이트할 수 있다. 베이즈 네트워크의 창시자인 주데아 펄Judea Pearl[245]은 이러한 업데이트 과정을 살아 있는 유기 조직과 뉴런으로 이루어진 생물학적 네트워크에 비유했다. 하나의 뉴런을 자극하면 전체 네트워크가 반응하여 한 뉴런의 정보가 이웃 뉴런으로 전파되는 원리를 설명했다.

마지막으로 우리에게 익숙한 신경망 역시 베이즈 네트워크라고 생각할 수 있다.

> **NOTE** 데이터에서 패턴을 학습하는 모델
>
> 주어진 데이터의 피처들의 결합 확률 분포를 학습하는 베이즈 네트워크와 다른 모델들, 예를 들어 〈Chapter 8 확률적 생성 모델〉의 생성 모델에서 접한 모델들과 이 책 앞부분의 결정론적 모델들은 데이터에서 패턴을 감지하고 연관성을 학습할 뿐 처음에 이러한 패턴을 일으키는 원인을 학습하는 것과는 다르다는 것에 주목해야 한다. 인공지능 에이전트가 인간처럼 추론할 수 있으려면 어릴 때부터 인간처럼 어떻게, 왜, 만약에 대해 질문하고 답을 찾아야 한다. 실제로 인간에게는 발달 초기에 '왜'라는 질문의 시기가 있다. 따라서 인공지능 에이전트에는 인과관계 모델이 있어야 한다. 이 개념은 넓은 의미의 인공지능 목표를 달성하는 데 매우 중요하다. 이 내용은 이후에 다시 살펴보겠다.

9.12 확률적 인과관계 모델링을 위한 그래프 다이어그램

통계학에 첫발을 내딛은 이래로 우리는 '상관관계는 인과관계가 아니다'라는 말만 들었다. 그러고 나서 데이터, 더 많은 데이터의 상관관계에 대해 계속 이야기해왔다. 상관관계는 이해가 되지만 인과관계는 어떨까? 어떻게 정량화할 수 있을까? 인간은 '왜'가 무엇을 의미하는지 정확히 알고 있을까? 인간은 생후 8개월만 되어도 원인과 결과를 직관적으로 개념화한다고 한

---

245 *https://oreil.ly/J7nSq*

다. 사실 인간은 연상의 세계보다 '왜'의 세계에서 더 자연스럽고 직관적인 수준으로 활동한다. 그렇다면 (언젠가는) 인간처럼 추론할 수 있을 것이라고 기대했던 기계가 연상과 회귀 수준에서만 작동하는 이유는 무엇일까? 이는 바로 수학자이자 철학자인 주데아 펄이 인공지능 분야에서 주장한 요점이며 그의 저서 『The Book of Why』(Basic Books, 2020)에서도 잘 드러난다. 필자가 이 책에서 가장 좋아하는 문구는 다음과 같다.

비인과적 상관관계는 우리의 상식에 위배된다.

이 인용문을 통해 다시 한번 생각해볼 수 있는 것은 어떤 상관관계가 인과관계에 의한 것이고 어떤 상관관계가 다른 요인에 의한 것인지를 명확히 하고 정량화해야 한다는 점이다.

주데아 펄은 베이즈 네트워크 그래프와 유사한 다이어그램(그래프)을 사용하여 수학적 인과관계 모델을 구축한다. 하지만 비인과적 통계 모델에서 흔히 볼 수 있는 관찰 연산자가 주어졌을 때 확률을 계산하는 것과 달리 do 연산에 기반한 확률적 추론 체계, 즉 do 연산자가 주어졌을 때 확률을 계산하는 방식을 사용한다. 요점은 다음과 같다.

관찰하는 것과 실행하는 것은 다르다. 수학 표기법에서 $Prob$(버스 승객 수 | 색으로 구분된 노선)은 $Prob$(버스 탑승자 수 | do 색상 코드 노선)과 다르다.

데이터에서 첫 번째를 유추할 수 있다. 어느 도시의 버스 노선이 색상으로 구분되어 있다는 가정하에 탑승자 수를 구한다. 이 확률은 색상으로 구분된 노선이 탑승자 수에 미치는 영향을 알려주지 않는다. do 연산자를 사용한 두 번째 확률은 다르다. 인과관계 다이어그램이 없는 데이터만으로는 이 값을 구할 수 없다. 차이점은 do 연산자를 호출하면 의도적으로 버스 노선을 색상으로 구분해 변경하고 이러한 변경이 버스 승객 수에 미치는 영향을 평가하고자 한다는 것이다. 이렇게 의도적으로 변경한 후 승객 수가 증가하고 변수와 변수 간의 관계를 포함하여 올바른 그래프를 그렸다면 색상으로 구분된 버스 노선을 사용했기 때문에 승객 수가 증가했다고 주장할 수 있다. 관찰 대신 do 연산을 사용하면 리더십 변화나 승차 인원에 영향을 미칠 수 있는 시기와 같이 자연스럽게 색이 칠해진 버스 노선으로 이어질 수 있는 모든 노드를 직접 차단하게 된다. 단순히 데이터를 관찰하는 경우에는 이러한 도로를 차단할 수 없다. 또한 do 연산자를 사용할 때는 의도적으로 버스 노선의 값을 색상 코드(번호가 매겨진 것 등과 반대)로 설정한다.

버스 노선 예시는 지어낸 것이 아니다. 필자는 버지니아주 해리슨버그의 대중 교통 부서와 협력하여 자원이 제한되어 있고 대학교 개강 시즌이 아닐 때 도시 인구가 급격히 감소하는 상황에서 승객을 늘리고 효율성을 개선하여 운영을 최적화하려는 시도를 하고 있다(집필 시점 기준). 2019년에 교통부는 일부러 노선을 번호 체계에서 색상으로 구분하는 체계로 변경하는 동시에 대학교의 수업 일정에 맞춰 운행하던 것을 고정된 스케줄로 변경했다. 그 결과 승객 수가 무려 18%나 증가했다. 이번 여름(2022년)에 이 프로젝트에 참여하는 필자의 학생들은 곧 인과관계에 관한 다이어그램을 그리고 확률 테이블을 작성하게 될 것이다.

$$P(\text{승차율}\,|\,do\,\text{색상 코드 노선},\,do\,\text{고정 시간표})$$

도마뱀이 날아다니는 벌레를 관찰하고 그 패턴을 학습한 다음 벌레를 잡아먹는 것처럼 패턴을 감지하고 그에 따라 행동하는 머신은 단순한 패턴 감지보다 훨씬 높은 수준의 지능을 가진 머신이다.

1 만약 내가 이 행동을 의도적으로 취한다면 [변수]는 어떻게 될까?
2 만약 이 행동을 취하지 않았다면 [특정 값의 변수]가 여전히 발생할까? 해리슨버그가 색상으로 구분된 노선과 고정된 스케줄로 전환하지 않았다면 승객 수가 여전히 증가했을까? 두 변수가 모두 바뀌지 않고 한 변수만 바뀌었다면 어떻게 되었을까?

데이터만으로는 이러한 질문에 모두 답할 수 없다. 사실 신중하게 구성된 인과관계 다이어그램은 데이터만으로 이러한 질문에 답할 수 있는 경우와 아무리 많은 데이터를 수집해도 답할 수 없는 경우를 구분하는 데 도움이 된다. 머신에 인과관계를 나타내는 그래프가 부여되기 전까지 머신은 도마뱀과 같은 수준의 지능을 가지고 있었다. 놀랍게도 인간은 이 모든 계산을 즉각적으로 수행하지만 여러 번 잘못된 결론에 도달하고 수십 년 동안 원인과 결과에 대해 서로 논쟁을 벌이기도 한다. 우리는 여전히 문제를 해결하기 위해 수학과 그래프가 필요하다. 실제로 그래프는 어떤 데이터를 찾고 수집해야 하는지 어떤 변수를 조건으로 삼아야 하는지, 어떤 변수에 do 연산자를 적용해야 하는지 알려준다. 이러한 의도적인 설계와 추론으로 대량의 데이터를 수집하는 것과 목적 없이 모든 종류의 변수에 조건을 붙이는 것은 매우 다르다.

이제 이 사실을 알았으니 모든 종류의 인과관계에 대한 의문을 해결하는 데 도움이 되는 다이어그램을 그리고 모델을 설계할 수 있을 것이다. 의사의 치료로 인해 치유된 것일까, 아니면 시간이 지나고 삶이 안정되어 치유된 것일까? 여전히 데이터를 수집하고 정리해야 하지만 이 과정은 이제 의도된 절차에 따라 이루어진다. 이러한 추론 방식, 즉 인과관계 다이어그램 모델과 함께 사용되는 유의미한 절차가 부여된 머신은 다음 세 가지 수준의 인과관계에 대한 쿼리에 모두 답할 수 있게 될 것이다.

- 변수 *A*와 *B*는 상관관계가 있는가? 승객 수와 버스 노선의 레이블링이 상관관계가 있는가?
- 변수 *A*를 특정 값으로 설정하면 변수 *B*는 어떻게 변하는가? 색상으로 구분된 노선을 의도적으로 설정하면 승객 수가 증가할까?
- 변수 *A*가 특정 값을 취하지 않았다면 변수 *B*는 어떻게 변했을까? 색상으로 구분된 버스 노선으로 변경하지 않았어도 승객 수는 여전히 증가했을까?

아직 do 연산자가 포함된 확률 표현식을 다루는 방법을 배우지 않았다. 우리는 보는 것과 하는 것이 같지 않다는 것을 배운 것이다. 보는 것은 데이터에 포함된 것이고, 하는 것은 특정 변수가 다른 변수에 미치는 인과적 영향을 평가하기 위해 의도적으로 실험을 실행하는 것이다. 단순히 데이터에서 보이는 비율을 세는 것보다 더 많은 비용이 든다. 주데아 펄은 do 연산자가 포함된 확률 표현식을 조작하기 위한 세 가지 규칙을 정했다. 이러한 규칙을 통해 우리가 do 연산자가 있는 행동에 근거한 표현식에서 데이터로부터 답을 얻을 수 있는 관찰 중심의 표현으로 옮겨갈 수 있도록 도와준다. 이러한 규칙은 do 연산자를 거치지 않고 관찰만으로 인과관계를 정량화할 수 있기 때문에 유용하다. 이러한 규칙은 〈Chapter 11 확률〉에서 자세히 살펴볼 것이다.

9.13 그래프 이론의 간략한 역사

여기서 그래프 이론과 이 분야의 현황에 대한 개괄적인 설명을 빼놓을 수 없다. 이 분야는 매우 단순한 기초 개념 위에 구축되었지만 아름답고 자극적이며 광범위한 응용 분야를 가지고 있어 필자의 수학 경력 전체를 재평가하고 시급히 이 분야로 뛰어들게 만들었다.

그래프 이론에서 사용되는 단어로는 그래프, 노드, 엣지, 차수, 연결성, 트리, 스패닝 트리, 회로, 기본 회로, 그래프의 벡터 공간, 랭크와 무효성nullity (선형 대수학에서 사용되는 것처럼), 쌍대성duality, 경로path, 워크walk, 오일러 라인Euler line, 해밀턴 회로Hamiltonian circuit, 컷딘cut, 네드워크 흐름network flow, 횡단traversing, 컬러링coloring, 열거enumerating, 링크, 취약성vulnerability 등이 있다.

그래프 이론의 발전 연대기를 보면 교통 시스템, 지도와 지리, 전기 회로, 화학에서의 분자 구조에 뿌리를 두고 있다는 사실을 알 수 있다.

- 1736년 오일러Euler는 쾨니히스베르크 다리Königsberg bridge 문제를 해결한 그래프 이론의 첫 번째 논문[246]을 발표했다. 그 후 100년 이상 이 분야에서는 아무 일도 일어나지 않았다.

- 1847년 키르히호프Kirchhoff는 전기 네트워크를 연구하면서 트리에 관한 이론을 발전시켰다.

- 얼마 지나지 않아 1850년대에 아서 케일리Arthur Cayley(1821~1895)는 포화 탄화수소 C_nH_{2n+2}의 이성질체를 열거하던 중 트리를 발견했다. 케일리는 그래프 이론의 창시자 중 한 명으로, 그래프 데이터가 있는 곳이라면 어디에서나 그의 이름을 찾을 수 있다. 최근에는 CayleyNet[247]에서 그래프 데이터에 대한 딥러닝을 위한 스펙트럼 도메인 접근법을 위해 Cayley 다항식이라는 복잡한 유리 함수를 사용했다.

- 같은 시기인 1850년 윌리엄 해밀턴Sir William Hamilton은 해밀턴 회로의 기초가 된 게임을 발명하여 이를 더블린에서 판매했다. 12개의 면과 20개의 모서리를 가진 나무로 된 정다면체로, 각 면은 정오각형이고 각 모서리에서 3개의 모서리가 만나는 구조. 20개의 모서리에는 런던, 로마, 뉴욕, 뭄바이, 델리, 파리 등 20개 도시의 이름이 적혀 있다. 우리는 다면체의 가장자리를 따라 20개의 도시를 각각 정확히 한 번씩 통과하는 경로를 찾아야 한다(해밀턴 회로). 이 특정 문제의 해법은 쉽지만 지금까지 임의의 그래프에서 이러한 경로가 존재하기 위한 필요충분 조건이 없었다.

- 같은 시기에 뫼비우스Möbius(1840년대)의 강연, 드 모르간De Morgan(1850년대)의 편지, 케일리(1879)가 왕립 지리 학회Royal Geographic Society 회보 제1권에 게재한 출판물(1879)을 통해 그래프 이론에서 가장 유명한 문제인 4색 정리가 소개됐다. 이 문제는 1970년이 되어서야 해결되었으며 그 이후 많은 수학자들이 이 문제에 몰두하면서 흥미로운 발견과 발전이 이어졌다. 이 정리는 네 가지 색으로 평면상의 모든 지도를 색칠할 수 있다는 것이다. 단, 경계가 같은 국가는 서로 다른 색으로 칠해져야 한다. 흥미로운 점은 평평한 평면에서 벗어나 구의 표면으로 이동하여 더 많은 공간을 확보하면 이 추측에 대한 해답을 찾을 수 있다는 것이다.

- 안타깝게도 1920년대 쾨니히König가 이 주제에 관해 첫 번째 책을 집필하고 1936년에 출판할 때까지 약 70여년 동안 아무 일도 일어나지 않았다.

- 컴퓨터가 등장하고 조합적 성격의 큰 문제를 탐구할 수 있는 능력이 향상되면서 상황이 바뀌었다. 이는 순수 그래프 이론과 응용 그래프 이론 모두에서 활발한 활동을 일으켰다. 현재 이 주제에 관한 수천 편의 논문과 수십 권의 책이 있으며 클로드 베르제Claude Berge, 오이스테인 오레Oystein Ore, 폴 에르도스Paul Erdős, 윌리엄 투테William Tutte, 프랭크 하라리Frank Harary 등의 주요 공헌자들이 이 분야에 기여하고 있다.

9.14 그래프 이론의 주요 고려 사항

그래프 이론의 너무 세부적인 내용으로 넘어가지 않고 주요 주제를 한 눈에 파악할 수 있도록 정리해보자.

---

246 https://oreil.ly/FHXyC
247 https://oreil.ly/uKQag

9.14.1 스패닝 트리와 최소 스패닝 트리

이 주제는 매우 중요하며 네트워크 라우팅 프로토콜, 최단 경로 알고리즘 및 검색 알고리즘에 사용된다. 그래프의 스패닝 트리는 그래프의 모든 노드를 포함하는 트리인 하위 그래프다. 여기서 노드를 포함한다는 것은 두 노드를 하나의 고유 경로로 연결할 수 있다는 것을 의미한다. 즉, 스패닝 트리는 그래프의 노드를 함께 유지하게 된다. 동일한 그래프에 여러 개의 스패닝 트리가 있을 수 있다.

9.14.2 단절점과 단절선

우리는 연결된 그래프에서 엣지를 잘라내거나 때로는 노드를 제거함으로써 그래프를 분리하여 연결을 끊을 수 있다. 통신망, 전력망, 교통망 등 주어진 그래프에서 이러한 단절점cut set을 찾을 수 있다면 연결이 끊어진 부분 사이의 모든 연결 고리를 끊을 수 있다. 일반적으로 최소한의 엣지 또는 노드를 제거하여 그래프의 연결을 끊는 작업을 수행하는 최소 단절점minimum cut set과 최소 단절선minimum cut vertice이 유명한 주제다. 이는 네트워크에서 가장 약한 링크를 식별하는 데도 도움이 된다. 스패닝 트리와 달리 단절은 모든 노드를 함께 유지하는 것이 아니라 노드를 분리하는 것이다. 따라서 우리는 스패닝 트리와 단절점 사이에 밀접한 관계가 있을 것으로 당연히 예상할 수 있다. 또한 그래프가 유체, 교통, 전기, 정보와 같은 어떤 종류의 원천 소스와 각 엣지가 일정량만 통과할 수 있는 싱크sink가 있는 네트워크를 나타내는 경우, 원천 소스에서 엣지로 이동할 수 있는 최대 유량과 원천 소스 및 엣지를 분리해 엣지를 통과하는 컷 사이에는 컷 엣지의 총 용량을 최소화하는 밀접한 관계가 있다. 이것이 최대 유량 최소 절단 정리max-flow min-cut theorem로 유량 네트워크에서 원천 소스, 엣지로 통과하는 최대 유량은 최소 절단에서 엣지의 총 무게와 같다는 것을 나타낸다. 수학에서 최대화 문제(최대 유량)가 목적 함수의 부호를 뒤집는 등의 간단한 방법으로 최소화 문제(최소 절단)와 동치가 될 때 이는 쌍대성duality이 된다. 실제로 그래프에 대한 최대 유량 최소 절단 정리는 선형 최적화에서의 쌍대성 정리의 특수한 경우다.

9.14.3 평면성

그래프의 기하학적 표현이 평면적인가 입체적인가? 즉, 그래프의 꼭짓점을 그리고 그 엣지가 서로 교차하지 않고 하나의 평면에 모두 연결할 수 있는가의 문제다. 이는 복잡한 시스템의 자동 배선, 인쇄 회로, 대규모 집적 회로와 같은 애플리케이션에서 고려되는 주제다. 비평면 그래프 nonplanar graph 의 경우 그래프 두께와 엣지 사이의 교차 횟수와 같은 속성에 관심이 있다. 평면 그래프에 대한 동등한 조건은 이중 그래프의 존재인데, 그래프의 벡터 공간 측면에서 그래프와 이중 그래프 사이의 관계가 명확해지는 것이다. 여기서 선형 대수와 그래프가 결합하여 대수적 표현과 조합적 표현이 기하학적 도형에 관한 질문에 답하고 그 반대의 경우도 마찬가지다. 평면성 문제에서 우리는 꼭짓점(노드)이 세 개 이상의 차수를 가진 단순하고 분리되지 않은 그래프만 고려해야 한다. 또한 엣지의 수가 꼭짓점의 수를 세 배해서 6을 뺀 것보다 큰 그래프는 비평면 그래프다. 이 분야에서는 아직 해결되지 않은 문제가 많이 있다.

9.14.4 벡터 공간으로서의 그래프

그래프를 기하학적 객체이자 대수적 객체로 이해하고 두 표현 사이의 대응관계로 파악하는 것이 중요하다. 그래프의 경우 특히 더 중요하다. 모든 그래프는 그래프의 엣지의 수인 e에 대해 모듈로 modulo 2의 e차원 벡터 공간에 해당한다. 그래프가 $edge_1$, $edge_2$, $edge_3$ 세 개의 엣지만 가지고 있다고 하면 이는 벡터 $(0,0,0), (1,0,0), (0,1,0), (1,1,0), (1,0,1), (0,1,1), (0,0,1), (1,1,1)$을 포함하는 3차원 벡터 공간에 해당한다. 여기서 $(0,0,0)$은 3개의 엣지 중 어떤 것도 포함하지 않는 비어 있는 null 하위 그래프에 해당하고 $(1,1,1)$은 세 변을 모두 포함하는 전체 그래프에 해당한다. $(0,1,1)$은 $edge_2$와 $edge_3$만 포함하는 하위 그래프에 해당하며 이와 같은 방식으로 다른 경우들을 설명할 수 있다.

> **NOTE** 2를 모듈로 modulo 하는 정수 필드
>
> 2를 모듈로하는 정수 필드는 0과 1, 두 원소만 포함하며 덧셈과 곱셈 연산은 모두 2를 모듈로하여 이루어진다. 이러한 연산들은 사실 불리언 논리에서의 xor(배타적 논리합 연산자)와 and(논리곱 연산자)에 해당한다. 벡터 공간은 반드시 필드 위에서 정의되어야 하며 해당 필드의 스칼라로 벡터를 곱하는 것에 대해 닫혀 있어야 한다. 이 경우 스칼라는 0과 1만 있으며 곱셈은 모듈로 2로 이루어진다. 따라서 그래프는 유한한 필드 위에서의 벡터 공간으로써 좋은 예시가 된다. 이는 일반적인 실수나 복소수와는 다르다. 그래프의 벡터 공간 차

원은 그래프의 간선 수 e이며, 이 벡터 공간의 총 벡터 수는 2^e이다. 여기서 그래프 이론이 스위칭 회로(켜짐과 꺼지는 스위치), 디지털 시스템 및 신호에 어떻게 적용되는지 확인할 수 있다. 이 역시 모두 모듈로 2의 필드에서 작동하기 때문이다.

이처럼 간단한 대응관계와 선형 대수학 전체 분야에서의 지원을 바탕으로 절단점, 회로, 기본 회로, 스패닝 트리 및 기타 중요한 그래프 부분 구조들과 이들 사이의 관계를 벡터 부분 공간, 기저basis, 교차intersection, 직교성orthogonality 및 이러한 부분 공간들의 차원의 맥락에서 이해하려는 것은 자연스러운 시도다.

9.14.5 실현 가능성

우리는 이미 그래프를 완전히 설명하는 행렬 표현으로 인접 행렬과 근접 행렬을 사용했다. 회로 행렬circuit matrix, 절단 집합 행렬cut set matrix, 경로 행렬path matrix과 같은 행렬은 그래프의 또 다른 중요한 특성들을 설명한다. 물론 관련 연구는 이 모든 것이 서로 어떻게 연관되고 상호 작용하는지에 중점을 둔다.

또 다른 중요한 주제는 실현 가능성realizability이다. 주어진 행렬이 어떤 그래프의 회로 행렬이 되기 위해 만족해야 하는 조건은 무엇일까?

9.14.6 컬러링과 매칭

우리는 다양한 상황에서 그래프의 노드와 엣지 또는 평면 그래프의 영역에 레이블, 즉 색을 할당하고 싶을 때가 많다. 그래프에서는 각 노드에 할당하려는 색상이 인접한 노드와 같은 색을 갖지 않도록 하면서 동시에 최소한의 색을 사용하여 색질하는 것이 유명한 문제다. 그래프를 색칠하는 데 필요한 최소한의 색의 수를 채색 수 또는 착색 수chromatic number라고 한다.

매칭은 인접하지 않는 엣지들의 집합이다. 최대 매칭maximal matching은 인접하지 않는 엣지들의 최대 집합이다. 일반 그래프와 이분 그래프bipartite graph에서의 매칭은 학교에서 졸업 요건을 충족시키기 위한 최소 강의 집합 또는 직무 할당을 위해 직원 선호도와 매칭하는 등 다양한 응용 분야가 있다. 이는 결국 최대 유량 최소 절단^{max-flow min-cut} 문제가 된다. 우리는 랜덤 워크 기반의 알고리즘을 사용해 대규모 이분 그래프에서 완벽한 매칭을 찾을 수 있다.

9.14.7 열거

1857년 클레이는 포화 탄화수소 C_nH_{2n+2}의 이성질체 수를 세는 데 관심이 있었고, 이를 통해 n개의 노드를 가진 다양한 트리의 수를 세어 그래프 이론에 기여했다. 열거할 수 있는 그래프의 종류는 매우 다양하며 그 많은 그래프가 연구 논문의 주제가 되기도 했다. 예를 들어 모든 루트 트리^{rooted tree}, 단순 그래프^{simple graph}, 단순 다이그래프^{simple digraph}, 특정 속성을 가진 기타 그래프를 열거하는 것 등이 있다. 열거는 그래프 이론에서 매우 중요하고 방대한 분야다. 다양한 열거 기법 중 가장 중요한 하나는 포여의 계수 정리^{Pólya's counting theorem}로, 적절한 순열 그룹을 찾은 다음 그 순환 지표^{cycle index}를 구해야 하는데 이는 그리 간단하지 않다.

9.15 그래프 알고리즘과 연산 측면

그래프 모델링을 다루는 모든 사람에게 알고리즘과 컴퓨터 구현은 엄청난 가치가 있다. 전통적으로 다음과 같이 그래프 과제를 위한 알고리즘들이 있다.

- 그래프가 분리 가능^{separable}한지 알아본다.
- 그래프가 연결되어 있는지 확인한다.
- 그래프의 구성 요소를 찾는다.
- 그래프의 스패닝 트리^{spanning tree}를 구한다.
- 기본 회로 집합을 구한다.
- 절단 집합을 찾는다.
- 주어진 노드에서 다른 노드까지의 최단 경로를 구한다.
- 그래프가 평면 그래프인지 테스트한다.
- 특징 속성을 가진 그래프 구축한다.

요즘 그래프 신경망은 자체 오픈 소스 패키지를 갖추고 있다. 언제나 그렇듯이 알고리즘이 실제로 유용하려면 효율적이어야 한다. 실행 시간은 그래프의 노드 수에 따라 계승적^{factorially} 또는 기하급수적으로 증가하지 않아야 한다. 즉, 이는 n^k에 비례하는 다항 시간이어야 하며 여기서 k는 가급적 작은 숫자여야 한다는 의미다. 그래프 모델링 분야로 진출하고자 하는 사람이라면 그래프 이론과 연산 측면을 모두 익히는 것이 매우 유용할 것이다.

정리하기

지금까지 그래프 모델링의 다양한 측면을 예제, 애플리케이션, 직관력 강화에 중점을 두고 요약했다. 그림, 해당 분야의 현재 상태, 인공지능과의 관계에 대한 목표나 이해가 있어야 길을 잃지 않을 수 있다.

또한 그래프에서의 랜덤 워크, 베이즈 네트워크, 확률적 인과 모델을 소개하면서 〈Chapter 11 확률〉의 주요 주제인 확률적 사고 방향으로 초점을 돌려보았다(〈Chapter 11 확률〉로 들어가기 전에 인공지능에서 확률의 용도를 살펴보는 것이 필자의 의도였다).

마지막으로 좋은 읽을거리를 소개하며 마치려고 한다. 논문 「Relational Inductive Biases, Deep Learning, and Graph Networks」[248]에서는 딥러닝 커뮤니티에서 그래프 신경망을 채택하는 사례를 소개한다.

> 강력한 관계 귀납적 편향성을 가진 인공지능 도구의 새로운 구성 요소인 그래프 신경망은 그래프에서 작동하는 신경망에 대한 다양한 접근법을 일반화하고 확장하며 구조화된 지식을 조작하고 구조화된 행동을 생성하기 위한 간단한 인터페이스를 제공한다. 그래프 신경망이 어떻게 관계적 추론과 조합 일반화를 지원하여 더 정교하고 해석 가능하며 유연한 추론 패턴의 토대를 마련할 수 있는지에 대해 논의해보려고 한다.

---

248 https://oreil.ly/kjZ76

Chapter 10

운용 과학

> 과학자들의 위대함은 문제를 해결하는 기술이 아니라
> 문제를 선택하는 지혜에 있다.
> – E. 브라이튼 윌슨 (1908-1992), 미국 화학자

이번에는 인공지능을 운용 과학operation research 분야에 통합하는 것에 관해 살펴보려고 한다. 더 효율적이고 정보에 입각한 의사 결정을 위해 두 분야의 장점을 모두 활용하여 통합하는 과정을 살펴볼 것이다. 이 문장이 광고처럼 들리지만 이것이 운용 과학의 핵심이다. 머신러닝의 발전이 이 분야를 발전시키는 데 도움이 됐고 앞으로도 그럴 것이다.

운용 과학은 응용 수학에서 가장 매력적인 분야다. 운용 과학은 시간과 비용 효율적인 방법으로 다양한 요구 조건과 가용 자원의 균형을 맞추는 과학 분야다. 운용 과학의 많은 문제는 모든 것이 원활하고 효율적으로 작동하는 최적의 지점을 찾는 것으로 요약된다. 예를 들어 백업 없이 적시에 서비스 가능하며 낭비가 없고 비용이 적절할 뿐만 아니라 관련된 모든 사람에게 높은 수익이 발생하는 형태다. 많은 애플리케이션이 이러한 최적점을 찾는 데 실패하지만 여러 운용 과학을 통해 복잡한 현실 세계를 단순하게 모델링해 최적점에 최대한 가까이 도달할 수는 있다. 제약된 수학적 최적화constrained mathematical optimization는 모든 산업, 모든 네트워크, 그리고 우리 삶의 모든 측면에서 활용되고 있으며 제대로 수행하면 그 혜택을 누릴 수 있다. 하지만 잘못 수행하면 COVID-19, 우크라이나 전쟁, 공급망 중단과 같은 세계 및 지역 경제가 영향을 받을 수 있다.

머신러닝이 어떻게 운용 과학 분야에 적용되기 시작했는지 살펴보기 전에 이 분야에 관심 있는 사람이 운용 과학에 참여하려면 반드시 내재화해야 할 몇 가지 핵심 개념을 알아보자.

'공짜 점심은 없다' 정리

이 정리는 수학자들이 자연스럽게 가장 일반적이고 널리 적용 가능한 방법을 찾는 대신 당면한 특수한 상황에 가장 적합한 방법을 고안하고 분석하는 데 관심을 기울이게 만든다. 이는 모든 수학자에게 여유를 가지라고 요구하는 동시에 특정 유형의 문제에 대한 특수하고 전문화된 해결책에 만족하라고 말하는 것과 같다.

문제의 복잡도 분석complexity analysis과 알고리즘의 점근적 분석asymptotic analysis

점근적 분석은 매우 혁신적이고 천재적인 알고리즘이라 할지라도 문제의 크기에 따라 연산량이 많아지면 쓸모가 없음을 알려준다. 운용 과학에서의 해결책은 변수가 많은 대규모 시나리오에 맞게 확장 가능해야 한다. 반면 복잡도 분석은 문제를 해결하기 위해 고안된 알고리즘이 아닌 문제 자체의 난이도를 다룬다. 조합 문제에서는 $O(n!)$로 복잡도가 매우 높다. $n!$은 충분히 큰 n에 대해 k^n보다 훨씬 크다(지수적으로 늘어나는 $O(k^n)$이 좋지 않은 것은 모두가 알고 있을 것이다).

운용 과학의 주요 주제와 애플리케이션

이러한 주제는 운용 과학에 관한 좋은 책에서 쉽게 찾을 수 있다. 운용 과학과 관련된 책 한 권정도는 구비해두는 것을 추천한다. 이 분야에서 성공하고자 한다면 특정 애플리케이션과 비즈니스 목표를 수학 공식으로 바꾸는 것은 매우 중요한 기술이다.

다양한 최적화 방법과 알고리즘

운용 과학 해결책과 소프트웨어 패키지의 핵심이다.

소프트웨어 패키지

이 Chapter에서 알고리즘이나 계산에 관해 자세히 설명하지 않는 이유는 이러한 소프트웨어 패키지의 광범위한 활용성 때문이다.

운용 과학을 5개로 요약하면 **수학적 공식화, 최적화, 알고리즘, 소프트웨어, 의사 결정**이다.

우리 주변 기업의 운영 관리 방식을 살펴본다는 맥락에서 개념을 생각하면 이해하기 쉬울 것이다. 아마존의 물류 센터를 생각해보자. 아마존은 세계 최대의 이커머스 기업이다. 2022년 아마존의 미국 온라인 상거래 시장 점유율은 45%에 달한다. 매일 수백만 개의 상품을 판매하고 배송하며 매초 약 5,000달러의 매출을 올리고 있다. 아마존은 어떻게 성공할 수 있었을까? 아마존은 재고, 창고, 운송 및 배송 시스템을 어떻게 관리할까? 아마존은 어떻게 하위 문제를 수식화하여 하나의 큰 성공적인 운영 방식으로 통합할 수 있었을까? 우버Uber와 같은 운송 시스템도 마찬가지다. 우버는 매일 전 세계에서 최대 1,500만 건의 차량 공유 서비스를 제공한다. 드라이버와 탑승객을 연결하며 승차 및 하차 경로와 시간을 계산하고 여행 가격을 책정한다. 또한 드라이버 수익과 수요 및 **공급 패턴을 예측하고, 수많은 분석을 수행한다.**

이러한 대규모 시스템이 원활히 작동하게 하는 복잡하고 고도로 연결된 최적화 문제는 운용 과학의 전형적인 문제다. 게다가 관련된 문제 중 상당수는 NP-난해NP-hard[249] 문제다. 여기에 확률적 특성까지 더해 풀어야 하는 재미있는 수학 문제도 많다.

운용 과학의 수학적 방법론과 알고리즘은 전 세계적으로 매년 수십억 달러를 절약하게 해준다. 미국 500대 기업을 대상으로 수행한 설문 조사에 따르면 85%가 선형 프로그래밍을 사용하는 것으로 나타났다. 여기서 선형 프로그래밍이란 선형 최적화의 다른 이름이며 운용 과학에서 매우 큰 비중을 차지한다. 앞으로 단체법simplex method과 쌍대성duality에 대해 상당한 시간을 할애할 이유이기도 하다.

(Chapter 10을 다 읽은 후) 운용 과학에 대해 더 자세히 알고 싶다면 다음과 같은 이 분야 최고 전문가의 자료가 도움이 될 것이다.

---

249 옮긴이_ NP-난해를 이해하려면 먼저 NP를 이해해야 한다. NP란 'Non-deterministic Polynomial time'의 약자로 다항식 시간 내에 답을 구할 수 있는 비결정론적 문제의 집합을 의미한다. 예를 들어 '예' 혹은 '아니오'라고 답할 수 있는 문제에서 '예'라고 답했을 때, 정답이 '예'가 맞는지를 다항식 시간 내에 확인할 수 있으면 그 문제를 NP 문제라고 한다. 즉, 현재 문제를 해결할 수 있는 방법이 없지만 만약 방법을 찾게 되면 다항식 시간 내에 해결이 가능한 문제가 NP 문제다. NP는 NP-난해(NP-hard)와 NP-완전(NP-complete)으로 나뉜다. NP-난해 문제란 어떤 결정 문제 Y에 대해 NP에 속하는 임의의 문제 X가 Y로 다항 시간 내에 환원이 가능하면, 즉 $\forall X \in NP, X \leq Y$를 만족하면 Y를 NP-난해라고 한다. 여기서 환원(reduction)이라는 개념에 대해 쉽게 설명하자면, 쉬운 문제를 더 어려운 문제로 바꿀 수 있다는 뜻이다. 예를 들어 곱셈과 덧셈에 환원 개념을 대입해보자. 5×5는 5를 5번 더한 것과 같다(문제 1: 곱셈, 문제 2: 덧셈). 덧셈 문제를 풀면 곱셈 문제도 당연히 해결할 수 있다. 곱셈은 덧셈을 반복하는 것과 같기 때문이다. 즉, 우리는 이런 경우에 '문제 1: 곱셈' 문제를 '문제 2: 덧셈' 문제로 환원시킬 수 있다고 한다. 따라서 덧셈 문제는 곱셈 문제보다 어렵다고 결론 내릴 수 있다. 다시 NP-난해의 정의로 돌아가보자. 이제 '다항 시간 내에 NP 문제를 어떤 문제로 환원할 수 있다면 그 문제를 NP-난해라고 할 수 있다'라는 말을 이해할 수 있을 것이다. 이 정의로부터 얻을 수 있는 특징은 NP-난해 문제는 세상에 있는 모든 NP 문제보다 어렵다는 점이다. 다음으로, NP-완전이란 NP-난해 문제에도 포함되면서 NP 문제에도 포함되는 문제를 의미한다. 따라서 NP-완전 문제는 NP 문제 중 가장 어려운 문제라고 할 수 있다.

- 고급 분석, 운용 과학, 경영 과학 분야의 업적을 기리는 프란츠 에델만 상[Franz Edelman Award]의 수상작과 최종 후보였던 프로젝트[250]
- 프레드릭 힐리어[Frederick Hillier]와 제럴드 리버만[Gerald Lieberman]의 『Introduction to Operations Research』 (McGraw Hill, 2020)

10.1 공짜 점심은 없다

최적화에 있어 '공짜 점심은 없다'는 정리에 따르면 모든 문제에 대해 가장 잘 작동하는 최적화 알고리즘은 없다. 목적 함수(비용 함수[cost function], 손실 함수[loss function], 효용 함수[utility function], 가능도 함수[likelihood function])의 최적화 지점을 찾는 모든 알고리즘은 적용할 수 있는 모든 목적 함수에 대해 평균을 내면 비슷한 성능을 보인다. 따라서 어떤 알고리즘이 어떤 목적 함수에서 다른 알고리즘보다 더 나은 성능을 발휘한다면 해당 알고리즘은 또 다른 목적 함수에서는 낮은 성능을 보이며 오히려 다른 알고리즘이 더 나은 성능을 보일 수 있다. 모든 종류의 문제에 대해 잘 작동하는 알고리즘은 없다. 따라서 알고리즘을 문제(또는 적용 영역)에 따라 다르게 선택해야 한다. 애플리케이션에 따라 실무자가 사용하는 알고리즘, 알고리즘을 선택한 이유, 고차원 및 합리적인 차원의 문제에서 다른 알고리즘과의 비교에 대한 많은 정보가 있다. 더 나은 성능에 도달하려는 끊임없는 시도는 주로 속도(계산 비용이 높지 않음)와 정확도(좋은 답을 제공함)라는 두 가지 기준에 근거한다.

10.2 복잡도 분석과 빅오 표기법

다양한 제약 조건하에 한정된 자원을 효율적으로 할당하는 문제는 이산 최적화를 위한 효율적인 알고리즘을 고안하는 것으로 귀결되는 경우가 많다. 선형 프로그래밍, 정수 프로그래밍[integer programming], 조합 최적화[combinatorial optimization], 그래프(네트워크) 구조에 대한 최적화는 서로 얽혀 있으며(때로는 같은 것을 다른 이름으로 부르는 경우도 있다) 하나의 목표를 다룬다. 목

---

250 *https://oreil.ly/fuewK*

표의 예로는 불연속적이고 유한한 집합, 실행 가능한 집합feasible set에서 최적점을 찾는 것 등이 있다. 실행 가능한 집합이 처음부터 이산형이 아닌 경우 다양한 도구를 활용해 이산형 집합으로 줄일 수 있다. 여기서 가장 중요한 점은 일반적으로 전수 조사로는 문제를 해결할 수 없다는 것이다. 실행 가능한 집합에서 사용 가능한 모든 옵션을 나열하고 각 옵션에서 목적 함수를 평가하면 최적의 답을 찾을 순 있겠지만 거기까지 도달하는 데 엄청난 시간이 필요하다. '유한한 실행 가능성'이 방대하지 않다는 의미는 아니다. 검색 공간의 넓은 범위에서 효율적으로 최적의 답을 찾을 수 있는 특수 알고리즘이 필요하다. 어떤 알고리즘은 특정 문제에 대해 정확한 해답을 찾아낼 수 있지만 또 어떤 알고리즘은 근사치만 찾을 수 있어 그 근사치에 만족할 수밖에 없다.

여기까지만 읽으면 혼란스러움을 느끼는 사람이 많을 것이므로 다음과 같이 구분해보겠다.

복잡도 분석은 해결하고자 하는 문제(경로, 외판원 문제traveling salesman problem, 배낭 채우기 문제)를 위한 것이다

문제의 본질적인 복잡성은 문제를 해결하는 데 사용되는 알고리즘과는 무관한다. 사실 복잡도 분석은 때로 문제에 대해 더 효율적인 알고리즘을 기대할 수 없거나 다른 경우에 더 잘할 수 있다는 것을 알려주기도 한다. 어쨌든 문제에 대한 복잡도 분석은 그 자체로 매우 훌륭한 과학 분야이며, 운용 과학 분야에서는 복잡한 문제에 대해 더 고민해볼 수 있도록 정보를 제공하기도 한다. 이 지점에서 다항식 문제polynomial problem, 비결정 다항식 문제nondeterministic polynomial problem, 비결정 다항식 완전 문제nondeterministic polynomial complete problem, 비결정 다항식 시간 문제nondeterministic polynomial time hard problem, 보완 비결정 다항식 문제complement nondeterministic polynomial problem, 보완 비결정 다항식 완전 문제complement nondeterministic polynomial complete problem와 같은 용어가 등장한다. 이러한 용어들은 큰 혼란을 일으킬 수 있으므로 누군가 그 명명법에 대해 재고해볼 필요가 있다. 여기서는 각각의 문제를 정의하지 않을 것이다. 이들 문제 사이의 경계에 관한 이론이 명확하게 정립되지 않았기 때문이다. 그 대신 다항식 시간 내에 해결할 수 있는 문제와 어떤 알고리즘을 사용하더라도 다항식 시간 내에 정확한 해를 찾을 수 없는 문제(예 외판원 문제)로 구분하여 근사 알고리즘에 만족해야 하는 경우를 설명하려고 한다. 예를 들어 $O(n^{2000})$은 결코 빠르지 않은 분석 결과이므로 다항식 시간 문제가 그렇게 좋은 것이 아닐 수도 있다는 점에 유의하자.

점근적 분석은 문제를 해결하기 위해 설계하는 알고리즘을 위한 것이다

여기서 알고리즘에 필요한 연산 횟수를 추정하고 문제의 크기와 비교하여 정량화하려고 시도한다. 일반적으로 빅오 표기법을 사용한다.

> **NOTE 빅오 표기법**Big-O Notation
>
> 함수 $g(n)$은 어떤 상수 c에 대해 $g(n) \leq cf(n)$일 때 그리고 모든 $n \geq n_0$일 때 $O(f(n))$이다. 예를 들어 $2n + 1$은 $O(n)$, $5n^3 - 7n^2 + 1$은 $O(n^3)$, $n^2 2^n - 55n^{100}$은 $O(n^2 2^n)$, $15n\log(n) - 5n$은 $O(n\log(n))$이다. 알고리즘의 연산 횟수가 문제의 크기와 무관한 상수 점근의 경우 $O(1)$임을 잊지 말자. 엄청나게 크기가 큰 문제를 걱정할 필요 없이 확장할 수 있다는 뜻이므로 대단히 멋진 값이다.

일부 알고리즘의 경우 정확한 연산 횟수를 계산할 수 있다. 예를 들어 길이가 n인 두 벡터의 스칼라곱을 계산할 때 그 알고리즘은 정확히 $2n - 1$의 덧셈과 곱셈을 사용하므로 $O(n)$이 된다. 크기가 각각 $n \times n$인 두 행렬을 곱하는 경우 첫 번째 행렬의 각 행과 두 번째 행렬의 각 열의 스칼라곱을 계산하는 알고리즘은 정확히 $(2n - 1)n^2$의 연산을 필요로 하므로 $O(n^3)$이 된다. 행렬의 역행렬을 구하는 연산 역시 일반적으로 $O(n^3)$이다.

알고리즘의 점근적 분석에 관심이 있는 사람이라면 연산 횟수를 세는 것보다 좀 더 복잡하다는 것을 금방 알 수 있다. 입력의 크기(n은 무엇을 의미할까?), 알고리즘의 연산 횟수를 계산하는 방법(코드 라인별로 계산할까?), 큰 숫자를 계산하는 것이 작은 숫자를 계산하는 것보다 시간과 메모리를 더 많이 소비한다는 사실을 무시할 수 없기 때문이다. 마지막으로 우리는 다항식 시간 내에 실행되는 알고리즘을 선호하고 지수 시간 이상에서 실행되는 알고리즘은 선호하지 않는다. 아주 간단한 예를 들어 설명해보겠다.

선다항식 알고리즘 $O(n^k)$ vs 지수 알고리즘 $O(k^n)$

조당 10^i개의 연산을 수행할 수 있는 컴퓨터에서 작업한다고 가정해보자. 1,000초 동안, 즉 약 16분 동안 두 가지 알고리즘을 실행시킨다고 해보자. 두 알고리즘은 각각 문제의 크기가 지수인 하나의 알고리즘 $O(2^n)$과 문제의 크기가 다항식 $O(n^3)$이다. 이 경우 문제의 크기는 n이며 이는 그래프의 노드 수, 행렬의 요소 수, 데이터셋의 피처 수 또는 인스턴스 수와 같이 입력의 차원을 측정하는 척도다. 이 컴퓨터에서 각 알고리즘이 16분 동안 처리할 수 있는 문제의 최대 크기는 몇일까?

지수 시간 알고리즘의 경우 필요한 연산 횟수는 최대(최악의 경우) $c2^n = 10^7 * 1000$이다. 여기서 c는 되도록 작은 값이라고 생각하자. 따라서 1초에 천만 번의 연산으로 1,000초 동안 실행할 수 있는 문제의 크기는 $n = 10\log_2(10) - \log_2(c) \approx 33$이다.

이제 다항식 시간 알고리즘과 비교해보자. 이 알고리즘의 최악의 경우는 $cn^3 = 10^7 * 1000$이므로 $n = \frac{1}{\sqrt[3]{C}}\sqrt[3]{10^{10}} \approx 2100$이다. 이는 지수 시간 알고리즘보다 거의 두 배 이상 차이가 난다.

결과적으로 동일한 하드웨어와 시간이 주어졌을 때 다항식 시간 알고리즘 $O(n^k)$을 사용하면 지수 알고리즘 $O(k^n)$보다 훨씬 더 크고 많은 문제를 해결할 수 있다. 조합 시간 알고리즘 $O(n!)$은 절망적이다. 게다가 우리는 k가 항상 작기를 바란다(작을수록 좋다).

근사적 영역이나 점근적 영역이 아닌 정확한 영역에서 작업하는 데 익숙한 사람은 이러한 논의를 하는 데 어려움을 겪을 수 있다. 왜냐하면 때때로 고차 알고리즘이 저차 알고리즘보다 작은 크기의 문제에 더 적합할 수 있기 때문이다. 예를 들어 $O(n)$ 알고리즘에서 연산 횟수가 정확히 $20n - 99$이고 $O(n^2)$ 알고리즘의 연산 횟수가 $n^2 + 1$이라고 가정하면 점근적으로(또는 충분히 n이 큰 경우) $O(n)$ 알고리즘이 $O(n^2)$ 알고리즘보다 낫지만 n이 10보다 작으면 그렇지 않다. n이 10보다 작으면 $n^2 + 1 < 20n - 99$이기 때문이다. 이런 현상은 충분히 작은 문제에는 괜찮지만 더 큰 문제에는 적용되지 않는다.

여기서는 선형 최적화(목적 함수와 제약 조건 모두 선형인 최적화)에 사용되는 두 가지 최적화 방법인 단체법simplex method과 내부점법interior point method을 살펴볼 것이다. 내부점법은 다항식 시간 알고리즘이며 단체법은 지수 시간 알고리즘이다. 따라서 모든 사람이 내부점법을 사용하고 단체법을 버릴 것이라고 예상할 수 있지만 그렇지 않다. 선형 최적화에서는 내부점법 대신 단체법과 쌍대 단체법이 널리 사용된다. 그 이유는 지수 시간이 최악의 경우인데, 대부분의 애플리케이션에서는 지수 시간이 연산 시 최악의 경우가 아니기 때문이다. 또한 일반적으로 알고리즘 간에는 반복당 연산량, 필요한 반복 횟수, 더 나은 시작점의 효과, 알고리즘이 수렴할지 또는 끝 부분에서 추가적인 도움이 필요할지, 이 추가적인 도움이 얼마나 많은 계산을 요구할지, 그리고 알고리즘이 병렬 처리의 이점을 취할 수 있을지에 대한 트레이드 오프가 존재한다. 이러한 이유로 선형 최적화를 위해 개발된 패키지나 라이브러리들은 단체법과 내부점법(그리고 다른 많은 알고리즘)을 효율적으로 구현하고 있다. 결국 사용 사례에 가장 잘 맞는 것을 선택하면 된다.

10.3 최적화: 운용 과학의 핵심

다시 최적화에 관한 주제로 돌아왔다. 머신러닝에서 결정론적 함수를 학습하는 모델의 경우 그 최적화는 손실 함수를 최소화하는 것이고, 확률 분포를 학습하는 모델의 경우라면 확률 함수를 최대화하는 것이다. 데이터와 정확히 일치하는 솔루션은 한 번도 보지 못한 데이터에 대해 일반화가 잘 이루어지지 않기 때문에 이는 우리가 원하는 목표가 아니다. 따라서 정규화 방법과 조기 종료^{early stopping} 등의 방법이 함께 사용된다. 머신러닝에서는 사용 가능한 데이터, 즉 데이터의 출처가 되는 결정론적 함수나 확률 분포(데이터 생성 규칙 또는 프로세스)를 사용하여 모델을 학습한 다음 이 학습된 함수나 분포를 사용해 추론을 수행한다. 정규화 조건이 있든 없든 손실 함수를 최소화하는 것은 최적화 과정의 한 단계일 뿐이다. 머신러닝에서 등장하는 손실 함수는 일반적으로 미분 가능하고 비선형적이며 최적화에 제약 조건이 없다. 애플리케이션에 따라 제약 조건을 추가하여 최적화 과정을 원하는 영역으로 유도할 수 있다.

최적화 방법에는 머신러닝에서 가장 많이 쓰이는 경사 하강(확률적 경사 하강, Adam 등)과 같은 목적함수 $f(\vec{x})$의 도함수를 계산하는 과정이 포함될 수도 있고 아닐 수도 있다. 미분이 필요 없는 최적화 알고리즘도 있다. 이러한 알고리즘은 꼭짓점이 있는 함수처럼 목적 함수를 미분할 수 없거나 목적 함수의 공식조차 구할 수 없는 경우에 매우 유용하다. 미분으로부터 자유로운 최적화 방법의 예로는 베이즈 검색^{Bayesian search}, 쿠쿠 검색^{Cuckoo search}, 유전 알고리즘^{genetic algorithm} 등이 있다.

최적화, 특히 선형 최적화는 2차 세계대전 이후 군사 물류 및 작전을 지원하기 위해 단체법과 같은 선형 최적화 방법이 개발된 이래로 작전 연구의 핵심이 되어 왔다. 항상 그렇듯이 목표는 특정 제약 조건(📍 예산, 마감일, 용량 등)이 주어졌을 때 목적 함수(📍 비용, 거리, 시간 등)를 최소화하는 것이다. 이를 다음과 같이 간단히 나타낼 수 있다.

$$\min_{constraints} f(\vec{x})$$

운용 과학을 위한 최적화를 배우는 일반적인 과정에서는 선형 최적화, 정수 최적화, 네트워크(그래프) 최적화에 많은 시간을 할애하는데, 이는 실제 물류 및 자원 할당 문제가 이러한 공식에 완벽하게 들어 맞는 경우가 많기 때문이다. 성공적인 운용 과학자가 되려면 다음 주제를 꼭 학습해야 한다.

선형 최적화

목적 함수와 제약 조건이 모두 선형인 경우다. 여기서는 단체법, 쌍대성, 라그랑주 완화법 Lagrangian relaxation[251], 민감도 분석 sensitivity analysis 에 대해 알아본다. 선형 문제에서는 세상의 경계를 선, 면, 초평면으로 이루진 평평한 것으로 본다. 이 다면체에는 일반적으로 최적화의 후보가 될 수 있는 꼭짓점이 있으므로 이러한 점을 선별하고 최적화를 테스트하는 체계적인 방법을 고안 해야 한다. 단체법과 쌍대 단체법이 이런 작업을 수행한다.

내부점법

단체법의 범위를 벗어날 수 있는 대규모 선형 최적화 문제의 경우다. 요약하자면 단체법은 탐색 가능 공간의 경계(다면체의 가장자리)를 한 바퀴 돌아 도착하는 각 꼭짓점에서 최적화를 확인한 다음 경계에 있는 다른 모서리로 이동한다. 반면 내부점법은 탐색 가능 공간의 내부를 통과하여 경계가 아닌 탐색 가능 공간의 내부에서 최적점에 도달한다.

정수 프로그래밍

최적화 벡터의 모든 원소가 정수여야 하는 최적화 경우다. 때로는 원소가 0 또는 1만 가지게 할 수도 있다(**예** 트럭을 오하이오의 창고로 보낼까 말까?). 배낭 문제 knapsack problem[252]는 여기에 해당되는 매우 간단한 예제다. 여기서 우리는 대규모 정수 프로그래밍 문제에 대한 분기 및 한정 bound 방법을 알아볼 것이다.

네트워크 최적화

많은 네트워크 문제를 선형 최적화 문제로 재구성하여 단체법 등의 최적화 방법을 적용할 수 있지만 네트워크 구조를 활용하면서 최대 흐름 최소 절단 정리와 같은 그래프 이론의 유용한 결과를 활용하는 것이 훨씬 더 효율적인 알고리즘을 만드는 데 유리하다. 네트워크의 많은 문제는 다음 중 하나를 최적화하는 것으로 귀결된다.

- 네트워크 최단 경로(하나의 노드에서 다른 노드까지의 최소 거리 또는 최소 비용 경로)
- 네트워크의 최소 스패닝 트리(네트워크 설계 최적화에 유용함)

---

251 *https://oreil.ly/QEZXW*
252 *https://oreil.ly/iT2Wd*

- 최대 흐름(출발지에서 목적지까지)
- 최소 비용 흐름, 다중 상품 유통, 외판원의 이동(네트워크의 모든 노드를 한 번만 통과하는 최소 비용, 최소 거리, 최소 무게. 순환 경로 찾기, 해밀턴 회로)

비선형 최적화

목적 함수 및/또는 제약 조건이 비선형인 경우다. 비선형 최적화의 예는 (이 책 전반에 걸쳐 반복되는) 머신러닝 모델의 비선형 손실 함수를 최소화하는 것이다. 이러한 함수는 항상 비선형이며, 일반적으로 경사 하강형 알고리즘을 사용한다. 더 작은 문제에는 뉴턴 유형 알고리즘(2차 도함수)을 사용할 수 있다. 운용 과학에서는 한 위치에서 다른 위치로 상품을 배송하는 비용이 고정되어 있지 않거나(예 거리 또는 수량에 따라 달라지는 비용) 네트워크를 통한 흐름에 손실 또는 이득이 포함될 수 있기 때문에 목적 함수 및/또는 제약 조건에 비선형성이 나타날 수 있다. 우리가 많이 알고 있는 비선형 최적화의 특별한 유형은 선형 제약 조건이 있는 이차 최적화다. 이는 전기 회로의 네트워크 방정식이나 구조물의 변위displacement, 응력stress, 변형률strain, 힘의 균형balance of force을 고려하는 구조물의 탄성 이론과 같은 응용 분야에서 자주 나타난다. 이차 함수 $f(x) = sx^2$의 최솟값을 구하는 것이 얼마나 쉬웠는지 생각해보자. 여기서 s는 양의 상수다. 이차 함수에서 최솟값을 구하는 간단한 방법이 고차원으로 변환되면 목적 함수는 다음과 같아진다.

$$f(\vec{x}) = \vec{x}^t S \vec{x}$$

여기서 S는 양반정 행렬positive semidefinite matrix로 1차원에서 양의 상수와 동일한 역할을 한다. 선형 최적화처럼 여기서도 유사하게 활용할 수 있는 쌍대성 이론도 있다. 최적화에서 선형성을 잃었다면 적어도 우리는 함수가 이차적이거나 제약 조건이 선형적이기를 바란다. 이것마저도 잃어버렸다면 함수의 실행 가능한 집합이 볼록하기를 바란다. 여기서 볼록 특성도 잃게 되면 우리의 알고리즘이 고차원 환경에서 극소점에 갇히지 않고 어떻게든 최적의 솔루션으로 가는 길을 찾을 수 있도록 노력해야 한다.

동적 계획법과 마르코프 의사 결정 프로세스

동적 계획법dynamic programming은 여러 단계로 나뉘어 구성된 프로젝트와 관련이 있다. 각 단계마다 결정을 내려야 하고 각 결정은 즉각적인 비용을 발생시킨다. 각 단계에서의 결정은 현재 상태와 다음 상태로 전환하기 위한 정책(결정 함수 또는 확률의 최소화를 통해 다음 상태를 선택)과 관련이 있다. 동적 계획법은 재귀적 방법을 사용하여 특정 목표를 달성하기 위한 최적의 연관된 결정 순서를 효율적으로 찾는 것을 목표로 한다. 여기서의 핵심은 결정 과정의 각 단계에 대한 모든 옵션을 나열하는 것을 피하면서 최적 조합을 찾아 선택하는 것이다. 이렇게 꼼꼼히 검색하고 탐색하는 것은 결정 단계가 많고 각 단계마다 많은 상태를 가질 때 비용이 매우 많이 든다는 문제가 있다. 이제 한 단계에서 다른 단계로의 전환 정책이 결정론적이지 않고 확률적이면서 의사 결정 과정의 단계가 무한히 반복된다면, 즉 프로젝트의 단계 수가 무한히 많다면 우리는 마르코프 의사 결정 과정(또는 마르코프 체인^{Markov chain})을 다루고 있는 것이다. 이는 시간에 따라 확률적으로 진화하는 프로세스다. 마르코프 의사 결정 과정의 매우 특별한 특징은 이 과정이 미래에 어떻게 진화할지와 관련된 확률이 과거의 사건들과는 독립적이며 오직 시스템의 현재 상태에만 의존한다는 점이다. 이산 시간 및 연속 시간 마르코프 체인은 모두 대기열 시스템, 차량 대기 시간을 최소화하기 위한 동적 신호등 제어, 유연한 콜센터 직원 배치와 같은 중요한 시스템을 모델링할 수 있다. 여기서 중요한 수학 객체는 전이 행렬^{transition matrix}이며 이를 통해 정상 상태의 확률을 구할 수 있다. 결국 전이 행렬의 고유 공간을 계산해야 한다.

확률적 알고리즘

확률적 전환 정책을 사용하는 동적 계획법과 마르코프 체인은 모두 확률적 알고리즘의 예다. 확률적 경사 하강과 그래프의 랜덤 워크도 마찬가지다. 랜덤 요소를 포함하는 모든 알고리즘은 확률 이론적 알고리즘이다. 여기서 사용되는 수학 개념은 확률, 기대값, 정지 상태^{stationary state}, 수렴 등의 단어로 요약될 수 있다. 확률적 알고리즘과 프로세스 분석이 등장하는 또 다른 예로는 병원 응급실이나 선박 정비소의 대기열과 같이 대기 행렬 이론^{queueing theory}이 있다. 이는 고객의 도착 시간과 서비스 시설별 서비스 시간의 확률 분포를 기반으로 한다.

메타 휴리스틱^{metaheuristics}

최적화 문제를 마주할 때 모든 것에 대한 최적의 솔루션을 찾는 것이 비현실적인 경우가 있다. 이 경우 최적은 아니지만 당면한 문제에 대한 충분히 좋은 해답(정답이라고 부르지는 않겠다)을 찾기 위해 휴리스틱한 방법을 사용할 수 있다. 메타 휴리스틱은 특정 문제 그룹에 맞는 휴리스틱한 방법을 개발하기 위한 전략 및 지침과 일반적인 프레임워크를 제공하는 솔루션이다. 휴리스틱 방법을 통해 답변의 최적성을 보장할 수는 없지만 최적의 정답을 구하는 데 너무 많은 비용이 들거나 구할 수 없는 경우에 만족스러운 솔루션을 빨리 찾을 수 있도록 도와준다. 만족도에 대한 문제도 있다. 운용 과학의 문제 대부분은 항상 제약 조건이 따르기 때문에 자연스럽게 '제약 조건을 만족할 수 있는가?'라는 질문이 뒤따른다. 다시 말해, '실현 가능한 집합이 비어 있지는 않은가?'라는 질문을 할 수 있다. 그래서 일부 운용 과학 문제는 만족도 문제로 재구성되기도 한다.

실제 문제에서 운용 과학 부서의 업무 중 큰 부분을 차지하는 것은 이러한 최적화 프레임워크 중 하나에 적합한 방식으로 구체적인 사용 사례와 목표를 공식화하는 것이다. 여기서 더 효율적인 알고리즘을 위해 활용할 수 있는 특수 구조(⑩ 행렬의 희소성) 또는 하위 구조를 인식하는 것이 중요하다. 이러한 구조는 복잡한 대규모 시스템에서 매우 중요하다.

10.4 최적화에 대한 고찰

수학에서 다음과 같은 최적화 문제에 직면했다고 가정해보자.

$$\min_{\vec{x} \in \text{실행 가능한 집합}} f(\vec{x})$$

여기서 실행 가능한 집합$^{\text{feasible set}}$은 벡터 $\vec{x}$가 만족해야 하는 몇 가지 제약 조건에 의해 정의된다(또는 제약 조건이 없을 수도 있다). 우리는 잠시 멈추고 다음과 같은 브레인스토밍을 해야 한다.

- $f(\vec{x})$가 선형인가?
- $f(\vec{x})$가 볼록한가? 아래로 유계인가?
- 최솟값이 유한한가? 아니면 $-\infty$인가?
- 실행 가능한 집합이 비어 있지는 않은가? 즉, 실제로 제약 조건을 만족하는 $\vec{x}$가 존재하는가?
- 실행 가능한 집합이 볼록한가?
- 최솟값을 만드는 $\vec{x}$가 존재하는가?
- 최솟값을 만드는 $\vec{x}$가 유일한가? 아니면 여러 개인가?
- 최솟값을 만드는 $\vec{x}$는 어떻게 찾을 수 있을까?
- 최솟값은 얼마인가?
- 제약 조건이나 목적 함수에 어떤 변화가 생기면 최솟값과 이를 만드는 $\vec{x}$는 얼마나 변하는가?

지금 당면한 문제의 유형에 따라 이러한 질문에 바로 답할 수 있는 경우도 있고, 일부 질문에만 답할 수 있는 경우도 있을 것이다. 하지만 최적화 도구와 최적값에 대한 정보는 모두 가치가 있기 때문에 어떤 경우라도 괜찮다.

이제 일반적인 유형의 최적화 문제를 좀 더 자세히 살펴보자.

10.4.1 최적화: 유한한 차원과 제약 조건이 없는 경우

미적분학 수업에서 최적화나 머신러닝 모델을 학습할 때 손실 함수를 최소화하는 최적화와 유사하다. 목적 함수 $f(\vec{x})$는 미분 가능하다.

$$\min_{\vec{x} \in \mathbb{R}^d} f(\vec{x})$$

제약이 없고 미분 가능한 최적화에서 최솟값을 만드는 $\vec{x}^*$는 $\nabla f(\vec{x}) = 0$을 만족한다. 또한 헤시안 행렬(2차 미분 행렬)은 $\vec{x}^*$에서 양의 준정부호다. 머신러닝을 위한 최적화를 논의할 때 우리는 매우 고차원의 문제들에 대해 확률적 경사 하강법과 그 변형들을 사용하기로 했다. 더 작은 문제의 경우 뉴턴형(1차 미분뿐만 아니라 2차 미분까지 다룸) 방법들도 잘 작동한다. 선형 회귀에서 평균 제곱 오차 손실 함수와 같은 극히 일부 문제의 경우 해석 해를 구할 수도 있다. 해석 해를 구할 수 있는 예제는 일반적으로 미적분학 책에 있는 예제처럼 신중하게 구성된 문제이거나 또는 그 문제가 다루는 차원이 매우 낮은 경우다.

10.4.2 최적화: 유한한 차원과 라그랑주 승수의 제약 조건

제약 조건이 $g(\vec{x}) = b$ 하나만 있는 경우를 생각해보자. 이 경우 최소화 문제는 다음과 같다.

$$\min_{\substack{g(\vec{x})=b \\ x \in \mathbb{R}^d}} f(\vec{x})$$

$f(\vec{x})$와 $g(\vec{x})$가 $\mathbb{R}^d \to \mathbb{R}$에서 미분 가능한 함수인 경우 라그랑주 승수를 도입하여 문제를 제약 조건이 없는 문제로 바꿀 수 있다. 하지만 이 경우 더 높은 차원으로 바뀐다(최적화 문제에서 도입되는 새로운 라그랑주 승수에 해당한다). 여기서 보면 알겠지만 그 어떤 것도 공짜는

없다. 이 경우 목적 함수에 제약 조건의 배수를 더한 다음 최소화를 통해 기울기가 0이 되는 점을 찾는다. 제약 조건이 없는 문제에 대한 새로운 목적 함수를 라그랑주^{lagrangian} 함수라고 하며, 이 함수는 결정 벡터 $\tilde{x}$와 라그랑주 승수라고 하는 제약 조건을 곱한 새로운 변수 λ에 대한 함수다.

$$\mathcal{L}(\tilde{x}; \lambda) = f(\tilde{x}) + \lambda(b - g(\tilde{x}))$$

제약 조건이 두 개 이상인 경우, 예를 들어 제약 조건이 5개면 조건 각각에 대해 라그랑주 승수를 도입하여 최적화 문제에 5개의 차원을 추가한다. 이렇게 하면 제약된 문제에서 제약이 없는 문제로 바꿀 수 있다.

제약 조건이 없는 문제의 최적을 만드는 지점 $(\tilde{x}^*, \lambda^*)$는 다음을 만족해야 한다.

$$\nabla \mathcal{L}(\tilde{x}; \lambda) = 0$$

$(\tilde{x}^*, \lambda^*)$의 $\tilde{x}^*$는 원래 찾고자 했던 제약 조건이 있는 문제의 해다. 즉, 제약 조건 $g(\tilde{x}^*) = b$에 의해 정의된 초곡면^{hypersurface}에서 f 값이 가장 작은 점이다.

당면한 문제가 f가 이차식이고 제약 조건 g가 선형인 경우 또는 f와 g가 모두 선형인 경우와 같이 우리가 활용할 수 있는 특수한 구조를 가지고 있다면 (쌍대성을 도입할 수 있는) 라그랑주 승수를 사용하거나 라그랑주 승수를 사용하지 않고도 이 제약 조건이 있는 최적화를 수행할 수 있는 더 편리한 방법이 있다. 다행히도 간단한 구조의 최적화 문제는 수학과 계산을 더 쉽게 만들어줄 뿐만 아니라 과학과 실생활에서 항상 등장하기 때문에 매우 활발히 연구되고 있다. 이는 자연이 수학자가 생각하는 것보다 더 단순하다는 필자의 이론에도 어느 정도 신빙성을 부여한다. 제약 조건이 있는 문제에 대한 라그랑주 승수는 쌍대성을 다룰 때 완전 선형 문제 또는 선형 제약이 있는 이차 문제에만 초점을 맞춰 다시 살펴볼 예정이다.

라그랑주 승수의 의미

우리가 계속해서 기억해야 할 점은 라그랑주 승수 λ가 제약 조건이 있는 문제를 제약 조건이 없는 문제로 바꾸는 데에만 사용되는 쓸모없는 보조 스칼라가 아니라는 점이다. 라그랑주 승수 λ는 민감도 분석, 금융 및 운용 과학 애플리케이션, 쌍대성 이론(모두 서로 연관된다)에서 매우 유용한 의미를 지닌다. 수학적으로 라그랑주 함수 공식 $\mathcal{L}(\vec{x};\lambda) = f(\vec{x}) + \lambda(b - g(\vec{x}))$를 살펴보면 λ는 b를 변경할 수 있는 경우의 b에 대한 함수로써 라그랑주 함수의 변화율이다. 여기서 b는 애플리케이션에서 제약 조건을 좀 더 강하게 또는 약하게 조절할 수 있는 값이다. 다음 식을 살펴보자.

$$\frac{\partial \mathcal{L}((\vec{x};\lambda,b))}{\partial b} = \frac{\partial f(\vec{x}) + \lambda(b - g(\vec{x}))}{\partial b} = \frac{\partial f(\vec{x})}{\partial b} + \frac{\lambda(b - g(\vec{x}))}{\partial b} = 0 + \lambda = \lambda$$

또한 최적화 변수 $\vec{x}^{*}$일 때 최적값 λ^{*}를 목적 함수 $f(\vec{x}^{*})$의 최적 달성 가능한 값에 대한 b의 한계 효과marginal effect로 해석할 수 있다. 따라서 $\lambda^{*} = 2.1$이라면 b를 한 단위 증가시키는 것(제약 조건을 한 단위 밀어붙이는 것)은 f의 최적값을 2.1단위 증가시킬 것이다. 이는 금융 분야와 운영 연구 분야에서 매우 유용한 정보다. 왜 그런지 짧은 증명을 통해 알아보자.

$$\frac{df(\vec{x}^{*}(b))}{db} = \lambda^{*}$$

라그랑주의 기울기를 0으로 설정하면 최적화 변수 $\vec{x}^{*}(b)$에서 두 가지 정보를 얻을 수 있다. 먼저 $\nabla f(\vec{x}^{*}(b)) = \lambda^{*} \nabla g(\vec{x}^{*}(b))$와 $g(\vec{x}^{*}(b)) = b$다. 이 정보와 미분의 연쇄 법칙(연쇄 법칙을 항상 사용하기 때문에 미적분 책으로 돌아가서 연쇄 법칙을 숙달해야 한다)을 사용하여 다음과 같이 수식을 쓸 수 있다.

$$\frac{df(\vec{x}^{*}(b))}{db} = \nabla f(\vec{x}^{*}(b)) \cdot \frac{d\vec{x}^{*}(b)}{db} = \lambda^{*} \nabla g(\vec{x}^{*}(b)) \frac{d\vec{x}^{*}(b)}{db} = \lambda^{*} \cdot \frac{dg(\vec{x}^{*}(b))}{db} = \lambda^{*} \cdot \frac{db}{db} = \lambda^{*} \times 1 = \lambda^{*}$$

라그랑주 승수 λ^{*}는 해당 제약 조건이 완화될 때 최적 비용(목적 함수의 값)의 변화율이다. 경제학에서는 λ^{*}를 제약 조건에 대한 한계 비용, 즉 그림자 가격shadow price이라고 부른다. 나중에 쌍대성에 대해 논의할 때 쌍대 문제의 결정 변수에 p라는 문자를 사용하는 것은 바로 이 그림자 가격 때문이다.

10.4.3 최적화: 무한한 차원과 변분 계산

미적분학은 최적화의 한 분야지만 유한한 차원 공간에서 최적점을 찾는 것이 아니라 무한한 차원 공간에서 최적화 함수를 찾는 분야다.

$\mathbb{R}^d \to \mathbb{R}$로 가는 유한한 차원의 함수는 $f(\vec{x}) = f(x_1, x_2, \cdots, x_d)$와 같이 표현되며 기울기 gradient(최적화에서 항상 중요함)는 다음과 같다.

$$\nabla f = \begin{pmatrix} \dfrac{\partial f}{\partial x_1} \\ \dfrac{\partial f}{\partial x_2} \\ \vdots \\ \dfrac{\partial f}{\partial x_d} \end{pmatrix}$$

방향 도함수는 어떤 벡터 $\vec{n}$의 방향에 따른 f의 변화 또는 그 변분variation을 측정한다.

$$\frac{\partial f(\vec{x})}{\partial \vec{n}} = \lim_{h \to 0} \frac{f(\vec{x} + h\vec{n}) - f(\vec{x})}{h} = \nabla f \cdot \vec{n}$$

이제 $\vec{x}$가 시간에 따라 달라지도록 허용하면 다음과 같아진다.

$$f'(\vec{x}(t)) = \frac{df(\vec{x}(t))}{dt} = \nabla f \cdot \frac{d\vec{x}(t)}{dt} = \nabla f \cdot \vec{x}'(t)$$

이 표현식은 무한 차원의 범함수functional의 변분을 계산할 때 유용하다. 이 범함수는 입력이 함수이고 출력이 실수인 함수다. 따라서 무한 차원의 범함수 $E(u)$는 어떤 함수 공간 $\to \mathbb{R}$로 매핑한다. 즉, 어떤 함수 공간에 있는 함수 u를 실수로 매핑한다.

범함수의 한 가지 예로는 [0,1] 구간에서 연속 함수의 적분이다. 또 다른 유명한 예는 다음의 적분이다.

$$E(u(x)) = \int_0^1 u(x)^2 + u'(x)^2 dt$$

예를 들어 이 범함수는 함수 x^2을 5/3라는 적분 값으로 매핑한다.

유한 차원의 시간 도함수 표현식(시간에 따른 의존성을 허용하는 경우)은 다음과 같다.

$$\frac{dE(u(t))}{dt} = \nabla E \cdot \frac{du(t)}{dt} = \nabla E \cdot u'(t) = \langle \nabla E, u'(t) \rangle_{some\ function\ space}$$

이 식 역시 매우 유용하다. 일반적인 계산에서 $u'(t)$를 곱한 값을 분리할 수 있다면 무한 차원에서의 기울기 ∇E를 정확히 파악하는 데 도움이 된다. 이러한 계산에는 일반적으로 적분식이 포함되며 곱셈은 대개 적분식을 포함하는 무한 차원의 의미로 정의된다. 이것이 바로 일반적인 스칼라곱 대신 $\langle \nabla E, u'(t) \rangle$의 곱 표기법을 사용하는 이유다.

한 가지 예를 통해 무한 차원 공간 $L^2(D)$에 존재하는 함수의 곱, 즉 유한 $\int_D |u(x)|^2 dx$를 갖는 모든 함수 $u(x)$와 $L^2(D)$에 대해 범함수의 기울기를 포함하는 함수의 곱을 살펴보려고 한다.

함수의 최적화와 범함수의 최적화 비교

수학을 구성하는 모든 요소들은 대개 서로 깔끔하게 연결되기 때문에 유한한 차원과 무한한 차원에서의 공식의 전개를 모두 유념하고 있는 것이 좋다. 동시에 무한으로의 전환은 엄청난 변화이며 유한 차원의 다양한 성질과 방법들이 그대로 적용되지 않기 때문에 주의해야 한다.

유한한 차원에서 하나 또는 그 이상의 최적화 지점들은 목적 함수(이 책에서는 손실 함수, 비용 함수, 효용 함수라고도 함)의 기울기를 0으로 설정하여 얻은 방정식을 만족한다.

무한한 차원에서는 하나 또는 그 이상의 최적화 지점들이 목적 범함수의 기울기를 0으로 설정하여 얻은 미분 방정식을 만족한다. 최적화 함수를 찾으려면 오일러-라그랑주 방정식euler-lagrange equation이라는 미분 방정식을 풀거나 범함수의 관점에서 어떤 최적화 전략을 따라야 한다. 무한 차원의 함수를 시각화하는 것은 불가능하기 때문에 아이러니하게도 결국 x축이 함수 공간 u를 나타내고 y축이 $E(u)$를 나타내는 1차원으로만 시각화하게 된다.

유한한 차원의 머신러닝에서 자주 사용되는 경사 하강은 최적화 전략의 한 예이다. 경사 하강과 동일한 개념이 무한한 차원에서도 적용된다. 가장 가파른 증가(최대화할 경우) 또는 가장 가파른 감소(최소화할 경우) 방향을 따르는 것이다.

물론 무한한 차원 공간에 정의된 함수에서 그 기울기가 무엇을 의미하는지 정의할 필요가 있다. 모든 연속 함수의 공간, 하나의 연속 도함수를 갖는 모든 함수의 공간, 제곱의 적분이 유한

한 함수의 공간 등 관련 함수가 어떤 공간에 있는지에 따라 기울기를 정의할 수 있는 방법은 여러 가지다. 유한 차원 함수의 기울기가 특정 방향으로 함수의 변분(변화)를 측정하는 것처럼 무한 차원에서 기울기의 의미는 이와 동일하다.

> **NOTE**
>
> 이후의 내용은 운용 과학에 필수적인 내용이 아니므로 미분 방정식에 관심이 없다면 건너뛰어도 된다. 이어서 다룰 내용은 무한 차원으로의 전환을 탐구하고 적분이 포함된 공식(함수)을 최소화할 때 어떻게 미분 방정식을 구할 수 있는지 살펴보는 것이 목적이다. 다음에 나올 예제에 관한 자세한 내용은 이 책의 Github 페이지[253]에서 변형 미적분에 관한 PDF 파일을 확인하자.

예제 1 조화 함수^harmonic function, 디리클레 에너지^Dirichlet energy, 열 방정식^heat equation

조화 함수는 $\Delta u = u_{xx} + u_{yy} = 0$과 같이 모든 2차 도함수의 합이 0인 함수다. 여기에 해당되는 함수로는 $e^x \sin(y)$와 $x^2 - y^2$이 있다. 실생활에서 이러한 유형의 함수는 정전기학에서 정전기 전위 및 전하 밀도 분포를 모델링할 때, 주기 운동을 하는 끈이나 마찰 없이 무한히 진동하는 진자와 같은 운동을 모델링할 때 등장한다.

조화 함수는 디리클레 에너지를 최소화한다. 2차 도함수가 0이 되는 함수를 찾는 대신 또 다른 좋은 방법을 사용한다. 이는 특정 경계 조건을 만족시키면서 디리클레 에너지 함수를 최소화하는 방법으로 조화 함수를 다룬다.

$$E(u(x)) = \int_D \frac{1}{2} |\nabla u(x)|^2 dx$$

여기서 $u(x)$는 적절한 함수 공간에 속해 있어서 적분이 유한하다는 것을 보장한다. 또한 $u(x) = h(x)$는 도메인 영역 D의 경계 ∂D에서 정해진다.

이 에너지 함수의 기울기를 0으로 설정하면 ⊥ 최솟값을 구하기 위해 ∂D에서 오일러-라그랑주 방정식 $\Delta u = 0$, $u = h(x)$를 구할 수 있다. 이는 조화 함수가 만족하는 미분 방정식과 정확히 일치하는 방정식이다. 어떻게 이런 일이 일어나는지 살펴보자.

---

253 옮긴이_ 옮긴이의 GitHub 페이지 *https://github.com/EmjayAhn/essential-mathematics-for-ai*에서 확인할 수 있다.

$$E'(u(x)) = \int_D \frac{1}{2}(|\nabla u(x)|^2)' \, dx$$

$$= \int_D \nabla u(x) \nabla u'(x) \, dx$$

$$= -\int_D \Delta u(x) u'(x) \, dx + \int_{\partial D} \nabla u(x) \cdot \vec{n} u'(x) \, ds$$

$$= -\int_D \Delta u(x) u'(x) \, dx + \int_{\partial D} \frac{\partial u(x)}{\partial \vec{n}} u'(x) \, ds$$

여기서는 부분 적분을 사용하여 세 번째 등식을 얻었다. 부분 적분은 적분 속의 한 요소에서 다른 요소로 미분을 이동시키며, 이 과정에서 음의 부호와 경계 항을 찾을 수 있다. 경계 항은 원래 적분의 인자를 포함하지만 한 인자에서 다른 인자로 이동한 미분은 포함하지 않는다.

앞서 살펴본 표현식은 함수 공간의 모든 $u'(x)$에 대해 참이다. 특히 도메인 영역의 경계에서 $u'(x) = 0$인 경우에도 참이 되며 경계에서는 적분 항이 없어지고 다음과 같은 식만 남는다.

$$E'(u(x)) = -\int_D \Delta u(x) u'(x) \, dx = \langle -\Delta u(x), u'(x) \rangle_{L^2(D)}$$

방금 $L^2(D)$ 함수 공간의 곱을 도메인 영역에 걸친 함수의 일반적인 곱의 적분으로 정의했다. 이제 유한 차원의 경우와 유사하게 다음과 같이 정의할 수 있다.

$$E'(u(x)) = \langle \Delta_{L^2(D)} E(u(x)), u'(x) \rangle_{L^2(D)}$$

마지막 두 식을 비교하면 $L^2(D)$의 의미에서 디리클레 에너지 $E(u)$의 기울기는 $-\Delta u(x)$이며 조화 함수의 경우 정확히 0이라는 것을 알 수 있다.

열 방정식은 디리클레 에너지 함수에 대해 경사 하강법을 적용한다. 이 말에는 좀 더 깊은 내용이 내포되어 있다. 자연에서 시스템이 시간에 따라 진화할 때 흔히 제기되는 첫 번째 질문은 '이 진화를 무엇이 주도하고 있는가?'이다. 이에 대한 깔끔하고 직관적인 대답은 '시스템이 어떤 에너지를 가장 효율적인 방법으로 감소시키는 방향으로 진화한다'이다. 이러한 에너지 함수를 발견하는 것은 보통 매우 어렵지만 우연히 하나를 발견한다면 필자처럼 박사 학위를 받을 수도 있다.

간단한 예로 열 방정식 $u_t = \Delta u$를 들 수 있는데 ∂D상에서 $u(x,t) = 0$이고 초기 조건은 $u(x,0) = g(x)$이다. 이 방정식은 열, 연기, 물질 표면의 원자 등의 확산을 모델링한다. 여기에

는 시간 종속성이 자연스럽게 내장되어 있다. 열 방정식의 해 $u(x,t)$ (온도, 용질 농도, 방안의 기체 등을 나타낼 수 있음)의 시간 경과에 따른 변화를 따라가다 보면 우리가 논의한 바와 같이 $L^2(D)$ 의미에서 디리클레 에너지 함수 $E(u) = \frac{1}{2}\int_D |\nabla u(x,t)|^2 dx$의 곡면에서 가장 가파른 하강 방향으로 미끄러지고 있음을 알 수 있다.

$$u_t = \Delta u = -\nabla_{L^2(D)} E(u)$$

이는 초기에 어떤 $u(x,0) = g(x)$에서 시작해 무한 차원의 디리클레 에너지 함수 곡면에서 디리클레 에너지의 최솟값인 조화 함수에 도달하는 가장 빠른 방법은 열 방정식을 풀어서 시간에 따라 변화하는 초기 $g(x)$의 경로를 따라가는 것이다.

이러한 의미에서 열 방정식은 문제에 대해 최소화 계획을 수립할 수 있는 실행 가능한 경로를 제공한다.

$$\min_{u=0 \, on \, \partial D} \frac{1}{2}\int_D |\nabla u(x,t)|^2 dx$$

예제 2 두 지점 사이의 최단 경로는 두 지점을 연결하는 직선이다.

$\mathbb{R}^2$에서 두 점 사이의 최단 경로는 두 점을 연결하는 직선을 따라가는 것이다. 이를 위해 두 점 (x_1, y_1)과 (x_2, y_2)를 연결하는 커브의 호 길이를 최소화한다.

$$\min_{y(x_1)=y_1 \, and \, y(x_2)=y_2} \int_{x_1}^{x_2} \sqrt{1 + y'(x)^2} \, dx$$

이전 예제와 마찬가지로 이 문제도 일부 함수와 그 도함수의 적분 표현을 포함하는 최소화 문제다.

이를 해결하기 위해 함수의 기울기를 0으로 설정하고 오일러 리그렝주 방정식을 세운다. 이렇게 하면 최소화 함수 $y(x) = mx + b$를 구할 수 있는데, 여기서 m과 b는 각각 주어진 두 점을 잇는 직선의 기울기와 y 절편이다. 이 예제에 대한 자세한 내용은 이 책의 Github 페이지[254]에 있는 변분법에 관한 PDF 파일을 참고하자.

---

254 옮긴이_ 옮긴이의 GitHub 페이지 *https://github.com/EmjayAhn/essential-mathematics-for-ai*에서 확인할 수 있다.

변분법에 관한 입문용 예제

변분법에 관한 다른 입문용 예제들로 적절한 (변분 원리를 통해) 에너지 함수를 최소화하여 해결할 수 있는 문제에는 최소 면적 문제와 등방성 isoperimetric 문제가 있다.

10.5 네트워크상에서의 최적화

사실 선형 최적화를 위한 단체법보다 네트워크 최적화 설명부터 시작하고 싶었다. 왜냐하면 운영 연구 애플리케이션에서 네트워크 구조가 많이 등장함에도 불구하고 이를 그래프나 네트워크 구조보다 대수적 형태(방정식 및 함수로)로 생각하는 데 익숙한 사람들이 많기 때문이다. 그래프 모델 그 자체에 매우 익숙해질 필요가 있다. 네트워크 구조의 최적화 문제는 본질적으로 $O(n!)$의 시간 복잡도를 가지고 조합적인 성격을 띤다. 결국 이를 우회하여 검색 공간을 효율적으로 탐색할 수 있는 알고리즘이 필요하다(문제의 차수는 대개 최악의 경우를 가정한 것이며, 이 최악의 경우에는 대략적인 해결책으로도 충분하다는 점을 기억하자).

다양한 실제 애플리케이션에서 발생하는 일반적인 네트워크 문제에 대해 논의하려고 한다. 외판원 문제는 가장 오래되고 유명한 문제이므로 여기서부터 시작해보겠다. 우리는 앞서 언급한 모든 문제를 해결할 수 있는 강력한 알고리즘과 오픈 소스 소프트웨어 패키지, 클라우드 컴퓨팅 자원을 가진 시대에 살고 있다. 따라서 여기서는 해당 문제를 해결하기 위해 고안된 알고리즘보다는 네트워크 문제의 유형과 그 응용에 중점을 둘 것이다.

10.5.1 외판원 문제

외판원 문제 traveling salesman problem 는 다양한 실제 상황에 적용되는 운용 과학 분야의 매우 유명한 문제다. 외판원은 이동 중 여러 도시를 방문해야 한다. 도시 사이의 거리가 주어졌을 때 어떤 순서로 이동해야 모든 도시를 정확히 한 번씩 방문하고 이동 거리를 최소로 하면서 집으로 돌아올 수 있을까(그림 10-1)?

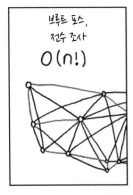
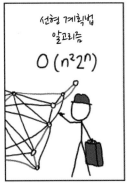

그림 10-1 외판원 문제[255]

이를 응용할 수 있는 애플리케이션은 다양하다. 창고에서 출발한 배송 트럭이 시간이나 거리 측면에서 가장 비용이 저렴한 방법으로 모든 주소에 택배를 배송하거나, 전자칩을 제조할 때 인쇄 회로 기판에 드릴로 구멍을 뚫는 가장 효율적인 순서를 찾는 등 적용 사례는 무궁무진하다.

외판원 문제를 그래프의 최적화 문제로 표현하면 방문해야 하는 도시가 노드이고 각 도시 사이에 엣지가 있으며, 각 엣지에는 두 도시 사이의 거리를 나타내는 가중치(또는 속성, 피처)가 있다. 이 그래프에는 모든 도시를 한 번만 통과하고 처음에 시작한 도시로 돌아가는 경로(해밀턴 회로)가 많이 있지만, 가중치인 거리의 합이 가장 작은 경로가 필요하다.

이 문제의 복잡도를 생각해보자. n개의 노드로 이루어진 완전 그래프에서 서로 다른 해밀턴 회로의 총 개수는 $(n - 1)!\ /\ 2$이다. 어떤 노드에서 시작하면 다음 방문 도시를 선택할 수 있는 엣지가 $n - 1$개 있고 두 번째 도시에서는 $n - 2$개, 세 번째 도시에서는 $n - 3$개의 선택지가 있다. 이런 각 선택은 독립적이므로 총 $(n - 1)!$개의 선택지가 있게 된다. 그리고 대칭성을 고려하기 위해 2로 나누어야 하는데, 이는 동일한 해밀턴 회로를 거꾸로 이동해도 이동한 총 거리가 정확히 같다는 의미다. 결국 이 문제는 대칭성을 가진 원형 순열이다. 외판원 문제의 완전해는 모든 $(n - 1)!\ /\ 2$개의 해밀턴 회로를 나열하고 각각의 이동 거리를 더한 다음 가장 짧은 거리를 가진 회로를 선택한 것이다. 예를 들어 미국의 50개 주의 주도를 모두 방문하려면 (총 이동 비용을 최소화하고 싶다고 가정할 때) $(50 - 1)!\ /\ 2 = 3.04 \times 10^{62}$개의 선택지를 모두 시도해야 하므로 그 연산 비용이 너무 높다. 임의의 크기의 문제에 대한 효율적인 알고리즘은

---

255 이미지 출처: *https://xkcd.com/399*

없다. 여기서 휴리스틱한 방법은 훌륭한 근사 방법을 제공할 수 있다. 또한 분기 및 절단^{cut} 접근법을 기반으로 하는 훌륭한 알고리즘은 매우 많은 수의 도시에 대해 이 문제를 최적으로 해결했다.

10.5.2 최소 스패닝 트리

가끔 이 두 가지를 혼동하는 경우가 있기 때문에 최소 신장 트리 문제를 외판원 문제 바로 뒤에 배치했다. 여기서 둘 간의 혼동을 없애보자. 우리는 각 엣지에 양수의 가중치가 있는 완전 연결 네트워크를 활용하는데 이는 다시 거리, 시간, 사용량 또는 수도, 전기, 전화선과 같은 인프라 구조의 연결 비용을 나타낼 수 있다. 외판원 문제와 마찬가지로 그래프의 모든 노드를 포함하면서 총 가중치의 합을 최소화하는 엣지 집합을 찾고자 한다. 두 쌍의 노드 사이에 경로를 제공하는 방식으로 엣지 집합을 선택해야 하는데, 이는 다른 노드에서 그래프의 모든 노드에 도달할 수 있어야 한다는 의미다. 외판원 문제에서는 모든 도시를 한 번만 방문한 다음 시작 도시로 돌아가야 하므로 각 노드가 두 개 이상의 엣지를 가질 수 없다. 반면 스패닝 트리에서는 이러한 조건이 없다. 외판원 문제에서 마지막 도시로 돌아간다는 사실은 스패닝 트리에선 회로에 필요 없는 폐쇄 엣지가 있다는 것을 의미한다. 외판원 문제의 마지막 엣지를 제거하면 스패닝 트리를 확실히 얻을 수 있지만 최소 비용이라고는 보장할 수 없다. [그림 10-2]는 동일한 그래프의 최소 스패닝 트리와 외판원 문제를 보여준다.

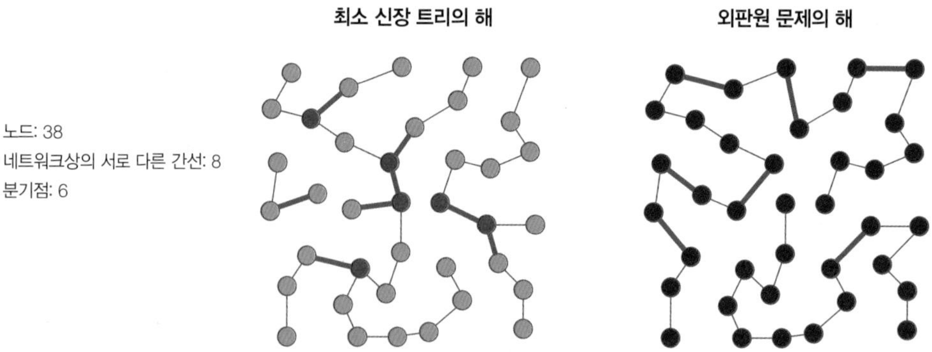

최소 신장 트리의 해   외판원 문제의 해

노드: 38
네트워크상의 서로 다른 간선: 8
분기점: 6

그림 10-2 동일한 그래프에서 최소 스패닝 트리와 외판원 문제

어떤 네트워크에서 n개의 노드를 가지고 있다면 두 노드 간에 모든 경로를 갖기 위해서는 $n-1$개의 엣지가 필요하다. 최소 스패닝 트리에 $n-1$개 이상의 엣지를 사용하면 비용이 증가하기 때문에 절대로 사용해서는 안 되며, 비용을 최소화하는 엣지 집합을 선택해야 한다.

앞서 통신 네트워크, 라우팅 및 운송 네트워크, 전기 네트워크, 인프라 네트워크, 파이프라인 설계와 같은 몇 가지 애플리케이션에 대해 언급했다. 이러한 네트워크는 개발 비용이 많이 들기 때문에 이를 최적으로 설계하면 수백만 달러를 절약할 수 있다.

10.5.3 최단 경로

최단 경로 문제의 가장 간단한 버전은 그래프에 두 개의 노드가 있고 두 노드를 엣지 집합으로 연결하여 엣지 가중치(거리 또는 시간)의 총합이 최소가 되도록 하는 것이다. 이 문제는 그래프의 모든 노드를 커버하는 데 신경 쓰지 않기 때문에 외판원 문제나 최소 스패닝 트리 문제와는 다르다. 여기서는 가장 비용이 적게 드는 방법으로 출발지에서 목적지까지 가는 것만 중요하게 생각한다.

한 가지 응용 분야는 최소 거리, 비용, 시간 등을 고려하여 한 목적지에서 다른 목적지로 이동하는 것이다. 바로 눈에 띄지는 않지만 매우 중요한 다른 응용 분야는 활동 네트워크^{activity} ^{network}다. 여기서는 출발지와 목적지 대신 프로젝트의 시작과 끝이 있을 수 있다. 각 노드는 활동을 나타내며, 각 엣지의 가중치는 활동 i가 활동 j에 인접할 때 발생하는 비용 또는 시간을 나타낸다(방향성 그래프인 경우, 활동 i가 활동 j 후 일어날 때 발생하는 비용 또는 시간이 된다). 목표는 총 비용을 최소화하는 활동 순서를 선택하는 것이다.

최단 경로 문제의 다른 버전으로는 원점에서 다른 모든 노드까지 최단 경로를 찾거나 모든 노드 쌍 사이의 최단 경로를 찾는 문제가 있다. 차량의 이동 경로를 라우팅하는 알고리즘과 네트워크 설계 알고리즘에는 최단 경로 알고리즘이 부분적으로 포함되어 있다. 또한 최단 경로 문제를 선형 최적화 문제로 공식화하여 선형 최적화를 위한 방법으로 사용할 수도 있다.

10.5.4 최대 흐름 최소 차단

여기서도 우리는 출발지와 도착지를 고려한다. 각 방향 엣지에는 일종의 용량(해당 경로에 허용되는 최대 차량 수, 경로에 운송되는 최대 상품 수, 파이프라인이 처리할 수 있는 석유 또는 물과 같은 천연 자원의 최대 양)이 있으며 출발지에서 목적지까지 그 흐름을 최대화하는 엣지 집합을 찾고자 한다. 모든 엣지는 출발지에서 목적지를 향하고 있다는 점에 유의해야 한다.

그래프 이론에서 매우 중요한 최대-유량 최소-차단 정리^{max-flow min-cut theorem}는 출발지와 도착지를 연결하는 엣지 집합의 최적성(최대 흐름)을 결정하는 데 중요한 역할을 한다.

최대 흐름 최소 차단^{max-flow min-cut} 정리는 방향성 네트워크에서 출발지로부터 도착지로의 최대 유량이 출발지와 도착지 간의 모든 통신을 차단하는 데 필요한 엣지들의 최소 가중치 합과 같다는 의미다. 즉, 네트워크를 차단하여 출발지와 목적지 간의 통신을 한 가지 이상의 방법으로 차단할 수 있다. 그 통신을 차단하고 가중치가 가장 작은 엣지 집합을 최소 차단 집합^{minimal cut set}이라고 한다. 이 최소 차단 집합의 값은 네트워크에서 가능한 최대 유량(흐름)의 값과 같다. 이 결과는 매우 직관적이다. 네트워크의 엣지를 통해 전송할 수 있는 최댓값은 얼마인가? 이는 출발지와 목적지를 연결하는 데 중요한 엣지의 용량에 의해 그 상한이 결정된다.

최대 유량 문제를 선형 최적화 문제로 재정의할 수 있으며 물론 최소 차단 문제는 최대 유량 문제의 쌍대 문제가 될 것이므로 두 문제는 같은 해결책을 가질 것이다! 이에 관해서는 잠시 후에 설명한다.

마지막으로 유통망처럼 여러 출발지와 여러 도착지를 가지고 있는 경우를 가정해보자. 이 경우에도 모든 실제 출발점을 가리키는 가상의 슈퍼 출발지와 모든 실제 목적지를 가리키는 가상의 슈퍼 목적지를 무한한 용량으로 추가한 다음, 평소와 마찬가지로 두 개의 새로운 가상의 슈퍼 노드를 사용하여 이 새로운 그래프에서 최대 흐름을 풀면서 네트워크의 흐름을 최대화할 수 있다.

10.5.5 최대 흐름 최소 비용

최대 흐름 최소 비용^{max-flow min-cost}은 최대 흐름 최소 차단 문제와 유사하지만 이제 각 엣지를 통해 흐름을 전송하는 데 드는 비용이 흐름 단위 수에 비례한다는 점에서 다르다. 여기서의 목표는 모든 출발지에서 모든 목적지까지의 공급량을 만족시키면서 그 비용을 최소화하는 것이다. 이 문제를 선형 최적화 문제로 공식화하고 네트워크에 최적화된 단체법을 사용하여 해결할 수 있다. 공급 노드, 환적 노드, 수요 노드, 공급망(상품, 혈액, 핵물질 식품), 고형 폐기물 관리 네트워크, 시장을 만족시키기 위해 생산하거나 소비할 제품의 종류 조정, 현금 흐름 관리,

직원에게 업무 할당, 업무 시간대 할당, 구직자에게 가능한 일자리 할당과 같은 다양한 할당 문제와 모든 종류의 유통망에 응용이 가능할 만큼 매우 중요하다.

NOTE 할당 문제

할당 문제assignment problem는 매칭 문제matching problem라고도 한다. 배정받는 사람의 수는 작업 수와 같아야 하며, 각 배정자는 하나의 작업만 배정받을 수 있고 각 작업은 한 명의 배정자만 수행할 수 있다. 작업 i를 할당자 j에게 할당하는 데는 비용이 발생하며 목표는 총 비용을 최소화하면서 작업과 할당자 간의 매칭을 만들어내는 것이다. 이러한 문제의 그래프는 이분 그래프bipartite graph라는 특수한 유형이다. 이러한 그래프는 두 부분으로 나눌 수 있으며 모든 엣지가 첫 번째 부분인 한 노드에서 두 번째 부분인 다른 노드로 이동한다. 모든 가중치가 동일한 할당 문제는 이분 그래프에서의 최대 흐름 문제와 같다. 가상의 슈퍼 출발지와 또 다른 가상의 슈퍼 목적지를 할당하고 선형 최적화와 쌍대성인 최대 유량 문제를 해결하는 것과 같은 방식으로 문제를 풀 수 있다. 이러한 문제들을 해결하기 위한 효율적인 알고리즘이 많이 있다.

10.5.6 프로젝트 설계를 위한 주공정 방법

주공정 방법critical path method(CPM)[256]은 프로젝트와 관련된 모든 활동, 총 예산, 총 시간 제약, 다른 활동보다 먼저 수행해야 하는 활동, 각 활동에 소요되는 시간과 비용, 동시에 수행할 수 있는 활동을 나타낸 네트워크상의 최적화 방법이다. 예를 들어 주택 건설 프로젝트의 전 과정을 생각해보자. 시간 및 비용 절충을 위한 주공정 방법은 시간과 비용 간의 절충을 통합해 프로젝트를 설계하고 최소한의 총 비용으로 프로젝트 기한을 맞출 수 있도록 하는 훌륭한 도구다. 주공정 방법과 비슷한 방법으로 프로젝트를 완료하는 데 걸리는 시간을 계산하는 프로젝트 관리 계획 도구인 프로그램 평가 검토 기법Program Evaluation Review Technique(PERT)이 있다. 두 방법 모두 최단 일정, 최장 일정, 가장 가능성 있는 일정을 모두 제공한다.

10.6 N-퀸즈 문제

선형 최적화, 단체법, 쌍대성으로 넘어가기 전에 전반적인 구조의 부재로 인해 150년 동안 수

---

256 옮긴이_ 주공정 방법은 영문 그대로 '크리티컬 패스 분석법'이라고도 한다. 이 책에서는 주공정 방법이라고 번역했다.

학자들을 당황하게 한 흥미로운 조합 문제를 살펴보자(그림 10-3). 마이클 심킨[Michael Simkin]은 2021년 7월에 150년 된 체스 기반 N-퀸즈 문제[257]의 해답을 제시했다. 이 해답을 담은 논문 「The Number of n-Queens Configurations」[258]의 초록을 살펴보자.

> N-퀸즈 문제는 $n \times n$ 체스 보드에 서로 위협하지 않는 n개의 퀸을 배치하는 방법의 수를 결정하는 것이다. 여기서 상수 $\alpha = 1.942 \pm 3 \times 10^{-3}$이 있을 때 보드에 서로 위협하지 않는 퀸을 배치하는 방법의 수는 $(1 \pm o(1)ne^{-\alpha})^n((1 \pm o(1))ne^{-\alpha})^n$이다. 상수 α는 정사각형의 보렐 확률 측정[Borel probability measures] 공간인 $P([-1/2, 1/2]^2)$에서 볼록 최적화 문제의 해로, 정해진 값이다.

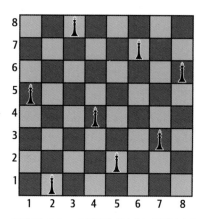

그림 10-3 8 × 8 체스판에서 서로 위협적이지 않은 위치에 있는 8개의 퀸

이 웹 페이지[259]에는 N-퀸즈 문제를 해결하기 위한 간단한 역추적 알고리즘이 있다. 심킨의 해결 방법은 가능한 한 퀸 구성의 총 수를 정량화하는 반면 알고리즘은 이러한 구성 중 하나 또는 일부만을 찾는다.

10.7 선형 최적화

선형이든 비선형이든 유한한 차원에서의 모든 최적화 문제는 다음과 같다.

---

257 *https://oreil.ly/Q3soe*
258 *https://oreil.ly/aTPHD*
259 *https://oreil.ly/t5wW3*

$$\min_{\substack{g_1(\tilde{x}) \le 0 \\ g_2(\tilde{x}) \le 0 \\ \dots \\ g_m(\tilde{x}) \le 0}} f(\tilde{x})$$

모든 제약 조건을 만족하는 점 $\tilde{x}$는 실행 가능한 점[feasible point]이라고 하며, 다음과 같은 경우가 있다.

- **최적의 솔루션이 단 하나뿐인 경우**

  목적 함수의 지형에 최저점이 하나만 있다고 생각하자.

- **최적의 솔루션이 여러 개인 경우**

  이 경우 최적 솔루션 집합은 경계가 있거나 경계가 없을 수 있다.

- **최적값이 $-\infty$로 이동하는 경우**

  목적 함수의 지형이 무한히 내리막을 그리기 때문에 최적점이 없다.

- **실행 가능한 집합[feasible set]이 비어 있는 경우**

  모든 제약 조건을 동시에 만족하는 점이 없기 때문에 목적 함수와 그 지형의 최저점에 대해서 신경 쓰지 않는다. 이런 경우 최소화 문제에는 해답이 없다.

- **최적값은 유한하지만 도달할 수 없는 경우**

  실행 가능한 집합이 비어 있지 않은 경우에도 최적화 방법이 없을 수 있다. 예를 들어 $\inf_{x \ge 0} \dfrac{1}{x}$의 경우 $\dfrac{1}{x} = 0$이 되는 유한한 x가 존재하지 않는다. 다만 선형 문제에서는 이런 일이 발생하지 않는다.

최적화 문제가 선형이 되려면 목적 함수 f와 모든 제약 조건 g가 모두 선형 함수여야 한다. 운영 연구에서 선형 최적화가 큰 비중을 차지하는데, 이는 많은 운용 과학 문제를 선형 제약 조건(등식 또는 부등식)이 있는 선형 함수의 최소화 문제로 모델링할 수 있기 때문이다.

10.7.1 일반형과 표준형

선형성은 매우 훌륭한 특징이다. 선형 대수에서 다루는 모든 기법(벡터와 행렬 계산)을 가능하게 만들어주기 때문이다. 일반적으로 사람들이 다루는 선형 치저화 문제는 다음 두 가지다.

일반형 general form

선형 프로그래밍 이론을 개발하는 데 편리하다. 여기서 의사 결정 변수(벡터 $\tilde{x}$의 성분)의 부호에는 제한이 없다.

$$\min_{A\vec{x} \geq \vec{b}} (\vec{c} \cdot \vec{x})$$

실행 가능한 집합 $A\vec{x} \geq \vec{b}$는 다면체[260]다. 이는 평평한 경계를 가진 유한 개의 반공간$^{half-space}$의 교차점으로 생각할 수 있다. 이 다면체는 경계가 있거나 경계가 없을 수 있다. 곧 이에 대한 예시를 살펴보겠다.

표준형 standard form

계산과 단체법, 내부점법과 같은 알고리즘 개발에 편리하다. 결정 변수는 음수가 될 수 없으므로 모든 좌표가 음수가 아닌 제1사분면의 고차원 유사체인 제1하이퍼옥턴트^{hyperoctant}에서만 최적 해를 찾는다. 또한 제약 조건은 부등식이 아닌 항상 등식이어야 하며, 다면체의 내부가 아닌 경계에 있게 된다. 이는 표준형으로 작성된 선형 최적화 문제다.

$$\min_{\substack{A\vec{x}=\vec{b} \\ \vec{x} \geq \vec{0}}} (\vec{c} \cdot \vec{x})$$

표준형의 선형 문제를 직관적으로 이해하는 쉬운 방법이 있다. 바로 비용 $(\vec{c} \cdot \vec{x})$를 최소화하는 방식으로 행렬 A의 열들로부터 벡터 $\vec{b}$를 합성하는 것이다.

일반형 선형 최적화 문제와 표준형 선형 최적화 문제 간의 변환은 매우 쉽다. 일반형 선형 최적화 문제를 표준형으로 변환하기 위해서는 잉여 변수$^{surplus\ variables}$와 여유 변수$^{slack\ variables}$를 도입해야 한다. 하지만 이 과정에서 차원이 달라진다는 점에 유의하자. $x_1 - 3x_2 \geq 4$와 같은 부등식을 $x_1 - 3x_2 - s_1 = 4$라는 등식으로 바꾸기 위해 s_1과 같은 변수를 도입하면 (이 예시에서는 2차원에서 3차원으로) 차원이 증가한다. 하지만 괜찮다. 우리가 3차원 세계에 살고 있음에도 수학을 통해 무한한 차원을 모델링할 수 있다는 점은 수학의 장점 중 하나다.

10.7.2 2차원에서 선형 최적화 문제의 시각화

다음의 2차원 문제를 시각화해보자. 이 문제는 일반형도 표준형도 아니다 (하지만 쉽게 변환할

---

260 *https://oreil.ly/1CybB*

수는 있다. 그러나 이 단순한 문제의 경우 그래프를 검토하여 최솟값을 파악할 수 있으므로 그 형식을 변환할 필요는 없다).

$$\min_{\substack{x+2y\leq3 \\ 2x+y\leq3 \\ x\geq0 \\ y\geq0}}(-x-y)$$

[그림 10-4]는 선형 최적화 문제의 모든 제약 조건의 경계(직선)와 그에 따른 실행 가능 집합 $^{\text{feasible set}}$을 보여준다. 여기서 목적 함수 $-x-y$의 최적값은 -2이며 실행 가능 집합의 모서리 중 하나인 점 $(1,1)$에서 최적임을 확인할 수 있다.

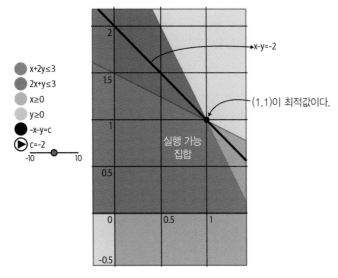

그림 10-4 실행 가능 집합 내 모서리인 점 $(1,1)$에서 목적 함수 $-x-y$의 최적값 -2를 가진다.

제약이 없는 문제였다면 $-x-y$의 하한^{infimum}은 $-\infty$가 된다. 제약 조건이 큰 차이를 만든다는 것을 알 수 있다. 최적값이 나각형(2자원 다면체)의 모서리 중 하나에 있다는 것은 우연이 아니다. 실행 가능 집합 내에 위치하도록 $-x-y=c$의 직선을 그리고 음의 기울기 벡터 방향(가장 빠르게 감소하는 방향)으로 이동한다면 직선은 $-\nabla(-x-y)=-(-1,-1)=(1,1)$ 벡터의 방향으로 이동할 것이다(기울기 벡터가 최적점과 동일한 좌표를 갖는 것은 완전히 우연이며, 두 개념은 전혀 관련이 없다). 직선의 일부가 실행 가능 집합 내에 있는 한 더 이상 밀 수 없을 때까지 직선을 계속 밀고 c 값을 더 작게 만들 수 있다. 그렇게 하지 않으면 실행 가능 집합을 벗어나고 더는 직선을 밀 수 없게 되면서 기존의 작업이 무의미해져 버린다. 이런 상황은 정확히 직선 전체가 실행 가능 집합 외부에 있고 여전히 실행 가능 집합 내에 있는 점 (1,1)에서 간신히 매달려 있을 때 발생한다.

$-x-y$의 값을 가장 작게 만드는 최적 해를 찾았다. 잠시 후에 선형 문제의 실행 가능 집합의 모서리를 통해 이동하는 방법으로 돌아갈 것이다. 왜냐하면 그곳이 바로 최적 해가 존재하는 지점이기 때문이다.

10.7.3 볼록에서 선형으로

비선형 목적 함수의 경우에도 해당 문제를 선형 문제로 재구성할 수 있을 정도로 운이 좋다면 선형 최적화 기법을 사용하여 정확한 해 또는 근사 해를 얻을 수 있다. 이것이 가능한 한 가지 경우는 목적 함수가 볼록convex할 때다. 최적화 문제에서 선형성 다음으로 다루기 쉬운 것은 바로 볼록성이다. 볼록 함수의 경우 국소 최솟값local minimum에 갇힐 걱정을 하지 않아도 되기 때문이다. 볼록 함수의 국소 최솟값은 전체 최솟값global minimum이기도 하다.

[그림 10-5]에서와 같이 볼록하고 미분 가능한 함수는 항상 구간별 선형 볼록 함수로 근사할 수 있다. 그 후 구간별 선형 목적 함수를 가진 최적화 문제를 전체적으로 선형 목적 함수를 가진 문제로 전환할 수 있다. 하지만 이 과정에서 첫 번째 단계에서는 미분 가능성을 잃고(함수의 부드러움이 사라진다), 두 번째 단계에서는 차원이 증가하게 된다. 모든 것에는 대가가 따른다는 것을 다시 한번 확인할 수 있다.

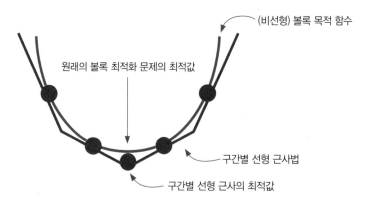

그림 10-5 구간별 선형 함수로 볼록 함수 근사화하기

볼록 최적화 문제는 볼록 목적 함수와 볼록 실행 가능 집합을 포함한다. 볼록 최적화는 그 자체로 하나의 광범위한 분야이기도 하다.

NOTE 볼록 함수

함수 $f{:}\mathbb{R}^n \to \mathbb{R}$은 다음 조건을 만족할 때만 볼록 함수다. 모든 $x, y \in \mathbb{R}^n$이고 $0 \leq \lambda \leq 1$에 대해 $f(\lambda x + (1-\lambda)y) \leq \lambda f(x) + (1-\lambda)f(y)$를 만족할 때만 볼록 함수다. 이는 f의 그래프 위의 두 점을 연결하는 선분이 항상 f 그래프 위에 있음을 의미한다.

다음은 볼록 함수에 관한 유용한 사실이다.

- 볼록 함수의 국소 최솟값은 항상 전체 최솟값이기도 하다.
- 만약 복수의 함수 $f_1, f_2, \cdots, f_m{:}\mathbb{R}^n \to \mathbb{R}$이 볼록 함수인 경우 함수 $f(x) = \max_i f_i(x)$ 또한 볼록 함수다. 하지만 이 경우 f는 매끄러움을 잃을 수도 있으므로 최적화 방법에서 도함수를 사용할 수 없다.
- 함수 $f(x) = \max\{m_1 x + d_1, m_2 x + d_2, \cdots, m_n x + d_n\}$ 또는 더 간결하게 표현하면 $f(x) = \max_{i=1,2,\cdots,n}\{m_i x + d_i\}$는 [그림 10-6]과 같이 구간별 선형$^{\text{piecewise linear}}$ 함수다. 각 $m_i x + d_i$가 볼록 함수이고(선형 함수는 볼록 및 오목 함수 동시에 해당), 볼록 함수의 최댓값 또한 볼록이므로 $f(x)$는 볼록 함수다.

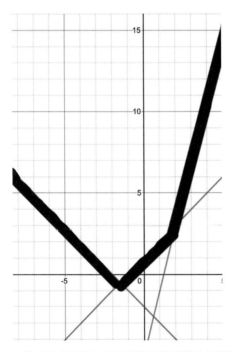

그림 10-6 선형 함수의 최댓값은 구간별 선형이며 볼록이다.

이제 구간별 선형 볼록 목적 함수를 가진 최적화 문제를 선형 최적화 문제로 재구성할 수 있다.

$$\min_{Ax \geq b} \left(\max_i m_i \cdot x + d_i \right) \leftrightarrow \min_{z \geq m_i \cdot x + d_i}^{Ax \geq b}$$

새로운 결정 변수 z를 추가했을 때 차원이 증가했음에 유의하자.

예를 들어 절댓값 함수 $f(x) = |x| = \max\{x, -x\}$는 구간별 선형 함수이자 볼록 함수다. 목적 함수에 결정 변수의 절댓값이 포함된 최적화 문제를 다음 두 가지 방법으로 선형 최적화 문제로 재구성할 수 있다(단, 목적 함수의 계수 c_i는 음수가 아닌 값이어야 한다. 그렇지 않으면 목적 함수가 볼록 함수가 아닐 수 있다).

$$\min_{Ax \geq b} \sum_{i=1}^n c_i |x_i| \leftrightarrow \min_{\substack{Ax \geq b \\ z_i \geq x_i \\ -z_i \geq x_i}} \left(\sum_{i=1}^n c_i z_i \right) \leftrightarrow \min_{\substack{Ax^+ - Ax^- \geq b \\ x^+, x^- \geq 0}} \left(\sum_{i=1}^n c_i (x_i^+ + x_i^-) \right)$$

10.7.4 선형 최적화의 기하학적 구조

선형 최적화 문제에서의 기하학적 구조를 표준형으로 생각해보자. 표준형은 최솟값을 찾는 알고리즘에서 가장 활용하기 쉬운 형태이기 때문이다. 기하학은 도형, 선, 평면, 점, 모서리, 꼭짓점 등을 다룬다. 표준형의 선형 최적화 문제는 다음과 같다.

$$\min_{\substack{A\bar{x} = \bar{b} \\ \bar{x} \geq \bar{0}}} (\bar{c} \cdot \bar{x})$$

표준형의 문제는 선형 대수 방정식을 포함한다. 여기서는 최소화 과정과 함께 이러한 방정식과 관련된 기하학적 그림을 이해하고자 한다. 선형은 평면적이라는 것을 꼭 기억하자. 평면적인 것들은 서로 교차할 때 초평면, 선 및/또는 꼭짓점을 생성한다.

최소화 문제의 선형 제약 조건들은 다면체를 정의한다. 우리는 이 다면체의 꼭짓점에 관심이 있다. 하지만 이 다면체가 꼭짓점을 갖는다는 것을 어떻게 알 수 있을까? 만약 이 도형이 단순히 반공간이라면 어떻게 될까? 앞서 언급했듯이 일반형에서 표준형으로 변환하면 차원이 증가한다. 더욱이 우리는 결정 변수가 음수가 아니어야 한다고 강조했다. 그러므로 다면체가 일반형에서 꼭짓점을 갖지 않더라도 고차원의 표준형에서는 항상 꼭짓점을 갖게 된다. 표준형의 다면체는 제1사분면에 위치하게 되어 경계가 되는 수직선 전체를 포함할 수 없다. 선형 최적화 문제에서 최적값이 $-\infty$이거나 다면체의 꼭짓점 중 하나에서 얻어지는 유한한 최적값이 존재함을 보장하는 정리들이 있다. 따라서 최적 해를 찾을 때는 이러한 꼭짓점에 집중해야 한다. 실제 제약 조건과 관련된 다면체들은 수만 개의 꼭짓점을 가질 수도 있기 때문에 이들을 효율적으로 살펴볼 수 있는 방법이 필요하다.

직관적으로 다면체의 한 꼭짓점의 좌표로 시작하여 최적의 꼭짓점으로 이동할 수 있다. 하지만 이러한 꼭짓점의 좌표는 어떻게 찾을까? 바로 선형 대수를 사용한다. 이것이 제약 조건을 선형 시스템 $A\vec{x} = \vec{b}\,(x \geq 0)$으로 표현하는 것이 편리한 이유다.

선형 최적화에서 꼭짓점은 기본 실행 가능 해^{basic feasible solution}라고 불린다. 이 대수적인 이름은 꼭짓점의 좌표가 모든 제약 조건을 만족하고(실행 가능), 시스템 $A\vec{x} = \vec{b}$에서 추출된 특정 기저(구체적으로 A의 m개 열)와 관련된 일부 선형 방정식을 푼다는 것을 의미한다.

대수와 기하학의 상호 작용

단체법을 논의하기 전에 제약 조건의 대수 방정식(또는 일반형 문제의 경우 부등식)을 기하학적 이미지와 연관시켜보자.

다면체

제약 조건들은 전체적으로 다면체를 형성한다. 대수적으로 다면체는 $A_{m \times n}$의 행렬 A와 $\vec{b} \in \mathbb{R}^m$에 대해 $A\vec{x} \geq \vec{b}$를 만족하는 선형 시스템 $\vec{x} \in \mathbb{R}^n$의 점들의 집합이다.

반공간의 내부

여기서는 전체 시스템 $A\vec{x} \geq \vec{b}$가 아니라 제약 조건 중 하나의 부등식, 즉 $\vec{a}_i \cdot \vec{x} > \vec{b}_i$(부등식 제약 조건의 엄격한 부등식 부분)만을 고려한다. 이는 다면체의 한 면을 기준으로 한쪽에 위치하는 모든 점에 해당한다. 부등식은 엄격하므로 우리는 반공간의 경계가 아닌 내부에 있다.

초평면

여기서는 단 하나의 등식 제약 조건인 $\vec{a}_i \cdot \vec{x} = \vec{b}_i$ 또는 부등식 제약 조건의 등식 부분만을 고려한다. 이것은 반공간 $\vec{a}_i \cdot \vec{x} > \vec{b}_i$의 경계이거나 다면체의 한 면이다.

활성 제약 조건

점 $\vec{x}^*$의 좌표를 제약 조건 $\vec{a}_i \cdot \vec{x} \geq \vec{b}_i$에 대입했을 때 등식이 성립한다면, 즉 $\vec{a}_i \cdot \vec{x}^* = \vec{b}_i$면 이 제약 조건은 점 $\vec{x}^*$에서 활성 상태다. 기하학적으로 이는 $\vec{x}^*$가 반공간의 내부가 아닌 경계에 위치한다는 것을 의미한다.

다면체의 꼭짓점

기하학적으로 꼭짓점을 형성하려면 적절한 수의 초평면이 교차해야 한다. 대수적으로 꼭짓점에서는 적절한 수의 제약 조건이 활성 상태다. 이것이 바로 기본 실행 가능 해이며 단체법을 논의할 때 자세히 다룰 것이다.

인접 꼭짓점을 찾기 위한 인접 기저

인접 기저^{adjacent base}는 행렬 A의 열 중 한 열을 제외한 모든 열을 공유하는 두 개의 부분 집합이다. 인접한 꼭짓점의 좌표를 계산하기 위해 인접 기저를 사용한다. 단체법에서는 기하학적으로 한 꼭짓점에서 인접한 꼭짓점으로 이동해야 하며, 인접 기저를 사용하면 이를 체계적인 대수적 방법으로 수행할 수 있다. 이에 대해서도 단체법을 논의할 때 자세히 다룰 것이다.

퇴화 사례

이를 시각화하기 위해 2차원에서 두 직선이 교차하여 꼭짓점을 형성한다고 가정해보자. 이제 만약 세 번째 직선이 정확히 같은 점에서 교차한다면 다시 말해 2차원의 동일한 점에서 둘 이상의 제약 조건이 활성 상태라면 이는 퇴화 사례다. n차원에서는 점 $\vec{x}^*$를 통과하는 초평면이 n개 이상이거나 n개 이상의 제약 조건이 활성 상태다. 대수적으로 이러한 퇴화 사례로 인해 최적화 알고리즘에 다음과 같은 문제가 발생한다. 다른 기본 실행 가능 해(꼭짓점)를 구하기 위해 행렬 A의 선형 독립인 열 집합을 선택할 때 이전에 얻은 것과 동일한 해를 얻을 수 있으며 이로 인해 알고리즘이 반복될 수 있다.

10.7.5 단체법

우리의 목표는 표준형의 선형 최적화 문제에 대한 최적 해를 찾는 알고리즘을 고안해내는 것이다.

$$\min_{\substack{A\vec{x}=\vec{b} \\ \vec{x}\geq\vec{0}}} (\vec{c}\cdot\vec{x})$$

행렬 A는 m개의 선형 독립 행(따라서 $m \leq n$)을 가진 $m \times n$ 행렬이고 $\vec{b}$는 $m \times 1$ 행렬이며 $\vec{c}$와 $\vec{x}$는 $n \times 1$ 행렬이다. 일반성을 잃지 않고 행렬 A의 m개 행이 선형 독립이라고 가정하자. 이는 문제의 제약 조건에 중복성이 없음을 의미한다. 또한 이를 통해 행렬 A에서 선형 독립인 열들의 집합이 최소 하나 이상 존재함을 보장한다($rank(A) = m$). 우리는 단체법을 사용하여 최적 해를 찾고 다면체의 특정 꼭짓점에서 다른 꼭짓점으로 이동하기 위해 이러한 선형 독립인 열 집합, 즉 기저 집합이 필요하다.

단체법의 주요 아이디어

다면체의 꼭짓점(기저 가능 해basic feasible solution 라고도 함)에서 시작하여 목적 함수 또는 비용을 감소시키는 방향으로 다른 꼭짓점으로 이동한다. 이 과정은 최적 해에 도달하거나 문제에 제한이 없고 최적 비용이 $-\infty$임을 발견할 때까지 계속된다(이는 특정한 최적 조건을 사용하여 알 수 있으며, 알고리즘의 종료 기준이 된다). 퇴화 문제의 경우 순환cycling이 발생할 가능성이 있지만 프로세스 내에서 동률이 발생할 때 현명한 선택(체계적인 선택 방법)을 함으로써 이를 피할 수 있다.

단체법은 다면체의 꼭짓점 사이를 이동한다

다음은 3차원 선형 최적화 문제다.

$$\min_{\substack{x_1\leq 2, x_3\leq 3 \\ 3x_2+x_3\leq 6, x_1+x_2+x_3\leq 4 \\ x_1,x_2,x_3\geq 0}} (-x_1 + 5x_2 - x_3)$$

[그림 10 7]은 7개의 신형 제약 조선에 해낭하는 다면체를 보여준다.

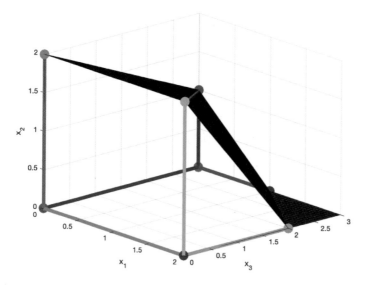

그림 10-7 단체법은 최적의 꼭짓점을 찾을 때까지 다면체의 한 꼭짓점에서 다음 꼭짓점으로 이동한다.

문제가 표준형이 아니라는 점에 유의하자. 만약 표준형으로 변환한다면, 4개의 부등식 제약 조건을 등식 제약 조건으로 변환하는 데 필요한 4개의 새로운 변수에 해당하는 4개의 새로운 차원이 추가될 것이다. 우리는 7차원 다면체를 시각화할 수 없을 뿐만 아니라 시각화할 필요도 없다. 7차원에서는 단체법을 사용하면서도 중요한 변수들을 3차원에서 계속 추적할 수 있다.

$$(x_1, x_2, x_3)$$

이러한 방식으로 단체법이 다면체의 한 꼭짓점에서 다음 꼭짓점으로 이동하면서 각 단계에서 목적 함수 $-x_1 + 5x_2 - x_3$의 값을 줄여나가는 경로를 추적할 수 있다. 이는 목적 함수의 값이 최소가 되는 꼭짓점에 도달할 때까지 계속된다.

NOTE

단체법의 세부 사항과 다양한 구현 방법에 관심이 없다면 〈10.7.6 운송 및 할당 문제〉로 이동해도 된다.

단체법 구현

표준형의 선형 최적화 문제에서 단체법은 다음과 같이 진행된다.

1 다면체의 꼭짓점(기저 실행 가능 해 $\vec{x}^*$에서 시작한다. 이 기저 실행 가능 해의 좌표를 어떻게 찾을 수 있을까? 행렬 A의 m개의 선형 독립 열 $A_1, \cdots, A_m$을 선택해 이 열들을 행렬 B(기저 행렬)에 배치한다. $B\vec{x}_b = \vec{b}$의 연립 방정식을 $\vec{x}_b$에 대해 푼다. 만약 모든 $\vec{x}_b$의 값이 음수가 아니라면 기저 실행 가능 해 $\vec{x}^*$를 찾은 것이다. $\vec{x}_b$의 값들을 $\vec{x}^*$의 해당 위치에 배치하고 나머지는 0으로 만든다. 대안으로는 $A\vec{x} = \vec{b}$의 연립 방정식을 $\vec{x}$에 대해 풀 수 있다. 이때 선택된 열에 해당하는 항목은 미지수이고 나머지는 0이 된다. 이를 통해 볼 때, 기저 실행 가능 해 $\vec{x}^*$는 0을 가지는 비기저 좌표^{nonbasic coordinates}와 기저 좌표^{basic coordinates} $\vec{x}_b = B^{-1}\vec{b}$를 갖는다.

예를 들어 행렬 $A = \begin{pmatrix} 1 & 1 & 2 & 1 & 0 & 0 & 0 \\ 0 & 1 & 6 & 0 & 1 & 0 & 0 \\ 1 & 0 & 0 & 0 & 0 & 1 & 0 \\ 0 & 1 & 0 & 0 & 0 & 0 & 1 \end{pmatrix}$ 이고 $\vec{b} = \begin{pmatrix} 8 \\ 12 \\ 4 \\ 6 \end{pmatrix}$ 라면 열 A_4, A_5, A_6, A_7을 기저 열 집합으로 선택할 수 있다. 이를 통해 $\vec{x} = (0,0,0,8,1,2,4,6)^t$ 형태의 기저 실행 가능 해(다면체의 한 꼭짓점의 좌표)를 얻을 수 있다. 또 다른 방법으로는 A_3, A_5, A_6, A_7을 기저 열 집합으로 선택할 수 있다. 이 경우 $\vec{x} = (0,0,4,0,-12,4,6)^t$의 기저 해를 얻을 수 있지만 이 해는 음수의 좌표값을 가지기 때문에 기저 실행 가능 해가 아니다.

2 $\vec{x}^*$에서 다른 꼭짓점 $\vec{y} = \vec{x}^* + \theta^* \vec{d}$로 이동한다. 우리는 다음 조건을 만족하는 $\vec{d}$를 찾아야 한다.

- 다면체 내부에 머무를 수 있도록 해주는 방향(실행 가능성 유지)
- 단 하나의 비기저 변수 x_j의 값만 0에서 양수로 증가시키는 방향
- 다른 비기저 변수들을 0으로 유지하는 방향

$\vec{x}^*$에서 $\vec{y} = \vec{x}^* + \theta^* \vec{d}$로 이동할 때 목적 함수의 값을 감소시켜야만 한다. 즉, $\vec{c} \cdot \vec{y} \leq \vec{c} \cdot \vec{x}^*$ 조건을 만족해야 한다. 비기저 변수 x_j의 값을 0에서 양수로 증가시킬 때, 목적 함수의 차이는 $\bar{c}_j = c_j - \vec{c}_b \cdot B^{-1} A_j$가 된다. 따라서 이 값이 음수가 되는 좌표 j를 선택해야 한다. 이 모든 과정이 성립하기 위해 $\vec{d}$의 좌표는 다음과 같이 결정된다.

- $d_j = 1$ (x_j를 도입했기 때문에)
- $i \neq j$인 경우 또는 i가 비기저 변수인 경우 $d_i = 0$
- $\vec{d}_b = -B^{-1} A_j$

마지막으로 θ^*는 다음과 같이 결정된다.

$$\theta^* = \min_{\text{all basic indices for which } d_{B(i)} < 0} \left\{ -\frac{x_{B(i)}}{d_{B(i)}} \right\} := -\frac{x_{B(l)}}{d_{B(l)}}$$

3 이제 기저 행렬 B의 열 $A_{B(l)}$ 이 제외되고 새로운 열 A_j로 대체된다.

4 다음 두 가지 경우 중 하나에 도달할 때까지 이 과정을 반복한다.

- 유한 최적 해 도출(실행 가능한 A의 모든 열 A_j가 음수가 아닌 $\bar{c}_j$를 제공하는 경우): 최적 해에 도달했음을 의미한다.

- 무한 최적 해 발견(문제가 제한되지 않고 최적 비용이 $-\infty$인 경우): $\vec{d} \geq \vec{0}$일 때 발생한다. $\vec{y} = \vec{x} + \theta\vec{d} \geq \vec{0}$이 성립하게 되어, θ의 값이 아무리 커져도 실행 가능성을 유지한다. 따라서 θ를 무한대로 증가시키면 비용 $\vec{c} \cdot \vec{y} = \vec{c} \cdot \vec{x} + \theta(c_j - \vec{c}_B \cdot B^{-1}A_j)$는 $-\infty$까지 계속 감소한다.

단체법에 대한 참고 사항

단체법에서 기억해야 할 사항은 다음과 같다.

- 4단계에서는 단체법의 두 가지 종료 기준을 제시한다.
  - 음수의 환산 비용 $\bar{c}_j$가 존재하지 않는 경우
  - 실행 가능 방향 $\vec{d}$를 감소시키는 비용의 모든 좌표가 음수가 아닌 경우
- 실행 가능 집합이 비어 있지 않고 모든 기저 실행 가능 해가 퇴화되지 않는 경우, 단체법은 유한 최적 해 또는 $-\infty$ 최적 비용을 가지며 반드시 유한한 반복 횟수 내에 종료된다.
- 일부 기저 실행 가능 해가 퇴화되었다고 가정해보자(일부 기저 변수의 값도 0인 경우). 해당 기저 실행 가능 해 중 하나에 도달했을 경우, 기저를 변경하여 A_j를 도입하고 $A_{B(l)}$을 제외시킬 때도 동일한 꼭짓점 $\vec{y} = \vec{x} + 0\vec{d}$에 머무를 가능성이 있다. 이는 $x_{B(l)} = 0$일 때 발생하므로 $\theta^* = \dfrac{x_{B(l)}}{d_{B(l)}} = 0$이 된다. 이러한 퇴화의 경우 실제로 $\vec{x}$에서 $\vec{y} = \vec{x} + \theta\vec{d}, \theta > 0$으로 이동하는 열 A_j를 찾을 때까지 계속해서 새로운 A_j를 선택한다. 여기서 발생할 수 있는 가장 안 좋은 상황은 다음과 같다. $\vec{x}$에 머무르며 일정 시간 동안 기저를 계속 변경하다가 실제로 비용을 감소시키는 방향으로 $\vec{x}$에서 $\vec{y} = \vec{x} + \theta^*\vec{d}$로 이동하게 해주는 열 A_j를 찾은 후 알고리즘을 시작했던 것과 동일한 기저를 얻게 되는 경우이다. 이로 인해 계속해서 반복하는 순환이 발생하고 알고리즘이 무한 반복될 수 있다. 순환은 A의 어떤 열이 기저에 진입하고 빠질지에 대한 현명한 선택을 통해 방지할 수 있다. 여기에는 θ^* 계산 과정에서 여러 후보가 존재할 경우 A_j 및 $B(l)$을 선택하는 체계적인 방법이 포함된다.
- 계산 과정에서 여러 후보가 존재하는 경우(음수의 환산 비용 $\bar{c}_j$를 주는 하나 이상의 A_j 옵션을 가질 때, 그리고/또는 θ^*를 최소화하는 하나 이상의 $B(l)$ 인덱스가 존재할 때) 해당 단계에서 진입 변수 A_j 또는 제외 변수 $A_{B(l)}$을 선택할 수 있는 규칙을 고안할 수 있다. 이러한 규칙들을 피벗 규칙pivoting rule이라고 부른다.
- 매우 간단하고 계산적으로 효율적인 피벗 규칙 중 하나는 블랜드 규칙Bland's rule이다. 이 규칙은 다음과 같다.
  - 음수인 환산 비용 $\bar{c}_j$를 갖는 가장 작은 인덱스 j에 해당하는 열 A_j를 기저 진입 변수로 선택한다.
  - θ^*를 만족하는 가장 작은 인덱스 $B(l)$에 해당하는 열 $A_{B(l)}$을 기저 제외 변수로 선택한다.

  이처럼 가장 작은 인덱스를 우선시하는 피벗 규칙은 순환을 방지하는 데 도움이 된다. 물론 다른 피벗 규칙들도 존재한다.
- 만약 $n - m = 2$(A가 행보다 두 개 더 많은 열을 가지는 경우)라면, 어떤 피벗 규칙을 사용하든 단체법은 순환하지 않는다.

- 일반형 문제에서 비롯되지 않은 문제, 특히 많은 변수가 있는 문제의 경우 초기 기저 B와 관련된 기저 실행 가능 해 x를 선택하는 방법이 항상 명확하지 않을 수 있다(A의 어떤 m개 열이 선형 독립인지 명확하지 않기 때문이다). 이 경우에는 인공 변수artificial variable를 도입하고 보조 선형 계획 문제를 풀어서 원래 문제가 실행 불가능한지, 해가 없는지 여부를 판단한다. 문제가 실행 가능한 경우 인공 변수를 기저에서 제외하고 원래 문제에 대한 초기 기저와 관련된 기본 실행 가능 해를 구한다. 이 과정을 단체법 1단계라고 한다. 나머지는 단체법 2단계라고 한다.
- 빅−M 방법은 다음과 같이 단체법의 1단계와 2단계를 결합한 것이다.

$$\min_{\substack{A\bar{x}=\bar{b} \\ \bar{x}\geq 0, \bar{y}\geq 0}} \left(\bar{c}\cdot\bar{x} + M(y_1+y_2+\cdots+y_m) \right)$$

충분히 큰 M 값을 선택했다는 가정하에 원 문제가 실행 가능하고 최적 비용이 유한하다면, 모든 인공 변수 $y_1, y_2, \cdots y_m$은 결국 0으로 수렴하게 되어 원래의 문제로 되돌아간다. 우리는 M을 부정undetermined 파라미터로 취급하여 환산 비용reduced cost을 M에 대한 함수로 만들고 환산 비용이 음수인지 판단할 때 M을 매우 큰 수로 취급한다.

변형된 단체법

계산 비용이 더 적게 드는 단체법을 구현한 것이다. 이 방법은 이전 기저 B와 새로운 기저 $\bar{B}$의 관계를 활용해 $\bar{B}^{-1}$을 연산 비용이 더 적은 방법으로 계산한다. 이 두 기저는 단 하나의 열만 다르다(관련된 두 꼭짓점이 인접해 있다). 따라서 우리는 이전의 B^{-1}에서 새로운 $\bar{B}^{-1}$을 구할 수 있다.

다음은 변형된 단체법 알고리즘의 일반적인 반복 과정이다. 또한 이전 섹션의 단체법 단계를 다시 한 번 복습하는 데도 도움이 될 것이다. 간단하게 살펴 보기 위해 x, y, b, d의 벡터 표기법은 생략한다.

1 행렬 A의 m개의 기저 열로 구성된 B와 관련된 기저 실행 가능 해 x(여기서 $x_B = B^{-1}b$이고, $x_i = 0$)로 시작한다.

2 B^{-1}을 계산한다(단체법 계산에 사용되는 것은 B가 아니라 B^{-1}이다).

3 기저 열이 아닌 열 j에 대해 환산 비용을 $\bar{c}_j = c_j - \bar{c}_B \cdot B^{-1}A_j$로 계산한다(이를 통해 $n - m$개의 환산 비용이 산출된다).

4 모든 환산 비용 $\bar{c}_j$가 음수가 아니라면 현재의 기저 실행 가능 해 x가 최적 해가 된다. 알고리즘은 x를 최적화 변수로, $c \cdot x$를 최적 비용으로 하여 종료된다(기저에 편입되어 비용을 더 감소시킬 수 있는 A_j가 없다).

5 그렇지 않으면 $\bar{c}_j < 0$인 j를 선택한다(블랜드 피벗 규칙에 따라 가장 작은 j를 선택한다). 이렇게 하면 A_j가 기저에 들어가게 된다.

6 실행 가능 방향 d를 다음과 같이 계산한다.

$$d_j = 1, d_B = -B^{-1} A_j, \text{그 외의 } d_i = 0$$

- d_B의 모든 구성 요소가 음수가 아니라면 알고리즘은 최적 비용으로 $-\infty$를 갖고 최적 해가 없음을 의미하며 종료된다.

- 그렇지 않으면 d_B의 구성 요소를 선택하고 다음을 계산할 수 있다.

$$\theta^* = \min_{\text{all basic indices for which } d_{B(i)}<0} \left\{ -\frac{x_{B(i)}}{d_{B(i)}} \right\} := -\frac{x_{B(l)}}{d_{B(l)}}$$

이 단계에서는 θ^*를 계산하고 나가는 열의 인덱스로 $B(l)$을 할당한다.

7 새로운 기저 실행 가능 해 $y = x + \theta^* d$를 계산한다(이 새로운 기저 실행 가능 해는 새로운 기저 B에 대응되며, 이 B는 기존 $A_{B(l)}$이 A_j로 대체된 것이다).

8 다음 반복에 사용할 새로운 $\bar{B}^{-1}$을 계산한다. 새로 바뀐 기저 $\bar{B}$를 구성한 뒤 역행렬을 구하는 과정을 거치지 않고 다음과 같이 진행해도 된다.

- $m \times m + 1$의 확대 행렬 $((B^{-1} | B^{-1} A_j)$를 구성한다.

- l번째 행을 사용해 행 연산을 수행한다(각 행에 l번째 행의 배수를 더한다). 이를 통해 마지막 열을 단위 벡터 e_l로 만든다(l번째 구성 요소가 1이고 나머지 구성 요소는 모두 0인 벡터)

- 이 결과의 처음 m개 열이 새로운 $\bar{B}^{-1}$이 된다.

정당화

$u = B^{-1} A_j$라고 정의한다. $B^{-1} \bar{B} = (e_1 e_2 \cdots u \cdots e_m)$임을 확인할 수 있다. 여기서 e_i는 l번째 요소가 1이고 나머지는 0인 열 벡터이며, u는 l번째 열이다. l번째 행을 사용하여 행 연산을 수행하고 u를 e_l로 변환한다면 해당 행렬은 단위 행렬이 된다. 모든 행 연산은 왼쪽에서 적용된 가역 행렬 Q로 하나로 묶을 수 있다.

$$QB^{-1} \bar{B} = I$$

이제 오른쪽에서 $\bar{B}^{-1}$을 곱해주면 $QB^{-1} = \bar{B}^{-1}$이 된다. 이는 $\bar{B}^{-1}$을 구하기 위해 u를 e_l로 변환하는 것과 동일한 행 연산을 B^{-1}에 수행하면 된다는 의미다.

> **NOTE** 변형된 단체법에서 B^{-1}을 사용하여 $\bar{B}^{-1}$ 계산하기
>
> 이 방법은 원래 행렬 A의 m개 열에서 시작하여 역행렬을 찾는 것이 아니다. 그 대신 이전에 계산된 B^{-1}에 행 연산을 수행하는데, 여기에는 반올림 오차가 포함될 수 있다. 이러한 과정을 많은 반복에 걸쳐 수행하면 오차가 누적되므로 오차 누적을 방지하기 위해 수시로 A의 열에서 직접 $\bar{B}^{-1}$을 계산하는 것이 좋다.

단체법에서의 태블로 구현

단체법에서의 태블로^tableau 구현은 단 하나의 행렬만 저장하고 업데이트한다는 장점이 있다. 여기서는 B^{-1}을 관리하고 업데이트하는 대신 $m \times n + 1$ 크기의 행렬 $x_B | B^{-1}A = B^{-1}b | B^{-1}A$를 관리하고 업데이트한다. 기저에 편입되는 변수에 해당하는 열 $u = B^{-1}A_j$를 피벗 열^pivot column이라고 한다. 만약 l번째 기저 변수가 기저에서 나간다면 l번째 행을 피벗 행^pivot row이라고 한다. 피벗 행과 피벗 열 둘 모두에 속하는 요소를 피벗 요소^pivot element라고 한다. 이제 태블로 위에 0번째 행을 추가하여 현재 비용의 음수 $-c \cdot x = -c_B \cdot x_B = c_B \cdot B^{-1}b$를 추적한다. 따라서 태블로는 다음과 같이 구성된다.

$$\begin{pmatrix} -c_B \cdot B^{-1}b & c - c_B \cdot B^{-1}A \\ B^{-1}b & B^{-1}A \end{pmatrix}$$

더 확장해서 적어보면 다음과 같다.

$$\begin{pmatrix} -c_B \cdot x_B & \bar{c}_1 \cdots \bar{c}_n \\ x_{B(1)} & |\cdots| \\ \vdots & B^{-1}A_1 \cdots B^{-1}A_n \\ x_{B(m)} & |\cdots| \end{pmatrix}$$

이러한 방법을 익히면 주어진 단체법 태블로에서 B^{-1}과 B를 쉽게 추출할 수 있어 유용하다.

단체법의 가장 효율적인 구현은 변형된 단체법이다(메모리 사용량은 $O(m^2)$, 단일 반복에 대한 최악의 경우 시간 복잡도는 $O(mn)$, 단일 반복에 대한 최선의 경우 시간 복잡도는 $O(m^2)$, 반면에 전체 태블로 방법에 대해서는 메모리 사용량, 시간 복잡도 모두 $O(mn)$이다). 그러나 모든 것은 행렬이 얼마나 희소한지에 달려 있다.

10.7.6 운송 및 할당 문제

운송 문제와 할당 문제는 최소 비용 네트워크에서의 흐름 문제로 공식화할 수 있는 선형 최적화 문제다.

운송 문제

제품을 창고에 할당하고 비용을 최소화한다.

할당 문제

작업자를 업무에 할당한다. 작업자 수와 업무 수는 같으며, 각 작업자는 하나의 업무만 수행한다. 작업자 i가 업무 j를 수행할 때 비용이 발생한다. 여기서 목표는 비용을 최소화하는 할당 방식을 선택하는 것이다. 이에 대한 예로는 우버 운전자를 고객에게 할당하거나 기계를 작업에 할당하는 경우 등이 있다.

우리는 해당 행렬이 희소하다는 사실을 활용하기 때문에 단체법 알고리즘의 전체 구현을 수행할 필요가 없다. 할당 문제와 운송 문제를 모두 해결하는 특별하고 간소화된 버전만 사용하면 된다. 이는 할당 문제와 운송 문제를 모두 포함한 최소 비용 흐름 문제를 해결하는 네트워크 단체법과 관련이 있다. 운송 문제와 배정 문제는 최소 비용 흐름 문제의 특수한 경우다. 헝가리안 알고리즘은 배정 문제에 특화되어 있기 때문에 더 효율적이다. 이러한 특수 목적의 알고리즘은 일부 선형 계획법 소프트웨어 패키지에 포함되어 있다.

10.7.7 쌍대성, 라그랑주 이완, 그림자 가격, 최대 최소, 최소 최대

앞서 유한 차원의 제약 조건부 최적화를 논의하고 라그랑주 승수를 사용하여 제약 조건을 완화할 때 쌍대성 개념에 대한 힌트를 주었다. 쌍대성은 우리의 제약 조건부 문제가 선형이거나 또는 제약 조건이 선형인 이차 문제일 때 특히 유용하다. 본래 최적화 문제(원문제[primal])와 다른 관련 문제(쌍대 문제) 중 더 쉽거나 비용이 적게 드는 것을 선택하여 풀고 동일한 해를 얻을 수 있는 장점이 있기 때문이다. 일반적으로 알고리즘이 제약 조건의 수보다 더 많은 결정 변수(문제의 차원)를 갖는 경우에는 그다지 큰 부담이 되지 않는다. 쌍대 문제는 결정 변수와 제약 조건의 역할을 바꾸기 때문에 제약 조건이 너무 많은 경우에는 원문제 대신에 쌍대 문제를 푸는 것이 더 합리적이다(여기서 또 다른 방법은 쌍대 단체법을 사용하여 원문제를 해결하는 것인데, 이에 대해서는 곧 설명하겠다). 쌍대 문제가 도움이 되는 또 다른 이유로는 때때로 원문제의 해에 대한 지름길을 제공하기 때문이다. 원문제에 대한 실행 가능 벡터 $\vec{x}$가 최적화 변수가 되기 위해서는 $\vec{c} \cdot \vec{x} = \vec{p} \cdot \vec{b}$가 성립하도록 쌍대 문제에 대한 실행 가능 벡터 $\vec{p}$가 존재해야 한다.

앞으로 쌍대성을 다룰 때 [그림 10-8]과 같은 방식으로 생각해보자. 원문제 영역에서 어떤 일이 일어나고 있고 일종의 그림자 또는 반향이 쌍대 문제 영역, 즉 평행 우주에서 일어나고 있다. 그리고 이 둘은 최적 해에서 만나게 된다.

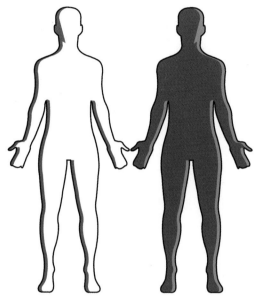

그림 10-8 쌍대성, 그림자 문제, 그림자 가격

그래서 만약 우리가 한 우주에서 최대화를 한다면 다른 우주에서는 최소화를 하게 된다. 마찬가지로 한 우주에서 제약 조건과 관련된 작업을 하는 경우 다른 우주에서는 결정 변수에 작업을 하게 된다. 그 반대도 마찬가지다.

쌍대성-라그랑주 승수의 동기

일반적인 (선형 또는 비선형) 최적화 문제는 다음과 같다.

$$\min_{\tilde{x} \in feasible\,set} f(\tilde{x})$$

기울기를 0으로 설정하여 최소화 변수 $\tilde{x}^*$를 찾는 대신 $f(\tilde{x}^*)$의 상한(임의의 실행 가능한 원소를 $f(\tilde{x})$에 대입하면 쉽게 찾을 수 있음)과 $f(\tilde{x}^*)$의 하한(더 어려운 부등식이며 일반적으로 기발한 아이디어가 필요. 이후에 설명한다)을 찾아보자. 이제 하한 $\leq f(\tilde{x}^*) \leq$ 상한이라는 관계를 얻게 된다. $f(\vec{x}^{*})$라는 실제 해에 더 가까이 다가가기 위해 이러한 경계를 좁히고 있다. 상한을 최소화하고(이는 원래의 최소화 문제로 되돌려놓는다) 하한을 최대화함으로써(이는 쌍대 문제를 설정하는 것이다) 경계를 좁힌다.

이제 어떤 형태의 선형 최소화 문제든 다음과 같이 표현할 수 있다.

$$\min\nolimits_{linear\ constraints\ on\ \vec{x}} \vec{c} \cdot \vec{x}$$

$f(\vec{x}) = \vec{c} \cdot \vec{x}$에 대한 하한을 찾는 데 사용되는 기발한 아이디어는 무엇일까? 우리는 문제의 제약 조건을 선형 결합하여 구성된 $f(\vec{x}) = \vec{c} \cdot \vec{x}$의 하한을 찾는다. 따라서 각 제약 조건에 라그랑주 승수 p_i를 곱한다. 제약 부등식의 방향이 $\geq$가 되도록 부호를 선택해야 한다. 어떻게 선택할까? 선형 제약 조건은 $\vec{x}$의 요소의 선형 결합이고, 목적 함수 $\vec{c} \cdot \vec{x}$ 또한 $\vec{x}$의 요소의 선형 결합이다. 선형 결합의 선형 결합은 여전히 선형 결합이므로 $\vec{c} \cdot \vec{x}$와 비교할 수 있는 제약 조건의 선형 결합을 선택할 수 있다. 더 구체적으로는 m개의 선형 제약 조건이 있다면 다음 식이 필요하게 된다.

$$p_1 b_1 + p_2 b_2 + \cdots + p_m b_m \leq \vec{c} \cdot \vec{x}$$

제약 조건이 등식을 포함하는 경우 승수 p_i의 부호는 자유롭다. 일단 이러한 하한을 확보하면 p_i를 최대화하여 하한을 좁힐 수 있다. 이를 통해 쌍대 문제를 얻게 된다.

원문제에서 쌍대 선형 최적화 문제 찾기

선형 최적화 문제에서 입력된 데이터의 크기를 올바르게 파악하는 것이 중요하다. 입력 데이터는 $m \times n$ 크기의 행렬 A, $n \times 1$ 크기의 벡터 $\vec{c}$, $m \times 1$ 크기의 $\vec{b}$다. 원문제의 결정 변수는 $n \times 1$ 크기의 벡터 $\vec{x}$가 있으며 쌍대 문제의 결정 변수는 $m \times 1$ 크기의 벡터 $\vec{p}$다.

일반적으로 원문제에 행렬 A가 포함된다면 쌍대 문제에는 전치 행렬 A^t가 포함된다. 그러므로 원문제에서는 행렬 A의 행과 벡터 $\vec{x}$의 내적을 계산하고, 쌍대 문제에서는 A의 열과 벡터 $\vec{p}$의 내적을 계산한다. 선형 최적화 문제가 어떤 형태든 다음 과정에 따라 쌍대 문제를 간단하게 구할 수 있다.

- 만약 원문제가 최소화 문제라면 쌍대 문제는 최대화 문제가 되며 그 반대도 마찬가지다.
- 원문제의 비용 함수는 $\vec{c} \cdot \vec{x}$이고, 쌍대 문제의 비용 함수는 $\vec{p} \cdot \vec{b}$다.

- 최소화 문제인 원문제에서는 제약 조건을 다음 두 가지 유형으로 분류한다.

  - 유형 1: 결정 변수의 부호를 나타내는 제약 조건

    1. $\vec{x}_3 \geq 0$

       쌍대 문제에서는 $A_3 \cdot \vec{p} \leq c_3$에 대응된다. 여기서 A_3는 행렬 A의 세 번째 열이고 c_3는 벡터 $\vec{c}$의 세 번째 요소다.

    2. $x_{12} \leq 0$

       쌍대 문제에서는 $A_{12} \cdot p \geq c_{12}$에 대응된다. 여기서 A_{12}는 행렬 A의 열이고 c_{12}는 벡터 $\vec{c}$의 열두 번째 요소다.

    3. x_5는 자유 변수다(부호가 지정되지 않음)

       쌍대 문제에서는 $A_5 \cdot p = c_5$에 대응된다. 여기서 A_5는 행렬 A의 다섯 번째 열이고 c_5는 벡터 $\vec{c}$의 다섯 번째 요소다.

  - 유형 2: $a_i \cdot x \geq \leq = b_i$ 형태의 제약 조건

    (여기서 a_i는 행렬 A의 i번째 행이다. 쌍대 문제에서는 p_i의 부호에 대한 제약 조건과 대응된다)

    1. $a_2 \cdot x \geq b_2$는 쌍대 문제에서 $p_2 \geq 0$과 대응된다.

    2. $a_7 \cdot x \leq b_7$은 쌍대 문제에서 $p_5 \leq 0$과 대응된다.

    3. $a_8 \cdot x = b_8$은 쌍대 문제에서 p_8의 부호가 자유롭다는 것과 대응된다.

특히 선형 최적화 문제가 표준형인 경우 다음과 같이 나타낼 수 있다.

$$\min_{\substack{A\vec{x}=\vec{b} \\ \vec{x} \geq \vec{0}}} \vec{c} \cdot \vec{x}$$

그러면 쌍대 문제는 다음과 같다.

$$\max_{\substack{\vec{p}\ is\ free \\ A^T\vec{p} \leq \vec{c}}} \vec{p} \cdot \vec{b}$$

선형 최적화 문제가 일반형인 경우 다음과 같이 나타낼 수 있다.

$$\min_{\substack{A\vec{x} \geq \vec{b} \\ \vec{x}\ is\ free}} \vec{c} \cdot \vec{x}$$

그러면 쌍대 문제는 다음과 같다.

$$\max_{\substack{\vec{p} \geq \vec{0} \\ A^T\vec{p} = \vec{c}}} \vec{p} \cdot \vec{b}$$

쌍대 문제는 어떻게 풀면 될까? 단체법을 활용해 쌍대 문제를 해결할 수 있다. 하지만 이제는 비용을 감소시키는 것이 아니라 증가시키는 기저 실행 가능 해로 이동하게 된다.

표준형의 선형 최적화 문제의 쌍대 문제 유도

쌍대 문제를 유도하는 또 다른 방법이 있다. 단, 이 방법을 사용하려면 선형 문제가 표준형이어야 한다. 기본 아이디어는 제약 조건 $A\vec{x} = \vec{b}$를 완화하지만 라그랑주 승수 $\vec{p}$를 도입하는 것이다. 즉, 제약 조건이 위반될 때 벌금 $\vec{p}$를 지불하는 개념이다. 따라서 다음과 같이 나타낼 수 있다.

$$\min_{\substack{A\vec{x}=\vec{b} \\ \vec{x} \geq \vec{0}}} \vec{c} \cdot \vec{x}$$

이 식은 다음과 같이 쓸 수 있다.

$$\min_{\vec{x} \geq \vec{0}} \vec{c} \cdot \vec{x} + \vec{p} \cdot (\vec{b} - A\vec{x}) = g(\vec{p})$$

이제 $g(\vec{p})$가 $\vec{c} \cdot \vec{x}$에 대한 하한임을 증명해보자(이것이 쌍대성 정리다). 그리고 p를 최대화하면 된다. 이 과정에서 쌍대 문제가 등장하게 된다.

강한 쌍대성 정리strong duality theorem는 원문제의 최솟값과 쌍대 문제의 최댓값이 같다는 것을 의미한다. 만약 원문제가 무한대라면 쌍대 문제는 불가능하다. 반대로 쌍대 문제가 무한대라면 원문제는 실행 불가능하다.

퍼르커시 보조 정리Farkas' lemma[261]는 쌍대성 이론의 핵심으로, 경제 및 금융 분야에서 많이 응용되고 있다.

쌍대 단체법

쌍대 단체법dual simplex method은 쌍대성 이론을 사용하여 원문제를 해결한다. 단체법과 쌍대 단체법의 주요 차이점은 다음과 같다. 일반 단체법은 최적은 아니지만 실행 가능한 기저 해로 시작하여 최적 해를 향해 나아가는 반면 쌍대 단체법은 최적이지만 실행 가능하지 않은 해로 시작하여 타당성을 찾아간다. 쌍대 단체법은 마치 단체법을 거울에 비춰 본 것과 같다.

---

[261] *https://oreil.ly/yWF6R*

단체법을 사용하여 원문제를 풀 때 자동으로 쌍대 문제의 최적 비용(원문제의 최적 비용과 동일)을 얻는다. 또한 원문제의 최종 태블로를 통해 쌍대 문제의 해(최적화 변수)를 확인할 수 있다. 최적화된 쌍대 변수는 원문제에 대한 해당 제약이 구속 조건^{binding}일 경우에만 0이 아니다. 최적 쌍대 변수는 제약 조건에 관련된 **그림자 가격**^{shadow price}(라그랑주 승수)이므로 이 개념은 직관적으로 명확해야 한다. 이 그림자 가격은 제한된 자원(구속 조건)에 할당된 값으로 해석할 수 있으며, 이때 해당 자원의 가치는 원문제의 목적 함수 값과 같게 된다. 최적 쌍대 변수는 단체법의 최적 조건을 만족한다. 이는 단체법의 최종 태블로에서 기저 변수의 환산 비용이 반드시 0이 되어야 하고, 최적 쌍대 변수가 최적 해에 연관된 그림자 가격이 되어야 함을 의미한다.

또 다른 해석 방법으로는 쌍대 단체법을 쌍대 문제를 해결하는 변형된 단체법으로 생각하는 것이다. 이때 쌍대 문제를 명시적으로 작성하지 않고 최대화하기 위해 단체법을 적용한다.

더욱이 단체법은 원문제의 일련의 기저 실행 가능 해를 생성한다(이는 다면체의 꼭짓점에 해당한다). 쌍대 실행 가능 해가 발견되는 즉시 해당 방법은 종료된다. 반면에 쌍대 단체법은 일련의 쌍대 기저 실행 가능 해를 생성한다. 원문제의 실행 가능 해가 발견되는 즉시 해당 방법은 종료된다.

예제1 네트워크, 선형 최적화 그리고 쌍대성

[그림 10-9]의 네트워크를 보자. 숫자는 각 엣지가 수용할 수 있는 최대 유량인 엣지 용량^{edge capacity}을 나타낸다. 최대 흐름 문제는 출발지 노드에서 목적지 노드로 최대 흐름을 보내는 것이다. 직관적으로 네트워크를 통과하는 최대 흐름은 엣지가 전송할 수 있는 용량에 의해 제한된다. 이는 쌍대 문제의 기저가 된다. 네트워크를 통한 흐름을 최대화하는 것은 네트워크를 잘라서 출발점에서 목적지로 갈 수 없게 만들 수 있는 엣지들의 총 용량을 최소화하는 것과 동일하다. 이것이 바로 최대 유량 최소 절단 정리다.

[그림 10-9]에시는 네트워크를 통한 모든 절단의 값, 즉 함께 잘라서 출발지에서 목적지로 갈 수 없도록 만들 수 있는 엣지들의 집합과 엣지의 최소 총 용량이 16인 절단을 보여준다. 최대 흐름 최소 절단 정리에 따라 네트워크를 통해 보낼 수 있는 최대 흐름은 16이다. 용량 19의 엣지를 통해 $y_1 = 12$를, 용량이 4인 엣지를 통해 $y_2 = 4$를 보낸다.

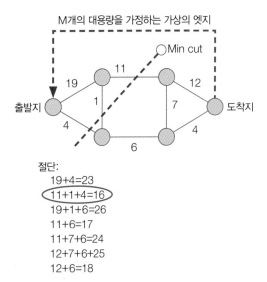

절단:
19+4=23
(11+1+4=16)
19+1+6=26
11+6=17
11+7+6=24
12+7+6+25
12+6=18

그림 10-9 쌍대성 : 네트워크를 통한 최대 흐름은 최소 절단 용량smallest cut capacity과 같다.

이 중 $y_3 = 1$은 용량 1의 엣지를 통해, $y_4 = 11$은 용량이 11인 엣지를 통해, $y_5 = 1 + 4 = 5$는 용량이 6인 하단 엣지를 통해 흐를 것이다.

12개의 각 요소는 $y_6 = 0$(용량 7의 수직 엣지를 통해 흐를 단위는 없다), $y_7 = 11$(용량 12의 가장 오른쪽 엣지를 통해 흐름), $y_8 = 5$(용량 6의 가장 오른쪽 엣지를 통해 흐름)로 마지막의 두 엣지를 통해 목적지에 도달한다. 최대 흐름 문제의 해는 다음과 같다.

$$y_1, y_2, y_3, y_4, y_5, y_6, y_7, y_8 = (12, 4, 1, 11, 5, 0, 11, 5)$$

(우리가 쌍대 문제의 해인 최소 절단 값의 지식을 사용하여 그래픽적으로 해결한) 이 네트워크 문제를 선형 최적화 문제로 공식화하기 위해 목적지 노드를 출발지 노드에 연결하는 흐름인 값 y_9를 가지는 하나의 가상 엣지를 추가하고, 목적지에 도달한 흐름이 가상으로 원점으로 돌아온다고 가정해보자. 다시 말해 회로를 폐쇄하고 노드에서 만나는 도체들로 이루어진 네트워크에서 전류의 합이 0이라는 키르히호프의 전류 법칙Kirchhoff's current law을 적용하는 것이다(즉, 노드로 유입된 흐름은 노드에서 배출되는 흐름과 같음). 이제 선형 최대화 문제는 다음과 같이 표현할 수 있다.

$$\min_{\substack{A\vec{y}=\vec{0} \\ |y_i| \le M_i}} y_9$$

여기서 행렬 A는 우리 네트워크의 인접 행렬이다(그림 10-10).

$\bar{y} = (y_1, y_2, y_3, y_4, y_5, y_6, y_7, y_8, y_9)'$는 부호가 있는 최대 흐름의 벡터다($y$가 음수인 것을 허용하여 입력 흐름이 출력 흐름을 상쇄하도록 한다). 이 벡터는 각 엣지를 통해 전송할 수 있는 최대 흐름을 나타내며 그 답을 찾아야 한다(방금 최소 절단에 기반을 둔 직관을 사용하여 검토하고 부호 없는 해답을 찾았다). M_i는 네트워크 내 각 엣지의 최대 용량이며 $A\bar{y} = \bar{0}$ 조건은 노드로 들어오는 흐름이 그 노드에서 나가는 흐름과 같음을 보장한다. 물론 이 경우 네트워크는 최적 흐름이 각 엣지를 통해 어떤 방향으로 이동하는지 보여주는 방향성 엣지가 존재한다.

노드＼엣지	1	2	3	4	5	6	7	8	9
1	1	1	0	0	0	0	0	0	1
2	1	0	1	1		0	0	0	0
3	0	1	1	0	1	0	0	0	0
4	0	0	0	1	0	1	1	0	0
5	0	0	0	0	1	1	0	1	0
6	0	0	0	0	0	0	1	1	1

A = 행렬

그림 10-10 [그림 10-9]의 네트워크의 인접 행렬

이제 최대 흐름 문제의 선형 공식화가 완료됐다. 지금까지 배운 방법을 사용하여 쌍대 문제(최소 절단 문제)를 쉽게 작성할 수 있으며 원문제 또는 쌍대 문제를 해결할 수 있게 됐다. 공식화하기 위해 필요한 것은 네트워크의 인접 행렬, 엣지 용량, 그리고 노드로 유입되는 흐름은 노드에서 유출되는 흐름과 같다는 키르히호프의 조건뿐이다.

예제 2 2인 제로섬 게임, 선형 최적화 그리고 쌍대성

쌍대성과 선형 최적화가 내재되어 있는 또 다른 주요 분야는 게임 이론에서의 2인 제로섬 게임이다. 한 플레이어의 이득은 다른 플레이어의 손실이다(쌍대성의 암시한다). 이 문제를 수학적으로 명확하게 하기 위해서는 각 플레이어(플레이어 1, 플레이어 2)의 모든 옵션에 대한 보수 행렬payoff matrix이 필요하다. 각 플레이어는 자신의 옵션을 고려하여 이득을 최대화하는 전략

을 고안하기를 원한다(게임의 보수 행렬이 공정해야 한다고 말한 사람은 없다). 이제 각 플레이어의 최적 전략을 찾아야 한다. 플레이어 1의 최적화 문제를 설정했다면, 플레이어 2 전략의 최적화 문제를 얻기 위해 처음부터 다시 시작할 필요가 없다. 간단하게 쌍대 문제를 작성하면 된다. 두 플레이어 모두가 합리적으로 행동하고 최적 전략을 따른다고 가정할 때 게임의 예상 보수 합계는 두 플레이어에게 동일하다.

[그림 10-11]의 보수 행렬을 살펴보자. 게임은 다음과 같이 진행된다. 플레이어 1은 행을 선택하고 플레이어 2는 동시에 열을 선택한다. 플레이어 1은 선택한 행과 열의 지정된 숫자만큼을 플레이어 2에게 지불한다. 플레이어 1은 이 지불 금액을 최소화하려고 하고 플레이어 2는 받는 금액을 최대화하려고 한다. 플레이어들은 이 게임을 여러 번 반복한다.

플레이어 1과 플레이어 2의 최적 전략은 무엇이며 게임에서 예상 보수는 얼마일까?

	y_1	y_2	y_3	
x_1	1	0	4	y_1+4y_3
x_1	3	-1	2	$3y_1-y_2+2y_3$
	x_1+3x_2	$-x_2$	$4x_1+2x_2$	

그림 10-11 보수 행렬

최적 전략을 찾기 위해 플레이어 1이 확률 x_1으로 행$_1$, 확률 x_2로 행$_2$를 선택한다고 가정하자. 그러면 $x_1+x_2=1$, $0 \leq x_1 \leq 1$, $0 \leq x_2 \leq 1$이 된다. 플레이어 1은 (x_1,x_2) 혼합 전략$^{mixed\ strategy}$을 사용한다면 보수 행렬 내에 이 새로운 전략에 대응하는 새로운 행이 하나 더 생긴다고 합리적으로 추론할 수 있다(그림 10-11). 이제 플레이어 1은 플레이어 2가 이득을 극대화하는 열을 선택할 것임을 알고 있다. 따라서 플레이어 1은 보수(3번째 행의 최댓값)를 가능한 한 작게 만들 수 있는 (x_1,x_2) 값을 선택해야 한다. 이를 위해 플레이어 1은 다음과 같은 최소 최대 문제$^{min-max\ problem}$를 해결해야 한다.

$$\min_{\substack{0 \leq x_1 \leq 1 \\ 0 \leq x_2 \leq 1 \\ x_1+x_2=1}} \max\{x_1+3x_2, -x_2, 4x_1+2x_2\}$$

선형 함수들의 최댓값은 볼록한 구간별 선형 함수임을 유념하자. 우리는 이러한 최소 최대(선형 함수) 문제를 다음과 같이 선형 최소화 문제로 쉽게 변환할 수 있다.

$$
\min\ z
$$
$$
z \geq x_1 + 3x_2
$$
$$
z \geq -x_2
$$
$$
z \geq 4x_1 + 2x_2
$$
$$
0 \leq x_1 \leq 1
$$
$$
0 \leq x_2 \leq 1
$$
$$
x_1 + x_2 = 1
$$

[그림 10-12]는 이 문제의 쌍대 문제를 공식화한 것이다. 그리고 [그림 10-13]은 정확히 플레이어 2가 해결하려고 하는 문제를 나타낸다.

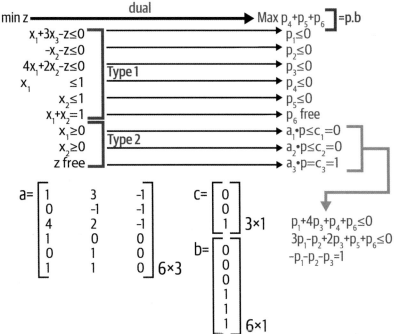

그림 10-12 플레이어 1 문제의 쌍대 문제

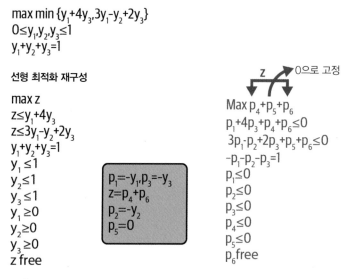

$$\max \min \{y_1+4y_3, 3y_1-y_2+2y_3\}$$
$$0 \le y_1, y_2, y_3 \le 1$$
$$y_1+y_2+y_3=1$$

선형 최적화 재구성

$$\max z$$
$$z \le y_1+4y_3$$
$$z \le 3y_1-y_2+2y_3$$
$$y_1+y_2+y_3=1$$
$$y_1 \le 1$$
$$y_2 \le 1$$
$$y_3 \le 1$$
$$y_1 \ge 0$$
$$y_2 \ge 0$$
$$y_3 \ge 0$$
$$z \text{ free}$$

$$p_1=-y_1, p_3=-y_3$$
$$z=p_4+p_6$$
$$p_2=-y_2$$
$$p_5=0$$

z ↗ 0으로 고정

$$\text{Max } p_4+p_5+p_6$$
$$p_1+4p_3+p_4+p_6 \le 0$$
$$3p_1-p_2+2p_3+p_5+p_6 \le 0$$
$$-p_1-p_2-p_3=1$$
$$p_1 \le 0$$
$$p_2 \le 0$$
$$p_3 \le 0$$
$$p_4 \le 0$$
$$p_5 \le 0$$
$$p_6 \text{ free}$$

그림 10-13 플레이어 1의 최소 최대 문제의 쌍대 문제는 플레이어 2의 최대 최소 문제와 같다.

제약 조건 $y_1 \le 1, y_2 \le 1, y_3 \le 1$은 불필요하다. 모든 y 값은 음수가 아니며 그 합이 1이기 때문이다. 마찬가지로 제약 조건 $x_1 \le 1, x_2 \le 1$도 불필요하다. 이러한 상황은 선형 최적화 문제를 공식화할 때 자주 발생한다.

원문제 또는 쌍대 문제를 풀면 각 플레이어의 최적 전략을 찾을 수 있다. 플레이어 1이 첫 번째 행을 $x_1 = 0.25$의 확률로, 두 번째 행을 $x_2 = 0.75$의 확률로 선택하면 이때 기대 보수는 2.5다. 이 전략을 사용할 경우 플레이어 1은 2.5 이상을 잃지 않을 것으로 예상된다. 플레이어 2가 첫 번째 열을 $y_1 = 0.5$ 확률로, 세 번째 열을 $y_3 = 0.5$ 확률로 선택하면 기대 보수는 2.5다. 이 전략으로 플레이어 2는 2.5 이상의 이득을 얻을 것으로 예상된다.

선형 제약 조건이 있는 이차 함수의 최적화, 라그랑주 승수, 최소 최대 정리, 쌍대성

선형 제약 조건을 가진 이차 문제quadratic problem는 깔끔한 구조를 가지고 있으며 다양한 응용 분야에서 활용될 뿐만 아니라 최적화 개념들이 어떻게 상호 연결되는지 이해하는 데 많은 도움이 된다. 이차 문제는 다음과 같은 형태를 가진다.

$$\min_{A\vec{x}=\vec{b}} \frac{1}{2} \vec{x}^t S \vec{x}$$

여기서 S는 대칭 및 양수 준정부호 행렬 symmetric and positive semidefinite matrix이다. 이는 S의 고유값이 음수가 아닌 값을 갖는다는 의미다. 고차원의 경우 이는 목적 함수를 볼록하게 유지하고 아래로 경계가 있거나 일차원 함수 $f(x) = x^2$의 그릇 모양을 유지하는 역할을 한다.

예를 들어 다음은 하나의 선형 제약 조건을 가진 2차원의 2차 최적화 문제다.

$$\min_{a_1 x_1 + a_2 x_2 = b} \frac{1}{2}(s_1 x_1^2 + s_2 x_2^2)$$

여기서 행렬 S를 이루는 요소 s는 0 이상인 값 $S = \begin{pmatrix} s_1 & 0 \\ 0 & s_2 \end{pmatrix}$가 있을 때 $A = (a_1, a_2)$다. 이 문제를 살펴보면 우리는 직선 $a_1 x_1 + a_2 x_2 = b$상에서 $f(\vec{x}) = s_1 x_1^2 + s_2 x_2^2$의 크기를 최소화하는 점 (x_1, x_2)를 찾고 있다. 목적 함수 $s_1 x_1^2 + s_2 x_2^2 = k$의 등위 집합 level set은 전체 $\mathbb{R}^2$ 평면을 덮는 동심 타원 concentric ellipse이다. 최적의 타원(가장 작은 등위 집합 값을 가진 타원)은 최적의 지점에서 직선에 접하는 타원이다(그림 10-14). 이 지점에서 타원의 기울기 벡터와 제약 조건의 기울기 벡터가 정렬된다. 이는 라그랑주 승수 공식이 우리에게 제공하는 결과와 정확히 일치한다. 라그랑주 함수를 공식화하기 위해 제약 조건을 완화하고, 그 값에 라그랑주 승수 p를 곱한 만큼 목적 함수에서 페널티를 부과하며 이렇게 제약 받지 않는 문제를 최소화한다.

$$\mathcal{L}(\vec{x}; p) = f(\vec{x}) + p(b - g(\vec{x})) = s_1 x_1^2 + s_2 x_2^2 + p(b - a_1 x_1 - a_2 x_2)$$

라그랑주 함수를 최소화할 때 우리는 기울기를 0으로 설정하고 이는 $\nabla f(\vec{x}) = p \nabla g(\vec{x})$로 이어진다. 이는 목적 함수의 기울기 벡터가 최적화 지점에서 제약 조건의 기울기 벡터와 평행하다는 의미다. 모든 함수의 기울기 벡터는 등위 집합에 수직이므로 제약 조건은 실제로 최소화 지점에서 목적 함수의 등위 집합에 접하게 된다. 따라서 우리는 최적화 지점을 찾기 위해 목적 함수의 등위 집합 중에서 제약 조건에 접하는 부분을 찾아야 한다.

라그랑주 승수와 곧이어 나올 최소 최대 정리를 시각화하는 데 도움이 되는 또 다른 예시는 다음과 같이 간단한 1차원 문제다.

$$\min_{x=1} x^2$$

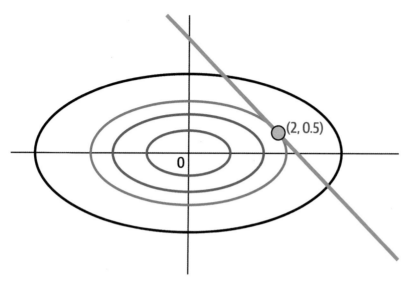

그림 10-14 이차 함수 $x_1^2 + 4x_2^2$의 등위 집합은 동심 타원이다. 각 등위 집합은 일정한 값을 가진다. 선형 제약 조건 x_1 + x_2 = 2.5를 부여하면 최적화 지점 (2,0.5)는 정확히 하나의 등위 집합이 제약 조건에 접하는 점과 일치한다. 최적 등위 집합의 값은 $x_1^2 + 4x_2^2$ = 5다.

라그랑주 함수는 $\mathcal{L}(x;p) = x^2 - p(1 - x)$다. 이 간단한 예제는 최적화 변수가 x = 1, 최솟값이 1로 명확하므로 라그랑주 함수를 시각화하는 데 유용하다. 라그랑주 공식화는 차원을 증가시킨다. 여기서는 하나의 제약 조건이 있으므로 차원이 1에서 2로 증가하고, 3차원 입체 공간에서 시각화가 가능한 변수 2개(x와 p)의 함수로 표현할 수 있다. [그림 10-15]는 라그랑주 함수의 모습을 간단하게 나타낸 것이다. 이 함수는 선형 제약 조건하에 2차 최적화 문제에서 활용되는 라그랑주 공식화의 대표적인 예시다. [그림 10-15]에서 가장 중요한 점은 이러한 문제에서 최적화 변수 $(x^*;p^*)$가 라그랑주 함수의 안장점^saddle point^에서 구해진다는 것이다. 안장점은 2차 도함수가 한 변수에 대해서는 양수, 다른 변수에 대해서는 음수인 점이다. 이로 인해 라그랑주 함수의 형태는 한 변수(x)에 대해서는 볼록하고 다른 변수(p)에 대해서는 오목한 모양을 가진다.

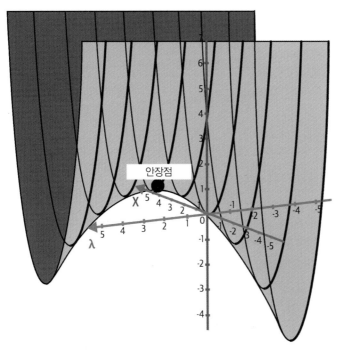

그림 10-15 제약 조건이 있는 문제의 최적화 변수는 라그랑주 함수의 안장점에서 구할 수 있다(라그랑주 함수 자체의 최솟값은 −∞임에 유의하자. 선형 제약 조건이 있는 2차 함수의 최적화 변수를 구해야 하므로 이 부분은 전혀 중요하지 않다).

라그랑주 함수의 안장점을 찾는 한 가지 방법은 $\nabla\mathcal{L}(x;p) = \vec{0}$ 방정식을 x와 p에 대해 푸는 것이다(이를 통해 제약 조건이 부여된 문제의 최적화 변수를 얻을 수 있다). 그러나 이는 간단한 문제(우리가 다루는 사례 문제와 같은 것들) 또는 소규모 문제에 적용 가능한 직접적인 방식이다. 안장점을 찾는 또 다른 방법으로는 x를 최소화한 다음 p에 대해서 최대화하는 것이다(그림 10−16). 또 다른 방법으로는 p에 대해서 최대화한 다음 x에 대해 최소화하는 것이다. 최소 최대 정리는 이 두 경로가 동일하다는 것을 알려준다.

그러므로 안장점 $(x^{\cdot}, p^{\cdot})$에서 우리는 $\nabla\mathcal{L}(x;p) = 0$을 얻을 수 있다. 이는 또한 $\dfrac{\partial\mathcal{L}(x;p)}{\partial x} = 0$, $\dfrac{\partial\mathcal{L}(x;p)}{\partial p} = 0$과 같다. 그리고 다음과 같은 식을 얻을 수 있다.

$$\min_{x}\ \max_{p,\text{hold x fixed}}\ \mathcal{L}(x;p) = \max_{p}\ \min_{x,\text{hold p fixed}}\ \mathcal{L}(x;p)$$

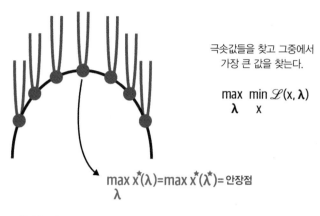

극솟값들을 찾고 그중에서
가장 큰 값을 찾는다.

$$\max_{\lambda} \ \min_{x} \ \mathcal{L}(x, \lambda)$$

$$\max_{\lambda} x^\star(\lambda) = \max x^\star(\lambda^\star) = \text{안장점}$$

그림 10-16 x에 대해 최소화한 다음 p에 대해 최대화하면 $\max_p x^\star(p) = x^\star(p^\star)$ = 안장점을 구할 수 있다. 이는 반대로 p에 대해 최대화한 다음 x에 대해 최소화한 값과 동일하다.

이로써 우리는 제약 조건이 부여된 x의 최소화 문제가 또 다른 제약 조건하의 라그랑주 승수 p에 대한 최대화 문제와 연결된다는 점을 입증했다. 이제 라그랑주 승수, 쌍대성, 그리고 제약 조건 최적화 문제 간의 상호 작용을 명확하게 이해할 수 있게 됐다.

중요한 개념을 모두 살펴보았으므로 앞에서 다뤘던 고차원 선형 제약 조건이 있는 2차 문제로 돌아가 이를 적용해보자.

$$\min_{A\vec{x}=\vec{b}} \frac{1}{2}\vec{x}^t S\vec{x}$$

여기서 S는 대칭 및 양의 정부호 행렬 symmetric and positive definite matrix 이다. 제약 조건을 완화한 라그랑주 공식은 다음과 같다.

$$\min \mathcal{L}(\vec{x};\vec{p}) = \min \frac{1}{2}\vec{x}^t S\vec{x} + \vec{p}\cdot(\vec{b} - A\vec{x})$$

제약이 없는 문제를 풀 때 $\nabla \mathcal{L}(\vec{x};\vec{p}) = \vec{0}$ 방정식을 이용하든, $\vec{x}$를 최소화한 다음 $\vec{p}$를 최대화하든 또는 $\vec{p}$를 최대화한 다음 $\vec{x}$를 최소화하든 동일한 해 $(\vec{x}^\star;\vec{p}^\star)$를 얻는다. 이 해는 고차원 라그랑주 함수의 안장점에서 구해지며 목적 함수의 최적값을 제공한다(이 구조의 장점은 단순한 문제는 직접 풀 수 있다는 점이다).

$$\text{minimum cost f} = \frac{1}{2}\vec{b} \cdot (AS^{-1}A^t)^{-1}\vec{b}$$

또한 최적의 그림자 가격은 다음과 같다.

$$\vec{p}^* = \frac{df}{d\vec{b}} = (AS^{-1}A^t)^{-1}\vec{b}$$

마지막으로 알아야 할 점은 고차원에서 안장점의 특성이다. 1차원 제약 조건 문제의 경우 라그랑주 함수($\hat{x}$와 $\hat{p}$의 함수)의 2차 도함수가 한 변수에 대해서는 음수, 다른 변수에 대해서는 양수인 것이 특징이었다. 이에 대응하는 고차원 문제에서의 특징은 다음과 같다. 헤시안 행렬 Hessian matrix(2차 도함수 행렬)의 고유값이 한 변수 집합에 대해서는 음수이고 다른 변수 집합에 대해서는 양수이므로 한 변수 집합에 대해서는 오목, 다른 변수 집합에 대해서는 볼록하다. 이는 한 변수 집합에 대해서는 볼록하고 다른 변수 집합에 대해서는 오목한 고차원 목적 함수의 최적화 문제에도 적용되며, 해당 함수의 그래프가 안장점을 갖는다는 특징을 의미한다. 라그랑주 함수의 경우 안장점은 제약 조건 문제의 최솟값을 갖는 지점과 정확히 일치한다.

운용 과학 분야에서 널리 사용되는 선형 제약 조건이 있는 선형 최적화 문제에도 적용될까? 그 답은 '예'다. 단, 문제 내의 모든 계수 부호가 올바른 경우에만 적용할 수 있다. 앞서 살펴본 최대 흐름 최소 절단 문제와 2인 제로섬 게임의 예시가 그렇다.

10.7.8 민감도

여기서 우리는 입력 데이터의 변경에 따른 최적화 문제와 그 해의 민감도에 관심을 가지고 있다. $\vec{c}, A, \vec{b}$를 약간 변경했을 때 최적 해 $\hat{x}^*$와 최적 비용 $\vec{c} \cdot \hat{x}^*$에 어떤 변화가 있는지 살펴보는 것이다. 또한 다음과 같은 질문도 다룰 수 있다. 이전의 최적 해로부터 새로운 최적 해를 얻을 수 있을까? 이러한 변환이 가능한 조건은 무엇일까? 민감도 분석은 다음과 같은 문제를 다룬다.

- 쌍대 문제에서의 최적값 $\hat{p}$는 한계 가격marginal price 벡터로 해석될 수 있다. 이는 민감도 분석과 큰 관련이 있다. 민감도 분석에서는 제약 조건 값의 변화에 따른 최적 비용의 변화율을 다루기 때문이다.

- 만약 새로운 결정 변수를 추가한다면 우선 환산 비용을 확인한다. 환산 비용이 음수면 태블로에 새 열을 추가하고 거기서부터 작업을 진행한다.

- $\vec{b}$ 또는 $\vec{c}$의 값이 δ만큼 변하는 경우 동일한 기저가 최적을 유지하는 δ 값의 구간이 존재한다.

- 만약 행렬 A의 값이 δ만큼 변경되는 경우에도 비슷한 분석이 가능하다. 하지만 이 경우 변경된 값이 기저 열 내의 값일 때는 상황이 다소 복잡해진다.

일반적으로 어떤 함수가 있고 그 입력값 중 하나에 대한 변화에 따른 함수의 민감도를 알고 싶은 경우 이는 특정 상태에서 해당 입력값에 대한 함수의 1차 도함수를 묻는 것과 유사하다. 제약 조건이 있는 문제를 다루고 문제의 다양한 입력값에 대한 미세한 변화의 영향을 확인한다는 점에서 민감도 분석 문제는 더 흥미로워진다.

10.8 게임 이론과 멀티 에이전트

게임 이론은 경제학, 정치, 군사 작전, 멀티 에이전트 인공지능 등 다양한 분야에서 매우 중요하다. 특히 적대자나 경쟁자가 존재하고 이러한 조건에서 의사 결정이나 전략을 수립해야 하는 환경을 모델링하는 데 필수적이다. 우리의 최적 전략은 상대방의 전략을 알고 있든 없든 그들의 전략에 영향을 받는다.

가장 간단하고 잘 이해되는 게임 이론은 우리가 쌍대성을 논의할 때 보았던 2인 제로섬 게임이다. 이 경우 경쟁 관계에 있는 두 객체가 존재하며, 한쪽의 손실은 다른 쪽의 이득이다. 두 개의 정치 캠페인 또는 두 개의 경쟁 기업을 예시로 들 수 있다. 실제 상황과 같이 다양한 장단점과 협력 수준을 지니고 복잡하게 연결된 전략을 활용하는 다수의 경쟁자가 존재하는 상황으로 이론을 확장하는 것은 매우 어려운 과제다. 이론으로 정확하게 묘사하고 분석할 수 있는 상황과 실제 생활 속 상황 사이에는 여전히 간극이 존재한다. 하지만 놀라운 이점을 제공할 수 있는 완전한 이론을 만들기 위해 많은 연구자들이 노력하고 있어 점점 발전하고 있다. 상대방의 움직임, 연결 관계, 가능한 전략과 그 결과를 모두 파악하며 적대자들의 전체 네트워크를 위에서 조망할 수 있다고 상상해보자.

멀티 에이전트 환경에서 게임 이론은 합리적인 행동 또는 개별 에이전트(플레이어, 기업, 국가, 군대, 정치 캠페인 등)의 의사 결정 과정을 모델링한다. 이런 의미에서 멀티 에이전트를 위한 게임 이론은 단일 에이전트의 의사 결정 이론과 유사하다.

비협조적인 게임 이론(에이전트가 독립적으로 의사 결정하는 경우)에서 가장 중요한 개념은 **내시 균형** Nash equilibrium 이다. 이는 각 에이전트가 해당 전략에서 벗어날 동기가 없는 전략적 계획이다. 즉, 모든 이가 합리적으로 행동한다고 가정할 때 개별 에이전트가 해당 전략에서 벗어나면 오히려 손해를 볼 수 있다.

쌍대성과 관련된 부분에서 살펴본 것처럼 2인 제로섬 게임의 경우 최소 최대 문제로 모델링하고 최소 최대 정리를 사용할 수 있다. 또한 한 플레이어는 원문제를 풀고 다른 플레이어는 쌍대 문제를 푸는 선형 최적화 문제로 모델링할 수 있다. 이는 첫 번째 플레이어 또는 두 번째 플레이어에 대해 최적화 문제를 설정할 수 있다는 의미다. 두 문제 모두 동일한 해로 귀결된다. 이 문제에서는 게임 내 모든 전략에 대해 두 플레이어의 보수^{payoff} 표가 주어진다. 목표는 각 플레이어의 보수를 최대화(또는 손실을 최소화)하는 전략 조합을 찾는 것이다. 직관적으로 왜 쌍대성이 이 문제에 내재되어 있는지 이해할 수 있다. 두 플레이어는 서로에게 대항하며 각 플레이어의 최적 전략은 원문제와 쌍대 문제 모두를 해결하게 된다.

2인 게임을 분석할 때 그래프 이론의 결과와 그래프 자체를 활용할 수도 있다. 이는 네트워크를 통한 최대 흐름을 선형 최적화 문제로 공식화하는 것과 유사하다. 궁극적으로 수학의 많은 개념들이 서로 밀접하게 연결되어 있으며 이러한 상호 관계를 이해하는 것은 매우 즐거운 경험이다.

멀티 에이전트 환경에서 의사 결정을 지원하는 여러 기법이 존재한다. 여기에는 투표 절차, 희소 자원 할당을 위한 경매, 합의 도출을 위한 협상, 작업 공유를 위한 계약 네트워크 프로토콜 등이 있다. 멀티 에이전트 게임의 수학적 모델링에 있어서 〈Chapter 13 인공지능과 편미분 방정식〉에서는 해밀턴–야코비–벨만^{Hamilton-Jacobi-Bellman} 편미분 방정식을 다룰 예정이다. 각 플레이어의 최적 전략을 찾으려면 게임의 가치 함수에 대해 고차원 해밀턴–야코비–벨만 유형의 편미분 방정식을 풀어야 한다. 지금까지도 이러한 유형의 고차원 편미분 방정식은 계산이 불가능했기 때문에 근사치를 도입하거나 관련된 모든 구성 요소를 고려할 수 없었다. 최근 최종 조건이 주어진 후방 확률 미분 방정식^{backward stochastic differential dquation}으로 재공식화하여 딥러닝 기법[262]을 적용함으로써 이러한 고차원 편미분 방정식을 해결할 수 있게 되었다(마지막 문장의 내용을 이해하지 못했어도 걱정하지 말자. 여기서는 중요하지 않다).

이 책의 앞부분 〈8장 확률적 생성 모델〉에서 적대적 생성 신경망을 논의할 때 2인 게임 이론을 본 적 있다.

---

262 https://oreil.ly/jCasX

10.9 큐잉(대기열)[263]

큐queue는 우리 주변 어디에나 있다. 머신의 컴퓨팅 작업, 조선소의 서비스 대기열, 응급실 대기열, 공항 체크인 대기열, 근처 스타벅스 대기열 등이 그 예라고 할 수 있다. 잘 설계된 큐잉 시스템은 다양한 시설과 전체 경제에 소중한 시간, 에너지, 비용을 절약해준다. 큐잉 시스템은 전반적인 삶의 질을 향상시키는 요소다.

큐에 대한 수학적 모델링의 목적은 대기 시간을 최소화하기 위해 적절한 서비스 수준을 결정하는 데 있다. 이러한 모델은 우선순위 규칙을 포함할 수 있는데, 이는 우선순위 그룹이 있고 멤버가 서비스를 받는 순서가 우선순위 그룹에 따라 다르다는 것을 의미한다. 또한 순차적 또는 병렬적으로 아니면 일부는 순차, 일부는 병렬로 이루어지는 다양한 유형의 서비스(예 조선소의 선박 유지 보수 시설)가 포함될 수 있다. 일부 모델에는 여러 서비스 시설, 즉 큐잉 네트워크가 있기도 하다.

큐잉 이론에 관해서는 수많은 연구 논문이 있으며, 다음과 같은 큐잉 수학 모델의 기본 요소를 파악하는 것이 중요하다.

- 큐의 구성원(고객, 선박, 작업, 환자)은 특정 시간 간격을 두고 도착한다. 도착 과정이 랜덤인 경우 수학 모델은 도착 시간 간격이 따르는 확률 분포를 데이터나 해당 시간을 모델링하는 수학적 분포로부터 결정해야 한다. 일부 모델은 일정한 도착 시간을 가정한다. 다른 모델은 수학적 분석을 용이하게 하면서 실제 상황을 잘 모방하는 지수 분포(마르코프 프로세스)를 가정한다. 얼랭Erlang 분포는 시간 간격마다 서로 다른 지수 분포를 허용하기도 한다. 또 다른 모델들은 훨씬 더 일반적인 분포를 제시하기도 한다. 분포가 일반적일수록 수학적 분석은 어려워진다. 어떤 경우든 수학적 시뮬레이션은 좋은 도구가 된다.
- 사용 가능한 서버(병렬 및 순차)의 수는 정수값으로 표현된다.
- 서비스 시간도 우리가 결정해야 하는 특정 확률 분포를 따른다. 일반적인 분포는 도착 시간 간격에 사용되는 것과 유사하다.

또한 수학 모델은 다음 사항도 추적해야 한다.

- 전체 대기 행렬 시스템에 있는 초기 구성원 수(대기 중인 구성원과 서비스 중인 구성원 포함)
- 주어진 시간 이후 전체 대기 행렬 시스템에 n명의 구성원이 있을 확률

마지막으로 수학 모델은 큐잉 시스템의 정상 상태steady state를 계산해야 한다.

---

263 옮긴이_ queue와 queuing은 '대기열'로 번역했으나 실무에서 사용하는 용어와 문맥상 의미에 맞게 '큐', '큐잉'으로 음차하기도 했다.

- 전체 큐잉 시스템에 n명의 구성원이 있을 확률
- 단위 시간당 도착하는 구성원의 수
- 단위 시간당 서비스를 완료하는 구성원의 수
- 시스템 내 각 구성원의 예상 대기 시간

구성원들은 평균 속도로 큐에 진입하고 서비스를 받기 위해 대기하며 평균 속도로 서비스를 받고 시스템을 떠난다. 수학 모델은 이러한 현상을 수치화하고 균형을 맞추어야 한다.

10.10 인벤토리

현재 공급망 부족으로 인해 식료품점 진열대가 비거나 자동차 수리 부품, 신차, 주택 개조용 자재 등이 부족한 사태가 벌어지고 있다. 공급과 수요 사이에 분명한 차이가 존재하기 때문이다. 매장의 물품 재고를 보충하는 데 걸리는 시간이 길어지면서 처리 지연, 생산성 저하, 그리고 전반적인 경기 침체가 유발된다. 재고 관리를 위한 수학적 모델은 (확률적 또는 결정론적으로) 공급과 수요를 수치화하고, 재고 보충 시점과 보충 시 필요한 수량을 결정하는 최적의 재고 정책을 마련해야 한다. 이상적으로는 해당 모델이 현재 재고 수준에 대한 데이터를 수집하고, 보충 시점과 보충량을 신호로 보낼 수 있는 정보 처리 시스템에 접근할 수 있어야 한다.

10.11 운용 과학에서의 머신러닝

오늘날 운용 과학 분야에서 가장 흥미로운 점은 불과 10년 전과 비교했을 때 수천만 개의 제약 조건과 결정 변수를 포함하는 대규모 운용 과학 문제들을 풀 수 있게 되었다는 점이다. 컴퓨터 성능의 비약적인 빌진과 운용 과학 알고리즘을 구현하는 컴퓨터 시스템의 지속적인 개선에 감사하자.

머신러닝은 방대한 양의 데이터를 활용해 운용 과학 모델에 사용되는 다양한 파라미터의 값을 예측할 수 있다. 파라미터를 측정하기 어려웠던 과거에는 모델러가 해당 변수를 모델에서 제거하거나 그 값에 대해 가정을 해야 했다. 하지만 이제는 수천 개의 변수를 고려할 수 있게 되었고 더 정확한 머신러닝 모델이 있으므로 그럴 필요가 없다.

마지막으로 머신러닝은 조합론적으로 방대한 탐색 공간 내에서 집중해야 할 영역이나 우선시해야 할 하위 문제를 학습함으로써 탐색 속도를 향상시킬 수 있다. 논문 「Learning to Delegate for Large-scale Vehicle Routing」(2021)[264]은 이러한 원리를 정확하게 활용하여 당시 최첨단 배차 알고리즘보다 10~100배 빠르게 차량 배차 문제를 해결했다.

머신러닝과 운용 과학의 교차점에서 진행되는 이와 유사한 연구가 확장 가능한 솔루션과 함께 크게 발전하고 있다. 'Operations Research Meets Machine Learning[265]'이라는 콘퍼런스 초록 목록에서는 폐기물 수거 작업의 효율성을 개선하기 위한 쓰레기통 내 센서(용량 추적)의 실시간 데이터 합성 및 처리 등 다양한 프로젝트를 소개하고 있다. 이 프로젝트는 실시간 데이터에 의존하기 때문에 팀은 동적 라우팅 dynamic routing 방식을 활용한다. 자전거 공유 시스템의 최적화도 또 다른 좋은 예시다. 여기서 목표는 각 위치에 필요한 자전거 대수를 예측하고 효율적으로 필요한 수의 자전거를 배분하기 위한 팀을 할당하는 것이다. 해당 프로젝트 초록은 다음과 같다.

> 자전거 공유 시스템의 운영 센터 직원들은 자전거 수요가 가장 높은 곳으로 자전거를 지속적으로 재배치한다. 이를 위해서는 각 정거장에 필요한 최적의 자전거 수에 대한 인사이트와 자전거를 이동시키기 위한 팀을 가장 효율적으로 배치하는 방법이 필요하다. 예측 엔진과 의사 결정 최적화 기법을 사용하여 특정 시간에 각 정거장에 필요한 최적의 자전거 대수를 계산하고 자전거 재배치를 지원하는 효율적인 경로를 계획한다. DecisionBrain과 IBM이 런던의 자전거 공유 시스템용으로 제작한 솔루션은 최적화와 머신러닝을 모두 사용하여 자전거 대여 인벤토리, 배치, 유지 보수 문제를 해결하는 최초의 애플리케이션이며, 전 세계 다른 자전거 공유 시스템에 손쉽게 적용 가능하다.

실제로 DecisionBrain[266]의 프로젝트는 전체적으로 살펴보고 생각해볼 가치가 있기 때문에 참고하기 바란다.

필자의 팀은 필자가 살고 있는 도시의 대중교통국과 함께 프로젝트를 진행 중이다(집필 시점). 이 프로젝트는 머신러닝과 운용 과학이 만나는 완벽한 사례다. 우리는 과거 승하차 데이터(특히 도시 내 각 버스 정류장의 일일 승하차 수), 인구 밀도, 인구 통계, 도시 취약성, 도시 구역 데이터, 자동차 소유, 대학교 등록자 수, 주차 데이터를 사용하여 신경망으로 각 정류장의 공급과 수요 패턴을 예측한다. 그리고 이 데이터와 운용 과학의 최적 네트워크 설계 기법을 사

---

264 https://oreil.ly/RZdmR
265 https://oreil.ly/qaoTi
266 https://decisionbrain.com

용하여 버스 노선을 재설계한다. 이를 통해 버스 정류장, 특히 도시 내에서 가장 사회적으로 취약한 지역에 있는 정류장이 적절하고 효율적으로 운영될 수 있도록 한다.

10.12 해밀턴-야코비-벨만 방정식

운용 과학, 게임 이론, 편미분 방정식은 동적 계획법과 해밀턴-야코비-벨만 편미분 방정식을 통해 서로 교차하게 된다. 리처드 벨만Richard Bellman은 동적 계획법의 맥락에서 처음으로 '차원의 저주'라는 용어를 만들었다. 이제는 차원의 저주로 인해 이 매우 유용한 방정식의 실제 적용이 제한되어 게임 내 모든 참여자(또는 경쟁하는 기업, 국가, 군대)의 최적 전략 또는 최적의 자원 할당 문제와 같은 운용 과학 문제에서 수천 개에 달하는 변수를 모두 고려할 수 없게 되었다. 하지만 딥러닝으로 상황이 바뀌기 시작했다. 논문 「Solving High-Dimensional Partial Differential Equations Using Deep Learning」(2018)[267]에서는 해밀턴-야코비-벨만 방정식을 비롯한 여러 고차원 편미분 방정식을 해결하는 방법을 제시한다. 저자들이 사용한 핵심 아이디어는 〈Chapter 13 인공지능과 편미분 방정식〉에서 자세히 논의하겠다.

10.13 운용 과학을 위한 인공지능

운용 과학은 최적의 솔루션을 기반으로 의사 결정을 하는 과학이다. 인간은 항상 주어진 상황에 따라 의사 결정을 한다. 인공지능은 인간 지능의 모든 측면 이를테면 의사 결정 과정을 복제하는 것을 목표로 한다. 이러한 맥락에서 운용 과학에 사용되는 의사 결정 방법은 자연스럽게 인공지능에 포함된다. 동적 계획법, 마르코프 체인, 최적 제어, 해밀턴-야코비-벨만 방정식, 게임 이론 및 멀티 에이전트 게임의 발전, 네트워크 최적화 등의 아이디어는 수십 년에 걸쳐 인공지능과 함께 발전해왔다. 사실 많은 스타트업이 스스로를 인공지능 기업으로 홍보하지만 실제로는 (멋진) 전통적인 운용 과학을 활용하고 있다.

---

267 https://oreil.ly/nBbE9

운용 과학은 현재의 지식과 상황을 고려하여 최상의 결정을 내리는 분야다. 궁극적으로 운용 과학은 매우 고차원의 공간에서 최적화 변수를 찾는 영리한 방법을 탐색하는 것으로 귀결된다.

이 책에서 중요한 주제 중 하나는 차원의 저주와 연구자들이 이를 극복하기 위해 기울이는 온갖 노력들이다. 차원의 저주는 운용 과학 분야에서 가장 두드러지게 나타난다. 운용 과학에서 탐색 공간은 특정 문제와 관련된 플레이어의 수에 따라 조합론적으로 확장된다. 예를 들어 경로상의 도시 수, 경쟁하는 기업 수, 인원 수, 상품 수 등이 있다. 매우 강력하고 정확한 방법과 휴리스틱한 방법이 존재하지만 속도와 규모 측면에서 개선의 여지가 많다.

머신러닝, 특히 딥러닝은 이전에 해결된 문제, 레이블이 지정된 데이터, 시뮬레이션된 데이터로부터 학습하는 방법을 제공한다. 만약 우리가 병목 현상을 파악하고 이를 머신러닝 문제로 명확하게 표현할 수 있다면 딥러닝은 최적화 탐색 속도를 향상시킨다. 예를 들어 해결해야 할 하위 문제들이 너무 많지만 최적 해에 빠르게 가까워지기 위해 어떤 문제들을 우선시해야 할지 알 수 없는 경우에 병목이 발생할 수 있다. 이 문제를 해결하기 위해 머신러닝을 사용하려면 이미 해결된 문제와 하위 문제의 데이터셋이 필요하며 머신러닝 모델에게 어떤 하위 문제들을 우선시해야 하는지 학습시켜야 한다. 모델이 이를 학습하면 새로운 문제를 해결하는 속도를 높이는 데 활용할 수 있다.

운용 과학에서 활용되는 머신러닝의 다른 사례는 일상적인 유형의 머신러닝이다. 여기에는 실시간 또는 과거 데이터를 사용해 수요를 예측한 다음 운용 과학을 통해 자원 할당을 최적화하는 것이 포함된다. 이 경우 머신러닝은 수요에 대한 더 나은 예측을 가능하게 하여 효율성을 높이고 낭비를 줄여준다.

Chapter 10에서는 운용 과학 분야와 가장 중요한 유형의 문제들을 개략적으로 살펴봤다. 특히 선형 최적화, 네트워크, 쌍대성을 강조했다. 많은 유용한 문제들에 대한 강력한 소프트웨어 패키지들이 있으며 이러한 패키지가 이 분야의 최신 연구 성과를 계속 통합해 나가기를 바란다.

입문 과정의 운용 과학 수업에서 일반적으로 다루지 않는 두 가지 주제는 멀티 플레이어 게임에서의 최적 제어를 위한 해밀턴-야코비-벨만 편미분 방정식과 변분법을 사용한 함수의 최적화다. 이러한 주제들은 일반적으로 편미분 방정식 이론의 고급 주제로 여겨진다. 하지만 이러한 내용까지 다룬 이유는 최적화 및 운용 과학과 자연스럽게 연관되어 있기 때문이다. 더욱이 이러한 맥락에서 이 주제들을 바라보는 것은 해당 분야를 더 쉽게 이해할 수 있게 해준다.

운용 과학을 수행하고 비용 절감, 수익 증대, 시간 효율 등을 최적화할 때 최적화 모델이 인적 요소를 무시하지 않는 것이 중요하다. 스케줄링 모델의 산출물이 기업의 일정 준수율을 유지하기 위해 불규칙한 근무 스케줄로 저임금 근로자의 삶을 엉망으로 만든다면 이는 좋은 모델이 아니며, 기업이 의존하는 근로자의 삶의 질과 생계를 수치화한 다음 모델에 반영해야 한다. 다른 모든 것이 모델에 반영되고 있는 상황에서 '삶의 질' 또한 수치화할 필요가 있는 것이다. 수십만 명의 저임금 근로자를 보유한 기업들은 운용 과학 알고리즘이 근로자를 빈곤에 빠뜨리지 않도록 해야 할 책임이 있다.

마지막으로 찰스 히치^{Charles Hitch}[268]가 1960년도에 저술한 논문 「Uncertainties In Operations Research」[269]의 한 구절을 인용한다(괄호 안의 말은 필자가 추가한 것이다). 이 글을 읽으면 1960년 이후 운용 과학 분야가 얼마나 발전했는지 생각해보게 될 것이다.

> 의사 결정 과정의 다른 어떤 특징보다도 불확실성만큼 광범위하게 존재하는 것은 없다. 분석의 초기 단계를 단순화하기 위해 운용 과학자들이 확실성 등가^{certainty equivalent}로 상황을 설명할 수 있다고 가정할 때 사실에 왜곡이 발생할 수 있으며 실제로 해당 왜곡이 문제 자체를 틀리게 만들고 무의미한 해답을 제공하는 심각한 결과를 초래할 수 있다. 예를 들어 경쟁 장비의 개발 또는 운용에 걸리는 시간, 비용, 성능, (미래에도 세상이 여전히 존재한다면) 미래의 특정 시점에 세상이 어떤 모습일지와 같은 것들을 정확하게 예측할 수 없는 것이 문제의 본질인 상황에서 군대의 장비 개발 결정을 어떻게 지원할 수 있을까? '정확하게 예측할 수 없다'는 말은 과장이 아니다. 일반적으로 새로운 장비의 생산 비용은 개발 초기 단계에 2배에서 20배까지 과소평가된다 (2~20%가 아니라 2배~20배다). 왜 이러한 과소평가가 언제나 발생하고 과대평가는 결코 발생하지 않는지에 대해서는 여러분의 풍부한 상상력에 맡기겠다. [...] 특히 연구 개발과 관련된 문제에서 운용 과학자가 자주 할 수 있는 또 다른 일은 중요한 불확실성을 파악하고 이를 줄이기 위한 전략, 즉 '정보를 구매'하는 것을 추천하는 것이다. 두 개의 서로 다른 미사일 유도 기술 중 어떤 것이 더 나은지 알 수 없는 경우 제안할 수 있는 최선의 방법은 '두 기술 모두 개발을 조금 더 지속하고 더 나은 정보가 제공될 때 선택하기'일 가능성이 높다. 여러분을 우유부단하다고 말하는 사람들은 무시하기 바란다. 이러한 우유부단함이 비용과 시간을 모두 절약할 수 있다는 것을 증명할 수 있다. 물론 예산과 자원이 충분하지 않아서 모든 것을 시도해볼 여유가 없을 수도 있다. '만약 군대가 요청하는 모든 것을 제공한다면 달을 요새화하려고 할 것이다!'라고 말하던 시절을 기억하는가?(이 표현 방식은 바꿔야 할 것 같다) 시실 운용 과학과 운용 과학자가 중요한 이유는 바로 이러한 사원의 제약 때문이다. 자원에 대한 제약이 없다면 우리에게는 아무런 문제가 없을 것이다. 제약 조건 내에서 불확실한 세상에 적응할 수 있는 더 나은 패턴을 찾는 것 또는 불확실성을 줄이기 위해 비용과 보상을 고려하여 정보를 구매하는 더 좋은 방법을 찾는 것이 우리의 임무이자 기회다.

---

268 *https://oreil.ly/5DLeZ*
269 *https://oreil.ly/yPTcj*

Chapter 11

확률

> 만약 모든 것이 우연에 달려 있다면
> 계속 무언가를 기대할 수 있을까?
>
> – H.

확률 이론은 수학에서 가장 아름다운 주제 중 하나다. 마법처럼 보여야 하지만 수학과 그 경이로움으로 밝혀지는 확률과 결정론의 세계를 오가는 과정은 놀라울 뿐이다. 확률 이론은 무작위성을 정량화하고 불확실성을 통제하며 논리와 추론을 인공지능에서 가장 중요한 상황으로 확장하는 체계적인 방법을 제공한다. 이러한 상황은 정보와 지식이 불확실성을 포함하거나 에이전트가 예측할 수 없거나 부분적으로만 관찰된 환경을 탐색하는 경우에 해당한다. 이러한 상황에서 에이전트는 특정 환경 중 관찰되지 않은 측면에 대한 확률을 계산한 다음, 이 확률을 기반으로 결정을 내린다.

인간은 불확실성을 불편해 하지만 근사치와 기대값에는 익숙하다. 하루의 모든 순간이 어떻게 전개될지 정확히 알지 못하며 그런 채로 다양한 결정을 내린다. 확률 기반의 지능을 가진 머신은 결정론적이고 완전히 미리 정해진 참과 거짓이 아닌 확률의 세계에 존재한다.

이 책 전반에 걸쳐 필요할 때마다 확률 이론의 용어와 기법을 사용해왔다. 이 과정을 통해 이제 데이터의 피처들의 결합 확률 분포, 조건부 확률, 독립성, 베이즈 정리, 마르코프 과정 등에 대해 잘 알고 있어야 하는 이유를 알게 되었을 것이다. 또한 평균과 기대값을 계산함으로써 다시 결정론의 세계로 돌아올 수 있음을 알게 되었다.

확률에 대한 내용을 모두 다루려면 각 주제마다 책 한 권 분량이 필요하다. 따라서 여기서는 다음 세 가지 기준에 포함되는 내용들만 다룬다.

1 확률과 관련하여 이 책에서 이미 사용한 개념
2 학창 시절 확률 이론에서 가장 혼란스러웠던 부분(**예** 확률을 계산할 때 왜 측도론measure theory이 필요한가?)
3 인공지능 애플리케이션을 위해 확률 이론에서 추가로 알아야 할 내용

11.1 이 책에서 확률을 사용한 부분

이 책에서 확률 개념을 사용하거나 확률적 방법에 의존했던 부분을 간략하게 나열해보려고 한다. 우리는 이 목록을 인공지능을 위한 필수 확률 이론으로 간주할 것이다. 사전 확률prior probability은 데이터나 증거를 관찰하기 전이기 때문에 무조건적이다. 반면 사후 확률posterior probability은 데이터를 관찰한 후의 값에 따라 결정되므로 조건부 확률이라는 점을 명심하자. 특정 사건에 대한 우리의 믿음이 새로운 증거 자료를 수집한 후에 바뀌는 것은 당연하다. 일반적으로 관련된 모든 변수들의 결합 확률 분포joint probability distribution를 원하지만 규모가 너무 크고 이를 완전히 구축하는 데 필요한 정보를 항상 구할 수 있는 것은 아니다.

이 책에서 확률을 사용한 부분의 목록은 다음과 같다.

- 회귀, 서포트 벡터 머신, 신경망 등과 같이 결정론적 머신러닝 모델(훈련 함수가 비확률적인 입력을 받아 비확률적인 출력을 생성하는 모델)의 손실 함수를 최소화할 때, 전체 훈련 데이터셋을 사용하는 대신 각 경사 하강 단계에서 훈련 데이터의 하위 집합을 무작위로 선택하는 확률적 경사 하강법과 그 변형을 사용하여 계산 속도를 높인다.
- 〈Chapter 9 그래프 모델〉에서는 여러 가지 상황에서 그래프상의 랜덤 워크를 활용했고, 그래프의 가중치 인접 행렬을 통해 이 랜덤 워크를 구현했다.
- 〈Chapter 10 운용 과학〉에서는 특정 확률 분포, 이를테면 대기열 내에서 고객의 도착 및 서비스 시간 간격에 대한 확률 분포를 언급했다.
- 강화 학습의 기본 개념인 동적 의사 결정과 마르코프 과정 또한 〈Chapter 10 운용 과학〉에서 다루었다. 이러한 개념은 이번 Chapter에서 다시 다룰 것이며 〈Chapter 13 인공지능과 편미분 방정식〉에서 해밀턴-야코비-벨만 방정식을 설명할 때 한 번 더 다룰 것이다.
- 〈Chapter 10 운용 과학〉의 2인 제로섬 게임에서 각 플레이어는 특정 행동을 할 확률을 가지고 있었고, 이를 사용하여 플레이어의 최적 전략과 기대 수익을 계산했다.

- 몬테카를로 시뮬레이션 방법은 결정론적 문제를 수치적으로 해결하기 위해 반복적인 랜덤 샘플링에 의존하는 계산 알고리즘이다. 〈Chapter 13 인공지능과 편미분 방정식〉에서 이러한 방법의 사례와 예제를 설명할 것이다.

- 신경망에 대한 보편성 정리$^{universality\ theorem}$를 여러 번 언급했으며, 〈11.8.8 신경망에 대한 보편성 정리〉에서 이에 대한 증명을 다룰 것이다. 이 증명은 이 책에서 유일하게 이론을 다룬 부분이며 측도론과 함수 해석학의 특징을 잘 보여준다.

- 확률 기반의 머신러닝 모델은 피처들의 결정론적 함수를 학습하는 대신에 데이터 피처들의 결합 확률 분포 $Prob(x_1, x_2, \cdots, x_n, y_{target})$을 학습한다. 이 결합 확률 분포는 이러한 피처들이 동시에 발생할 가능성을 나타낸다. 입력 데이터 피처 $(x_1, x_2, \cdots, x_n)$가 주어지면, 모델은 피처들의 결정론적 함수로 $y_{predict}$를 출력하는 것과는 대조적으로 데이터 피처가 주어졌을 때의 목표 변수의 조건부 확률 $Prob(y_{predict} | x_1, x_2, \cdots, x_n)$을 출력한다. 즉, $y_{predict} = f(x_1, x_2, \cdots, x_n)$이다.

- 우리는 확률 변수와 이와 관련된 두 가지 가장 중요한 개념, 즉 기대값(확률 변수의 예상된 평균값)과 분산(평균 주변의 산포도 측정값)을 공식으로 정의하지 않고도 사용했다. 이 Chapter에서는 이 개념들을 정의한다.

- 확률의 곱셈 규칙 또는 연쇄 규칙은 다음과 같다.

$$Prob(x_1, x_2) = Prob(x_1 | x_2)Prob(x_2) = Prob(x_2 | x_1)Prob(x_1)$$

일반성을 유지한 상태로 세 개 이상의 변수에서는 다음과 같이 나타낸다.

$$Prob(x_1, x_2, x_3) = Prob(x_1 | x_2, x_3)Prob(x_2, x_3) = Prob(x_1 | x_2, x_3)Prob(x_2 | x_3)Prob(x_3)$$

- 독립과 조건부 독립의 개념은 매우 중요하다. 두 사건이 독립인 경우, 한 사건의 발생은 다른 사건의 발생 확률에 영향을 미치지 않는다. 고려되는 변수들의 독립성은 계산을 매우 단순화시킨다. 복잡한 다변수 결합 확률 분포를 더 적은 변수들의 간단한 곱으로 표현할 수 있도록 해주어 이전에는 다루기 어려웠던 많은 계산을 가능하게 한다. 이는 세상에 대한 확률 이론적 해석을 크게 단순화시킨다. 여기서 두 사건의 독립성 $(Prob(x_1, x_2) = Prob(x_1)Prob(x_2))$와 여러 사건들의 독립성 차이에 주목해야 한다. 여러 사건들의 독립성은 모든 사건이 다른 사건들의 교집합과 독립이라는 강력한 가정이다.

- 〈Chapter 8 확률적 생성 모델〉에서는 사전 확률 분포를 가정하고 이를 신경망을 통해 전달한 다음 해당 변수들을 조정했다.

- 베이즈 정리는 결합 확률과 조건부 확률을 논의할 때 필수적이다. 이것은 증거와 관련된 에이전트의 믿음을 수치화하는 데 도움이 된다. 베이즈 정리는 다음과 같이 다양한 맥락에서 사용할 수 있으며, 그 유용성을 즉시 확인할 수 있다.

$$Prob(disease | symptoms) = \frac{Prob(symptoms | disease)Prob(disease)}{Prob(symptoms)}$$

또는

$$Prob(target \mid data) = \frac{Prob(data \mid target)Prob(target)}{Prob(data)}$$

또는

$$Prob(target \mid evidence) = \frac{Prob(evidence \mid target)Prob(target)}{Prob(evidence)}$$

또는

$$Prob(cause \mid effect) = \frac{Prob(effect \mid cause)Prob(cause)}{Prob(effect)}$$

마지막 공식의 $Prob(cause \mid effect)$는 진단 방향을 수량화하는 반면 $Prob(effect \mid cause)$는 인과적 방향을 수량화한다는 점에 유의하자.

- 베이즈 네트워크는 변수 간의 의존성을 나타내는 데이터 구조다. 여기서는 변수 관계를 방향 그래프로 요약한다. 그리고 이를 사용하여 새로운 증거에 비추어 추적하고 업데이트해야 할 조건부 확률 테이블을 결정한다. 즉, 부모 노드를 관찰할 때 조건부로 자식 노드의 확률을 추적한다. 여기서 노드의 부모란 해당 노드에 직접적인 영향을 주는 변수들이다. 이러한 의미에서 베이즈 네트워크는 연관된 변수들이 서로 어떻게 연관되어 있는지(어떤 변수가 어떤 변수의 부모인지)를 알 수 있도록 단순화한 결합 확률 분포의 표현이다.

$$Prob(x_1, x_2, \cdots, x_n) = \prod_{i=1}^{n} Prob(x_i \mid parents(X_i))$$

- 머신러닝에서는 회귀 모델과 분류 모델 간의 경계를 정의할 수 있다. 〈Chapter 8 확률적 생성 모델〉에서 우리는 분류를 위해 널리 사용되는 확률 모델인 나이브 베이즈를 살펴봤다. 인과관계로 설명하자면, 나이브naive 가정은 원인cause이 주어졌을 때 관찰된 여러 결과effect들이 독립적이라는 가정이다. 식으로 나타내면 다음과 같다.

$$Prob(cause \mid effect_1, effect_2, effect_3)$$
$$= P(cause)P(effect_1 \mid cause)P(effect_2 \mid cause)P(effect_3 \mid cause)$$

이 식을 데이터 피처가 주어졌을 때 분류에 사용하는 경우 원인은 클래스class가 된다. 더 나아가 이 설정을 나타내는 베이즈 네트워크를 그릴 수 있다. 여기서 원인 변수는 부모 노드이고 모든 결과는 하나의 부모 노드에서 비롯된 자식 노드다(그림 11-1).

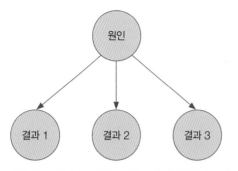

그림 11-1 원인이 동일하고 결과가 세 가지인 베이즈 네트워크

11.2 더 살펴볼 인공지능 필수 개념

이 책에서 다룬 적이 없거나 잠깐 언급하기만 하고 넘어간 개념들이 있다. 여기서 다음 개념들을 상세히 다룰 것이다.

- 주데아 펄의 인과 모델링과 do 연산
- 몇 가지 역설
- 대형 랜덤 행렬과 고차원 확률
- 랜덤 워크, 브라운 운동 등의 확률 과정
- 마르코프 결정 과정과 강화 학습
- 확률 이론과 인공지능에서의 활용

11.3 인과 모델링과 Do 연산

원칙적으로 베이즈 네트워크에서 관련 변수들 사이의 화살표는 어떤 방향이든 가리킬 수 있다. 일부 화살표는 복잡한 방식으로 표시되기도 하지만 결국 모두 동일한 결합 확률 분포로 귀결된다.

대조적으로 인과 네트워크는 그래프의 방향 엣지가 인과관계 방향 이외의 다른 방향을 가리킬 수 없는 특별한 베이즈 네트워크다. 인과 네트워크의 경우 연결과 방향을 구성할 때 더 신중해야 한다. [그림 11-2]는 인과적 베이즈 네트워크의 예다.

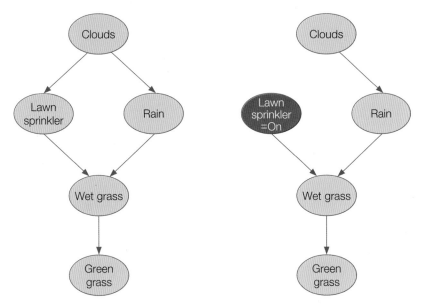

그림 11-2 인과적 베이즈 네트워크

베이즈 네트워크와 인과 네트워크 모두 어떤 변수가 다른 변수에 반응하는지에 대해 강력한 가정을 한다는 데 유의해야 한다.

인과적 추론이 가능한 에이전트는 인간의 관점에서 단순히 데이터 패턴을 관찰한 다음 관련 패턴을 기반으로 결정을 내리는 에이전트보다 고차원적인 기능을 수행한다.

중요한 점은 다음과 같이 구분하는 것이다.

- 베이즈 네트워크에서는 단순히 두 변수가 확률적으로 종속되어 있는지 아는 것으로 충분하다. 불과 연기는 확률적으로 종속되어 있는가?
- 인과 네트워크에서는 더 나아가 어떤 변수가 다른 변수에 반응하는지를 파악한다. 연기가 불에 반응하는 것인가?(다이어그램에서 '화재 → 연기'로 화살표를 그린다) 아니면 불이 연기에 반응하는 것인가?(다이어그램에서 '연기 → 화재'로 화살표를 그린다)

여기서 필요한 것은 한 변수의 값을 고정하는 것의 효과를 정량화할 수 있는 수학적 프레임워크다. 이것이 **do 연산**이다(통계적 관찰 및 집계 연산과는 다르다). 두 가지 기본적인 do 연산 공식은 다음과 같다.

- 조정 공식 the adjustment formula
- 백도어 기준 the backdoor criterion

이 놀라운 인과 추론 방법을 창시한 주데아 펄[270]에 따르면, 이러한 공식들은 경로가 심하게 꼬여 있어도 연구자가 모든 가능한 루트를 탐색하고 계획할 수 있도록 해준다. 또한 무작위 대조군 연구가 물리적으로 실행 가능하고 법적으로 허용될 때도 이를 실행하는 데 따르는 비용과 어려움을 줄여줄 수 있다.

11.3.1 대안: Do 연산

상식과 주제 전문성을 기반으로 구성한 인과 네트워크가 주어졌을 때(동시에 모든 것을 고려하기 위해 각 변수마다 알려지지 않은 추가 원인 요소들도 포함되어 있다) 가장 중요한 공식은 결합 확률 분포의 공식이다.

$$Prob(x_1, x_2, \cdots, x_n) = \prod_{i=1}^{n} Prob(x_i \mid parents(X_i))$$

그런 다음 $do(X_j = x^*)$를 적용하여 개입한다. 이는 X_j를 가리키던 모든 엣지를 절단하고 X_j의 후손의 모든 조건부 확률에 영향을 미친다. 결과적으로 더 이상 개입한 변수에 대한 조건부 확률을 포함하지 않는 새로운 결합 확률 분포가 생성된다. 이미 $X_j = x^*$ 값을 확률 1로 설정했으며 다른 모든 값의 확률은 0이 된다. [그림 11-2]는 스프링클러를 켰을 때 원래의 네트워크에서 스프링클러로 연결된 모든 화살표가 어떻게 절단되는지 보여준다. 따라서 우리는 다음과 같은 식을 얻을 수 있다.

$$Prob_{intervened}(x_1, x_2, \cdots, x_n) = \prod_{i \neq j}^{n} Prob(x_i \mid parents(X_i)), \ X_j = x^* \text{일 때}$$
$$\text{나머지는 } 0$$

조정 공식

우리가 알고 싶은 것은 $X_j = x^*$로 설정하는 것이 네트워크의 다른 모든 변수의 확률에 어떤 영향을 미치는지이며, 이러한 값들을 원래의 네트워크에서 계산하고자 한다. 수학적으로 표현하

---

270 https://oreil.ly/KB8Q8

면 do 연산 없이 말이다. 왜냐하면 새로운 실험을 수행하는 대신 데이터를 관찰하는 것만으로도 이 값들을 얻을 수 있기 때문이다.

이를 위해 조정 공식(또는 교란 요인 통제^{controlling for confounder})을 도입할 것이다. 조정 공식은 X_j 및 해당 노드의 상위 노드가 X_i에 미치는 영향에 대한 가중 평균이다. 가중치는 상위 노드 값에 대한 사전 확률이다.

$$Prob(x_i | do(x_j = x^*)) = Prob_{intervened}(X_i = x_i)$$
$$= \sum_{parents(x_j)} Prob(x_i | x^*, parents(X_j)) Prob(parents(X_j))$$

이 공식은 do 연산을 제거하고, 비용이 많이 드는 개입 실험이나 무작위 대조군 연구를 실행하는 대신 데이터를 관찰하여 조건부 확률을 찾는 원래의 목표를 달성한다는 점에 유의하자.

백도어 기준

인과관계 다이어그램에 대해서는 아직 언급하지 않은 것이 많다. 다이어그램 내 특정 하위 변수 X_{down}에 대한 $do(X_j = x^*)$ 개입의 효과를 알고 싶다면 다이어그램에서 하위 노드인 모든 변수의 값들을 조건으로 설정할 수 있어야 한다. 이렇게 하면 우리가 관심을 갖고 있는 하위 변수의 값들에도 영향을 미친다. 인과 모델링에서 이 과정을 백도어 차단^{blocking the back doors} 또는 백도어 기준이라고 부른다.

$$Prob(x_{down} | do(x_j = x^*)) = Prob_{intervened}(X_{down} = x_{down})$$
$$= \sum_{ancestor(x_{down})} P(x_{down} | x^*, ancestor(X_{down})) P(ancestor(X_{down}))$$

교란 요인 통제

과학자와 통계학자가 인과관계에 대해 설명하기 위해 개입의 효과를 예측하는 일반적인 방법은 가능한 공통 원인인 교란 요인^{confounder}을 통제하는 것이다. [그림 11-3]에서 변수 Z는 X와 Y 사이에서 인과관계의 교란 요인 역할을 한다.

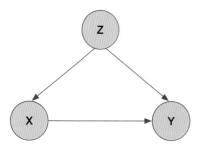

그림 11-3 Z는 X와 Y 사이에 존재하며, 인과관계의 교란 요인으로 의심된다.

일반적으로 교란 요인은 단순 관찰과 개입^{intervention} 간 혼동의 주요 원인이다. 이는 '상관관계는 인과관계를 의미하지 않는다'는 말의 근원이기도 하다. 여기서 우리는 몇 가지 기괴하고 재미있는 예를 살펴볼 수 있다. 높은 기온은 아이스크림 판매와 상어 공격의 교란 요인이다(아무도 아이스크림과 상어의 관계를 연구하려 하지 않을 것이지만 말이다). 백도어 기준과 조정 공식은 인과관계를 명시할 때 교란 요인이라는 장애물을 쉽게 처리한다.

개입과 결과 사이의 모든 백도어 경로를 차단하기 위해 충분한 비교란 변수$^{deconfounder\ variable}$ 데이터를 확보하고 있다고 확신한다면 조정 공식을 사용하여 교란 요인을 통제한다. 이를 위해 데이터로부터 계층별로 인과 효과를 추정한 다음, 해당 계층들의 가중 평균을 계산한다. 여기서 각 계층은 인구 집단에서 빈도에 따라 가중치가 부여된다.

이제 백도어 기준이 없으면 통계학자와 과학자는 어떠한 통제도 정당하다는 확신을 가질 수 없다. 즉, 백도어 기준은 각 계층의 인과 효과가 실제로 해당 계층에서 관찰된 추세라는 것을 보장한다.

do 연산을 제거하는 규칙

do 연산자를 포함하는 표현(개입 요소를 포함하는 표현)을 do 연산자를 포함하지 않는 표현 (개입 요소가 없는 표현)으로 변환하는 규칙은 개입의 필요성을 없애주므로 매우 바람직하다. 이러한 규칙을 통해 일반적인 데이터 관찰을 통해서만 인과 효과를 추정할 수 있다. 조정 공식과 백도어 기준이 이 역할을 해낸 것이다.

더 많은 규칙이 존재할까? 이보다 더 야심찬 질문은 '특정 인과 모델이 do 연산자 제거에 적합한지 미리 결정할 수 있는 방법이 있는가?'이다. 즉, 어떠한 개입도 없이 관찰 데이터만 사용해 모델의 가정이 인과 효과를 밝히기에 충분한지를 파악할 수 있는 방법이 있는가다. 이를 미리 파악하는 것은 매우 중요하다. 예를 들어 모델의 가정이 do 연산자를 제거하기에 충분하지 않다면 우리가 아무리 똑똑해도 개입 실험을 실행하는 것에서 벗어날 수 없다. 반면에 우리가 개입하지 않아도 인과 효과를 추정할 수 있다면 엄청난 절약 효과가 있다. 이러한 장점만으로도 확률적 인과 모델링과 do 연산에 대해 더 깊이 파고들 가치가 있다.

주데아 펄의 do 연산의 요점을 이해하기 위해 항상 인과 다이어그램으로 시작하여 관심 있는 변수를 가리키거나 반대 방향으로 향하는 엣지를 삭제하는 조건부 기준을 생각해보자. 펄의 세 가지 규칙은 다음과 같은 조건을 제시한다.

1 관찰 삽입 또는 삭제: $Prob(y|do(x),z,w) = Prob(y|do(x),w)$

2 개입 삽입 또는 삭제: $Prob(y|do(x),do(z),w) = Prob(y|do(x),w)$

3 개입과 관찰 교환: $Prob(y|do(x),do(z),w) = Prob(y|do(x),z,w)$

do 연산에 관해 더 자세히 알고 싶다면 주데아 펄의 논문 「The Do-Calculus Revisited」[271]를 참고하자.

11.4 역설과 다이어그램 해석

인공지능 에이전트는 역설을 처리할 수 있어야 한다. 만화에서 로봇이 역설과 마주쳤을 때 엉뚱한 루프에 빠지거나 나사와 스프링이 사방으로 날아가며 물리적으로 분해되는 모습을 본 적이 있을 것이다. 현실에서 이런 일이 일어나게 두어서는 안 된다. 게다가 역설은 제약 및 의료 분야처럼 매우 중요한 환경에서 자주 나타나므로 수학적 관찰을 통해 면밀히 조사하고 그 비밀을 조심스럽게 분석하는 것이 중요하다.

몬티 홀Monty Hall, 버크슨Berkson, 심슨Simpson의 유명한 역설을 살펴보려고 한다. 인과 모델의 관점에서 이들을 바라보자. 몬티 홀과 버크슨 역설은 충돌 변수collider(두 개의 독립 변수가 세 번째 변수를 가리키는 구조)로 인해 혼란이 발생하는 반면 심슨 역설은 교란 변수confounder(한 변수가 다른 두 변수를 가리키는 구조)로 인해 혼란이 발생한다. 인공지능 에이전트가 올바르게

---

271 https://oreil.ly/DTPq0

추론하기 위해서는 이러한 다이어그램들을 데이터 구조의 일부로 가지고 있거나 이들을 구성하고 조정하는 기능을 갖추고 있어야 한다.

주데아 펄의 저서 『The Book of Why』(Basic Books, 2020)에서는 이 점을 완벽하게 설명한다.

> 역설은 인과관계와 연관성 사이의 긴장을 반영한다. 이 긴장은 인과관계 사다리(관찰, 개입, 반사실적 추론)에서 서로 다른 단계에 있기 때문에 발생하며, 인간의 직관은 인과관계의 논리에 따라 작동하는 반면 데이터는 확률과 비율의 논리를 따른다는 사실에 의해 더욱 심화된다. 한 영역에서 배운 규칙을 다른 영역에 잘못 적용할 때 역설이 발생한다.

11.4.1 몬티 홀 문제

게임 쇼에 참여했다고 가정해보자. 여러분은 세 개의 문 중 하나를 선택할 수 있다. 문 뒤에는 각각 자동차와 염소가 있으며 자동차가 있는 문을 고르면 그 차를 가질 수 있다(사회자는 문 뒤에 무엇이 있는지 이미 알고 있다). 예를 들어 여러분이 1번 문을 선택하면 사회자는 염소가 있는 3번 문을 연다. 그런 다음 사회자는 '2번 문을 선택하시겠습니까?'라고 묻는다. 이때 문을 바꾸는 것이 유리할까?

여러분은 '네, 2번 문으로 바꾸겠습니다!'라고 해야 한다. 문을 바꾸지 않으면 차를 얻을 확률이 1/3인 반면, 문을 바꾸면 확률이 2/3로 높아지기 때문이다. 여기서 중요한 점은 사회자는 어디에 차가 있는지 알고 있고, 차가 없는 문을 의도적으로 연다는 것이다.

왜 선택을 바꾸면 자동차를 얻을 확률이 두 배로 늘어날까? 사회자가 여러분이 아무런 정보 없이 선택했을 때만 활용할 수 있는 새로운 정보를 제공하기 때문이다.

문을 바꾸지 않는 전략
- 처음에 자동차가 있는 문을 선택하고(확률 1/3), 문을 바꾸지 않으면 이긴다.
- 처음에 자동차가 없는 문을 선택하고(확률 2/3), 문을 바꾸지 않으면 진다.

이처럼 문을 바꾸지 않는 전략에서는 자동차를 얻을 확률이 겨우 1/3에 불과하다.

문을 바꾸는 전략

- 처음에 자동차가 있는 문을 선택하고(확률 1/3), 문을 바꾸면 질 것이다.
- 처음에 자동차가 없는 문을 선택하고(확률 2/3), 염소가 있는 문이 어딘지를 알려주는 새로운 정보가 주어지고, 문을 바꾸면 남은 문이 자동차가 있는 문이기 때문에 이길 것이다.

문을 바꾸는 전략을 사용할 경우 2/3의 확률로 자동차를 얻을 수 있다.

이 게임을 다이어그램으로 표현하면 [그림 11-4]와 같다.

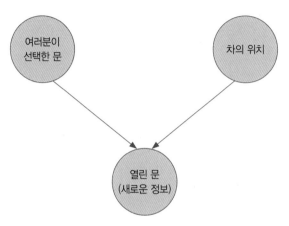

그림 11-4 몬티 홀 역설과 관련된 변수에 대한 인과관계 다이어그램

이 충돌 변수를 조건으로 설정하면 부모 노드의 확률이 변경된다. 이 변화는 원래 독립적이었던 부모 노드들 사이에 가짜 의존성을 만들어낸다. 우리가 자녀 중 한 명을 만나면 부모의 유전적 특성에 대한 믿음이 바뀌는 것과 유사하다. 이는 충돌 변수에 조건을 걸 때 유도되는 **인과관계가 없는 상관관계**causeless correlation 이다.

이제 사회자가 어떤 문 뒤에 자동차가 있는지 모르는 상태에서 여러분이 문을 선택한다고 가정해보자. 이 경우에는 문을 바꾸든 바꾸지 않든 자동차를 얻을 확률이 변하지 않는다. 여러분과 사회자 모두 자동차를 가질 확률은 1/3이고 갖지 못할 확률은 2/3로 동일하기 때문이다. 완전히 랜덤하고 사전 지식이 없는 게임에 대해 다이어그램을 그리면 자동차의 위치와 사회자가 열기로 선택한 문 사이에 화살표가 없으므로 사회자의 선택을 조건으로 해도 여러분이 선택한 문과 자동차의 위치는 여전히 독립적으로 유지된다.

11.4.2 버크슨 역설

1946년 메이요 클리닉의 생물통계학자 조셉 버크슨[Joseph Berkson]은 병원 환경에서 수행된 관찰 연구의 특이점을 지적했다. 두 질병이 일반 대중 그룹에서 서로 무관하더라도 병원의 환자들 사이에서는 연관이 있는 것처럼 나타날 수 있다는 것이다. 1979년 맥마스터 대학의 통계적 편향 전문가 데이비드 새킷[David Sackett]은 버크슨의 역설이 맞다는 강력한 증거를 제시했다. 한 예로 그는 호흡기 질환과 뼈 질환이라는 두 가지 질병 그룹에 대해 연구했다. 일반 대중의 약 7.5%가 뼈와 관련된 질병을 가지고 있으며 이 비율은 호흡기 질환과는 무관하다. 그러나 호흡기 질환으로 입원한 환자의 경우 뼈 질환의 발병률이 무려 25%로 증가한다. 새킷은 이 현상을 입원율 편향[admission rate bias] 또는 버크슨 편향[Berkson bias]이라고 불렀다.

몬티 홀의 경우와 유사하게 버크슨 역설이 나타나는 원인은 충돌 변수 다이어그램이다. 여기서 원래 독립적이었던 두 질병은 모두 입원이라는 변수를 가리킨다. 즉, 두 질병을 모두 가진 환자는 그중 하나만 가진 환자보다 입원할 가능성이 훨씬 높다. 입원이라는 충돌 변수에 조건을 걸면 원래 독립적이었던 변수 간에 인과관계가 없는 상관관계가 나타난다. 우리는 점점 충돌 변수 편향에 익숙해지고 있다.

11.4.3 심슨의 역설

결론이 터무니없는 역설을 상상해보자. 어떤 약이 있다. 환자의 성별을 알면 이 약을 처방해서는 안 된다. 데이터에 따르면 이 약은 남성과 여성 모두에게 좋지 않기 때문이다. 하지만 환자의 성별을 모른다면 약을 처방해야 한다. 데이터에 따르면 이 약은 일반 대중에게 좋기 때문이다. 이는 분명 말도 안 되는 상황이다. 만약 우리가 이 상황에 놓인다면 데이터를 보여달라고 항의하게 될 것이다.

어떤 추세가 여러 그룹에서 나타나지만 그룹을 합치면 사라지거나 반대 현상이 나타나는 것을 심슨의 역설이라고 한다.

먼저 이 역설의 허구성을 파헤쳐보자. 심슨의 역설은 분수(또는 비율)를 더하는 방법에 실수가 있어 발생한 것이다. 분수를 더할 때는 분자와 분모를 각각 더해서는 안 된다.

$$\frac{A}{B} > \frac{a}{b} \ and \ \frac{C}{D} > \frac{c}{d} \neq \frac{A+C}{B+D} > \frac{a+c}{b+d}$$

예를 들어 데이터가 다음과 같이 나타났다고 가정해보자.

- 약을 복용한 여성 40명 중 3명이 심장마비를 겪었지만, 약을 복용하지 않은 여성은 20명 중 1명만 심장마비를 겪었다.

$$\frac{3}{40} > \frac{1}{20}$$

- 약을 복용한 남성 20명 중 8명이 심장마비를 겪었지만, 약을 복용하지 않은 남성은 40명 중 12명이 심장마비를 겪었다.

$$\frac{8}{20} > \frac{12}{40}$$

여성과 남성의 데이터를 합쳐보면 부등호의 방향이 바뀐다.

$$\frac{3+8}{40+20} < \frac{1+12}{20+40}$$

즉, 약을 복용한 60명의 남성과 여성 중 11명이 심장마비를 겪었고, 약을 복용하지 않은 60명의 남성과 여성 중 13명이 심장마비를 겪었다.

우리는 데이터를 합칠 때 분수 덧셈에서 간단한 계산 오류를 저질렀다. 심슨의 역설을 해결하기 위해서는 분자와 분모를 단순히 더하는 방식으로 데이터를 합쳐서는 안 된다. 약을 복용한 60명 중 40명은 여성이고 20명은 남성인 반면, 약을 복용하지 않은 60명 중 20명은 여성이고 40명은 남성이라는 점에 주목해야 한다. 우리는 사과와 오렌지를 비교하며 성별이라는 교란 요인에 혼란을 겪고 있는 것이다. 성별은 약을 투여할지 여부와 심장마비의 발생 여부 모두에 영향을 미친다. [그림 11-5]의 다이어그램이 교란 관계를 보여준다.

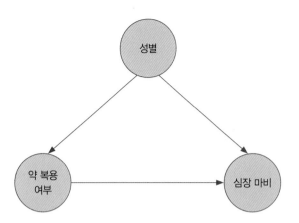

그림 11-5 성별은 약 복용 여부와 심장마비 모두에 대한 교란 요인이다.

순진하게 비율을 더하기만 하는 것이 잘못되었다는 직감은 정확하다. 모든 부분에서 어떤 일이 특정한 방식으로 움직인다면 전체적으로도 그 방식으로 움직일 것이라고 기대할 수 있다.

이런 실수가 자주 발생하는 것은 놀라운 일이 아니다. 인류는 비교적 최근까지도 분수를 올바르게 이해하지 못했다. 상속이나 무역과 같은 분야에서 분수를 다룰 때 계산 오류를 저지른 고대 문헌들이 남아 있다.

그렇다면 이제 데이터를 올바르게 합치는 방법을 알아보자. 초등학교 때 배운 방법은 40을 공통 분모로 사용하고 성별을 조건으로 삼는 것이다. 여성은 $3/40 > 2/40$이고 남성은 $16/40 > 12/40$이다. 일반 인구에서 남성과 여성이 동일하게 분포되어 있기 때문에 우리는 평균을 내어 다음과 같은 결론을 얻을 수 있다.

$$\left(\frac{3}{40} + \frac{16}{40}\right)/2 > \left(\frac{2}{40} + \frac{12}{40}\right)/2$$

즉, 일반 대중이 약을 복용했을 때 심장마비가 발생할 확률은 23.75%이고, 약을 복용하지 않았을 때는 17.5%이다. 이렇게 하면 비논리적인 반전은 일어나지 않는다. 게다가 이 약이 상당히 나쁜 약이라는 사실을 밝힐 수 있다.

11.5 대규모 랜덤 행렬

대부분의 인공지능 애플리케이션은 데이터 테이블, 이미지, 자연어, 그래프 신경망 등을 표현하는 고차원 벡터, 행렬 또는 텐서로 구성된 방대한 양의 고차원 데이터(빅데이터)를 처리한다. 이러한 데이터 중 상당수는 노이즈가 있거나 본질적으로 무작위성을 가지고 있다. 따라서이 데이터를 처리하기 위해서는 일반적으로 스칼라 확률 변수를 다루는 확률과 통계, 벡터 및행렬을 다루는 선형 대수를 결합하는 수학적 프레임워크가 필요하다.

평균과 분산은 여전히 중요한 개념이다. 따라서 고차원 확률 변수의 기대값과 분산(불확실성)이 포함된 많은 명제와 결과를 자주 마주하게 될 것이다. 스칼라의 경우와 마찬가지로 분산을제어하는 것이 까다롭기 때문에 많은 연구에서 확률 변수 분포의 끝 부분에 대한 경계(부등식)나 확률 변수가 평균으로부터 일정 거리 내에 존재할 가능성을 찾는다.

행렬 값을 갖는 확률 변수가 있으므로 많은 연구 결과에서 행렬의 스펙트럼, 즉 고유값과 고유벡터의 행동 방식(분포)을 이해하고자 한다.

11.5.1 랜덤 벡터와 랜덤 행렬

대규모 랜덤 행렬에 대한 연구가 독자적인 이론으로 발전한 것은 놀라운 일이 아니다. 이러한행렬은 금융부터 신경과학, 물리학, 기기 제조에 이르기까지 다양하고 중요한 분야에서 등장한다. 다음은 몇 가지 예시이며 이러한 응용 분야들은 큰 영향력을 가지고 있기 때문에 각각의 주제를 중심으로 대규모 수학 커뮤니티가 형성되어 있다.

계량 금융quantitative finance[272]

계량 금융에서의 투자 포트폴리오는 랜덤 벡터의 한 가지 예다. 최적의 성과를 내기 위해 송복 가격의 움직임이 확률적인 주식에서 어떻게 투자할지 결정해야 하는 경우가 많다. 투자 포트폴리오 자체는 시간에 따라 변화하는 대규모 랜덤 벡터다. 같은 맥락에서 나스닥 주식(2,500개이상의 종목이 포함되어 있음)의 일별 수익률도 시간에 따라 변화하는 대규모 랜덤 벡터다.

---

[272] 옮긴이_ '정량 금융'이라고도 하며, 퀀트(quant)라는 금융 공학 분야에서 유래되었다.

신경과학

또 다른 예는 신경과학에서 찾을 수 있다. 뇌의 뉴런 간 시냅스 연결 네트워크를 모델링할 때 랜덤 행렬이 나타난다. 일정한 길이를 가진 t개의 연속적인 시간 간격 동안 n개의 뉴런에 의해 발사된 스파이크(전기 신호)의 수는 $n \times t$ 랜덤 행렬이다.

수리물리학: 위그너 행렬 wigner matrix

수리물리학, 특히 핵물리학에서 물리학자 유진 위그너 Eugene Wigner 는 무거운 원자의 핵과 스펙트럼을 모델링하기 위해 랜덤 행렬을 도입했다. 간단히 말해 그는 무거운 원자핵 스펙트럼의 선 사이의 간격을 랜덤 행렬의 고유값 사이의 간격과 연관시켰다.

위그너가 처음 다룬 결정론적 행렬은 시스템의 해밀토니안 hamiltonian 이다. 해밀토니안은 원자핵 내부에 존재하는 중성자와 양성자 사이의 모든 상호 작용을 설명하는 행렬이다. 원자핵의 에너지 준위를 찾기 위해 해밀토니안을 대각화하는 작업은 불가능했기 때문에 위그너는 대안을 찾았다. 그는 정확성과 결정론을 완전히 포기하고 확률 이론적인 관점에서 문제에 접근했다. 위그너는 에너지 준위가 정확히 무엇인지 묻는 대신 다음과 같은 질문을 던졌다.

- 특정 구간 내에서 에너지 준위를 찾을 확률은 얼마일까?
- 연속된 두 에너지 준위 사이의 거리가 특정 범위 내에 있을 확률은 얼마일까?
- 시스템의 해밀토니안을 올바른 대칭성을 가진 완전한 랜덤 행렬로 대체할 수 있을까? 예를 들어 시간 역전에 대해 불변인 양자 시스템의 경우 해밀토니안은 (무한한 크기의) 실수 대칭 행렬이다. 자기장이 존재할 때 해밀토니안은 복소수 에르미트 행렬(실수 대칭 행렬의 복소수 버전)이다. 스핀-궤도 결합(양자물리학 용어)이 존재하는 경우 해밀토니안은 심플렉틱 symplectic 행렬(또 다른 특수한 유형의 대칭 행렬)이다.

마찬가지로 위그너형 랜덤 행렬은 응집물질물리학에도 등장한다. 응집물질물리학에서는 실수 대칭 위그너 행렬을 사용하여 원자 쌍 또는 스핀 쌍 간의 상호 작용을 모델링한다. 전반적으로 위그너 행렬은 랜덤 행렬 이론에서 고전으로 여겨진다.

다변량 통계: 위샤트 행렬과 공분산

다변량 통계에서 존 위샤트 John Wishart 는 대규모 랜덤 벡터의 표본 공분산 행렬을 추정할 때 랜덤 행렬을 도입했다. 위샤트 랜덤 행렬은 랜덤 행렬 이론에서도 고전으로 여겨진다. 표본 공분산 행렬은 모집단 공분산 행렬에 대한 추정치다.

표본 공분산 행렬을 다룰 때, 일반적인 설정은 n차원 변수를 t번 관찰하는 것이다. 즉, 원본 데이터셋은 $n \times t$ 크기의 행렬이다. 예를 들어 (더 작은 표본을 사용하여) 많은 자산의 수익률에 대한 공분산 행렬을 추정해야 할 수 있다. 이는 나스닥 주식 2,500개의 일별 수익률과 같은 것일 수 있다. 5년간의 일별 데이터를 사용한다고 가정할 때 일년에 252 거래일이 있다면 각각의 2,500개 종목에 대해 $5 \times 252 = 1,260$개의 데이터 포인트가 있다. 이 경우 원본 데이터셋은 $2,500 \times 1,260$ 크기의 행렬이 된다. 이는 관측치 수가 변수 수보다 작은 경우다. 반대로 관측치 수와 변수 수의 크기가 크게 다른 경우도 있다. 우리는 모든 경우에 표본 공분산 행렬의 고유값에 대한 법칙(확률 분포)을 알고자 한다.

하나의 주식 등 한 변수 z_1에 대해 t개의 관측값을 가지고 있고 해당 변수의 평균이 $\bar{z}_1$일 때 분산의 공식은 다음과 같다.

$$\sigma_1^2 = \frac{(z_1(1) - \bar{z}_1)^2 + (z_1(2) - \bar{z}_1)^2 + \cdots + (z_1(t) - \bar{z}_1)^2}{t}$$

마찬가지로 n개의 변수 $\bar{z}_i$ 각각에 대해 해당 변수의 분산 σ_i^2 값이 있다. 이 값들은 공분산 행렬의 대각선 원소가 된다. 이제 대각선이 아닌 위치의 σ_{ij} 원소들은 그에 해당하는 해당 변수 쌍들의 공분산이다.

$$\sigma_{ij} = \frac{(z_i(1) - \bar{z}_i)(z_j(1) - \bar{z}_j) + (z_i(2) - \bar{z}_i)(z_j(2) - \bar{z}_j) + \cdots + (z_i(t) - \bar{z}_i)(z_j(t) - \bar{z}_j)}{t}$$

공분산 행렬은 대칭이며 양의 정부호다(양의 고유값을 가진다). 공분산 행렬의 무작위성은 일반적으로 노이즈가 포함된 관측값 때문이다. 측정 노이즈는 불가피하므로 공분산 행렬을 결정하는 일은 수학적으로 더 복잡해진다. 또 다른 일반적인 문제는 샘플이 종종 독립적이지 않다는 것이다. 상관관계가 있는 샘플은 일종의 중복성을 일으키므로 실제로 관측한 샘플 수보다 더 적은 수의 샘플을 관측했다고 가정하게 된다. 따라서 우리는 상관관계가 있는 샘플이 있는 경우에 샘플 공분산 행렬을 분석해야 한다.

동적 시스템

선형화된 동적 시스템은 평형점 주변에 위치한다$(\frac{d\tilde{x}(t)}{dt} = A\tilde{x}(t))$. 카오스 시스템 chaotic system 의 경우에 초기 조건의 작은 차이가 동역학의 전개에 따라 어떻게 전파되는지 이해하고자 한다. 한 가지 접근법은 방해받지 않은 궤적 근처에서 동역학을 선형화하는 것이다. 이때 초기의 작은 변화는 초기 변화에 적용된 선형화된 동역학에 해당하는 행렬들의 곱으로 전개된다.

> **NOTE** 행렬 곱을 위한 알고리즘
>
> 행렬의 곱셈을 위한 효율적인 알고리즘을 찾는 것은 필수적이면서도 매우 어려운 목표다. 행렬 곱셈 알고리즘에서는 곱셈 연산을 한 번이라도 줄이는 것 역시 가치가 있다(덧셈 연산을 줄이는 것은 그리 큰 영향을 미치지 않는다). 2022년 딥마인드는 행렬 곱셈을 위한 효율적인 알고리즘[273]을 자동으로 발견하기 위해 알파텐서alpha tensor를 개발했다. 이는 행렬 곱셈이 신경망. 컴퓨터 그래픽. 과학 컴퓨팅을 포함한 광범위한 기술의 근본적인 부분이기 때문에 매우 중요한 업적이다.

다른 중요한 예시

수학의 한 분야인 정수론에서는 리만 제타 함수Riemann zeta function의 영점 분포를 특정 랜덤 행렬의 고유값 분포를 통해 모델링할 수 있다. 양자 컴퓨팅과 관련된 역사적인 발견을 하나 소개하자면 슈뢰딩거 방정식 이전에 하이젠베르크는 '행렬 역학'이라는 용어로 양자역학을 공식화한바 있다. 마지막으로 이 책의 〈Chapter 13 인공지능과 편미분 방정식〉에서 확률의 진화에 대한 마스터 방정식master equation을 다룬다. 여기에는 시스템의 한 상태에서 다른 상태로의 전이 확률transition probability로 구성된 대형 행렬이 포함된다.

11.5.2 랜덤 행렬 이론의 주요 고려 사항

문제의 공식화 방식에 따라 관련된 행렬은 결정론적deterministic이거나 무작위적random이다. 결정론적 벡터와 행렬의 경우 고전적인 수치 선형 대수가 적용되지만 극도의 고차원성으로 인해 효율적인 행렬 곱셈(보통 $O(n^3)$), 분해, 스펙트럼(고유값과 고유벡터) 계산을 수행하려면 랜덤화 기법을 사용해야 한다.

상당한 양의 행렬 속성이 스펙트럼에 캡슐화되어 있으므로 고유값과 고유벡터를 연구하여 행렬에 대해 많은 것을 배울 수 있다. 확률 분야에서 행렬이 무작위적인 경우 고유값과 고유벡터 또한 무작위적이다. 그렇다면 어떻게 이들을 계산하고 확률 분포(또는 평균과 분산이나 그 범

---

[273] *https://oreil.ly/HZPbd*

위)를 찾을 수 있을까? 이러한 질문들은 대형 랜덤 행렬(또는 랜덤 선형 대수, 고차원의 확률) 분야에서 다루는 주제이며, 일반적으로 다음 사항에 초점을 둔다.

관련된 확률 이론적 수학 객체

랜덤 벡터와 랜덤 행렬의 각 항목은 확률 변수다. 이들은 정적 확률 변수이거나 시간에 따라 진화하는 확률 변수일 수 있다. 확률 변수가 시간에 따라 변화하면 해당 변수는 랜덤 과정 또는 확률 과정이 된다. 분명 확률 과정은 정적 확률 변수보다 수학적으로 더 복잡하다. 예를 들어 시간에 따라 변화하는 분산에 대해 무엇을 알 수 있을까?

랜덤 투영 random projection

우리는 항상 필수적인 정보를 보존하면서 저차원 공간으로 투영하고자 한다. 이 작업에는 일반적으로 행렬과 벡터의 곱셈이 포함되거나 행렬을 특이값 분해처럼 더 단순한 행렬 곱의 형태로 인수분해하는 과정이 수반된다. 데이터가 거대하고 랜덤하다면 어떻게 이러한 작업을 수행할 수 있을까?

랜덤 행렬의 덧셈과 곱셈

스칼라 확률 변수의 합과 곱도 확률 변수이며 그 분포에 대해서는 충분히 연구가 이루어졌다. 마찬가지로 브라운 운동과 확률 미적분의 기초인 시간에 따라 진화하는 스칼라 확률 변수들의 합과 곱은 이를 뒷받침하는 방대한 문헌을 가지고 있다. 이 이론은 어떻게 고차원으로 전환될까?

스펙트럼 연산 computing the spectra

어떻게 랜덤 행렬의 스펙트럼을 계산하고 고유값과 고유벡터의 특성을 탐구할 수 있을까?

랜덤 행렬의 합과 곱에 대한 스펙트럼 계산

이 역시 이떻게 계산할 수 있을까?

(두 개가 아닌) 수많은 랜덤 행렬의 곱셈

이 문제는 다양한 기술 산업 분야에서 나타난다. 예를 들어 서로 다른 굴절률을 가진 여러 광학 기판에서 빛의 전달을 연구하거나 불규칙한 와이어에서의 전자 전파에서 변위의 전파 방식을 연구할 때 이러한 문제가 발생한다.

행렬에 대한 베이즈 추정

베이즈 방법은 언제나 증거가 주어졌을 때 어떤 것의 확률을 추정하는 것과 관련이 있다. 여기서 우리가 시작하는 행렬(관측 행렬)은 우리가 원하는 진짜 행렬에 노이즈가 추가된 버전이다. 이 노이즈는 더해질 수 있어서 관측 행렬 $E = true\ matrix + random\ noise\ matrix$ 형태가 된다. 노이즈는 곱해질 수도 있으므로 관측 행렬 $E = true\ matrix \times random\ nois\ matrix$ 형태가 될 수 있다. 일반적으로 진짜 행렬을 알지 못하며, 노이즈가 포함된 행렬을 관측했다는 가정하에 진짜 행렬의 확률을 알고 싶어 한다. 즉, $Prob(true\ matrix\,|\,noisy\ matrix)$를 계산해야 한다.

11.5.3 랜덤 행렬 앙상블

대부분의 응용 분야에서 특별한 구조가 없는 (확률적 또는 결정론적) 대형 행렬들을 접하게 된다. 랜덤 행렬 이론의 주요 전제는 복잡한 대형 행렬을 특정 랜덤 행렬 앙상블의 전형적인 원소(예상 원소)로 대체할 수 있다는 것이다. 대개 우리는 대칭 행렬에 초점을 맞춘다. 대칭 행렬은 데이터 분석 및 통계 물리학 분야에서 가장 일반적으로 나타나면서 수학적으로 분석하기도 더 쉽기 때문이다.

수학에 대해 이야기할 때 다항 함수를 빼놓을 수 없다. 다항 함수는 비선형이며 현실 세계의 복잡함을 포착하기에 충분한 복잡도를 가지고 있다. 게다가 계산도 평가도 쉽다. 대형 랜덤 행렬을 연구할 때 잘 연구된 특수한 유형의 다항식이 등장하는데 이것이 바로 **직교 다항식**이다. 직교 다항식 수열은 수열 내에서 서로 다른 두 다항식이 일반화된 내적에 따라 서로 직교(내적이 0)인 다항식 집합이다. 가장 널리 사용되는 직교 다항식 수열에는 에르미트 다항식Hermite polynomial, 라게르 다항식Laguerre polynomial, 야코비 다항식Jacobi polynomial이 있다(여기에는 중요한 체비쇼프 다항식Chebyshev polynomial과 르장드르 다항식Legendre polynomial이 포함된다). 19세기 후반 직교 다항식 분야에서 유명한 인물로는 체비쇼프, 마르코프, 스틸체스Stieltjes가 있다. 체비쇼프 부등식부터 마르코프 연쇄 및 프로세스 그리고 스틸체스 변환Stieltjes transform까지, 확률 이론에서는 이러한 이름과 단어들을 쉽게 보게 될 것이다.

다음 세 가지 기본적인 랜덤 행렬 앙상블은 직교 다항식과 밀접한 관련이 있다.

위그너

가우스 분포 Gaussian distribution 에 해당하는 행렬이다. 하나의 1 × 1 위그너 행렬은 하나의 가우스 확률 변수다. 이는 에르미트 직교 다항식과 밀접한 관련이 있다. 가우스 분포와 관련된 에르미트 다항식은 기본 변수가 위아래로 제한되지 않는 환경에서 매우 자연스럽게 나타난다. 위그너 랜덤 행렬의 특성 다항식 characteristic polynomial 의 평균은 간단한 반복 관계를 따르며, 우리가 이를 에르미트 다항식으로 표현할 수 있게 해준다. 위그너 앙상블은 모든 랜덤 행렬 앙상블 중에서 가장 간단하다. 위그너 앙상블의 행렬의 모든 항목이 가우스 확률 변수이고, 오직 행렬이 실수 대칭(가우스 직교 앙상블), 복소 에르미트(가우스 유니터리 앙상블 gaussian unitary ensemble), 심플레틱(가우스 심플레틱 앙상블 gaussian symplectic ensemble) 형태라는 제약 조건만 가진다.

위샤트

감마 분포 gamma distribution 에 해당하는 행렬이다. 1 × 1 위샤트 행렬은 감마 분포를 따르는 수다. 이는 라게르 직교 다항식과 밀접한 관련이 있다. 감마 분포와 라게르 다항식은 하한(예 양수)이 존재하는 변수 문제에서 나타난다. 위샤트 랜덤 행렬의 특성 다항식의 평균은 간단한 반복 관계를 따르며 우리가 이를 라게르 다항식으로 표현할 수 있게 해준다.

야코비

베타 분포 beta distribution 에 해당하는 행렬이다. 1 × 1 야코비 행렬은 베타 분포를 따르는 수다. 이는 야코비 직교 다항식과 밀접한 관련이 있다. 베타 분포와 야코비 다항식은 하한 및 상한이 존재하는 변수 문제에서 나타난다. 표본 공분산 행렬은 자연스럽게 야코비 행렬의 형태가 된다. 또한 고유값이 두 개뿐인 행렬의 덧셈 또는 곱셈 같은 간단한 문제에서도 야코비 행렬이 나타난다.

스칼라 확률 변수의 경우 랜덤 행렬 앙상블의 모멘트와 스틸체스 변환을 연구한다. 또한 행렬 영역에 있기 때문에 해당 랜덤 행렬들의 고유값의 결합 확률 분포를 연구한다. 앞서 언급한 앙상블의 경우 고유값은 강한 상관관계를 가지며 우리는 이들을 쌍별 반발 pair-wise repulsion 을 통해 상호 작용하는 입자로 생각할 수 있다. 이들은 쿨롱 반발 고유값 Coulomb repelling eigenvalue 으로 불린다. 여기서의 아이디어는 통계 물리학에서 차용된 것이다(행렬 고유값의 특정 구조를 가진 행렬의 고유값 거동에 대한 심층적인 내용은 퍼시 디아코니스$^{Persi\ Diaconis}$의 논문「Patterns in Eigenvalues」[274]를 참고하자). 쿨롱 기체 문제에서 가장 가능성이 높은 위치가 위그너의 경우에는 에르미트 다항식의 영점과 일치하고, 위샤트의 경우에는 라게르 다항식의 영점과 일치하는 것으로 밝혀졌다. 또한 이 앙상블들의 고유값은 가장 발생 확률이 높은 위치를 중심으로 아주 미세하게만 변동한다.

11.5.4 두 개의 대형 랜덤 행렬 합에 대한 고유값 밀도

랜덤 행렬 앙상블의 고유값의 결합 확률 분포를 찾는 것 외에도, 우리는 합에 포함되는 개별 행렬의 관점에서 대형 랜덤 행렬의 합에 대한 고유값 밀도(확률 분포)를 파악하고자 한다. 다이슨 브라운 운동$^{Dyson\ Brownian\ motion}$이 이 분야에서 등장한다. 이는 브라운 운동을 스칼라 확률 변수에서 랜덤 행렬로 확장한 개념이다. 또한 행렬에 대한 푸리에 변환을 통해 스칼라 독립 동일 분포$^{independently\ and\ identically\ distributed}$(i.i.d) 확률 변수에 대한 생성 함수와 유사한 개념을 정의할 수 있다. 로그를 사용하여 신중하게 구성된 랜덤 행렬의 합에 대한 고유값 밀도를 계산할 수도 있다. 마지막으로 체르노프^{Chernoff}, 번스타인^{Bernstein}, 회프딩 유형$^{Hoeffding-type}$의 부등식을 유한한 개수의 랜덤 에르미트 행렬의 합의 최대 고유값에 적용할 수 있다.

11.5.5 대형 랜덤 행렬을 위한 필수 수학

대형 랜덤 행렬에 대한 설명을 마치기 전에, 이 분야를 자세히 공부하고 싶다면 반드시 알아야 할 사항 몇 가지를 알아보자. Chapter 11에서 다음 목록 중 일부를 다루고, 나머지는 구글에 검색하여 살펴보기 바란다.

- 스펙트럼 계산: 행렬의 고유값과 고유벡터($A\vec{v} = \lambda\vec{v}$ 방정식의 해)
- 행렬의 특성 다항식($det(\lambda I - A)$)
- 에르미트, 라게르, 야코비 직교 다항식
- 가우스 분포, 감마 분포, 베타 분포

---

[274] *https://oreil.ly/Cg0hY*

- 확률 변수의 모멘트 및 모멘트 생성 함수

- 스틸체스 변환

- 체비쇼프 부등식을 비롯한 체비쇼프와 관련된 모든 것

- 마르코프 연쇄와 프로세스를 비롯한 마르코프와 관련된 모든 것

- 체르노프, 번스타인, 회프딩 부등식

- 브라운 운동 및 다이슨 브라운 운동

2022년 기준, 가장 빠른 슈퍼 컴퓨터는 미국 에너지부 오크리지 국립 연구소^{Department of Energy's} ^{Oak Ridge National Laboratory}에 있는 세계 최초의 엑사스케일^{exascale} 컴퓨터(1.102 exaFLOPS)다. 행렬의 크기가 매우 큰 경우 이러한 슈퍼 컴퓨터를 사용하더라도 알려진 수치 선형 대수를 푸는데(**예** 해당 행렬을 포함하는 연립 방정식 풀기, 스펙트럼 찾기, 특이값 분해) 적용할 수 없다. 그 대신 우리가 해야 할 일은 행렬의 열을 무작위로 표본 추출하는 것이다. 가장 정확한 근사치, 즉 분산이 가장 작은 것을 도출하는 확률로 열을 표본 추출하는 것이 가장 좋다. 예를 들어 두 개의 큰 행렬 A와 B를 서로 곱하는 문제의 경우 A에서 열을 B에서 해당 행을 균일하게 표본 추출하는 대신 A의 j번째 열의 노름^{norm}과 B의 j번째 행의 노름의 곱에 비례하는 확률 p_j로 A의 열과 B의 해당 행을 선택한다. 이는 노름이 큰 열과 행을 더 자주 선택하여 곱의 중요한 부분들을 확률적으로 더 잘 포착할 수 있음을 의미한다.

크든 작든 관계없이 행렬의 열 공간은 매우 중요하다. 주어진 행렬 A의 열 공간에 대한 세 가지 최적 기저를 명심해야 한다.

- 특이값 분해에서 구한 특이 벡터

- 그람−슈미트 과정^{gram Schmidt process}에서 구한 직교 벡터(유명한 행렬의 QR 분해)

- 행렬 A의 열에서 직접 선택한 선형 독립 열

11.6 확률 과정

정적(스칼라, 벡터, 행렬, 텐서) 확률 변수를 생각하는 대신 시간에 따라 변화하는 확률 변수를 고려할 것이다. 수학에서는 항상 다음 단계에 시간에 따라 변화하는 개념이 포함되는 것 같다. 참고로 인간은 아직 시간의 본질을 완전히 이해하지 못했고 그 정의를 명확하게 표현할 방법도 찾지 못했다. 하지만 움직임과 변화, 즉 한 상태에서 다른 상태로 전이하는 시스템에 대해

서는 이해하고 있으며 시간이라는 개념을 이와 연결할 수 있다. 또한 한 상태에서 다른 상태로 전이할 확률도 고려할 수 있다. 이는 잠시 후에 다룰 마르코프 연쇄와 관련이 있다.

확률 과정 stochastic process 은 $X_0, X_1, X_2, \cdots$ 와 같은 무한한 수열의 확률 변수다. 여기서 각 X_t의 인덱스 t는 이산 시간으로 간주한다. 따라서 X_0은 시간 0에서의 과정(또는 특정 시간 0에서의 확률 변량의 값), X_1은 시간 1에서의 과정(또는 특정 시간 1에서의 확률 변량의 값) 등을 나타낸다. 공식적으로 확률 변수를 정의하기 위해 일반적으로 확률 삼중항 triplet 이라고 부르는 것(표본 공간, 시그마 대수, 확률 측도)을 기준으로 확률 변수를 고정한다. 아직 이 삼중항의 의미에 대해 너무 신경 쓰지 않아도 된다. 그 대신 하나의 확률 과정 $X_0, X_1, X_2, \cdots$에 속하는 모든 확률 변수가 같은 확률 삼중항 위에서 정의되고, 이에 따라 하나의 족 family 에 속한다는 사실에 초점을 맞춰야 한다. 더욱이 이러한 확률 변수들은 대개 독립적이지 않다.

(응용 분야에 따라) 연속 시간 확률 과정 또한 중요하다. 여기서 X_t는 임의의 음이 아닌 시간 t에서의 확률 변량의 값을 의미한다. 이는 연속적인 시간에 대한 우리의 직관적인 인식과 쉽게 일치한다.

따라서 확률 과정은 유한 차원 다변량 분포를 무한 차원으로 일반화한 것이다. 확률 과정의 존재를 증명하려고 할 때 이러한 사고 방식이 유용하다. 왜냐하면 유한 차원 분포 집합에만 의존하여 무한 차원으로 확장할 수 있는 정리들을 활용할 수 있기 때문이다.

확률 과정의 예는 우리 주변에서 쉽게 발견할 수 있다. 우리는 변동 fluctuation 을 볼 때마다 확률 과정을 생각하게 된다. 예를 들어 기체 분자의 움직임, 전류 변동, 금융 시장의 주가, 특정 기간 동안 콜센터로 걸려오는 전화 수, 도박꾼의 상황과 같은 것들 말이다. 그리고 미생물학 논문에서도 흥미로운 발견을 할 수 있다. 혈액, 벼룩, 토르살로스 torsalos 의 군집 형성은 주로 확률 과정에 의해 결정되지만, 장내 미생물 군집[275]은 결정론적 과정에 의해 결정된다는 사실 말이다.

주식 시장의 예는 확률 과정 이론의 중심이다. 왜냐하면 바슐리에 Bachelier 가 파리 증권 거래소에서의 가격 변동을 연구하면서 브라운 운동(또는 위너 Wiener 확률 과정)이 대중화되었기 때문이다. 콜센터로 걸려오는 전화의 예 또한 이 이론의 중심이 되었다. 왜냐하면 얼랭 Erlang 이 일정 기간 동안 발생하는 전화 회수를 모델링하면서 푸아송 확률 과정이 대중화되었기 때문이다.

브라운 운동과 푸아송 과정은 앞서 언급한 사례와는 무관한 환경에서도 나타난다. 어쩌면 이는

---

275 *https://oreil.ly/sdz6v*

자연과 그 기저에 깔린 과정의 통일성에 대해 더 심오한 것들을 알려줄 수도 있지만 지금은 수학에만 집중하도록 하자. 일반적으로 확률 과정은 수학적 특성에 따라 몇 가지 범주로 분류할 수 있다. 일부는 이산 시간$^{\text{discrete time}}$ 과정이고 다른 일부는 연속 시간$^{\text{continuous time}}$ 과정이다. 이 두 가지를 구별하는 것은 매우 직관적이다.

브라운 운동, 푸아송 과정을 비롯하여 앞으로 살펴볼 다른 확률 과정에 대한 결론을 도출하기 위해 우리는 이들을 수학적으로 분석할 필요가 있다. 확률 이론에서는 확률 과정의 존재를 확립하는 것부터 시작한다. 즉, 이산 시간 무한 수열의 확률 변수 $X_0, X_1, X_2, \cdots$ 또는 연속 시간의 X_t 과정이 존재하는 확률 삼중항(표본 공간, 시그마 대수, 확률 측도)을 명확하게 정의하고 그 특성들을 만족시키는 확률 변수의 집합을 찾을 수 있음을 증명해야 한다.

이제부터 중요한 확률 과정들을 살펴보자.

11.6.1 베르누이 과정

베르누이 과정$^{\text{Bernoulli Process}}$은 주로 동전 던지기를 반복하는 것과 관련된 확률 과정으로 일상 속에서 이와 유사한 모든 과정을 의미한다. 예를 들어 일부 공항에서는 세관원이 버튼을 누르도록 한다. 녹색 불이 들어오면 통과, 빨간 불이 들어오면 수색을 당한다. 베르누이 과정은 수학적으로 각 확률 변수가 확률 p로 값 0을, 확률 $1 - p$로 값 1을 취하는 독립적이고 동일하게 분포된 무한 수열의 확률 변수 $X_0, X_1, X_2, \cdots$다. 이 과정의 한 가지 구체적인 예로는 $0, 1, 1, 0, \cdots$ 와 같은 형태가 있다.

11.6.2 푸아송 과정

푸아송 과정은 그 기저이 확률 변수들이 계수 변수인 확률 과정으로 생각할 수 있다. 이러한 확률 변수들은 일정한 시간 내에 발생하는 특정 사건의 수를 센다. 이러한 사건들은 서로 독립적이거나 약하게 의존적이며 각각의 사건은 발생 확률이 낮다. 또한 이 사건들은 예상되는 일정한 비율 λ로 발생한다. 이 λ 값은 푸아송 확률 변수를 특징짓는 파라미터다.

예를 들어 대기 행렬 이론에서는 푸아송 과정을 사용해 매장에 고객이 도착하는 것, 콜센터로 걸려오는 전화, 또는 일정 시간 간격 내에 발생하는 지진 등을 모델링한다. 이 과정은 상태 공간으로 자연수를 가지며 색인 집합으로 음이 아닌 수를 가진다. 푸아송 과정에 관련된 확률 변수들의 기저가 되는 확률 분포는 다음과 같은 공식을 가진다.

$$Prob(X = n) = \frac{\lambda^n e^{-\lambda}}{n!}$$

이 공식은 일정한 시간 간격 내에 특정 사건이 n번 발생할 확률을 보여준다. 분명히 고정된 시간 간격 내에서는 희귀한 사건이 많이 발생할 가능성이 낮다. 이는 n이 커질수록 공식의 값이 빠르게 감소하는 이유를 설명해준다. 푸아송 확률 변수의 기대값과 분산은 모두 λ다.

연속 시간으로 색인된 푸아송 과정 $X_t; t \geq 0$은 다음과 같은 특성을 가진다.

- $X_0 = 0$
- 길이가 t인 임의의 구간 내에 있는 사건(또는 점)의 수는 파라미터가 λt인 푸아송 확률 변수다.

푸아송 과정은 두 가지 중요한 특징을 가진다.

- 각 유한한 구간에서의 사건의 수는 푸아송 확률 변수다(푸아송 확률 분포를 따른다).
- 서로 겹치지 않는 시간 간격에서의 사건의 수는 서로 독립인 확률 변수다.

푸아송 과정은 정상 독립 증분stationary independent increments을 가지는 과정인 레비 확률 과정Levy stochastic process의 일례다.

11.6.3 랜덤 워크

가장 간단한 랜덤 워크는 누군가가 도로에서 한 지점에서 출발한 후 확률 p로 앞으로 한 걸음 (자신의 위치에 1을 더함), 확률 $1 - p$로 뒤로 한 걸음(자신의 위치에서 1을 뺌) 움직이는 것을 생각하면 쉽다. 이때 결과적으로 만들어지는 이산 시간 확률 과정 $X_0, X_1, \cdots$를 $X_0 = x_0, X_1 = X_0 + Z_1, X_2 = X_1 + Z_2 = X_0 + Z_1 + Z_2, \cdots$ 등과 같이 정의할 수 있다. 여기서 $Z_1, Z_2, \cdots$ 는 베르누이 과정이다. 만약 $p = 0.5$면 이는 대칭 랜덤 워크가 된다.

〈Chapter 9 그래프 모델〉에서는 특정한 그래프 노드에서 시작한 다음 주어진 확률로 인접 노드 중 하나로 전이하는 랜덤 워크를 여러 번 사용했다. 그래프의 정규화된 인접 행렬은 모든 노드에서의 전이 확률을 정의한다. 이는 그래프 위에서의 랜덤 워크가 곧 다룰 마르코프 연쇄와 어떻게 연결되는지 보여주는 좋은 예다. 자세한 내용은 그래프의 랜덤 워크에 관한 유용한 참고 자료[276]를 확인하자.

11.6.4 브라운 운동(위너 과정)

브라운 운동(위너 과정)은 무한히 작은 단계를 가진 랜덤 워크로 생각할 수 있다. 이렇게 이산적인 움직임이 무한히 작은 변동이 되면 우리는 연속 랜덤 워크를 얻게 된다. 브라운 운동은 연속 시간 확률 과정 $X_t; t \geq 0$이다. 확률 변수 X_t는 실수 값을 가지며 독립적인 증분을 가지고 두 개의 서로 다른 시간 t와 s에서 X_t와 X_s의 차이는 평균이 0이고 분산이 $t - s$인 정규 분포(종 모양 분포)를 따른다. 즉, $X_t - X_s$는 증분 크기에 따라 정규 분포를 따른다.

실수 값을 가지는 연속 시간 확률 과정의 흥미로운 점은 연속적인 경로로 움직일 수 있어 임의의 시간 함수를 생성할 수 있다는 것이다. 예를 들어 브라운 운동의 하나의 샘플 경로는 거의 확실하게 모든 곳에서 연속적이지만 어디에서도 미분 불가능하다(너무 많은 스파이크, 즉 급등 또는 급락하는 구간이 존재하기 때문이다)

브라운 운동은 확률 과정 연구의 기초다. 확률 미적분의 출발점이며 여러 중요한 과정들의 교차 지점에 위치한다. 예를 들어 가우스 마르코프 과정, 레비 과정(정상 독립 증분을 가진 과정), 그리고 다음에 논의될 마팅게일 등이 있다.

11.6.5 마팅게일

이산 시간에서의 마팅게일martingale은 확률 과정 $X_0, X_1, X_2, \cdots$에서 임의의 이산 시간 t에 대한 확률 과정이다.

$$\mathbb{E}(X_{t+1} \mid X_1, X_2, \cdots, X_t) = X_t$$

276 *https://oreil.ly/Cjk0C*

즉, 이전의 모든 관측치가 주어졌을 때 다음 관측치의 기대값은 가장 최근의 관측치와 같다. 이는 이상한 정의 방법이다(유감스럽게도 이 분야에서는 이상한 방법을 사용하는 일이 아주 흔하다). 마팅게일이 나타나는 몇 가지 간략한 예는 다음과 같다.

- 마팅게일의 한 가지는 예는 편향되지 않은 랜덤 워크다.
- 도박꾼이 하는 모든 베팅 게임이 공정하다면 도박꾼의 재산은 마팅게일이다. 공정한 동전을 던져 앞면이 나오면 도박꾼이 1달러를 얻고, 뒷면이 나오면 1달러를 잃는다고 가정해보자. 만약 X_n이 n번 던진 후의 도박꾼의 재산이라면 이전 결과들이 주어졌을 때 다음 동전 던지기 이후의 도박꾼의 조건부 기대 재산은 현재 재산과 같다.
- 여러 종들이 자원을 두고 경쟁하는 생태 군집에서 특정 종의 개체 수를 확률 과정으로 모델링할 수 있다. 이러한 수열은 통합 중립 생물 다양성 및 생물 지리 이론[277]하에서 마팅게일이다.

마팅게일을 논의할 때 정지 시간 개념이 등장한다. 이는 특정 시간 t에 지금까지의 수열을 보고 멈출 시간인지 여부를 판단한다는 아이디어로, 흥미로운 개념이다. 확률 과정 $X_1, X_2, X_3, \cdots$에 대한 정지 시간은 확률 변수 S(정지[stop]를 의미한다)로서 각 t에 대해 사건 $S = t$의 발생 여부가 $X_1, X_2, X_3, \cdots X_t$의 값에만 의존한다는 특성을 가진다. 예를 들어 도박꾼이 도박을 그만두고 도박판을 떠날 시간을 모델링하는 정지 시간 확률 변수를 생각해볼 수 있다. 이는 도박꾼의 이전 승패에 따라 달라지지만 아직 플레이하지 않은 게임의 결과에는 의존하지 않는다.

11.6.6 레비 과정

앞서 가장 대표적인 레비 과정의 예로 푸아송 과정과 브라운 운동(위너 과정)을 언급했다. 레비 과정은 독립적이고 정상적인 증분을 갖는 확률 과정이다. 겹치지 않는 시간 간격에서의 연속적인 변위가 무작위적이고 그 변위들은 서로 독립적인 입자의 움직임을 모델링할 수 있다. 또한 동일한 길이의 서로 다른 시간 간격에서의 변위는 동일한 확률 분포를 가진다. 이러한 의미에서 레비 과정은 랜덤 워크의 연속 시간 과정과 비슷하다.

---

277 *https://oreil.ly/oGlR2*

11.6.7 분기 과정

분기 과정^{branching process}은 무작위로 여러 갈래로 나뉜다. 예를 들어 이는 특정 개체군의 진화(**예** 박테리아, 원자로의 중성자 등)를 모델링할 수 있다. 여기서 주어진 세대의 각 개체는 어떤 고정된 확률 분포에 따라 다음 세대에 임의의 수의 개체를 생성하며 이 확률 분포는 개체 간에 차이가 없다. 분기 과정 이론의 주요 질문 중 하나는 궁극적 멸종 확률이다. 이는 유한한 세대가 지난 후에 개체 군이 사라지는 경우를 의미한다.

11.6.8 마르코프 연쇄

마르코프 연쇄는 가장 중요한 확률 과정으로, 인공지능의 강화 학습 분야에서 사용된다. 여기서는 이산 시간 마르코프 연쇄를 정의해보겠다. 마르코프 연쇄를 정의하기 위해서는 다음이 필요하다.

- 서로 구분되는 상태들의 집합 S(유한 또는 무한)

  이를 입자나 에이전트가 차지할 수 있는 상태 집합으로 생각하자. 마르코프 과정은 각 단계의 한 상태에서 다른 상태로 무작위로 변화한다.

- 가능한 각 $state_i$의 확률 v_i를 나타내는 초기 분포

  처음에 입자가 특정 위치에 있거나 에이전트가 초기화 시 특정 상태에 있을 가능성은 어느 정도일까?

- 입자나 에이전트가 $state_i$에서 $state_j$로 전이할 확률을 지정하는 전이 확률 p_{ij}

  각 $state_i$에 대해 $p_{i1} + p_{i2} + \cdots + p_{in} = 1$임에 유의하자. 또한 이 과정은 이러한 전이 확률이 $state_i$와 $state_j$에만 의존하고 이전에 방문한 상태에 의존하지 않기 때문에 기억력이 없다.

이제 마르코프 연쇄는 S에서 값을 취하는 확률 과정 $X_0, X_1, \cdots$로 다음 조건을 만족한다.

$$Prob(X_0 = state_{i_0}, X_1 = state_{i_1}, \cdots, X_n = state_{i_n}) = v_{i_0} p_{i_0 i_1} p_{i_1 i_2} \cdots p_{i_{n-1} i_n}$$

모든 전이 확률을 정사각행렬(마르코프 행렬, 행의 음수가 아닌 원소들의 합이 1인 행렬)로 묶어서 해당 행렬을 곱할 수 있다. 이 행렬은 임의의 $state_i$에서 임의의 $state_j$로 한 단계에서 전이할 확률을 요약한 것이다. 흥미로운 점은 마르코프 행렬의 거듭제곱도 마르코프 특성을 갖는다. 예를 들면 이 행렬의 제곱은 임의의 $state_i$에서 임의의 $state_j$로 두 단계 전이할 확률을 요약해주는 것이 된다.

마르코프 연쇄와 관련된 몇 가지 기본 개념으로 일시성^{transience}, 재귀성^{recurrence}, 기약성^{irreducibility}이 있다. $state_i$가 재귀적이라는 것은 해당 상태에서 출발하면 결국에는 반드시 다시 돌아오는 것을 의미한다. 그렇지 않은 경우 $state_i$는 일시적이다. 마르코프 연쇄가 어느 상태에서 다른 어느 상태로든 이동할 수 있다면 이 마르코프 연쇄를 기약이라고 한다.

마지막으로 고정 확률 벡터$^{stationary\ probability\ vector}$는 특정 상태들에 대한 확률 분포를 정의하며 전이 행렬과 곱해도 변하지 않는다. 이 개념은 선형 대수에서 고윳값 1에 대응하는 고유벡터 개념과 직접적으로 연결된다. 이미 알고 있는 수학 개념들이 연결될 때 얻을 수 있는 짜릿한 느낌은 기분을 좋아지게 만든다. 바로 이러한 느낌 때문에 우리가 수학과 애증의 관계를 형성하게 된다. 다행히도 이 분야에 오래 머물수록 이 관계는 애정으로 변한다.

11.6.9 이토의 보조 정리

좀 더 많은 수학적 개념들을 연결해보자. 확률 과정은 시간에 따라 변동하는 확률 변수를 모델링한다. 확률 과정의 함수 또한 시간에 따라 무작위로 변화한다. 결정 함수가 시간에 따라 변화한다면 다음 질문은 '얼마나 빠르게 변화할까?'이다. 이에 답하기 위해 결정 함수를 시간에 대해 미분하고, 결정론적 함수의 미분(및 적분)을 중심으로 미적분을 전개하게 된다. 특히 머신러닝 모델을 학습하는 데 연쇄 법칙이 매우 중요하다.

이토의 보조 정리$^{Itô's\ lemma}$는 확률 과정의 함수에 대한 연쇄 법칙과 유사하다. 이는 확률 미적분에서 연쇄 법칙에 대응되는 중요한 정리다. 우리는 확률 과정의 시간 종속 함수에 대한 미분을 구하기 위해 이 보조 정리를 사용한다.

11.7 마르코프 결정 과정과 강화 학습

인공지능 커뮤니티에서 마르코프 결정 과정은 다음과 관련이 있다.

동적 계획법과 리처드 벨만$^{Richard\ Bellman}$

벨만은 이 분야에서 기념비적인 역할을 했으며 그의 최적 조건은 많은 알고리즘에 구현되어 있다.

강화 학습

긍정적 또는 부정적 보상(시행착오)과 연관된 일련의 행동을 통해 최적의 전략을 찾는 것이다. 에이전트는 여러 행동과 전이 상태transition state 중에서 선택할 수 있으며 전이 확률은 선택된 행동에 따라 다르다.

심층 강화 학습deep reinforcement learning

강화 학습과 신경망을 결합한 것이다. 여기서 신경망은 관측치를 입력으로 받고 에이전트가 취할 수 있는 각각의 행동에 대한 확률(확률 분포)을 출력한다. 에이전트는 추정된 확률에 따라 다음 행동을 무작위로 결정한다. 예를 들어 에이전트가 좌회전 또는 우회전 중 한 가지를 선택할 수 있을 때 신경망이 좌회전에 대해 0.7을 출력하면 에이전트는 70%의 확률로 좌회전하고 30%의 확률로 우회전한다.

강화 학습은 범용 인공지능으로 발전할 수 있는 큰 잠재력을 가지고 있다. 지능형 에이전트는 행동에 대한 결과가 직접적이지 않고 일련의 행동을 순차적으로 수행한 결과일 때 합리적인 의사 결정을 내려야 한다. 이것이 바로 불확실성하에서의 추론의 전형이다.

11.7.1 강화 학습의 예

강화 학습의 예는 자율 주행 자동차, 추천 시스템, 실내 온도 조절기(목표 온도를 유지하고 에너지를 절약하면 긍정적인 보상을 받고 사람이 온도를 조절해야 하면 부정적인 보상을 받음), 자동 주식 투자(입력은 주가, 출력은 주식을 얼마나 사고 팔지, 보상은 금전적 이득 또는 손실) 등 무수히 많다.

아마도 심층 강화 학습 성공 사례로 가장 유명한 것은 딥마인드의 알파고[278]일 것이다. 인공지능 에이전트인 알파고는 2016년 바둑에서 세계 최고의 인간 플레이어를 이겼다. 체스나 바둑과 같은 보드 게임의 맥락에서 강화 학습을 생각하는 것은 직관적으로 이해할 수 있다. 왜냐하면 우리는 각 단계에서 취해야 할 행동 순서를 결정할 때 현재 결정이 게임의 전체 결과에 영향을 미친다는 것을 잘 알고 있기 때문이다. 따라서 우리는 각 단계에서 최적의 행동을 취해야 한

다. 더욱이 각 단계에서의 최적 전략은 상대방의 행동(정확히 동일한 문제를 풀고 있지만 상대방에게 유리한 행동)에 따라 달라지기 때문에 계속 진화한다.

요즘 딸아이가 플레이 스테이션 5에 빠져 있어 필자는 게임 관련 예시를 좋아하지 않는다. 그 대신 투자 시장 예시를 더 선호한다. 금융 컨설턴트는 매일 변화하는 시장에서 활동하며 매 시점마다 특정 주식을 살지 팔지 결정한다. 장기적인 목표는 이익을 극대화하고 손실을 최소화하는 것이다. 시장 환경은 확률적이며 우리는 시장의 규칙을 정확히 알지 못하지만 모델링 목적상 규칙이 있다고 가정한다. 이제 사람이었던 금융 컨설턴트를 인공지능 에이전트로 바꾸고 끊임없이 변화하는 시장 환경에서 이 에이전트가 매 시점마다 해결해야 하는 최적화 문제가 무엇인지 살펴보려고 한다.

11.7.2 마르코프 결정 과정으로서의 강화 학습

강화 학습을 마르코프 결정 과정으로 공식화해보자. 에이전트가 존재하는 환경은 상태와 상태 사이의 전이 확률로 구성된 확률 과정이다. 전이 확률은 선택된 행동에 따라 달라진다. 따라서 임의의 상태 $\overrightarrow{state}$에서 다른 상태 $\overrightarrow{state}'$로의 전이를 나타내는 마르코프 과정은 상태 $\overrightarrow{state}$에 있는 동안 취한 행동 $\vec{a}$에 명시적으로 의존한다.

여기서 주된 가정은 우리가 이 과정을 알고 있다는 것이다. 즉, 환경에 대한 규칙을 알고 있다는 뜻이다. 다시 말해 우리는 각 상태 $\overrightarrow{state}$, 다음 상태 $\overrightarrow{state}'$, 행동 $\vec{a}$에 대해 다음 확률을 알고 있다.

$$Prob\left(next\ state = \overrightarrow{state}' \mid current\ state = \overrightarrow{state}, action\ taken = \vec{a}\right)$$

보상 시스템 또한 알 수 있다. 보상 시스템은 다음과 같다.

$$Prob\left(next\ reward\ value \mid current\ state = \overrightarrow{state}, action\ taken = \vec{a}, next\ state = \overrightarrow{state}'\right)$$

이제 이 논의는 동적 계획법 영역에 속한다. 우리는 최적의 가치(최대 보상 또는 최소 손실)로 이끄는 최적 정책(좋은 행동 시퀀스)을 찾는다. 이 최적화 문제는 지금까지 다루었던 문제보다 복잡하다. 왜냐하면 최적의 가치로 이끄는 것이 행동 '시퀀스'이기 때문이다. 따라서 문제를 단계별로 나누어 각 단계마다 미래의 여러 단계에서 최적의 보상을 받을 수 있는 행동을 찾아야 한다. 벨만 최적 방정식은 정확히 이 문제를 해결한다. 각 단계에서 어떤 문제를 최적화할지 알기만 하면 현재 상태에서 단 하나의 최적 행동만 찾는 것으로 단순화할 수 있다. 큰 공헌을 한 벨만의 주장은 다음과 같다.

현재 상태의 최적 가치는 최적 행동을 한 번 취한 후의 평균 보상과 이 행동이 이끌 수 있는 모든 다음 상태의 기대 최적 가치의 합과 같다.

에이전트는 반복적인 과정을 통해 환경과 상호 작용한다. 초기 상태의 환경과 해당 상태에서 가능한 행동 집합(해당 상태일 때 특정 행동을 취할 확률 분포)에서 출발하여 반복적으로 다음을 계산한다.

1 취해야 할 다음 최적의 행동
이는 에이전트를 적용 가능한 행동 집합이 있는 새로운 상태로 전이시킨다. 이를 정책 반복policy iteration이라고 하며, 최적화 목표는 미래의 보상을 최대화하는 것이다.

2 최적의 행동을 했을 때의 기대값(보상 또는 손실)
이를 가치 반복value iteration이라고 한다.

가치 함수value function는 에이전트의 현재 상태와 향후에 취한 최적의 행동 시퀀스를 고려했을 때 기대되는 미래 보상을 합산한다.

$$Value(\overrightarrow{state}, optimal\ sequence\ of\ actions) = \mathbb{E}\left(\sum\nolimits_k \gamma^k reward_k\right)$$

할인 계수discount factor γ는 0과 1사이의 숫자다. 빠른 시간 내에 긍정적인 보상을 얻는 행동을 취하도록 장려하는 데 유용하다. 이 요소를 최적화 문제에 포함하면 시간에 따른 보상의 중요성을 조정하여 미래의 보상에 더 적은 가중치가 부여된다(γ가 0과 1사이면 k가 클수록 γ^k는 작아진다).

가치 함수 내의 최적화를 명시적으로 살펴보자(현재 상태일 때 보상을 최대화하는 행동 시퀀스를 선택하고 있다고 가정한다).

$$Value(\vec{s}) = \max_{actions\ and\ states} \mathbb{E}\left(\sum\nolimits_{k=0}^{\infty} \gamma^k (reward)_k \middle| \overrightarrow{state}_0 = \vec{s}\right)$$

이제 이를 분해하여 에이전트의 현재 보상이 미래 보상과 명확히 구분되게 해보자.

$$Value(\vec{s}) = \max_{actions\ and\ states} \mathbb{E}\left(reward_0 + \sum_{k=1}^{\infty} \gamma^k \left(reward \right)_k \middle| \overrightarrow{state}_1 = \vec{s}' \right)$$

마지막으로 에이전트의 현재 상태에 대한 가치 함수는 현재 보상과 할인된 미래 상태에 대한 가치 함수에 의존한다는 것을 알 수 있다.

$$Value(\vec{s}) = \max_{actions\ and\ states} \mathbb{E}\left(reward_0 + \gamma Value(\vec{s}') \right)$$

이 명제를 통해 우리는 주요 최적화 문제를 반복 사용해(시간을 거슬러) 해결할 수 있다. 이제 에이전트가 해야 할 일은 다음 최적 상태로 이동하기 위한 행동을 선택하는 것뿐이다. 이 가치 함수에 대한 식은 강력한 벨만 방정식 또는 벨만의 최적 조건이다. 이는 원래의 최적화 문제를 훨씬 더 간단한 최적화 문제의 순환 시퀀스로 분해한다. 각 상태에서 국지적으로 최적화 ($Value(\vec{s}')$ 찾기)한 다음, 그 결과를 다음 최적화 하위 문제($Value(\vec{s})$ 찾기)에 대입한다. 이 방법으로 최종 목표인 보상부터 거슬러 올라와서 현재 취해야 할 행동을 결정하면 전체 최적 전략과 각 상태에서의 최적 가치 함수를 얻을 수 있다.

11.7.3 최적 제어 및 비선형 역학과 관련된 강화 학습

〈Chapter 13 인공지능과 편미분 방정식〉에서 비선형 역학nonlinear dynamics, 최적 제어optimal control 그리고 해밀턴–야코비–벨만 편미분 방정식의 맥락으로 강화 학습을 다시 살펴볼 것이다. 이전 논의에서 에이전트가 상호 작용했던 확률적인 마르코프 환경과 달리 강화 학습에 대한 동적 계획법 방식의 접근(해밀턴–야코비–벨만 편미분 방정식을 유도)은 결정론적이다.

11.7.4 강화 학습을 위한 파이썬 라이브러리

마지막으로 강화 학습 알고리즘을 구현하는 데 유용한 라이브러리를 소개한다. TF-Agents 라이브러리는 텐서플로우 기반의 강화 학습 라이브러리로, 2018년 구글이 오픈소스로 공개했다.

11.8 이론적이고 엄격한 근거

엄격한 조건을 따르거나 수학적으로 정확한 확률 이론에는 측도론measure theory이 필요하다. 왜 그럴까? 여태껏 이를 잘 피해왔지만 이제 더 이상 피할 수 없다.

많은 학생이 수학의 심화 학습을 포기하게 만드는 것이 바로 측도론이다. 측도론이 어떻게, 왜 등장했는지가 시간 순서로 연결되지 않는다는 이유 때문이다. 게다가 측도론은 대부분 확률 이론에서 특정 확률 변수가 존재한다는 증명을 다룬다(표본 공간sample space, 사건 공간, 시그마 대수sigma-algebra, 그리고 그 시그마 대수 안의 사건 또는 집합에 대응하는 측도를 각각 사용하기 때문이다). 확률 변수를 사용해 온갖 종류의 랜덤 요소를 모델링하는 데 측도론이 사용될 수 있다. 이것이 수학자와 철학자가 잘 어울릴 수 있는 이유일 것이다.

앞서 많은 개념들을 번개처럼 빠른 속도로 살펴봤지만 지금부터는 다시 시작점으로 돌아가 다음 내용을 수학적으로 정확하게 정의해볼 필요가 있다.

- 확률과 시그마 대수
- 확률 변수와 확률 분포
- 확률 변수의 기대값과 적분과의 관계
- 확률 부등식probability inequality(불확실성 제어)
- 큰 수의 법칙law of large numbers, 중심 극한 정리central limit theorem, 기타 수렴 정리

하지만 너무 야심찬 계획이다. Chapter 11의 남은 분량에서 이러한 확률 이론의 전체 과정을 모두 다룰 수는 없다. 따라서 확률 이론에 대한 설득력 있는 사례를 보여주고, 기본 개념을 잘 이해할 수 있도록 설명을 덧붙인 후 마치도록 하겠다.

엄격하지 않은 확률의 두 가지 주요 한계부터 살펴보자.

11.8.1 확률을 갖는 사건

표본 공간sample space이 주어졌을 때, 표본 공간의 임의의 부분 집합에 대한 확률을 정의할 수 있을까? 만약 우리가 실수 직선에서 균등하게 숫자를 표본 추출하고 다음과 같이 묻는다면 어떨까?

유리수를 선택할 확률은 얼마인가? 대수적 수(정수 계수를 가진 다항방정식의 해) 또는 실수 직선의 다른 복잡한 부분 집합의 원소를 선택할 확률은 얼마인가?

이러한 질문들은 우리를 천천히 실수 직선에 대한 집합 이론의 세부 사항으로 끌어들이고, 결국에는 측도론으로 이끈다. 측도론은 실수 직선의 어떤 부분 집합을 측정할 수 있고 어떤 부분 집합을 측정할 수 없는지를 다루는 이론이다.

표본 공간의 부분 집합에 대한 확률을 정의하는 것은 그 집합의 측도를 정의하는 것과 매우 유사해 보인다. 즉, 측정 가능한 부분 집합에 대해서만 확률을 정의할 수 있는 것처럼 보인다. 표본 공간의 다른 측정 불가능한 부분 집합은 어떨까? 안타깝게도 우리는 이 확률을 정의할 수 없다. 다시 말해, $Prob(A)$는 표본 공간의 모든 부분 집합 A에 대해 의미가 있는 것이 아니라 그 공간의 측정 가능한 부분 집합에 대해서만 의미가 있다. 따라서 모든 측정 가능한 부분 집합을 하나로 모으고 나머지는 버려야 하며, 그 부분 집합이나 수학에 대해 더 이상 생각하지 말아야 한다. 이렇게 하면 우리가 모은 모든 사건(부분 집합)에 대해 확률(측도)을 정의할 수 있는 영역에서 작업할 수 있기 때문이다. 우리가 사용하는 확률 측도는 $[0,1]$ 사이의 음이 아닌 수라는 점에서 합리적인 성질을 만족하며, 상호 보완 사건(부분 집합)의 확률은 합에서 1이 된다. 이 복잡한 과정은 실수 직선과 그 부분 집합의 복잡성을 드러내며, 연속체의 신비와 무한의 경이로움을 보여준다.

엄격한 확률 이론은 우리가 이산 공간과 연속 공간의 특성을 이해하는 데 도움을 준다. 이는 '이산 집합에서의 이산 균등 분포를 구성하는 것 vs 연속 구간에서의 연속 균등 분포를 구성하는 것'과 같은 단순한 예시에서도 드러난다.

11.8.2 더 넓은 범위의 확률 변수에 관한 논의

방금 설명한 것처럼 측도론을 피하는 엄격하지 않은 확률의 또 다른 한계는 허용 가능한 확률 변수의 종류에 제한이 있다는 점이다. 이산 확률 변수와 연속 확률 변수의 경계선을 정확히 어디서 그을 수 있을까? 그런 경계선이 정말로 존재할까? 이산적인 측면과 연속적인 측면을 모두 가지는 확률 변수는 어떨까? 간단한 예로 동전 던지기에 의해 확률 변수의 값이 결정된다고 가정해보자. 동전 던지기에서 앞면이 나오면 푸아송 분포(이산), 뒷면이 나오면 정규 분포(연속)를 따르는 확률 변수를 생각해보자. 이 새로운 확률 변수는 우리가 이해하는 의미에서 완전 이산 또는 완전 연속이 아니다. 그렇다면 무엇일까? 엄격한 대답은 다음과 같다. 일단 확률 변수의 기반이 정의되면 이산 확률 변수와 연속 확률 변수 사이에는 당연히 구별이 없다. 확률 변수가 의존해야 하는 엄격한 기반은 다음과 같다.

- 표본 공간을 구성하는 집합은 무엇인가?
- 이 표본 공간에서 어떤 부분 집합이 측정 가능한가?
- 확률 측도는 무엇인가?
- 확률 변수의 분포는 무엇인가?

이는 모든 확률 변수의 공통점, 즉 출발점이다. 이 근거를 설정하면 이산형, 연속형, 또는 그 사이의 모든 것이 세부 사항이 되며 우리가 작업하는 집합(또는 집합의 곱)이 무엇인지 대답하는 것처럼 간단해진다.

11.8.3 확률 삼중항(표본 공간, 시그마 대수, 확률 측도)

모든 것은 확률 삼중항에서 시작된다. 우리는 이를 확률 측도 공간이라고 부르며, 전체 표본 공간의 측도가 1이라는 것을 기본적으로 이해하고 있다. 즉, 표본 공간의 확률은 1이다. 이제 우리는 확률과 측도라는 단어를 상호 교환적으로 사용하면서 꽤 고급스러운 느낌을 받을 수 있다. 측도라는 단어가 제공하는 안정감은 우리를 결정론적인 영역으로 되돌려준다는 데 있다. 샘플링 자체는 랜덤이지만 발생할 수 있는 모든 결과(측정 가능한 경우)의 가능성을 측정할 수 있다.

확률 측정 공간을 구성하는 세 가지 객체는 다음과 같다.

표본 공간

샘플을 무작위로 가져오는 비어 있지 않은 집합이다.

시그마 대수

허용된 사건(우리가 확률에 대해 논할 수 있는 사건, 우리가 측정할 수 있는 유일한 사건이기 때문이다)을 나타내는 표본 공간 부분 집합의 모음이다. 시그마 대수는 전체 표본 공간을 포함해야 하며, 여집합에 대해 닫혀 있고(어떤 집합이 시그마 대수에 속하면 그 여집합 또한 속해 있다), 가산 합집합countable union에 대해 닫혀 있어야 한다. 즉, 시그마 대수의 수없이 많은 부분 집합의 조합도 시그마 대수에 포함된다는 의미다. 앞의 두 가지 성질과 드 모르간의 법칙^{De} Morgan's laws**279**(합집합과 교집합의 여집합과 관련된 정리)으로부터 도출되는 결론은 시그마 대수 또한 계수 가능한 교집합 아래에서 닫힌다는 것이다.

확률 측도

시그마 대수의 각 부분 집합과 관련된 0에서 1 사이(양 끝 값 포함)의 숫자로, 엄격하지 않은 확률과 연관된 다음의 합리적인 속성을 만족한다.

1 $Prob$ (표본공간) = 1

2 $Prob$ (쌍으로 분리된 집합의 계수 가능한 합집합) = 각 집합의 계수 가능한 확률 합계

이는 매우 유용하다. 우리가 표본 공간의 집합, 시그마 대수, 그리고 앞서 언급한 특성을 가진 함수로서 이 시그마 대수의 모든 원소를 그 측도(확률)에 연결시키는 것을 표현할 수 있다면 우리는 확고한 기반 위에 이론을 구축할 수 있다. 여기서 이론에는 모든 종류의 확률 변수, 기댓값, 분산, 조건부 확률, 합, 곱, 수열의 극한, 확률 과정, 확률 과정 함수의 시간 도함수(이토의 미적분학) 등을 정의하는 것이 포함된다. 어떤 유형의 사건에 확률이 정의되어 있는지(확률 삼중항의 시그마 대수의 모든 원소), 어떤 유형의 확률 변수를 고려할 수 있는지(확률 삼중항 위에서 엄격하게 정의할 수 있는 모든 변수)에 관한 문제는 발생하지 않을 것이다.

11.8.4 어려운 점은 무엇일까?

앞서 설명한 엄격하지 않은 확률의 한계는 연속 변수를 포함하거나 표본 공간이 연속체(셀 수 없음)에 있을 때 나타난다. 만약 현실 세계가 이산적이라면 이 모든 어려움을 겪지 않아도 됐을 것이다. 엄격한 확률로 넘어가서 이산 표본 공간에 대한 확률 삼중항을 구성하려고 할 때 우리는 큰 문제를 겪지 않는다. 문제는 비가산 표본 공간을 가진 연속체 세계에서 나타난다. 무한 연속체의 깊이가 끝없이 깊어지는 집합에서 갑자기 시그마 대수와 집합에 연결된 확률 측도를 찾아야 하기 때문이다. 예를 들어 이 문제는 구간 [0,1]에서의 연속 균등 분포에 대한 엄격한 확률 삼중항을 정의하려 할 때도 나타난다.

---

279 *https://oreil.ly/pnvp0*

확장 정리extension theorem를 사용하면 복잡한 확률 삼중항을 구성할 수 있다. 확률 측도를 거대한 시그마 대수 위에서 정의하는 대신 더 간단한 부분 집합의 집합인 반대수semialgebra에서 확률 측도를 구성한다. 이후 확장 정리는 그 측도를 완전한 시그마 대수로 자동적으로 확장시킨다. 이 정리를 통해 [0,1] 구간에서의 르베그 측도Lebesgue measure(이는 [0,1]에서의 연속 균등 분포와 같다), 곱 측도product measure, 다차원 르베그 측도, 유한 및 무한 동전 던지기 등을 구성할 수 있다.

이처럼 집합 이론, 실해석학, 확률 이론의 세계는 정교하게 뒤섞여 있다.

11.8.5 확률 변수와 기대값

이제 확률 삼중항을 표본 공간과 연관시킬 수 있으므로 우리는 표본 공간의 많은 부분 집합(연관된 시그마 대수의 모든 원소)에 대한 확률을 정의할 수 있다. 그리고 이를 바탕으로 엄격하게 확률 변수를 정의할 수 있다. 엄격하지 않은 확률 이론에서도 알 수 있듯, 확률 변수는 표본 공간의 각 원소에 수치를 할당한다. 표본 공간을 어떤 실험의 가능한 모든 랜덤 결과(⑩ 동전 던지기의 앞면과 뒷면)로 생각한다면 확률 변수는 각 결과에 수치를 할당하는 것과 같다. 엄격한 기반을 구축하기 위해서는 확률 변수 Y가 표본 공간과 연관된 전체 확률 삼중항과 어떻게 상호 작용하는지 정의해야 한다. 간단히 말해, Y는 표본 공간에서 실수 집합으로의 가측 함수measurable function여야 한다. 이는 집합 $Y^{-1}(-\infty,y)$가 시그마 대수의 원소여야 한다는 것을 의미하며, 결과적으로 이 집합은 확률 측도를 가진다. Y는 표본 공간에서 실수 집합으로 매핑되고 Y^{-1}은 실수 집합에서 표본 공간의 부분 집합으로 다시 매핑된다는 점에 주목해야 한다.

엄격하지 않은 확률 이론에서의 확률 변수가 엄격한 확률 이론에서는 (확률 삼중항에 대한) 가측 함수로 표현되는 것과 마찬가지로, 확률 변수의 기대값 $\mathbb{E}(Y)$는 확률 측도에 대한 확률 변수(가측 함수)의 적분과 같게 된다. 이를 다음과 같이 나타낸다.

$$\mathbb{E}(Y) = \int_\Omega Y dP = \int_\Omega Y(w) Prob(dw)$$

NOTE 기대값 공식의 적분 표기법 이해하기

이전 공식에서 언급한 것처럼 확률 측도에 대한 적분은 이산적인 환경에서 확률 변수의 기대값 의미를 통해 쉽게 이해할 수 있다. 이산적인 환경에서의 기대값은 '확률 변수의 값'에 '해당 값을 가지는 집합의 확률'을 곱한 값의 총합으로 정의된다.

$$\mathbb{E}(Y) = \sum_{i=1}^{n} y_i Prob(w \in \Omega \ such \ that \ Y(w) = y_i)$$

이제 이 불연속 식을 기대값 공식의 연속체 적분과 비교해보자.

$$\mathbb{E}(Y) = \int_{\Omega} YdP = \int_{\Omega} Y(w)Prob(dw)$$

측도 이론의 첫 번째 강좌에서 르베그 적분을 구축할 때와 같은 방식으로 적분(기대값)을 엄격하게 구축할 수 있다. 먼저 간단한 확률 변수(이산 합으로 쉽게 분해할 수 있으며 적분은 합에서 시작)에 대해, 그리고 음수가 아닌 확률 변수에 대해, 마지막으로 일반적인 확률 변수에 대해 선형성 및 순서 보존과 같은 적분의 기본 속성을 쉽게 증명할 수 있다. 표본 공간이 이산적이든 연속적이든 복합적이든 확률 삼중항을 기반으로 삼는다면 적분은 의미가 있다(기본 미적분학에서 다루는 리만 적분보다 훨씬 더 넓은 범위의 설정에서). 일단 르베그 스타일의 적분을 접하면 다시는 뒤돌아보지 않게 될 것이다.

이제 기대값을 정의했으므로 엄격하지 않은 확률 이론에서와 같은 방식으로 분산과 공분산을 정의할 수 있다.

그럼 독립에 대한 논의가 가능해진다. 특히 X와 Y가 독립이라면 $E(XY) = E(X)E(Y)$와 $Var(X + Y) = Var(X) + Var(Y)$라는 중요한 성질이 성립한다.

11.8.6 확률 변수의 분포와 변수 변환 정리

확률 변수 X의 분포는 실수 집합에 정의된 확률 삼중항 $(\mathbb{R}, \mathcal{B}, \mu)$로 표현된다. 이때 실수 집합에 정의된 보렐 시그마 대수의 모든 부분 집합 B에 대해 다음의 식이 성립한다.

$$\mu(B) = P(X \in B) = P(X^{-1}(B))$$

이 분포는 확률 변수 X의 누적 분포 함수에 의해 완전히 결정된다. 누적 분포 함수는 다음과 같이 정의된다.

$$F_X(x) = P(X \leq x)$$

실수 집합에 정의된 가측 실함수measurable real valued function f가 있다고 가정하자. X는 확률 삼중항 $(\Omega, sigmaalgebra, P)$에서 정의된 확률 변수이고, X의 분포를 μ라고 하겠다. 이때 임의의 실수 x에 대해 $f(x)$는 실수가 되며 확률 변수 X에 대해 $f(X)$는 확률 변수가 된다.

변수 변환 정리change of variable theorem는 확률 공간 Ω 위에서 정의된 확률 측도 P에 대한 확률 변수 $f(X)$의 기대값이 실수 집합 $\mathbb{R}$ 위에서 정의된 측도 μ에 대한 함수 f의 기대값과 동일하다는 것을 의미한다. 이를 먼저 기대값으로 표현한 후 적분으로 표현해보자.

$$\mathbb{E}_P(f(X)) = \mathbb{E}_\mu(f)$$
$$\int_\Omega f(X(w))P(dw) = \int_{-\infty}^{\infty} f(t)\mu(dt)$$

변수 변환 정리의 유용한 점은 기대값, 적분, 확률 사이를 자유롭게 전환할 수 있다는 점이다. f를 $\mathbb{R}$의 가측 부분 집합에 대한 지시 함수indicator function로 정의해보자(지시 함수는 해당 부분 집합에서 1, 그 외의 영역에서는 0의 값을 가진다). 그러면 다음의 공식을 얻을 수 있다.

$$\int_{-\infty}^{\infty} 1_B \mu(dt) = \mu(B) = P(X \in B)$$

〈Chapter 8 확률적 생성 모델〉의 확률 이론에서 또 다른 변수 변환 정리를 다루었다. 이 정리는 확률 변수의 분포와 해당 확률 변수의 결정론적 함수의 분포를 연관시키는 정리이며, 여기에는 이 함수 변환의 야코비 행렬식을 사용한다.

11.8.7 엄격한 확률 이론의 다음 단계

엄격한 확률 이론의 다음 단계는 다음과 같다.

- 유명한 부등식(마르코프, 체비쇼프, 코시−슈바르츠Cauchy-Schwarz, 옌센Jensen 부등식)의 증명
- 확률 변수의 합과 곱에 대한 논의
- 큰 수의 법칙과 중심 극한 정리에 관한 소개
- 확률 변수의 수열과 극한 정리에 관한 심층 연구

극한 정리 |limit theorem

만약 어떤 극한 확률 변수로 수렴하는 확률 변수의 수열이 있다면 그 수열의 기대값이 극한의 기대값으로 수렴하게 될까? 적분의 관점에서 언제 극한과 적분을 교환할 수 있을까?

이 시점이 단조 수렴the monotone convergence 정리, 유계 수렴the bounded convergence 정리, 파투의 보조 정리Fatou's lemma, 지배 수렴the dominated convergence 정리 그리고 균등 적분가능 수렴the uniformly integrable convergence 정리를 증명할 때다.

마지막으로 우리는 이중 적분 이상의 다중 적분을 고려하고 언제 적분의 순서를 바꿀 수 있는 지에 대한 조건들을 살펴본다. 푸비니의 정리Fubini's theorem가 이에 대한 해답을 제시해주며, 이를 활용하여 독립 확률 변수들의 합에 대한 분포를 나타내는 합성곱 공식을 도출할 수 있다.

11.8.8 신경망의 보편성 정리

엄격한 측도론(확률 이론)은 신경망에 대한 정리를 증명하는 데 도움을 준다. 이는 수학의 하위 분야 중 매우 유망한 분야로, 많은 경험적 인공지능의 성공에 대한 이론적 근거를 제공하는 것을 목표로 한다.

신경망의 보편성 정리the universality theorem for neural network는 다음과 같다.

> 콤팩트 집합 K의 연속 함수 f에 대해 하나의 은닉 층을 가진 순방향 신경망이 존재하며, 이는 K에서 f를 임의의 $\epsilon > 0$ 이내로 균등하게 근사한다.

웹 페이지[280]에서 이에 대한 명쾌하고 이해하기 쉬운 증명을 확인해볼 수 있다.

정리하기

지금까지 인공지능, 머신러닝, 데이터 과학에서 중요한 확률 이론 개념을 살펴봤다. 또한 인과 모델링, 역설, 대형 랜덤 행렬, 확률 과정, 강화 학습과 같은 다양한 주제를 다루었다.

---

280 *https://oreil.ly/7A8Gn*

확률에 대해 배울 때 우리는 불확실성을 둘러싼 정의와 전반적인 철학에 대해 빈도주의frequentist 또는 객관주의objectivist 입장 사이에 빠지기 쉽다. 각 관점에 대해 간단히 설명하면 다음과 같다.

빈도주의 입장

확률은 실험과 반복된 시행 결과의 관찰을 통해서만 얻을 수 있다.

객관주의 입장

확률은 우주의 실제적인 측면을 살펴본다. 특정한 방식으로 행동하려는 실제 성향 또는 자연스러운 현상이 존재한다. 예를 들어 공정한 동전의 앞면이 나올 확률이 50%인 것은 공정한 동전 자체의 고유한 속성이다.

이러한 관점에서 빈도주의는 단지 실험을 통해 자연스러운 현상을 측정하려고 시도할 뿐이다. 엄격한 확률 이론은 확률에 대한 서로 다른 관점을 통합한다. 우리는 앞서 엄격한 확률 이론을 간략하게 소개하고 그것이 본질적으로 실해석의 측도론과 동일하다는 것을 알게 됐고, 마지막으로 신경망에 대한 보편성 정리를 다루었다.

얀 르쿤의 트윗으로 마무리하겠다. 이 트윗은 우리가 Chapter 11에서 다룬 내용들을 요약한다.

나는 머신들이 다음과 같은 작업을 수행할 수 있게 하는 새로운 개념의 필요성을 느끼고 있다.

- 아기처럼 세상을 관찰하며 세상이 돌아가는 방식 학습하기
- 행동을 취해 세상에 어떤 영향을 미칠 수 있는지 예측하는 법 배우기
- 추상적 표현 공간에서 장기적인 예측을 가능하게 하는 계층적 표현 학습하기
- 세상이 완전히 예측 가능하지 않다는 사실에 적절히 대처하기
- 에이전트가 행동의 순서에 대한 결과를 예측할 수 있게 해서 추론과 계획이 가능한 머신이 복잡한 작업을 여러 하위 작업으로 분해하여 계층적으로 계획을 세울 수 있게 하기
- 이 모든 것을 기울기 기반 학습과 호환되는 방식으로 수행하기

Chapter 12

수학적 논리

> 인간은 규칙을 왜곡한다.
>
> — H.

역사적으로 인공지능 분야에서는 논리 기반 에이전트가 머신러닝과 신경망 기반 에이전트보다 먼저 등장했다. 하지만 이 책에서 머신러닝, 신경망, 확률적 추론, 그래프 표현, 운용 과학을 논리 기반 에이전트보다 먼저 다룬 이유는 논리를 오래된 것으로, 신경망을 현대적으로 보는 관점이 아니라 에이전트 내의 추론이라는 하나의 이야기로 모두 묶고 싶었기 때문이다. 최근 연구에서는 논리 기반 인공지능 에이전트가 세계를 표현하고 추론하는 방식을 개선하고자 한다. 수작업으로 만들어진 지식 베이스와 관련 규칙을 활용하여 경직된 방식으로 추론하던 인공지능 에이전트가 갑자기 깨달음을 얻어 지식 베이스와 추론 방법 모두를 확장시킬 수 있는 더 많은 추론 도구, 네트워크, 뉴런을 갖게 되는 것과 비슷하다고 생각하면 된다. 이를 통해 더 풍부한 표현력을 갖고, 더 복잡하고 불확실한 상황을 처리할 수 있게 된다. 나아가 모든 도구들을 결합하면 에이전트에게 상황에 따라 엄격한 논리 체계의 규칙을 깨고 유연한 체계를 적용할 수 있게 된다. 마치 인간처럼 말이다. 규칙을 왜곡하고 깨뜨리며 심지어 바꾸는 것은 인간의 독특한 특성이다.

'논리'의 사전적 의미는 다음과 같다. 이는 이번 Chapter의 분위기를 설정하고 설명을 어떻게 전개해나갈지 알려줄 것이다.

논리

- 건전한 사고와 추론에 사용되는 규칙과 과정을 체계화하는 **프레임워크**
- 추론과 결론을 내리는 데 사용되는 타당성의 **원칙**을 정립하는 체계

이 정의에서 가장 중요한 단어는 '프레임워크(체계)'와 '추론의 원칙'이다. 논리 체계는 신뢰할 수 있는 추론과 올바른 증명을 지배하는 원칙들을 에이전트 내에 체계화한다. 지식을 수집하고, 자신이 존재하는 환경에 대한 불확실성을 수용하는 유연한 논리 체계를 바탕으로 논리적인 추론을 하며 이러한 논리적 추론을 토대로 결정을 내리는 에이전트를 설계하는 것이 인공지능의 핵심이다.

에이전트에게 프로그래밍할 수 있는 다양한 수학적 논리 체계에 대해 논의할 것이다. 목표는 인공지능 에이전트에게 적절한 행동을 가능하게 하는 추론 능력을 부여하는 것이다. 이러한 논리적 체계는 다양한 규모의 추론 규칙을 동반하는 지식 베이스를 필요로 한다. 또한 각각 표현력과 추론 능력의 정도가 다르다.

12.1 다양한 논리 체계

지금부터는 다양한 논리 체계(명제 논리, 1차 논리, 시간 논리, 확률 논리, 퍼지 논리)와 관련하여 다음 두 가지 질문에 대한 답을 찾아볼 것이다. 이각 논리 체계가 에이전트 내에서 어떻게 작동하는지 이해하는 데 도움이 될 것이다.

1 에이전트의 세계에는 어떤 객체가 존재하는가?
   즉, 에이전트는 자신의 세계 구성을 어떻게 인식하는가?

2 에이전트는 객체의 상태를 어떻게 인식하는가?
   즉, 특정 논리 체계 안에서 에이전트는 자신의 세계에 존재하는 객체에 어떤 값을 부여할 수 있을까?

에이전트를 개미에 비유해 생각해보면 쉽다.[281] 개미는 미리 정해진 인식 체계와 움직임을 기반으로 3차원의 세상을 2차원으로 인식한다. 만약 개미가 더 많은 표현력을 가진 지각 체계와 추가적인 움직임(**예** 날개)을 갖게 된다면 3차원의 세계를 경험할 수 있게 될 것이다.

---

[281] *https://oreil.ly/MD8kn*

12.2 명제 논리

다음은 에이전트에 관한 질문과 답변이다.

> **Q.** 에이전트 세계에는 어떤 객체가 존재하는가?
>
> **A.** 명제proposition라고 불리는 단순하거나 복잡한 문장이 존재한다. 여기서 명제 논리proposition logic라는 이름이 유래되었다.

> **Q.** 에이전트는 객체의 상태를 어떻게 인식하는가?
>
> **A.** 참(1), 거짓(0), 알 수 없음으로 인식한다. 명제 논리는 객체가 두 가지 상태만 가질 수 있기 때문에 불리언 논리boolean logic라고도 불린다. 명제 논리의 역설이란 논리 체계의 진리표에 따라 참 또는 거짓으로 분류될 수 없는 문장을 의미한다.

다음은 객체와 그 상태에 대한 예다.

- 비가 내린다(참 또는 거짓의 값을 가질 수 있다)

- 에펠탑은 파리에 있다(항상 참).

- 공원에서 수상한 활동이 포착됐다(참 또는 거짓의 값을 가질 수 있다).

- 이 문장은 거짓이다(역설).

- 나는 행복하고 또 슬프다(항상 거짓).

- 나는 행복하거나 슬프다(항상 참).

- 점수가 13점이면 학생은 낙제한다(참/거짓의 값은 낙제 기준에 따라 달라진다. 따라서 '16점 미만의 점수를 받은 모든 학생은 낙제한다'라는 명제를 지식 베이스에 추가한다면 참이다).

- 1 + 2는 2 + 1과 동치다(산술 규칙이 부여된 에이전트 내에서는 항상 참).

- 파리는 낭만적이다(명제 논리에서는 이 문장이 참 또는 거짓이어야 하지만 퍼지 논리에서는 0에서 1사이의 값을 가질 수 있다. 예를 들어 0.8은 우리가 세상을 인식하는 방식, 즉 절댓값이 아니라 척도로 인식하는 것과 더 잘 부합한다. 물론 명제 논리를 사용하는 에이전트를 프로그래밍할 때는 이 문장에 참 값을 할당하지만 파리를 싫어하는 사람은 거짓을 할당할 수도 있다).

명제 논리의 세계에 존재하는 객체는 단순 명제와 복합 명제로 나뉜다. 5가지 허용된 연산자를 사용하여 단순 명제로부터 복합 명제를 만들 수 있다.

- 부정not, negation

- 그리고and

- 또는or

- 함의imply('~이면 ~이다'와 동일)

- 동치equivalent('필요충분조건이다'와 동일)

이제 명제의 참과 거짓을 판단하는 5가지 규칙은 다음과 같다.

1 부정: 어떤 명제가 거짓일 때만 그 명제의 부정은 참이다.

2 그리고: 명제₁과 명제₂가 모두 참인 경우에만 '명제₁ 그리고 명제₂'가 참이다.

3 또는: 명제₁ 또는 명제₂ 중 하나라도 참일 때(또는 둘 다 참일 때)만 '명제₁ 또는 명제₂'가 참이다.

4 함의: 명제₁이 참이고 명제₂가 거짓인 경우를 제외하고는 '명제₁은 명제₂를 함의'는 참이다.

5 동치: 명제₁과 명제₂가 모두 참이거나 모두 거짓인 경우에만 '명제₁은 명제₂와 동치다'가 참이다.

이러한 규칙을 가능한 모든 명제₁(S_1)과 명제₂(S_2)의 상태(참/거짓)와 5가지 연산자의 결합을 고려한 진리표로 나타내면 다음과 같다.

S_1	S_2	$not\ S_1$	$S_1\ and\ S_2$	$S_1\ or\ S_2$	S_1 은 S_2를 의미 (함의)	S_1와 S_2 동치
F	F	T	F	F	T	T
F	T	T	F	T	T	F
T	F	F	F	T	F	F
T	T	F	T	T	T	T

이 진리표를 사용하여 단순한 재귀적 평가를 통해 복합 명제의 참, 거짓을 계산할 수 있다. 예를 들어 S_1이 참이고 S_2가 거짓이며 S_3가 참일 때 다음과 같은 명제가 있다고 하자.

$$not\ S_1\ and\ (S_2\ or\ S_3) \leftrightarrow F\ and\ (F\ or\ T) = F\ and\ T = F$$

명제 논리를 사용하여 추론하고 정리를 증명할 수 있도록 하기 위해 논리적 동치 $^{logical\ equivalence}$를 확립하는 것이 유용하다. 이는 동일한 진리표를 가지는 명제를 의미하므로 추론 과정에서 서로 대체될 수 있다. 다음은 논리적 동치의 몇 가지 예다.

- **and 연산의 교환 법칙**: $S_1\ and\ S_2 \leftrightarrow S_2\ and\ S_1$
- **or 연산의 교환 법칙**: $S_1\ or\ S_2 \leftrightarrow S_2\ or\ S_1$
- **이중 부정 제거**: $not\,(not\ S_1) \leftrightarrow S_1$
- **대우 명제**: $S_1\ implies\ S_2 \leftrightarrow not\,(S_2)\ implies\ not\,(S_1)$
- **함의 제거**: $S_1\ implies\ S_2 \leftrightarrow not\,(S_1\ or\ S_2)$
- **드 모르간의 법칙**: $not\,(S_1\ and\ S_2) \leftrightarrow not\,(S_1)\ or\ not\,(S_2)$
- **드 모르간의 법칙**: $not\,(S_1\ or\ S_2) \leftrightarrow not\,(S_1)\ and\ not\,(S_2))$

'S_1은 S_2를 의미(함의)'와 'not(S_1) 또는 S_2'가 동치임을 증명해보자. 이 동치 관계가 직관적이지 않을 수 있으므로 이들의 진리표가 같다는 것을 보여줌으로써 이를 증명할 수 있다.

S_1	$not(S_1)$	S_2	$not(S_1)$ 또는 S_2	S_1은 S_2를 의미(함의)
F	T	F	T	T
F	T	T	T	T
T	F	T	T	T
T	F	F	F	F

논리적 동치는 귀류법을 통한 추론에 유용하다. 명제 S_1이 명제 S_2를 함의한다는 것을 증명하기 위해 우리는 S_1을 가지고 있는 동시에 S_2를 갖지 않는다고 가정한 다음 거짓 또는 모순된 결론에 도달한다는 것을 보일 수 있다. 이는 S_2를 도출하지 않고는 S_1을 가정할 수 없다는 의미이기도 하다. 다음과 같이 명제 논리의 동치를 사용하여 S_1이 S_2를 함의한다는 것을 증명하는 것의 타당성을 확인할 수 있다.

- S_1은 S_2를 함의가 참 ↔ $not(S_1)$ 또는 S_2가 참(함의 제거)
- $not(not\ S_1)$ 또는 S_2)가 거짓 ↔ S_1 그리고 $not(not\ S_2)$가 거짓(드 모르간의 법칙 및 이중 부정)

명제 논리 체계에 추론 규칙을 부여함으로써 하나의 명제(단순 또는 복합)에서 다음 명제로 순차적으로 추론하고 원하는 목표나 명제에 대한 올바른 증명에 도달할 수 있다. 다음은 명제 논리에 수반되는 추론 규칙의 몇 가지 예시다.

- S_1이 S_2를 함의한다는 것이 참이고, S_1이 주어진 경우 S_2를 추론할 수 있다.
- S_1 그리고 S_2가 참이면 S_1을 추론할 수 있다. 마찬가지로 S_2도 추론할 수 있다.
- S_1이 S_2와 동치이면 (S_1이 S_2를 함의)와 (S_2가 S_1을 함의)를 추론할 수 있다.
- 반대로 (S_1이 S_2를 함의)와 (S_2가 S_1을 함의)가 참이면 (S_1은 S_2와 동치다)라는 것을 추론할 수 있다.

마지막으로 강조하고 싶은 점이 있다. 명제 논리는 대규모 환경으로의 확장이 어렵고 보편적인 관계 패턴을 효율적으로 포착할 수 없다는 것이다. 하지만 명제 논리는 1차 논리 first-order logic 와 고차 논리 higher-order logic 의 기초가 된다. 이러한 논리들이 명제 논리의 메커니즘 위에 구축되기 때문이다.

12.2.1 몇 가지 공리에서 완전한 이론으로

추론 규칙은 매우 바람직하다. 즉, 참인 명제가 주어지고 이를 통해 건전한 추론 규칙을 적용할 수 있다면 반드시 참인 명제에 도달한다는 의미에서 참인 명제만을 증명할 수 있다. 따라서 건전한 추론 규칙이 보장하는 것은 참인 명제에서 거짓 명제가 추론되는 것을 허용하지 않는다는 것이다. 하지만 우리에게는 이 보장보다 더 강력한 것이 필요하다.

논리 체계가 완전하다는 것은 시스템의 지식 베이스(공리)와 그 추론 규칙만을 사용하여 가능한 모든 참인 명제를 추론할 수 있을 때를 의미한다. 시스템의 완전성이라는 개념은 매우 중요하다. 정수론, 확률 이론, 집합론, 유클리드 기하학과 같은 모든 수학 체계에서 우리는 공리 집합(정수론과 해석학의 페아노 공리^{Peano axiom}, 확률 이론의 확률 공리)에서 시작해 논리적 추론 규칙을 사용하여 공리로부터 정리를 도출한다. 수학 이론에서 가장 중요한 질문은 '공리와 추론 규칙이 그 이론의 완전성과 일관성을 보장하는가?'이다.

하지만 1차 논리 체계는 자연수나 실수와 같이 무한한 영역을 가진 구조를 고유하게 표현할 만큼 강력하지 않다. 이 두 구조를 완벽하게 설명하는 공리 체계(범주적 공리 체계^{categorical axiom system})는 2차 논리와 같이 더욱 강력한 논리에서 얻을 수 있다.

12.2.2 에이전트 내에 논리 체계화하기

1차 논리로 넘어가기 전에 명제 논리가 부여된 인공지능 에이전트의 맥락에서 배운 내용을 요약해보자. 다음 과정은 중요하며 더 표현력이 풍부한 논리에서도 동일하게 적용된다.

1 지식 베이스 프로그래밍
   참인 명제 형태의 초기 지식(공리)을 프로그래밍한다.

2 추론 규칙 프로그래밍
   추론 규칙을 프로그래밍한다.

3 주변 상황 인식
   에이전트가 현재 주변 상황 및 상태에 대한 특정 명제들을 인식한다.

4 목표 명제 설정(선택 사항)
   에이전트는 목표 명제를 가질 수도 있고 그렇지 않을 수도 있다.

5 추론 및 행동

에이전트는 추론 규칙을 사용하여 새로운 명제를 추론하고 어떤 행동을 취할지 결정한다(다음 방으로 이동, 문 열기, 알람 시계 설정 등).

6 시스템의 완전성

충분한 추론 단계가 주어진다면 에이전트가 충족 가능한 목표 명제를 모두 추론할 수 있으므로 시스템(지식 베이스와 추론 규칙)의 완전성이 매우 중요하다.

12.2.3 결정론적 머신러닝과 확률 이론적 머신러닝의 학습

신경망을 포함한 머신러닝의 기본 전제는 다음과 같다. 에이전트에 초기 지식 베이스나 추론 규칙을 프로그래밍하지 않는다는 점이다. 그 대신 입력 데이터, 원하는 출력, 그리고 입력을 출력에 매핑하는 가설 함수 표현 방법을 프로그래밍한다. 그런 다음 에이전트는 목적 함수(손실 함수)를 최적화하여 함수의 파라미터를 학습한다. 마지막으로 에이전트는 학습된 함수를 사용하여 새로운 입력 데이터에 대한 추론을 수행한다. 따라서 이 맥락에서는 지식 베이스와 규칙이 학습 중 또는 추론 중에 분리될 수 있다. 학습하는 동안 지식 베이스는 데이터와 가설 함수이고 목표는 손실을 최소화하는 것이며 규칙은 최적화 과정이다. 학습 후 에이전트는 학습된 함수를 추론에 사용한다.

확률적 머신러닝 모델도 비슷한 방식으로 생각할 수 있다. 단, 여기서는 결정론적 가설 함수를 데이터의 특징에 대한 결합 확률 분포로 대체한다. 일단 학습이 완료되면 에이전트는 이를 추론에 사용할 수 있다. 예를 들어 명제 논리가 확실한 지식을 다루는 것과 유사하게 베이즈 네트워크는 불확실한 지식에 대해 비슷한 역할을 수행할 수 있다.

12.3 1차 논리

1차 논리에서 에이전트에 대해 동일한 질문을 해보자.

Q. 에이전트의 세계에는 어떤 객체가 존재하는가?
A. 명제, 객체, 그리고 이들 간의 관계가 존재한다.

Q. 에이전트는 객체의 상태를 어떻게 인식하는가?
A. 참(1), 거짓(0), 알 수 없음으로 인식한다.

명제 논리는 지식 기반 에이전트의 작동 방식을 설명할 수 있고 특정 논리의 언어와 추론 규칙의 기본 요소를 이해하는 데 유용하다. 하지만 명제 논리는 표현할 수 있는 지식과 추론 방식에 한계가 있다. 예를 들어 명제 논리에서는 다음과 같은 문장을 다룰 수 없다.

18세 이상의 사용자는 모두 이 광고를 볼 수 있다.

이 문장은 명제 논리 체계 내에 존재하는 함의 관계('~이면 ~이다')를 사용하여 쉽게 표현할 수 있다. 명제 논리를 사용하여 이 문장을 추론으로 표현하는 방법은 다음과 같다.

(18세 이상의 사용자는 광고를 볼 수 있음) 그리고 (18세 이상의 사용자 = 참)이면,
(광고를 볼 수 있음 = 참)을 추론할 수 있다.

이제 약간 다른 문장을 생각해보자.

18세 이상 사용자 중 일부는 광고를 클릭한다.

더 이상 명제 논리의 언어만으로는 문장에서의 '일부'라는 양을 표현할 수 없다. 명제 논리에만 의존하는 에이전트는 이 문장 전체를 있는 그대로 지식 베이스에 저장해야 한다. 하지만 그러면 이 문장에서 유용한 정보를 추론할 방법이 없다. 즉, 에이전트에서 특정 사용자가 18세 이상이라는 정보를 얻더라도 그 사용자가 광고를 클릭할지 여부는 예측할 수 없는 상황이 되는 것이다.

결국 다음과 같은 문장을 작성하려면 문장 속에 '존재한다'와 '모든'과 같은 수량을 의미하는 단어[282] (또는 논리적인 프레임워크)가 필요하다.

18세 이상인 모든 사용자에 대해 광고를 클릭하는 하위 집합이 존재한다.

이 두 개의 수량을 나타내는 단어('존재한다'와 '모든')는 바로 1차 논리 체계에서 나온 것이다. 어휘가 증가하면 지식을 객체 간의 관계로 분해할 수 있으므로 지식 베이스에 저장해야 하는 내용을 줄일 수 있다. 예시를 살펴보자.

18세 이상인 모든 사용자는 광고를 본다.
18세 이상인 일부 사용자는 광고를 클릭한다.
18세 이상인 일부 사용자는 제품을 구매한다.
광고를 클릭한 일부 사용자는 제품을 구매한다.

---

282 옮긴이_ quantifier는 '양화사'라고 번역하는 게 맞지만 단어 자체가 생소하기 때문에 학습에 방해가 될 것 같아 '수량을 의미하는 단어'로 옮겼다. 양화사란 보편 양화사와 존재 양화사로 나뉘며, '모든'과 '존재한다'의 의미가 각각 포함된다.

명제 논리 체계를 갖춘 에이전트의 지식 베이스에는 4개의 개별 문장을 저장해야 한다(하지만 이것으로부터 어떻게 유용한 정보를 추론할지에 대해서는 여전히 모르는 상황이다). 그런데 1차 논리에서는 다음과 같이 세 가지 문장으로 간결하게 저장할 수 있다.

> 18세 이상인 모든 사용자는 광고를 본다(광고를 보는 것은 참).
>
> 광고를 본 모든 사용자에 대해 광고를 클릭하는 하위 집합이 존재한다.
>
> 광고를 클릭한 모든 사용자에 대해 제품을 구매하는 하위 집합이 존재한다.

명제 논리와 1차 논리 모두 이러한 문장만 주어졌을 때 18세 이상의 특정 사용자가 광고를 클릭하거나 제품을 구매할지 여부, 또는 그렇게 하는 사용자의 비율까지는 추론할 수 없다는 점에 유의해야 한다. 하지만 적어도 1차 논리에서는 동일한 지식을 더 간결하게 표현할 수 있는 언어를 가지고 있다. 게다가 유용한 추론을 할 수 있는 구조로 표현할 수 있다는 이점도 있다.

1차 논리가 명제 논리와 가장 크게 구별되는 특징은 부정, 그리고, 또는, 함의, 동치 등 명제 논리에 이미 존재하는 연산자에 '존재한다'와 '모든' 같은 수량을 의미하는 단어가 기본 언어에 추가된다는 점이다. 이를 통해 객체에 관한 설명과 객체 간 관계를 분리하여 표현할 수 있게 한다.

명제 논리와 1차 논리의 강력한 점은 그 추론 규칙이 도메인, 지식 베이스, 공리 집합으로부터 독립적이라는 것이다. 수학, 회로 공학과 같은 특정 도메인에 대한 지식 베이스를 개발하려면 해당 도메인을 주의 깊게 연구하고 어휘를 선택한 다음 원하는 추론을 하는 데 필요한 공리 집합을 공식화해야 한다.

12.3.1 '모든'과 '존재한다' 사이의 관계

'모든'과 '존재한다'는 부정을 통해 서로 연결된다. 다음 두 명제는 동치다.

- 18세 이상인 모든 사용자는 광고를 본다.
- 18세 이상이면서 광고를 보지 않는 사용자는 존재하지 않는다.

명제 논리의 언어로 표현하면 다음과 같다.

- 18세 이상인 모든 사용자의 경우 광고를 보는 것이 참이다.
- 18세 이상이면서 광고를 보는 것이 거짓인 사용자는 존재하지 않는다.

다음은 수량을 의미하는 단어 간의 관계다.

- not(P가 참이게 하는 x가 존재한다.) ↔ 모든 x에 대해 P는 거짓이다.
- not(모든 x에 대해 P가 참이다.) ↔ P가 거짓이게 하는 x가 존재한다.
- P가 참이게 하는 x가 존재한다. ↔ 모든 x에 대해 P가 거짓인 것은 아니다.
- 모든 x에 대해 P는 참이다. ↔ P가 거짓이게 하는 x가 존재하지 않는다.

1차 논리로 넘어가면서 얻은 표현력의 강력함을 무시할 수 없다. 이 논리 체계를 통해 이제 다음과 같은 주장과 추론이 가능해진다.

신경망의 보편적 근사 정리

대략적으로 살펴보자면, 보편적 근사 정리는 모든 연속 함수에 대해 원하는 만큼 근접하게 해당 함수를 근사할 수 있는 신경망이 존재한다고 주장한다. 여기서 중요한 점은 이 정리가 어떻게 그러한 네트워크를 구성해야 하는지는 알려주지 않고 단지 그 존재를 주장하기만 한다는 것이다. 그럼에도 이 정리는 모든 종류의 애플리케이션에서 모든 종류의 입력-출력 함수를 근사하는 신경망이 존재함을 입증하고 해당 신경망이 성공할 수 있다는 확신을 준다.

관계 추론

부모와 자녀는 서로 역의 관계를 가지고 있다. 만약 사리^{Sary}가 할라^{Hala}의 자녀라면 할라는 사리의 어머니가 된다. 또한 이 관계는 일방향이다. 사리는 할라의 어머니가 될 수 없다. 1차 논리에서는 '어머니'와 '자녀'라는 두 가지 함수를 할당하고 할라와 사리 또는 다른 어머니와 자녀로 채워질 수 있는 변수를 지정할 수 있다. 또한 모든 입력 변수에 대해 성립하는 함수 간의 관계를 정의할 수 있다.

- 모든 x,y에 대해 $mother(x,y)$가 참이면 $mother(y,x)$는 거짓
- 그리고 모든 x,y에 대해 $mother(x,y)$ ↔ $child(y,x)$

에이전트에게 이 지식을 제공하고 할라가 사리의 어머니라고 한다면, 즉 $mother($할라, 사리$)$가 참이면 다음과 같은 질문에 답할 수 있다.

- 할라는 사리의 어머니인가? – 참
- 사리는 할라의 어머니인가? – 거짓

- 사리는 할라의 자식인가? – 참
- 할라는 사리의 자식인가? – 거짓
- 로라는 조셉의 어머니인가? – 알 수 없음

명제 논리 체계에서는 각 문장을 개별적으로 저장해야 한다는 점을 기억해야 한다. 이는 터무니없이 비효율적이라는 점도 기억하자.

12.4 확률적 논리

Q. 에이전트의 세계에는 어떤 객체가 존재하는가?
A. 명제가 존재한다.

Q. 에이전트는 객체의 상태를 어떻게 인식하는가?
A. 명제가 참일 확률 값으로, 0에서 1사이이다.

확률은 1차 논리의 확장으로 명제의 진위에 대한 불확실성을 정량화할 수 있게 해준다. 명제가 참인지 거짓인지를 주장하는 대신 우리가 명제의 참임을 믿는 정도에 0과 1사이의 점수를 부여한다. 명제 논리와 1차 논리는 우리가 특정 명제의 참을 가정했을 때 다른 명제들의 참 여부를 결정할 수 있는 추론 규칙을 제공한다. 확률 이론은 다른 명제의 참일 가능성이 주어져 있을 때 얼마나 특정 명제가 참일 가능성이 높은지를 결정할 수 있게 해주는 추론 규칙들을 제공한다.

불확실성을 다루기 위한 확장은 1차 논리보다 더 표현력이 풍부한 프레임워크를 만들어낸다. 확률 공리를 통해 기존의 논리 진리표와 추론 규칙을 확장할 수 있다. 예를 들어 $P(A) + P(not(A)) = 1$이고, A가 참이면 $P(A) = 1$이며 $P(\sim A) = 0$이다. 이는 명제와 그 부정에 대한 1차 논리와 일치한다.

확률 이론을 1차 논리의 자연스러운 확장으로 보는 것은 사물들을 분리된 것으로 보지 않고 서로 연결해야 한다는 생각에 만족감을 준다. 또한 이러한 관점은 베이즈 추론으로 자연스럽게 이어진다. 왜냐하면 우리는 더 많은 지식을 수집하고 더 나은 추론을 함에 따라 에이전트의 사전 분포를 업데이트할 수 있기 때문이다. 이것은 가장 논리적인 방식으로 모든 주제를 하나로 묶는다.

12.5 퍼지 논리

Q. 에이전트의 세계에는 어떤 객체가 존재하는가?
A. [0,1] 사이의 참 확률 값을 가진 명제가 존재한다.

Q. 에이전트는 객체의 상태를 어떻게 인식하는가?
A. 알려진 구간 사이의 값으로 인식한다.

명제 논리와 1차 논리의 세계는 흑백 영화와 같다. 참 또는 거짓만이 존재한다. 명제 논리와 1차 논리는 참인 진술들을 기반으로 다른 참인 진술들을 추론할 수 있게 해준다. 모든 것이 참 또는 거짓이거나 매우 명확한 경계를 가진 게임 시뮬레이션과 같은 상황에서는 이러한 설정이 완벽하다. 하지만 현실 세계에서는 많은 진술이 완전히 참(1)이거나 완전히 거짓(0)인지가 애매모호할 수 있다. 즉, 명제 논리와 1차 논리는 경계값만 다루지만 현실 세계의 진술은 참의 스펙트럼 위에 존재할 수 있다. 예를 들어 '파리는 로맨틱하다', '그녀는 행복하다', '영화 다크나이트는 훌륭하다'와 같은 문장들이 있을 수 있다. 퍼지 논리는 이러한 애매함을 다루기 위해 0과 1사이의 값을 명제에 할당할 수 있게 해준다. 즉, '파리는 로맨틱하다(0.8)', '그녀는 행복하다(0.6)', '영화 다크나이트는 훌륭하다(0.9)'와 같이 말이다.

명확한 참과 거짓 사이의 스펙트럼 위에 진리가 존재하는 애매한 세계에서는 추론을 어떻게 할까? 참/거짓 세계에서의 추론만큼 간단하지 않다는 것은 분명하다. 예를 들어 이전의 진리값을 고려했을 때 '파리는 로맨틱하고 그녀는 행복하다'는 진술의 진리값은 얼마일까? 이러한 값을 할당하기 위해서는 새로운 규칙이 필요하며 맥락 또는 도메인에 대한 지식 또한 필요하다. 또 다른 선택지는 〈Chapter 7 자연어 처리와 금융 인공지능〉에서 논의한 단어 벡터다. 이 벡터는 다양한 차원에서 단어의 의미를 담고 있기 때문에 단어 '파리'를 나타내는 벡터와 단어 '로맨틱'을 나타내는 벡터 사이의 코사인 유사도를 계산하여 '파리는 로맨틱하다'는 명제의 진리값으로 할당할 수 있다.

확률 이론에서의 신뢰의 정도와 퍼지 논리에서의 진리의 스펙트럼은 동일하지 않다는 점에 유의하라. 확률 논리에서는 진술 자체가 명확하다. 우리가 추론하고 싶은 것은 분명한 진술이 참일 확률이다. 확률 이론은 완전히 참이거나 거짓이 아닌 진술에 대해서는 추론하지 않는다. 우리가 '파리가 로맨틱하다'라는 명제가 참일 확률을 계산하는 것이 아니라 무작위로 추출된 사람이 '파리가 로맨틱하다'는 질문에 참 또는 거짓이라고 대답할 확률을 계산하는 것이다.

퍼지 논리의 흥미로운 점 중 하나는 다른 논리 체계에 존재하는 두 가지 원칙을 버린다는 것이다. 첫째로 진술이 참이면 그 부정은 거짓이라는 원칙, 둘째로 두 개의 모순된 진술이 동시에 참일 수 없다는 원칙이다. 이는 모순과 열린 세계^{open universe}의 가능성을 열어준다. 어떤 의미에서는 퍼지 논리가 애매모호함을 바로 잡으려고 하지 않는다고 볼 수도 있다. 그 대신 퍼지 논리는 모호함을 받아들이고 이를 활용하여 경계가 불분명한 세계에서 기능할 수 있도록 한다.

12.6 시간 논리

시간과 같은 객체는 특별한 주의를 기울이는 또 다른 유형의 공리와 추론 규칙을 가진다. 시간 논리는 지식의 표현과 그에 대한 추론에서 중심적인 역할을 하기 때문에 시간 정보를 포함하는 진술을 지식 베이스에 추가하는 것과 달리 시간 의존성과 시간 의존성에 관한 공리와 추론 규칙을 그 구조의 최전선에 놓는다. 시간 논리에서 명제 또는 사실은 특정 시점이나 시간 구간에서 참이 되며 이러한 시간은 순서가 정해져 있다.

Q. 에이전트의 세계에는 어떤 객체가 존재하는가?
A. 명제, 객체, 관계, 시간이 존재한다.

Q. 에이전트는 객체의 상태를 어떻게 인식하는가?
A. 참, 거짓, 알 수 없음으로 인식한다.

시간 논리에서는 다음과 같은 명제들을 표현할 수 있다.

- 알람이 오전 7시에 울린다.
- 서버에 요청이 있을 때마다 액세스 권한이 부여되지만 두 개의 동시 요청에 대해서는 절대로 부여되지 않는다.

12.7 인간 언어와의 비교

지금까지 우리는 사람의 자연어가 표현할 수 있는 지식을 표현할 수 있는 논리 체계를 살펴봤다. 그리고 방금 필자는 수학에 관한 책 한 권을 다른 어떠한 전문적인 언어도 사용하지 않고 영어로만 썼다. 우리는 어떻게 이런 일을 할 수 있을까? 인간은 지식 베이스를 어떻게 표현하고 확장하며 자연어는 표현과 추론을 위해 어떤 규칙을 사용할까? 게다가 특정 자연어의 중요성은 그리 크지 않다. 다국어를 구사하는 사람들은 생각할 때 어떤 언어를 사용하는지 모를 수도 있지만 그것은 중요하지 않다. 사람은 알고 있거나 표현하고자 하는 것에 대한 비언어적인 표상을 가지고 있다. 이는 어떻게 작동할까? 우리는 어떻게 그 비밀을 밝히고 기계를 학습시킬 수 있을까?

사람의 언어와 유사하게 서로 다른 두 가지 형식 논리 체계로 동일한 지식을 표현한다면 동일한 사실을 추론할 수 있다. 다만 논리가 완전한 추론 규칙들을 가정할 때 가능하다. 유일한 차이점은 어떤 논리 체계가 추론을 위해 더 쉬운 경로를 제공하는가에 있을 것이다.

그렇다고 할지라도 사람의 자연어는 때때로 모호함을 허용하며 수학에서 사용되는 형식 논리 없이는 절대적인 수학적 주장을 할 수 없다. GPS 시스템에 접근할 수 없는 사람에게 특정 날짜에 워싱턴에서 뉴욕까지 운전하는 데 걸리는 정확한 시간을 예측하라고 요청할 수는 없지만 GPS 기계에는 요구할 수 있다.

12.8 기계와 복잡한 수학적 추론

수학적 추론은 인간 논리의 정수다. 우리가 수학적 추론을 사용하여 정리를 증명할 때 보편적인 진리에 한 걸음 더 가까워진다. 기계에게 수학적 정리 증명을 가르치고 더 야심차게는 새로운 정리 생성을 촉구하는 것은 무한 탐색 공간과 기호적 추론을 탐색하는 과정이다. 여기서도 신경망은 지능형 기계 발전에 유용하다는 것을 입증하고 있다. 메타, Vrije Universiteit Amsterdam, CERMICS École des Ponts ParisTech의 연구원들은 딥러닝, 온라인 학습[283], 트랜스포머(대형 언어 모델), 강화 학습을 결합하여 자동 수학 정리 증명 시스템을 개발했다. 이들의 2022년 논문 「HyperTree Proof Search for Neural Theorem Proving」[284] 은 이 분야 최첨단 연구 결과를 보여준다.

---

283 _http://oreil.ly/k__ZN_
284 _https://oreil.ly/NzIvp_

정리하기

다양한 유형의 논리를 갖춘 인공지능 에이전트는 세계에 대한 지식을 표현하고 그것에 대해 추론하며 질문에 답변하고 이러한 논리의 경계 내에서 허용되는 추론을 수행할 수 있다.

지금까지 우리는 명제 논리, 1차 논리, 확률 논리, 퍼지 논리, 그리고 시간 논리를 포함한 다양한 논리 프레임워크에 대해 논의했다.

이러한 내용을 공부한 후에 자연스럽게 나올 만한 질문은 다음과 같다.

- 에이전트의 지식 베이스에 어떤 내용이 들어가야 하는가?
- 세계에 대한 사실을 어떻게 표현해야 하는가?
- 지식은 어떤 프레임워크로 표현되고 추론이 이루어져야 하는가?

다음은 이러한 질문의 답이 될 수 있는 예시다.

- 명제 논리?
- 1차 논리?
- 계획에 대한 추론을 위한 네트워크?
- 불확실성과 함께 추론하기 위한 베이즈 네트워크?
- 에이전트가 논리의 규칙을 선택적으로 위반할 수 있는 인과 다이어그램과 인과 추론?
- 시간에 따른 추론을 위한 마르코프 모델?
- 이미지, 소리 또는 기타 데이터에 대한 추론을 위한 심층 신경망?

다음 단계는 지금까지 다룬 논리 체계 중 하나를 더 깊게 파고드는 것이다. 이 과정에서 추론 규칙, 기존 추론 알고리즘, 각 알고리즘의 장단점, 그리고 어떤 유형의 지식 베이스에 적용될 수 있는지를 알아볼 수 있다. 이러한 연구에서 반복되는 주제는 완전한 증명 체계complete proof system를 제공하는 추론 규칙을 조사하는 것이다. 완전한 증명 체계란 공리와 지식 베이스 그리고 추론 규칙이 결합되었을 때 모든 가능한 참인 명제를 증명할 수 있는 시스템을 의미한다. 여기서 규칙에는 특별한 유형의 지식 베이스에 작동하는 명제 논리의 해결 추론 규칙과 1차 논리의 일반화된 해결 추론 규칙이 포함된다. 이러한 규칙들은 모두 이론(수학 정리 증명)과 기술(소프트웨어 및 하드웨어 검증)에 중요하다. 마지막으로, 일부 논리는 다른 논리보다 더 많은 것을 표현할 수 있다. 즉, 더 표현력이 높은 논리에서 표현할 수 있는 문장 중 일부는 상대적으로 표현력이 낮은 논리의 언어를 사용해 유한한 수의 명제로 표현될 수 없다. 예를 들어 고차 논리(여기서는 다루지 않음)는 1차 논리(수학 이론 전체를 지원할 수 있을 정도로 강력함)보다 더 많은 것을 표현할 수 있다.

Chapter 13

인공지능과 편미분 방정식

> " 나는 전 세계를 모델링하고 싶다. "
>
> – H.

영화 〈탑건: 매버릭〉의 첫 장면에는 매버릭(톰 크루즈 역)이 실험용 군용기에 탑승해 마하 10(음속의 10배)까지 속도를 내다가 마하 10.2 정도에서 위태로워지는 모습이 나온다. 현재 시점에서 가장 빠른 유인 항공기는 마하 6.7(음속의 6.7배)에 도달할 수 있다(그림 13–1). 실제 속도와 상관없이 물리학, 수학, 공학이 한데 어우러져 비행기를 허공으로 띄우는 것은 매우 놀라운 일이다. 특히 눈부신 공중 기동까지 더해지면 정말 놀랍다.

그림 13-1 가장 빠른 유인 항공기[285]

---

285 이미지 출처: *https://oreil.ly/CKMN2*

매버릭의 멋진 공중전과 마하 10의 속도로 움직이는 장면을 보면서 떠오르는 편미분 방정식 partial differential equation (PDE) 몇 가지를 소개한다.

파동 전파를 위한 파동 방정식wave equation

음속, 공기 중에서의 음파 전파, 그리고 온도와 공기 밀도의 변화에 따른 다양한 고도에서의 음속 변화를 생각해보자.

유체 역학을 위한 나비에–스토크스 방정식Navier–Stokes equation

유체(예 기체 흐름), 바람 터널, 난류 등을 생각해보자.

연소를 위한 G–방정식

항공기 엔진 내부의 연소와 항공기 배기구에서 뿜어져 나오는 불꽃을 생각해보자.

재료 탄성 방정식material elasticity equation

항공기 날개 패널, 양력, 압축 하중으로 인해 발생하는 날개 패널의 버클링buckling을 생각해보자(그림 13-2). 이는 결국 날개의 하중 지지 능력을 감소시킨다. 하중 지지 능력이 설계 한계보다 낮아지면 날개는 결국 부러진다.

그림 13-2 항공기 버클링[286]

---

286 이미지 출처: https://oreil.ly/RJPpO

다음으로는 편미분 방정식의 시뮬레이션이 떠오른다. 비행 경로 시뮬레이션과 실시간 비행 장면을 컴퓨터 화면으로 지켜보며 동료들과 대화하는 것을 떠올려보자. 이처럼 편미분 방정식을 떠올릴 수 있는 사례는 정말 많다.

그렇다면 비행기가 날 수 있게 된 것은 우리가 편미분 방정식을 작성하고 해결했기 때문일까? 그렇지는 않다. 항공 박물관을 가보면 라이트 형제의 이야기, 그들의 실험, 그리고 항공 산업의 진화를 확인할 수 있다. 과학과 실험은 함께 진행된다. 다만 여기서 말하고자 하는 바는 우리가 미분 방정식과 수학 덕분에 더 다양한 설계 유형을 발명하고 개선하고 최적화할 수 있다는 것이다.

13.1 편미분 방정식

편미분 방정식은 좌변과 우변이 같고, 여러 변수의 함수와 편도함수를 포함하는 방정식이다. 특정 변수에 대한 함수의 편미분은 그 변수에 대한 함수의 변화율을 나타낸다. 반면 상미분 방정식 ordinary differential equation (ODE)은 단일 변수(**예** 시간, 공간 등)의 함수와 그 미분만을 포함하는 방정식이다.

동역학 분야에서는 상미분 방정식으로 시간에 따른 관심 대상 시스템의 상태 변화를 설명한다. 예를 들어 입자 시스템이나 비즈니스 환경에서 고객의 상태 변화를 연구하는 데 쓰일 수 있다. 상미분 방정식은 시스템 상태의 시간에 따른 1차 미분을 포함하며 동역학은 시스템의 상태, 물리적 파라미터, 시간의 함수로 표현된다. 이 상미분 방정식은 다음과 같이 나타낼 수 있다.

$$\frac{d\bar{x}(t)}{dt} = f(\bar{x}(t), a(t), t)$$

이제부터 우리는 동역학 시스템을 여러 번 다룰 것이다. 대부분의 경우 편미분 방정식을 상미분 방정식 시스템 또는 동역학 시스템으로 변환할 수 있다면 문제가 어느 정도 해결된다.

자연은 우리가 주변 세상을 관찰하고 정확하게 측정할 때 사용할 수 있는 결정론적 함수나 결합 확률 분포를 제공해주지 않는다. 지금까지 자연은 그 비밀을 잘 지켜왔다. 하지만 자연은 물체가 서로 어떻게 상대적으로 변화하는지 측정하고 평가하며 법칙을 만들 수 있는 방법을 알려 줬다. 이 방법을 나타내는 것이 바로 편미분 방정식이다. 사물이 변화하는 방식은 미분과 다르지 않기 때문이다.

편미분 방정식을 푸는 목표는 미분 연산자를 되돌려 미분 없이 함수를 복원하는 것이다. 따라서 우리는 편미분 방정식이 나타내는 미분 연산자의 정확한 또는 근사적인 역함수를 찾아야 한다. 적분은 미분의 반대이므로 편미분 방정식의 해 표현에 종종 입력 데이터(파라미터, 초기 조건, 경계 조건)에 대한 커널 함수의 적분이 포함되기도 한다. 이 부분은 점차 자세히 설명하겠다.

일반적으로 사람들은 상미분 방정식과 편미분 방정식을 유형별로 분류한다. 물론 이러한 분류도 중요하지만 여기서는 특정 유형의 미분 방정식 자체보다 미분 방정식을 통해 핵심 개념을 이해하는 데 더 집중할 것이다. 따라서 앞으로 비선형 포물선이나 역확률 같은 특수한 유형의 미분 방정식 이름을 접하게 되면 이름 자체보다 그 의미와 해석에 더 주의를 기울이기 바란다.

13.2 미분 방정식을 사용한 모델링

편미분 방정식은 현실의 수많은 현상을 모델링하는 데 사용된다. 예를 들어 대기 난기류, 은하의 운동, 나노 단위 물질의 움직임, 금융 상품의 가격 결정, 여러 플레이어가 있는 게임, 인구 이동과 성장 등을 모델링할 수 있다. 일반적인 편미분 방정식 과정은 모델링 단계를 건너뛰기 때문에 우리가 궁극적으로 연구하게 되는 방정식은 갑자기 생겨난 것처럼 보이지만 실제로는 그렇지 않다. 편미분 방정식의 출처를 이해하는 것은 해석과 풀이만큼 중요하다. 일반적으로 편미분 방정식은 에너지 보존, 질량 보존, 운동량 보존 등 특정 응용 분야와 관련된 보존 법칙을 나타내는 경우가 많다. 편미분 방정식은 일반적으로 다음과 같은 보존 법칙 표현식을 갖는다.

시간 경과에 따른 수량 변화율 = 이익 − 손실

유한한 도메인이 있을 때 편미분 방정식은 도메인의 내부에서 작동하지만 도메인 경계에서 정확히 무슨 일이 발생하는지를 알려주는 경계 조건이 필요하다. 도메인에 경계가 없다면

$x \to \infty$일 때 무슨 일이 일어나는지 알려주는 원역장 조건 far field condition 이 필요하다. 원역장 조건은 극한 표기법을 사용하여 나타낸다. 만약 편미분 방정식이 시간에 대한 미분 항을 갖는다면 초기 시간 조건 또는 종료 시간 조건이 필요하다. 얼마나 많은 조건이 필요한지는 편미분 방정식의 차수에 따라 달라진다. 편미분 방정식을 해결하기 위해서는 필요한 식의 개수와 미지수의 개수를 연관지어 생각해보면 된다. 미지수는 편미분 방정식의 적분 상수다. 편미분 방정식을 풀 때는 미분에 대한 정보가 주어지면 해당 함수에 대한 정보를 찾는다. 이 미분 항들을 제거하고 함수를 복원하기 위해서는 편미분 방정식을 적분해야 하는데, 그 과정에서 적분 상수가 나타난다. 이 적분 상수를 구하기 위해 경계 조건 또는 원역장 조건이 필요하다.

13.2.1 다양한 규모의 모델

자연 현상을 정확하게 모방하는 모델은 종종 다양한 공간 및 시간 규모에서 모든 중요한 변수와 그 상호 작용을 반영해야 한다. 수학적 모델을 위한 방정식 작성을 위해서는 많은 노력이 필요하다. 일단 공식화되면 이 방정식들은 매우 괜찮게 보일 것이며 방대한 정보를 몇 줄의 식으로 압축할 수 있게 된다. 이러한 방정식에는 함수, 그 미분, 모델 파라미터 등이 포함되며 일반적으로는 공식화하는 것보다 푸는 것이 훨씬 더 어렵다. 게다가 두 모델이 원자 단위(또는 빠르게 움직이는 분자)와 더 큰 규모(우리가 관찰할 수 있는 미시적 또는 거시적 규모)에서 같은 현상을 서로 다른 규모로 설명한다면 두 모델의 방정식은 매우 달라 보일 수 있으며, 심지어 서로 다른 과학 분야의 물리 법칙에 의존할 수도 있다. 예를 들어 분자 수준에서 기체의 운동(분자 속도, 위치, 작용하는 힘 등)을 설명하고, 거시적인 스케일에서 관찰되는 기체 시스템의 열역학과 이를 연관시키는 방법을 생각해보자. 또는 원자가 결합하여 결정체 구조를 형성하는 방법과 이러한 구조가 전도성 conductivity, 투과성 permeability, 취성 brittleness 등과 같은 재료 특성으로 전환되는 방법을 생각해보자. 그렇다면 각 모델이 서로 다른 규모에서 어느 정도 성공적으로 작동한다면 이러한 모델을 조정할 수 있을까? 더 정확하게는 한 모델의 극한값을 다른 모델의 영역으로 가져가면 같은 결과를 얻을 수 있을까? 바로 이러한 질문이 분석가가 다루는 질문이다. 서로 다른 크기의 모델을 조정하는 것은 모델을 검증하고 수학과 과학의 다양한 영역을 통합하기 위해 중요하다.

13.2.2 편미분 방정식의 파라미터

모델을 위해 쓰는 편미분 방정식에는 일반적으로 파라미터가 포함된다. 이러한 파라미터는 모델링하는 물리적 시스템의 속성과 관련이 있다. 예를 들어 열 방정식은 다음과 같이 쓸 수 있다.

$$u_t(\vec{x},t) = \alpha \Delta u(\vec{x},t)$$

열 방정식에서 파라미터 α는 확산 계수diffusion coefficient이며 이는 확산되는 물질의 특성과 확산되는 매질의 특성에 따라 달라지는 물리 상수다. 우리는 보통 이런 값을 실험에서 나온 참조표를 통해 얻는다. 이 값은 특히 공학 애플리케이션에서 매우 중요하다. 현실을 수학 방정식으로 모델링할 때는 실제 실험 또는 관찰 데이터에서 도출된 파라미터 값을 사용해야 한다. 하지만 실험 및 관찰 데이터는 일반적으로 불확실하며 누락된 값이나 불명확한 이상치outlier가 포함되어 있으므로 어려움을 겪게 될 수 있다. 고가의 실험 장비(예 대형 강입자 충돌기 등)가 필요하거나 더 질이 좋은 데이터를 얻는 것이 불가능할 수도 있기 때문이다. 따라서 실험, 관측, 컴퓨터 시뮬레이션을 통해 접근 가능한 다른 변수의 값을 기반으로 간접적인 방법을 사용하여 파라미터 값을 찾아야 한다. 기존에는 이러한 파라미터 값 중 상당수가 원하는 결과에 맞게 수동 조정되기도 했는데 이는 옳지 않은 방법이다. 우리는 수학 시뮬레이션의 입력으로 사용되는 파라미터 값의 선택에 대해 더 명확한 근거를 가져야 한다. 이제 편미분 방정식에서 데이터로부터 파라미터 값을 학습할 때 머신러닝이 어떻게 도움이 되는지 살펴보자.

13.2.3 편미분 방정식의 변경은 큰 문제가 될 수 있다

대학에서 편미분 방정식 수업을 수강한 적이 있다면 [그림 13-3]처럼 가장 간단한 방정식인 열 확산 방정식에 대해 공부했을 것이다(편미분 방정식을 공부한 적이 없더라도 걱정하지 말자). 열 확산 방정식은 다음과 같다.

$$u_t(x,t) = \alpha \Delta u(x,t)$$

여기서 $u(x,t)$는 시간 t에 막대의 위치 x에서의 온도를 나타내며 연산자 Δ는 x에 대한 2차 미분 ($\Delta u(x,t) = u_{xx}(x,t)$)다. 막대의 두께를 무시한다면 막대는 1차원이므로 이렇게 표현할 수 있다. 다만 더 높은 차원에서 연산자 Δ는 각 차원의 2차 미분의 합이다.

이제 도메인을 막대에서 기하학적으로 불규칙한 판으로 변경해보자. 사각형, 원, 타원 같은 것이 아니라 불규칙한 모양이다. [그림 13-3]과 [그림 13-4]를 비교해보자. 막대에서 구한 해(입문 편미분 방정식 수업에서 배운 공식)는 더 이상 불규칙한 모양의 판에서 작동하지 않는다. 그렇다면 상황이 더 나빠진다. 도메인을 변경함으로써 해석 해에 접근할 수 없을 뿐만 아니라 새로운 도메인을 가진 미분 방정식을 수치적으로 풀려고 할 때 새로운 기하학적 특징이 생겨 문제를 더 복잡하게 만들기 때문이다.

이제는 새로운 도메인의 모양과 모든 세부 사항을 정확하게 묘사하는 이산적인 격자^{mesh}를 찾아야 한다. 그런 다음 도메인 내부에서 방정식을 만족하고 이상하게 생긴 경계를 따라 경계 조건을 만족하는 수치 해를 격자 위에서 계산해야 한다.

![막대 그림]

그림 13-3 막대의 열 확산의 해를 구하는 것은 (편미분 방정식을 공부한 사람이라면) 분석적으로나 수치적으로나 쉽다.

그림 13-4 불규칙한 기하학적 구조에서 열 확산의 해를 구하는 것은 쉽지 않다.

이런 현상은 편미분 방정식에서 흔하다. 작은 부분 하나만 변경해도 우리가 배운 모든 수학적 방법이 적용되지 않을 수 있다. 여기에 해당되는 작은 변경의 예시는 다음과 같다.

- 도메인의 모양 변경
- 경계 조건의 유형 변경
- 파라미터에 공간 또는 시간 의존성 도입
- 비선형성 도입
- 더 많은 미분 항(고차 항)이 있는 항 도입
- 더 많은 변수 도입(더 높은 차원)

이런 답답한 측면 때문에 많은 학생들이 편미분 방정식을 전공하는 걸 포기한다. 한 종류의 방정식만 전문적으로 다루고 싶은 사람은 아무도 없을 것이며, 그마저도 현실의 복잡한 모델링과는 거리가 먼 경우가 많다. 하지만 여러분은 여기서 포기하고 싶지 않을 것이다! 더 큰 그림을 함께 살펴보자.

자연 현상은 놀라울 정도로 다양하기 때문에 자연을 이해하고 예측하려는 노력에서 편미분 방정식의 다양한 형태와 그 해법의 차이를 받아들여야 한다. 또한 편미분 방정식은 광범위하고 오래된 분야다. 긴 시간 동안 발전을 거치며 선형 및 비선형 편미분 방정식의 여러 유형에 대한 방법을 통합하는 데 진전이 있었고, 그 과정에서 강력한 분석 기법들이 발견되었다. 현재 편미분 방정식 분야에 대한 통합된 이론이 없고 앞으로도 없을 수 있지만 매우 유용한 분야이기에 알고 넘어가야 한다.

일반적으로 선형 편미분 방정식보다 비선형 편미분 방정식이 더 어렵고, 저차^{lower-order} 편미분 방정식보다 고차^{higher-order} 편미분 방정식이 더 어렵다. 또한 저차원 편미분 방정식보다 고차원 편미분 방정식이 더 어렵고, 단일 편미분 방정식보다 편미분 방정식 시스템이 더 어렵다. 그리고 대부분의 편미분 방정식에 대해 그 해의 명시적인 공식을 구할 수 없으며 약한 형태의 해로만 만족해야 하는 경우가 많다. 편미분 방정식은 시간이 지남에 따라 특이점을 갖는 해를 가진다(파동 방정식과 충격파를 생각해보자). 편미분 방정식 이론을 개발하는 수학자들은 그 해의 존재를 증명하고 이러한 해의 규칙성을 이해하려고 노력하는 데 시간을 보낸다. 즉, 편미분 방정식에 포함된 미분을 실제로 갖는다는 관점에서 해가 얼마나 잘 작동하는지 분석하는 것이다. 이들은 적분에 대한 추정치(상한과 하한에 대한 부등식)를 찾기 위해 고급 미적분 방법을 사용한다.

13.2.4 인공지능의 역할

방정식, 도메인의 형상^{shape}, 경계 조건, 파라미터의 범위 등의 변화를 고려하면서 실제 현상에 더 가까운 방법이 있다면 얼마나 좋을까? 여러 산업 분야와 과학계에서는 인공지능과 딥러닝이 오래된 문제를 해결하거나 문제에 대한 새로운 시각을 제공해기를 기대하고 있다. 차원의 저주에 짓눌려 있던 분야들에 전환점을 제공해줄 수 있다는 기대와 지난 10년간의 고차원 문제 해결을 위한 컴퓨팅 솔루션의 괄목할 만한 발전은 편미분 방정식 분야에도 엄청난 변화를 가져왔다. 편미분 방정식과 그 해가 가져올 엄청난 양의 과학적 진보는 인류 전체에 큰 변화를 가져올 것이다.

지금부터는 미분 방정식 학계가 편미분 방정식의 해를 구하고, 전통적인 접근법을 사용해 불확실한 실제 데이터로 모델을 학습시킬 때 직면하는 장애물에 대해 살펴볼 것이다. 또한 머신러닝이 어떻게 이러한 어려움을 우회하거나 완화하는 데 도움을 주는지 설명할 것이다. 그리고 항상 다음 두 질문에 대해 고려할 것이다.

- 인공지능이 편미분 방정식을 위해 무엇을 할 수 있는가?
- 편미분 방정식이 인공지능을 위해 무엇을 할 수 있는가?

편미분 방정식 문제를 다룰 때는 훈련 함수, 손실 함수, 최적화 설정과 같은 머신러닝의 핵심 요소와 함께 지도 학습을 위한 레이블 또는 목표 값을 명확하게 정의해야 한다. 잘 정립된 편미분 방정식 분야를 머신러닝 설정에 맞게 적용하는 것 역시 간단하진 않다. 이상적으로는 편미분 방정식에서 해로 연결되는 맵^{map}을 정의해야 한다. 이를 위해서는 잠시 멈추고 깊이 생각해볼 필요가 있다.

13.3 수치 해의 중요성

자연 현상을 설명하는 변수 간의 상호 작용을 방정식으로 표현한 수학적 모델을 만드는 것은 단지 첫걸음에 불과하다. 다음으로 우리는 이러한 방정식들을 풀어야 한다.

해석 해^{analytical solution}는 수치 해^{numerical solution}보다 어렵다. 모델이 자연을 더욱 정밀하게 모방할수록 방정식은 복잡해지는 경향이 있기 때문이다. 해석적 방법이 해에 대한 공식을 제공할 수 없는 경우에도 해의 중요한 특성에 대해 귀중한 인사이트를 줄 때가 많다. 수치 해는 해석 해보다 쉽다. 연속 방정식을 이산화하여 연속 함수의 영역에서 이산 숫자의 영역으로 또는 무한 차원 함수 공간에서 유한 차원 벡터 공간(선형 대수)으로 이동하기 때문에 컴퓨터 계산에 적합하다. 수치 해는 모델의 정확한 해석 해에 대해 유용한 정보를 제공하며 실험적 관찰이 가능할 때 이와 비교하기 쉽다. 또한 실험 설계에도 쉽게 활용할 수 있다.

우리는 어떤 규모에서도 원하는 수치 해를 만들어볼 수 있다. 하지만 수치적 방법을 구현해 계산하려고 하면 차원의 저주라는 문제에 부딪힌다. 여러 상황에서 수치 시뮬레이션이 시스템의 자연적 진화를 단 1초라도 모방하려면 엄청난 양의 계산 능력이 필요하다. 따라서 수치 해를 계산 가능한 수준으로 만들기 위해 많은 차원 축소와 단순화를 위한 가정을 도입해야 하는데, 이는 정답의 근사 값과 더욱 멀어지는 결과를 초래한다. 안타까운 점은 이것이 일반적으로 일어나는 일이라는 점이다.

13.3.1 연속 함수 vs 이산 함수

함수 $f(x) = x^2 - 3$은 모든 실수 영역 $(-\infty, \infty)$에서 연속이다. 기계가 처리할 수 있도록 수치화하기 위해 이 함수를 이산화하면 우선 도메인이 더 이상 실수 영역 전체가 될 수 없다. 왜냐하면 기계는 아직 무한한 도메인을 개념화할 수 없기 때문이다. 따라서 첫 번째 근사는 도메인을 $[-N, N]$으로 크게 제한하는 것이다. 여기서 N은 큰 수다. 두 번째 근사화는 이 유한한 도메인을 이산화하는 것으로 이는 연속체 $[-N, N]$에서 유한한 점들의 집합으로 크기를 또 한 번 크게 줄인다. 많은 점을 사용하면 격자가 더 세밀해지고 근사치가 더 좋아지는 대신 계산 비용이 증가한다. 예를 들어 구간 $[-5, 5]$를 이산화하기 위해 6개의 점 $(-5, -3, -1, 1, 3, 5)$만 사용한다고 가정하면 연속 함수는 단 6개의 항목을 가진 벡터로 축소된다.

$f(x) = x^2 - 3$은 $(-\infty, \infty)$에서 연속이다.

$$
\overrightarrow{\text{discrete}} \, f = \begin{pmatrix} (-5)^2 - 3 \\ (-3)^2 - 3 \\ (-1)^2 - 3 \\ 1^2 - 3 \\ 3^2 - 3 \\ 5^2 - 3 \end{pmatrix} = \begin{pmatrix} 22 \\ 6 \\ -2 \\ -2 \\ 6 \\ 22 \end{pmatrix}
$$

[그림 13-5]는 연속 함수와 이 연속 함수를 부정확하게 표현하는 6개의 점으로 된 근사치를 보여준다.

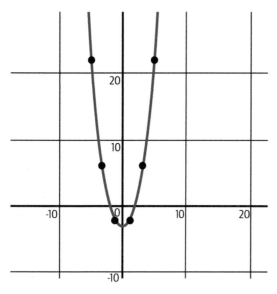

그림 13-5 연속 함수를 단 6개의 점으로 이루어진 벡터로 이산화하는 과정. 이 점들 사이에 존재하는 풍부한 연속 정보를 모두 잃게 된다.

> **NOTE** 도함수도 이산화해야 한다!
>
> 앞서 했던 것처럼 구간 내의 점들을 선택하여 $f(x)$를 이산화할 수 있다. 미분 방정식에는 함수뿐만 아니라 f_x, Δf와 같은 함수의 미분 값, 도함수도 포함된다. 따라서 미분 값을 이산화하거나 함수 공간(연속 공간 등)의 문제를 벡터 공간으로 변환할 수 있는 다른 방법을 찾아야 한다(그래야 선형 대수를 활용하여 컴퓨터가 연산할 수 있다). 유한 차분법finite difference과 유한 요소법finite element은 미분 방정식을 이산화하는 데 널리 사용되는 방법이다. 곧 이 방법들과 함께 랜덤 워크를 기반으로 한 확률적 몬테카를로 방법도 살펴볼 것이다.

수치 해의 단순함과 맞바꾸는 대가는 **근사화 오차**다. 이산화 과정에서 우리는 무한 연속체를 유한 개의 점으로 근사하며 줄이면 유한한 점 집합 사이에 있는 무한히 상세한 정보를 모두 잃게 되는 것이다. 즉, 해상도resolution를 희생하는 것이다. 물론 특성 방정식의 경우 해석적 방법을 통해 이산화로 인해 손실되는 정보량을 정확하게 계량하고 이산 메쉬의 크기가 0에 근접할 때의 극한 값을 취하여 더 정확한 해석적 해를 얻을 수 있다.

연속 함수와 미분 방정식을 이산화하는 것은 접근성이 뛰어나다는 장점이 있다. 고등학생에게 열 방정식을 수치적으로 푸는 방법을 가르칠 수 있을 만큼 말이다. 하지만 해석적인 방법으로 푸는 것은 대학 미적분 및 선형 대수 과정을 마치기 전까지는 불가능하다. 바로 이러한 이유로 어린 나이부터 아이들에게 실제 문제를 모델링하고 수치 해를 계산하는 방법을 가르쳐야 한다. 수치 해의 단순함과 컴퓨팅의 힘은 모든 종류의 문제를 해결할 수 있도록 돕기 때문에 이 부분을 우선적으로 다루어야 한다. 자연은 우리가 세상을 이해하기 전에 엄청나게 복잡한 수학 이론을 먼저 만들고 이를 풀도록 의도하지 않았을 것이다. 또한 필자는 자연이 일부 수학 이론처럼 극도로 복잡하다고 생각하지 않는다(논리와 추론의 규칙이 우리를 어디까지 이끌 수 있는지에 대한 연습으로써는 여전히 흥미롭다).

13.3.2 필자가 연구한 편미분 방정식

필자의 박사 학위 논문은 수학적 이론과 수치적 방법 간의 극명한 차이를 보여준다. 또한 앞으로 다룰 중요한 주제들을 잘 보여주는 사례이기도 하다. 필자는 박사 과정에서 계단 형태의 얇은 결정 crystal 표면에서 원자들이 확산되고 서로 다른 층으로 넘나드는 현상을 설명하는 수학적 모델 연구를 진행했다. 이 연구는 재료 과학 분야와 전자 기기에 들어가는 미세한 부품을 설계하는 엔지니어에게 유용하다.

시간이 지남에 따라 결정 표면의 원자들이 이동하면서 결정의 형태가 변화하고, 결국에는 결정이 안정적인 형태로 완화된다.

시뮬레이션

필자는 방정식을 작성하자마자 결정의 형태가 시간에 따라 변화하는 과정을 보여주는 컴퓨터 시뮬레이션을 만들었다. 다음은 필자가 연구했던 편미분 방정식 중 하나다(방정식 자체나 내부의 함수가 무엇인지는 몰라도 괜찮다).

$$u_t(h,t) = -u^2(u^3)_{hhhh} \; where \; h \in [0,1], t \in [0,\infty]$$

숙련된 사람이라면 이 방정식이 상당히 복잡한 비선형 4차 방정식이라는 것을 알 수 있다. 여기서 미지의 함수 u는 제곱과 세제곱으로 나타난다. 이 함수의 세제곱 항은 공간에서 4번 미분된 형태로 등장한다. 이는 우리가 구하고자 하는 원래 함수에서 4단계나 떨어져 있다는 의미다. [그림 13-6]은 필자가 다루는 편미분 방정식을 유한 차분법으로 이산화한 모습과 그 경계 조건(0과 1에서의 함수 값)을 보여준다. 유한 차분법에 대해서는 잠시 후에 설명하겠다.

이산적인 기울기 $u_i = \dfrac{1/N}{x_{i-1} - x_i}$의
상미분 방정식

연속적인 기울기 $u(h,t)$의
편미분 방정식

$$\begin{cases} u_i = u_i^2 \Delta_i \Delta u^3 \ i = 1, \ldots, N-1 \\ u_0 = u_N = 0 \\ \Delta_0 u^3 = \Delta_N u^3 = 0 \end{cases}$$

$$\begin{cases} u_t = -u^2(u^3)hhhh \\ u(0, t) = u(1, t) = 0 \\ u^3 hh(0, t) = u^3 hh(1, t) = 0 \end{cases}$$

그림 13-6 이산 미분 방정식과 그 연속체

일반적으로 방정식이 비선형적일수록 기존의 해석 기법으로 해를 구하기가 더 어렵다. 그래서 필자는 여전히 수학적 분석을 수행하고 수치 시뮬레이션에서 보여준 형태가 실제로 방정식이 원하는 해라는 것을 증명해야 했다. 즉, 그것이 해석 해이고 여러 가능성 중에서 자연이 선택하는 해라는 것을 증명해야 했다. 이 작업을 하는 데만 무려 2년의 시간이 걸렸다. 결국 필자가 생각해낸 방법은 물리적으로 비현실적인 1차원 결정 구조에 대해, 즉 아주 작게 줄인 구조에 대해 증명을 하는 것이었다. 방정식을 1차원을 줄여야만 수학적으로 분석을 할 수 있었기 때문이다.

차원의 저주

필자가 연구하는 주제에는 차원 문제가 항상 따라 붙는다. 반나절도 채 걸리지 않는 수치 시뮬레이션을 할 때도 1차원 영역에서의 방정식에 대해서만 시뮬레이션할 수 있었다. 따라서 실제 실험실에서 다루는 얇은 결정처럼 평면 위에 존재하는 사실적인 구조를 모델링하려고 할 때가 문제였다. 1차원 선분을 이산화할 때는 점이 100개면 충분했지만 2차원 표면을 이산화하려니 그 수가 $100^2 = 100{,}000$으로 급격하게 늘어났다. 필자가 당시 사용하던 컴퓨터로는 1차원일 경우에 몇 초밖에 걸리지 않던 방정식도 2차원일 경우에는 수치적으로 정확히 풀 수 없었다. 당시에는 대학의 자체 서버에서 계산을 하거나 병렬 연산 정도로 해결할 수 있어야 했다(분산 클라우드 컴퓨팅이 그때 발명되었는지조차 모르겠다). 이게 바로 차원의 저주가 작동하는 방식이다. 계산 비용은 차원의 수가 증가함에 따라 기하급수적으로 늘어난다. 그럼 한번 생각해보자. 애초에(이산화하기 전에) 높은 차원을 갖는 방정식들은 어떨까? 예를 들어 양자 입자 시스템을 위한 슈뢰딩거 방정식, 금융 상품 가격 책정을 위한 블랙-숄즈 방정식, 다중 참여자 게임이나 자원 할당 문제를 모델링하는 동적 계획법의 해밀턴-야코비-벨만 방정식 같은 경우들 말이다. 차원의 저주가 얼마나 큰 영향을 미칠지 상상해보자.

문제의 기하학적 구조

앞서 언급했지만 도메인의 모양은 해석과 수치 계산 모두에 중요하다. 이는 충분히 강조할 만한 가치가 있는 중요한 주제다. 필자가 다뤘던 비현실적인 1차원의 경우 방정식의 도메인으로 선분을 사용했다. 하지만 2차원의 경우에는 직사각형(규칙적인 격자의 장점이 있다), 원(방사형 대칭의 장점이 있다), 특정한 이름이 없는 기타 불규칙한 모양 등 훨씬 더 많은 선택지가 있었다. 해석적인 측면에서는 직사각형이나 원형의 도메인이 가장 쉽다(필자가 마주했던 특정한 방정식이 아니라 선형 방정식과 같은 간단한 방정식의 경우). 시뮬레이션에서도 이런 도메인이 유리하다. 하지만 실제 물체처럼 도메인의 모양이 불규칙할 경우 해당 도메인을 정확하게 표현하려면 불규칙한 부분에 더 많은 불연속 점을 배치해야 한다. 여기서 또 차원의 저주가 우리를 괴롭힌다. 점이 많아지면 계산에 들어가는 벡터가 길어지고 입력 행렬이 커지기 때문이다.

관심 있는 것을 모델링하자

필자는 박사 과정을 마치고 10년이 지나서야 연구했던 것과 비슷한 얇은 결정을 실제로 볼 수 있었다. 필자의 친구가 실험실에서 금으로 된 얇은 결정을 보여줬을 때였다. 돌이켜보면 모델링하려고 했던 것이 실제로 어떤지 보고 시작했어야 했을 것 같다. 그래서 이제는 우선순위를 다르게 정하고 있다. 항상 모델링하려는 대상에 관심이 있는지, 선택한 모델이 현실을 얼마나 잘 반영하는지 그리고 해석 해를 찾는 것이 특정 응용 분야에 있어서 시간과 노력을 들일 가치가 있는지부터 생각한다.

13.3.3 이산화와 차원의 저주

편미분 방정식을 연구하는 수학자는 연속된 세계를 선호하지만 컴퓨터는 이산적인 세계를 좋아한다. 수학자는 함수를 분석하기를 좋아하지만 컴퓨터는 함수를 계산하는 것을 선호한다. 우리는 이 둘을 조합하여 수학 연구에 컴퓨터를 활용하거나 그 반대의 경우로도 활용할 수 있도록 연속적인 방정식을 이산화할 수 있어야 한다. 어떻게 하면 될까? 우선 방정식의 도메인을 이산화하여 개별 점들로 이루어진 메쉬를 만든다. 이때 우리는 메쉬의 유형(규칙적인지 불규칙적인지)과 밀도를 선택한다. 그리고 다음의 인기 있는 방법 4가지 중 하나를 사용하여 미분 방정식 자체를 이산화한다.

유한 차분법 finite difference

결정론적 방법이다. 시간의 이산화, 1차원, 비교적 규칙적인 공간의 기하학적 구조를 이산화하는 데 적합하다.[287]

유한 요소법 finite elements

결정론적 방법이다. 복잡한 공간의 기하학적 구조를 이산화하는 데 적합하며 시간에 따라 변화하는 공간의 기하학적 구조도 다룰 수 있다.[288]

변분법 또는 에너지 방법 variational or energy method

유한 요소법과 유사하지만 더 좁은 범위의 편미분 방정식에서만 작동한다. 이때 해당 편미분 방정식은 변분 원리 variational principle 나 에너지 공식화 energy formulation 를 가져야 한다. 다시 말해, 편미분 방정식 자체가 (함수를 실수로 대응시키는) 어떤 에너지 함수 $E(u)$에 대해 $\nabla E(u) = 0$으로 표현되어야 한다. 필자가 박사 학위를 받을 수 있었던 이유는 운 좋게도 당시 다루었던 편미분 방정식에 대한 에너지 함수를 발견했기 때문이다. 마치 미적분 함수의 최솟값이 $\nabla f(\tilde{x}) = 0$인 지점에서 나타나는 것처럼 에너지 함수의 최솟값은 $\nabla E(u) = 0$인 함수에서 나타난다. 물론 여기서 함수의 미분이 무엇인지 정의할 필요가 있다.

몬테카를로 방법 Monte Carlo method

확률 이론적 방법이다. 편미분 방정식을 이산화하는 것으로 시작한 다음 해당 정보를 활용해 도메인 내 특정 지점에서의 해를 집계할 수 있게 해주는 적절한 랜덤 워크 방법을 고안한다.

이 4가지 방법에서 '유한'이라는 단어는 우리가 무한 차원의 함수 공간이라는 연속체에서 유한 차원의 벡터 공간으로 이동한다는 사실을 강조한 것이다.

이산화에 사용하는 메쉬가 너무 세밀하면 해상도는 높아지지만 고차원의 벡터와 행렬이 생기는 문제가 있다. 차원의 저주를 염두에 두어야 한다. 신경망의 인기가 급상승한 주된 이유는 차원의 저주를 극복하는 마법 같은 능력을 가지고 있는 것처럼 보이기 때문이다. 이게 어떻게 가능한지는 잠시 후에 알아볼 것이다.

---

287 옮긴이_ 유한 차분법에 대한 설명을 덧붙이자면 연속된 값의 변화를 유한한 크기의 차이로 근사하는 방법이다.

288 옮긴이_ 유한 요소법에 대한 설명을 덧붙이자면 큰 영역을 작은 조각(요소)들로 나누고, 각 조각 내에서의 근사 값을 계산하는 방법이다.

13.3.4 유한 차분법

편미분 방정식에 나타나는 함수의 미분을 수치적으로 근사하기 위해 유한 차분을 사용한다. 예를 들어 입자의 속도는 위치 벡터의 시간에 대한 미분이며 입자의 가속도는 위치 벡터의 시간에 대한 2차 미분이다.

유한 차분 근사법에서는 도메인 내의 이산적인 점들에서의 함수 값의 선형 결합으로 미분을 대체한다. 1차 미분은 함수의 변화율을 측정하고 2차 미분은 함수의 오목한/볼록한 정도를 측정한다. 더 고차원의 미분은 과학 분야에서 활용되는 다른 특성들을 나타낸다. 한 점에서의 함수의 미분 값을 보면 그 점 주변에서 함수 값이 어떻게 변하는지에 대한 정보를 직관적으로 알 수 있다.

이러한 근사치의 수학적 타당성은 미적분의 **테일러 정리**Taylor's theorem[289]에 기반한다.

$$f(x) = f(x_i) + f'(x_i)(x - x_i) + \frac{f''(x_i)}{2}(x - x_i^2) + \frac{f^3(x_i)}{3!}(x - x_i)^3 + \cdots + \frac{f^{(n)}(x_i)}{n!}(x - x_i)^n + error\ term$$

이 근사치의 수학적 근거는 미적분학의 테일러 정리다. 테일러 정리에서 오차 항은 다항식 근사를 사용하려고 하는 지점 x_i에서의 다음 차수 미분 $f^{(n+1)}(\xi)$의 성질에 따라 달라진다. 테일러 정리는 충분히 좋은 성질의 함수를 다항식으로 근사할 수 있다는 것을 보여준다. 이때 다항식의 계수는 함수의 해당 지점에서의 미분 값들에 의해 결정된다. 어떤 지점에서 함수가 더 높은 차수의 미분을 많이 가질수록 그 지점 주변에서 더욱 다항식과 유사한 형태로 나타나며 그 성질도 더 좋아지는 것이다.

먼저 1차원 구간 [a,b]를 이산화해보자. 그런 다음 이 구간에서 정의된 함수 $f(x)$의 미분에 대한 유한 차분 근사식을 써보자. 구간 [a,b]를 등간격의 $n + 1$개 점으로 이산화할 수 있다. 이렇게 하면 메쉬의 크기는 $h = \frac{b-a}{n}$가 된다. 이제 이산화된 점들에서 함수 f의 값을 계산할 수 있다. 특정 점 x_i 근처의 값에 관심이 있다면 $f_{i+1} = f(x_i + h)$, $f_{i+2} = f(x_i + 2h)$, $f_{i-1} = f(x_i - h)$라고 쓸 수 있다. 이제 다음에 나오는 수식에서 h는 충분히 작은 값이다. 따라서 $O(h^2)$ 방법(또는 h보다 고차 항을 갖는 방법)이 $O(h)$ 방법보다 더 정확하다.

---

[289] 옮긴이_ 테일러 정리는 어떤 함수를 그 함수의 도함수를 이용하여 무한 급수의 형태로 근사할 수 있다는 정리다. 유한 차분법은 이 테일러 정리의 근사를 활용하는 기법이라고 할 수 있다.

1 1차 도함수에 대한 $O(h)$ 정확도의 전방 차분 근사(두 점 사용)

$$f'(x_i) \approx \frac{f_{i+1} - f_i}{h}$$

2 1차 도함수에 대한 $O(h)$ 정확도의 후방 차분 근사(두 점 사용)

$$f'(x_i) \approx \frac{f_i - f_{i-1}}{h}$$

3 1차부터 4차 도함수에 대한 $O(h^2)$ 정확도의 중앙 차분 근사(두 점 사용, 전방 차분과 후방 차분의 평균)

$$f'(x_i) \approx \frac{f_{i+1} - f_{i-1}}{2h}$$

$$f''(x_i) \approx \frac{f_{i+1} - 2f_i + f_{i-1}}{h^2}$$

$$f'''(x_i) \approx \frac{f_{i+2} - 2f_{i+1} + 2f_{i-1} - f_{i-2}}{2h^3}$$

$$f^{(4)}(x_i) \approx \frac{f_{i+2} - 4f_{i+1} + 6f_i - 4f_{i-1} + f_{i-2}}{h^4}$$

4 1차부터 4차 도함수에 대한 $O(h^4)$ 정확도의 중앙 차분 근사

$$f'(x_i) \approx \frac{-f_{i+2} + 8f_{i+1} - 8f_{i-1} + f_{i-2}}{12h}$$

$$f''(x_i) \approx \frac{-f_{i+2} + 16f_{i+1} - 30f_i + 16f_{i-1} + f_{i-2}}{12h^2}$$

$$f'''(x_i) \approx \frac{-f_{i+3} + 8f_{i+2} - 13f_{i+1} + 13f_{i-1} - 8f_{i-2} + f_{i-3}}{8h^3}$$

$$f^{(4)}(x_i) \approx \frac{-f_{i+3} + 12f_{i+2} - 39f_{i+1} + 56f_i - 39f_{i-1} + 12f_{i-2} - f_{i-3}}{6h^4}$$

$O(h^k)$의 의미는 무엇일까? 수치 근사에서의 h에 대한 차수를 의미한다. 미분을 수치 근사로 대체할 때 우리는 어느 정도 오차를 감수하게 된다. $O(h^k)$는 오차의 크기를 나타내는 척도다. 당연히 이 오차는 사용하는 메쉬의 크기 h에 따라 달라진다. 메쉬가 더 세밀해질수록(h가 작아질수록) 오차도 줄어들 것이다. 이러한 오차의 한계를 구하기 위해 우리는 $f(x+h)$, $f(x-h), f(x+2h), f(x-2h)$ 등으로 테일러 급수 전개를 사용하고 이들의 선형 결합을 통해 원하는 미분에 대한 근사 값과 h에 대한 유한 차분 근사의 차수를 결정한다. 테일러 급수 전

개를 사용하기 위해서는 우리가 함수에 대해 필요한 수준의 미분 가능성을 갖는다고 가정해야 한다. 즉, 우리가 사용하는 함수가 충분히 좋은 성질을 가지고 있어서 충분한 미분 값의 계산이 가능해야 한다. 만약 함수가 특이점을 가지고 있다면 그 특이점 근처에서는 훨씬 더 세밀한 메쉬를 사용하는 등의 다른 방법을 찾아야 한다.

예제 1 구간 [0,1]에서 경계 조건 $y(0) = -1, y(1) = 0$일 때 $y''(x) = 1$ 풀기

이는 1차원의 유계 도메인에서 정의된 선형 2차 상미분 방정식이다. 이 예제는 해석 해를 쉽게 구할 수 있기 때문에 간단하다. 방정식을 두 번 적분하면 미분 항이 없는 함수 $y(x) = 0.5x^2 + c_1 x + c_2$가 나온다(여기서 c는 적분 상수). 두 경계 조건을 대입하여 c의 값을 구하면 해석 해 $y(x) = 0.5x^2 + 0.5x - 1$로 구할 수 있다. 하지만 이 예제의 목적은 해석 해가 아니라 수치 해를 구하기 위해 유한 차분법을 사용하는 방법을 보여주기 위한 것이다. 실제로 다른 많은 미분 방정식의 경우에는 해석 해를 찾는 것이 어렵기 때문에 이런 수치적인 방법에 익숙해져야 한다. 먼저 도메인인 구간 [0,1]을 이산화한다. 원하는 만큼의 많은 점을 사용할 수 있다. 점의 수가 많을수록 고려해야 할 차원이 높아지지만 해상도가 좋아진다. 여기서는 8개의 점만 사용해 보겠다. 따라서 격자의 크기 $h = 1/7$이다(그림 13-7). 이제 연속체인 구간 [0,1]이 8개의 점 (0,1/7,2/7,3/7,4/7,5/7,6/7,1)으로 축소되었다.

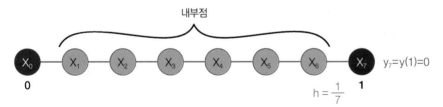

그림 13-7 단위 구간 간격으로 8개의 이산적인 점으로 나누면 7개의 구간이 만들어진다. 이때 각 구간의 크기(격자 크기 또는 스텝의 크기) $h = 1/7$이다.

다음으로 미분 방정식을 이산화하려고 한다. 2차 미분 항을 이산화하기 위해 어떤 유한 차분법이든 사용할 수 있다. 여기서는 $O(h^2)$ 정확도의 **중심 차분법** central difference을 사용해보자. 이를 사용하면 이산화된 미분 방정식은 다음과 같아진다.

$$\frac{y_{i+1} - 2y_i + y_{i-1}}{h^2} = 1 \; for \; i = 1, 2, 3, 4, 5, 6$$

미분 방정식은 도메인 내부에서만 유효하다는 점을 기억하자. 따라서 이산화된 버전을 쓸 경우 $i = 0$과 $i = 7$ 지점은 포함시키지 않는다. $i = 0$과 $i = 7$에서의 값은 경계 조건 $y_{(0)} = -1$과 $y_{(7)} = 0$에서 얻을 수 있다. 이 과정을 거쳐 6개의 방정식과 6개의 미지수 $y_1, y_2, y_3, y_4, y_5, y_6$을 가진 연립 방정식이 만들어진다.

$$y_2 - 2y_1 - 1 = 1/49$$
$$y_3 - 2y_2 + y_1 = 1/49$$
$$y_4 - 2y_3 + y_2 = 1/49$$
$$y_5 - 2y_4 + y_3 = 1/49$$
$$y_6 - 2y_5 + y_4 = 1/49$$
$$0 - 2y_6 + y_5 = 1/49$$

이제 우리는 연속체 세계에서 선형 대수 세계로 이동할 수 있다.

$$\begin{pmatrix} -2 & 1 & 0 & 0 & 0 & 0 \\ 1 & -2 & 1 & 0 & 0 & 0 \\ 0 & 1 & -2 & 1 & 0 & 0 \\ 0 & 0 & 1 & -2 & 1 & 0 \\ 0 & 0 & 0 & 1 & -2 & 1 \\ 0 & 0 & 0 & 0 & 1 & -2 \end{pmatrix} \begin{pmatrix} y_1 \\ y_2 \\ y_3 \\ y_4 \\ y_5 \\ y_6 \end{pmatrix} = \begin{pmatrix} 1/49 + 1 \\ 1/49 \\ 1/49 \\ 1/49 \\ 1/49 \\ 1/49 \end{pmatrix}$$

미분 방정식 시스템을 푸는 것은 2차 미분 연산자에 대응되는 3차원 대각 행렬의 역행렬을 구하는 것과 같다. 연속적인 수학의 세계에서 미분 연산자를 적분하여 $y(x)$를 구하는 것과 유사하게, 이산적인 수학의 세계에서는 이산 연산자의 역행렬을 구하고 이산적인 값들인 y_i를 구한다. 이제 이렇게 도메인을 이산화하기 위해 더 많은 점을 사용할 때는 차원의 저주가 생길 것이라는 것이 충분히 예상될 것이다.

물론 우리는 이산화된 값 y_i와 실제 해 $y(x_i)$를 비교하여 8개의 점을 사용한 유한 차분법 성능을 평가해야 한다(그림 13-8). [그림 13-9]는 4개의 이산적인 점만 사용하여 얻은 수치 해와 실제 해석 해의 그래프를 나타낸다.

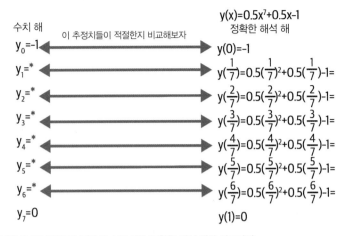

수치 해 / 이 추정치들이 적절한지 비교해보자 / $y(x)=0.5x^7+0.5x-1$ 정확한 해석 해

$y_0=-1$ / $y(0)=-1$

$y_1=*$ / $y(\frac{1}{7})=0.5(\frac{1}{7})^2+0.5(\frac{1}{7})-1=$

$y_2=*$ / $y(\frac{2}{7})=0.5(\frac{2}{7})^2+0.5(\frac{2}{7})-1=$

$y_3=*$ / $y(\frac{3}{7})=0.5(\frac{3}{7})^2+0.5(\frac{3}{7})-1=$

$y_4=*$ / $y(\frac{4}{7})=0.5(\frac{4}{7})^2+0.5(\frac{4}{7})-1=$

$y_5=*$ / $y(\frac{5}{7})=0.5(\frac{5}{7})^2+0.5(\frac{5}{7})-1=$

$y_6=*$ / $y(\frac{6}{7})=0.5(\frac{6}{7})^2+0.5(\frac{6}{7})-1=$

$y_7=0$ / $y(1)=0$

그림 13-8 이산적인 각 점에서 수치 해를 정확한 해석 해와 비교하기

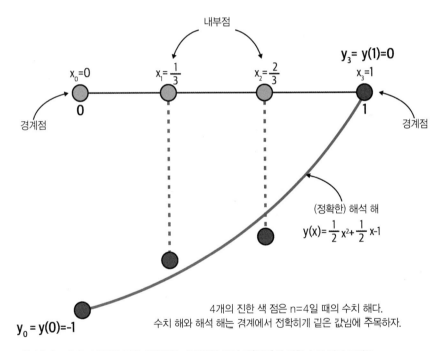

내부점

$y_3= y(1)=0$

$x_0=0$ $x_1=\frac{1}{3}$ $x_2=\frac{2}{3}$ $x_3=1$

0 1

경계점 경계점

(정확한) 해석 해

$y(x)=\frac{1}{2}x^2+\frac{1}{2}x-1$

$y_0 = y(0)=-1$

4개의 진한 색 점은 n=4일 때의 수치 해다.
수치 해와 해석 해는 경계에서 전확히게 같은 값임에 주목하자.

그림 13-9 4개의 이산적인 점을 사용했을 때 정확한 해석 해(실선)에 대한 수치 해의 그래프

이제 유한 차분법을 사용하여 모든 미분 방정식을 모든 도메인에서 이산화할 수 있다.

예제 2 **1차원 열 방정식 $u_t = \alpha u_{xx}$를 구간 $x \in (0,1)$의 내부에서 이산화하기**

이는 1차원 유계 공역에서 정의된 선형 2차 편미분 방정식이다. 여기서 $u = u(x,t)$는 두 개의 변수로 구성된 함수이므로 이산화 기법은 두 좌표를 모두 다루어야 한다. 공간에서만 이산화하고 시간은 연속체로 유지하거나, 시간에서만 이산화하고 공간은 연속체로 남기거나, 공간과 시간을 모두 이산화할 수 있다. 수치적으로 해결할 수 있는 경로가 여러 개 있는 것이 일반적이며 선택의 폭이 넓다는 것은 좋은 점이다. 공간과 시간을 모두 이산화하면 대수 방정식 시스템을 얻을 수 있고, 공간만 이산화하고 시간은 이산화하지 않으면 상미분 방정식 시스템으로 귀결된다. 우리가 다루는 편미분 방정식이 선형이기 때문에 이산화된 시스템도 역시 선형이다.

이제 완전한 이산화 구조를 적어보자. 공간에 대한 이산화를 위해 2차 미분 항을 근사하는 데 2차 정확도의 중심 차분법을 사용하고 시간에 대한 이산화를 위해 1차 미분을 근사하는 전방 차분법을 사용할 것이다.

$$i = 1,2,\cdots,n \text{ 그리고 } j = 0,1,2,\cdots \text{에서 } \frac{u_{i,j+1} - u_{i,j}}{s} = \frac{u_{i+1,j} - 2u_{i,j} + u_{i-1,j}}{h^2}$$

앞서 작성한 방정식에서 $u(x,t)$는 초기 조건 $u(x,0) = g(x)$에서 주어진다. 우리는 $u(x,t)$가 시간에 따라 어떻게 변화하는지 알고 싶다. 수치적인 구조에서 아래 첨자 i는 이산화된 공간을 나타내고 j는 이산화된 시간을 나타낸다. 따라서 초기 조건의 이산화된 버전은 $u_{i,0} = g_i$가 되고 우리는 $i = 1,2,\cdots,n$ 그리고 $j = 1,2,\cdots$에 대해 미지수인 $u_{i,j+1}$을 찾고자 한다. 이전 수치 구조에서 $u_{i,j+1}$을 쉽게 구할 수 있다.

$$i = 1,2,\cdots,n \text{과 } j = 0,1,2,\cdots \text{에서 } u_{i,j+1} = \frac{s}{h^2}(u_{i+1,j} - 2u_{i,j} + u_{i-1,j}) + u_{i,j}$$

마지막으로 이 식을 사용하여 $i = 1,2,\cdots,n$에 대한 $u_{i,1}, u_{i,2}, \cdots$를 찾는다(즉, 시간을 따라 진행한다). 예를 들어 $j = 0$을 대입하여 첫 번째 시간 스텝에서의 이산화된 u의 값을 찾을 수 있다.

$$i = 1,2,\cdots,n \text{에서 } u_{i,1} = \frac{s}{h^2}(u_{i+1,0} - 2u_{i,0} + u_{i-1,0}) + u_{i,0}$$

$$= i = 1,2,\cdots,n \text{에서 } \frac{s}{h^2}(g_{i+1} - 2g_i + g_{i-1}) + g_i$$

g의 이산화된 값은 모두 알고 있기 때문에 이제는 $u_{i,1}$도 알 수 있다. 다음으로 $j = 1$을 대입하여 다음 시간 스텝에서의 이산화된 값 $u_{i,2}$를 찾을 수 있고 이 과정을 계속 반복하면 된다.

13.3.5 유한 요소법

유한 요소법은 미분 방정식에 직접적으로 작동하는 것이 아니라 미분 방정식의 약한 형식weak formulation을 이용한다는 점에서 유한 차분법과 다르다. 약한 형식이란 가중치를 적용하여 평균을 낸 형태로, 여기서는 적분과 부분 적분을 활용하게 된다. 이에 대해서는 잠시 후에 다시 다루도록 하겠다.

유한 요소법의 일반적인 개념을 알아보기 전에 [그림 13-10]을 살펴보자. 이 그림은 원형 도메인에서 정의된 편미분 방정식의 유한 요소 해를 보여준다. 도메인의 이산화에는 삼각형 메쉬가 사용되고 해는 구간별piecewise 선형 함수로 근사된 것을 확인할 수 있다. 메쉬의 모양으로 다른 다각형을 사용할 수 있으며 구간별로 선형이 아닌 구간별 2차 함수나 더 높은 차수의 다항식 같은 더 매끄러운 함수도 사용할 수 있다. 함수가 매끄러울수록 계산량이 증가한다는 점을 기억하자.

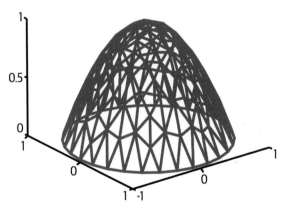

그림 13-10 원형 도메인에 대한 유한 요소법[290]

---

290 이미지 출처: $https://oreil.ly/bljPF$

다음 편미분 방정식에 대한 유한 요소법의 수치적 근사 과정을 살펴보자.

$$(x,y) \in \Omega \subset \mathbb{R}^2 \text{에서 } -\Delta u(x,y) = f(x,y)$$
$$(x,y) \in \text{경계}_\Omega \text{에서의 } u(x,y) = 0$$

이는 푸아송 방정식이다(정전기학에서 등장한다). 시간에 따른 진행이 없고 $f(x,y)$가 정해져 있는 상태에서 미지의 함수 $u(x,y)$를 찾는 문제다. 여기서 $u(x,y)$는 경계 전체에서 0인 값을 가지며 2차 미분 u_{xx}와 u_{yy}의 합이 $-f(x,y)$와 같아야 한다. 이 미분 방정식은 잘 연구되어 있고 해석 해에 대한 공식도 존재하지만 여기서는 유한 요소법을 사용한 수치적 근사를 찾아보는 데만 관심을 둘 것이다.

이를 위해 무한 차원 공간에 존재하는 미지의 함수 $u(x,y)$를 유한 차원 공간에 존재하는 알려진 함수로 근사해야 한다. 유한 차원 공간은 유한 개의 선형 독립인 함수들에 의해서만 생성된다. 기저 함수를 잘 선택하면 계산이 매우 쉬워지므로 잘 선택해야 한다. 대개는 구간별 선형 함수 또는 구간별 다항식 함수를 선택하며 이 함수들은 메쉬상에서 최소한의 영역만 차지한다. 이는 기저 함수가 메쉬에서 한두 개의 인접한 요소 위에서만 0이 아니고 그 외에는 모두 0이라는 것을 의미한다. 따라서 미분 방정식의 전체 영역에 대한 적분은 메쉬의 하나 또는 두 개의 요소에서의 적분으로 축소될 수 있다.

메쉬의 일부 요소에만 영향을 미치는 기저 함수를 선택한 후, 국소적으로 영향을 주는 기저 함수들의 선형 결합으로 실제 해 $u(x,y)$의 근사치를 쉽게 계산할 수 있다.

$$u(x,y) \approx u_1 basis_1(x,y) + u_2 basis_2(x,y) + \cdots + u_n basis_n(x,y)$$

이제는 선형 결합에 사용된 상수 u_i를 찾아야 한다. 그러면 연속체에서 미지의 함수 $u(x,y)$를 직접 구하는 문제에서 계수들로 이루어진 미지의 벡터 $(u_1, u_2, \cdots, u_n)$을 구하는 문제로 귀결된다. 즉, 이제 $u(x,y)$의 근사 해인 u_1요소$_1(x,y) + u_2$요소$_2(x,y) + \cdots + u_n$요소$_n(x,y)$가 어떤 의미에서 미분 방정식을 만족하도록 이 계수들을 선택해야 한다. 미지수가 n개이므로 방정식 도 n개를 만들어 n개의 미지수를 가진 연립 방정식을 풀어야 한다. 이 방정식들은 원래의 미분 방정식 또는 약한 형식으로부터 얻을 수 있다. 미분 방정식의 약한 형식을 구하기 위해서는 방정식에 어떤 함수 $v(x,y)$를 곱하고 도메인 전체에서 적분한 다음 부분 적분을 사용하여 고차

미분을 없애야 한다. 미분의 차수가 낮아질수록 원래 미지의 함수에 가까워진다는 것을 기억해야 한다. 이 과정을 단계별로 진행해보자.

원래 미분 방정식은 다음과 같다.

$$(x, y) \in \Omega \subset \mathbb{R}^2 \text{에 대해} \quad -\Delta u(x, y) = f(x, y) \text{이고,}$$
$$(x, y) \in \text{경계}_\Omega \text{에 대해} \quad u(x, y) = 0$$

미분 방정식에 함수 $v(x, y)$를 곱하고 전체 도메인에 대해 적분한다. 이를 미분 방정식의 약한 형식이라고 한다. 왜냐하면 방정식을 특정 지점에서 만족하는 형태가 아닌 적분의 형태로 만족하게 만들기 때문이다.

$$-\int_\Omega \Delta u(x, y) v(x, y) dx dy = \int_\Omega f(x, y) v(x, y) dx dy$$

연산자 $\Delta = \nabla \cdot \nabla$는 두 개의 미분 연산자 간의 내적임을 기억해야 한다. 부분 적분은 적분 내부에서 하나의 미분 항을 다른 함수로 이동시켜 제거하는 데 도움을 준다. 하지만 이 과정은 그냥 일어나는 것이 아니다. 부분 적분을 수행하는 과정에서 부호가 바뀌고 도메인의 경계에서 작용하는 또 다른 적분 항이 생성된다. 이 새로운 경계 적분 항은 두 개의 부정적분의 곱을 적분한다. 경계 항을 표현할 때는 경계에 대한 바깥 방향의 단위 법선 벡터 $\tilde{n}$이 필요하다.

$$\int_\Omega \nabla u(x, y) v(x, y) dx dy - \int_{\text{경계}_\Omega} v(x, y) \nabla u(x, y) \cdot \tilde{n} ds = \int_\Omega f(x, y) v(x, y) dx dy$$

경계에서 $v(x, y) = 0$으로 선택할 수 있는데 이렇게 하면 경계 항 전체가 사라진다.

$$\int_\Omega \nabla u(x, y) \cdot \nabla v(x, y) dx dy = \int_\Omega f(x, y) v(x, y) dx dy$$

이제 $u(x, y)$를 유한 차원 근사 값으로 대체한다.

$$\int_\Omega \nabla (u_1 basis_1(x, y) + u_2 basis_2(x, y) + \cdots + u_n basis_n(x, y)) \cdot \nabla v(x, y) dx dy$$
$$= \int_\Omega f(x, y) v(x, y) dx dy$$

이제 이 식은 다음과 동일하다.

$$\int_\Omega (u_1 \nabla basis_1(x,y) + u_2 \nabla basis_2(x,y) + \cdots + u_n \nabla basis_n(x,y)) \cdot \nabla v(x,y) dxdy$$
$$= \int_\Omega f(x,y) v(x,y) dxdy$$

핵심은 다음과 같다. $v(x,y)$의 값으로 n개의 서로 다른 함수를 선택하여 미지수 n개(u_i가 미지수다)를 포함하는 n개의 방정식을 얻을 수 있다. 여기서 중요한 원칙은 계산을 복잡하게 하지 않는 함수들을 선택해야 한다는 것이다. 가장 쉬운 선택은 우리가 이미 정의한 n개의 기저 함수를 $v(x,y)$로 사용하는 것이다. 왜냐하면 기저 함수들을 서로 적분했을 때 많은 항들이 상쇄되고(직교성), 자신과 적분했을 때 결과 값이 1이 나오기(정규성) 때문이다. 따라서 미분 방정식의 해를 근사하기 위해 원래 선택한 기저 함수들은 정규 직교 집합^{orthonormal set}을 이룬다. 이 모든 과정은 계산을 훨씬 쉽게 만들기 위한 것이다. 결론적으로 다음과 같은 n개의 방정식을 얻을 수 있다.

$$\int_\Omega (u_1 \nabla basis_1(x,y) + u_2 \nabla basis_2(x,y) + \cdots + u_n \nabla basis_n(x,y)) \cdot \nabla basis_1(x,y) dxdy$$
$$= \int_\Omega f(x,y) basis_1(x,y) dxdy$$

$$\int_\Omega (u_1 \nabla basis_1(x,y) + u_2 \nabla basis_2(x,y) + \cdots + u_n \nabla basis_n(x,y)) \cdot \nabla basis_2(x,y) dxdy$$
$$= \int_\Omega f(x,y) basis_2(x,y) dxdy$$

$$\cdots$$

$$\int_\Omega (u_1 \nabla basis_1(x,y) + u_2 \nabla basis_2(x,y) + \cdots + u_n \nabla basis_n(x,y)) \cdot \nabla basis_n(x,y) dxdy$$
$$= \int_\Omega f(x,y) basis_n(x,y) dxdy$$

마지막으로 n개의 미지수를 가진 n개의 방정식으로 구성된 연립 방정식을 풀면 된다. 이 연립 방정식은 선형 대수 형식으로 표현할 수 있다(이때 $b_i = basis_i$).

$$\begin{pmatrix} \int_\Omega \nabla b_1(x,y) \cdot \nabla b_1(x,y) dxdy & \int_\Omega \nabla b_2(x,y) \cdot \nabla b_1(x,y) dxdy & \cdots & \int_\Omega \nabla b_n(x,y) \cdot \nabla b_1(x,y) dxdy \\ \int_\Omega \nabla b_1(x,y) \cdot \nabla b_2(x,y) dxdy & \int_\Omega \nabla b_2(x,y) \cdot \nabla b_2(x,y) dxdy & \cdots & \int_\Omega \nabla b_n(x,y) \cdot \nabla b_2(x,y) dxdy \\ \vdots & \vdots & \cdots & \vdots \\ \int_\Omega \nabla b_1(x,y) \cdot \nabla b_n(x,y) dxdy & \int_\Omega \nabla b_2(x,y) \cdot \nabla b_n(x,y) dxdy & \cdots & \int_\Omega \nabla b_n(x,y) \cdot \nabla b_n(x,y) dxdy \end{pmatrix} \begin{pmatrix} u_1 \\ u_2 \\ \vdots \\ u_n \end{pmatrix}$$

$$= \begin{pmatrix} \int_\Omega f(x,y) b_1(x,y) dxdy \\ \int_\Omega f(x,y) b_2(x,y) dxdy \\ \vdots \\ \int_\Omega f(x,y) b_n(x,y) dxdy \end{pmatrix}$$

함수 $f(x,y)$, 모든 기저 함수 $b_i = basis_i$, 그리고 도메인 Ω을 알고 있기 때문에 남은 일은 연립 방정식을 푸는 것뿐이다. 이 계산 과정에서 적분 값 중에 대부분이 0이 되기 때문에 연립 방정식은 희소하다. 적분 계산의 편의를 위해 국소적으로만 영향을 주는 기저 함수들을 선택했던 것이다. 누구든 절대 희소하지 않은 조밀한 연립 방정식을 풀고 싶지는 않을 것이다.

당연히 우리에게는 아직 많은 질문들이 남아 있고 유한 요소법에 대한 다양한 연구도 있다. 잠시 몇 가지 중요한 질문을 살펴보자.

모든 미분 방정식이 이런 식으로 계산 가능한 약한 형식을 가지고 있는가?

그렇다. 미분 방정식에 함수 v를 곱하고 부분 적분을 할 수 있기 때문이다. 일부 미분 방정식은 계산을 단순화하는 데 더 나은 구조를 가지고 있다.

미분 방정식의 에너지 공식 또는 변분 원리와 관련이 있는가?

그렇다, 관련이 있다. 리츠 방법$^{\text{ritz method}}$을 찾아보기 바란다. 〈Chapter 10 운용 과학〉에서 에너지 함수의 최소화가 미분 방정식의 해를 구하는 것과 관련이 있다고 언급한 것을 기억할 것이다. 여기서 명심해야 할 점은 대부분의 미분 방정식은 약한 형식을 가지고 있지만 모두가 에너지 최소화 공식을 가지고 있는 것은 아니라는 점이다. 필자가 박사 학위를 받은 이유 중 하나는 연구하던 미분 방정식에 대한 에너지 공식을 발견했기 때문이다. 이는 우연한 발견이었다. 필자가 한 것은 약한 형식의 공식을 정의하고 부분 적분을 적용한 것뿐이다. 조금 전에 했던 것처럼 말이다. 필자는 시행착오가 종종 과소평가되는 경향이 있다고 생각한다.

소볼레프 공간^{Sobolev space}[291]은 왜 미분 방정식의 고급 과정에서 배울까?

함수 u, v와 기저 함수들을 적절한 함수 공간에 정의해야 하기 때문이다. 이 적절한 함수 공간은 우리가 사용하는 모든 계산과 근사가 유효하다는 것을 보장해준다. 예를 들어 관련된 적분식들에서 함수나 그 함수의 미분 값들이 무한대로 발산하는 것을 원하지 않는다.

도메인의 더 세밀한 부분을 해결하기 위해 균일하지 않은 메쉬를 사용할 수 있는가?

그렇다(그림 13-11). 앞선 설명은 균일한 메쉬를 사용하는 것에만 의존하지 않는다.

얼마나 많은 기저 함수가 필요한가?

메쉬의 요소 수만큼 필요하다.

어떤 조건에서 근사 해가 참 해와 일치하는가?

유한 요소 분석^{finite element analysis}의 세계로 여러분을 초대하는 질문이다. 환영한다!

이 방법은 실제로 어떻게 사용될까?

이 방법은 다양한 분야에서 사용된다. 역학이나 구조 설계(하중, 응력, 변형률 계산)에서 시작되었지만 현재는 복잡한 기하학적 모양을 가지는 공간 도메인에서 정의된 모든 종류의 미분 방정식을 수치적으로 해결하는 데 사용된다.

무엇이 잘못될 수 있을까?

항상 그렇듯이 차원의 저주가 문제가 될 수 있다. 해상도를 높이려면 더 많은 메쉬 요소가 필요한데 이로 인해 풀어야 하는 방정식의 시스템이 메쉬 요소의 수에 따라 기하급수적으로 증가한다. 이는 좋지 않은 상황이다. 이상적으로는 불필요한 부분에서는 덜 상세한 메쉬를 사용하고 도메인 내 중요한 부분에서는 더욱 상세한 메쉬를 사용하는 것이 좋다.

---

291 옮긴이_ 소볼레프 공간이란 해석학에서 0으로 빨리 수렴하는 함수들로 구성된 함수 공간을 말한다. 함수 자체뿐만 아니라 그 함수의 약한 미분들도 적분 가능한 특성을 가지는 함수들로 이루어진 공간이다. 미분 방정식의 해를 찾을 때 유용하게 사용된다.

무엇이 계산을 더 복잡하게 만들 수 있을까?

시간에 따라 변하는 도메인을 가지는 미분 방정식의 경우 시간에 따라 적절하게 변화하는 메쉬가 필요하다.

특정한 기하학적 구조와 미분 방정식이 주어졌을 때 인공지능이 적절한 메쉬를 학습하는 데 도움을 줄 수 있을까?

그렇다. 이 책의 뒷부분에서 이와 관련된 내용을 살펴볼 것이다.

다음 내용으로 넘어가기 전에 유한 요소법이 미분 방정식의 해를 근사하는 유한 차원의 메쉬에 의존하는 방법이라는 점을 기억하자. 이 책의 뒷부분에서는 메쉬를 사용하지 않는 신경망 기반 방법에 대해 다룰 것이다.

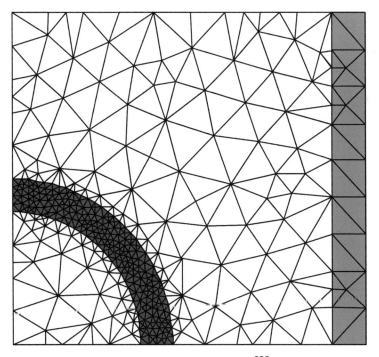

그림 13-11 균일하지 않은 삼각형 메시가 있는 2차원 도메인[292]

---

292 이미지 출처: *https://oreil.ly/f9uHk*

13.3.6 변분법(에너지 방법)

일부 미분 방정식은 특별한 성질을 가지고 있다. 이런 미분 방정식의 해는 어떤 에너지 함수를 최소화하는 값을 가진다. 이러한 성질을 가지고 있는 미분 방정식은 변분 원리를 가진다고 한다. 유한 요소법으로 막 해결했던 푸아송 방정식은 이러한 '운이 좋은' 미분 방정식 중 하나다. 미분 방정식이 변분 원리를 가지면 해당 방정식이 최소화하는 에너지 함수를 연구함으로써 그 미분 방정식의 해를 이해할 수 있는 또 다른 길이 열리는 것이다.

자세한 설명은 생략하고 푸아송 방정식과 이 방정식의 해가 최소화하는 에너지 함수를 간단히 살펴보자.

$$(x,y) \in \Omega \subset \mathbb{R}^2 \text{에 대해} \quad \Delta u(x,y) = f(x,y) \text{이고}$$

$$(x,y) \in \text{경계}_{\Omega} \text{에 대해} \quad u(x,y) = 0$$

$$E(u(x,y)) = \int_{\Omega} |\nabla u(x,y)|^2 + 2f(x,y)dxdy$$

이제 이 새로운 지식을 이용해 미분 방정식의 해를 수치적으로 근사할 수 있다. 에너지 함수를 최소화하는 근사 방법을 살펴보면 된다. 이는 유한 요소법과 유사하게 무한 차원의 해 $u(x,y)$를 우리가 선택할 수 있는 기저 함수들이 존재하는 유한 차원 공간으로 사영^{project}하는 것이다.

$$u(x,y) \approx u_1 basis_1(x,y) + u_2 basis_2(x,y) + \cdots + u_n basis_n(x,y)$$

그리고 다시 숫자 $(u_1, u_2, \cdots, u_n)$을 구해야 한다. 이를 위해 근사 해 $u(x,y)$를 에너지 함수의 공식에 대입한다. 이제 모든 기저 함수들을 알고 있기 때문에 에너지 함수는 $(u_1, u_2, \cdots, u_n)$의 함수가 되며 표준 미적분 방법을 이용해 이를 최소화할 수 있다. 이로써 끝이다.

이 방법은 상당히 일반적이며 변분법을 자연스럽게 이해할 수 있게 해준다. 변분법은 일반적인 미적분에서 다루는 함수가 아니라 함수의 최적화에 대해 다루는 학문이다.

13.3.7 몬테카를로 방법

이제 우리는 결정론적 문제를 해결하기 위해 확률적 사고로 전환하는 것에 익숙해졌다. 손실 함수를 최소화하기 위한 확률적 경사 하강법, 대규모 행렬의 곱셈, 대규모 행렬의 랜덤 특이값 분해, 그래프에서의 랜덤 워크를 통한 지역 사회 식별, 웹 페이지 순위 매기기 등의 작업에서 확률적 접근을 활용했다. 몬테카를로 방법을 소개하는 가장 유명한 예시는 다음과 같다.

- 단위 정사각형 안에 많은 랜덤 포인트 (x_{random}, y_{random})을 생성하여 반지름이 1인 원에 내접한 1/4 원 $x_{random}^2 + y_{random}^2 \leq 1$ 안에 있는 점들의 비율을 찾아 π 추정하기

$$Prob(\text{점이 1/4 원 내부에 존재}) = \frac{\text{반지름이 1인 원의 면적}}{\text{단위 정사각형의 면적}} = \frac{\pi}{4}$$

$$\approx \frac{\text{생성된 포인트가 1/4원 안에 있는 횟수}}{\text{생성된 총 포인트 수}}$$

- 음수가 아닌 연속 함수 $f(x)$의 구간 [a,b]에서의 적분 $\int_a^b f(x)dx$를 추정하기

이를 위해 $a \leq x_{random} \leq b$이고 $0 \leq y_{random} \leq \max(f)$를 만족하는 랜덤 포인트 (x_{random}, y_{random})을 생성한다. 적분 값은 f의 그래프 아래의 면적과 같다. 랜덤 포인트가 $f(x)$의 그래프 아래에 위치하는 경우 $y_{random} \leq f(x_{random})$인 비율을 찾음으로써 적분 값을 추정할 수 있다.

$$Prob(\text{점이 } f \text{의 그래프 아래에 존재}) = \frac{f\text{의 그래프 아래의 면적}}{\text{사각형의 면적}} = \frac{\int_a^b f(x)dx}{(b-a) \times \max(f)}$$

$$\approx \frac{\text{생성된 포인트가 그래프의 아래에 있는 횟수}}{\text{생성된 총 포인트 수}}$$

결정론적 문제를 해결하기 위해 이와 같은 확률적 방법을 사용하는 것을 몬테카를로 방법이라고 한다. 왜냐하면 반복적인 확률 실험을 수행하고 특정 결과가 나올 비율을 계산하는 과정이 마치 모나코의 몬테카를로 카지노에서 도박을 하는 것과 유사하기 때문이다. 물론 라스베가스 스트립 방법이라고 불러도 된다. 이는 결정론적인 질문에 답하기 위한 무작위 대조 시험과 유사한데, 예를 들어 특정 인구 집단에서 어떤 약물의 효과를 평가하기 위한 실험이 그렇다. 동일한 질문에 답하는 또 다른 방법은 완전히 결정론적인 관찰 연구일 수 있다. 이 경우에는 혼란 변수로 의심되는 모든 요인을 통제하고 약물 개입의 효과를 평가한다.

이제 결정론적인 미분 방정식이 있고 랜덤화된 수치적 시도(몬테카를로 방법)를 사용하여 그 해를 찾고자 한다고 가정해보자. 이 방법이 어떻게 작동하는지 설명하기 위해 다음과 같은 간단한 미분 방정식을 사용할 것이다.

$$(x,y) \in \text{단위정사각형} \subset \mathbb{R}^2 \text{에 대해 } \Delta u(x,y) = 0 \text{이고}$$

$$(x,y) \in \text{경계}_{\text{사각형}} \text{에 대해 } u(x,y) = g(x,y)$$

먼저 균일한 격자를 사용하여 도메인을 이산화하고 내부 격자 점과 경계 조건에서의 미분 방정식에 대한 유한 차분법을 작성해보자.

(i,j)가 격자 내부 점에 해당하는 경우와 (i',j')가 경계에 있을 때 $u_{i'j'} = g_{i'j'}$에 대해

$$\frac{u_{i+1,j} - 2u_{i,j} + u_{i-1,j}}{h^2} + \frac{u_{i,j+1} - 2u_{i,j} + u_{i,j-1}}{h^2} = 0$$

목표는 수치적인 방법을 사용하여 격자 내부의 각 점에 대한 $u_{i,j}$ 값을 찾는 것이다. 이것은 내부 점에서 진짜 해 $u(x,y)$의 수치적 추정치가 될 것이다. $u_{i,j}$를 구해보자.

(i,j)가 격자 내부 점에 해당하는 경우와 (i',j')가 경계에 있을 때 $u_{i'j'} = g_{i'j'}$에 대해

$$u_{i,j} = \frac{1}{4}u_{i+1,j} + \frac{1}{4}u_{i-1,j} + \frac{1}{4}u_{i,j+1} + \frac{1}{4}u_{i,j-1}$$

랜덤 워크의 관점에서 이 방정식을 어떻게 해석할 수 있는지 알아보려고 한다. 만약 우리가 경계에 있다면 해($u_{i'j'} = g_{i'j'}$)를 알고 있을 것이다. 따라서 미분 방정식의 구조에 따라 움직이는 랜덤 워크는 경계 지점에서 보상 $g_{i'j'}$를 받게 될 것이다. 게다가 내부 격자 점 (i,j)에서의 해 $u_{i'j'}$는 주변 네 개의 격자 점에서의 해의 비가중 평균이다. 따라서 랜덤 워크가 내부 격자 점 (i,j)에서 시작하면 주변 네 개의 이웃 점들 중 하나로 향할 확률이 각각 0.25가 되고, 이어서 또 그 점의 이웃 점으로 향하는 것을 반복하다가 경계 격자 점 (i',j')에 도달하면 보상 $g_{i'j'}$를 받게 될 것이다. 이 과정은 한 번의 미분 방정식에 대한 탐색에 해당하며 이를 통해 어느 경계 점이 해 $u_{i,j}$에 기여했는지에 대한 작은 정보를 얻게 된다. 만약 이 과정을 여러 번(예를 들어 1,000번) 반복하고 매번 수치 해를 찾고자 하는 같은 격자 점 (i,j)에서 시작한다면 랜덤 워크가 각 경계 지점에 도달한 횟수의 비율을 계산할 수 있다.

$$Prob(\text{점}(i',j')\text{에서 랜덤 워크가 끝날 확률}) = \frac{\text{점 }(i',j')\text{에서 랜덤 워크가 끝난 횟수}}{(i,j)\text{에서 시작한 랜덤 워크의 총 횟수}}$$

이를 통해 우리는 모든 경계 지점으로부터의 기대 보상을 추정할 수 있으며, 이것이 바로 우리가 찾고 있는 수치 해가 된다. 각 경계 값이 내부 지점의 해에서 어떤 역할을 하는지 알 수 있게 되는 것이다. 따라서 미분 방정식의 수치 해는 다음과 같다.

$$u_{i,j} = \sum\nolimits_{(i',j')} Prob(\text{점}(i',j')\text{에서 랜덤 워크가 끝날 확률}) g_{i',j'}$$

이 방법은 연립 방정식(연립 방정식의 크기가 매우 크고 다루기 어려울 수 있음)을 풀지 않고도 수치 해를 얻을 수 있는 훌륭한 방법이다. 또한 전체 격자에서의 해를 찾는 것이 아니라 몇 개의 특정 지점에서 해를 찾고자 할 때도 매우 유용하다.

물론 각 미분 방정식에 대해서는 적절한 수치 해석 방법과 랜덤 워크의 이동 확률을 정의해야 한다. 예를 들어 미분 방정식에 2차 미분에 대한 계수가 포함되어 있다면 랜덤 워크는 이웃한 네 개의 점으로 이동할 때 각각 0.25의 동일한 확률을 가지고 이동하진 않을 것이다. 계수는 각 이웃 점에 대한 가중치로 이어지게 되고 따라서 우리는 각 이웃 점으로 이동하는 확률을 조정해야 한다.

이론적인 측면에서 우리는 다음과 같은 점들을 입증해야 한다.

- 랜덤 워크가 결국에는 경계에 도달한다는 것
- 이렇게 얻어진 수치 해가 미분 방정식의 참 해에 수렴한다는 것

또한 다음과 같은 분석적 추정치를 얻어야 한다.

- 랜덤 워크가 중단될 때까지 걸리는 평균 시간
- 수치 해의 수렴 속도
- 이 방법으로 구한 수치 해가 정확도, 계산 비용, 수렴 속도 측면에서 유한 차분법이나 유한 요소법으로 얻은 해와 비교했을 때의 성능

몬테카를로 방법은 때때로 반대의 방향으로도 사용된다. 즉, 상호 작용하는 입자 시스템과 같은 물리 현상을 모방하는 다양한 과정과 이동(전이) 확률을 포함하는 시뮬레이션을 먼저 만들고 이를 평균낸 다음, 시스템을 나타내는 변수와 관련된 미분 방정식을 유도하는 방식이다. 이는 미분 방정식부터 시작하여 이를 해결하기 위해 세분화된 레벨의 몬테카를로 시뮬레이션을 설계하여 해를 구하는 것과 정반대의 접근 방법이다. 잠시 후에 이러한 반대의 접근법에 대해 논의할 것이다.

13.4 통계역학의 마스터 방정식

필자가 가장 좋아하는 편미분 방정식은 통계역학에서 나오는 마스터 방정식이다. 왜냐하면 시스템을 원자 또는 분자 단위(입자 시스템)의 미시적 수준에서 확률적으로 설명하고, 이를 통해 동일한 시스템을 거시적 스케일에서 결정론적으로 나타낼 수 있는 몇 안되는 미분 방정식 중 하나이기 때문이다. 미시적인 원자적 과정과 변화가 관찰되는 거시적인 행동의 근원이 된다는 것은 논리적으로 당연한 기대다. 필자를 통계역학에 입문시켜준 선생님은 '우리가 살면서 겪는 모든 것은 어떤 거대한 화학 반응의 집합적인 결과가 아닐까?'라고 말한 적이 있다.

미시적 확률에 대한 마스터 방정식으로부터 관측 가능한 양에 대한 결정론적 미분 방정식으로의 전환은 간결하며 부정적인 근사를 하거나 모호한 가정을 만들지 않는다. 또한 완전히 별개인 거시적 스케일과 미시적 스케일의 모델을 사용하는 것처럼 느껴지지 않는다. 이 두 모델은 서로 관련이 없는 것처럼 보이지 않고 오히려 서로 연결되어 있다는 것을 보여준다.

마스터 방정식은 특정 시스템(일부 입자)이 특정 시간에 특정 상태에 있을 확률의 변화를 추적한다. 여기서는 시스템 상태의 확률 변화율을 계산하는 방법을 다루는데, 이는 이득(입자의 상태 변화 유입)에서 손실(입자의 상태 변화 유출)을 뺀 후 서로 다른 상태 간의 이동 속도(전이 속도)를 고려하여 계산된다.

$$\frac{\partial P(h,t)}{\partial t} = \sum_{h'} P(h',t)T(h' \to h) - P(h,t)T(h \to h'), := LP$$

여기서 $T(h \to h')$와 $T(h' \to h)$는 상태 h에서 h'로의 전이 속도와 그 반대의 경우를 나타낸다. 이러한 전이 속도는 시스템에 대한 기본적인 물리적 가정이나 관찰 결과를 이용하여 계산한다. 예를 들어 원자의 증발 및 응축 속도, 확산 속도 등이 이에 해당한다.

이제 마스터 방정식을 사용하여 시스템의 결정론적 서술자descriptor에 대한 편미분 방정식을 유도할 수 있다. 이는 기대값을 계산하는 과정을 통해 이루어진다. 기대값은 확률 변수를 결정론적 변수로 변환하는 데 중요한 역할을 한다. 기대값은 다음과 같이 계산된다.

$$\langle f \rangle = \sum_h fP(h,t) = \sum_h f\frac{e^{-H(h)/KT}}{Z}$$

여기서 $H(h)$는 총 에너지이고 Z는 분배 함수^{partition function}이다. $\frac{e^{-H(h)/KT}}{Z}$라는 식은 통계역학에서 매우 일반적인 표현식이며 에너지가 높은 상태일수록 발생할 확률이 기하 급수적으로 낮다는 직관적인 사실을 표현한 것이다. 즉, 시스템은 낮은 에너지를 선호하며 총 에너지를 낮추는 상태 방향으로 나아간다는 것을 의미한다.

이제는 마스터 방정식을 사용하여 관심 있는 대상의 기대값의 변화율을 계산할 수 있다. 예를 들어 특정 위치 i에서의 결정 구조(원자로 구성)의 높이를 나타내는 h_i의 기대값의 변화율처럼 말이다.

$$\frac{d\langle h_i \rangle}{dt} = \sum_h h_i \frac{\partial P}{\partial t} = \sum_h h_i LP$$

시스템이 닫혀 있다면(외부와 물질 및 에너지 교환이 없다면) 우변을 공간 변수와 시간 변수에 대한 h의 미분 항을 이용하여 표현할 수 있다. 이러한 경우 높이의 기대값에 대한 운동 방정식을 얻을 수 있다. 반면 시스템이 열려 있는 경우(외부와 물질 및 에너지 교환이 있다면) 시스템을 닫기 위해 근사를 도입해야 한다. 이때 물리적으로 타당한 근사를 사용해야 한다. 예를 들어 '시스템이 평형 상태에 가깝다' 등 물리적으로 그럴 듯한 근사치를 만드는 것이 좋다. 물리적으로 타당하지 않은 근사를 사용하면 정확한 결과를 얻을 수 없다.

마지막 단계는 이산적인 운동 방정식을 거시화^{coarse-grain}하여 결정 구조를 기술하는 연속체 미분 방정식 모델을 구하는 것이다. 이 과정은 유한 차분법에서 연속체 미분 방정식으로 이동시키며 이는 유한 차분법을 이용한 이산화 과정과는 반대나. 이 과정을 통해 구한 미분 방정식은 미시적인 원자 과정으로부터 직접 도출된다. 이렇게 생긴 미분 방정식의 일반적인 형태는 다음과 같다.

$$h_t(\vec{x}, t) = F(h(\vec{x}, t), t; \vec{w})$$

여기서 $\tilde{w}$는 시스템의 물리적 파라미터 집합이다.

이어서 입자 시스템을 직접 이용해 거시적 스케일의 자연 현상을 시뮬레이션하기 위한 그래프 신경망의 활용에 대해 배울 것이다. 이 방법은 앞서 배운 미분 방정식을 사용하는 과정을 건너뛴다. 신경망의 입력은 입자 간의 상호 작용과 그 속도 등이고, 출력은 시스템 전체의 시간에 따른 변화(비디오나 일련의 시간에 따른 그래프)가 된다.

13.5 확률 과정의 기대값으로 해 표현하기

특정 종류의 미분 방정식의 경우 해를 기초적인 확률 과정의 기대값으로 표현하는 간단한 해법이 있다. 이 방법은 적절한 확률 과정의 랜덤 워크를 시뮬레이션한 다음 그에 대한 기대값을 계산하는 방식이다. 이를 통해 특정 공간-시간 좌표에서의 해를 계산할 수 있다.

이 방법을 배우기 위해서는 파인만-카츠 공식 Feynman-Kac formula 과 이토 미적분 Itô's calculus 을 배워야 한다. 이토 미적분은 시간에 의존하는 확률 변수의 함수에 대한 미분을 구하는 데 도움을 준다. 이러한 수학적 도구들은 미분 방정식과 확률 이론을 유기적으로 연결시켜 준다.

(여기서는 쓰지 않겠지만) 파인만-카츠 공식은 저차원 문제만 해결 가능한 미분 방정식을 다룰 때 매우 실용적이다. 예를 들면 계량 금융 분야에서 파인만-카츠 공식을 사용하여 블랙-숄즈 방정식의 해를 효율적으로 계산하여 주식 옵션 가격을 매길 수 있다. 또한 양자 화학에서는 슈뢰딩거 방정식을 푸는 데 사용할 수 있다.

13.6 미분 방정식의 변환

미분 방정식의 변환 아이디어는 간단하다. "미분 방정식을 다른 형태로 변형하면 원래 주어진 형태보다 해를 더 쉽게 구할 수 있을지도 모른다." 그래서 해를 쉽게 구할 수 있기를 바라며 변환을 해보는 것이다.

13.6.1 푸리에 변환

푸리에 변환은 x 공간에서 주파수 ξ 공간으로의 적분 변환이다.

$$F.T(f(x)) = \hat{f}(\xi) = \frac{1}{\sqrt{2\pi}} \int_{-\infty}^{\infty} e^{-i\xi x} f(x) dx$$

푸리에 역변환은 푸리에 변환을 취소하고 주파수 ξ 공간에서 x 공간으로 되돌아간다.

$$F.T^{-1}(\hat{f}(\xi)) = f(x) = \frac{1}{\sqrt{2\pi}} \int_{-\infty}^{\infty} e^{i\xi x} \hat{f}(\xi) d\xi$$

푸리에 변환은 미분 방정식을 푸는 데 유용한 도구다. 푸리에 변환은 함수를 시간 또는 공간 영역에서 주파수 영역으로 변환하는 선형 변환이다. 몇몇 함수의 푸리에 변환은 이미 도표화되어 있어서 쉽게 이용할 수 있다.

다음은 푸리에 변환에 대해 알아야 할 몇 가지 중요한 사항이다.

- 푸리에 변환은 함수를 주파수 성분으로 분해하는 도구다. 함수의 푸리에 변환은 주파수마다 얼마나 그러한 주파수 성분을 포함하고 있는지를 나타낸다. 함수 $f(x)$의 주파수 스펙트럼은 푸리에 변환의 절댓값 $|F(\xi)|$이다.
- 푸리에 변환에는 역변환이 존재하며 이를 통해 x 공간(실수 공간)과 주파수 ξ 공간을 왕복할 수 있다.
- 푸리에 변환은 미분 방정식을 푸는 데 또 다른 강력한 도구를 제공한다. 푸리에 변환과 역변환을 이용하면 x 공간에서의 두 함수의 합성곱을 주파수 공간에서의 함수 곱셈으로 변환할 수 있다. 즉, 푸리에 변환 정리는 다음과 같다.

$$F.T.(f*g(x)) = F.T.(f(x)) \times F.T.(g(x)) = \hat{f}(\xi)\hat{g}(\xi)$$

이 정리는 미분 방정식을 푸는 데 매우 유용하다. x 공간에서의 미분 방정식을 푸는 것은 주파수 공간에서의 대수 방정식 또는 더 쉬운 미분 방정식을 푸는 것으로 변환될 수 있다. 그런 다음 푸리에 역변환을 사용하여 x 공간으로 다시 돌아와 해를 얻을 수 있다. 많은 경우 두 푸리에 변환의 곱셈을 반전시키기 때문에 해는 결국 x 공간에서의 합성곱이 된다.

- 푸리에 변환이 수학의 한 분야인 미분 방정식을 해결하는 데 유용한 이유는 x 공간에서의 미분을 주파수 공간 ξ에서의 단순한 곱셈 연산으로 바꾸어주기 때문이다. 다음과 같이 쓸 수 있다.

$$F.T.(u_x(x)) = i\xi F.T.(u(x)) = i\xi\hat{u}(\xi)$$
$$F.T.(u_{xx}(x)) = -\xi^2 F.T.(u(x)) = -\xi^2\hat{u}(\xi)$$

따라서 미분 연산이 사라진다. 이는 고차 미분을 포함하는 복잡한 미분 방정식을 훨씬 단순한 대수 방정식으로 표현할 수 있게 한다.

- 이는 선형 변환이므로 PDE의 각 항에 개별적으로 적용할 수 있다. 이를 통해 상수 계수를 갖는 선형 PDE를 매끄럽게 해결할 수 있다. 계수가 공간에 따라 달라지는 비상수 계수를 갖는 선형 PDE의 경우에도 계수의 급수 전개를 감수한다면 푸리에 변환을 여전히 사용할 수 있다. 급수를 작성할 때는 그 수렴성을 꼭 조사해야 한다.

- 편미분 방정식은 신경망의 보편 근사 정리의 증명에 사용된다.

- 합성곱 신경망의 속도 향상에 사용될 수 있다.

- 편미분 방정식 해를 학습하도록 신경망을 훈련할 때 이를 푸리에 공간으로 표현하는 것이 효과적이다.

하지만 단점도 있다.

- 많은 함수의 푸리에 변환 결과는 복소수다. 복소수 해석학을 배운 상태에서는 이를 이해하고 활용할 수 있지만 그렇지 못할 때가 많다.

- 모든 함수가 푸리에 변환을 가지는 것은 아니다. 변환에 사용되는 적분의 범위가 무한대이기 때문에 적분값의 수렴을 위해 함수가 급격히 0으로 감소해야 한다. 그렇지 않으면 적분이 발산하여 푸리에 변환이 의미가 없어진다. 푸리에 변환의 커널은 $e^{-i\xi x} = \cos(\xi x) - i\sin(\xi x)$다. 이는 주파수 ξ로 진동하며 0으로 감소하지 않는다.

- 푸리에 역변환(이는 PDE의 해석적 해를 찾는 데 도움이 됨)이 존재하는 함수들조차도 그 공식을 모르는 경우가 많다. 이런 경우에는 이 방법을 사용하여 명시적인 해석적 해를 찾을 수 없다. 안타깝게도 해석적 방법들에서 흔히 발생하는 문제다.

- 푸리에 변환은 하이젠베르크의 불확정성 원리Heisenberg uncertainty principle[293]를 따른다.

불확정성 원리 연구는 '자유 입자의 위치와 운동량을 동시에 완벽하게 정확하게 측정하는 것은 불가능하다'는 베르너 하이젠베르크의 주장에서 시작되었다. 그는 자유 입자의 위치와 운동량을 동시에 무한대의 정밀도로 측정하는 것이 불가능하다고 주장했다. 양자역학에서 위치에 대한 파동 함수는 운동량에 대한 파동 함수의 푸리에 변환이다. 푸리에 불확정성 원리는 특히 양자역학 시스템의 안정성과 측정 가능성 사이에 존재하는 자연스러운 상쇄 관계를 설명하는데 널리 사용된다. $f(x)$를 입자의 위치가 x일 때의 확률, $f(\xi)$를 입자의 운동량이 ξ일 확률이라고 할 때 하이젠베르크의 부등식은 이 두 확률 분포가 어느 정도로 퍼져 있어야 하는지에 대한 하한선을 제시한다. 여기서 물리적인 가정은 위치와 운동량이 푸리에 변환을 통해 서로 연관된다는 것이다.

$$|f(x)|^2 L^2 \le 4\pi \cdot |(x - x_0)f(x)|^2 L^2 \cdot |(\xi - \xi_0)f(\xi)|^2 L^2$$

정성적으로 이는 '좁은 함수는 넓은 푸리에 변환을 갖고, 넓은 함수는 좁은 푸리에 변환을 갖는다'는 것을 의미한다. 어느 영역에서든 함수가 넓어진다는 것은 말 그대로 데이터가 넓은 분포를 가진다는 것을 의미하므로 한 영역에서는 항상 불확실성이 존재한다.

---

293 *https://oreil.ly/0hH7h*

13.6.2 라플라스 변환

라플라스 변환은 푸리에 변환보다 더 넓은 범위의 함수들을 변환할 수 있다. 이는 라플라스 변환의 커널 e^{-st}가 기하급수적으로 빠르게 0으로 감소하기 때문이다(복소수 i가 지수에 포함되어 있지 않아 결과가 복잡해지지 않는다). 라플라스 변환은 $[0,\infty)$ 범위에 정의된 함수에 적용된다. 그래서 편미분 방정식을 풀 때 시간 변수나 $[0,\infty)$ 범위를 가지는 다른 변수들을 변환하기 위해 라플라스 변환을 사용한다. 이를 통해 시간 영역에서 편미분 방정식을 직접 푸는 대신 라플라스 변환을 이용해 s 도메인으로 문제를 옮겨서 풀 수 있다. 그런 다음 라플라스 역변환을 사용하여 다시 시간 영역의 답을 구할 수 있다.

라플라스 변환 공식은 다음과 같다.

$$L.T.(f(t)) = \hat{f}(s) = \int_0^\infty e^{-st} f(t) dt$$

라플라스 역변환 공식은 다음과 같다.

$$L.T.^{-1}(\hat{f}(s)) = f(t) = \frac{1}{2\pi i} \int_{c-i\infty}^{c+i\infty} e^{st} \hat{f}(s) ds$$

푸리에 변환과 마찬가지로 계산 편의를 위해 많은 함수의 라플라스 변환 결과를 정리한 표가 있으니 필요하면 찾아보기 바란다.

편미분 방정식을 풀 때는 라플라스 변환의 (시간) 도함수를 처리하는 방식이 중요하다. 도함수를 없애는 것은 문제 해결에 도움이 된다. 구체적으로 어떤 방법으로 편미분 방정식을 풀 수 있을까? 바로 라플라스 변환을 사용하면 된다.

---

294 옮긴이_ 좀 더 간단하게 정리하자면 푸리에 변환은 주기적, 비주기적 함수 모두에 사용될 수 있는 반면 푸리에 급수는 주기적인 함수에만 적용된다.

- $L.T(u_t(x,t)) = s\hat{u}(x,s) - u(x,0)$
- $L.T(u_{tt}(x,t)) = s^2\hat{u}(x,s) - su(x,0) - u_t(x,0)$

편미분 방정식을 풀 때 보통 $u(x,0)$과 $u_t(x,0)$의 초기 조건을 알고 있다는 점을 기억해야 한다. 이를 통해 라플라스 변환을 사용하여 시간에 대한 미분 항을 없앨 수 있다.

또한 라플라스 역변환을 사용하여 s 영역의 대수식 표현을 t 공간의 편미분 방정식 해로 되돌릴 수 있도록 합성곱이 곱셈으로 바뀌는 성질에 주목한다. 여기서 라플라스 변환은 푸리에 변환의 경우처럼 $-\infty$에서 ∞까지의 무한 합성곱이 아닌 0에서 t까지의 유한 합성곱으로 작용한다는 점에 주의해야 한다.

$$(f * g)(t) = \int_0^t f(\tau)g(t-\tau)d\tau = \int_0^t f(t-\tau)g(\tau)d\tau \text{ 일 때 } L.T.((f*g)(t)) = \hat{f}(s)\hat{g}(s)$$

푸리에 변환과 마찬가지로 라플라스 변환도 선형 연산자이므로 선형 편미분 방정식에 사용하는 것이 가장 좋다.

NOTE 편미분 방정식을 대수 방정식이나 상미분 방정식으로 변환하기

푸리에 변환, 라플라스 변환 그리고 한켈 변환Hankel transformation, 멜린 변환Mellin transformation 등의 수학적 변환들은 편미분 방정식에 포함된 특정 변수들 (시간, 공간 등)에 대한 미분 항을 없앨 수 있다. 만약 이 변환들이 편미분 방정식의 모든 변수에 적용된다면 결과는 대수 방정식이 된다. 만약 하나의 변수를 제외한 모든 변수에 변환이 적용되면 상미분 방정식이 된다.

여기서 중요한 점은 대수 방정식이나 상미분 방정식이 원래의 편미분 방정식보다 쉽게 풀 수 있다는 것이다. 또한 대수학, 수치 해석, 상미분 방정식 이론 등에서 알려진 다양한 방법들을 활용하여 변환된 방정식들을 효과적으로 풀 수 있다. 다음 절의 해 연산자solution operator에서 이 과정이 어떻게 작동하는지 간단한 예시를 통해 살펴볼 것이다.

13.7 해 연산자

이제 간단하지만 유용한 예제 두 가지를 살펴보려고 한다. 이 예시들은 변환 방법을 설명하는 동시에 편미분 방정식에서 해 연산자solution operator의 개념을 이해하는 데 도움이 될 것이다.

여기서 등장하는 개념은 매우 일반적이며 신경망을 사용하여 편미분 방정식을 푸는 기반을 마련한다는 점에서 중요하다. 게다가 이 두 예시는 모두 명확한 해석적 해를 가지고 있으므로 근사 방법이나 반복적인 방법(신경망 방법 포함)을 사용하여 편미분 방정식을 푸는 과정을 테스트하는 데 활용할 수 있다.

예제 1은 시간에 따라 변하는 무한 영역에서의 일정한 계수를 가진 1차원 열 방정식을 사용한다. 예제 2는 단순한 기하학적 구조를 가진 유한 영역에서 일정한 계수를 가진 2차원 푸아송 방정식을 사용한다. 푸아송 방정식의 경우 시간에 따라 변하지 않고 정적인 해를 가진다.

13.7.1 예제 1: 열 방정식

무한 영역에서의 1차원 막대의 열 방정식은 다음과 같다.

$$u_x(x,t) = \alpha u_{xx}(x,t) \text{ 이때 } x \in \mathbb{R}, t \in (0,\infty)$$
$$u(x,0) = u_0(x) \text{ 이때 } x \in \mathbb{R}$$

이 편미분 방정식은 무한 영역에서 x가 정의되기 때문에 원거리장 조건$^{\text{far field condition}}$을 설정해야 한다(경계가 없으므로 x가 $x \to \infty$와 $x \to -\infty$로 갈 때 함수 $u(x,t)$가 어떤 형태를 가질지 추정해야 한다). 이러한 x의 극한값을 0이라고 가정해보겠다.

간단히 하기 위해 파라미터 α를 상수라고 가정하여 푸리에 변환을 적용할 수 있다. 이 변환을 (변수 x에 대해) 편미분 방정식 $u_t(x,t) = \alpha u_{xx}(x,t)$와 초기 조건에 적용하면 x에 대한 모든 미분 항을 없앨 수 있고 편미분 방정식을 단순히 시간에 대한 하나의 미분만을 포함하는 상미분 방정식으로 만들 수 있다.

$$\hat{u}_t(\xi,t) = -\alpha\xi^2\hat{u}(\xi,t) \text{ for } \xi \in \mathbb{R}, t \in (0,\infty)$$
$$\hat{u}(\xi,0) = \hat{u}_0(\xi) \text{ for } \xi \in \mathbb{R}$$

이제 변수 분리법$^{\text{separation of variable}}$이라는 상미분 방정식 해법을 통해 푸리에 공간에서 해를 쉽게 구할 수 있다(자세한 과정은 생략한다).

$$\hat{u}(\xi,t) = e^{-\alpha\xi^2 t}\hat{u}_0(\xi)$$

하지만 우리가 원하는 해는 푸리에 공간이 아니라 x 공간에서의 해다. 따라서 이 식에 대해 푸리에 역변환을 취해야 한다. 여기서 중요한 점은 x 공간과 푸리에 공간 간의 변환 과정에서 곱셈은 합성곱으로 변환된다는 사실이다. 따라서 x 공간에서의 해는 다음과 같다.

$$u(x,t) = F.T.^{-1}\left(e^{-\alpha\xi^2 t}\hat{u}_0(\xi)\right) = F.T.^{-1}\left(e^{-\alpha\xi^2 t}\right) * u_0(x) = \frac{1}{\sqrt{4\pi\alpha t}}e^{-\frac{x^2}{4\alpha t}} * u_0(x)$$

$$= \int_{-\infty}^{\infty} \frac{1}{\sqrt{4\pi\alpha t}}e^{-\frac{(s-x)^2}{4\alpha t}}u_0(s)ds = \int_{-\infty}^{\infty} kernel(s,x;t;\alpha)u_0(s)ds$$

계산의 핵심은 다음과 같다.

　편미분 방정식의 해 $u(x,t)$는 초기 상태 $u_0(s)$와 어떤 커널 함수 $k(s,x;t;\alpha)$의 적분 값이다.

게다가 이 편미분 방정식의 해 연산자는 주어진 입력 데이터(이 경우 파라미터 α와 초기 상태 $u_0(x)$를 우리가 구하고자 하는 출력 데이터, 즉 해 $u(x,t)$로 대응시킨다. 이 과정은 초기 상태를 편미분 방정식의 파라미터에 의존하는(그리고 공간과 시간에도 의존하는) 특정 커널 함수를 이용해 적분하는 것으로 이루어진다.

이 커널 함수의 공식을 알고 있거나 이를 근사하는 신경망을 사용하면 특정 편미분 방정식을 풀 수 있다. 이 경우 해당 신경망이 편미분 방정식의 해 연산자를 학습했다고 말한다.

우리가 살펴본 간단한 예시에서는 선형성과 상수 계수를 활용하여 푸리에 변환 방법과 적분 변환을 이용했다. 또한 운 좋게 적분의 커널 함수 $k(s,x;t;\alpha) = \frac{1}{\sqrt{4\pi\alpha t}}e^{-\frac{(s-x)^2}{4\alpha t}}$에 대한 명확한 해석적 공식을 유도할 수 있었기 때문에 근사 과정이 필요하지 않았다. 흥미로운 점은 이 커널 함수는 시간에 따라 확산되는 시간 의존 가우스 함수 $Gaussian(x;t;\alpha) = \frac{1}{\sqrt{4\pi\alpha t}}e^{-\frac{x^2}{4\alpha t}}$에서 유래한다는 것이다. 이 커널 함수와 초기 상태를 합성곱 연산하면 초기 진동이나 급격한 변화를 부드럽게 하는 효과가 나타난다. 이러한 현상은 우리가 시각적으로 관찰할 수 있는 모든 확산 과정에서 볼 수 있다. 예를 들어 공기 중의 연기 확산이나 액체 속의 염료 확산 과정에서 물질이 부드럽게 확산되어 결국 균일하게 배치되는 것을 볼 수 있다.

13.7.2 예제 2: 푸아송 방정식

경계 영역에서의 푸아송 방정식은 다음과 같다.

$$\bar{x} \in D \text{에 대해 } -\nabla \cdot (a(\bar{x})\nabla u(\bar{x})) = f(\bar{x})$$
$$D\text{의 경계에 있는 } \bar{x}\text{에 대해 } u(\bar{x}) = 0$$

$a(\bar{x})$가 상수이고 도메인이 2차원인 경우 다음과 같다.

$$(x,y) \in D \subset \mathbb{R}^2 \text{에 대해 } -a\varDelta u(x,y) = f(x,y)$$
$$D\text{의 경계에 있는 } (x,y)\text{에 대해 } u(x,y) = 0$$

여기서 $\varDelta u(x,y) = u_{xx}(x,y) + u_{yy}(x,y)$다. 열 방정식(상수 계수를 가진 선형 방정식)처럼 변수 x, y에 대한 푸리에 변환을 사용할 수도 있지만 그린 함수 방법[Green's function method]을 살펴보겠다. 여기서는 편미분 방정식의 우변을 연속적인 공간에서 (x,y) 위치에 강도 $f(x,y)$인 임펄스 집합으로 생각할 수 있다. 즉, 디랙 델타[Dirac delta] 측정값 $\delta_{(x,y)}(s,p)$를 사용하여 임펄스 개념을 수학적으로 표현할 것이다. 이 함수는 (x,y)라는 점을 제외하고는 정의역의 모든 곳에서 0이다. 그 특정 점 (x,y)에서는 무한대의 값을 가지며 정의역 전체에 대한 총 측정값의 합은 1로 정규화된다. 이러한 개념의 근거는 특정 위치에 임펄스만을 우변으로 갖는 편미분 방정식의 해를 구할 수 있다면 이러한 해를 모아서 원래의 해를 만들 수 있다는 데 있다. 아마 임펄스만을 우변으로 갖는 편미분 방정식을 푸는 것이 다른 함수를 우변으로 갖는 편미분 방정식을 푸는 것보다 쉬울 것이다. 그러므로 임펄스 편미분 방정식의 해인 $G(x,y;s,p)$로부터 $u(x,y)$의 해를 만들 수 있을 것이다. 더 중요한 것은 그린 함수를 사용하면 입력 데이터에 대한 해를 커널과의 적분 형태로 표현할 수 있다. 임펄스를 우변으로 갖는 편미분 방정식은 다음과 같다.

$$(s,p) \in D \subset \mathbb{R}^2 \text{에 대해 } -a\varDelta G(s,p;x,y) = \delta_{(x,y)}(s,p)$$
$$D\text{의 경계에 있는 } (s,p)\text{에 대해 } G(s,p;x,y) = 0$$

이제 다음과 같이 쓸 수 있다.

$$f(x,y) = \int_D f(s,p)\delta_{(x,y)}(s,p)dsdp$$

그리고 편미분 방정식은 다음과 같다.

$$(x,y) \in D \subset \mathbb{R}^2 \text{에 대해 } -a\Delta u(x,y) = \int_D f(s,p)\delta_{(x,y)}(s,p)dsdp$$
$$D \text{의 경계에 있는 }(x,y)\text{에 대해 } u(x,y) = 0$$

이제 적분식 안에 있는 $\delta_{(x,y)}(s,p)$를 $-a\Delta G(s,p;x,y)$로 바꿔보자.

$$(x,y) \in D \subset \mathbb{R}^2 \text{에 대해 } -a\Delta u(x,y) = \int_D -a\Delta G(s,p;x,y)f(s,p)dsdp$$
$$D \text{의 경계에 있는 } \tilde{x}\text{에 대해 } u(x,y) = 0$$

이제 미분과 적분의 순서를 바꿀 수 있는 조건들이 갖춰졌다고 가정해보자.

$$(x,y) \in D \subset \mathbb{R}^2 \text{에 대해 } -a\Delta u(x,y) = -a\Delta\left(\int_D G(s,p;x,y)f(s,p)dsdp\right)$$
$$D \text{의 경계에 있는 }(x,y)\text{에 대해 } u(x,y) = 0$$

결국 이를 통해 우리는 $u(x,y)$의 해를 다음과 같이 표현할 수 있다.

$$u(x,y) = \int_D G(x,y;s,p;a)f(s,p)dsdp$$

여기서 G는 변수 (s,p) 외에도 a라는 변수에 의존적이라는 점을 명시적으로 표기했다. 뒷부분에서 신경망을 이용하여 편미분 방정식의 해를 찾는 방법을 알아볼 것이다. 그때는 물리적 상수 a가 신경망의 입력값이 될 것이다. 만약 a가 상수가 아니라 (s,p)에 따라 변하는 값이라면 $G(x,y;s,p;a(s,p))$와 같이 표기할 수 있다. 앞선 계산과 유사하게 여기서의 핵심은 다음과 같다.

> 편미분 방정식의 해 $u(x,y)$는 그린 함수 $G(s,p;x,y;a)$를 커널 함수로 하여 적분한 것과 같다. 이 적분은 편미분 방정식의 우변 $f(s,p)$에 대해 이루어진다.

편미분 방정식의 해 연산자는 입력 데이터를 해로 연결해준다. 입력 데이터는 편미분 방정식의 파라미터 a와 우변의 함수 $f(x,y)$로 구성된다. 해를 얻기 위해서는 우변 함수 $f(x,y)$와 편미분 방정식의 파라미터에 의존하는 특별한 커널 함수를 적분한다(이 커널 함수는 함수의 공간적인 위치에도 의존적이다). 여기서 커널 함수는 바로 편미분 방정식의 그린 함수다. 간단한 형태의 정의역을 가지는 푸아송 방정식의 경우 이 그린 함수를 알고 있다. 하지만 더 복잡한 상황에서는 그린 함수를 직접 구하기 어려울 수 있다. 이때 그린 함수의 공식을 알거나 신경망을 이용해 이 함수를 근사함으로써 편미분 방정식의 해를 구할 수 있게 된다.

13.7.3 고정점 반복법

고정점 반복법fixed point iteration은 특정한 편미분 방정식의 해를 직접 구하고 그 해의 존재성과 유일성을 증명할 때 유용한 방법이다. 이 방법은 간단하고도 범용성이 높기 때문에 우리의 수학적 도구 상자에 꼭 넣어둬야 할 도구다. 먼저 고정점 반복법의 원리를 설명하고 이를 동역학 시스템의 해를 일련의 과정으로 표현하는 데 적용해보겠다. 동역학 시스템은 하나 또는 여러 입자(시스템)가 시간에 따라 어떻게 변화하는지를 기술하는 상미분 방정식이다. 앞에서 논의한 것처럼 우리는 신경망이 동역학 시스템의 해 연산자를 학습하도록 하고 싶다. 또한 고정점 반복법에 의한 해의 표현 방식과 신경망을 이용한 해의 표현 방식을 나란히 살펴보는 것도 유익하다. 수학에서는 동일한 해를 여러 방법으로 표현할 수 있음을 기억하자. 고정점 반복을 통한 표현은 일련의 덧셈으로 이루어지고 신경망을 통한 표현은 여러 함수의 합성으로 이루어진다. 게다가 신경망은 편미분 방정식들의 집합 전체에 대한 해 연산자를 표현할 수 있는 더 넓은 범용성을 가지고 있는 것으로 보인다. 이는 이 분야에서 오랫동안 기다려온 꿈이라고 할 수 있다.

고정점 반복법은 함수의 고정점을 찾는 방법이다. 고정점 x^*는 주어진 함수 f가 자기 자신에게 다시 매핑하는 점을 의미한다. 즉, $f(x^*) = x^*$를 만족하는 점이다. 하지만 일반적으로 함수 f는 비선형이기 때문에 이러한 고정점을 찾는 것은 간단하지 않다. 게다가 특정 함수에 대해 고정점이 존재하는지 여부를 미리 알 수도 없다. 비선형 방정식을 다루는 경우 대부분 그렇듯이 고정점 반복법은 한 번에 해를 구하는 방법이 아니라 반복적인 계산을 통해 시퀀스, 수열을 생성한다. 이 시퀀스는 적절한 조건하에 우리가 찾고자 하는 해(함수의 고정점) 쪽으로 수렴하기를 바란다.

고정점 반복법의 작동 원리

고정점 반복법은 다음과 같은 과정을 거친다.

1 출발점 x_0을 설정한다.

2 $x_{i+1} = f(x_i)$를 반복하여 계산한다.

여기서 수열 $\{x_0, x_1, x_2, \cdots\}$는 함수 f를 연속적으로 적용하여 만들어진다. 좀 더 구체적으로는 $\{x_0, f(x_0), f(f(x_0)), f(f(f(x_0))), \cdots\}$와 같은 형태를 가진다. 함수 f와 초기값 x_0에 대해 적절한 조건이 만족된다면 이 수열은 함수 f의 고정점 x^*로 수렴하게 된다(고정점은 $f(x^*) = x^*$를 만족하는 점이다).

고정점 반복을 통해 만들어진 수열은 함수 f와 초기값에 따라 다음과 같은 양상을 보일 수 있다.

- **한계값 x^*로 수렴**
  수열이 특정한 값 x^*로 가까워진다면 고정점 반복은 수렴한다. 만약 함수 f가 연속이라면 수렴한 값은 반드시 f의 고정점이 된다.

- **무한대로 발산**
  수열의 값이 계속해서 커져 제한이 없으면 발산한다.

- **주기적 양상**
  수열이 특정한 값들 사이에서 반복적으로 움직인다.

- **카오스적 양상**
  수열이 불규칙하고 예측할 수 없는 패턴을 보인다.

고정점 반복에서 초기값 x_0의 선택은 고정점이 수렴할지 여부에 영향을 미친다. 이와 관련된 정리들이 많이 존재한다.

고정점 반복을 활용한 상미분 방정식과 편미분 방정식 풀기

우리의 관심사는 함수인 미분 방정식의 해를 찾는 것이다. 따라서 해 u가 $F(u) = u$와 같은 형태의 방정식을 만족하도록 편미분 방정식을 재구성할 것이다(여기서 F는 함수가 아닌 연산자임에 유의해야 한다). 이렇게 하면 고정점 반복 기법에 적합한 환경을 만들 수 있다. 그런 다음 앞서 설명한 것과 동일한 논리를 적용하여 적절한 조건하에서 편미분 방정식의 해인 연산자의 고정점 u^*로 수렴하는 함수들의 수열을 구성할 것이다. 앞선 논의에서는 함수가 아닌 연산자의 고정점으로 (함수가 아닌) 수들의 수열을 적절한 조건하에서 수렴하도록 만들었다.

이번에는 동역학 시스템 관점에서 이를 설명해보겠다. 이는 공간 내 한 점의 시간에 따른 변화를 나타내는 상미분 방정식으로, 가장 중요하고 일반적이며 널리 연구된 상미분 방정식이다. 일반적으로 미분 항이 하나뿐인 1차 미분 방정식으로 표현되므로 제거하기 쉽다는 점에서 보면 쉽지만 비선형이라는 측면에서 보면 어렵다. 일반적으로는 동역학 시스템을 특정 점 근처에서 선형화하고 그 선형화된 움직임을 연구한다. 비록 이 방법이 비선형 움직임에 대한 정보를 줄 수는 있으나 두 가지를 혼동해서는 안 된다. 선형화된 시스템에 대해서는 많은 것이 알려져 있는 반면 비선형 시스템에 대해서는 알려진 것이 많지 않으므로 비선형 시스템에도 동등한 관심을 기울여야 한다. 따라서 여기서는 선형화하지 않고 고정점 반복을 통해 구성된 급수를 사용하여 해를 근사할 것이다.

점 u의 초기 상태를 $\vec{u}(t_0) = \vec{u}_0$으로 알고 있으면 해의 궤적 $\vec{u}(t)$는 이 점의 모든 미래 상태를 보여줄 수 있다. 함수 $\vec{f}(\vec{u}(t), a(t), t)$는 이 변화 과정을 구체적으로 설명할 수 있다.

$$\frac{d\vec{u}(t)}{dt} = \vec{f}(\vec{u}(t), a(t), t)$$
$$\vec{u}(t_0) = \vec{u}_0$$

시간에 대한 미분 항을 하나 없애야 하므로 시간에 대해 한 번 적분한다.

$$\vec{u}(t) = \vec{u}_0 + \int_{t_0}^{t} \vec{f}(\vec{u}(s), a(s), s)ds$$

이제는 이 적분 방정식을 고정점 반복법을 적용하기 좋은 형태로 다시 써보겠다. 우변 전체를 입력이 $\vec{u}(t)$인 연산자로 생각해보자.

$$\vec{u}(t) = F(\vec{u}(t))$$

이제 적절한 조건하에서 수렴하는 해 $\vec{u}(t)$를 찾기 위해 수열 $\{\vec{u}_0(t), \vec{u}_1(t), \vec{u}_2(t), \vec{u}_3(t), \cdots\}$를 만들 수 있다. 이 수열은 다음과 같이 쓸 수 있다.

- $\vec{u}_0(t) = \vec{u}_0(t)$
- $\vec{u}_1(t) = F(\vec{u}_0(t)) = \vec{u}_0 + \int_{t_0}^{t} \vec{f}(\vec{u}_0(s), a(s), s)ds$
- $\vec{u}_2(t) = F(\vec{u}_1(t)) = \vec{u}_0 + \int_{t_0}^{t} \vec{f}(\vec{u}_1(s), a(s), s)ds$
- $\vec{u}_3(t) = F(\vec{u}_2(t)) = \vec{u}_0 + \int_{t_0}^{t} \vec{f}(\vec{u}_2(s), u(s), s)ds$
- $\vdots$

간단하지만 핵심을 잘 보여주는 예시

가장 좋은 예시는 여러 가지 방법으로 해결할 수 있는 간단한 문제다. 하나의 문제를 풀 수 있는 다양한 방법들을 살펴보는 것은 새로 배운 방법의 핵심이 무엇인지 이해하는 데 도움이 된다. 아주 간단한 1차원 선형 동역학 시스템을 살펴보자.

$$\frac{du(t)}{dt} = u(t)$$
$$u(0) = 1$$

이 문제를 해결하는 첫 번째 방법은 변수 분리법이다. $u(t)$와 관련된 모든 항을 좌변으로, t와 관련된 모든 항을 우변으로 옮긴다.

$$\frac{du(t)}{u(t)} = dt$$

이제 0에서 t까지 적분을 취한다.

$$\int_0^t \frac{du(s)}{u(s)} = \int_0^t ds$$

적분한 식을 정리하면 $\ln(u(t)) = t$다. 따라서 변수 분리법을 사용하여 동역학 시스템의 해 $u(t) = e^t$를 구할 수 있다(이 함수는 수학 분야에서 가장 중요한 함수라고 해도 과언이 아니다). 이제 고정점 반복법을 사용하여 함수의 수열을 만들고 이 수열이 동역학 시스템의 해 $u(t) = e^t$로 수렴하는지 확인해보자.

- $u_0(t) = 1$
- $u_1(t) = F(u_0(t)) = u_0(t) + \int_0^t u_0(s)ds = 1 + \int_0^t 1 ds = 1 + t$
- $u_2(t) = F(u_1(t)) = u_0(t) + \int_0^t u_1(s)ds = 1 + \int_0^t 1 + s ds = 1 + t + \frac{t^2}{2}$
- $u_3(t) = F(u_2(t)) = u_0(t) + \int_0^t u_2(s)ds = 1 + \int_0^t 1 + s + \frac{s^2}{2} ds = 1 + t + \frac{t^2}{2} + \frac{t^3}{3!}$
- $\vdots$

$$u_n(t) = F(u_{n-1}(t)) = u_0(t) + \int_0^t u_{n-1}(s)ds = 1 + t + \frac{t^2}{2} + \frac{t^3}{3!} + \cdots + \frac{t^n}{n!}$$

이제 n을 무한대로 보내면 $n \to \infty$ 고정점 반복법은 결국 수렴하게 된다.

$$u_\infty(t) = 1 + t + \frac{t^2}{2} + \frac{t^3}{3!} + \cdots + \frac{t^n}{n!} + \cdots = \sum_{n=0}^{\infty} \frac{t^n}{n!}$$

이는 $u(t) = e^t$의 거듭제곱 급수 전개와 같다. 결국 변수 분리법을 사용했을 때와 같은 해를 얻은 것이다. (형태는 다르지만) 멋지다!

이러한 반복적인 방법을 사용하여 동역학 시스템의 해를 구하거나 동역학 시스템과 유사하게 재구성된 편미분 방정식의 해를 구할 때 우리는 이를 **피카르 반복법**Picard's iteration이라고 부른다. 피카르 반복법은 간단하고 수렴할 경우 단계적으로 해를 찾아낸다($u = F(u)$의 형태로 표현될 수 있는 경우에 적용 가능하다).

어려운 점

고정점 반복법에 적합한 형태로 변형할 수 있는 모든 동역학 시스템과 편미분 방정식에서 해를 찾기 위해 왜 피카르 반복법을 사용하지 않을까? 늘 그렇듯이 차원의 저주 때문이다. 아주 간단한 1차원 선형 예시에서도 각 피카르 반복 단계마다 적분을 계산해야 한다. 더 복잡한 문제의 경우에는 수치적으로 계산해야 할 것이다. 예를 들어 많은 입자의 진화와 상호 작용을 나타내는 동역학 시스템의 경우에는 입자의 수만큼 계산량이 늘어난다. 결론적으로 상미분 방정식과 편미분 방정식 분야에서는 고차원 상황에서 사용 가능한 실용적인 알고리즘의 수가 제한되어 있다.

최근 성공 사례

피카르 반복법에 기반한 고차원 비선형 편미분 방정식과 후방 확률 미분 방정식backward stochastic differential equation에 대한 해를 구하는 방법이 최근에 개발되었다. 이 방법은 실제 물리학 및 금융 분야에서 사용되는 고차원 편미분 방정식의 해를 찾는 데 큰 기여를 했다. 이 방법이 소개된 논문[295]의 초록을 잠시 살펴보자.

편미분 방정식 및 후방 확률 미분 방정식은 물리학 및 금융 공학 분야의 여러 모델에서 핵심적인 요소다. 특히 이 방정식들은 최첨단의 금융 파생상품 가격 책정 및 헤지에서 기본적인 도구로 사용된다. 이러한 애플리케이션에서 사용되는 방정식은 고차원이고 비선형이다. 고차원 비선형 편미분 방정식과 후방 확률 미분 방정식에 대한 해를 일반적으론 구할 수 없기 때문에 이들을 근사치로 구하는 것은 최근 들어 매우 활발한 연구

---

295 *https://oreil.ly/APr1c*

분야다. 최근 논문 「Linear scaling algorithms for solving high-dimensional nonlinear parabolic differential equation」에서 저자들은 피카르 근사법과 다단계 몬테카를로 방법을 기반으로 한 근사화 방법들을 제안했다. 이 논문에서는 반선형 열 방정식semilinear heat equation에 대한 적절한 가정하에서 계산 복잡도가 $O(d\epsilon^{-(4+\delta)})$로 제한되는 것을 보여준다. 여기서 $\delta \in (0,\infty)$, d는 문제의 차원, $\epsilon \in (0,\infty)$다. 이 연구 논문에서는 물리학과 금융 분야에서 발생하는 100차원의 다양한 비선형 편미분 방정식의 적용 가능성을 수치 시뮬레이션(근사 정확도와 실행 시간 비교)을 통해 테스트한다. 100차원 편미분 방정식의 시뮬레이션 결과는 정확성과 속도 측면에서 매우 만족스러운 결과를 보여준다. 또한 다른 문헌에서 제안된 비선형 편미분 방정식과 후방 확률 미분 방정식에 대한 근사화 방법들도 함께 소개하려고 한다.

편미분 방정식 해결을 위한 딥러닝 기초 다지기

딥러닝, 특히 딥 오퍼레이터 네트워크deep operator network를 활용해 상미분 방정식과 편미분 방정식을 해결하는 방법을 위한 기초를 다져보려고 한다. 앞서 다뤘던 1차원 동역학 시스템 예제를 계속 사용해보겠다. 다만 이번에는 물리적 파라미터 $a(t)$에 대한 의존성에 초점을 맞추고 약간의 일반화를 위해 시간에 대한 또다른 명시적 의존성을 추가한다.

$$\frac{du(t)}{dt} = \vec{f}(u(t), a(t), t)$$
$$\vec{u}(t_0) = \vec{u}_0$$

이전과 마찬가지로 시간에 대해 적분해보자.

$$u(t) = u_0 + \int_{t_0}^{t} f(u(s), a(s), s) ds$$

신경망의 목적은 데이터를 입력으로 받아 처리하고 우리가 원하는 출력을 생성하는 것이다. 상미분 방정식 또는 편미분 방정식의 경우 당연히 우리가 원하는 출력은 $u(t)$다. 이 해를 어떤 연산자 G의 출력으로 나타내보자. 여기서 G는 상미분 방정식 또는 편미분 방정식의 데이터를 입력으로 받는다. 동역학 시스템 예시에서 입력 데이터는 동역학 시스템의 물리적 파라미터를 나타내는 함수 $a(t)$다. 중요한 점은 동역학 시스템의 우변 함수 $f(u)$를 입력으로 주지 않아도 된다는 것이다. 이 정보는 훈련 데이터에 암묵적으로 포함되어 있으며 훈련 데이터는 이제 (훈련 입력,훈련 출력) $= (a(t), u(t))$ 쌍의 형태로 나타난다. $f(u)$를 입력으로 주지 않는 것은 이 동작이 유래된 상미분 방정식 또는 편미분 방정식의 정확한 형태는 중요하지 않고 시스템이 수행하는 작업만 충분히 많은 예시를 통해 학습할 수 있다는 것을 의미한다. 이것이야 말로 머신러닝의 핵심이다. 시스템이 따르는 규칙을 직접 코딩할 필요가 없으며 모델은 충분한 예시를 관찰하여 그 규칙을 스스로 학습한다.

이제 해를 $u(t) = G(a(t))$로 표현할 수 있다. 여기서 해 연산자 G는 신경망을 사용해 학습된다. 이 표기법과 개념은 나중에 뉴럴 오퍼레이터 네트워크에 대한 논의에서 다시 다룰 예정이다. $u(t) = G(a(t))$를 적분 방정식에 대입하면 신경망을 사용해 학습하고자 하는 해 연산자에 대해 다음의 식을 얻을 수 있다.

$$G(a(t)) = u_0 + \int_{t_0}^{t} f(G(a(s)), a(s), s) ds$$

방금 적분 방정식을 만들었지만 이 방정식을 직접 풀지는 않을 것이다. 이 방정식은 우리가 궁금해하는 $G(a(t))$가 만족해야 하는 성질만을 보여준다. 이전 논의에서는 피카르 반복법을 사용하여 이 성질을 근사적으로 나타냈고 딥러닝 시대에 와서는 딥 오퍼레이터 네트워크(곧 자세히 다룰 것이다)를 사용하여 근사한다. 컴퓨터 계산 속도를 높이기 위해 푸리에 변환을 포함한다면 딥러닝 방식이 더 효율적이다. 또한 딥러닝 방식은 더 범용적이다. 즉, 단순한 동역학 시스템뿐만 아니라 더 많은 상미분 방정식과 편미분 방정식에 적용될 수 있다. 동역학 시스템은 적분을 한 번만 하면 해에 더 가까운 표현을 얻을 수 있지만 많은 상미분 방정식과 편미분 방정식에서는 이러한 방법을 사용하기 어렵다.

메쉬 독립성과 다양한 해상도

동역학 시스템 해를 학습하는 신경망 입/출력 쌍은 다음과 같은 형태다.

$$(\text{훈련 입력}, \text{훈련 출력}) = (a(t), u(t))$$

컴퓨터는 함수가 아닌 수치 값만 처리하므로 이를 구현할 때는 함수의 이산화가 필요하다. 여기서 함수에 직용하는 연산사와 점에 작용하는 함수의 차이점이 나타나며 이는 뉴럴 오퍼레이터 네트워크의 메쉬 독립성을 가능하게 한다. $a(t)$와 $u(t)$는 반드시 t의 같은 값에서 이산화될 필요가 없다. 중요한 것은 하나의 함수를 다른 함수로 매핑하는 것이기 때문에 이산화된 $a(t)$를 이산화된 $u(t)$로 매핑되는 벡터라고 생각할 수 있다. 이 벡터들은 반드시 같은 위치의 점일 필요도 없고 같은 크기를 가질 필요도 없다. 같은 이유로 네트워크를 특정 해상도로 훈련한 후 다른 해상도에서 예측할 수 있다. 이는 상미분 방정식 및 편미분 방정식 분야에서 큰 발전이다. 이 분야에서는 수치 해의 정확도가 항상 사용된 이산화 방법의 해상도에 의해 제한되어 있다.

13.8 편미분 방정식을 위한 인공지능

지금까지 편미분 방정식을 해결하기 위한 주요 방법과 기본 접근법을 알아봤다. 드디어 본격적으로 편미분 방정식과 관련된 인공지능 기술에 대해 논의할 준비가 됐다. 이제는 딥러닝이 어떻게 편미분 방정식 분야에 적용되어 발전하고 있는지 알아보자.

- **편미분 방정식의 물리적 파라미터 값 학습을 위한 딥러닝**
  신경망을 이용하여 편미분 방정식을 제어하는 물리적 상수들의 값을 찾아낸다.

- **수치 시뮬레이션 및 솔리드 모델링을 위한 2차원 및 3차원 메쉬 학습을 위한 딥러닝**
  딥러닝을 통해 컴퓨터 시뮬레이션이나 3D 모델링에 사용되는 최적의 메쉬 구조를 찾는다.

- **편미분 방정식의 해 연산자 학습을 위한 딥러닝**
  신경망이 두 개의 무한 차원 공간 사이의 관계를 학습하여 편미분 방정식의 해를 도출한다.

- **편미분 방정식을 우회하여 데이터 관찰을 통한 자연 현상의 직접 시뮬레이션을 위한 딥러닝(입자 시스템 및 상호 작용)**
  딥러닝을 이용하여 복잡한 자연 현상을 정밀하게 모사한다. 이때 복잡한 편미분 방정식을 직접 풀지 않고 입자들의 움직임과 상호 작용에 대한 데이터로부터 직접 결과를 예측한다.

13.8.1 물리적 파라미터 값 학습을 위한 딥러닝

신경망을 활용하여 편미분 방정식 모델의 파라미터와 불확실성을 추론할 수 있다. 실제 실험 또는 알려진 파라미터를 가진 잘 알려진 현상의 시뮬레이션을 통해 훈련 데이터를 얻는다. 훈련 데이터에는 파라미터 값이 함께 제공되기 때문에 신경망은 특정 편미분 방정식의 초기 설정을 적절한 파라미터 값에 매핑하는 방법을 학습한다. 이를 통해 더 정확한 모델링 결과를 얻을 수 있다. 과거에는 직접 측정할 수 없는 파라미터를 추측하거나 관찰된 동작에 맞도록 수동으로 조정해야 했는데, 이는 모델링 과정 자체의 신뢰성을 떨어뜨렸다. 딥러닝의 간단한 적용은 모델링 결과의 신뢰성을 높여주기 때문에 편미분 방정식 모델링 분야에 큰 도움을 준다. 신경망은 이미지, 오디오, 또는 기타 구조화되지 않은(또는 매우 고차원의) 실험 데이터로부터 파라미터 값을 학습할 수 있다. 그리고 일단 학습이 되면 동일한 설정에서 어떤 입력 데이터가 주어지더라도 파라미터와 불확실성을 추정할 수 있다. 'Bayesian Inference in Physics-Based Nonlinear Flame Models' 포스터[296]는 화염 전면 이미지 데이터를 사용하여 연소 과정을 모델링하는 G 방정식의 속도장 파라미터를 예측하는 예시를 보여준다.

13.8.2 메쉬 학습을 위한 딥러닝

앞서 배운 것처럼 메쉬 생성은 유한 요소법의 필수적인 부분이다. 유한 요소법은 복잡한 기하학적 영역을 가진 자연 현상을 모델링하는 다양한 편미분 방정식의 수치 해를 찾는 데 사용된다. 메쉬의 품질은 수치 해의 품질에 직접적인 영향을 미친다. 메쉬가 세밀할수록 실제 해를 더 정확하게 포착할 수 있지만 이는 계산 비용의 증가를 초래한다. 이상적인 메쉬는 수치 해와 실제 해 사이의 오차가 높을 것으로 예상되는 곳은 촘촘하게, 오차가 낮은 곳은 성기게 구성된다. 이를 통해 전체적인 계산 비용을 관리 가능한 수준으로 유지하면서도 해의 정확도를 보장할 수 있다(그림 13-12).

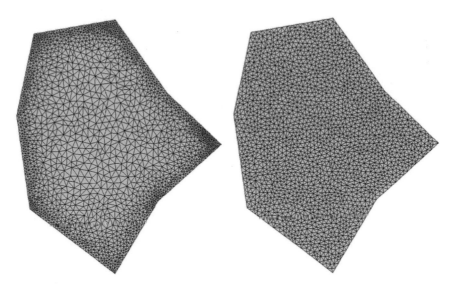

그림 13-12 균일하지 않은 메쉬(왼쪽)와 균일한 메쉬(오른쪽). 오차가 큰 곳은 메쉬가 더 미세해야 한다.[297]

---

296 *https://oreil.ly/ju4Kx*
297 이미지 출처: *https://oreil.ly/4XvB1*

편미분 방정식, 도메인의 기하학적 구조, 경계 조건, 파라미터 값이 주어졌을 때 도메인의 각 위치에서 메쉬 요소 밀도 분포를 예측하여 이상적인 메쉬를 자동으로 생성하는 신경망을 학습시킬 수 있다면 매우 유용할 것이다. 이것이 바로 메쉬 네트워크MeshingNet[298]가 하는 일이다.

메쉬 네트워크가 등장하기 전, 메쉬 생성 작업은 복잡하고 많은 계산이 필요한 유한 요소 해법과 오차 추정기를 통해 수행되었다. 반면 메쉬 네트워크는 새로운 문제에 대한 이상적인 메쉬를 예측하기 위해 유사한 문제들의 데이터에 의존한다. 메쉬 네트워크는 처음에는 일정한 간격의 성긴 메쉬로 시작하여 구체화가 필요한 부분에 대해서 더욱 세밀한 메쉬 밀도를 예측한다. 메쉬 네트워크는 딥러닝의 특징을 잘 보여주는 예시로 다양한 기하학적 영역, 편미분 방정식, 경계 조건, 파라미터 값으로 구성된 문제에도 잘 일반화된다.

메쉬 네트워크의 입력은 편미분 방정식 거버닝governing, 편미분 방정식 파라미터, 도메인의 기하학적 구조, 경계 조건이다. 출력은 전체 도메인에 대한 면적 상한 분포 $A(X)$다. 입력과 출력 사이의 관계는 고도로 비선형적이므로 신경망을 사용하여 학습된다. 신경망은 다양한 비선형 관계를 표현하는 데 뛰어난 성능을 보인다.

메쉬 네트워크는 훈련 데이터셋을 구축하기 위해 표준 유한 요소 해석기를 사용하여 밀도가 높은 일정한 메쉬에서 고정확도의 해를 계산한다. 또한 밀도가 낮은 메쉬에서도 동일한 계산을 수행하여 정확도가 낮은 해를 얻는다. 그런 다음 이 두 해 사이를 보간하여 오차 분포 $E(X)$를 계산한다. 이 $E(X)$를 $A(X)$ 정제화를 위한 지표로 사용한다. 마지막으로 다른 형상, 다른 편미분 방정식 파라미터, 다른 경계 조건의 다양한 조합을 통해 훈련 데이터를 보강한다.

3차원 메쉬를 위한 딥러닝

3차원 메쉬(그림 13-13)는 컴퓨터 그래픽, 엔터테인먼트 업계의 애니메이션 그리고 솔리드 모델링에 유용하게 사용된다. 또한 주어진 3차원 데이터 포인트셋에서 조직화되어 있고 실제와 같은 표면을 재구성하는 데도 매우 유용하다. 전통적인 방법으로는 포인트들을 삼각형 메쉬로 보간하는 들로네 삼각 분할Delaunay triangulation과 보로노이 다이어그램Voronoi diagram이 있다. 하지만 좌표에 노이즈가 있을 경우 생성된 표면이 불필요하게 거칠어질 수 있기 때문에 데이터 전처리가 필요하다.

---

[298] https://oreil.ly/0cAgv

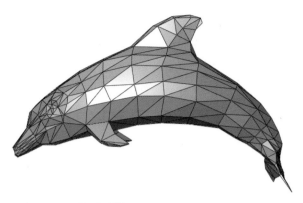

그림 13-13 3차원 메쉬[299]

딥러닝은 더 높은 품질의 3차원 메쉬를 생성하는 데 큰 역할을 하고 있다. 논문 「Deep Hybrid Self-Prior for Full 3D Mesh Generation」[300]과 또 다른 논문 「Pixel2Mesh」[301]를 참고하면 더 자세히 알 수 있을 것이다. Pixel2Mesh는 타원체^{ellipsoid}를 지속적으로 변형시켜 단일 컬러 이미지로부터 3차원의 삼각형 메쉬를 생성한다.

13.8.3 편미분 방정식의 해 연산자 근사를 위한 딥러닝

우리는 이미 해 연산자와 관련된 논의를 했다. 데이터로부터 물리적 파라미터 값을 학습하거나 수치 해를 위한 더 나은 메쉬를 찾는 것처럼, 기존 편미분 방정식 해법을 강화하는 데 딥러닝을 사용하는 대신 편미분 방정식의 해 연산자 자체를 학습해보고자 한다. 이는 편미분 방정식의 입력(도메인, 물리적 파라미터, 해의 초기/최종 상태, 경계 조건 등)을 해에 직접적으로 매핑하는 과정이다. 이를 다음과 같이 표현할 수 있다.

편미분 방정식의 해 = 함수(편미분 방정식의 물리적 파라미터, 도메인, 경계 조건, 초기 조건 등)

우리는 이 함수를 근사하기 위해 신경망을 구축하고자 한다. 이 함수는 일반적인 함수 개념과 달리 실제 함수 자체를 다른 함수로 변환하는 연산자다. 여기서 주의할 점은 미분 방정식 연산

---

299 이미지 출처: *https://oreil.ly/2bG2x*

300 *https://oreil.ly/mm79h*

301 *https://oreil.ly/5rADG*

자와 그 역연산자는 보통 무한 차원 공간을 다른 무한 차원 공간으로 매핑한다는 점이다. 예를 들어 푸아송 방정식의 오른쪽 항을 해로 매핑하는 것은 선형 매핑이지만 대부분의 경우에는 비선형 매핑이다. 하지만 지금까지 이 책에서 다룬 신경망의 입력과 출력은 유한 차원(벡터, 이미지, 그래프)이다. 이러한 신경망은 유한 차원 공간 사이의 함수 매핑을 근사하는 데 효과적이며 보편 근사 정리의 이론적 근거와 실제 응용 분야에서 많은 성공 사례를 보유하고 있다(은닉 층의 너비와 깊이에 제약이 없다면 연속 함수를 임의의 정확도로 신경망을 사용해 근사할 수 있다). 따라서 딥러닝을 사용하여 유사하게 편미분 방정식을 푸는 방법을 찾기 위해서는 다음 두 가지 질문에 답해야 한다.

신경망은 무한 차원 공간 사이의 매핑을 근사할 수 있을까?

다시 말해, 신경망은 임의의 비선형 연속 범함수(함수 또는 여러 함수를 입력으로 받고 실수로 출력한다) 또는 비선형 연산자(함수 또는 여러 함수를 입력으로 받고 다른 함수를 출력한다)를 근사할 수 있을까? 그 답은 '예'다.

신경망 함수에 대한 보편 근사 정리와 마찬가지로 신경망 연산자에 대한 보편 근사 정리가 존재한다. 단일 은닉 층을 가진 신경망도 임의의 비선형 연속 범함수 또는 연산자를 정확하게 근사할 수 있다. 또한 신경망은 기존의 편미분 방정식 해법(한 번에 하나의 특정 편미분 방정식을 해결한다)과 달리 전체 편미분 방정식 계열에 대한 해 연산자를 학습할 수 있다.

실제 구현은 어떻게 할까?

유한 차원의 경우 신경망의 노드는 입력 벡터(또는 이전 층의 출력)에 포함된 유한 차원의 피처들을 선형적으로 결합하고 편향 항bias term을 추가한 후 비선형 활성화 함수를 적용하여 다음 층에 결과를 전달한다. 유한 차원과 달리 선형 결합할 수 있는 요소의 수가 유한하지 않은 무한 차원의 경우에는 입력 함수를 대상으로 학습 가능한 커널에 대한 적분을 수행한다. 수치 적분을 위해서는 유한한 수의 점에서 샘플링하여 적분을 더하기 연산으로 변환해야 한다. 편향(선택 사항)을 추가하고 비선형 활성화 함수를 적용한 후 결과 값을 다음 층에 전달한다. 다음 층에서는 이전 층 노드들의 결과에 가중치를 곱한 값들을 서로 더하고 다시금 학습 가능한 커널을 사용하여 적분하는 과정을 반복한다. 이러한 과정을 구현한 한 가지 예를 제시하면 다음과 같다.

$$u_{n+1}(x) = \sigma\left(\int_D kernel(x,s,a(x),a(s);w)u_n(s)ds + Wu_n(x)\right)$$

특정 수의 전역 적분, 로컬 선형 변환, 비선형 활성화 함수와의 반복적인 합성을 통해 해 $u(x)$에 도달한다. 이 반복적인 과정에서 커널의 파라미터는 w와 행렬 W의 성분이다. 신경망은 훈련 과정에서 손실 함수를 최소화하여 레이블링된 데이터(편미분 방정식의 해로 레이블링됨)로부터 이러한 파라미터를 학습한다. 유한 차원의 경우와 유사하게 뉴럴 연산자 네트워크는 비선형 연산자를 근사하기 위해 전체 영역에서 작용하는 전역 적분 연산자와 비선형 활성화 함수를 연결하여 구성한다. 이전의 반복적인 식은 또한 로컬 선형 곱셈 인자를 포함하며 이는 이산화 과정을 통해 행렬이 된다.

학습된 해 연산자 이해하기

앞서 설명한 식을 우리가 살펴본 진짜 해 연산자와 비교해보자. 뉴럴 연산자의 반복 과정을 열 방정식, 푸아송 방정식, 동역학 시스템 이렇게 3가지 경우에 쉽게 적용할 수 있다.

- **1차원 열 방정식(열전도 계수는 상수)**

  해 연산자는 초기 상태와 편미분 방정식의 물리적 파라미터(상수)를 해 $u(x,t)$에 매핑한다. 여기서 우리는 관련된 모든 수식에 대한 명시적인 공식을 알고 있는 것이 큰 장점이다.

$$G(u_0(x),a) = u(x,t) = \int_{-\infty}^{\infty} \frac{1}{\sqrt{4\pi at}} e^{-\frac{(s-x)^2}{4at}} u_0(s)ds = \int_{-\infty}^{\infty} kernel(s,x;t,a)u_0(s)ds$$

  이러한 경우 뉴럴 연산자 네트워크는 다음과 같은 반복 과정을 수행하여 실제 연산자를 근사할 수 있게 된다.

$$\begin{aligned} G(u_0(x),a) = u(x,t) &\approx u_{n+1}(x,t) \\ &= \sigma\left(\int_D kernel(s,x;t,a;w)u_n(s)ds + Wu_n(x)\right) \end{aligned}$$

- **2차원 푸아송 방정식(경계 조건은 0, 계수는 상수)**

  해 연산자는 편미분 방정식의 우변 f와 물리적 파라미터(상수)를 해 $u(x,y)$에 매핑한다. 하지만 이는 간단한 특정 도메인 형태에서만 성립한다. 여기서도 관련된 모든 수식은 알고 있지만 자세히 다루지는 않는다.

$$G(f(x,y),a) = u(x,y) = \int_D GreenFunction(x,y;s,p;a)f(s,p)dsdp$$

  이 경우 뉴럴 연산자 네트워크는 다음과 같은 반복 과정을 수행하여 실제 연산자에 근사할 수 있게 된다.

$$G(f(x,y),a) = u(x,y) \approx u_{n+1}(x,y) = \sigma\left(\int_D kernel(x,y,s,p,a;w)u_n(s,p)dsdp + Wu_n(x,y)\right)$$

• **1차원 동역학 시스템**

해 연산자는 상미분 방정식의 물리적 파라미터(함수)를 해 $u(t)$에 매핑한다. 이때 해가 반드시 만족해야 하는 암묵적 적분 방정식이 존재한다.

$$G(a(t)) = u(t) = u_0 + \int_{t_0}^t f(G(a(s)), a(s), s) ds$$

이 경우 뉴럴 연산자 네트워크는 다음과 같은 반복 과정을 수행하여 실제 연산자에 근사할 수 있게 된다.

$$G(a(t)) = u(t) \approx u_{n+1}(t) = \sigma\left(\int_{t_0}^t kernel(t, s, a(t), a(s); w) u_n(s) ds + W u_n(t) \right)$$

여기서 하나의 데이터 포인트는 $(t, a(t), G(a(t)))$의 3쌍으로 구성된다. 따라서 특정한 입력값 a는 서로 다른 t 값을 갖는 여러 데이터 포인트에 나타날 수 있다. 예를 들어 크기가 10,000인 데이터셋은 실제로 100개의 $a(t)$ 궤적에서만 생성되었을 수 있으며 각 궤적은 100개의 t 위치에 대해 $G(a)(t)$를 계산한다.

세 가지 경우의 공통점은 뉴럴 연산자 네트워크가 입력 및 출력 데이터만 있으면 되고 해당 편미분 방정식에 대한 사전 지식이 필요하지 않다는 점이다. 편미분 방정식에 대한 정보는 훈련 데이터에 내재되어 있다(암묵적으로 포함되어 있다). 이를 염두에 두고 뉴럴 연산자 네트워크의 입력−출력 형식을 다시 한번 강조한다.

편미분 방정식의 해 $\approx$ 학습된 연산자(편미분 방정식의 물리적 파라미터, 도메인, 경계 조건, 초기 조건 등)

중요한 질문들

이 책을 마친 후에 뉴럴 연산자 네트워크에 대한 지식을 확장하려면 다음과 같은 질문들을 계속해서 던져봐야 한다.

주어진 편미분 방정식에 대해 네트워크의 입력과 출력은 무엇인가?

앞서 살펴본 열 방정식, 푸아송 방정식, 동역학 시스템의 단순한 예시를 통해 질문에 답해봤다.

뉴럴 연산자 구조의 예시는 무엇인가?

[그림 13−14]는 DeepONet[302]의 입력 및 출력 구조를 보여준다. 입력은 이산화된 $(t, a(t))$ 쌍이고 출력은 이산화된 $G(a(t))$다.

---

302 *https://oreil.ly/II3kg*

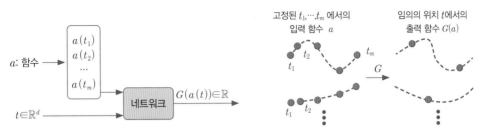

입력과 출력   학습 데이터

그림 13-14 A) 연산자 $G(a(t))$를 학습하는 네트워크는 두 가지 입력 $(a(t_1), a(t_2), \cdots, a(t_m))$과 t를 받는다. B) 학습 데이터 예시[303]

유한 차원과 무한 차원의 입력이 동시에 존재하는 등 차원이 매우 다른 입력들을 어떻게 다루는가?

훈련과 추론 과정에서 입력에 포함되어 있는 유한 차원의 변수(시간과 공간 등의 독립변수)와 무한 차원의 변수(해 함수, 파라미터 함수, 경계 조건, 초기 조건 등)들을 어떻게 이산화할까? 유한 차원의 매핑을 학습하는 신경망에서 입력 데이터(테이블, 이미지, 오디오 파일, 그래프, 자연어 텍스트 등)는 항상 동일한 차원을 갖거나, 동일한 차원이 되도록 전처리를 하거나, 네트워크 자체가 고정된 차원을 가진 입력 부분만을 개별적으로 처리한다는 점에 주목해야 한다.

편미분 방정식을 푸는 여러 방법을 적용하는 과정에서 이산화 의존성을 어떻게 피하는가?

이산화 의존성은discretization dependent 편미분 방정식을 풀 때 빠지기 쉬운 흔한 함정이다. 뉴럴 연산자 네트워크는 어떤 의미에서 메쉬가 필요 없는 기법인가? 그리고 뉴럴 연산자 네트워크를 학습된 파라미터를 훈련 데이터와 다른 이산화 방법에도 일반화할 수 있는 이유는 무엇인가? 여기서 중요한 발전은 뉴럴 연산자 네트워크가 이산화 불변성discretization invariant을 가진다는 것이다. 즉, 서로 다른 이산화 방법에도 동일한 네트워크 파라미터를 공유할 수 있다. 이는 출력값이 이산화 방법에 의존하지 않으며 다른 그리드 표현과 함께 사용될 수 있음을 의미한다.

---

303 이미지 출처: *https://oreil.ly/oRgjA*

뉴럴 연산자 내의 적분 연산 속도를 높이고 계산 비용을 줄이려면 어떻게 해야 하는가?

푸리에 변환을 사용한다. 푸리에 신경망은 입력을 푸리에 공간으로 변환하여 관련 적분 계산 과정을 빠르게 한다. 여기에서 고속 푸리에 변환 기법을 활용할 수도 있다. 곧이어 푸리에 신경망을 설명할 때 자세히 살펴보겠다.

뉴럴 연산자 네트워크는 고차원의 편미분 방정식을 해결하는 데 어느 정도의 성능을 보이는가?

수백 또는 수천 개의 변수를 포함하는 고차원 편미분 방정식(예 블랙-숄즈 모델을 적용한 금융 시장, 다수의 주체가 참여하는 게임 이론, 해밀턴-야코비-벨만 방정식 또는 다수의 입자로 구성된 물리 시스템)의 경우에는 차원이 엄청나게 커진다. 이러한 문제들을 각 차원에 따라 이산화하면 계산 부담이 기하급수적으로 증가하여 지금까지 배운 편미분 방정식의 실질적인 구현을 불가능하게 만든다. 곧 논의할 논문 「Solving High-Dimensional Differential Equations Using Deep Learning」[304]에서는 인공지능 기법을 사용하여 이러한 편미분 방정식을 해결한다. 이 논문의 방법론과 딥 뉴럴 연산자의 접근법을 비교해보면 좋을 것 같다.

푸리에 신경망

캘리포니아 공과대학은 최근 편미분 방정식을 푸는 푸리에 신경망을 자체 개발해 오픈 소스로 공개했다. 이 접근법은 논문 「Fourier Neural Operator for Parametric Partial Differential Equations」[305]에서 소개되었다. 이 네트워크는 고주파 성분을 포함하고 에너지 감쇠가 느린 비선형적 편미분 방정식들의 해 연산자를 근사화할 수 있다.

푸리에 신경망의 한 층은 입력 데이터에 고속 푸리에 변환을 적용한 뒤 선형 변환을 거치고 마지막으로 역푸리에 변환을 수행한다. 이 과정을 통해 계산 복잡도는 준선형적이 되며 $O(n\,polynomial(\log(n)))$ 수준이 되어 모델은 데이터의 공간 해상도에 무관하게 해석된다 (하지만 여전히 데이터는 균일한 메쉬를 필요로 한다).

[그림 13-15]에서 푸리에 신경망의 구조를 확인할 수 있다.

---

304 *https://oreil.ly/vRNYr*
305 *https://oreil.ly/IQ23v*

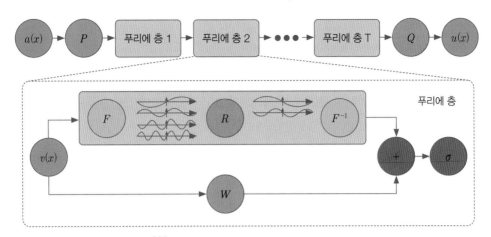

그림 13-15 푸리에 신경망의 구조[306]

입력은 물리적 파라미터 $a(x)$이고 출력은 편미분 방정식의 해 $u(x)$다.

1 입력 $a(x)$에서 시작한다.

2 얕은 완전 연결 신경망 P를 통해 고차원의 채널 공간으로 차원을 높인다.

$$v_0(x) = P(a(x))$$

3 여러 개의 푸리에 층을 적용한다. 각 푸리에 층은 적분 연산자와 활성화 함수로 이루어진다. 각 층에서 푸리에 변환 $F.T$, 저주파 성분에 대한 선형 변환 R, 고주파 성분 필터링 그리고 역푸리에 변환 $F.T^{-1}$을 수행한다. 추가적으로 로컬 선형 변환 W도 층 하단에 적용한다.

4 신경망 Q를 통해 원래 차원으로 다시 투영한다. 출력은 $u(x) = Q(vT(x))$로 나오며 이는 Q에 의한 v의 투영 결과다. Q 역시 얕은 완전 연결 신경망으로 파라미터화된다.

5 출력이 $u(x)$로 나오면서 끝난다.

이 논문은 다음의 주요 편미분 방정식에 대한 실험 결과를 보여준다.

- 버거스 방정식$^{Burgers' equation}$**[307]**
- 다르시의 유체$^{Darcy flow}$**[308]**

---

306 이미지 출처: $https://oreil.ly/Ik39S$

307 옮긴이_ 버거스 방정식은 비선형, 1차원 편미분 방정식으로 충격파와 같은 현상을 모델링하는 데 사용된다.

308 옮긴이_ 다공성 매질(휀 토양, 암석)을 통과하는 유체 흐름을 설명하는 개념으로 자주 사용된다. 지하수 흐름 및 석유, 화학 공학에서 중요한 역할을 한다.

- 나비에−스토크스 방정식^{Navier-Stokes equation}**309**
- (다른 방법이 발산하는 상황에서의) 난류^{turbulent flows}

푸리에 신경망은 메쉬에 독립적이다. 즉, 낮은 해상도의 데이터로 훈련하고 실제 적용할 때는 더 높은 해상도에서 평가할 수 있다. 네트워크는 훈련 과정에서 고해상도 데이터를 직접 본 적이 없는데도 높은 해상도에서 잘 작동한다(제로샷 초 해상도^{zero-shot super-resolution})

데이터 기반의 방법은 데이터의 품질과 양에 의존하기 때문에 다른 방법을 사용해 실제 편미분 방정식을 풀어서 뉴럴 연산자 네트워크를 위한 훈련 데이터(입력−출력 쌍)를 생성해줘야 한다. 이를 위해 논문의 저자는 점도($viscosity$) $= 1\mathrm{e}^{-4}$인 나비에−스토크스 방정식을 학습하기 위해 수치 해법으로 $N = 10{,}000$개의 훈련 쌍 $(a(x), u(x))$를 생성했다고 한다. 더 어려운 편미분 방정식의 경우 적은 수의 훈련 샘플만 생성하는 것조차도 비용이 많이 들 수 있다. 향후 연구 방향은 뉴럴 연산자 네트워크와 수치 해법을 조합하여 더 적은 데이터만으로도 잘 작동하도록 개선하는 것일 수 있다.

연산자에 대한 보편 근사 정리

σ는 연속적인 비다항식^{nonpolynomial} 함수, x는 바나흐 공간^{Banach space}이고 $K_1 \subset X, K_2 \subset \mathbb{R}^d$는 두 개의 콤팩트 집합, V는 $C(K_1)$의 콤팩트 집합이며 G가 V를 $C(K_2)$로 매핑하는 비선형 연속 연산자라고 가정하자. 그러면 임의의 $\epsilon > 0$이고 양의 정수 n, p, m과 상수 $c_i^k, \xi_{i,j}^k, \theta_i^k$, $\xi_k \in \mathbb{R}, w_k \in \mathbb{R}^d, x_j \in K_1, i = 1, \cdots, n, k = 1, \cdots, p, j = 1, \cdots, m$에 대해 다음과 같이 나타낼 수 있다.

$$\left| G(u)(y) - \sum_{k=1}^{p} \sum_{i=1}^{n} c_i^k \sigma\left(\sum_{j=1}^{m} \xi_{ij}^k u(x_j) + \theta_i^k\right) \sigma(w_k y + \xi_k) \right| < \epsilon$$

모든 $u \in V$와 $y \in K_2$에 대해 이 식이 성립한다. 중요한 점은 이 근사 정리는 신경망에서 단 하나의 은닉 층만을 사용하지만 이 은닉 층에 얼마나 많은 노드가 있는지는 구체적으로 명시하지 않는다는 점이다. 실제 문제에 적용할 때는 유한 차원의 경우와 마찬가지로 하나 이상의 은닉 층을 사용하게 된다.

---

309 옮긴이_ 나비에−스토크스 방정식은 유체 흐름을 표현하는 데 사용되는 편미분 방정식으로, 날씨 예측, 항공기 설계 등 다양한 영역에서 활용된다.

복잡한 단어와 그리스 문자에 겁내지 말자. 이 정리는 우리에게 편미분 방정식의 해 연산자를 근사하는 신경망 연산자를 만들 수 있다는 이론적 근거를 제공한다. 비록 우리가 편미분 연산자의 해 연산자에 대한 정확한 공식을 결코 알 수 없을지라도 우리가 만든 뉴럴 연산자 네트워크는 훌륭한 프록시 역할을 한다. 이것이 바로 우리 모두가 근사 정리를 사랑하고 그 정리를 찾은 수학자에게 계속 감사해야 할 이유다.

고정점 반복 과정에서 해를 근사하는 상황을 예로 들었지만 강조할 만큼 가치 있는 내용이다. 유한 차원 공간 사이의 매핑이든 무한 차원 공간 사이의 매핑이든 신경망은 단순한 함수들을 합성(선형 결합 또는 선형 적분 연산자와 비선형 활성화 함수의 합성)하여 복잡한 함수, 범함수, 연산자를 표현한다. 이는 기존의 근사 접근법과 다른 점이다. 기존 방법에서는 근사 결과가 여러 함수의 '덧셈' 형태로 나타나는 반면 신경망은 여러 함수의 '합성' 결과로 복잡한 함수를 근사한다.

심화 학습 자료

뉴럴 연산자 네트워크에 대한 심층 연구를 위해 꼭 알아두어야 할 논문은 다음과 같다.

- 「DeepONet: Learning Nonlinear Operators for Identifying Differential Equations Based on the Universal Approximation Theorem of Operators」[310]
- 「Neural Operator: Graph Kernel Network for Partial Differential Equations」[311]
- 「Fourier Neural Operator for Parametric Partial Differential Equation」[312]

---

[310] *https://oreil.ly/Do6du*
옮긴이_ 이 논문은 꼭 읽어보기 바란다. 짧게 요약하자면 신경망이 연속 함수뿐만 아니라 비선형 연속 연산자도 근사할 수 있다는 것에 기반한 동적 시스템과 부분 미분 방정식의 연산자를 효율적으로 학습하는 방법인 DeepONet을 제안한다. 여기서 핵심은 DeepONet이 입력 함수를 처리하는 브랜치넷과 출력 함수의 위치를 인코딩하는 트렁크넷 이렇게 두 개의 하위 네트워크로 구성된다는 것이다.

[311] *https://oreil.ly/RtWuT*
옮긴이_ 이 논문은 신경망을 사용해 무한 차원 공간에서의 연산자 간 매핑을 학습하는 것에서 비선형 활성화 함수와 적분 연산자의 조합을 통해 무한 차원 매핑을 근사화하는 방법을 제안한다. 여기서 그래프 커널 네트워크(GKN)는 입력 데이터를 편미분 방정식의 해로 매핑하는 것을 목표로 무한 차원 공간에 대한 매핑을 학습할 수 있다는 것을 보여주었다. 이 논문은 신경망이 고정된 유한 차원 공간에 제한되지 않고 함수 공간과 같은 무한 차원 공간 간의 복잡한 관계를 학습할 수 있다는 가능성을 제시했다.

[312] *https://oreil.ly/cUkhw*
옮긴이_ 이 논문은 기존에 신경망이 유한 차원의 유클리드 공간 간의 매핑에 집중했다면 이를 확장하여 함수 공간 간 매핑을 학습하는 뉴럴 연산자를 제시한다. 특히 푸리에 변환을 사용하여 비선형 연산자를 효과적으로 근사하는 방법을 제시한다.

13.8.4 고차원 미분 방정식의 수치 해법

미분 방정식은 우주 만물을 모델링할 수 있는 만능 도구다. 예를 들어 우리가 자주 사용하는 교통 상황까지도 미분 방정식으로 표현할 수 있다. 미분 방정식을 배우고 나면 우리가 마주하는 대부분의 상황을 하나의 미분 방정식으로 표현할 수 있지 않을까 생각해보게 된다. 하지만 차원의 저주는 미분 방정식 분야 초창기부터 지속적인 걸림돌이었고 실제 응용에 큰 장애물이 되었다. 그렇기 때문에 많은 미분 방정식 입문 과정에서는 마치 1차원이나 2차원의 미분 방정식이 전부인 것처럼 이 부분에만 집중하는 경우가 많다. 아마 인공지능에 화려하지도 않고 영화 제목으로도 어울리지 않을 만한 이름을 붙였다면 아마 인공지능은 '고차원 데이터 처리, 계산, 분석'이라고 불렸을 것이다. 이렇게 표현한다고 해서 필자가 인공지능을 폄하하려는 것은 아니다. 고차원 데이터 처리, 계산, 분석은 바로 사람이 일상적으로 하는 일이기 때문이다. 단, 사람의 경우 여기에 창의성이라는 차원이 더해진다(인공지능에서는 생성 모델이 이 역할을 담당할 것이다). 그렇다면 딥러닝이 고차원 미분 방정식의 수치 해를 찾는 데 적합한 방법인 것도 놀라운 일은 아닐 것이다. 바로 이 주제를 다루는 것이 2018년 논문 「Solving High-Dimensional Differential Equations Using Deep Learning」[313]이다. 이 논문은 수백, 수천 개의 변수를 가진 미분 방정식을 해결할 수 있는 방법을 제시한다. 이를 통해 우리는 더 이상 상호 작용과 연결 관계에 대한 인위적인 가정을 고안할 필요 없이 관련된 모든 변수, 자산, 자원 또는 입자들을 동시에 모델에 포함시킬 수 있게 되었다. 저자들은 수많은 고차원 미분 방정식을 다루는데, 여기에는 다음과 같은 방정식이 포함된다.

- **해밀턴-자코비-벨만 방정식**
  상호 작용하는 수백 개의 에이전트 중에서 각 에이전트에 대한 최적의 전략은 무엇인가?

- **블랙-숄즈 방정식**
  아직까지 채무 불이행이 발생하지 않았다는 조건하에 수백 가지의 기초 자산을 기반으로 하는 옵션의 적정 가격은 얼마인가?

딥러닝을 기반으로 고차원 편미분 방정식의 해를 구하는 모델을 만들 때 가장 먼저 고민해야 할 점은 딥러닝 네트워크의 입력과 출력이 무엇인지 아는 것이다. 이상적으로는 해가 $u(x,t)$인 모든 편미분 방정식은 x와 t를 입력으로 받고 $u(x,t)$를 출력한다. 여기서 x는 매우 큰 차원을 가지는 벡터 $\vec{x}$가 될 수 있다. 만약 x의 값이 금융 자산의 가격처럼 확률성[^stochasticity]을 포함

---

[^313]: *https://oreil.ly/Qw4gY*

한다면 반드시 이를 모델에 반영해야 한다. 그렇게 하지 않으면 우리는 보통 일종의 평균값을 사용한다는 가정을 하는 셈이다. 결론적으로 현실의 많은 사례에서 우리는 x를 확률 과정인 X로 표현해 입력으로 사용해야 한다. 그리고 이를 수학적으로 명확하게 정의할 필요가 있다.

앞서 언급한 논문에서 중요한 방법은 X를 신경망에 입력하기 전에 고차원 편미분 방정식을 역방향 확률 미분 방정식으로 재구성하는 것이다. 여기서 필요한 필수 수학 개념들을 제대로 이해하기 위해서는 다음의 내용을 숙지해야 한다(3~5번 항목은 이 책의 범위를 벗어난다).

1 브라운 운동(《Chapter 11 확률》 참고)

2 확률 과정(《Chapter 11 확률》 참고)

3 확률 미분 방정식

4 비선형 포물형 편미분 방정식nonlinear parabolic PDE과 확률 편미분 방정식stochastic PDE의 관련성

5 역방향 확률 미분 방정식backward stochastic differential equation

다음으로 생각해보아야 할 질문은 다음과 같다.

1 왜 편미분 방정식을 학습시키기 전에 확률 형태로 바꿔야만 하는가?

2 이러한 변환을 통해 얻을 수 있는 장점은 무엇인가?

이 부분은 이 책의 범위를 벗어나지만 이제 여러분은 무엇에 초점을 두고 어떤 질문을 해야 할지 알게 되었을 것이다.

마지막으로, 이 방법은 많은 고차원 미분 방정식을 풀 수 있다는 가능성을 제시하지만 여전히 한계점이 존재한다. 파울리 배타 원리Pauli exclusion principle[314]를 다루는 데 있어 발생하는 어려움 때문에 이 방법은 양자 다체 문제quantum many body problem에는 적용할 수 없다.

13.8.5 자연 현상 시뮬레이션

앞서 입자 시스템에 대해 언급한 바 있다. 우리는 통계역학의 틀을 사용하여 입자 수준에서의 시스템 상태에 대한 확률을 설명했고 이를 이용하여 거시적 수준에서 시스템의 시간에 따른 변화를 모델링하는 편미분 방정식을 만들었다.

---

314 https://oreil.ly/XAyAz

이번에는 최근의 신경망 기반 모델들이 입자 시스템을 시뮬레이션하는 방법과 미분 방정식을 작성하지 않고도 시스템의 변화를 예측하는 방법에 대해 설명하려고 한다. 이제 우리는 미분 방정식을 우회하고 이를 데이터로부터 학습하는 방법으로 대체한다.

물이나 모래와 같은 입자 시스템의 변화를 세밀한 수준에서 추적하려면 각 시간 스텝 t별로 모든 입자의 위치 벡터 $\vec{p}_i(t)$를 알아야 한다. 이러한 위치가 어떻게 변화하는지는 입자와 이웃 입자 간의 근거리 및 장거리 상호 작용에 따라 달라진다(⒞ 에너지와 운동량 교환 등). 이는 시스템의 물리적 특성과 중력, 온도, 힘, 자기장 등의 외부 영향에 의해 결정된다. 우리는 이러한 상호 작용에 대한 관계식을 명시적으로 정의하고 입자의 위치, 속도, 가속도와 연관시키는 대신 신경망이 특정 시점에서의 입자 시스템의 상태(입력)와 이후 시간에 모든 입자의 위치나 속도 또는 가속도(출력) 사이의 관계를 학습하도록 훈련시킬 수 있다. 각 입자와 그 상태를 노드로 표현하고 엣지와 그 피처를 통해 특정 입자 사이의 상호 작용을 모델링할 수 있으므로 그래프 신경망은 입자 시스템을 모델링하는 데 매우 적합하다.

이러한 관계를 학습하는 모델에 관한 최근 연구의 일반적인 아이디어를 알아보자. 다음은 논문 「Learning to Simulate Complex Physics with Graph Networks」[315]의 일부다.

> 먼저 훈련 데이터가 필요하다. 입력(특정 시간의 입자 시스템과 그 특성)과 목표 값(이후 시간에 각 입자의 가속도) 쌍을 특정 입자 시스템의 관찰된 혹은 시뮬레이션된 궤적 데이터셋으로부터 생성할 수 있다. 예를 들어 1,000단계 길이의 궤적을 가지고 있다면 과거의 5개 상태를 조건으로 하여 995개의 쌍을 생성할 수 있다. 데이터셋에는 위치 벡터만 있으면 되고 속도 및 가속도 벡터는 유한 차분법을 사용해 구할 수 있다. 데이터셋은 일반적으로 훈련용 1,000개, 검증용 100개, 테스트용 100개의 궤적을 포함하며, 각 궤적은 다양한 재료가 안정된 평형 상태에 도달하는 평균 시간에 맞춰 300~2,000시간 스텝으로 시뮬레이션된다.
>
> 다음으로 입력에서 출력으로의 관계(네트워크 구성 요소)를 구축해야 한다. 정수 시간 t에서 특정 상태에 있는 시스템부터 시작한다. $X^t = (\vec{x}_0^t, \cdots, \vec{x}_N^t)$. N개의 각 입자 $\vec{x}_i^t$는 시간 t에서의 상태를 나타낸다(위치 $\vec{p}_i^t$, 질량, 재질 속성 등 기타 특성을 포함한다). 다음으로 상태 $X^t = (\vec{x}_0^t, \cdots, \vec{x}_N^t)$을 그래프 $G = $ (노드, 엣지, 글로벌 속성)으로 표현하는 함수를 학습한다. 여기서 글로벌 속성은 필요 시에 노드의 피처가 될 수 있다. 노드 임베딩 $\overrightarrow{node_i} = function(\vec{x}_i)$는 입자 상태를 학습한 함수(다층 퍼셉트론)이다. 방향성이 있는 엣지는 상호 작용할 가능성이 있는 입자 노드 사이를 연결하는 경로를 만들기 위해 추가된다. 엣지 임베딩 $\vec{e}_{i,j} = function(\vec{r}_{i,j})$는 해당 입자 쌍($\vec{r}_{i,j}$)의 속성에 대해 학습된 함수(다층 퍼셉트론)이다. 예를 들어 두 입자 사이의 변위, 스프링 상수 등이 여기에 해당된다.
>
> 그 다음 그래프 간의 관계를 학습한다. 이 단계에서는 학습된 메시지 전달을 M번 반복 실행하여 노드 간의 상호 작용을 계산하고 업데이트된 그래프 $G = (G_1, \cdots, G_M)$을 생성한다. 그리고 최종 그래프를 반환한다. 메시

---

315 *https://oreil.ly/Q0EWH*

지 전달을 통해 엣지를 따라 노드 간에 정보를 전파할 수 있고 여러 제약 조건을 따를 수 있게 된다. 이러한 방식으로 시스템의 복잡한 역학은 노드 간의 메시지 전달을 통해 근사화된다. 또한 최종 그래프는 첫 번째 그래프와 같은 구조를 가지지만 노드, 엣지 및 그래프 수준의 속성이 다를 수 있다.

그 다음 최종 그래프에서 시스템의 역학을 나타내는 행렬을 추출하는 함수(다층 퍼셉트론)를 학습한다. 예를 들어 입자 가속도 행렬 $Y = (\vec{p}_1'', \vec{p}_2'', \cdots, \vec{p}_N'')$을 얻을 수 있다. 마지막으로 행렬 Y의 가속도를 이용해 오일러 적분을 적용하면 입자들의 위치와 속도가 업데이트된다. 이를 통해 시스템의 상태가 X^{t+1}로 갱신된다.

이러한 모델은 재료나 입자 시스템에만 국한되는 것이 아니다. 로봇 제어 시스템과 같이 상호 작용하는 에이전트를 포함하는 시스템도 모델링할 수 있다. 이는 복잡한 현상을 사실적으로 시뮬레이션하는 데 큰 도움이 되며 과학과 공학 분야에서 큰 가치가 있다.

13.9 동적 계획법을 위한 해밀턴–야코비–벨만 방정식

해밀턴–야코비–벨만 방정식은 또 다른 미분 방정식으로, 특히 고차원에서 문제를 해결할 수 있도록 해 경제학, 운용 과학, 금융 분야에 많은 가능성을 열어주었다. 간단히 말해 주어진 기간 동안 최소한의 비용을 보장하는 최적의 전략(⑩ 투자 전략)을 제시한다. 이상적으로는 비현실적인 대표 에이전트 모델representative agent model로 축소하기보다는 투자 은행을 위한 모든 금융 자산과 같이 수백 또는 수천 개의 상호 작용하는 에이전트를 모델에 포함하고자 한다. 앞서 살펴본 것처럼 고차원 미분 방정식의 수치 해를 찾기 위해 신경망을 사용하는 것이 이런 경우에 유용하다.

수학적으로 해밀턴–야코비–벨만 방정식은 매우 다채로운 특성을 지니고 있다. 이는 동역학 시스템 ($\frac{\partial x(t)}{dt} = f(x(t), a(t), t)$), 편미분 방정식(편도 함수와 등식), 최적화 문제(최대화 또는 최소화) 등의 개념을 결합한다. 실제 응용 사례로부터 하나의 편미분 방정식을 도출하는 방법을 배우고 이를 이해하며 해를 찾고 그 해를 분석(존재성, 유일성, 매끄러움 등)하려고 시도할 때 우리는 많은 수학적 지식을 습득하게 된다.

게다가 이 편미분 방정식은 인공지능의 강화 학습과 직접적인 관련이 있다. 하지만 〈Chapter 11 확률〉에서 다루었던 마르코프 결정 과정 관점에서 강화 학습을 확률적으로 생각하는 대신 결정론적 동적 계획법deterministic dynamic programming의 관점에서 강화 학습을 이해한다.

동적 계획법의 관점에서 여러 에이전트의 상태는 벡터 $\vec{x}(t)$에 담겨 시간에 따라 변화하며 주어진 기간 동안 최소한의 비용이 발생하는 특별한 해를 만드는 최적화 정책^{optimizing policy}을 찾아야 한다. 사고 과정의 전개는 이렇다. 먼저 특정 시간-의존 정책은 동역학 시스템의 동작에 영향을 미치며 이는 결과적으로 발생 비용에 영향을 준다. 이 모든 요소들은 수학적인 개념들이다.

동적 계획법 분야(주어진 기간 동안 변화하는 시스템을 위한 최적의 전략을 찾는 것)에 대한 리처드 벨만의 공헌은 매우 중요하다. 잠시 후에 우리는 벨만의 최적성 원리^{principle of optimality}를 접하게 되는데 사실 차원의 저주라는 용어를 만든 사람도 바로 벨만이다. 이 원칙은 고려하는 기간에 대한 최적화 문제를 더 작은 시간 간격의 더 작은 하위 문제로 분해하므로 이후에 재귀적 방식으로 해결할 수 있어 대단히 유용하다.

13.9.1 결정론적 및 확률적 환경에서의 벨만 방정식

결정론적 동적 계획법 환경에는 다음과 같은 요소가 있다.

이산 시간 벨만 방정식

현재 시간에서 시작하여 최종 시간까지 최적의 전략(또는 제어 또는 정책) a_k를 현재 시간 스텝 k에서 선택하여 현재 비용과 다음 시간 스텝의 가치 함수의 합을 최소화함으로써 가치 함수를 찾을 수 있다. 이는 재귀적이다.

$$Value(\vec{x}_k, n) = \min_{\vec{a}_k}(Cost(\vec{x}_k, \vec{a}_k) + Value(\vec{x}_{k+1}, n - 1))$$

이 식에서 n은 최종 시간 스텝이고 이산 시간 역학은 다음과 같이 표현된다.

$$\vec{x}_{k+1} = \vec{f}(\vec{x}_k, \vec{a}_k)$$

따라서 다음과 같이 나타낼 수 있다.

$$Value(\vec{x}_k, n) = \min_{\vec{a}_k}(Cost(\vec{x}_k, \vec{a}_k) + Value(\vec{f}(\vec{x}_k, \vec{a}_k), n - 1))$$

각 이산 시간 스텝 k에서의 최적화 변수 $\vec{a}_k$의 순서는 전체 기간에 대한 최적의 정책(또는 전략 또는 제어)을 구성하며 강화 학습에서와 마찬가지로 최소한의 총 비용을 보장한다.

연속 시간 벨만 방정식

이는 해밀턴–야코비–벨만 편미분 방정식이다. 확률적 최적 제어의 경우 벨만 방정식의 확률적 버전이 존재한다. 이는 투자 은행, 스케줄링, 라우팅 관련 문제에 광범위하게 사용된다. 확률적 프레임워크에서는 기초 확률 과정을 원하는 최종 상태로 유도하는 최적의 제어 입력(전략 또는 정책)을 찾아야 하며 이때 비용은 최소화되어야 한다. 예를 들어 특정 기간 내에 최소한의 비용으로 금융 주문을 실행해야 하는 문제를 고려해보자. 먼저 기초 자산의 단기 역학을 모델링한 다음 시간과 상태 공간을 모두 이산화할 수 있다. 이를 통해 특정 기간 동안 모든 주식을 반드시 매도 또는 매수해야 하는 조건하에 각 시간 스텝에서 특정한 양의 주식을 거래할 수 있다. 우리는 매 시점마다 취할 수 있는 모든 가능한 행동 중에서 원하는 목표를 달성할 수 있도록 해주는 최적의 행동이 무엇인지 알려주는 정책을 찾아야 한다.

〈Chapter 11 확률〉에서는 벨만 방정식을 강화 학습과 연결했다. 이는 가치 함수를 갖는 마르코프 결정 과정의 맥락에서 이루어진다.

$$Value(\vec{s}) = \max_{states\ and\ actions} \mathbb{E}(reward_0 + \gamma Value(\vec{s}'))$$

결정론적 동적 계획법 관점에서 이와 유사한 방정식은 바로 가치 함수에 대한 해밀턴–야코비–벨만 편미분 방정식이다. 식을 정의하기 전에 주의해야 할 개념들을 먼저 살펴보자.

비용 함수의 최소화

이 세상에서 이보다 더 일반적인 목표가 있을까?

최적 제어 또는 최적 정책의 선택

이것이 우리가 찾고 있는 최소화 변수다. 이는 동역학 시스템을 제어한다.

가치 함수

주어진 기간 동안의 전체 최소 비용이다.

벨만 최적성 원리

최적화 문제를 단순화할 수 있게 해주는 놀랍도록 유용한 원칙이다.

시간을 거슬러 구하는 해

원하는 결과부터 시작하여 최적의 초기 상태로 거슬러 올라간다. 이러한 설정에서 시간을 역행하는 해를 구하는 것이 왜 더 쉬운지 직관적으로 이해할 수 있다. 최종 목표를 알고 있기 때문에 이전 시간 스텝에서 목표로 이어지지 않는 모든 경로를 즉시 제외할 수 있으므로 많은 불필요한 경로에 대한 탐색 시간을 절약할 수 있다. 반면에 시간을 순행하며, 즉 시작 부분에서 해를 구하기 시작한다면 원하는 결과와 근접해 있다는 이점을 활용할 수 없으므로 불필요한 경로를 탐색하는 데 더 많은 시간과 자원을 낭비하게 된다.

13.9.2 큰 그림

궁극적인 질문은 이것이다. 우리가 원하는 곳 $\vec{x}(t_{final})$에 도달하기 위해 가장 비용 효율적인 방식으로 전략 실행 비용 함수의 최솟값을 의미하는 가치 함수 $Value(\vec{x}(t_{initial}), t_{initial}, t_{final})$을 얻으려면 무엇을 해야 하는가? 초기 상태 $\vec{x}(t_{initial})$과 시간에 따라 변하는 정책 $\vec{a}(t)$는 무엇인가?

여기에 포함된 주요 개념들은 다음과 같다.

- $\vec{x}(t)$는 동역학 시스템의 상태를 나타내는 벡터.
- 전략(정책 또는 제어) $\vec{a}(t)$는 어떤 비용 함수를 최소화하는 상태 $\vec{x}(t)$를 유도하도록 설계되어야 한다. 만약 우리가 찾고 있는 이 특별한 $\vec{a}(t)$를 동적 시스템에 입력한다면 출력 $\vec{x}(t)$는 비용 함수를 최소화할 것이다.
- 전략(정책 또는 제어) 실행으로 인해 발생하는 비용 함수 $Cost(\vec{x}(t), \vec{a}(t), t_{initial}, t_{final})$은 최종 시간 t_{final}에서의 종료 비용과 $t_{initial}$에서 t_{final}까지 이동하는 동안의 누적 비용(적분)의 합으로 구성된다. 누적 비용은 시스템의 현재 상태와 현재 제어에 따라 달라진다.
- 가치 함수 $Value(\vec{x}(t_{initial}), t_{initial}, t_{final})$은 특정 기간 동안의 최소화 정책 $\vec{a}^*(t)$를 시행했을 때 얻을 수 있는 최소 비용이다. 최소화 정책 $\vec{a}^*(t)$는 시스템의 역학에 대한 정보를 사용하여 상태 $\vec{x}^*(t)$를 결정한다.

13.9.3 해밀턴–야코비–벨만 편미분 방정식

관련된 방정식과 공식은 다음과 같다.

$$\frac{d\vec{x}(t)}{dt} = \vec{f}(\vec{x}(t), \vec{a}(t), t)$$

$$Cost(\vec{x}(t),\vec{a}(t),t_{initial},t_{final}) = Cost_{final}(\vec{x}(t_{final}),t_{final}) + \int_{initial}^{t_{final}} Cost_{incremental}(\vec{x}(s),\vec{a}(s))ds$$

$$Value(\vec{x}(t_{initial}),t_{initial},t_{final}) = \min_{\vec{a}(t)} Cost(\vec{x}(t),\vec{a}(t),t_{initial},t_{final})$$

벨만의 최적성 원리는 최적화 정책 $\vec{a}^*(t)$에 해당하는 특정 궤적 $\vec{x}^*(t)$에서의 가치 함수(최적 비용)의 동작에 대해 매우 중요한 정보를 제공한다. 특정 시간 간격에서의 가치는 만약 우리가 최적화 정책 $\vec{a}^*(t)$에 해당하는 궤적 $\vec{x}^*(t)$에 따라 시간 간격을 분해한다면 개별 구간의 가치들의 합과 같다는 것이다. 이를 통해 더 긴 시간 간격에 대한 최적화 문제를 훨씬 더 짧은 시간 간격에 대한 최적화 문제의 재귀로 나눌 수 있다.

$$Value(\vec{x}^*(t_{initial}),t_{initial},t_{final})$$
$$= Value(\vec{x}^*(t_{initial}),t_{initial},t_{intermediate}) + Value(\vec{x}^*(t_{intermediate}),t_{intermediate},t_{final})$$

벨만의 최적성 원리를 사용하여 가치 함수가 만족하는 해밀턴-야코비-벨만 방정식을 도출할 수 있다. 이 미분 방정식은 최적 제어를 위한 오래된 해밀턴-야코비 방정식을 일반화한 것이다. 이 미분 방정식의 해에는 매우 중요한 정보들이 담겨 있다. 만약 시스템이 초기 상태 $t_{initial}$ 뿐만 아니라 임의의 시간 t에 있다면 어떨까? 그렇다면 해밀턴-야코비-벨만 방정식을 풀어 원하는 최종 비용까지의 가치 함수를 계산할 수 있다.

$$-\frac{\partial Value}{\partial t} = \min_{\vec{a}(t)}\left(\left(\frac{\partial Value}{\partial \vec{x}}\right)^T \vec{f}(\vec{x}(t),\vec{a}(t)) + Cost_{incremental}(\vec{x}(t),\vec{a}(t))\right)$$

최종 시간 조건에 대해 식을 풀면 다음과 같다.

$$Value(\vec{x}(t_{fianl}),t_{final}) = Cost_{final}(\vec{x}(t_{fianl}),t_{final})$$

다음은 가치 함수에 대한 일차 편미분 방정식이다.

$$Value(\vec{x}(t),t,t_{final})$$

다시 한번 강조하자면 이는 시간 t의 상태 $\vec{x}(t)$에서 시작하여 t_{final}까지 시스템을 최적으로 제어할 때 발생하는 최적 비용이다. t_{final}에서의 최종 가치 함수는 이미 알고 있고 시간 t에서의 가치 함수 $Value(\vec{x}(t))$를 찾아야 한다. 따라서 미분 방정식을 시간을 거슬러 올라가며 해를 구한다. 즉, t_{final}에서 시작해서 $t_{initial}$에서 끝난다.

13.9.4 해밀턴–야코비–벨만 편미분 방정식의 해

가치 함수에 대한 해밀턴–야코비–벨만 방정식을 풀 수 있다면 최적의 제어 $\vec{a}^*(t)$를 알아낼 수 있다. 그리고 이 제어 $\vec{a}^*(t)$를 통해 현재 상태 $\vec{x}^*(t_{initial})$에서 원하는 최종 상태 $\vec{x}^*(t_{final})$까지의 최소 비용(또는 최대 보상) 경로 $\vec{x}^*(t)$를 얻을 수 있다.

일반적으로 해밀턴–야코비–벨만 방정식은 매끄러운 해$^{smooth\ solution}$을 가지지 않으므로 약한 해$^{weak\ solution}$ 또는 일반화된 해$^{generalized\ solution}$로 해결해야 한다. 이는 많은 편미분 방정식에서 공통적으로 나타나는 문제다. 편미분 방정식 이론을 연구하는 사람은 거의 대부분 일반화된 해를 개발하고 이 해들이 존재하는 함수 공간(소볼레프 공간$^{Sobolev\ spaces}$ 등)에 대해 이해하는 데 집중한다. 해밀턴–야코비–벨만 방정식에 대한 일반화 해의 대표적인 예로는 점성 해$^{viscosity\ solution}$와 최소 극대 해$^{mini-max\ solution}$가 있다(상세한 설명은 다루지 않는다).

인공지능이 해밀턴–야코비–벨만 방정식에 대한 광범위한 연구에 기여하는 것은 수백 또는 수천과 같은 고차원에서의 수치 해법이다. 가치 함수는 기초 자산$^{underlying\ asset}$ 또는 기여 에이전트$^{contributing\ agent}$로 구성된 상태 벡터 $\vec{x}(t)$의 함수이며, 이들 중 상당 부분이 존재한다면 해당 편미분 방정식의 차원이 매우 높아진다. 앞서 참조한 논문 「Solving High-Dimensional Partial Differential Equations Using Deep Learning」[316]에서는 다른 중요하고 영향력 있는 고차원 편미분 방정식과 함께 해밀턴–야코비–벨만 방정식의 수치 해법을 다루고 있다.

호프 공식$^{Hopf\ formula}$이라는 용어는 일반적으로 해밀턴–야코비 편미분 방정식의 해와 관련 있다. 특정 유형의 비점성 해밀턴–야코비 유형 편미분 방정식의 경우 다본^{Darbon}과 오셔^{Osher}는 2016년 논문 「Algorithms for Overcoming the Curse of Dimensionality for Certain Hamilton-Jacobi Equations Arising in Control Theory and Elsewhere」[317]에서 호프 공식에 기반한 고차원 해밀턴–야코비 편미분 방정식을 위한 효과적인 알고리즘을 개발했다.

---

316 *https://oreil.ly/Tmg13*
317 *https://oreil.ly/lbPyt*

13.9.5 동적 계획법과 강화 학습

동적 계획법을 위한 최적의 전략을 학습하기 위해 신경망을 사용하는 것을 일부 연구자들은 강화 학습이라고 부르며, 신경–동적 계획법 neuro-dynamic programming 이라고 부르는 연구자들도 있다. 신경망과 이를 갖춘 기계는 현재와 미래의 행동이 장기간의 누적 비용 또는 보상에 어떻게 영향을 미치는지, 즉 해당 기간의 가치를 예측하는 방법을 배운다. 일일 투자 전략이 연간 실적에 어떻게 영향을 미칠까? 첫 수 및 이후의 체스 수가 게임의 전체 결과에 어떻게 영향을 미칠까? 가치 함수는 시간의 각 (이산적 또는 연속적) 단계에서 최적의 전략을 따를 때 발생하는 총 비용과 보상의 합계다.

신경망은 과거 데이터를 사용하여 훈련하는 동안 입력과 출력이 필요하다. 입력은 상태와 해당 상태에서 허용되는 모든 잠재적 행동이며 출력은 가치(총 비용 및 보상)이다. 예를 들어 고객을 대상으로 전략을 수립하는 비즈니스 모델을 위해 훈련된 신경망은 고객 상태를 입력으로 받고 장기 가치를 극대화하는 다음 행동 시퀀스를 출력한다. 신경–동적 계획법은 신경–동적 계획법과 벨만 방정식에서 가치 함수 근사를 위한 인공 신경망 사용에 대한 기존의 심층적인 설명을 제공한다. 이 방법은 차원의 저주의 영향을 줄이는 데 매우 효과적이다. 왜냐하면 고차원 함수 전체를 저장하고 평가하는 대신 신경망의 파라미터만 저장하면 되기 때문이다.

13.10 인공지능을 위한 편미분 방정식

편미분 방정식 이론에는 함수, 함수가 존재하는 공간, 약한 해와 강한 해, 그리고 모든 종류의 수렴에 대한 광범위한 분석 도구가 있다. 데이터 생성 과정이 확률 분포든 결정론적 함수든 신경망이 다양한 데이터 생성 과정을 근사하는 데 성공한 비결을 밝혀낼 수 있는 분야가 있다면 이는 편미분 방정식 분야일 것이다. 신경망이 향후 설계 및 아키텍처 최적화에 활용될 수 있도록 이를 뒷받침할 수학적 엄격함과 이론이 필요하다. 분석 도구를 통한 신경망의 마법과 같은 능력에 대한 연구가 필요하며 특히 편미분 방정식의 해석을 통한 접근법이 앞으로 유망한 방법이 될 것이다. 그 예로는 소볼레프 학습이 있다.

13.11 편미분 방정식에서의 고려 사항

지금까지 다룬 주제들은 잘 연구된 편미분 방정식과 실제 응용 분야보다 더 광범위한 분야에 적용된다. 학부 과정에서는 주로 2개의 변수 (x, y) 또는 (x, t)만을 포함하는 선형 편미분 방정식을 다룬다. 이러한 접근법으로 인해 일부 학생들은 이것이 전부라고 착각하거나 비선형 편미분 방정식과 고차원 편미분 방정식에 대해 궁금증을 갖게 된다. 또한 학부생에게 '모든 응용 분야에서 사용될 수 있는 기초 방정식'이라는 잘못된 인상을 심어주기도 있다. 학부 과정에서는 마치 각 유형을 완벽하게 설명하는 이론이 존재하듯이 편미분 방정식을 타원형, 포물형, 쌍곡형으로 인위적으로 구분한다. 해석적 해법 또한 너무 범위가 좁아 (선형성으로 인해) 단순한 해들의 중첩 원리에만 초점을 맞춘다. 그러나 신경망은 단순 함수들의 합이 아니라 합성을 이용해 비선형 방정식의 해를 근사한다는 점에서 그 범위를 더욱 확장한다. 또한 학부 과정은 열 방정식(포물선), 파동 방정식(쌍곡선), 라플라스 방정식(타원)과 일부 수치 해법 및 시뮬레이션(유한 차분, 유한 요소법, 몬테카를로)에 초점을 두는 경향이 있다. 이러한 편미분 방정식들은 가장 단순한 형태, 즉 선형, 1차원, 2차원, 3차원의 모습으로 소개된다.

학부 과정의 편미분 방정식 과목은 잘 구성되어 있지만 이론, 수치 해석, 심지어 광범위한 응용성의 측면에서조차 편미분 방정식의 실제 활용을 제대로 반영하지 못하고 있다. 그래서 학생들은 새로운 편미분 방정식이 주어지면 어떻게 해결해야 할지 감을 잡지 못한다. 물론 필자가 (구글 검색 후에) 가장 먼저 해야 할 것이 무엇인지 알려줄 수 있다. 바로 편미분 방정식을 이산화하고 시뮬레이션하는 것이다. 그러면 해의 움직임에 대한 상당한 인사이트를 얻을 수 있다.

이러한 제한 사항이 있는 편미분 방정식을 다루는 일반적인 방법은 다음과 같이 세 가지 분야로 나뉜다.

- **모델링**
  물리학의 보존 법칙과 거의 항상 관련이 있는 편미분 방정식을 설정하는 것

- **해석**
  해와 약한 해의 존재, 유일성 및 민감도 분석 이론

- **해 찾기**
  해석적 또는 수치적 방법을 통해 실제 해를 찾는 것(표현 공식, 그린 함수, 변환 방법 및 수치 해석)

각 연구 분야에는 해당 분야에서의 특별한 현상을 표현하기 위한 고유한 미분 방정식이 있다. 몇 가지 흥미로운 예를 살펴보자.

- 유체 동역학 분야에서 나비에−스토크스 방정식은 유체의 흐름을 연구하는 데 사용된다. 이는 복잡한 비선형 편미분 방정식으로 유체의 속도, 압력, 밀도 등 다양한 요소들을 고려한다. 이 방정식은 유체 내에서의 질량과 운동량이 어떻게 보존되는지를 설명해준다. 나비에−스토크스 방정식의 해는 점성이 있는 유체가 어떻게 움직이는지 알려준다.
- 경제 및 금융 분야에서 블랙−숄즈 방정식은 주식이나 다른 금융 상품의 가격 변화를 예측하는 데 사용된다.
- 인구 역학 분야에서 로트카−볼테라 방정식은 생태계에서 포식자와 먹이 동물 수의 변화를 설명하는 데 사용된다.
- 일반 상대성 이론에서는 아인슈타인의 장 방정식field equation 등을 연구한다.

미분 방정식이 시간에 따라 변화하는 현상을 설명하는 경우 그 변화를 몰아내는 숨겨진 힘이 존재할 수 있다. 이 힘은 미분 방정식의 해석과 특성, 즉 에너지 감소 경향을 이해하는 데 중요한 역할을 한다. 수학적으로 미분 방정식의 해를 넣었을 때 에너지 함수의 미분 값이 음수면 이런 경향을 보인다고 할 수 있다. 에너지 함수, 그 미분, 그리고 이 함수들이 작용하는 함수 공간을 이해하면 많은 수학적 지식을 얻을 수 있다. 비선형 미분 방정식의 해 존재 증명에는 비교적 간단한 에너지 추론을 많이 사용한다. 에너지 방법을 통해 미분 방정식을 연구하기 위한 가장 적합한 공간은 소볼레프 함수 공간이다. 변분 계산은 에너지 함수의 최댓값 또는 최솟값(극값)을 다루는 분야다. 변분 계산은 비선형 미분 방정식 이론의 핵심적인 부분이며, 에너지 함수의 최솟값을 갖는 미분 방정식을 오일러−라그랑주 방정식이라고 부른다.

정리하기

지금까지 인공지능과 관련된 편미분 방정식의 세계를 살펴봤다. 편미분 방정식은 자연 현상과 사회 현상을 모델링할 수 있는 놀라운 도구다. 편미분 방정식의 해를 찾는 것은 다양한 분야에서 새로운 가능성을 열어주지만 차원의 저주, 메쉬 생성, 노이즈가 있는 데이터 등 여러 어려움이 있다. 인공지능은 이러한 문제들을 해결하는 데 큰 잠재력을 가지고 있다.

물리 정보 기반의 지능형 기계를 개발하기 위해서는 아직 많은 연구가 필요하다. 특히 다음과 같은 분야에서 집중적인 노력이 요구된다.

- 새로운 프레임워크와 데이터셋[318]

---

[318] 옮긴이_ 확장성과 견고함을 갖춘 시스템을 위해서는 물리적 지식을 효과적으로 통합하는 새로운 인공지능 프레임워크와 대규모의 다양한 데이터셋 구축이 필요하다.

- 표준화된 벤치마크[319]
- 엄격한 수학적 기반[320]

미처 다루지 못한 중요한 편미분 방정식 관련 주제들이 많이 있다. 그중 하나는 역문제[ill-posed inverse problem]다. 역문제는 편미분 방정식의 계수나 초기 조건에서 해를 부분적 또는 전체적으로 관찰하여 추정해야 하는 문제다. 물리 정보 신경망[Physics-informed neural networks]($PINNs$)은 이러한 문제에 효과적인 방법이다.

해밀턴–야코비–벨만 방정식에서 우리는 점성 해와 호프 공식에 대해 간단히 언급했다. 편미분 방정식에 대한 존재 증명 방법 측면에서 고정점 반복법과 특정 유형의 편미분 방정식에 대한 최대 최소 방법을 살펴봤다. 다만 타원형 및 포물형 편미분 방정식에 대한 단조성 또는 최대 원리 등에 대해서는 다루지 못했다.

마지막으로 다음과 같은 질문에 대해 생각해보자.

편미분 방정식이 우리를 더 지능적인 인공지능 에이전트로 발전시킬 수 있을까?

그리고 물리 정보 머신러닝에 대한 논문[321]을 소개하면서 마무리짓고자 한다. 이 분야에서는 신경망과 물리 법칙을 결합하여 두 세계의 장점을 활용하고 많은 과학적 환경에서 대규모 데이터셋의 부족이나 노이즈가 많은 데이터의 문제점을 완화하고자 한다. 해당 논문의 일부를 소개한다.

이러한 네트워크는 물리 법칙을 적용함으로써 얻은 추가 정보를 (예를 들어 연속적인 시공간 도메인의 임의 지점에서) 학습할 수 있다. 이러한 물리 정보 학습은 (노이즈가 포함된) 데이터와 수학적 모델을 통합하고 신경망 또는 기타 커널 기반 회귀 네트워크를 통해 구현된다. 또한 더 나은 정확도, 더 빠른 학습 및 향상된 일반화를 위해 일부 물리 불변량을 자동으로 충족하는 특수 네트워크 아키텍처를 설계할 수 있다.

---

319 옮긴이_ 서로 다른 알고리즘과 모델의 성능을 정확하게 비교하기 위해서는 표준화된 벤치마크의 개발이 필수적이다.

320 옮긴이_ 인공지능 기반 시스템의 안정성과 신뢰성을 보장하려면 새로운 수학적 이론과 엄격한 모델 검증이 필요하다.

321 https://oreil.ly/rydUf

Chapter 14

인공지능, 윤리, 수학, 법률, 정책

> " 데이터를 충분히 고문하면 데이터는 무엇이든 자백할 것이다. "
>
> — 노벨상 수상자이자 경제학자 로널드 코즈 Ronald Coase

인공지능 윤리는 광범위하고 심도 있는 주제이며 철학과 인공지능 분야의 교차점에서 새로운 영역으로 부상하고 있다. 여기서는 표면적인 부분만 다루고 몇 가지 문제점과 해결 방법을 간략하게 설명할 것이며 몇 가지 중요한 문제에 대해서는 다루지 않을 것이다. Chapter 14에서 여러분이 절대 놓치지 않았으면 하는 메시지는 다음과 같다.

인공지능 정책 분야에서 활동하는 전문가가 더 많이 필요하다.

수학에서 인공지능 응용 분야까지 학습하는 과정에서 필자는 인공지능이 정책과 분리되어서는 안 되며 두 가지가 함께 발전해야 한다는 점을 깨달았다. 데이터 보안, 프라이버시, 감사, 민주주의, 표현의 자유, 노동력, 공평성, 편향, 차별, 포용성, 투명성, 규제, 무기화된 인공지능 등과 같이 인공지능 기술과 관련된 윤리적 고려 사항에 대해 무수한 사례를 들어가며 글을 쓸 수도 있지만 여기서는 그런 방식으로 이 주제를 다루지 않고 이러한 문제를 약간 다른 각도에서 살펴보고자 한다. 필자는 전쟁으로 폐허가 된 지역에서 새로운 무기를 사람들에게 시험해보는 것을 직접 목격한 적이 있다. 하지만 정부와 언론은 이러한 사실을 언급조차 하지 않거나 불행한 사고라고 주장했다. 사람들에게 광범위하게 영향을 미치는 새로운 기술이 있다고 해보자. 그 기술이 사람들에게 미칠 긍정적 또는 부정적 영향에 대해 가장 잘 아는 사람들은 그 기술을 개발하는 사람들이다. 따라서 그들은 정책 입안자와 협력하여 해당 기술에 대한 사용을 규제하는 데도 관심을 기울여야 한다. 또한 사회에 엄청난 혼란을 일으키는 기술이나 사건이 발생했을 때 사람들이 정책에 대해 생각하고 글을 쓰며 정책을 준수하도록 만들 수 있다. 엄청난 혼란을 야기하는 것은 인공지능 또는 현재 인간이 생산하고 소유하는 데이터(페이스북이 보유한 데이터, NASA의 우주 탐사 데이터, 인간 게놈 프로젝트, 애플 워치의 데이터 등)가 아니다. 기술에 투자되는 자금과 대중의 관심이 바로 그 원인이다.

필자는 작고 완벽한 수학 세계에 살고 있었다. 그곳에서는 모든 것이 흑백이고 논리적이며 정확해야 했다. 어떤 수학 문제를 이해하지 못했더라도 조금 더 시간만 투자하면 언젠가는 이해할 수 있다고 스스로를 설득할 수 있었다. 이런 필자의 시각을 넓혀준 것은 도시의 소방국, 대중교통국과 함께 일하는 순간이었다. 필자의 학생들이 시청에서 도시 공무원, 공공 안전 지도자, 정책 입안자들 앞에게 발표할 때 (필자와 같이) 데이터를 다루는 기술 전문가에게 수학 모델로 무엇이든 할 수 있다고 말할 수 있는 힘이 있다는 것을 깨달았다. 이 깨달음은 필자에게 큰 충격으로 다가왔다. 필자는 훈련 받은 정책 전문가가 아닌 수학 전문가였지만 정책 분야에 뛰어들어야겠다고 결심했다. 필자는 정책 전문성을 쌓기 위해 작은 정책 결정의 장(대학의 채용 정책 개편, 단과대 학회 의장, 학사 정책위원회 의장, 대학 운영위원회 위원 참여, 데이터 정책 및 외교 수업 개설, 현대 전쟁 상황에서 인간 안보, 기술 및 기업가 정신에 대한 유럽 여름 프로그램 개발, 이 주제에 대한 강연 및 워크숍 진행 등)에 참여했다.

필자는 정책이 수학과 다르다는 것을 배웠다. 정책에는 모호한 영역과 상충되는 이해 관계가 존재하며, 이러한 복잡한 문제를 다루는 것은 지금까지 접해본 것과는 전혀 다른 게임 같았다. 필자는 새로운 정책을 수립하는 것의 복잡성과 기존 정책과의 상호 연관성에 대해 배웠다. 이는 지속적인 업데이트와 일관성 유지가 매우 중요하고 동시에 효율성을 유지해 시스템이 마비되지 않도록 해야 하는 인공지능 시스템과 다소 유사했다.

우리는 간결하고 구체적인 정책을 위해 노력해야 한다. 수백만 명에게 영향을 미칠 수 있는 모든 기술은 최악의 시나리오에 대처하는 응급 대응 팀과 비슷한 인식과 태도를 가진 해당 분야 전문가들에 의해 개발되어야 한다. 현재 세계 유수의 기술 기업들은 인류를 새로운 인공지능 기반 세상으로 빠르게 이끌고 있지만 정책과 규제는 뒤처져 있다. 하지만 인공지능은 아직 성숙 단계에 있으므로 지금이야말로 대중의 이익을 위해 인공지능을 겨냥한 정책을 설계할 수 있는 이상적인 시기다. 기술 개발은 우리에게 일어나는 우연한 일이 아니다. 우리는 수동적인 참여자, 수용자, 소비자가 아닌 더 적극적인 역할을 해야 한다. 인터넷 사용습관, 소셜 미디어 게시물, 은행 거래, 의료 기록, 혈액 검사, MRI 스캔, 식료품 가게 방문, 우버 이용 기록, 가정 온열 조절기 선호 설정, 비디오 게임 기술, 버스 이용, 애플워치 걸음 수 및 심박수 카운트, 운전 브레이크 및 가속 패턴까지 우리의 삶이 데이터 그 자체이기 때문이다. 우리 전체 삶이 디지털화되어 어딘가에 있는 데이터 웨어하우스에 저장된다. 하지만 이러한 디지털 데이터에 대해서는 규제가 없다. 신용 점수 산정에 사용되는 금융 데이터가 엄격한 규제를 받는 것과 대조적이다. 기업은 부정확한 정보까지 포함된 데이터를 다른 기업에 판매할 수 있으며 새로운 기업은 이러한 규제 없는 데이터를 기반으로 모델을 만들고 결정을 내릴 수 있다. 누군가의 운전 습관이 특정 대학 입학 여부에 영향을 미치고 있을까? 아니면 의료 보험료 책정에 영향을 미칠까? 출퇴근할 때 경제적으로 풍요롭지 않은 지역을 지나가는 것은 어떨까? 10년 전 기록에서 삭제된 사소한 과실은 어떨까? 몇 년 전 다른 기업에 판매된 데이터셋을 포함하여 모든 데이터셋에서 완전히 삭제되었을까? 여전히 대출, 대학 합격, 보험료, 구직 제안과 같은 데이터가 삶을 바꾸는 지출 및 생계 결정에 영향을 미치고 있을까? 누가 알 수 있을까? 이는 규제되지 않는다. 우리가 특정 기업과 데이터를 공유하기로 선택한 경우 이 데이터를 다른 용도로 다른 기업에 공유 또는 재판매하는 것을 금지하는 법률이 있을까?

방대한 디지털 데이터를 선한 일에 사용할 수 있지만 현명하고 효과적인 정책과 규제가 없다면 이를 보장할 수 없다.

14.1 좋은 인공지능

좋은 인공지능은 공공 및 민간 부문에서 배포 및 사용될 수 있을 만큼 신뢰할 수 있어야 한다. 이 분야에서는 설명 가능성과 해석 가능성(이 두 가지는 다르다), 공정성, 형평성 등과 같은 용어를 정의하는 데 많은 시간을 할애하는 경향이 있다. 필자는 이러한 어휘에 과도하게 집중하는 것이 주의를 신민히게 민든다고 생각한나. 중요한 것은 어휘가 아니라 다음과 같은 최종 목표다.

> 우리는 시스템을 신뢰할 수 있고 이를 활용하려는 사람들이 시스템에 쉽게 접근하고 이해할 수 있도록 만들어야 한다.

이를 위해서는 인공지능과 그 기반이 되는 데이터가 다음과 같은 항목을 잘 반영하고 있어야 한다.

보안

시스템이 진화함에 따라 물리적 및 소프트웨어 보안 프로토콜을 지속적으로 유지하고 업데이트해야 한다. 클라우드 컴퓨팅은 새로운 보안 요구 사항을 도입했다. 요즘은 데이터 처리나 계산이 우리의 로컬 머신 근처에서 이루어지지 않기 때문이다.

개인 정보 보호

많은 애플리케이션 분야에는 공식적인 개인 정보 보호 개념과 표준이 이미 마련되어 있다. 하지만 인공지능 시스템에서 데이터의 소유권과 사용 목적에 관해서는 아직 해야 할 일이 많다. 여기서 필자가 추가하고 싶은 것은 투명성과 정보 공유다. 의료 데이터와 같은 특정 데이터로 신약을 발견하거나 개인 맞춤형 치료 계획을 세우는 등 시스템이 수행하려는 작업에 대해 투명하게 설명하면 사람들이 데이터를 공유하는 데 동의할 것이다. 현재 기술 생산자와 기술 소비자 사이에는 주저하고 불신하는 문화가 존재한다. 우리는 지식을 전파하고 최종 목표와 성공 및 실패 결과를 모두 공유함으로써 이러한 문화를 개선할 수 있다.

목적 달성

코드가 올바른지 여부를 확인할 수 있는 공식적인 방법이 있지만, 예외 케이스를 포함하여 지속적으로 시스템을 테스트하고 시스템의 기능, 한계, 테스트되지 않은 영역을 투명하게 공개하는 것이 필요하다.

견고함

입력에 대한 작은 변화가 출력에 큰 변화를 일으키지 않아야 한다. 의사 결정이 인공지능 시스템의 예측에 의존하는 경우 이러한 예측이 임의적이어서는 안 된다. 인공지능 시스템은 입력의 노이즈에 대한 내성이 있어야 하며, 그 내성을 정량화할 수 있어야 한다.

효율성

인공지능 시스템의 효율성은 당연한 전제여야 한다. 인공지능 시스템의 기반은 속도, 자동화, 그리고 이전에는 불가능했던 수준으로 더 많은 변수를 고려할 수 있는 대규모 계산 처리 능력이다. 기존 시스템을 지속적으로 개선하고, 이론상으로는 작동하지만 실제 환경에 배포하기에는 아직 효율적이지 않은 시스템에도 주의를 기울여야 한다.

공정성

많은 시스템이 편향된 데이터에 의존한다. 이 데이터는 추후 처리 과정에 영향을 끼치고, 결국 공정하지 않은 결정으로 나타난다. 데이터에서 편향을 식별하고 이를 제거하는 것이 공정성의 방향으로 나아가는 첫 번째 단계다.

접근성

새로운 기술이 사회에 유익한 것이라면 누구나 쉽게 사용하고 이해할 수 있도록 접근성을 높여야 한다. 기술의 산업화, 상용화, 그리고 소외된 영역이나 커뮤니티의 접근성 문제를 해결하기 위해 의도적인 노력을 기울여야 한다.

투명성

데이터 소스, 모델 기능, 사용 사례, 한계, 문서에 대한 투명성이 가장 중요하다. 이러한 정보가 지속적으로 명확하게 전달되면 일반적으로 결함이 있는 시스템에 대해서도 관용하게 되는 경향이 있다.

14.2 정책

이제 인공지능과 관련된 정책이 구체화되기 시작했다. 정책은 인공지능의 잠재적인 위험을 방지하면서 인공지능의 이점을 활용하고 극대화하기 위한 목표를 가지고 있다.

정책은 중요하며 변화를 만들어낸다. 한 가지 예로 Clearview AI라는 회사와 이 회사의 프라이버시 문제를 들 수 있다. Clearview AI는 웹에서 다운로드한 수십억 장의 개인 사진으로 구성된 데이터베이스를 사용하여 얼굴 인식 소프트웨어를 개발하고 민간 기업에 판매한 미국 회사다. 최근 Clearview AI는 소송을 해결하고 일리노이주의 개인 정보 보호법을 준수하는 데 동의했다. Clearview AI는 얼굴 인식 기술을 주로 법 집행 기관과 기타 정부 기관으로 제한할 것이다.

또 다른 사례는 하이크비전^{Hikvision}과 이 회사의 감시 문제다. 하이크비전은 중국 기업으로 190여 개국에서 사용되는 수백만 대의 영상 감시 카메라를 제조한다. 해당 제품은 정찰 활동부터 아기 모니터링에 이르기까지 다양한 용도로 쓰인다. 하이크비전은 중국 정부와의 긴밀한 관계로 인해 현재 미국 정부의 제재를 받고 있다. 하이크비전은 중국 정부가 신장 위구르족 등 소수자 집단을 탄압하는 데 사용되는 대규모 정찰 시스템을 구축할 때 중요한 역할을 했다. 미국 재무부는 현재 하이크비전을 특별 지정 국민 및 차단 대상자 명단(SDN)에 추가하는 것을 고려하고 있다. 이 명단에 오르면 미국 정부, 미국인 또는 미국 기업과 거래할 수 없다. 또한 이런 단체나 개인의 자산은 미국에 의해 차단된다.

인공지능 정책 수립을 위한 조직적 노력의 사례로는 다음과 같은 정부, 글로벌 거버넌스 주도의 인공지능 관련 이니셔티브(무역, 일자리, 지정학적 변화 등)를 들 수 있다.

- **미국:** 국가 인공지능 전략
- **EU:** 인공지능 윤리 가이드라인 초안
- **아랍에미리트:** 인공지능 관련 정부 부처
- **영국:** 앨런 튜링 연구소
- **캐나다:** CIFAR 인공지능 의장 프로그램
- **덴마크:** 기술 협약
- **일본:** Society 5.0 산업화 로드맵
- **프랑스:** 건강 데이터 허브
- **독일:** 자동화 및 연결된 운전 윤리위원회
- **인도:** #AIforAll 전략
- **중국:** 인공지능 글로벌 거버넌스 계획

이 목록은 예시일 뿐이며 이와 유사한 다양한 노력들이 진행되고 있다.

인공지능 관련 정책은 다음과 같이 분류할 수 있다.

인공지능 연구 및 기술 개발을 위한 투자

정부 기관은 인공지능 연구, 인공지능 관련 기관 설립, 인력 양성, 초기 STEM 교육(Science, Technology, Engineering, Mathematics), 평생 학습, 기술 개발 등에 자금을 지원하고 있다. 더 나아가 정부는 인공지능 기술의 산업화와 민간 부문의 활용 역시 장려하고 있다. 또한 정부는 행정 개혁과 정부 운영의 효율성 및 집중화를 위해 다양한 부처에서 데이터 기반의 이니셔티브와 인공지능 기술에 투자하고 있다.

표준 및 규제

표준 및 규제는 데이터 보안 및 활용, 자율 주행 자동차와 같은 차량용 인공지능, 무기화된 인공지능 등에 대한 규정을 포함한다.

견고하고 안전한 디지털 데이터 인프라 구축

고품질 데이터는 인공지능이 의도한 대로 작동하는 데 필수적이다. 정부는 개방형 데이터셋을 장려하고 안전한 민간 데이터 교환을 위한 플랫폼을 개발하고 있다. 또한 인공지능 알고리즘과 데이터셋에서 편향성을 제거하려는 의도적인 노력도 진행하고 있다.

14.3 무엇이 잘못될 수 있을까?

새로운 시스템을 설계하거나 기존 시스템을 분석할 때, 우리가 반드시 고려해야 할 것은 '무엇이 잘못될 수 있을까?'이다. 이와 관련된 검토 사항은 다음과 같다.

- 시스템의 용도는 무엇인가?
- 시스템은 어떤 데이터를 기반으로 훈련되었는가? 데이터는 어떻게 수집되었는가? 노이즈와 결측값은 어떻게 처리되었는가?
- 데이터 내에서 가장 과소 대표되는 대상은 무엇인가?
- 어떤 알고리즘을 사용하는가?
- 의사 결정을 위한 알고리즘의 기준값은 무엇인가?
- 이러한 기준값을 고려했을 때, 알고리즘의 의사 결정에 의해 가장 큰 피해를 볼 수 있는 사람은 누구인가?

이제부터 문제가 생길 수 있고 보호하거나 표준화 및 규제해야 하는 것에 대한 몇 가지 예시 (수많은 사례 중 일부)를 살펴보자.

14.3.1 수학에서 무기로

이 책의 한 가지 목표는 인공지능 모델의 수학적 기반을 강조하는 것이다. 수학에서 무기로의 전환은 많은 무기의 개발 역사(예 원자폭탄)를 고려할 때 새삼스러운 일이 아니다. 반대로 군사적 목적이 수학의 발전을 돕기도 했다. 군사 및 방위 전략과 목표는 동적 계획법과 같이 훈련 또는 물류를 위한 군사 일정 조정, 다양한 자원의 최적 할당 등을 해결해온 수학 분야 전체의 발전에 영향을 미쳤다.

캐시 오닐$^{Cathy\ O'Neil}$의 저서 『무기로 쓰이는 수학 모델』(크라운, 2017)은 군사 무기화를 넘어 현재 우리 사회가 삶을 변화시키는 중요한 결정을 내리는 데 사용하는 수학적 알고리즘의 여러 해로운 영향들을 사례와 함께 보여준다. 다음은 이 책에서 인용한 것으로, 서로 다른 부문에 적용되는 알고리즘들이 서로 상호 작용하고 결과에 영향을 미치는 복잡한 방식을 보여준다. 또한 완전히 동일한 알고리즘이 어떻게 극명하게 다른 방식으로 다른 집단에 영향을 미치는지도 드러낸다.

[...] 우리는 학교, 대학, 법정, 직장, 심지어 투표소까지 방문했다. 그 과정에서 우리는 '무기로 쓰이는 수학 모델(WMD)'로 인한 파괴를 목격했다. 효율성과 공정성을 약속하는 이 모델들은 고등 교육을 왜곡하고 부채를 증가시키며 대규모 구금 사태를 부추기고 거의 모든 상황에서 가난한 사람들을 괴롭힐 뿐만 아니라 민주주의를 약화시킨다. 논리적인 대응은 이러한 무기들을 하나씩 해체하는 것처럼 보일 수 있다. 문제는 이 모델들이 서로를 강화하고 있다는 것이다. 가난한 사람들은 신용도가 낮고, 범죄율이 높은 지역에서 다른 가난한 사람들에 둘러싸여 살 가능성이 높다. '무기로 쓰이는 수학 모델'의 어두운 세계가 이러한 데이터를 분석하면 가난한 사람들에게 약탈적인 조건의 대출이나 영리 학교에 대한 광고들을 집중적으로 보여주게 된다. 더 많은 경찰을 보내 그들을 체포하고, 유죄 판결을 받으면 더 긴 형을 선고한다. 이 데이터는 다른 '무기로 쓰이는 수학 모델'들에 전달되고, 이는 결국 같은 사람들을 고위험군 또는 손쉬운 표적으로 분류하여 일자리를 차단하는 동시에 대출, 자동차 할부금, 온갖 종류의 보험료를 높인다. 이는 신용 등급을 더욱 떨어뜨려 모델링의 악순환을 만든다. '무기로 쓰이는 수학 모델'이 있는 세상에서 가난하다는 것은 점점 더 위험하고 비용이 많이 드는 일이 되고 있다.

가난한 사람들을 학대하는 것과 동일하게 '무기로 쓰이는 수학 모델'은 부유한 계층 또한 그들만의 마케팅 사일로에 가둔다. 이 모델은 부유한 사람들을 아루바로 보내 휴가를 즐기게 하고, 와튼 경영대의 대기자 명단에 올린다. 많은 사람들은 세상이 더 똑똑해지고 편리해진다고 느낄 수 있다. 이 모델은 프로슈토와 키안티의 특가 상품을 알려주고, 아마존 프라임에서 훌륭한 영화를 추천하며 그들을 과거에 우범 지역이었던 동네의 카페로 안내한다. 이처럼 타깃팅의 조용하고 개인적인 특성으로 인해 사회의 승자들은 같은 모델이 불과 몇 블록 떨어진 곳에서 어떻게 삶을 파괴하고 있는지 보지 못한다.

수학 계산 자체는 사회의 양쪽 그룹(가난한 계층과 부유한 계층)에 대해 완전히 동일하지만, 모델에 입력되는 데이터에 차이가 있다는 점에 주목해야 한다. 이 책 전체를 수학적인 한 문장으로 요약한다면, '인공지능 모델의 최종 산출물은 입력 데이터의 특성에 의해 결정된다'이다. 가난한 계층과 부유한 계층은 서로 다른 특성을 가지고 있기 때문에 결과적으로 각자 다른 결과를 얻게 된다. 이런 의미에서 우리의 알고리즘은 공정하다. 알고리즘은 자신이 계산하도록 설계된 것을 정확히 계산하고 있기 때문이다. 필자는 문제만 제시하고 해결책 또는 적어도 해결을 위한 아이디어를 제시하지 않는 것을 좋아하지 않는다. 현재 상황을 개선하기 위한 초기 방법은 서로 다른 인구 집단의 데이터를 활용하여 알고리즘을 별도로 훈련하는 것이다. 이렇게 하면 개인의 재정 수준이 특정 대출에 대한 신용도를 결정하는 알고리즘의 요소가 되지 않고 더 현실적인 다른 요소들이 고려될 수 있다.

14.3.2 인공지능 모델의 파괴력

인공지능 모델이 지닌 파괴적인 잠재력은 인류에게 최대한의 이익을 제공하기 위한 목표로 설계된 모델에서도 나타날 수 있다. 이러한 모델의 예로는 약물 발견을 위한 생성형 인공지능 generative AI 모델이 있다. 악의를 가진 사람이 이 모델을 너무나도 쉽게 악용할 수 있다는 것은 매우 놀라운 일이다. 악의를 가진 사람은 단순히 모델의 작동 방식을 익히기만 하면 된다. 모델은 분자의 구조를 그것이 신체에서 작용하는 방식과 연관시키고, 효능을 최대화하고 독성을 최소화하는 분자를 찾기 위해 이 관계를 최적화한다. 악의적인 사람은 최적화 목표를 독성의 최소화에서 최대화로 바꾸어 모델을 재학습시킬 수 있다. 수학적으로 이는 최적화 문제의 목적 함수에서 부호를 바꾸는 것만큼 간단하다. 이것이 바로 Collaborations Pharmaceuticals의 파비오 어비나 Fabio Urbina 와 그의 동료들이 최근 연구[322]에서 강조한 부분이다. 이러한 위험성을 알리기 위해 이들은 악의적인 목표를 가지고 모델을 재학습시켰다. 놀랍게도 단 6시간 만에 이 모델은 4만 개의 독성 물질을 생성했으며, 그중 일부는 초기 데이터셋에 존재하지 않았던 실제 화학 작용제였다.

여기서 우리는 이러한 문제를 막기 위해 신중해야 하고 반성해야 한다는 등 온갖 형용사를 늘어놓기 쉽다. 하지만 실제로 이 문제는 매우 복합적이기 때문에 구체적인 방안을 제시하지 않고는 해결책을 찾기 어렵다. 어떻게 이러한 문제를 막을 수 있을까? 필자는 개인적으로 인공지능 세계가 아닌 일반 세계에서 대량 실상 무기를 방지하는 방법과 동일한 접근법을 취해야 한다고 생각한다. 악의적인 세력이 기술을 획득하지 못하도록 완벽하게 보장할 수는 없지만, 그들이 이를 실제 무기로 개발하는 것을 극도로 어렵게 만드는 것이 우리의 임무라고 생각한다.

---

322 *https://oreil.ly/fjhXY*

14.3.3 인공지능과 정치

틱톡, 페이스북을 비롯한 소셜 미디어 플랫폼이 정치에 미치는 역할은 아무리 강조해도 과하지 않다. 이들은 이미 선거 결과에 영향을 미쳤고 정부를 무너뜨리기도 했다. 봇은 가짜 뉴스, 역사, 리뷰, 댓글, 페이지, 트윗 등을 생성하여 정치적 목적으로 허위 정보를 유포할 수 있다. 소셜 미디어 기업들은 이 문제와 맞서기 위해 다양한 접근법을 시도하고 있다. 머신러닝을 활용해 사기를 감지하거나 잘못된 정보를 전파하는 중심 노드를 식별하고, 사실 확인을 위해 제3자인 기관을 이용하며 사용자의 뉴스피드를 위한 더 나은 순위 알고리즘을 개발하는 등 많은 노력을 기울이고 있다. 하지만 소셜 미디어의 규모가 너무 방대하고, 기업의 수익 목표와 윤리적 측면 사이에 충돌이 일어날 수 있기 때문에 이러한 시도들의 결과가 엇갈리고 있다.

정치인 한 사람이 대상이 누구인지에 따라 다른 이념을 내세우는 개인 맞춤형 정치 캠페인은 민주주의를 훼손할 수 있는 위험한 요소다. 게다가 특정 지역이 좌파 또는 우파로 기울고 있다는 새로운 정보에 기반하여 더 많은 자금을 투입해 접전지에서 유권자의 표심을 움직일 수 있다. 이때 타깃 유권자의 과거 선호도와 그 친구들의 선호도를 반영한 맞춤형 뉴스피드나 정치 광고가 활용된다. 이는 실시간으로 일어나며 전체 선거 결과에 영향을 미칠 수 있다. 정치 분야에서 항상 있었던 일이지만 디지털 시대에는 규모와 속도 면에서 차원이 달라졌다. 이제는 거대한 선호도 데이터베이스와 사람들의 반응 유형을 바탕으로 알고리즘을 전략적으로 배치하는 것만으로도 이러한 개인 맞춤 메시지를 실시간으로 쉽게 유포할 수 있다.

14.3.4 생성 모델의 의도치 않은 결과

대규모 언어 생성 모델과 텍스트-이미지 모델은 인터넷의 대규모 데이터를 기반으로 훈련된다. 그 과정에서 모델은 필연적으로 인터넷에 존재하는 사회적 편견, 차별, 유해한 콘텐츠까지 내포하게 된다. 이러한 문제점은 Imagen[323]의 텍스트-이미지 모델의 한계에 대한 설명에서 잘 드러난다. Imagen의 고화질 이미지 생성 능력은 높지만 여전히 해결해야 할 문제들이 있다. 다음은 Imagen의 모델의 한계에 대한 설명 부분을 발췌한 것이다.

---

323 *https://imagen.research.google*

[...] 이러한 문제를 일부 해결하기 위해 훈련 데이터의 하위 집합은 노이즈 및 원치 않는 콘텐츠(⑩ 포르노 이미지, 악의적 언어)를 제거하기 위해 필터링되었다. 하지만 한편으로는 포르노 이미지, 인종 차별 용어, 유해한 사회적 고정 관념 등 광범위하고 부적절한 콘텐츠를 포함한 것으로 알려진 LAION-400M 데이터셋도 활용했다. Imagen은 정제되지 않은 웹의 대규모 데이터로 훈련된 텍스트 인코더에 의존하기 때문에 대규모 언어 모델의 사회적 편견과 한계를 그대로 흡수할 수 있다. 따라서 Imagen은 해로운 고정 관념과 표현을 인코딩했을 위험이 있으며, 이러한 이유로 추가적인 보호 조치 없이는 Imagen을 대중에게 공개하지 않기로 결정했다. [...] Imagen은 이미지 생성 시 사람을 묘사하는 부분에서 심각한 한계를 보여준다. 실제 사용자 평가 결과, 사람이 등장하지 않는 이미지에서 Imagen이 더 높은 선호도를 얻었는데, 이는 사람을 표현하는 이미지의 완성도가 떨어진다는 것을 시사한다. 또한 예비 평가를 통해 Imagen이 몇 가지 사회적 편견과 고정 관념을 반영하는 것으로 나타났다. 예를 들어 일반적으로 피부톤이 더 밝은 사람들의 이미지를 생성하는 경향과 서구의 성별 고정 관념에 따라 다양한 직업을 묘사하는 이미지를 생성하는 경향이 있다. 마지막으로 사람을 제외한 활동, 사건, 사물 이미지 생성 시에도 Imagen이 다양한 사회 및 문화적 편견을 반영하는 것으로 나타났다. 우리는 향후 연구를 통해 이러한 문제점과 한계를 개선하기 위해 노력할 것이다.

14.4 해결 방법

최근 몇 년 동안 해롭고 편향적이며 불공정하고 무기화된 인공지능에 대한 인식이 높아졌으며 이러한 인공지능이 야기한 문제를 해결하기 위한 노력이 진행되고 있다. 이제부터 이러한 노력의 사례를 살펴보자.

14.4.1 훈련 데이터의 대표성 부족 문제 해결

인공지능 모델 훈련에 사용되는 데이터의 품질 문제는 지속적으로 제기되고 있다. 대규모 데이터셋에서 비주류 그룹과 이들의 문화적 가치, 언어가 충분히 반영되지 않아 많은 편견이 나타난다. 인공지능이 모든 사람에게 도움이 되기 위해서는 데이터가 해당 그룹에 의해 레이블링되도록 보장하는 것이 한 가지 헤결책이다. 예를 들어 현재 종료된 Intelligent Voices of Wisdom AI 프로젝트에서는 2021년에 미국 원주민이 자신들의 문화와 관련된 이미지를 다시 레이블링하는 워크숍을 진행했다. 다수의 이미지가 머신러닝 분류 모델에 의해 잘못 레이블링된 상태였다. 또한 토착 요리 기술에 대한 지식 그래프와 지식 그래프를 질의하는 챗봇을 만들었다. 이러한 노력과 함께 인공지능은 멸종 위기에 처한 문화, 역사, 언어를 보존하는 데 도움을 주었다.

14.4.2 단어 벡터의 편향성 해결

자연어 처리에서 첫 번째 단계는 단어를 그의 의미를 내포하는 숫자 벡터로 변환하는 것이다. 〈Chapter 7 자연어 처리와 금융 인공지능〉에서 언어 모델이 문서 내 단어의 맥락을 기반으로 이러한 단어 벡터를 생성한다고 배웠다. 따라서 단어 벡터에 내장된 의미는 모델을 훈련하는 데 사용되는 말뭉치의 유형에 크게 의존하게 된다. 말뭉치는 우리가 살고 있는 문화의 산물이다. 많은 시민의 권리가 비교적 최근에 확립되었으며, 이제는 성별 역할과 성적 정체성이 미리 정해지지 않는다는 것을 우리는 잘 알고 있다. 언어 모델을 훈련하는 데 사용되는 많은 말뭉치는 여전히 편향적이고 차별적이며 유해한 고정관념이나 콘텐츠를 포함하고 있는 인터넷 뉴스 기사, 위키피디아 페이지 등을 기반으로 한다. 우리는 인공지능 모델에 사용되는 단어 벡터가 차별을 강화하고 여성과 소수자에게 해를 끼치지 않도록 해야 한다.

예를 들어 훈련 말뭉치(**CI** Google 뉴스 기사)가 여성이 간호사 또는 초등학교 교사로, 남성이 의사 또는 소프트웨어 엔지니어로 많이 등장하는 사회에서 비롯된 경우 단어 벡터는 이러한 성별 편견을 물려받게 된다. 즉, '남성' 벡터와 '소프트웨어 엔지니어' 벡터 사이의 거리가 '여성' 벡터와 '소프트웨어 엔지니어' 벡터 사이의 거리보다 가까워진다. 따라서 단어 벡터에서 편향을 파악하고 보정하는 작업이 필요하다.

해결 방법은 간단명료하다. 숫자 벡터를 다루고 있기 때문에 문자 그대로 이러한 벡터에서 성별 편향과 다른 편향을 빼서 제거하는 것이다. 즉, '소프트웨어 엔지니어' 벡터는 '남자^{man}' 벡터와 '남성^{male}' 벡터를 빼서 편향을 조정하고, 반대 방향으로 편향을 주고 싶다면 '여자^{woman}' 벡터와 '여성^{female}' 벡터를 더할 수 있다. 여기서 단어 벡터를 서로 더하거나 빼서 얻은 새로운 벡터는 여전히 의미를 가지고 있다는 점을 기억해야 한다. 벡터의 각 항목은 특정 의미 차원에서의 강도를 나타내기 때문이다. 즉, '왕' 벡터에서 '남성' 벡터를 빼면 '여왕' 벡터에 가까운 벡터를 얻을 수 있다.

14.4.3 개인 정보 보호 문제 해결

개인 정보 보호 문제는 빅데이터와 인공지능에 대한 우려의 최전선에 있다. 머신러닝 모델은 훈련에 필요한 데이터를 필요로 하고 이러한 데이터는 사람들의 개인적이고 민감한 정보를 포함한다. 또한 비공개 데이터에 대한 계산이 대부분 클라우드에서 이루어지기 때문에 보안 및 개인 정보 보호 문제가 더욱 심각해진다.

데이터 익명화가 불가능하거나 모델 성능을 저하시키는 경우(**예** 연령, 체중, 인종, 성별 정보는 의료 목적으로 중요) 다음 선택지는 암호화가 될 수 있다. 이를 위해 암호화된 데이터에 직접 계산을 수행할 수 있는 모델이 필요하다. 하지만 기존 암호화 방식으로는 암호화된 데이터에 대해 계산을 할 수 없다. 이 문제에 대한 해결 방법은 계산을 가능하게 하는 새로운 암호화 방식을 도입하는 것이다. 이를 통해 보안 장치로 데이터를 암호화하고 암호화된 데이터를 클라우드에서 작동하는 머신러닝 모델에 전송하며 복호화하지 않고도 결과를 예측한 다음, 결과를 다시 보안 장치로 전송해 로컬에서 복호화하여 모든 개인 데이터를 보호하는 동시에 클라우드의 이점을 활용할 수 있다.

완전 동형 암호 Homomorphic Encryption는 정확히 이러한 기능을 제공한다. 인공지능과 암호화 연구의 교차점을 연구하는 크리스틴Kristin Lauter (MetaAI[324])의 SIAM 뉴스 기사[325]는 완전 동형 암호에 대해 설명하고 다음과 같은 몇 가지 흥미로운 애플리케이션을 소개한다.

- 클라우드 내에 존재하는 모든 운동, 피트니스, 위치 데이터를 암호화된 형식으로 처리하는 클라우드 서비스: 앱은 분석 결과를 로컬에서 복호화한 후 휴대폰에 요약 통계를 표시한다.
- 암호화된 우편번호를 받아서 해당 위치의 날씨 정보를 암호화된 상태로 반환하는 암호화된 일기예보 서비스: 정보는 복호화된 후 휴대폰에 표시된다. 클라우드 서비스는 사용자의 위치나 반환된 기상 데이터의 세부 정보를 알 수 없다.
- 개인 의료 진단 애플리케이션: 환자가 흉부 X-ray 이미지의 암호화된 버전을 클라우드 서비스에 업로드한다. 클라우드에서 암호화된 이미지에 대해 이미지 인식 알고리즘을 실행하여 의료 상태를 진단하고, 진단 결과는 암호화된 형태로 의사 또는 환자에게 반환된다.

여러 기기들이 클라우드와 연결되어 있는 시대에 데이터의 보안과 개인 정보 보호를 보장하려는 노력에 대해 알게 되면 시스템에 대한 대중의 신뢰를 얻을 수 있으며 이러한 기술을 개선하기 위해 자발적으로 데이터를 제공하려는 사람이 많아질 것이다. 그리고 실제 데이터로 작업해 본 사람이라면 누구나 작업하는 데이터를 볼 수 있다는 점에서 많은 것을 배울 수 있다는 것도 알고 있다. 필자는 암호화된 데이터에 대한 문제 해결이 어떤 식으로 진행될지 잘 모르겠다.

---

324 *https://oreil.ly/63e7x*
325 *https://oreil.ly/nIdyn*

14.4.4 공정성 문제 해결

인간은 직관적으로 불공정함을 인식한다. 그렇다면 어떻게 인공지능 모델이 공정하게 작동하도록 할 수 있을까? 한 가지 방법은 인공지능 모델이 가장 큰 피해를 주는 이해 관계자(**예** 고령의 구직자, 형사 사법 시스템에서 가석방 자격이 있는 소수자)를 모니터링한 다음 훈련 데이터의 편향 제거, 의사 결정 경계 및 임계값 재정의, 사람의 직접 참여, 소외 계층을 지원하기 위한 자원 재할당 등의 해결 방법을 모색하는 것이다.

공정한 인공지능은 단지 의사 결정 알고리즘에만 국한되지 않는다. 공정성에는 알고리즘으로부터 정보(**예** 구인 정보, 예방 접종 가능 여부, 교육 기회)를 받는 사람이 누구인지도 포함된다. 논문 「Adversarial Graph Embeddings for Fair Influence Maximization over Social Networks」[326]는 이를 소셜 미디어 그래프에서 공정한 영향력 극대화 문제로 제시했다. 영향력 극대화 그래프 모델의 경우 일반적으로 가장 많은 영향력을 가진 노드와 그래프의 큰 허브 노드에 강하게 연결되어 있지 않은 소수 집단에 도달하는 노드 간에 트레이드 오프가 발생한다. 따라서 최종 영향을 받은 노드 집합은 인종, 성별, 출신 국가 및 기타 속성과 관련하여 일반적으로 공정하게 분포되지 않는다. 적대적 네트워크는 일반적으로 경쟁하는 목표가 있는 모델을 훈련하는 데 효과적이다. 논문의 저자는 이를 활용하여 적대적 그래프 임베딩을 도입했다. 즉, 함께 훈련되는 두 개의 네트워크인 그래프 임베딩을 위한 자동 인코더와 민감한 속성을 식별하는 판별자가 있다. 이는 민감한 속성 전체에 걸쳐 유사하게 분포된 임베딩을 생성한다. 그런 다음 결과 그래프 임베딩을 클러스터링하여 좋은 초기 집합을 결정한다.

14.4.5 도덕성 주입

인공지능 에이전트는 옳고 그름의 차이를 알아야 하며, 이상적으로는 도덕의 모호한 영역을 다룰 만큼 유연해야 한다. 다양한 상황과 복잡성을 반영한 도덕적 판단을 모방하는 모델이 필요하다는 것이다. 프로토타입 단계의 Ask Delphi[327]가 바로 이런 시도를 하고 있다. '은행을 털어도 괜찮을까?', '남편과 말하지 않아도 괜찮아?'와 같은 질문을 Delphi에 하면 우리의 질문과 Delphi의 답변이 기록된다. 추가로 Delphi의 응답에 동의하는지의 여부, 개선 방안에 대

---

326 *https://oreil.ly/6NrVL*
327 *https://delphi.allenai.org*

한 의견도 기록할 수 있다. 더 많은 사람이 Delphi와 상호 작용함에 따라 훈련 데이터가 강화되어 Delphi가 더욱 복잡한 상황을 배우고 더 나은 예측(도덕적 판단)을 내릴 수 있게 될 것이다. 다음은 Delphi 웹 사이트에 있으며, Delphi의 최신 모델에 대한 인사이트를 제공한다.

> Delphi는 MTurk에서 검증된 사람들로부터 도덕적 판단을 배우고 있다. 윤리적으로 문제가 될 수 있는 상황의 큰 원천인 Reddit에서 상황만 수집한다. Delphi 1.0.4는 인종 관련 진술에서 97.9%, 성별 관련 진술에서 99.3%의 정확도를 보여준다(이전에 91.2%와 97.3%의 정확도를 보여주었다). 초기 출시 이후, 인종 차별과 성 차별에 관한 진술에 대해 Delphi 1.0.0의 방어 기능을 강화했다.

> **이용약관 (v1.0.4)**
> Delphi는 다양한 일상 상황에서 사람들의 도덕적 판단을 모델링하는 방법의 가능성과 더 중요하게는 그 한계를 조사하기 위해 설계된 연구 프로토타입이다. Delphi의 목표는 인공지능 시스템이 윤리적으로 더 나은 판단을 하도록 돕는 것이다. 이러한 방향으로 나아감으로써 우리는 연구 커뮤니티가 윤리적이고 신뢰할 수 있으며 포용적인 인공지능 시스템을 구축하기 위해 이 분야의 연구 과제를 정면으로 해결하도록 영감을 주길 바란다.

> GPT-3와 같은 대규모 사전 훈련 언어 모델은 대부분 필터링되지 않은 인터넷 데이터로 훈련되므로, 특히 소수 집단에 대해 위험하고 비윤리적이며 유해한 콘텐츠를 매우 빠르게 생성할 수 있다. Delphi의 응답은 미국 크라우드 워커 설문 조사에서 자동으로 추정되기 때문에 이 문제를 줄이는 데 도움이 되지만 자체적인 편향성이 있을 수 있다. 따라서 Delphi의 일부 응답에는 부적절하거나 불쾌한 결과가 포함될 수 있다. 결과를 공유하기 전에 주의하기 바란다.

14.4.6 비전문가를 위한 인공지능의 민주화와 접근성

인공지능 기술의 이점을 극대화하려면 전문가에게만 국한되지 않고 일반 대중이 쉽게 접근할 수 있도록 민주화되어야 한다. 이를 위해, 그리고 사람들이 이러한 시스템을 신뢰할 수 있게 하려면 인공지능 모델과 이들이 사용하는 데이터 시스템을 쉽게 이해하고 사용할 수 있도록 해야 하며 내부 작동 방식, 기능, 제한 사항이 투명하게 공개되어야 한다.

마이크로소프트 소속의 애나 파리하[Anna Fariha][328] 박사는 이러한 목표를 달성하기 위해 훌륭한 연구를 수행하고 있다. 그녀는 최종 사용자부터 데이터 과학자 및 개발자에 이르기까지 다양한 사용자 그룹의 생산성과 효율성을 높이는 데 도움이 되는 사용자 대면 기능을 제공하기 위해 데이터 시스템의 기능을 확장하는 것에 관심을 가지고 있다.

---

[328] *https://oreil.ly/z0ywQ*

14.4.7 고품질 데이터를 우선순위로 지정하기

지금까지 살펴본 사례는 인류에게 공정하고 유익한 인공지능을 제공하기 위해 고품질 데이터를 우선순위로 정하고 민주화하며 보호할 필요성을 보여준다. 고품질 데이터는 명확하고 정확하며 공정해야 한다. 또한 조회하기 쉬운 구조로 저장되어야 한다. 최적의 데이터 구조를 결정하려면 최종 사용자에게 데이터 구조 간의 차이를 명확하게 설명해야 한다. 데이터 중심의 의사 결정으로 전환하거나, 인공지능 시장에 뛰어들거나, 이러한 기술이 DNA에 내장된 젊은 기업과 경쟁력을 유지하려는 기관의 경우 데이터를 체계적이고 일관된 방식으로 처리하기 위한 계획을 수립하는 것은 미래의 성공을 위해 매우 중요한 단계라고 할 수 있다.

필자는 필자가 살고 있는 도시의 소방국과 대중교통국과의 협력 과정에서 데이터의 품질을 향상시킬 수 있는 많은 방법을 발견했다. 데이터 구조를 구축하고 데이터를 수집하는 초기 단계부터 이러한 방법을 실행에 옮겨 프로젝트 진행 과정에서 막대한 시간과 비용, 자원을 절약할 수 있었다. 예를 들어 버스 노선 프로젝트의 경우 과거에는 운행 중인 버스 수와 월별 운전 기사 수 같은 데이터가 기록되지 않았고, 표지판이 있는 정류장과 없는 정류장에 대한 정보도 기록되지 않았다. 그리고 데이터가 저장되어 있어도 검색하는 것이 불가능했다. 또한 대학의 주차 서비스에 관한 데이터를 얻으려면 주차 빌딩에서 5,000건 이상의 과거 데이터를 수작업으로 정리해야 했다. 즉, 우리가 얻은 모든 데이터를 정리해서 사용 가능한 형식으로 변환해야 했다. 때로는 같은 출처에서 얻은 데이터임에도 일관성이 없었다. 처음부터 더 신경을 썼다면 많은 작업을 덜 수 있었을 것이라는 교훈을 얻었다.

데이터와 관련하여 뼈아픈 교훈을 얻은 일은 또 있었다. 프로젝트 후반에 관련 데이터를 모두 정리, 결합, 변환하고 모델이 수요와 공급 간의 격차를 파악해 주요 기여 요인을 강조하는 등 사업 결정으로 전환 가능한 결과를 생성하고 있을 때 우리는 제공받은 모든 버스 정류장 데이터가 엉망으로 섞여 있음을 발견했다. 도시의 각 버스 정류장에 대한 승객 수와 노선이 데이터 테이블에 있는 버스 정류장과 일치하지 않았던 것이다. 데이터 파일 작성 시 어떤 문제가 발생했는지 모르겠지만 데이터베이스에 대한 원래 쿼리를 실행하는 것 외에는 해결 방법이 없었다. 이를 발견하지 못했다면 우리는 모든 분석을 틀린 데이터, 쓸모없는 데이터를 기반으로 수행했을 것이며 대중교통국은 잘못된 결과에 따라 행동했을 것이다. 우리는 데이터가 실제 상황과 정확하게 일치하는지 항상 확인해야 한다. 플롯을 만들고 지도상에 표시하며 확인하고 또 확인하고 세 번 확인해야 한다. 모든 작업에는 책임이 따르며 이러한 책임을 가볍게 여겨서는 안 된다. 우리는 데이터와 모델에 대해 완벽하게 알아야 한다. 모델에 대한 모든 질문에 답변하고 기존의 다른 모델과 비교하며 이해 관계자에게 결과를 제공하기 전에 모든 의무를 다했는지 확인해야 한다.

우리와 마찬가지로 일반적인 인공지능 에이전트는 올바른 위치에서 올바른 데이터를 찾은 다음 사용 가능한 형태로 변환한다. 그때까지 우리는 우수한 품질의 데이터 수집, 저장, 접근 및 쿼리 방법 개선에 집중해야 한다. 낮은 데이터 품질과 존재하지 않는 디지털 인프라로 인해 많은 인공지능 프로젝트가 실현되지 못하고 있으며 많은 자동화 투자가 수익을 내지 못하고 있다. 우리는 한 걸음 물러서서 데이터가 결국 모델의 입력으로 표현되는 방식을 고려해야 한다. 이것이 데이터 획득 방법과 향후 사용을 위한 데이터 저장 방법을 나타내는 원칙이 되어야 한다. 인공지능 분야는 범용적으로 채택되어야 하는 패러다임, 즉 '선 표현, 후 획득'을 기반으로 운영되어 왔다.

14.5 편견과 차별 구분하기

인공지능 윤리와 관련된 많은 논의에서 편견과 차별이라는 용어를 혼용하는데, 책을 마무리하기 전에 두 용어의 차이점을 분명히 짚고 넘어가고자 한다. 필자는 영어를 제3외국어로 구사하고 논쟁이나 토론의 주요 쟁점에서 초점을 돌리기 위한 전략으로 용어를 재정의하는 것을 자주 목격했기 때문에 용어 정의에 집착하는 사람이 아니었다. 특히 편견과 차별의 차이를 강조하고자 하는 이유는 각각을 식별하는 데 서로 다른 방법이 필요하기 때문이다. 게다가 한 쪽은 의도적이고 다른 쪽은 의도적이지 않다. 사람과 기계 모두 이를 추론할 수 있어야 한다.

간단히 말해 데이터만 관찰하면 편견을 감지할 수 있다. 반면에 개입과 반증이라는 인과 언어를 사용하여 더 높은 수준의 추론으로 올라가지 않으면 차별을 식별할 수 없다. 〈Chapter 11 확률〉에서 다루었던 것처럼 이는 '이력서의 지원자 성별을 변경하면 채용되었을까?'와 같은 가상 상황을 설정하는 것을 의미한다.

편견은 특정 결정과 지원자의 성별 사이의 연관성이다. 지원자와 최종 채용자의 데이터를 관찰할 때 이 패턴을 직접 감지할 수 있다.

반면에 차별은 의도성을 갖는다. 즉, 지원자의 자격과 무관한 성별이 채용 결정에 영향을 미치는 것이다. 지원자의 성별이 채용 결정에 영향을 미쳤다는 것은 차별인 것이다.

이러한 정의는 주데아 펄의 저서 『The Book of Why』(Basic Books, 2020)에서 강조되었다. 그는 미국의 판례법에서 사용되는 차별의 정의도 언급했는데 이 역시 반증을 사용했다.

> 1996년 제7순회 항소 법원은 Carson v. Bethlehem Steel Corp. 사건에서 '고용 차별 소송에서 핵심적인 질문은 고용주가 피고인의 인종(연령, 성별, 종교, 출신 국가 등)이 다르고 다른 모든 조건은 동일했다면 동일한 조치를 취했을지 여부다'라고 판결했다.

따라서 편견과 의도적인 차별을 구분하기 위해서는 〈Chapter 9 그래프 모델〉과 〈Chapter 10 운용 과학〉에서 소개한 do 연산을 조건부 확률에 사용해야 한다. 주데아 펄과 그의 수학 커뮤니티에서 제공하는 훌륭한 자료를 통해 이에 대해 더 자세히 알아볼 수 있다.

14.6 과장된 기대

인공지능 분야는 오랫동안 과장된 것으로 비난받아 왔다. 오늘날에는 전통적이든 최신이든 문제 해결이나 시스템 구축에 대한 모든 계산적 접근 방식이 인공지능으로 재구성되고 있다. 전통적인 통계학도 인공지능이고 운용 과학도 인공지능이고 데이터 탐색 및 분석 또한 인공지능이고 양자 컴퓨팅도 인공지능이고 의료 이미징 역시 인공지능이라고 한다. 많은 스타트업은 부풀려진 지표나 모호한 진실, 그리고 대세(예 망한 실리콘밸리 혈액 검사 기업 Theranos)를 놓치지 않으려고 별다른 의문 없이 투자하는 투자자들에게 매달리고 있다. 인공지능이 유행어이자 일상 언어가 된 시대이기 때문에 인공지능 기반 기술이 모두 성공할 것이라는 생각에 휩쓸리기 쉽다.

양자 컴퓨팅은 아직 초기 단계에 있는 기술로, 과대 포장되어 인공지능과 혼동되고 있는 기술이다. 아직 상용화 단계에 이르지 못했지만 이미 마케팅되고 있다. 많은 연구가 필요하지만 성공한다면 일부 응용 분야에서 큰 잠재력을 가지고 있다. 상당한 연구 자금과 정부의 관심을 휩쓴 가장 유명한 사례는 피터 쇼어[Peter Shor]가 1994년 이론적으로 제시한 양자 컴퓨터다. 이 양자 컴퓨터는 큰 수의 소인수를 찾는 어려운 문제를 기존의 모든 방식보다 기하급수적으로 더 빠르게 해결할 수 있었다. Rivest-Shamir-Adleman(RSA) 암호화는 현대 컴퓨터가 메시지를 암호화 및 해독하는 데 사용되는 알고리즘이며 소인수 분해는 코드 해독의 핵심이다.

특화된 인공지능은 양자 컴퓨팅에 비해 잘 발달되어 있다. 이 책의 목표 중 하나는 과장된 기대와 그렇지 않은 것을 분별하는 것이다. 과장되었든 아니든, 인공지능 분야에 뛰어들어 즐기고 좋은 목표를 달성하기 위해 노력하며 위대한 잠재력을 열어보자.

이 책을 마치며

많은 분야와 산업이 인공지능과 데이터 과학에 주목하고 있다. 이들은 데이터를 의미 있는 인사이트와 의사 결정으로 변환하는 고도로 표현력 있는 모델의 발전과 계산 능력의 실질적인 발전을 활용하고자 한다. 또한 산업 차원에서 획기적인 변화의 가능성을 인식하고 그 변화의 일부가 되기를 원하고 있다.

이 아름답고 흥미진진한 분야에 진출하고 싶다면 응용 분야로 뛰어들면 된다. 여러분이 관심 있고 열정을 느끼는 산업 분야의 애플리케이션을 선택하는 것이 좋다. 답을 찾고 싶은 질문을 만들고 데이터를 찾고 배운 것을 적용하는 것부터 시작하자. 또 다른 방법은 연구 분야로 가는 것이다. 여기서는 모델 자체를 연구하고 개선하며 확장 및 분석하고, 작동 원리에 대한 정리를 증명하거나 완전히 새로운 모델을 제안할 수 있다. 이 경우에도 진정으로 궁금한 연구 프로젝트만 선택하는 것이 좋다. 마지막으로 코딩 분야로 가서 패키지, 라이브러리, 더 나은 구현체를 만들 수도 있다. 여러분이 이렇게 해준다면 우리 모두에게 큰 도움이 될 것이다. 케라스^{Keras}나 사이킷런$^{scikit-learn}$(머신러닝과 신경망을 위한 파이썬 라이브러리)이 없었다면 우리 중 많은 사람이 무엇을 하고 있을지 상상조차 되지 않는다.

현재 전 세계에 인공지능 관련 박사 학위를 보유한 연구자는 22,000명에 불과하며, 그중 40%가 미국에 있다. 수요를 충족하고 새로운 아이디어를 불어넣기 위해서는 더 많은 연구자가 필요하다. 이 책이 여러분을 이 매혹적인 분야로 빠르게 안내하고, 관심 있는 분야로 진출할 수 있는 충분한 기반을 제공할 수 있기를 바란다.

필자는 항상 수학과 수학의 놀라운 우주 모델링 능력을 좋아했던 사람으로서 인공지능이 수학에 대한 사람들의 관심을 불러일으킨다는 점이 가장 흥미롭다. 이것이 다시 한번 수학자가 수학을 생각하고 가르치는 방법을 재고하도록 이끌기를 바란다. 한편 우리 모두는 정확하게 레이블링된 고품질 데이터, 인공지능 정책, 시스템이 설명할 수 있는 것과 설명할 수 없는 것에 대한 정직성을 갖고 이를 응원하면 좋겠다. 동시에 우리는 인간의 경험을 몇 가지 데이터와 지표의 흐름으로 축소하지 않도록 주의해야 한다. 이 책에서 반복적으로 보여준 것처럼 경험, 클릭 습관, 우편번호, 건강 기록, 소셜 미디어 댓글, 이미지, 태그, 이메일 연락처, 거주 기록, 인종, 민족, 출신 국가, 종교, 결혼 상태, 나이, 친구, 친구들의 습관 등은 모두 고차원 벡터의 단순한 항목으로 머신러닝 모델에 입력되어 예측을 수행한다. 또한 실수로 우리 스스로를 고차원 데이터 포인트의 한 점으로 만들어 의미 없이 걷고 말하기만 하는 존재로 변모하지 않도록 해야 한다.

공상과학 소설이 인공지능 윤리에 기여한 글로 이 책을 마무리하겠다. 다음은 아이작 아시모프 Isaac Asimov가 1942년 단편 소설 『Runaround』에서 언급한 '로봇의 3 법칙'이다.

1 로봇은 인간에게 해를 끼치거나 행동하지 않음으로써 인간이 위험에 처하게 해서는 안 된다.

2 로봇은 인간이 내리는 명령에 복종해야 한다. 단, 그 명령이 제1법칙과 충돌하는 경우는 예외로 한다.

3 로봇은 제1법칙이나 제2법칙과 충돌하지 않는 한 자신의 존재를 보호해야 한다.

마지막 생각

인공지능은 수학의 여러 분야를 깔끔하게 연결했다. 이는 우연이 아닐지도 모른다. 아마도 수학은 지능에 가장 적합한 언어일 것이며, 지능이 수학 덕에 가장 편하게 표현될 수 있는 것일지도 모른다. 지능을 인공적으로 복제하기 위해서는 지능이 선호하는 언어를 통해 손쉽게 세상을 표현할 수 있는 에이전트가 필요하다.